[제14판]

헌법강의

오 호 택

도서출판 동방문화사

제14판 머리말

　요즘 뉴스는 4월10일 실시되는 제22대 국회의원 총선거와 관련하여 정당들과 의원들의 이합집산과 공천 문제가 대부분을 차지한다. 2달도 채 안 남은 현재까지 선거구도 확정이 안 되어 있다. 국제적 망신거리다. 현행 준연동형 비례대표제를 유지하기로 했는데 그 결정 과정 또한 답답하기만 했다. 단 한 번 실시해 본 이 제도는 위성정당의 출현으로 원래의 도입 목적인 소수 정당의 원내 진출에 전혀 도움이 되지 않았다. 그런데도 병립형으로 돌아가지도 않았고 '위성정당'을 방지할 개선책도 전혀 마련되지 않았다. 왜 이 제도를 개선하지 않고 그냥 가야 하는지 국민이 납득할 수 있을까. 독일의 제도를 무늬만 따오다 보니 처음부터 예상되었던 난맥상이다. 국회에서 말로만 외치던 '위성정당 금지규정'으로 쉽게 해결될 리가 없다.
　물론 간단한 해결 방법은 있다. 독일처럼 지역구 후보가 비례대표 후보를 겸하거나, 적어도 "지역구에 후보를 내는 정당은 비례대표 후보를 내야 한다."고 법으로 강제하면 가능하다. 그러나 이 방안이 국민의 이해와 동의를 얻기 전에 정치권에서도 합의하기 어려울 것이다. 개인적으로는 소수 정당의 원내 진출을 위해서라면 비례대표 의석수를 30석 정도 증설하는 것이 바람직하다고 생각한다. 소수당에게 특별히 유리할 것은 없지만 그래도 기회를 넓혀 줄 수는 있다. 그러나 이 방안도 국회를 불신하는 국민의 동의를 얻는 것이 쉽지 않은 과제다. '위성정당'이 국민을 위한 것이 아니라 오직 거대양당의 의석수 지키기 때문이라는 것을 모르는 사람이 있을까? 누구나 아는 사실이지만 거꾸로 가는 정치행태를 막을 사람도 방법도 마땅치 않다는 현실은 당분간 우리나라 정치 난맥상이 쉽게 해결되지 않으리라는 예상에 힘을 실어준다. 헌법을 공부하는 학생들에게 민망할 따름이다.
　제13판이 출간된 2019년 이후 5년이나 흘렀다. 그동안 개인적으로 여러 가지 일들이 겹쳐서 속히 개정판을 내지 못하였다. 특히 이번 방학에는 1학년 교재로 『법 이야기』를 집필하느라 개정판 작업에 많은 시간을 투여하지는 못했다. 그러나 그동안 바뀐 법조문과 다수의 판례를 정리해 넣었다. 늘 그랬듯이 또 다음 판을 기약하면서 제14판을 출간한다.

아무튼 기본서 『헌법강의』, 절차법 교재 『헌법소송법』, 참고서 『판례로 구성한 헌법』과 『법률로 구성한 헌법』 등 저자의 헌법강의 시리즈가 헌법에 관심이 있는 모든 사람에게 도움이 되기를 바란다. 특별히 이 책으로 공부하는 모든 학생들에게 감사한다. 미래는 그렇게 우울한 것도 아니고 무조건 장밋빛도 아니며, 오늘 내가 하기에 달려 있다는 말을 해 주고 싶다. 그리고 늘 출간을 맡아 주시는 동방문화사 조형근 사장님과 직원들에게 다시 한번 감사한다. 평상시에 잘 표현하지 못하지만 가족들에게도 감사한 마음을 전하고 싶다.

2024. 2

저　자.

초판 서문

 그야말로 초고에 지나지 않는 것을 출간하려 하니 부끄럽기 그지없다. 원고 마감 시간에 쫓겨 출간을 연기할까도 생각했으나, 연기해 봤자 결국 또다시 마감 시간에 허둥댈 나의 게으름 때문에 그냥 출간을 하게 되었다. 곧 내용을 보완하여 개정판을 낼 것을 스스로 수없이 다짐했는데 이 자리를 빌어 이 책을 보는 모든 분께 약속한다.

 10년이 채 안 된 강의경력이지만 헌법을 강의하면서 느낀 가장 큰 어려움은 국내의 교과서들이 강의교재로 쓰기에는 지나치게 분량이 많다는 사실이다. 그것은 우리의 학문풍토가 연구논문이나 연구단행본 위주로 형성되어 있지 못하고, 교과서를 써야 인정받는 경향이 있어서 교수들이 교과서에 자신의 모든 학문세계를 담아야 하는 부담이 있기 때문이라고 생각한다. 그러다 보니 학부 수준의 학생이 소화하기에 어느 부분은 지나치게 자세하고 또 어느 부분은 빠져 있거나 또는 상당 부분 중복되는 설명도 있어서 체계 있게 통독을 하여 헌법학을 머리 속에 그려내는 데에 적합하지 않은 점이 있었다. 더구나 헌법은 기본3법으로 분류되어 1학년 내지는 2학년에 강의가 이루어지므로 법적 사고의 훈련이 부족한 가운데 공부하게 된다. 이런 점들을 고려하여 강의를 듣는 학생들의 불편을 덜어주고자 하는 생각에서 이 책을 쓰게 되었다. 그래서 우선 책의 면수를 반 이하로 줄였고, 의도대로 다 집필되지는 못했지만 가능한 한 쉽게 헌법학에 접근할 수 있도록 노력하였다. 그러나 단순히 여러 교과서의 종합이 아니라 다수설이 갖는 단점들을 비판함으로써 독자적인 안목을 가질 수 있도록 시도하였다. 아쉬운 일이지만 법학, 특히 헌법학은 거의 대부분의 이론이 독일의 이론이다. 우리의 실정에 맞는 이론의 개발이 시급할 뿐 아니라, 잣대가 독일이론일지라도 우리의 현실을 설명해야 하는데도 그냥 독일이론을 소개하기에 급급한 측면이 있었다. 더욱이 문제가 되는 것은 그 이론이 독일에서는 이미 폐기된 이론인 경우도 있다는 점이다. 따라서 국가고시 등의 시험을 준비하려면 다수설의 입장을 잘 알고 있어야 하지만, 이론적으로는 비판의 여지가 있는 경우도 있다는 점을 간과해서는 안 된다. 또 헌법의 어떤 이론이 우리의 현실과 어떻게 접목되는지를 늘 염두에 두고 비판적 안목으로 헌법학을 공부하기 바란다. 그러한 생각이 우리의 헌법을 살아 있는 헌법으로 만드는 데 일조할 것으로 믿는다. 다만 이 책은 중요한 점만을 설명한 것에 불과하므로 좀 더 자세한 내용을 알고자 하면 강의를 통해서나 다른 교과서들을 참고로 해서 보충해야 할 것이다. 앞서도 말한 바와 같이 이 책이 교과서답게 되기 위해서는 많은 보완이 이루어져야 한다. 저자의 연구와 더불어 이 책을 보는 분들의 많은 비판이 있기를 기대한다.

  이 책을 집필하는 데 여러 사람들의 도움과 격려가 있었음을 기억하고 있으며 이 자리를 빌어 감사한다. 특히 단순한 교정 이상의 원고정리를 맡아 준 안민식 강사와 조함찬 조교에게 감사하며, 교재개발과와 연화인쇄소 직원들에게도 감사한다.

1997. 7

팔달산을 바라보며

저 자.

[이 책에서 저자 이름만으로 인용한 참고문헌]

계희열[상], 헌법학 (상), 박영사, 2005
계희열[중], 헌법학 (중), 박영사, 2007
권영성, 헌법학원론, 법문사, 2010
김철수, 헌법학신론, 박영사, 2013
김하열, 헌법강의, 박영사, 2022
김학성, 헌법학원론, 피앤씨미디어, 2014
박일경, 제6공화국헌법, 법경출판사, 1990
성낙인, 헌법학, 법문사, 2016
유진오, 신고헌법해의, 일조각, 1954
이준일, 헌법학강의, 홍문사, 2013
장영수, 헌법학, 홍문사, 2012
정종섭, 헌법학원론, 박영사, 2014
허 영, 한국헌법론, 박영사, 2019
홍성방, 헌법학 (상)(중)(하), 박영사, 2010
헷세(계희열 옮김), 통일독일헌법원론, 박영사, 2007
Hesse,K., Grundzüge des Verfassungsrechts der Bundesrepublik Deutschland, 20Aufl. 1999

인명 인용은
최종고, 법학인명사전, 박영사, 1987
위키피디아 http://en.wikipedia.org/wiki/

법령과 판례는
법제처 홈페이지 http://www.moleg.go.kr/
헌법재판소 홈페이지 http://www.ccourt.go.kr/

목 차

제1부 헌법총론

제1장 헌법과 헌법학

제1절 헌법의 의의 ··· 3
  Ⅰ. 헌법의 개념 ·· 3
  Ⅱ. 헌법개념의 역사적 변천 ·· 4
  Ⅲ. 헌법관 ·· 7
  Ⅳ. 헌법개념의 이중성 ·· 13

제2절 헌법의 분류 ·· 13
  Ⅰ. 전통적 분류 ·· 14
  Ⅱ. 뢰벤슈타인(K.Loewenstein)의 분류 ································· 16

제3절 헌법의 기능과 특성 ·· 18
  Ⅰ. 헌법의 기능 ·· 18
  Ⅱ. 헌법의 특성 ·· 19

제4절 헌법의 해석 ·· 22
  Ⅰ. 전통적 법해석방법 ·· 23
  Ⅱ. 새로운 헌법해석방법 ··· 24
  Ⅲ. 헌법합치적 해석 ·· 26

제2장 헌법의 제정·개정 및 보장

제1절 헌법의 제정 ·· 30
  Ⅰ. 헌법제정의 의의 ·· 30
  Ⅱ. 헌법제정권력 ··· 30

제2절 헌법의 개정 ·· 35
  Ⅰ. 헌법개정의 의의 ·· 36

  Ⅱ. 헌법개정의 한계 ·· 42
제3절 헌법보장(수호) ··· 48
  Ⅰ. 헌법보장의 의의 ·· 48
  Ⅱ. 헌법보장의 유형 ·· 49
  Ⅲ. 국가긴급권 ·· 50
  Ⅳ. 저항권 ·· 53

제3장 우리 헌법의 기초

제1절 헌법사 ··· 55
  Ⅰ. 제헌헌법 ·· 56
  Ⅱ. 제1공화국 헌법 ·· 57
  Ⅲ. 제2공화국 헌법 ·· 60
  Ⅳ. 제3공화국 헌법 ·· 61
  Ⅴ. 제4공화국 헌법 ·· 63
  Ⅵ. 제5공화국 헌법 ·· 64
  Ⅶ. 현행헌법 ·· 65
제2절 헌법의 전문 ··· 66
  Ⅰ. 헌법전문의 의의 ·· 67
  Ⅱ. 전문의 법적 성격 ·· 68
  Ⅲ. 우리나라 헌법전문의 내용 ·· 69
제3절 대한민국헌법의 기본원리 ··· 69
  Ⅰ. 기본원리의 의의 ·· 70
  Ⅱ. 우리헌법의 기본원리 ·· 70
제4절 국가의 본질과 국가형태 ··· 70
  Ⅰ. 국가의 의의와 본질 ·· 71
  Ⅱ. 국가형태의 분류 ·· 72
제5절 헌법의 효력범위 ··· 74
  Ⅰ. 국가권력 ·· 74

Ⅱ. 인적 효력범위(국민) ·· 74
　Ⅲ. 공간적 효력범위(영역) ··· 79

제4장 헌법의 기본원리

제1절 민주주의 ··· 84
　Ⅰ. 의의 ··· 84
　Ⅱ. 민주주의의 구성요소 ·· 86
제2절 법치국가 ··· 95
　Ⅰ. 의의 ··· 96
　Ⅱ. 법치국가의 구성요소 ·· 99
　Ⅲ. 법치주의와 국가긴급사태 ·· 101
제3절 사회국가원리와 사회적 시장경제질서 ······················· 101
　Ⅰ. 사회국가원리 ·· 101
　Ⅱ. 사회적 시장경제질서 ·· 106
　Ⅲ. 우리 헌법의 경제질서 ·· 107
제4절 국제질서 ··· 109
　Ⅰ. 국제평화주의 ·· 109
　Ⅱ. 국제법 존중주의 ··· 110
　Ⅲ. 외국인의 지위보장 ·· 112
　Ⅳ. 평화통일의 원칙 ··· 114
제5절 문화국가원리 ·· 115
　Ⅰ. 문화국가의 개념 ··· 115
　Ⅱ. 문화국가의 내용 ··· 116
　Ⅲ. 우리 헌법상의 문화국가원리 ···································· 117

제2부 기본권

제 1 장 기본권 총론

제1절 기본적 인권의 발달 ·········· 121
    Ⅰ. 고전적 기본권 ·········· 121
    Ⅱ. 근대적 기본권 ·········· 123
    Ⅲ. 현대적 기본권 ·········· 124
    Ⅳ. 우리나라 ·········· 126

제2절 기본권의 의미와 분류 ·········· 126
    Ⅰ. 인권과 기본권 ·········· 127
    Ⅱ. 기본권의 법적성격 ·········· 127
    Ⅲ. 기본권과 제도보장 ·········· 130
    Ⅳ. 기본권의 분류 ·········· 132

제3절 기본권의 주체 ·········· 134
    Ⅰ. 국민 ·········· 135
    Ⅱ. 외국인 ·········· 137
    Ⅲ. 법인 ·········· 138

제4절 기본권의 효력 ·········· 140
    Ⅰ. 대국가적 효력 ·········· 140
    Ⅱ. 대사인적 효력 ·········· 141
    Ⅲ. 기본권의 경합과 충돌 ·········· 145

제5절 기본권의 제한과 한계 ·········· 147
    Ⅰ. 기본권 제한의 의의와 유형 ·········· 147
    Ⅱ. 기본권제한의 목적과 형식 ·········· 153
    Ⅲ. 기본권제한의 한계 ·········· 155

제6절 기본권의 침해와 구제 ·········· 157
    Ⅰ. 기본권 침해의 유형 ·········· 157

Ⅱ. 우리나라 헌법상 기본권침해에 대한 구제 ·················· 158

제2장 기본권의 이념과 기준

제1절 인간의 존엄과 가치 및 행복추구권 ·················· 159
 Ⅰ. 인간의 존엄과 가치 ·················· 159
 Ⅱ. 행복추구권 ·················· 163
 Ⅲ. 열거되지 아니한 자유와 권리 ·················· 165

제2절 평등권 ·················· 166
 Ⅰ. 의의 ·················· 167
 Ⅱ. 평등권의 내용 ·················· 168

제3장 자유권

제1절 자유권의 의의 ·················· 175
 Ⅰ. 의의 ·················· 175
 Ⅱ. 법적성격 ·················· 175
 Ⅲ. 자유권의 발달 ·················· 176

제2절 신체의 자유 ·················· 177
 Ⅰ. 의의 ·················· 178
 Ⅱ. 내용 ·················· 181

제3절 사회적 자유권 ·················· 198
 Ⅰ. 거주·이전의 자유 ·················· 199
 Ⅱ. 사생활의 비밀과 자유 ·················· 202
 Ⅲ. 주거의 자유 ·················· 206
 Ⅳ. 통신의 자유 ·················· 209

제4절 경제적 자유권 ·················· 211
 Ⅰ. 직업의 자유 ·················· 212
 Ⅱ. 재산권의 보장 ·················· 218
 Ⅲ. 소비자의 권리 ·················· 225

제5절 정신적 자유권 ··· 226
　Ⅰ. 양심의 자유 ··· 226
　Ⅱ. 종교의 자유 ··· 231
　Ⅲ. 언론·출판, 집회·결사의 자유 ······················· 236
　Ⅳ. 학문과 예술의 자유 ······································· 248

제4장 참정권

제1절 참정권의 의의 ··· 256
　Ⅰ. 의의와 기능 ··· 256
　Ⅱ. 법적성격 ··· 256
　Ⅲ. 주체 및 형태 ··· 257
　Ⅳ. 참정권의 발달 ··· 258
　Ⅴ. 제한 ··· 258

제2절 선거권 ··· 259
　Ⅰ. 의의 ··· 259
　Ⅱ. 법적성격 ··· 260
　Ⅲ. 내용 ··· 261

제3절 공무담임권 ··· 262
　Ⅰ. 의의 ··· 262
　Ⅱ. 내용 ··· 263

제4절 국민투표권 ··· 264
　Ⅰ. 의의 ··· 264
　Ⅱ. 유형 ··· 265
　Ⅲ. 기능 ··· 266

제5장 사회권

제1절 사회권의 의의 ··· 267
　Ⅰ. 의의 ··· 267

Ⅱ. 법적성격 ·· 268
　　Ⅲ. 자유권과의 관계 ··· 270
　　Ⅳ. 사회권의 종류 ·· 271
제2절 인간다운 생활을 할 권리 ·· 272
　　Ⅰ. 의의 ··· 272
　　Ⅱ. 내용 ··· 273
제3절 교육을 받을 권리 ··· 276
　　Ⅰ. 의의 ··· 277
　　Ⅱ. 내용 ··· 278
제4절 근로의 권리 ·· 282
　　Ⅰ. 의의 ··· 282
　　Ⅱ. 내용 ··· 283
제5절 근로3권 ··· 287
　　Ⅰ. 의의 ··· 287
　　Ⅱ. 내용 ··· 288
제6절 환경권 ··· 293
　　Ⅰ. 의의 ··· 294
　　Ⅱ. 내용 ··· 295
　　Ⅲ. 환경권의 침해와 구제 ··· 296
제7절 혼인·가족생활 및 보건권 ·· 297
　　Ⅰ. 의의 ··· 298
　　Ⅱ. 내용 ··· 299

제6장 청구권

제1절 청구권의 의의 ·· 302
　　Ⅰ. 의의 ··· 302
　　Ⅱ. 다른 기본권과의 비교 ··· 302
　　Ⅲ. 청구권의 종류 ·· 303

제2절 청원권 · 303
   Ⅰ. 의의 · 303
   Ⅱ. 내용 · 304
   Ⅲ. 효과 · 306

제3절 재판청구권 · 307
   Ⅰ. 의의 · 307
   Ⅱ. 내용 · 308
   Ⅲ. 제한 · 314

제4절 형사보상청구권 · 315
   Ⅰ. 의의 · 315
   Ⅱ. 내용 · 316
   Ⅲ. 절차와 효과 · 317

제5절 국가배상청구권 · 318
   Ⅰ. 의의 · 318
   Ⅱ. 내용 · 319

제6절 범죄피해자 구조청구권 · 323
   Ⅰ. 의의 · 323
   Ⅱ. 내용 · 324

제7장 국민의 의무

   Ⅰ. 납세의 의무 · 326
   Ⅱ. 국방의 의무 · 327
   Ⅲ. 교육의 의무 · 328
   Ⅳ. 근로의 의무 · 329
   Ⅴ. 환경보전의무 · 330
   Ⅵ. 재산권행사의 공공복리적합성 · 330

제3부 통치구조(국가조직)

제 1 장 통치구조의 기본원리

제1절 통치구조의 본질 ·· 333
    Ⅰ. 의의 ··· 333
    Ⅱ. 법실증주의와 통치구조 ··· 333
    Ⅲ. 결단주의 ·· 334
    Ⅳ. 통합론 ··· 335
    Ⅴ. 통치구조의 기본이념 ·· 336

제2절 대의제 ·· 336

제3절 권력분립 ·· 336

제4절 구체적 질서의 형성 ··· 341
    Ⅰ. 정당제도 ·· 341
    Ⅱ. 선거제도 ·· 350
    Ⅲ. 직업공무원제도 ·· 365
    Ⅳ. 지방자치제도 ·· 369

제2장 정부형태

제1절 정부형태의 의의 ·· 375
    Ⅰ. 개념 ··· 375
    Ⅱ. 뢰벤슈타인의 분류 ··· 375
    Ⅲ. 뒤베르제의 분류 ·· 376

제2절 대통령제 ·· 376
    Ⅰ. 의의 ··· 376
    Ⅱ. 내용 ··· 377

제3절 의원내각제 ·· 378
    Ⅰ. 의의 ··· 379

  Ⅱ. 내용 ·· 379

제4절 이원집정부제 ·· 382
  Ⅰ. 의의 ·· 382
  Ⅱ. 내용 ·· 382

제5절 회의제 ·· 383

제6절 우리나라 정부형태의 변천 ··· 384

제3장 입법부

제1절 의회제도 ·· 387
  Ⅰ. 의회제도의 의의 ··· 387
  Ⅱ. 의회제도의 내용과 변질 ·· 388

제2절 국회의 헌법상 지위 ··· 389
  Ⅰ. 대의기관으로서의 지위 ·· 390
  Ⅱ. 입법기관으로서의 지위 ·· 390
  Ⅲ. 국정통제기관으로서의 지위 ··· 391

제3절 국회의 구성과 조직 ··· 391
  Ⅰ. 국회의 구성원리 ··· 391
  Ⅱ. 우리나라 국회의 구성 ··· 393

제4절 국회의 회의운영과 의사원칙 ·· 396
  Ⅰ. 국회의 회기 ·· 396
  Ⅱ. 정족수 ··· 399
  Ⅲ. 국회의 의사원칙 ··· 400

제5절 국회의원의 지위 ··· 402
  Ⅰ. 국회의원 자격의 발생과 소멸 ··· 402
  Ⅱ. 국회의원의 지위 ··· 404
  Ⅲ. 의원의 특권 ·· 406
  Ⅳ. 국회의원의 권리와 의무 ·· 410

제6절 국회의 기능 ··· 413
    Ⅰ. 국회기능의 분류 ··· 414
    Ⅱ. 입법에 관한 권한 ··· 415
    Ⅲ. 재정에 관한 권한 ··· 424
    Ⅳ. 국정통제에 관한 권한 ··· 430
    Ⅴ. 국회 내부사항에 관한 자율권 ··· 441

제4장 대통령

제1절 대통령제의 의의 ·· 445
    Ⅰ. 의의 ··· 445
    Ⅱ. 대통령제의 유형 ··· 445
    Ⅲ. 우리나라 대통령제의 변천 ··· 446

제2절 대통령의 헌법상의 지위 ·· 448
    Ⅰ. 국가원수로서의 지위 ··· 448
    Ⅱ. 행정부의 수반으로서의 지위 ··· 449

제3절 대통령의 신분상 지위 ·· 450
    Ⅰ. 대통령선거 ··· 450
    Ⅱ. 대통령의 권한대행 ··· 453
    Ⅲ. 대통령의 특권 ··· 455
    Ⅳ. 대통령의 헌법상 의무 ··· 455

제4절 대통령의 권한 ··· 455
    Ⅰ. 헌법개정과 국민투표 부의권 ··· 456
    Ⅱ. 통치기관 구성에 관한 권한 ··· 457
    Ⅲ. 국회에 관한 권한 ··· 458
    Ⅳ. 입법에 관한 권한 ··· 458
    Ⅴ. 사법에 관한 권한 ··· 461
    Ⅵ. 행정에 관한 권한 ··· 462
    Ⅶ. 국가긴급권 ··· 464

  Ⅷ. 영전수여권 ·· 469
  Ⅸ. 대통령의 권한행사에 대한 제한 ·· 469

제5장 행정부

제1절 국무총리와 국무위원 ·· 471
  Ⅰ. 국무총리 ·· 471
  Ⅱ. 국무위원 ·· 474

제2절 국무회의 ·· 475
  Ⅰ. 헌법상 지위 ··· 476
  Ⅱ. 구성 ··· 476
  Ⅲ. 심의사항 ·· 476
  Ⅳ. 심의의 효력 ··· 477

제3절 자문기관 ·· 478
  Ⅰ. 국가원로자문회의 ··· 478
  Ⅱ. 국가안전보장회의 ··· 478
  Ⅲ. 민주평화통일자문회의 ·· 479
  Ⅳ. 국민경제자문회의 ··· 479

제4절 행정각부 ·· 479
  Ⅰ. 행정각부의 조직 ·· 479
  Ⅱ. 행정각부의 장 ·· 480

제5절 감사원 ·· 481
  Ⅰ. 헌법상 지위와 구성 ·· 481
  Ⅱ. 권한 ··· 482

제6절 권익구제기관 ··· 483
  Ⅰ. 국가인권위원회 ··· 483
  Ⅱ. 국민권익위원회 ··· 484

제7절 중앙선거관리위원회 ·· 485
  Ⅰ. 지위 ··· 485

Ⅱ. 조직 ·· 485
　　Ⅲ. 권한 ·· 486

제6장 사법부

제1절 사법권의 의의와 한계 ·· 487
　　Ⅰ. 사법권의 의의 ··· 487
　　Ⅱ. 사법권의 범위 ··· 488
　　Ⅲ. 사법권의 한계 ··· 488

제2절 법원의 조직·권한·운영 ·· 492
　　Ⅰ. 대법원의 헌법상 지위 ·· 492
　　Ⅱ. 법원의 조직 ·· 492
　　Ⅲ. 법원의 권한 ·· 496
　　Ⅳ. 법원의 운영 ·· 498

제3절 사법권의 독립 ··· 500
　　Ⅰ. 의의 ··· 500
　　Ⅱ. 사법권 독립의 내용 ··· 501

제4절 검찰과 경찰 ·· 505
　　Ⅰ. 검찰 ··· 505
　　Ⅱ. 경찰 ··· 506

제7장 헌법재판소

제1절 헌법재판제도 ··· 508
　　Ⅰ. 의의 ··· 508
　　Ⅱ. 헌법재판기관의 유형 ·· 510
　　Ⅲ. 한계 ··· 512

제2절 우리나라의 헌법재판소 ·· 513
　　Ⅰ. 연혁 ··· 513
　　Ⅱ. 구성과 헌법상 지위 ··· 513

Ⅲ. 심리절차 ……………………………………………………………… 515
　　Ⅳ. 권한 …………………………………………………………………… 518

대한민국헌법 ……………………………………………………………… 525
찾아보기 ………………………………………………………………………… 541

제 1 부

헌법총론

제 1 장 헌법과 헌법학
제 2 장 헌법의 제정·개정 및 보장
제 3 장 우리 헌법의 기초
제 4 장 헌법의 기본원리

제1장
헌법과 헌법학

제1절 헌법의 의의

Ⅰ. 헌법의 개념

> 우리나라 사람들은 우리가 개인은 뛰어나지만 단합이 안 되고 서로 싸우는데, 일본사람은 반대라고 생각한다. 반대로 일본사람은 우리가 단합이 잘 된다고 생각한다. 이때의 단합이란 전체의 의사가 잘 형성되고 그 의사대로 진행된다는 의미인데, 누가 어떤 절차를 거쳐 전체의 의사를 결정하는 것인가?

1. 헌법의 의미

헌법은 독일어로는 Verfassung, 영어와 불어로는 constitution이라 하는데 각각 라틴어에서 온 말로, 법적으로 규정된 상태 또는 형태를 의미한다(계희열[상] 3~4면).

이를 풀어서 말하면, 헌법은 국가의 통치조직과 통치작용에 관한 기초법이라고 할 수 있다. 통치질서에 관한 국내법이라거나, 국민의 기본권보장과 통치구조를 규정한 국가의 기본법이라고 정의되기도 한다(권영성 3면 이하 참조). 독일에서는 역사적 이유로 기본법(Grundgesetz)라고 한다.

2. 존재형식에 따른 개념

(1) 형식적 의미의 헌법

특별한 절차에 따라 법률의 형태로 즉 헌법전의 형식으로 존재하는 최고의 형식적 효력을 가진 법을 말한다. 이를 성문헌법이라 부르기도 한다.

(2) 실질적 의미의 헌법

국가의 조직·작용·권한 나아가 국가와 국민간의 관계를 규정하는 모든 규범의 총체를 말한다. 이는 실정헌법(헌법전) 외에도 공직선거법·정부조직법·국회법·법원조직법·정당법 등의 법률, 그리고 관습법을 포함한 개념이다.

(3) 양자의 관계

대체로 실질적 의미의 헌법은 형식적 의미의 헌법을 포함하는 더 넓은 개념으로, 이 둘은 서로 일치하지 않는다. 그 이유는 다음과 같다.

첫째, 실질적 의미의 헌법을 모두 헌법전에 규정하는 것은 입법기술상 곤란하기 때문이다.

둘째, 실질적 의미의 헌법은 아니지만 개정을 곤란하게 해 둘 필요가 있는 경우에 이를 헌법전에 규정하는 경우가 있다(경성헌법[硬性憲法]을 전제로 함). 예컨대 미국 헌법의 금주조항(수정 §18[1920]; 수정 §21[1933]에 의하여 폐지됨), 스위스 헌법의 출혈 전에 마취 않고 동물을 도살하지 못하게 하는 규정(§25②), 바이마르 헌법의 미술·천연기념물·명승풍경 등에 대한 국가의 보호의무를 규정한 풍치조항(§150), 벨기에 헌법의 선 혼인 후 거례(§16) 규정 등이 여기에 속한다.

셋째, 실질적 의미의 헌법이지만 자주 개정을 해야 할 필요가 있는 경우에는 단행법으로 만든다. 예컨대 공직선거법은 선거구를 규정하고 있는데 이는 인구의 증감으로 인해 수시로 개정해야 하므로 헌법전에 규정하기 곤란하다.

넷째, 헌법변천에 의해 나중에 실질적 의미의 헌법이 아닌 내용이 남아 있을 수 있다.

II. 헌법개념의 역사적 변천

> 조선시대의 왕은 자기 마음대로 뭐든지 할 수 있었을까? 조선시대에도 헌법이 있었을까? 고려시대 또는 삼국시대에는 어떤가? 만약 헌법이 있었다면, 이때의 헌법은 어떤 의미이며 대한민국 헌법과는 어떤 관계인가?

1. 고유한 의미의 헌법

본래적 의미의 헌법이라고도 하며, 국가가 존재하면 어느 시대 어느 국가에도 존재한다. 국가의 통치조직과 작용에 관한 기초법을 의미하며, 성문화 여부 또는 국민의 기본권보장 여부와는 관계가 없다. 불문헌법국가로 분류되는 영국도 이러한 의미의 헌법은 가지고 있다.

2. 근대 입헌주의헌법

(1) 개념

국가의 통치조직과 작용뿐만 아니라 국민의 기본권을 보장한 헌법을 말한다. 즉 입헌주의(立憲主義)란 국민의 기본권이 보장되고 이를 위하여 권력이 분립된 헌법에 의하여 통치할 것이 요구되는 정치원리를 말한다. 역사적으로 봉건시대 말의 절대적 권력을 무너뜨리면서 성립된 근대적 헌법의 원리라고 할 수 있다.

프랑스대혁명 당시 채택된 인권선언(1789) §16는 "국민의 기본권이 보장되지 아니하고, 권력이 분립되지 아니한 사회는 헌법을 가졌다고 할 수 없다."라고 하여 이를 확인하고 있다.

(2) 배경과 입법례

1) 배경

우리가 중세를 봉건시대(封建時代)라고 하지만 이후 성립한 근대 입헌주의는 봉건시대 말의 절대군주시대에 성립한 것이다. 당시의 군주주권론과 권력집중에 비하여 볼 때, 근대 입헌주의는 국민주권론과 권력분립, 그리고 그 목적으로서 국가권력에 의한 기본권 보장이 특색이다. 개인주의·자유주의에 바탕을 두고 있으며 통치형태로서 법치주의·의회주의가 채택되었다.

2) 입법례

입헌주의와 근대 민주주의 확립은 역사적으로 영국이 가장 앞서지만 그 성립은 점진적으로 이루어졌다. 반면에 미국은 코네티컷 기본법(1639)과 버지니아 권리선언(1776)·독립선언(1776)을 거쳐 세계 최초의 성문헌법인 연방헌법(1787)이 성립되었다. 또한 대혁명 이후의 프랑스헌법(1791) 등은 부르조아(Bourjois) 시민혁명을 거쳐 제정되었다.

시민혁명의 결과인 이들을 진정한 입헌주의헌법이라 하는 데 비해서 독일 비스마르크(Bismark)헌법(1871)과 일본 메이지헌법(1889) 등은 그러한 시민혁명을 거치지 않고 군주의 주도 하에 이루어졌다는 점에서 명목적 입헌주의헌법이라 한다. 이들의 경우 기본권이 군주에 의해 은혜적으로 주어졌다는 점에서 다시 회수될 수도 있다는 점이 다르다고 할 수 있다.

(3) 특색

이렇게 볼 때에 입헌주의헌법의 특색은 국민주권주의·기본권보장·권력분립·법치주의·의회주의, 그리고 이러한 원칙들을 확보한다는 의미에서 성문헌법주의·경성헌법주의 등을 들 수 있다.

3. 현대헌법의 특색

(1) 개념

일반적으로 현대는 세계 제1·2차 대전 이후를 말한다. 현대적 헌법의 특색은 근대 입헌주의헌법을 기초로 하면서 사회권을 보장한 사회국가헌법이라는 점이다. 이는 사소유(私所有)를 전면 금지하고 모든 생산과 분배를 국가(사회)가 전면 통제하는 사회주의헌법과는 다른 개념이다(뒤에 설명).

(2) 배경과 입법례

1) 배경

경제질서는 장원제(莊園制)를 특색으로 하는 봉건시대를 거쳐, 중세 말의 절대군주시대의 중상주의(16C)와 근대입헌주의시대의 자본주의(18C)로 이어진다. 자본주의는 자유시장경제(자유방임주의)를 특색으로 하는데 생산의 증가와 더불어 이 부(富)를 소유하게 된 새로운 시민계급(부르주아 Bourjois)의 등장을 가져왔다. 그러나 시간이 흐르면서 빈부격차, 실업률의 증가, 노사간의 대립, 공황 등의 부정적인 면이 나타나게 되었다. 이에 대한 대안으로 등장하는 것이 사회적 시장경제질서(혼합경제)이고 헌법적으로는 사회권의 등장이다. 이러한 특색을 갖는 헌법을 현대적 헌법이라 한다.

2) 입법례

이러한 기본권의 사회화는 사회주의 헌법 하의 경우도 있으나(예컨대 1918년의 소련헌법), 우리 헌법이 속한 자유민주주의 계통에서는 멕시코 헌법(1917)과 독일의 바이마르(Weimar)공화국 헌법(1919)이 사회권을 규정하였고, 이후 대부분의 국가가 이러한 특색을 갖게 되었다.

(3) 특색

이러한 현대적 헌법의 특색은 사회권의 등장과 더불어 재산권의 상대화, 주요 산업의 국공유화, 실질적 법치국가의 확립을 통하여 기본권보장의 실질화와 사회국가(행정국가·복지국가)의 등장, 보통선거의 확립을 통한 실질적 국민주권주의의 확립 등으로 나타난다. 그밖에도 정당제도의 법적 수용과 헌법재판제도의 발달 등을 들 수 있다.

Ⅲ. 헌법관

> 장자에 나오는 조삼모사(朝三暮四)는 전체를 보지 못하고 한쪽에 집착하는 사람을 조롱하는 말이다. 그러나 이 원숭이들이 다이어트를 하고 있었다고 한다면 훌륭한 판단을 한 것이다. 저녁에 많이 먹으면 살찌니까. 이솝 우화 중 '토끼와 거북이 이야기' 또 '다윗과 골리앗 이야기'에서도 관점을 달리 생각해 보자.

헌법관이란 헌법을 어떤 의미로, 또는 어떤 관점에서 바라볼 것인가를 말한다. 개별 헌법규정의 의미와 내용을 파악할 때에 헌법관에 따라 다른 결론이 된다. 즉 헌법관은 학문적 방법론을 말하므로, 방법론이 확립되어 있지 않으면 논리적으로 모순되는, 일관성 없는 결론을 내리게 되는 것이다. 따라서 헌법관을 독일만의 특수한 상황에서 생겨난 것이라거나 여러 시각을 보완적으로 활용해야 한다는 것(권영성 41~42면)은 자칫 논리일관성을 상실할 우려가 있다. 다만 어느 헌법관도 완벽할 수는 없으므로 하나의 입장에 서더라도 이를 보완적·비판적으로 수용해야 할 것이다.

1. 법실증주의

(1) 헌법개념

옐리네크(G.Jellinek 1851~1911, 주요저서 Allgemeine Staatslehre, 3판 1900)에 따르면 헌법은 "국가의 최고기관을 정하고 그 구성방법과 상호관계 및 권한을 확정하며 나아가 국가권력에 대한 개인의 기본적 지위를 정한 법규를 말한다."고 한다. 그러나 이러한 개념설정은 구체적 헌법문제를 이해하는 데 별 도움을 주지 못한다. 그것은 근대 입헌주의국가와 정적(靜的) 사회를 배경으로 성립한 법실증주의(Rechtspositivismus; 규범주의라고도 한다)가 현대의 민주주의국가와 다원적 산업사회에 부합하기 어렵기 때문이다(계희열[상] 24면 이하).

(2) 배경

법실증주의는 학문적으로 역사법학파와 이익법학파에 의한 법체계의 해체에 대한 우려로 법을 형식상 완결된 실정법체계로 이해하게 되면서 성립하였다. 철학적으로는 신칸트학파의 영향을 받아서 존재(Sein)와 당위(當爲 Sollen), 현실(Wirklichkeit)과 규범(Norm), 그리고 국가(Staat)와 사회(Gesellschaft)를 엄격히 구별하고, 헌법학에서 모든 존재적 요소(예컨대 역사적·정치적·철학적·윤리적 요소)를 제거하고 오직 규범(실정법)만을 그 대상으로 삼는다. 그 결과 추상적 개념만을 사용하여 논리적·형식적 방법만을 사용한다. 역사적으로는 독일제국의 제정(帝政) 하에서 법의 내용을 문제삼기 어려운 상황도 작용하였다.

법실증주의는 게르버(C.F.von Gerber 1823~1881)에 의해 19C 중엽 도입된 이래 라반트(P.Laband 1838~1918)가 비스마르크헌법(1871)을 주석하면서 체계화하였고, 옐리네크(G.Jellinek)와 켈젠(H.Kelsen 1881~1957, 주요저서 Allgemeine Staatslehre: 1925) 그리고 안쉬츠(G.Anschütz 1867~1948)·토마

(R.Thoma 1874~1957) 등에 계승되면서 20C 초까지 헌법학계를 지배하였다.

(3) 내용과 비판

법실증주의가 실정법 이외의 존재적 요소들을 제거함으로써 법학의 정확성과 순수성 그리고 법적 안정성을 확보하는 데 기여한 것은 사실이다.

그러나 모든 실질적·현실적 요소를 제외함으로써 형식적·추상적·정적(靜的)일 수밖에 없다. 또한 실정법은 모두 규범이므로 그 내용에 관계없이 지켜야 한다. 즉 악법도 법이다. 정치적 통일체로서의 국가는 이미 형성되어 있는 것으로 전제되어 있다. 또한 지배조직체로서의 국가와 지배객체로서의 사회를 이원적으로 생각하고, 헌법의 효력근거는 (헌)법질서에 내재하는 것으로 파악한다. 이러한 법실증주의는 당시의 입헌군주제에는 부합하나 현대 민주주의에서는 그대로 받아들일 수 없다. 법의 형식만 중요시하는 법실증주의는 제정과 나찌시대에 법의 이름으로 수많은 불법이 행해지도록 하는 이론적 근거가 되었다.

옐리네크(G.Jellinek)의 '사실의 규범력(Normativität des Faktischen)'이란 법에 부합하지 않는 사실도 시간이 흘러 고착되면 규범력이 생긴다는 의미이다. 전두환 전 대통령의 수사과정(1995)에서 나온 "성공한 쿠데타는 처벌할 수 없다."는 말이 여기에 해당된다고 할 수 있다. 국가주권론과 국가법인설을 주장하였다.

켈젠(H.Kelsen)의 법단계설은 헌법→ 법률→ 명령→ 조례→ 규칙 등의 단계로 법질서가 구성되어 있으며 최상위의 규범은 헌법이라고 한다. 상위규범은 하위규범의 근거가 되는데 헌법은 근본규범(Grundnorm)에서 그 근거를 찾을 수 있다. 그러나 근본규범은 실정법이 아니다. 즉 이는 실제로 정립된 것이 아니라 가설로 전제된 것이다. 법질서의 효력을 유도해 낼 수 있지만 그 내용을 유도해 낼 수는 없다. 그는 법질서는 곧 국가라고 하였다. 그의 법학을 순수법학이라 한다.

한편 크라베(H.Krabbe 1857~1936)는 주권이 법질서 자체에 있다는 법주권론을 주장하였다.

2. 결단주의

(1) 헌법개념

슈미트(C.Schmitt 1888~1985, 주요저서 Verfassungslehre: 1928)에 따르면 헌법은 실존하는 정치적 통일체(헌법제정권력자)가 그의 고유한 정치적 실존의 양식과 형태에 대한 근본결단을 내린 것이라 한다. 슈미트의 이러한 설명을 결단주의(Dezisionismus)라 한다. 이 때의 헌법제정권력자는 주권자를 말하는데 이는 비상사태를 다스릴 수 있는 자를 의미한다.

(2) 배경

결단주의(決斷主義)는 헌법학적으로 형식화되고 추상화된 법실증주의를 극복하고 새로운 실질적 헌법학을 체계화하려는 시도로 성립하였다. 즉 헌법학에서 정치적·역사적·철학적 요소를 도외시할 수 없으며, 규범만이 아니라 현실을 강조함으로써 법실증주의를 극복하고자 하였다. 철학적으로는 홉스(Th.Hobbes 1588~1679)의 자연상태의 극복을 위한 국가적 상태를 건설해야 한다는 사상, 그리고 중세 후기의 주의주의(主意主義) 사상(voluntaristisches Denken)의 영향을 받았다. 주의주의는 지성보다 의지의 중요성을 강조하였다. 정치적으로는 제1차 세계대전의 패전 후에 바이마르 공화국이 성립하는 과정에서 생겨났다. 즉 제정(帝政)에서 공화국으로의 근본적 변화와 전후의 무질서, 그리고 국제적 압력에 대응하기 위한 강력한 국가의 재건을 위해서 규범이 아니라 힘(즉 현실)을 강조하게 된 것이다.

(3) 내용과 비판

슈미트(C.Schmitt)에 따르면 모든 규범은 그 성립 이전에 정치적 결단이 내려지게 된다. 따라서 법은 객관적 요소가 아니라 주관적 요소이고, 규범의 당위성이 문제되는 것이 아니라 실효성이 문제된다. 즉 법이란 힘과 권위를 가진 실력자의 의지의 결단이며 당위의 근원으로서 존재의 표현이다. 이 정치적 의지의 힘과 주권자의 권위에 의해서 (헌)법은 효력을 갖는다.

그러나 결단주의는 법실증주의를 비판하면서 성립하였음에도 비슷한 점이 발견된다. 예컨대 정치적 통일체로서의 국가는 이미 형성되어 존재하고 있는 점, 일단 내려진 결단은 그 내용과 상관없이 법으로 보게 된다는 점, 결과적으로 슈미트(C.Shmitt)의 결단은 결국 켈젠(H.Kelsen)의 근본규범과 비슷한 특색을 갖는다는 점 등이다. 따라서 결단주의는 사회학적 실증주의 또는 권력실증주의라는 비판을 받는다. 결단의 과정을 도외시한 결단주의는 법실증주의와 더불어 히틀러의 등장을 정당화하였다. 히틀러의 집권이 최종적인 결단으로 보았고 바이마르 공화국의 무질서가 종식된 것으로 보았다.

바이마르 공화국의 등장과 혼란을 종식시키며 전체주의가 등장하는 과정은 우리나라가 조선시대·일제시대의 군주정에서 공화국을 성립시킨 1948년 헌법제정과 이후의 장기집권과 권력남용으로 이어지는 과정과 비슷하다. 그래서 우리나라 초기 헌법학계에서도 명시적이지는 않더라도 슈미트적 헌법관에 입각한 설명이 많았던 것으로 판단된다.

3. 통합론

(1) 헌법개념

스멘트(R.Smend 1882~1975, 주요저서 Verfassung und Verfassungsrecht: 1928)에 따르면 헌법이란 국가의 통합과정의 법질서라고 한다. 이 통합과정이란 국가의 전체적 생활을 항상 새롭게 형성하는 것이다. 그에 따르면 실정법으로서의 헌법은 규범만이 아니라 또한 현실이며, 헌법으로서의 현실은 통합과정적 현실이다. 스멘트의 이러한 설명을 통합론(統合論 Integrationslehre; 허 영교수는 통합과정론이라 번역, 허 영 17면)이라고 한다.

(2) 배경

통합론은 헌법학적으로 군주시대에 성립한 법실증주의를 극복하고 실질적 헌법학을 확립하려는 시도로 성립하였다. 정치적으로는 세계 제1차대전 이후의 무질서와 혼란을 극복하기 위해서 슈미트와 같은 시기에 주장된 것이다. 다만 슈미트(C.Schmitt)가 분열과 갈등 그리고 적대관계를 힘에 의한 결단을 통하여 질서를 회복하려 한 데 비해서, 스멘트(R.Smend)는 통합사상을 통하여 분열된 국가를 새로운 통일체로 바꾸려고 하였다. 철학적으로는 신칸트학파의 존재와 당위의 이원론을 극복하고 규범과 현실의 상호관련성을 강조하는데, 이는 릿트(Th.Litt 1880~1962)의 철학에 기초한다. 현상학(E.Husserl[1859~1938]로부터 영향 받음)과 변증법의 영향을 받았다.

(3) 내용과 비판

스멘트(R.Smend)에 따르면 국가에 주어지는 의미와 내용은 국민이 계속적으로 의사형성에 참여함으로써 항상 새롭게 형성되어야 한다. 즉 개인은 공동체의 구성원으로서 이해되며, 공동체(국가)도 정적인 집단적 자아가 아니라 개인적 생활의 통일체로 이해된다. 따라서 국가는 이미 형성되어 있는 것이 아니라 끊임없이 새롭게 형성되는 것이다. 이를 통합(Konsens, Consensus)이라 하는데, 이 통합과정은 기능적일 뿐만 아니라 가치관련적이어서 통일체의 형성에는 공동의 가치가 그 기초를 이룬다. 통합의 계기(Moment)는 세 가지 유형이 있다. 인적 통합은 정치적 지도자들과 같은 인간을 통한 국가적 통일의 형성을 의미하고, 기능적 통합은 선거나 정당의 형성과 같이 생활형태를 집단화하는 작용을 말하며, 물적 통합은 정치적 상징물이나 기본권과 같은 국가생활의 의미내용을 말한다. 헌법을 통합과정의 법질서로 이해할 때, 국민은 그 통합을 통하여 법질서에 편입되고 공동의 가치(예컨대 기본권)를 위하여 헌법을 존중하게 된다.

통합론이 전체적으로 현대 민주주의와 다원적 산업사회에 적용될 수 있으나 다음과 같은 문제점도 있다. 첫째, 통합의 중요성을 강조하다 보니 헌법의 규범성을 소홀히 하였다. 둘째, 통합과정의 갈등의 요소를 소홀히 하였다. 또한 기본권을 통합의 계기로 보고 지나치게 책임을 강조한다는 비판도 있다(기본권 총론 참조).

슈미트(C.Shmitt)의 결단주의가 이론적으로 단순하고 당시의 상황을 잘 반영하고 있어 쉽게 받아들여진 데 비해서, 스멘트(R.Smend)의 통합론은 철학적 배경이 없이는 이해하기 어렵고 곧 등장한 나찌정권 때문에 오랫동안

보급되지 못하였다. 그러다가 세계 제2차대전 이후 결단주의가 퇴조하면서 이 이론이 확산되었다. 스멘트(R.Smend)의 통합론을 발전시킨 헷세(K.Hesse 1919~2005)에 따르면 헌법이란 공동체(Gemeinwesen)의 법적 기본질서로서 정치적 통일의 형성과 국가적 과제를 수행할 지도원리를 규정하고, 공동체 내에서의 갈등을 극복할 절차를 규정하고, 정치적 통일형성과 국가작용의 조직과 절차를 규정하고, 공동체의 전체적 법질서의 기초를 마련하여 그 대강을 규정한 것이다(헷세, 단락 17).

Ⅳ. 헌법개념의 이중성

위에서 헌법을 바라보는 입장들을 알아보았다. 같은 헌법관에 속한다 할지라도 학자에 따라서 구체적으로는 조금씩 차이를 나타내고 있다.

그 중 법규범으로서의 헌법을 강조하는 사람은 켈젠(H.Kelsen) 등이다. 특히 규범주의로 구분되는 케기(W.Kägi 1909~1980)는 헌법을 국민의 기본권과 국가권력의 구조관계에 관한 법질서라고 하였다.

한편 정치적 사실로서의 헌법을 강조하는 학자로는 위에서 든 슈미트(C.Schmitt)와 스멘트(R.Smend) 외에도 여러 학자가 있는데, 그 중 라쌀레(F.Lassalle 1825~1864)는 헌법을 통치형태(사실적 권력관계)로서의 헌법으로 파악했다.

결국 헌법은 이 두 가지 측면을 동시에 갖고 있다고 할 수 있는데, 이를 헌법개념의 이중성이라고 한다.

제2절 헌법의 분류

> 대부분의 현대국가는 실정헌법(헌법전)을 가지고 있다. 어느 나라의 헌법이 잘 지켜지고 있을까? 우리 헌법은 현실에서 어느 정도 효력을 가질까? 나라 별로 차이가 나는 이유는 무엇일까?

헌법을 어떤 기준에 따라 분류해 보는 것은 여러 나라의 헌법들을 유형화함으로써 일반적 성격이나 특징을 추정하고자 하는 것이다. 우선 전통적 분류기준에 따른 구분을 보고 새로운 분류방법을 알아보기로 한다.

Ⅰ. 전통적 분류

1. 존재형식에 의한 분류

(1) 성문헌법

성문헌법이란 헌법전의 형태로 되어 있는 헌법을 말한다. 즉 일정한 기관에 의하여 문서로 제정·공포된 헌법이다. 여기에는 최초의 성문헌법이라 할 수 있는 버지니아 권리선언(1776)과 미연방헌법(1787), 1791년 프랑스헌법 등을 비롯하여 현대의 거의 모든 헌법이 이에 속한다.

(2) 불문헌법

불문헌법이란 단행법전으로 되어 있지 않고 일반법률이나 관습법 등의 형태로 존재하는 헌법이다. 여기에는 영국과 이스라엘, 그리고 프랑스 제3공화국과 1978년 이전의 스페인헌법 등을 들 수 있다.

영국의 경우 1832년 이후의 국민대표법(Representation of People Act), 1911년과 1949년의 의회법(Parliament Act), 1937년의 장관지위법(Ministers of Crown Act) 등의 법률들이 있어서 형식적 단일 헌법전이 없다는 것을 의미할 뿐이다. 다른 불문법 국가도 사정은 비슷하다.

> [판례] 형식적 헌법전에는 기재되지 아니한 사항이라도 이를 불문헌법 내지 관습헌법으로 인정할 소지가 있다. 특히 헌법제정 당시 자명하거나 전제된 사항 및 보편적 헌법원리와 같은 것은 반드시 명문의 규정을 두지 아니하는 경우도 있다. 그렇다고 해서 헌법사항에 관하여 형성되는 관행 내지 관례가 전부 관습헌법이 되는 것은 아니고 강제력이 있는 헌법규범으로서 인정되려면 엄격한 요건들이 충족되어야만 하며, 이러한 요건이 충족된 관습만이 관습헌법으로서 성문의 헌법과 동일한 법적 효력을 가지는 것이다(헌재 2004.10.21, 2004헌마554등).

2. 개정절차의 난이에 따른 분류

(1) 경성헌법

경성헌법(硬性憲法 die starre Verfassung)은 헌법개정절차가 법률의 개정절차보다 어려운 헌법으로 대부분의 성문헌법이 이에 속한다. 급격한 변화를 불허하며 법적 안정성 확보에 유리하다.

(2) 연성헌법

연성헌법(軟性憲法 die biegsame Verfassung)이란 헌법개정절차가 법률의 개정절차와 같은 헌법으로 모든 불문헌법과 1948년 이탈리아 헌법, 1876년 스페인 헌법, 1947년 뉴질랜드 헌법 등을 들 수 있다. 현실적응력이 뛰어난 반면 법적 안정성에 문제가 있을 수 있다.

3. 제정주체에 의한 분류

(1) 흠정헌법

흠정헌법(欽定憲法)이란 군주의 일방적 의사에 의하여 제정된 헌법이다. 1814년 프랑스(루이18세) 헌법, 1850년 프로이센 헌법, 1889년 일본 메이지 헌법 등을 들 수 있다.

(2) 민정헌법

민정헌법(民定憲法)은 국민이나 그 대표에 의하여 제정된 헌법을 말한다. 1787년 미연방헌법, 1791년 프랑스 헌법, 1919년 바이마르 헌법, 1918년 소련헌법 등 현대의 대부분의 헌법이 이에 속한다.

(3) 협약헌법

이는 군주와 국민의 협력에 의하여 제정된 헌법이다. 협력이란 어느 일방이 주권을 전적으로 행사하지 못했다는 의미이다. 영국의 대헌장(1215)과 권리장전(1689), 1830년 프랑스 헌법, 1809년 스웨덴 헌법 등이 여기에 속하는데 스웨덴 헌법처럼 현재 남아 있는 것은 헌법변천에 의하여 민정헌법으로서의 성격을 갖게 되었다.

(4) 국약헌법(연방헌법)

이는 독립된 여러 주권국가가 모여 만든 헌법이다. 여기에는 1787년 미연방헌법과 1871년 독일제국헌법 등이 이에 속한다. 현재의 독일과 같은 연방헌법은 지방(支邦 [州])의 국가성이 약하므로 엄격히 말해서 국약헌법과는 구분되지만 국약헌법도 시간이 흐름에 따라 연방헌법과 비슷해지므로(예컨대 미국헌법) 양자를 같은 것으로 보는 것이 일반적이다.

위와 같은 분류에 따르면 우리나라의 헌법은 성문·경성·민정·현대적 헌법이라 할 수 있다. 그런데 대부분의 국가는 이러한 범주에 들므로 전통적 기준에 따른 분류는 현대 각국의 헌법을 유형화하는 데 별 도움이 되지 못한다. 그래서 새로운 기준에 의한 분류가 시도되고 있다.

II. 뢰벤슈타인(K.Loewenstein)의 분류

1. 독창성 여부에 의한 분류

(1) 독창적 헌법

독창적 헌법이란 기존의 헌법을 모방하지 않고 새로이 창조한 헌법을 말한다. 헌법의 전체가 아니더라도 일부 제도만 독창적이면 이 범주에 포함된다. 예컨대 미국의 대통령제(1787), 영국의 의원내각제, 프랑스 국민공회제(1793), 소련의 인민평의회제(1918), 중화민국의 오권분립제(1931), 폴란드의 신대통령제(1935) 등을 들 수 있다.

(2) 모방적 헌법

이에 반해서 모방적 헌법이란 기존의 헌법을 모방하여 자기나라에 맞게 손질한 헌법으로 우리나라를 비롯한 대부분 국가의 헌법이 이에 속한다.

2. 존재론적 분류

이 분류는 헌법규범과 헌법현실의 일치여부에 의한 분류이다.

(1) 규범적 헌법

규범적 헌법이란 헌법규범과 헌법현실이 일치하는 헌법을 말한다. 몸에 잘 맞고 실제로 입고 다니는 의복에 비유할 수 있으며, 미국·프랑스·북유럽 제국 등의 헌법을 말한다.

(2) 명목적 헌법

이는 헌법은 존재하지만 현재의 정치·사회적 여건으로 말미암아 헌법규범과 헌법현실이 일치하지 못하는 헌법을 말한다. 의복이 아직 옷장 속에 있어서 몸이 양복에 맞도록 자라기를 기다려야 하는 것으로 비유할 수 있다. 지적 엘리트에 의해 민주적 제도들이 도입되었으나 적절한 교육을 받지 못한 대중이 다수를 이루고 있는 아시아·아프리카의 신생국가들이 해당된다.

(3) 장식적 헌법

이는 헌법이 적용되고 있으나 국가의 강제기구를 장악한 실권자의 이익만을 위하여 현재의 권력상태를 헌법적 용어로 형식화하는 것을 말한다. 이는 진짜 의복이 아니라 가면무도회용 변장이라 할 수 있으며, 독재국가 또는 공산당이 권력을 독점하고 있는 사회주의국가를 들 수 있다.

3. 이념성 여부에 의한 분류

이념적 헌법 또는 프로그램적 헌법이란 헌법 가운데 이념 또는 프로그램을 포함하고 있는 헌법으로, 18~19C초의 헌법들은 자유주의 이념을 기초로 하고 있었다. 러시아혁명(1917) 이후 사회주의국가 헌법들은 사회주의라는 이념에 기초하고 있다. 이밖에 복지국가를 선언한 1917년 멕시코헌법, 자유주의적 이념과 사회국가적 성격을 포함하고 있는 1919년의 바이마르헌법, 가톨릭이념에 기초한 1934년의 오스트리아헌법 등을 들 수 있다.

이에 반해 실용적 헌법이란 이념적으로 중립이거나 통치절차에 관한 기술적 규정을 갖고 있어서 실리주의적 성격을 갖는 헌법을 말한다. 1871년 비스마르크 헌법과 1875년 프랑스 제3공화국헌법 등을 들 수 있다.

제3절 헌법의 기능과 특성

> 형법을 위반하면 형벌을 받게 되고, 민법상의 의무를 이행하지 않으면 법원에 의해 강제집행이 이루어진다. 헌법도 이런 제재가 있을까? 일반 국민도 헌법을 위반할 수 있을까? 그렇다면 국민은 왜 헌법을 지키고 존중해야 하는가?

Ⅰ. 헌법의 기능

1. 국가창설기능

헌법은 정치적 통일체를 형성하여 공동체(Gemeinwesen, 국가와 사회를 포괄하는 개념)를 창설하는 기능을 갖는다. 국가는 선재(先在)하는 것이 아니며, 헌법에 의하여 비로소 국가로서의 의미를 갖게 되는 것이다.

2. 국가생활의 안정화·합리화기능

헌법은 국가의 법질서를 창조하여 국가(공동체)생활의 안정화·합리화기능을 수행한다. 다양한 정치적 이익과 세력들 간의 갈등을 헌법의 테두리 안에서 해소함으로써 정치적 평화를 이루게 된다(정종섭 38면 참조). 또한 기본권을 보장함으로써 국민을 법질서에 편입시키며 통합을 이루는 역할을 한다.

3. 권력제한기능

헌법은 국가(공동체)생활에 필요한 여러 가지 기능을 각 국가기관에 주는데, 이 때 권한의 범위를 확정해서 주며 기관 상호간에 협력하게 할 뿐만 아니라 이를 제한함으로써 권력남용을 막고 결과적으로 국민의 기본권을 최대한 보장받게 하는 역할을 한다.

허영교수는 헌법의 기능으로 국가창설적 기능, 정치생활주도기능, 기본권보장을 통한 사회통합기능, 수권 및 권능제한적 기능, 정치적 정의실현기능 등을 들고 있다(허 영 20면 이하). 한편 권영성교수는 헌법의 정치적 기능으로 국가구성적 기능, 국민적 합의기능, 공동체의 안정과 평화유지기능, 국민통합기능, 정치과정합리화기능 등을 들고, 헌법의 규범적 기능으로 법질서창설기능, 기본권보장기능, 권력통제기능 등을 들고 있다(권영성 15면 이하).

Ⅱ. 헌법의 특성

1. 최고규범성

헌법은 법체계중 최고단계에 있다. 즉 형식적 효력이 가장 상위에 있다. 우리나라는 일본 헌법 §98①과 같은 명문규정은 없으나 헌법개정에 있어 일반 법률보다 어려운 경성헌법을 채택하고 있으며, 헌법에 위반하는 법률에 대한 규범통제가 이루어지는 등 헌법의 최고규범성은 당연한 것이다. 따라서 헌법은 모든 하위법규들의 근거가 되고 이들을 입법하고 해석하는 데 기준이 된다.

일본 헌법 §98① "헌법은 국가의 최고법규로서 이에 반하는 법률, 명령, 조칙(詔勅) 및 국무에 관한 기타 행위의 전부 또는 일부는 그 효력이 없다."

미국헌법 §6②이 헌법의 최고법규성을 선언해 놓고 있다는 견해도 있다(계희열 51면, 권영성 13면). 원문은 "This Constitution, and the laws of the United States which shall be made in pursuance thereof; and all treaties made, or which shall be made, under the authority of the United States, shall be the supreme law of the land; and the judges in every State shall be bound thereby, anything in the Constitution or laws of any State to the contrary notwithstanding."이다. 이는 연방헌법과 연방법률, 그리고 연방이 체결한 조약이 최고법규를 이루고 있으며, 이런 연방법이 주의 헌법이나 법률에 우선한다는 점을 밝힌 것이다.

2. 정치성

정치체제의 선택은 실정법의 평가를 벗어나며, 헌법은 정치적 투쟁결과의 문서화이다. 정치가 안정된 시기에도 헌법의 정치적 성격이 상실되지 않으며 정치적 대립이 헌법테두리 내에서 통합·해결되고 있을 뿐이다. 다른 법률들도 정치성을 띠는 경우가 있으나(예컨대 국가보안법), 헌법은 정치적 성격이 두드러진다. 그렇다고 해서 정치적 타협에 의하여 헌법을 무시할 수 있다는 것은 아니다. 일단 성립한 헌법은 정치과정을 규율하고 권력의 제한과 합리화 그리고 자유로운 정치생활을 보장하는 역할을 한다. 따라서 정치적으로 주도권(또는 권력)을 잡으려면 헌법적 정당성을 먼저 획득하여야 한다.

> [판례] 헌법은 국민적 합의에 의해 제정된 국민생활의 최고 도덕규범이며 정치생활의 가치규범으로서 정치와 사회질서의 지침을 제공하고 있기 때문에 민주사회에서는 헌법의 규범을 준수하고 그 권위를 보존하는 것을 기본으로 한다(헌재 1989.9.8., 88헌가6).

3. 개방성

헌법의 최고규범성(기초법)과 정치성은 헌법의 구조적 특징으로 개방성을 나타내게 한다(계희열[상] 52면 이하). 즉 헌법은 민법·형법 등의 하위규범과는 달리 상세하게 규정되어 있지 못하다. 권력구조처럼 부분적으로는 상세한 규정도 있으나 헌법원리나 기본권 같은 분야는 그 내용이 추상적이고 불확정적이다. 이를 개방성(Offenheit)이라 한다. 어느 분야에 대해서는 아무런 규정도 없는 경우도 있다. 헌법은 법실증주의자들의 주장과 같이 무흠결의 완결된 체계가 아니며 개방적 질서이다. 헌법이 이렇게 개방되어 있는 것은 헌법이 모든 것을 규정할 필요가 없으며 중요하고 확정을 필요로 하는 것의 대강의 윤곽만을 규정하는 것이기 때문이다(윤곽질서). 예컨대 경제분야 같은 것은 그 대강만을 규정하고 상세한 내용은 그때그때 구체화하도록 하고 있다. 또 외교문제나 정당 같은 것은 그 특성 때문에 상세한 규정을 둘 수 없다. 즉 헌법이 역사적으로 변천하는 다양한 문제들을 규율하기 위해서는 미래를 향하여 개방되어 있어야 한다.

다만 헌법은 모든 것을 개방한 채로 두는 것이 아니며, 국가의 기초가 되는 기본원리는 개방된 채로 두어서는 안 된다. 또한 권력구조도 확정해 두어야 한다. 그래서 국가의 과제수행을 위하여 국가기관에 권한을 주고 상호 정서함으로써 적절한 기능수행과 권력남용을 방지해야 한다. 나아가 개방된 내용을 구체화하는 절차는 개방해 놓아서는 안 된다.

허 영교수는 개방성 외에 유동성·추상성·미완성성 등을 들고 있으나(허영 25면 이하), 넓은 의미의 개방성에 포함되는 것으로 볼 수 있다.

4. 자기보장성

헌법은 다른 법률과는 달리 그 효력을 보장해 줄 외부적 강제수단이 없다. 따라서 헌법은 스스로 그 효력을 보장해야 한다. 그렇다면 헌법은 과연 규범력이 있는가라는 문제가 제기될 수 있다. 헌법관에 따라 입장이 다르다. 즉 법실증주의에 따르면 헌법의 규범력은 법질서 자체에서 나온다. 켈젠(H.Kelsen 1881~1973)은 그 상위에 근본규범(Grundnorm)이라는 것을 상정해서 여기에서 헌법의 효력이 나온다고 한다. 이와는 달리 결단주의에서는 헌법제정권력자의 실존적인 정치적 의지의 힘 때문에 헌법은 효력을 갖는다고 한다. 통합론에 따르면 헌법의 규범력은 헌법내용의 실현가능성과 헌법생활에 참여하는 사람들의 헌법내용을 실현하고자 하는 실천적 의지에 달려 있다고 한다.

5. 조직규범성

헌법은 국가기관에 권한을 주고(수권규범), 국가를 조직하며(조직규범), 그 국가기관들의 권력을 제한하는(권력제한규범) 특성을 갖는다.

6. 기타

그 밖에도 이념성과 역사성을 들기도 한다. 이는 다른 법률도 갖는 특성이지만 헌법에 더욱 두드러진 특성이다.

허 영교수는 생활규범성을 헌법의 특성으로 들면서 헌법은 형법·민법 등에 비해서 전 생활영역을 대상으로 하는 가치규범 내지는 행동규범적 성격을 띠는 생활규범이라고 한다(허 영 28면).

그러나 그 영역의 광범성을 제외하고는 일상생활에 실현되고 발전된다는 의미의 생활규범성은 구체적 내용을 가지는 하위법규보다 더 두드러진 헌법의 특성이라고 하는 것은 무리이다. 다만 우리의 헌법이 과거에는 현실과 유리된 규범이었고 따라서 생활규범이어야 한다는 당위로서는 의미가 있다.

학자에 따라 헌법의 특성을 여러 가지로 들고 있다. 계희열교수는 최고규범성·개방성·자기보장성·정치성 등을 들고 있다(계희열[상] 51면 이하). 김철수교수는 헌법제도의 특성으로 정치성·이념성·역사성·규범성을, 헌법규범의 특성으로 수권적 조직규범, 기본권보장·권력제한규범, 최고규범, 헌법제정·개정규범을, 그리고 헌법규범의 단계구조와 실정적 분류 등을 들고 있다(김철수 16면 이하). 권영성교수는 사실적 특질로서 정치성·이념성·역사성을, 규범적 특질로서 최고규범성·기본권보장규범성·조직수권규범성·권력제한규범성·자기보장규범성을, 그리고 구조적 특질을 들고 있다(권영성 11면 이하). 허 영교수는 최고규범성·정치규범성·조직규범성·생활규범성·권력제한규범성·역사성 등을 들고 있다(허 영 23면 이하). 홍성방교수는 최고규범성·조직규범성·정치경제규범성·구조적개방성 등을 들고 있다(홍성방[상] 16면 이하).

제4절 헌법의 해석

> 헌법은 조문을 읽어 보아도 그 의미나 구체적 적용범위를 잘 알 수 없어서 뜬구름 잡는 이야기처럼 들리는 이유가 무엇일까? 실제 사건과 어떻게 관련되는 것인가? 왜 어떤 이는 헌법을 '종이호랑이'라고 부를까?

헌법의 해석이란 헌법규범의 의미내용을 분명하게 밝히는 것을 말한다. 헌법은 국가의 기초법이기 때문에 해석의 결과가 다른 법률의 해석보다 훨씬 기본적이고 중대하다. 그리고 위에서 본 것처럼 헌법은 개방성이 그 특징이므로 해석을 통하여 구체적 내용을 확정해야 한다. 특히 헌법재판이 활성화되어 있는 경우 헌법의 해석은 더욱 중요시된다.

Ⅰ. 전통적 법해석방법

1. 해석의 방법과 목표

19C에 사비니(F.C.von Savigny 1779~1861)는 문법적·논리적·역사적·체계적 해석방법(4단계 해석방법)을 제시하면서 이 방법들을 서로 협동하여 해석해야 한다고 하였다. 그 후 5단계 또는 7단계이론이 제시되기도 하였으며, 오늘날도 기본적으로는 이러한 해석방법에 기초하고 있다.

한편 해석의 목표를 입법자의 의사를 확인하는 데 둘 것인가(주관설; 예컨대 B.Windscheid 1817~1892), 아니면 법에 표현된 객관적 의사를 확인하는 것인가(객관설; 예컨대 G.Radbruch 1878~1949)의 학설의 대립이 있었으나, 현재는 대체로 객관설이 다수의 입장이라고 할 수 있다.

문제의 해결은 법규의 의미를 대전제로 삼고, 사실관계를 소전제로 삼아 3단논법에 의하여 해결하는 포섭이론이 일반적이다. 따라서 해결하고자 하는 문제와는 상관없이 주관적 또는 객관적 의사를 확인하여 적용하는 것이 전통적 해석방법이다.

2. 전통적 해석방법의 문제점

헌법과 법률은 외형적으로 별 차이가 없어 보인다. 그러나 헌법은 기초법이기 때문에 상세한 규정을 두고 있지 못하다. 즉 개방적이다. 따라서 다른 법규범에서 예외적으로 문제가 되는 법의 흠결, 일반조항, 불확정개념이 예외가 아니라 오히려 보편적인 현상이다. 그렇기 때문에 이미 존재하는 주관적·객관적 의사를 확인한다는 것은 거의 불가능하다. 결과적으로 존재하지 않는 불확정적 의사(확정의 단서만 제공할 뿐 확정된 의사는 존재하지 않는)를 찾는 데 해석의 목표를 둘 수는 없는 것이며, 법의 의미를 확정해 놓고 사실관계를 포섭하여 결론을 내린다는 것도 불가능하다. 따라서 전통적 해석방법으로 헌법을 해석할 수 있는 부분은 극히 일부분이다. 그럼에도 전통적 해석방법으로 헌법을 해석할 수 있다고 여겨 온 것은 법실증주의의 영향이라 할 수 있다.

II. 새로운 헌법해석방법

1. 구체화로서의 헌법해석방법

헌법의 해석은 존재적 요소들을 도입하여 그 내용을 채워 주어야 한다. 이 경우 과연 객관적이고 합리적인 결론, 나아가 법적 안정성이 있을 것인가가 문제된다. 이점이 새로운 헌법해석의 과제이다.

헌법해석은 결국 규범의 구체화라고 할 수 있다. 규범의 구체화는 규범의 의미를 이해하는 데서 출발하는데, 해석자의 선이해(先理解 Vorverständnis)와 해결되어야 할 구체적 문제로부터 분리될 수 없다. 선이해는 선판단을 지니고 있으므로 그대로 집행되어서는 안 되며 구체화 과정에서 합리적으로 근거를 밝히도록 함으로써 오류에 빠지지 않도록 하여야 한다. 헌법해석에서 규범의 내용을 확정하려면 구체적 문제를 고려해야 한다. 구체적 사건은 규범의 구체화에 필요한 관점을 확정하게 해 준다. 이를 사항 및 문제관련적(sach- und problemgebunden) 해석 또는 문제변증론(Topic)이라고 한다.

2. 헌법해석의 원리

헌법해석을 할 때는 다음과 같은 원리에 입각하여 해석하여야 한다.

(1) 헌법의 통일성

헌법의 통일성이란 헌법규범의 개별 요소들은 상호 관련되고 의존되어 있으므로, 개별 헌법규범만을 고립적으로 해석해서는 안 되고 전체적 관련을 함께 고찰해야 한다는 것이다.

(2) 실제적 조화의 원리

실제적 조화(praktischer Konkordanz)의 원리란 모든 법익은 문제해결에 있어 모두 동시에 가장 잘 실현되도록 상호 정서(整序)되어야 한다는 것을 말한다. 법익형량이나 추상적 가치형량은 자칫 어느 하나의 법익을 실현하고 다른 하나는 희생할 우려가 있다. 따라서 두 개의 법익이 그 때 그 때 최적으로 실현되도록 그 경계가 비례적으로 그어져야 한다(비례의 원칙은 기본권의 제한에서 설명함). 허 영교수는 이를 규범조화적 해석이라 한다(허 영 287면 등). 이는 특히 기본권 분야에서 더욱 필요한 원리라고 할 수 있는데, §37 ②단서의 기본권의 본질적 내용 침해금지에 대한 설명을 참조하기 바란다.

(3) 기능적 적정성의 원리

헌법은 국가의 기능을 여러 기관에 배분해 주고 일정한 방법과 한도 내에서 이를 행사하도록 하고 있다. 따라서 헌법을 해석하는 경우 특정 기관에 주어진 기능의 범위를 지켜야 하고 해석에 의해서 그 한계를 변경하면 안 된다. 이는 특히 헌법재판의 경우 문제가 된다. 예컨대 헌법재판소는 입법자에 대한 통제의 기능만 부여받고 있으므로 적극적으로 입법자의 형성의 기능을 잠식하는 해석은 금지된다.

(4) 통합작용의 원리

현대 헌법은 정치적 통일을 형성하고 이를 유지하는 것이 중요한 과제이므로, 헌법해석에 있어서도 통합을 이루고 유지하도록 하는 것이 중요한 관점이 된다.

(5) 헌법의 규범력의 원리

이는 헌법해석에 있어서 헌법이 규범력을 잘 발휘할 수 있도록 해석해야 한다는 원리이다.

III. 헌법합치적 해석

1. 헌법합치적 해석의 의의

헌법합치적 해석 또는 합헌적 법률해석(verfassungskonforme Auslegung)이란 하나의 규범이 여러 가지로 해석될 수 있는 경우, 즉 부분적으로는 합헌 부분적으로는 위헌으로 해석이 가능한 경우 그 규범을 헌법에 합치되도록 해석해야 한다는 것을 말한다. 이것은 헌법에 합치되는 해석이 가능한 법률은 가급적 효력을 지속시켜야 한다는 소극적 의미와 법치국가원리가 허용하는 테두리 내에서, 즉 입법권의 기능을 침해하지 않는 범위에서 법규의 내용을 제한, 보충 또는 새로 형성한다는 적극적 의미를 갖는다. 이는 직접적인 헌법해석의 문제가 아니라 법률해석의 문제이지만 헌법해석과 밀접한 관련이 있다.

이 원칙은 미국 연방대법원과 독일 연방헌법재판소의 판례를 통하여 확립된 것이다. 우리나라 헌법재판소에서도 도입하고 있는 해석의 원칙이다. 다만 이 원칙이 반드시 헌법재판제도를 전제로 하는 것은 아니다.

2. 헌법합치적 해석의 이론적 근거

(1) 법질서의 통일성

한 나라의 법질서는 헌법을 정점으로 하여 단계구조로 되어 있고, 상위법은 하위법의 기본적이고 중요한 원칙을 사전에 확정하고 있는 것이다. 따라서 법률은 헌법의 규정들과 논리적으로 조화를 이루어야 하고 헌법이 설정한 목적에 반하지 않아야 한다. 따라서 여러 가지의 해석가능성이 있을 때 합헌적인 해석방법을 택하는 것은 당연하다.

(2) 입법권의 존중

입법권은 원칙적으로 국회에 속한다(§40 참조). 그리고 헌법의 내용은 입법자가 형성하는 법률에 따라 구체화된다. 따라서 입법자가 합헌이라고 판단하여 만든 법률을 헌법재판소가 위헌으로 판단하여 배척하는 일은 가급적 자제되어야 한다. 특히 국민이 직접 구성한 입법부가 좀더 직접적인 민주적 정당성을 갖는다는 사실을 염두에 두어야 한다.

(3) 법률의 유효추정

일단 합법적 절차에 따라 성립된 법률은 합헌적이라고 추정된다. 민주적 법치국가에서는 헌법을 존중한다는 국민대표인 입법자의 의지가 전제되고, 입법절차에 대한 제도적 보장장치들(예컨대 국회의 의결이나 대통령의 거부권·공포권 등)이 내적인 규범통제를 행사하는 것으로 볼 수 있기 때문이다. 이 유효성추정은 사실적·법적 근거는 없으나, 현실적으로 법률이 무효로 판단되는 경우는 유효로 판단되는 경우보다 훨씬 적다는 점에 기인하며, 규범통제기관(헌법재판소)이 입법자에게 폭넓은 재량을 인정하도록 하는 기능을 한다. 즉 이것은 법적 안정성을 유지하려는 규범유지적 원칙에서 나온다고 할 수 있다. 그러나 이 원칙은 추정일 뿐 곧바로 법률이 합헌이라는 근거가 되는 것은 아니다.

[판례1] 일반적으로 어떤 법률에 대한 여러 갈래의 해석이 가능할 때에는 원칙적으로 헌법에 합치되는 해석 즉 합헌해석을 하여야 한다. 왜냐하면 국가의 법질서는 헌법을 최고법규로 하여 그 가치질서에 의하여 지배되는 통일체를 형성하는 것이며 그러한 통일체내에서 상위규범은 하위규범의 효력근거가 되는 동시에 해석근거가 되는 것이므로, 헌법은 법률에 대하여 형식적인 효력의 근거가 될 뿐만 아니라 내용적인 합치를 요구하고 있기 때문이다(헌재 1989.7.21, 89헌마38; 같은 취지 헌재 1990.4.2, 89헌가113; 헌재 1991.4.1, 89헌마160).

[판례 2] 합헌해석 또는 한정합헌해석이라 함은 법률의 규정을 넓게 해석하면 위헌의 의심이 생길 경우에, 이를 좁게 한정하여 해석하는 것이 당해 규정의 입법목적에 부합하여 합리적 해석이 되고 그와 같이 해석하여야 비로소 헌법에 합치하게 될 때 행하는 헌법재판의 한 가지 형태인바, 이것은 헌법재판소가 위헌심사권을 행사할 때 해석 여하에 따라서는 위헌이 될 부분을 포함하고 있는 광범위한 규정의 의미를 한정하여, 위헌이 될 가능성을 제거하는 해석기술이기도 하다(헌재 1990.6.25, 90헌가11).

3. 헌법합치적 해석의 기술과 한계

(1) 헌법합치적 해석의 기술

1) 법률의 부분무효

법률이 합헌으로 해석될 수 없는 몇 개의 조문을 가지고 있는 경우, 전체를 위헌으로 볼 수도 있고 해당 조문만을 위헌으로 볼 수도 있다. 이 경우 위헌인 조문을 빼면 전체적으로 입법목적 전체가 실효성이 없는 경우에는 전체를 위헌으로 하는 것이 바람직하지만 그밖에는 그 일부만 위헌으로 하는 것이 바람직하다.

2) 법률내용의 제한 또는 보완

위헌의 요소를 가지고 있는 법률내용을 해석하여 그 내용을 제한함으로써 전체를 무효화시키지 않을 수 있는 경우가 있다. 헌법재판의 결정유형으로는 한정합헌·한정위헌·일부위헌 등이 있다.

한편 내용을 적극적으로 보충하는 것은 입법권침해가 되겠지만, 입법자에게 일정한 유예기간을 두고 법률내용을 합헌적으로 보완하도록 하는 경우가 있는데 헌법불합치결정이 이에 속한다. 요즘 헌법재판소 결정은 단순위헌보다 오히려 헌법불합치 결정이 더 많은 정도에 이르렀다.

[판례 1] 국가보안법 §7와 관련하여(①은 찬양·고무·선동죄, ⑤은 이를 목적으로 한 표현물의 제작·반포 등) 문구가 명확하지 않아서 죄형법정주의와 표현의 자유에 반할 소지가 있으나 이를 "국가의 존립·안전이나 자유민주적 기본질서에 실질적 해악을 줄 명백한 위험성이 있는 경우에 처벌되는 것으로 축소제한 해석을 하는 것이 헌법에 합치된다"(한정합헌, 헌재 1990.4.2, 89헌가113; 1990.6.25, 90헌가11).

[판례 2] 신문 등의 시설은 임차로도 가능하므로 소유를 요건으로 할 필요는 없으므로 정간법 §7①은 소유를 요건으로 해석하면 위헌이다(한정위헌, 헌재 1992.6.26, 90헌가23).

[판례 3] 선거일전 180일부터 선거일까지 선거운동을 위한 문서·도화의 배부·게시 등을 금지하고 처벌하는 공직선거법 제93조 제1항의 각 '그 밖에 이와 유사한 것'에, '정보통신망을 이용하여 인터넷 홈페이지 또는 그 게시판·대화방 등에 글이나 동영상 등 정보를 게시하거나 전자우편을 전송하는 방법'이 포함되는 것으로 해석하는 한 헌법에 위반된다(한정위헌, 헌재 2011.12. 29, 2007헌마1001등).

(2) 헌법합치적 해석의 한계

헌법합치적 해석의 한계로는 다음과 같은 것을 들 수 있다.

첫째, 법문구적 한계로 법조문을 헌법에 합치하도록 해석하고자 하는 경우에도 법문구의 의미를 벗어나면서까지 해석할 수는 없다. 물론 문구의 의미를 분명하게 확정하는 것은 쉬운 일이 아니다.

둘째, 법목적적 한계로 입법자가 해당 법률의 제정을 통하여 추구하는 명백한 입법목적을 벗어나는 해석은 할 수 없다. 입법목적은 해석에 의해 다소 변할 수 있지만 완전히 벗어날 수는 없다. 이 한계를 넘는 경우 단순위헌보다 더 입법권침해가 되는데 단순위헌으로 무효가 되면 입법자가 새로 입법을 할 수 있으나, 이 경우 헌법재판소가 내용을 스스로 규정하는 것이 되기 때문이다.

셋째, 헌법수용적 한계가 있는데 이는 법률의 효력을 유지시키기 위해서 헌법의 내용을 지나치게 확대해석하는 것은 안 된다는 것이다. 즉 헌법합치적 해석은 그 기준이 되는 헌법의 해석도 필요하게 되므로 그것이 지나쳐서 헌법의 법률합치적 해석이 되어서는 안 된다는 것이다.

[판례] 법률의 합헌적 해석은 헌법의 최고규범성에서 나오는 법질서의 통일성에 바탕을 두고, 법률이 헌법에 조화하여 해석될 수 있는 경우에는 위헌으로 판단하여서는 아니 된다는 것을 뜻하는 것으로서 권력분립과 입법권을 존중하는 정신에 그 뿌리를 두고 있다. 따라서, 법률 또는 법률의 위 조항은 원칙적으로 가능한 범위 안에서 합헌적으로 해석함이 마땅하나 그 해석은 법의 문구와 목적에 따른 한계가 있다. 즉, 법률의 조항의 문구가 간직하고 있는 말의 뜻을 넘어서 말의 뜻이 완전히 다른 의미로 변질되지 아니하는 범위내이어야 한다는 문의적 한계와 입법권자가 그 법률의 제정으로써 추구하고자 하는 입법자의 명백한 의지와 입법의 목적을 헛되게 하는 내용으로 해석할 수 없다는 법목적에 따른 한계가 바로 그것이다(헌재 1989.7.14, 88헌가5등).

제 2 장
헌법의 제정·개정 및 보장

제1절 헌법의 제정

> 우리나라는 서양 근현대사의 발전(18~19C)을 해방 이후 반세기 만에 이룩하였다. 민주화와 산업화를 이루었고, 이제 경제력 세계 10위권에 올라 있다. 세계사의 주역으로 비상하기 위해서는 지나온 과거에 대한 반성이 필수적인데, 우리 근현대사에서 어느 시기가 가장 아쉬운 대목이라고 생각되는가?

I. 헌법제정의 의의

 헌법의 제정이란 국가의 법적 기본질서를 마련하는 법창조행위이다. 오늘날은 자주독립국가의 탄생을 의미하거나, 국가의 동일성이 부인되는 근본적 변화를 의미한다. 입헌군주국가시대에 있어서 헌법제정의 의의는 군주에게 속하는 국가권력을 헌법에 따라 행사하게 함으로써 군주의 권력을 제한하고 개인의 자유와 권리를 보호하는 데 있었다. 국민주권주의가 확립된 오늘날은 이러한 소극적 의의만이 아니라 정치적 통일체로서의 국가를 형성하고 유지하며 국가권력을 구성한다는 적극적 의의가 있다.

II. 헌법제정권력

1. 헌법제정권력의 개념과 유래

(1) 헌법제정권력의 개념

 헌법제정권력(verfassunggebende Gewalt)이란 헌법을 창조할 수 있는 사실적인 힘을 말하며, 단순한 힘만이 아니라 이를 정당화시킬 정치적 의사 또는 권위를 의미한다. 민주주의에 있어서는 국민이 헌법제정권력의 주체이다. 이렇게 볼 때 헌법제정권력이란 법정립의 방법으로 형식적 헌법의 내용과 범위를 결정하는, 국민이 직접 또는 간접적으로 행사하는 권한이라 할 수 있다(계희열 [상] 93-94면).

(2) 개념의 유래

헌법제정권력사상은 근대 성문헌법이 제정되면서 생겨나기 시작했다. 미국의 헌법제정 당시만 해도 이론보다 현실적 문제에 관심을 두었던 까닭에 이러한 논의가 없었으나, 프랑스대혁명 당시 시예스(Abbé Sieyes 1748~1836; 그의 이름은 Emmanuel Joseph Sieyes이나 신부[神父]였기 때문에 Abbé Sieyes라 부름)에 의해 제기되었다. 그 후 19C초 비인회의(1815~1830)에서 군주에게 헌법제정권력이 인정되면서 크게 문제가 되었다. 다만 법실증주의의 영향으로 독일에서는 별로 문제가 되지 않았다. 즉 국가주권론에 의하여 입법권과 구별되는 상위의 헌법제정권력을 상정할 필요가 없었다. 그 후 슈미트(C.Schmitt)에 의하여 이 문제가 거론되고 발전되었다.

2. 헌법제정권력의 내용

(1) 시예스의 이론(18C)

헌법제정권력이론의 창시자인 시예스(A.Sieyes)는 프랑스 대혁명 당시 '제3의 신분이란 무엇인가(1789)'라는 팜플렛에서 이 이론을 최초로 체계화하였다. 여기서 제3의 신분이란 부르주아(Bourgeois) 시민계급을 말한다. 그는 법과 전통에서 나오는 군주의 권력에 대항하여 시원적이며 아무런 구속도 받지 않는 국민(시민)이 헌법을 제정할 수 있다고 하였다. 헌법제정권력은 조직되지 않은 권력이며 그 담당자인 국민은 국가와 헌법의 밖에, 즉 자연 상태에 있다고 하였다.

헌법제정권력과 그에 의하여 조직된 국가권력을 구별하였고, 헌법제정권력과 입법권을 엄격히 구분하였다. 헌법제정권력은 절대적·창조적·시원적(始原的)·자율적 권력이며 오류에 빠질 수 없으며 국민만이 갖는다고 하였다. 또한 헌법은 헌법제정의회에서 제정되어야 한다고 함으로써 대의제의 사상적 선구가 되었다. 이에 비해 같은 대혁명 당시의 사상적 기초를 제공한 루소(J.J.Rousseau 1712~1778)는 직접민주주의를 주장하였다.

시예스 이론은 혁명이론이며 헌법의 효력의 정당화 근거를 제시할 뿐이라고 비판된다.

"헌법은 어느 것이나 헌법제정권력의 작품이다.…헌법제정권력은 국민만이 가지며 국민은 어떠한 법적 제한에도 따르지 아니하고 무슨 법이든 만들 수 있다. 이것은 실정법 위에 있는 자연법에 의하여 인정된 원칙이다."(A.Sieyes)

(2) 법실증주의의 이론(19C)

시예스 이론이 국민주권론에 근거하는 데 비해서 법실증주의는 그 이론적 근거를 국가주권론·국가법인설에서 찾는다(주권론에 대해서는 뒤에 설명). 이에 따르면 국가는 모든 법의 연원으로 무슨 법이든 창조할 수 있다고 한다. 따라서 헌법제정권력의 주체는 국가이다. 결국 헌법제정권력과 국가권력(입법권)을 동일시하고 국가권력의 무한계성을 주장함으로써 헌법제정권력이론을 논의할 필요가 없게 된다.

(3) 슈미트의 이론(20C)

슈미트(C.Schmitt)는 헌법제정권력이란 정치적 실존을 결정할 수 있는 힘과 권위를 가진 정치적 의지라고 하며, 이는 규범적 올바름과는 관계가 없는 현실적 결단에 근거한 명령이라 할 수 있다. 따라서 헌법제정권력의 주체는 실력자(신·국왕·귀족·국민)라고 할 수 있다.

그는 헌법제정권력과 헌법개정권력을 구별하였는데 헌법개정권력은 헌법제정권력(시원적 권력)에 의하여 제도화된 권력이라고 하였다. 또한 헌법과 헌법률을 구분하는데, 그에 따르면 헌법(Verfassung)이란 절대적 헌법이며 헌법개정의 한계 밖에 있다. 즉 헌법제정권력의 근본결단을 말한다. 현대적 용어로 설명하면 헌법의 핵심이라고 할 수 있다. 그에 반해 헌법률

(Verfassngsgesetz)이란 상대적 헌법, 헌법의 개개의 조항을 말하며 헌법개정의 대상이 된다. 현대적 용어로 말하면 실정헌법에 해당된다(헌법률이라는 용어를 쓰는 경우도 있다). 그가 말하는 헌법의 위계질서를 도식화하면 다음과 같다.

"헌법제정권력 → 헌법 → 헌법개정권력 → 헌법률 → 입법권"

슈미트(C.Schmitt)이론에서 설명되는 헌법제정권력의 속성은 사실성과 규범성(국민의 정치적 존재방식에 대하여 근본적 결단을 내리는 정치적 의사이며 법적권능), 시원적 창조성(국가와 헌법질서를 시원적으로 창조하는 권력), 자율성(행사방법을 구속하는 절차가 존재하지 않고 스스로 의도하는 바에 따라 발동), 단일불가분성(헌법개정권력·통치권의 포괄적 기초가 되며 나눌 수 없음), 항구성(한번 행사되었다고 소멸하는 것이 아님) 등을 들 수 있다.

그의 이론에 대해서는 사실적 측면만을 강조하고 있어서 규범적 측면 즉 헌법이 준수되고 승인되고 받아들여지는 측면에 대한 설명을 하지 못한다는 비판이 있다.

(4) 헌법제정권력과 다른 권력

1) 주권과의 관계

슈미트(C.Schmitt)는 이 둘을 단일·불가분적 권력이며, 절대무제한적 권력으로서 동일한 권력으로 본다. 한편 김철수교수는 헌법제정권력은 주권에 포함되는 일부분으로 주권이 더 넓은 개념이라고 한다(김철수 29면).

2) 헌법개정권력과의 관계

슈미트(C.Schmitt)에 따르면 헌법개정권력은 헌법제정권력에 의하여 제도화된 권력으로서 제정권력보다 하위의 효력을 갖는 권력이라 한다.

3) 통치권과의 관계

통치권은 입법권·행정권·사법권 등의 총합체로서(불가분성을 지니는 헌법제정권력과는 다름) 주권에 의하여 조직화된 권력으로 당연히 헌법제정권력보다 하위의 효력을 갖는다.

[판례] 우리 헌법의 각 개별규정 가운데 무엇이 헌법제정규정이고 무엇이 헌법개정규정인지를 구분하는 것이 가능하지 아니할 뿐 아니라, 각 개별규정에 그 효력상의 차이를 인정하여야 할 형식적인 이유를 찾을 수 없다(헌재 1995.12.28, 95헌바3). ☞ 학문적으로는 실질적인 가치평가에 의하여 중요한 내용과 덜 중요한 기술적인 내용을 구분한다.

3. 헌법제정권력의 한계

(1) 무한계설과 한계긍정설

헌법제정권력의 한계문제에 대해서는 서로 다른 입장을 발견할 수 있다. 혁명 중에 이를 정당화하기 위해 주장되었고 헌법제정권력의 시원성을 주장하는 시예스(A.Sieyes)와 마찬가지로 혁명적 성격이나 시원성을 긍정하는 슈미트(C.Schmitt)의 입장에서 한계를 인정하지 않는 것이 논리적으로 당연하다(무한계설). 또한 이미 만들어진 실정법에의 합법성만을 논의하는 법실증주의 또는 순수법학에서는 헌법제정권력의 한계 여부는 아예 문제가 되지 않는다(한계론 무용설).

그러나 헌법제정권력이 구 헌법을 포함한 기존의 실정법질서에 구속되지 않는 것은 분명하지만, 아무런 제한 없이 행사될 수 있는 것은 아니고 일정한 법원리적인 한계가 있다고 하여야 한다(한계긍정설). 현대의 대부분의 학자들은 헌법제정권력의 한계를 인정하고 있다. 그 논거들을 살펴보면 다음과 같다.

(2) 한계긍정설의 논거

1) 법원리적 한계

헌법제정권력의 혁명성을 인정한다고 해도 법창조 즉 법질서에 의해 결합되는 법공동체의 형성을 의미하므로 법적 이성, 정의, 법적 안정성 등과 같은 법 내재적 기본원리에 구속된다.

2) 정치이념적 한계

헌법제정권력의 행사는 그 시대를 지배하는 정치적 이념을 초월하여 헌법을 제정할 수는 없다. 이데올로기적 한계라고 할 수 있다(허 영 45면). 이는 법적 문제가 아니라 이데올로기의 문제이나 이 둘은 불가분의 관계에 있다. 슈테른(K.Stern)은 '국민의 가치관과 법관념', 캐기(W.Kägi 1909~1980)는 '불변의 근본가치'를 그 한계로 본다(계희열[상] 103면).

3) 자연법적 한계

자연법론자들에 따르면 헌법제정권력은 초실정법적 자연법의 원리에 구속된다고 한다. 이를 긍정할 때에 다만 무엇이 자연법의 내용인가를 구체적으로 밝히기 어렵다는 점이 문제이다. 마운쯔(Th.Maunz 1901~1993)는 전국가적 인권을 자연법의 내용으로 보고 헌법제정권력은 이를 존중해야 한다고 한다(계희열[상] 103면).

4) 국제법적 한계

헌법제정권력은 국제법적 제한을 받는 경우가 있다. 즉 국제법의 일반원칙을 국내법으로 전환하거나 인정할 수는 있으나 이를 만들거나 개정할 수는 없다. 또 전후의 서독·일본과 같은 패전국이 전승국의 영향 아래서 헌법을 제정하는 것, 우리헌법의 영토조항(§4)과 같이 국제법을 무시한 내용을 헌법에 규정할 수 없는 것도 국제법적 한계로 설명할 수 있다.

제2절 헌법의 개정

> 현행헌법을 개정하여 대통령 4년 연임제로 바꾸자는 견해가 있다. 아예 대통령제를 의원내각제로 바꾸는 것도 가능한가? 조선 황실을 부활하는 것도 가능한가? 일본이 독도영유권을 주장하는데 맞서 대마도를 우리 영토로 규정하면 어떻게 될까?

Ⅰ. 헌법개정의 의의

1. 헌법개정의 필요성

국가의 기본질서인 헌법을 개정하는 것은 매우 중요한 일로서, 개정을 어렵게 하여 신중하게 개정하도록 하는 것이 일반적이다(경성헌법). 그러나 시간이 흐르면서 제정 당시와는 다른 상황이 되고 이에 따라 국민적 합의(Konsens)가 변하게 되면 헌법을 개정해야 헌법의 규범력을 유지할 수 있다. 현실적응력이 떨어지고 규범과 현실 간에 괴리가 생기면 결국 헌법파괴가 일어나기 때문이다. 물론 뒤에서 설명하는 헌법변천으로도 어느 정도는 변화된 시대에 적응할 수 있으나 한계가 있다. 반면 헌법을 너무 자주 개정하면 법적 안정성이 깨지게 된다. 여기에 헌법개정의 불가피성과 곤란성이 있다.

2. 헌법개정의 개념과 유사개념

(1) 헌법개정의 개념

헌법의 개정(Verfassungsänderung)이란 헌법의 규범력을 높이기 위하여 헌법이 정하는 일정한 절차에 의하여(형식적 요건), 헌법의 기본적 동일성을 유지하면서(실질적 요건) 의식적으로 헌법의 개개조항을 수정·삭제·추가하는 것을 말한다.

이러한 헌법개정은 따라서 성문헌법과 경성헌법(硬性憲法)을 전제로 하는 것이다.

(2) 유사개념

1) 헌법변천

헌법의 변천(變遷 Verfassungswandlung; 헌법변질이라고도 한다. 허 영 49면)이란 헌법조항은 그대로 두면서 그 의미나 내용이 바뀌는 것(헌법해석이나 헌법관행의 변경)을 말한다. 따라서 명시적으로 외형상의 문구가 바뀌는 헌법개정과는 다르다. '상당한 시간적 경과'와 '무의식적'이라는 개념표지는 기준이 불명확하므로 불필요하다(계희열[상] 107~108면). 일본에서는 해석개헌이라는 용어를 사용하기도 한다.

켈젠(H.Kelsen)은 헌법변천의 개념을 부인하며 헌법개정만으로 의미가 바뀔 수 있다고 한다. 이에 반해서 라반트(P.Laband)나 옐리네크(G.Jellinek)는 이러한 개념을 긍정한다. 그러나 이들은 완성된 사실의 규범력이론에 따른 '헌법상황의 변천'일 뿐 현대적 의미의 헌법변천이라 할 수는 없다.

현대의 대부분의 학자들은 헌법변천을 긍정한다. 헌법변천을 통한 헌법의 현실적응력이 한계에 다다를 때 헌법개정이 이루어진다(다수설). 헌법변천은 무한정 허용될 수 없으며 명시적인 법조문이 그 한계가 된다(K.Hesse). 이는 결국 헌법해석의 한계 문제라고 할 수 있다.

헌법변천의 사례로는 미국의 대통령선거가 직선제처럼 운영되는 것이나 연방대법원이 위헌법률심사권을 행사하는 것을 들어볼 수 있다. 한편 일본에서 평화조항(일본헌법 §9 "전쟁과 무력의 행사는 영구히 이를 포기한다. 육해공군 기타의 전력을 보유하지 않는다. 교전권을 인정하지 않는다.")에도 불구하고 자위대(自衛隊)라는 이름으로 무력을 보유한 것, 우리나라 제1차 개헌 시 규정된 참의원(당시 헌법 §31는 "국회는 민의원과 참의원으로 구성한다."고 규정)이 구성되지 아니하고 단원제로 운영된 것 등도 거론된다. 그러나 미국의 사례와는 달리 이러한 사례들은 엄격히 말해서 헌법변천이 아니라 위헌적인 상황의 지속이다. 따라서 헌법변천의 원인으로 입법부가 위헌적 입법을 하고 그대로 집행되거나, 헌법으로부터 위임받지 아니한 권한을 계속 행사하거나, 사법부가 헌법의 내용과 다른 판결을 반복하거나 헌법에 위반되는 관행·선례의 누적 등을 드는 것(예컨대 권영성 60면)은 적절치 못하다. 비교적 적절한 사례로는 의원의 위임관계가 자유위임으로 변화된 것, 재산권의 사회기속, 평등권의 의미변화, 노르웨이 국왕의 실질적 권한이 형식적 권한으로 변질된 것 등을 들 수 있다. 또 성문헌법은 아니나 영국의 대헌장이 후에 재해석에 의하여 그 보호대상이 일반국민에게 확대된 것 등을 들 수 있다. 우리나라의 경우 §118②에 규정된 '지방자치단체장의 선임방법'을 들 수 있다. 선임(選任)은 선거와 임명을 다 포함하는 개념으로 이해되지만, 현재 현실적으로 임명은 불가능한 것으로 해석할 수밖에 없다.

2) 헌법파괴(파기)

헌법파괴(Verfassungsvernichtung)란 헌법제정권력의 주체(헌법의 기본적 동일성)를 상실시키면서 기존의 헌법을 배제하는 것으로(혁명적 상황), 1789년 프랑스헌법, 1918년 소련헌법, 1919년 독일 바이마르헌법 등을 들 수 있다.

3) 헌법폐지(폐제)

헌법폐지(Verfassungsbeseitigung)란 헌법제정권력의 주체를 유지시키면서 기존헌법을 배제하는 것으로 1958년 프랑스 5공화국헌법(일명 드골헌법)이나 우리나라 3·4공화국헌법을 들 수 있다.

4) 헌법침해

헌법침해(Verfassungsdurchbrechung; 헌법침식이라고도 한다. 허 영 49면)란 정치적 필요에 의하여 정부·의회 등이 헌법의 명문규정에 반하는 조치를 하는 것을 말한다. 이는 당연히 위헌이다. 다만 §77에 의한 비상계엄 선포와 같은 헌법존중적 침해도 있다고 한다(C.Schmitt).

5) 헌법정지

헌법정지(Verfassungssuspension)란 헌법에 대한 일부조항의 효력을 일정기간 정지시키는 것으로, 우리나라 1972.10.17의 비상조치나 1980.5.17의 비상조치를 들 수 있다.

헌법에 명문의 근거 규정이 있는 합헌적 헌법침해·헌법정지, 근거 규정이 없는 위헌적 헌법침해·헌법정지로 나누어 보기도 한다. 그러나 헌법파괴·헌법폐지·헌법침해·헌법정지 등은 헌법개정의 관점에서 볼 때 모두 비정상적인(위헌적인) 상황이라고 할 수 있다.

3. 헌법개정권력의 주체

국민주권주의 하에서 헌법제정권력의 주체로서 국민은 주권 보유자로서의 국민(즉 모든 국민)으로 이념적 통일체로서 전체국민을 의미하는 데 비해서, 헌법개정권력의 주체로서 국민은 주권 행사자로서 국민(즉 有權者)으로서 정치적 통일체로서 전체국민을 의미한다.

4. 헌법개정의 방법과 절차

(1) 헌법개정의 방법

헌법개정의 방법은 부분개정 즉 실정헌법의 일부 내용을 변경하는 것이 보통이다. 실질적 헌법 중 실정헌법 이외의 형식으로 존재하는 것은 각각의 개정절차에 의해 개정된다(오스트리아헌법 §44①은 법률의 형태로 존재하는 실질적 헌법의 개정은 성문헌법전의 개정과 같은 가중절차를 요한다). 반면에 전문(全文)을 개정하는 전면개정의 방식도 있다. 우리나라의 경우 1962·1972·1980·1987년의 개헌은 전면개정이었고 나머지는 부분개정의 방법이었다. 전면개정 중에서 이전의 헌법과 전혀 다른 모습을 갖게 되는 것을 헌법개혁(Totalrevision)이라고 부르기도 한다. 한편 미국은 내용을 변경하는 것이 아니라 덧붙이는 방식(증보형식)을 취하고 있는데, 이는 연방헌법이 만들어질 당시에는 기본권조항이 없다가 인준과 더불어 곧 추가하는 과정에서 생긴 방식이다.

이러한 분류에서 개정되는 분량과 법적 효력의 상관관계는 없다. 예컨대 부분개정의 방식을 취하는 독일과(2022년까지 66회 개정) 전면개정의 방식을 많이 취하고 있는 우리나라를 비교해서 독일이 더 많이 개정되었다고 단언할 수 없다.

한편 헌법개정의 방식과 절차라는 용어가 혼용되기도 한다. 구분하는 경우, 방식은 헌법개정의 결과를, 절차는 헌법개정의 과정을 의미한다.

(2) 헌법개정의 절차

1) 의회의 의결

독일·스웨덴·헝가리·호주 등 대다수의 국가와 우리나라 1962년 이전의 헌법개정절차가 취하는 방식으로 의회의 가중다수의결로 헌법이 개정된다. 북한도 같다. 벨기에·노르웨이·네델란드 등은 헌법개정안이 성립되면 의회가 해산된 후 총선거를 통하여 새로 구성된 의회에서 의결하도록 하고 있다. 이를 헌법의회에서 의결하는 또 다른 유형으로 분류할 수도 있다(허 영 52면).

2) 국민투표

의회의 의결을 거쳐 국민투표에 붙이는 나라는 현재의 우리나라가 속하는 유형이다. 프랑스·이탈리아·오스트리아 등은 일정한 경우에만 국민투표를 거치게 되어 있다. 우리나라 1972년 헌법은 의회의 의결을 거치지 않고서 국민투표를 통해 헌법을 개정할 수 있도록 하였다. 즉 대통령이 제안한 개헌안은 국민투표로, 국회가 제안한 개헌안은 통일주체국민회의의 의결로 확정하도록 하는 이원적 개헌절차를 가지고 있었다(당시 헌법 §124). 참고로 프랑스의 경우 정부(총리 제안, 대통령 발의) 또는 의원발의로 양원의 의결을 거쳐 국민투표로 확정되지만, 대통령이 양원합동회의에 제출하는 경우 국민투표 없이 양원합동회의에서 3/5의 가중다수로 확정된다(프랑스 헌법 §89).

3) 연방제의 개헌절차

연방제의 특성상 지방(支邦) 또는 지방의 대표기관의 동의를 거치게 한다. 예컨대 독일은 연방참사원(상원; 지방의 대표로 구성)의 2/3 이상의 동의를 거치게 하고, 스위스는 과반수의 지방에서 과반수의 주민의 동의를 얻도록 하고, 미국도 모든 주의회(또는 주헌법회의)의 3/4 이상의 동의를 얻도록 하고 있다.

미국의 헌법개정방식은 발안과 인준의 두 단계로 이루어진다(연방헌법 §5). 발안(Application)은 하원발안의 경우 양원합동회의에서 과반수출석과 출석의원 2/3 이상의 찬성으로 의결하고, 주(州)가 발안하는 경우 2/3 이상이 헌법의회를 소집하도록 하고 있다. 인준(認准 Ratification)은 3/4 이상의 주 의회의 찬성으로 이루어진다. 다만 하원발안의 경우는 주가 헌법의회에서 다루도록 요구할 수가 있다.

(3) 우리나라의 헌법개정절차

현행헌법의 개헌절차는 지난 헌법(1980)과 같다.

1) 발의

대통령 또는 국회의원 재적 과반수의 찬성으로 발의된다(§128①).

2) 공고

대통령이 20일 이상 공고한다(§129). 1972년 헌법 이전에는 30일 이상 공고하도록 하였다.

3) 의결

공고 후 60일 이내에 국회에서 재적의원 2/3 이상의 찬성으로 의결된다(§130①).

4) 국민투표

국회의결 후 30일 이내(§130②)에 실시되며, 국회의원 선거권자 과반수의 투표와 투표자 과반수의 찬성으로 확정된다. 국민투표는 1962년 헌법에서 처음 도입하였다.

그러나 전면개정의 경우 국민은 전체에 대하여 가부(可否)의 의사만을 표시할 수 있을 뿐이다. 따라서 변경되는 조문별로(또는 관련 조문별로) 나누어 국민투표에 부치거나, 아니면 다수 외국의 사례처럼 국민투표를 아예 없애는 것이 바람직하다고 생각된다(오호택, 헌법정책론의 이론적 기초, 1992, 104면 이하 참조).

5) 공포

대통령이 즉시 공포한다(§130③). 유진오박사는 이 '즉시'는 거부권 없음을 의미한다고 한다(유진오 288면).

6) 발효

효력발생 시기는 공포시설(다수설)과 20일경과설이 있다. 보통 부칙에 명시하므로 실제로 문제되는 경우는 거의 없다. 예컨대 현행헌법은 1987.10.29 공포되었으나 1988.2.25 발효한다고 규정하고 있다(부칙 §1). 이는 당시 전두환 대통령의 임기를 보장해 주기 위한 배려였다.

II. 헌법개정의 한계

1. 의의

헌법개정을 할 때에 어떤 내용으로도 개정이 가능한가의 문제가 있다. 즉 헌법규정 중에서 개정의 대상이 될 수 없는 규정이 있는가의 문제이다. 만약 모든 규정이 개정의 대상이 된다면 합법적인 개정의 방법으로 헌법을 제거해 버릴 수도 있다. 하지만 헌법은 개정자에게 개정할 권한만 준 것이지 제거할 권한을 준 것은 아니다. 독일의 경우 1933년 합법적인 방법을 통해 히틀러가 집권하고 바이마르헌법이 제거된 것을 예를 들 수 있다.

이에 대해서는 한계부정설과 한계긍정설의 입장이 있다(현재는 한계부정설을 주장하는 사람은 거의 없다).

2. 한계부정설(무한계설)

(1) 이론적 논거

옐리네크(G.Jellinek)·라반트(P.Laband)·켈젠(H.Kelsen)·안쉬츠(G.Anschütz) 등의 법실증주의자나 박일경교수 등이 헌법개정의 한계를 부인한다.

이론적 근거로는 다음과 같은 것을 들 수 있다.

첫째, 헌법변천을 부인하는 입장에 따라 헌법규범과 현실의 괴리는 무제한한 개정으로 해결할 수밖에 없다.

둘째, 실정화된 법조문만을 법으로 보고 그 의미나 가치평가를 법외적인 것으로 보므로 내용에 따라 보다 중요한(본질적인) 것과 덜 중요한 것을 구별하지 않고 있다. 따라서 헌법조문은 모두 동일하게 중요하며 개정의 대상이 될 수 없는 특별한 규정이 있을 수 없게 된다.

셋째, 실정법상 개정금지조항이 있는 경우에도 이를 먼저 개정하고 그 금지된 내용으로 개정할 수 있다고 한다.

넷째, 헌법제정권력이 내린 근본적 결단은 헌법개정권력이 변경할 수 없다는 주장(C.Schmitt)에 대해 법실증주의자들은 헌법제정권력 자체를 법외적 현상으로 보고 이를 인정하지 않는다. 또한 자연법 자체를 부인하므로 자연법을 헌법개정의 한계로 보지 않는다.

다섯째, 한계를 넘은 개정이 존재하더라도 이를 무효화시킬 기관이 없다고 한다(박일경 136면 이하).

(2) 문제점

이러한 법실증주의의 입장에 대해서는 법실증주의 자체에 대한 비판(예컨대 현실과 유리된, 가치평가가 전혀 없는 법학은 불가능하다는 것 등) 외에 형식적 합법성에만 중점이 있고 합리성이 결여되었다는 비판이 있을 수 있다. 즉 법실증주의가 부인하는 사실상의 문제를 한계부정의 논거로 삼고 있다고 할 수 있다. 이는 헌법보장의 문제에서 다루어야 마땅한 것이다. 또 법실증주의에 따르면 실정법상의 개정금지조항이 있는 경우에도 이를 먼저 개정하면 되므로 한계를 인정할 수 없다고 한다. 그러나 이는 개헌절차조항을 개헌금지조항보다 우선시함으로써 조문 사이에 우열이 없다는 주장과 모순된다.

3. 한계긍정설(한계설)

(1) 결단주의의 입장

결단주의의 입장에서는 헌법개정의 한계를 인정한다. 슈미트(C.Schmitt)에 따르면 헌법제정권력자의 근본 결단이 헌법을 이루고, 헌법에 의하여 헌법률이 만들어진다고 한다. 헌법제정권력은 조직하는 권력으로서 조직된 권력(즉 헌법개정권력)과는 다르다. 따라서 헌법제정권력에 의해 결단된 헌법은 헌법개정권력이 개정할 수 없는 것이다. 그는 헌법개정이 아니라 헌법률 개정이라고 하여야 한다고 한다.

슈미트(C.Schmitt)의 이론은 헌법개정의 한계를 부인하는 법실증주의에 대하여 한계를 긍정하였다는 점이 평가될 수 있다. 그러나 국민주권주의가 확립된 현대에 있어서는 헌법제정절차와 같은 절차로 개정되는 경우, 예컨대 국민투표로 개정되는 경우 한계가 있는 것인지 있다면 어떻게 다른 것인지를 설명하기 곤란하다.

(2) 통합론의 입장

1) 헌법변천과의 관계

스멘트(R.Smend)는 헌법의 변화가능성(Veränderlichkeit)이란 말을 사용하는데 이것은 헌법변천과 헌법개정을 포함하는 것으로 볼 수 있다(계희열[상] 118면). 그는 구체적으로 헌법변천과 헌법개정에 대하여 언급하지 않았고, 제자들 사이에 논의가 있을 뿐이다. 그의 제자인 쉬 다우린(Hsü Dau-Lin)은 헌법변천을 무제한하게 인정하고자 한다. 그러나 이는 사실상 관철된 현실이 헌법의 내용이 되는 결과가 된다. 또 다른 제자인 헷세(K.Hesse)는 헌법변천을 불가피한 것으로 보나 이를 최소한으로 인정하고 헌법개정에 비중을 둠으로써 헌법의 명확성과 안정성·규범성을 높이려 한다. 헷세(K.Hesse)의 제자인 헤벌레(P.Häberle 1934~)는 헌법변천의 문제를 헌법해석의 문제로 보고 그 개념을 쓰지 않고 있으며, 헌법개정의 한계를 긍정한다. 이들은 대체로 헌법의 기본적 동일성(Identität)과 계속성(Kontinuität)을 헌법개정의 한계로 들고 있다. 통합론의 입장에서 헌법개정의 한계의 내용(논거)을 구체적으로 들어보면 다음과 같다. 주로 엠케(H.Ehmke 1927~2017)의 설명이다.

2) 헌법외적(초월적) 한계

이는 헌법외적인 요인 때문에 개정이 불가능한 것을 말하는데, 본질적인 의미의 헌법개정의 한계는 아니다. 그 내용은 대체로 앞서 설명한 헌법제정의 한계와 같다. 즉 ① 법원리적 한계, ② 자연법상 한계, ③ 국제법상 한계, ④ 기타 경제적·기술적인 문제(예컨대 어느 나라와 교역을 할 것인지) 등을 들어 볼 수 있다.

3) 헌법내적(논리적) 한계

헌법 내에는 개정할 수 없는 것이 있다. 왜냐하면 헌법이 국가의 법적 기본질서로 기능하기 위해서는 일정한 내용을 절대적인 것으로 설정할 때만 가능하기 때문이다. 그리고 이것들이 변경되면 헌법의 동일성·계속성이 깨지게 된다. 이 논리적인 한계를 인정하는 것은 헌법내용의 위계질서를 인정하여 헌법의 각 조문은 실질적 효력에 차이가 있다고 할 때에 가능하다. 즉 헌법의 실질적 핵심으로 민주적·법치국가적 질서의 기본요소들은 헌법개정의 한계가 된다. 구체적 내용을 확정하는 것은 쉬운 일이 아니며 학자마다 다를 수 있다. 대체로 국민주권주의·기본권보장·권력분립·법치주의·의회주의·국제평화주의·복수정당제도·사유재산제도·지방자치제도 등을 들 수 있다.

4) 실정헌법상 한계

실정헌법상의 한계는 어떠한 내용은 개정할 수 없다는 것을 헌법에 명문으로 규정하는 것이다. 이는 헌법제정권력의 의사이므로 존중되어야 한다. 주로 헌법외적 한계의 내용을 규정한 경우가 많으며, 헌법내적 한계의 내용을 실정화한 경우 개정금지규정이 없어도 개정할 수 없으므로 선언적 의미를 가질 뿐이다.

우리나라의 현행헌법에는 명문규정이 없다. 과거 제2차 개헌 시 민주공화국규정(§1), 국민주권주의(§2), 영토변경·주권제약에 대한 국민투표(§7-2) 등에 대한 개헌금지 조항(§98⑥)이 있었다. 외국에도 국가형태에 대한 개정금지조항이 많다(예컨대 1958년 프랑스헌법 §89⑤, 1948년 이탈리아헌법 §139).

이와 관련하여 우리 헌법 §128②의 문제가 있다. 헌법은 "대통령의 임기연장 또는 중임변경을 위한 헌법개정은 그 헌법개정 제안 당시의 대통령에 대하여는 효력이 없다."라고 규정하고 있다. 이 규정은 헌법개정을 금지한 것이 아니라 효력제한규정일 뿐이라고 하는 것이 다수설이다(계희열[상] 158면, 권영성 59면, 김철수 46면, 허 영 62면). 이는 장기집권을 막기 위하여 1980년 헌법에 명문화한 것이다.

그러나 다수설의 설명은 이론적으로 문제가 있다. 이 조문 자체가 폐지 또는 개정되었을 경우 없어진(즉 효력을 상실한) 조항 때문에 헌법개정 제안 당시의 대통령이 출마할 수 없다고 해석할 수는 없다. 또한 최근의 경향대로 전면개정을 하는 경우 새로운 헌법이 발효되면서 기존의 헌법은 없어지는 것이다. 따라서 헌법개정안 제안 당시의 사실관계(즉 발효이전의 과거)를 새 헌법이 규율하는 것도 특별규정이 없는 경우 어렵다(김하열 41~42면). 따라서 다수설의 결론은 부적절하며, "현직대통령의 임기연장 또는 중임변경을 위한 헌법개정은 금지된다."고 해석하여야 한다. 결국 실정헌법상의 한계로 보아야 한다.

그 밖에 외국의 예로는 다음과 같은 것을 들 수 있다.

첫째, 시기상의 제약이 있는데 이는 공정한 헌법개정이 곤란하기 때문이다. 예컨대 1931년 작센헌법(§151)이 비상사태 하에서, 그리고 1946년 프랑스헌법(§94)이 외국군대의 점령 하에서 개헌을 금지하고 있다.

둘째, 방법상의 제약으로는 우회적 개정(예컨대 법률로)을 금지하고 있는 독일헌법(§79①)이 있다. 독일에 이 규정이 생긴 이유는 히틀러 당시의 수권법(授權法 Ermächtigungsgesetz 1933) 때문이다. 수권법 §1는 "독일의 법률은 헌법에서 규정되고 있는 절차 이외에 독일 행정부에 의해서도 제정될 수 있다.…" §2는 "독일 행정부는 연방의회[하원] 및 연방참사원[상원] 제도에 영향을 미치지 않는 범위 내에서 헌법에서 정한 것과 다른 내용의 법률을 제정할 수 있다. 다만 대통령의 권한을 변경할 수는 없다."고 규정하였다. 이 법률의 정식 명칭은 「민족과 국가의 위난을 제거하기 위한 법률(Gesetz zur Behebung der Not von Volk und Reich)」이다.

셋째, 내용상의 제약으로는 독일헌법(§79③)이 연방제도·인간존엄(§1),

민주적·사회적 연방국가(§20) 조항을 개정할 수 없도록 한 것 등이 있다.

5) 헌법개정절차 조항

헌법개정절차조항 자체를 개정하는 것에 대하여, 법실증주의에서는 부인할 이유가 없다. 그러나 슈미트(C.Schmitt)는 이를 개정할 수 없다고 하는데, 이는 제헌권과 개헌권을 구별하는 결과이다. 이에 대해서 연성헌법을 경성헌법으로 개정하는 것은 가능하다는 견해가 있다(권영성 56면). 그러나 지나치게 가중된 절차를 요하는 경성헌법은 헌법파괴를 초래할 수 있다. 따라서 개헌절차의 비본질적인 부분은 개정할 수 있으나 본질적인 부분은 개정할 수 없다고 보아야 한다(K.Hesse 단락 707).

6) 한계를 넘은 헌법개정의 효력

법적·논리적으로는 무효이며, 그럼에도 사실상 관철되는 경우 일종의 혁명행위라고 보아야 한다. 따라서 이는 헌법개정의 한계문제가 아니라 헌법보장(수호) 내지 저항권의 문제이며, 획일적으로 평가할 수는 없다.

한편 위헌적 헌법규범의 문제가 있다. 즉 실정헌법의 개별 규정이 추상적 의미의 헌법질서나 가치질서에 위배될 수 있는 것이다. 이 경우 이에 대한 통제가 가능한가의 논의가 있다. 독일의 경우 이론적으로 통제가 가능하다고 하지만 사례는 없으며, 우리나라의 경우 헌법재판소가 통제가능성을 부인하고 있다.

[판례] 헌법은 전문과 단순한 개별조항의 상호관련성이 없는 집합에 지나지 아니하는 것이 아니고 하나의 통일된 가치체계를 이루고 있으며 헌법의 제 규정 가운데는 헌법의 근본가치를 보다 추상적으로 선언한 것도 있고 이를 보다 구체적으로 표현한 것도 있으므로, 이념적·논리적으로는 헌법규범 상호간의 우열을 인정할 수 있을 것이다. 그러나 이 때 인정되는 헌법규범 상호간의 우열은 추상적 가치규범의 구체화에 따른 것으로서 헌법의 통일적 해석을 위하여 유용한 정도를 넘어 헌법의 어느 특정규정이 다른 규정의 효력을 전면 부인할 수 있는 정도의 효력 상의 차등을 의미하는 것이라고는 볼 수 없다(헌재 1996.6.13., 94헌마116등).

제3절 헌법보장(수호)

> 1960년 4·19, 1961년의 5·16, 1980년 5·18 민주화운동, 1987년의 6월 시민항쟁 등은 그 성격에 있어서 어떤 차이가 있는가? 이들에 대한 평가는 시대에 따라 달라질 수 있는 것인가? 5·18 민주화운동을 헌법전문에 넣자고 하는 것은 타당한 주장인가?

I. 헌법보장의 의의

1. 헌법보장의 개념

헌법보장 또는 헌법수호(Schutz der Verfassung)란 최고규범인 헌법이 하위규범이나 법적 조치로부터 침해되는 것을 사전에 방지하거나 사후에 수정함으로써 헌법의 최고규범성과 실효성을 확보하기 위한 제도를 말한다. 국가보장은 국가의 존립 자체를 보장하는 것을 말하는 데 비해서 헌법보장은 국가의 특정한 존립형식을 보장함으로써 구분되는 개념이다(허 영 82면). 국가의 특정한 존립형식은 실질적 의미의 헌법을 통해서도 규정되므로, 헌법보장의 범위는 실질적 의미의 헌법에도 미친다.

2. 연혁과 헌법수호자

연혁적으로는 1791년 프랑스헌법이 일정기간 개정을 금지하고, 권력분립주의와 국민의 헌법수호의무를 규정한 이래 19C 독일 바이에른·작센 등의 지방(支邦)헌법이 이를 체계화하였다. 1930년대에 독일과 영국에서 헌법수호자 논쟁이 있었다. 독일의 경우 1931년 슈미트(C.Schmitt)가 국민직선의 중립적 권력인 대통령만이 수호자라고 주장한 데 비해서 켈젠(H.Kelsen)은 대통령·국회·법원·국사재판소 등을 들면서 특히 국사재판소(國事裁判所)의 중요성을 강조하였다. 한편 영국에서도 비슷한 시기에 헌법수호자는 국왕이라는 케이드(A.B.Keith 1879~1944)와 내각이어야 한다는 라스키(H.Laski 1893~1950)간의 논쟁이 있었다.

현대의 헌법수호자는 대통령·국회·법원·헌법재판소와 공무원 모두를 들수 있으며, 궁극적으로는 국민에게 책임이 있다고 하겠다. 결국 국민의 헌법수호의 의지에 달려 있으며 최후의 수단으로는 저항권을 들 수 있다.

Ⅱ. 헌법보장의 유형

1. 옐리네크의 분류

옐리네크(G.Jellinek 1851~1911)는 저서 『일반국가학(Allgemeinestaatslehre 1900)』에서 공법의 보장으로 사회적 보장, 정치적 보장, 법적 보장을 들고 있는데 법적 보장을 가장 확실한 보장으로 들고 있으며 법적 보장은 상급관청·의회의 통제, 탄핵·해임건의·재판 등의 개인적 책임제도를 들고 있다.

2. 켈젠의 분류

켈젠(H.Kelsen)은 헌법보장을 '헌법위반의 법률을 저지하는 수단'이라고 하며, 인적·물적 보장과 사전적·사후적 보장(예방적·교정적 보장) 등으로 유형화하고 있다. 교정적·실질적 보장을 위해 국사재판소에 의한 헌법재판제도를 중시하였다.

3. 메르크의 분류

메르크(W.Merk)는 협의의 보장(예컨대 감독·재판 등)과 광의의 보장(예컨대 권력의 제한, 공법상의 보상, 헌법상의 선언, 공무원과 지방의 책임, 공무원 지위의 보장 등)을 들고 있다.

4. 우리나라 학자들의 분류

권영성교수는 평상적 헌법보장제도와 비상적 헌법보장제도로 나누고 있다. 평상적 헌법보장제도는 다시 사전예방적 보장과 사후교정적 보장으로 나눈다. 사전예방적 보장으로 헌법의 최고법규성의 선언, 국가원수 또는 공무원의 헌법수호의무의 선서, 국가권력의 분립, 헌법개정절차의 곤란성(경성헌법성), 방어적 민주주의의 채택, 공무원의 정치적 중립성의 보장 등이 있다. 사후교정적 보장으로 위헌법령·처분심사제, 탄핵제도, 위헌정당해산제, 각료해임의결, 의회해산제, 기본권실효, 공무원책임제 등이 있다.

비상적 헌법보장제도는 평상시의 통상적 헌법보장수단(제도)을 가지고는 헌법의 보장이 불가능한 때의 헌법보장제도다. 제도화되어 헌법에 명문으로 규정된 것으로 비상조치·긴급명령·계엄선포와 같은 국가긴급권이 있고, 제도화하기에 부적당하여 헌법에 명문규정이 없는 것으로 저항권이 있다(이상 권영성 66면 이하).

허 영교수는 하향식 헌법침해와 상향식 헌법침해로 나눈다. 하향식 헌법침해는 국가권력에 의한 침해를 의미하며 헌법개정권력에 의한 침해에는 경성헌법성과 헌법개정의 한계 등의 제도로써, 기타 국가권력의 침해에는 헌법재판제도·권력분립 등과 최후로 저항권을 통해서 헌법보장이 이루어진다. 한편 상향식 헌법침해는 개인·단체에 의한 침해를 의미하며 기본권실효와 위헌정당해산과 같은 헌법내적 제도와 형사법적·행정법적 보호수단인 헌법외적 제도로써 헌법보장이 이루어진다(이상 허 영 84면 이하).

김철수교수는 정치적 보장, 사법적(司法的) 보장, 선언적 보장, 미조직적 보장 등으로 분류한다(김철수 58면 이하).

III. 국가긴급권

1. 국가긴급권의 의의

국가긴급권이란 비상사태를 극복하여 헌법을 보장하기 위한 비상적·예외적 권한을 의미한다. 이는 통상적인 헌법보장제도로써는 비상사태를 극복하기 어렵기 때문에 인정되는 것이다. 이는 외부적 요인에 의한 비상사태를 의미하므로 헌법기관 자체의 (내부적) 기능장애상태인 헌법장애와는 다르다(K.Hesse 단락 721 이하; 허 영 93면 참조).

2. 국가긴급권의 유형

국가긴급권은 ① 정도에 따라 경찰적·합헌적·초헌법적 국가긴급권, ② 성격에 따라 행정형·입법형·절충형 국가긴급권, ③ 시기에 따라 사전적(예방적)·사후적(교정적) 국가긴급권으로 나눌 수 있다.

국가긴급권의 실정화는 남용을 방지하려는 데 그 목적이 있다. 참고로 독일헌법(Bonn 기본법)은 나찌시대의 남용을 거울삼아 입법비상사태·대내적 비상사태·방위전쟁상태로 세분하여 국가긴급권의 요건을 정하였다.

3. 국가긴급권의 근거

국가긴급권의 근거는 합헌적 긴급권과 초헌법적 긴급권으로 나눌 수 있다. 합헌적 긴급권은 헌법파괴를 방지하고 실정화를 통한 남용을 방지하기 위하여 헌법에 근거규정을 둔 경우이고, 초헌법적 긴급권은 그런 규정이 없음에도 불구하고 발동되는 것이다. 초헌법적 긴급권에 대해 마이어(O.Mayer 1846~1924), 토마(R.Thoma 1874~1957) 등은 이를 부정하였으나 슈미트(C.Schmitt), 헷세(K.Hesse) 등은 이를 긍정하였다. 그러나 문제는 비상사태를 극복하기 위한 구제수단이 불가결한 것이라는 점에 있다(K.Hesse 단락 723).

4. 국가긴급권의 한계

국가긴급권은 비상사태를 극복하여 헌법을 수호하기 위한 것이다. 따라서 비상사태를 극복하기 위한 목적으로만 행사되어야 한다. 적극적으로 새로운 질서를 형성하기 위해서 행사할 수 없는 것이며 정상적 헌법질서를 회복하기 위해서만 행사되어야 한다. 그리고 통상적인 제도로서는 이러한 목적을 이루기 곤란한 경우에만 행사되어야 한다(최후수단성). 국가긴급권의 발동에 따른 비상조치의 내용도 헌법질서의 회복에 필요한 최소한의 범위에 국한하여야 한다(최소침해의 원칙).

5. 역대헌법의 국가긴급권

우리 헌법은 §76와 §77에서 국가긴급권을 대통령의 권한으로 규정하고 있다. 자세한 내용은 대통령의 권한부분을 참조하기 바란다. 참고로 역대 헌법의 국가긴급권의 내용은 다음과 같다.

1948년 헌법은 대통령의 계엄선포권과 긴급명령권·긴급재정처분권을 규정하였다. 6·25로 말미암아 빈번히 행사되었다.

1960년 헌법은 긴급명령권을 삭제하고 내각의 계엄선포권과 긴급재정처분권·긴급재정명령권을 규정하였다.

1962년 헌법은 대통령의 계엄선포권과 긴급재정경제처분권·긴급재정경제명령권 이외에 긴급명령권을 부활하였다. 1971년에 국가보위에 관한 특별조치법을 만들고 헌법상 근거가 없는 비상사태를 선포하였다.

1972년 헌법은 계엄선포권 외에 긴급조치권을 두었는데 실제로 제1호~제9호까지 발동되었다. 이는 사전 예방적 조치가 가능하고, 국민의 기본권을 잠정적으로 정지시킬 수 있었고, 정부와 법원의 권한도 제한할 수 있었고, 국회에 통고만으로 가능하고 국회는 해제를 건의할 수 있었을 뿐이며, 사법적 심사의 대상이 될 수 없다는 규정도 있었다(당시 헌법 §53 참조).

1980년 헌법은 대통령의 계엄선포권과 비상조치권을 규정하였다.

현행헌법은 1962년 헌법과 동일하게 규정하였으며, 통치구조가 전반적으로 비슷하다.

한편 계엄선포권은 역대 헌법이 동일하다.

[판례 1] (☞ 1974년 버스 옆자리에 앉은 여학생에게 정부를 비판하는 얘기를 했다가 징역 3년형을 선고받은 사건) 긴급조치 제1호는 유신헌법에 대한 논의 자체를 전면금지함으로써 이른바 유신체제에 대한 국민적 저항을 탄압하기 위한 것이 분명하며, 현행 헌법은 물론 당시 유신헌법상의 긴급조치 발동 요건조차 갖추지 못한 채 한계를 벗어나 국민의 기본권을 침해했기 때문에 위헌이다(대판 2010.12.16, 2010도5986)

[판례 2] 유신헌법을 부정·반대·왜곡 또는 비방하거나, 유신헌법의 개정 또는 폐지를 주장·발의·제안 또는 청원하는 일체의 행위, 유언비어를 날조·유포하는 행위 등을 전면적으로 금지하고, 이를 위반하면 비상군법회의 등에서 재판하여 처벌하도록 하는 것을 주된 내용으로 한, 유신헌법 제53조에 근거하여 발령된 대통령긴급조치 제1호와 제2호(1974), 제9호(1975)에

대한 위헌심사권은 헌법재판소에 있으며, 동 조항들은 입법목적의 정당성이나 방법의 적절성을 갖추지 못하였고, 참정권, 표현의 자유, 영장주의 및 신체의 자유, 법관에 의한 재판을 받을 권리 등을 침해하여 위헌이다(헌재 2013.3.21, 2010헌바70등).

Ⅳ. 저항권

> 1979.10.26 김재규 중앙정보부장의 박정희 대통령 살해는, 당시의 상황에 비추어 볼 때 평화적 정권교체의 가능성이 없었으므로 저항권의 행사로 볼 수 있는가?

1. 저항권의 의의

저항권이란 위헌적(불법적) 권력행사에 따른 헌법질서문란을 회복하기 위하여 이에 항거하는 최후적·초실정법적 헌법보호수단이다.

홉스(Th.Hobbes 1588~1679)와 칸트(I.Kant 1724~1804))는 초실정법적 저항권을 부인하였고, 법실증주의자들도 같은 입장을 취하였다. 한편 로크(J.Locke 1632~1704)는 저항권을 인정하여 근대적 저항권이론을 정립하였다. 그는 국민주권주의에 입각해서 권력을 위임받은 사람(의회)이 국민을 무시하는 경우 다른 사람(의회)에 다시 위임할 수 있다고 설명하였다. 일찍이 맹자(B.C 372~289)도 역성혁명(易姓革命)을 주장하여 저항권을 인정한 바 있다.

저항권을 규정한 입법예로는 1776년 버지니아 권리선언, 1776년 미국 독립선언을 비롯하여 1789년 프랑스 인권선언과 1793년 프랑스 헌법을 들 수 있다. 독일은 1968년 기본법을 개정하면서 저항권을 규정하였다(§20④). 그밖에도 브라질 헌법 §150, 엘살바도르 헌법 §7, 그리스헌법 §120, 터어키 헌법 §27 등이 저항권을 규정하고 있다.

1789년 프랑스인권선언 §2는 "모든 정치적 결합의 목적은 자연적 권리와 절대적 인권을 확보하려는 데 있다. 이러한 권리라 함은 자유·재산·안전과 압제에 저항하는 권리를 말한다."고 규정하였다. 한편 독일기본법 §20④은 "모든 독일인은 이러한 질서를 폐지하려고 기도하는 모든 자에 대하여 다른 구제수단이 없을 경우에는 저항할 권리를 가진다."라고 규정하였고, 독일 연방헌법재판소는 1956년 독일공산당(KPD)의 위헌정당해산결정에서 당시 독일 기본법에 저항권규정이 없었음에도 저항권이론을 판시하였다(BVerfGE 5, 85).

2. 저항권의 성격과 행사요건

저항권의 성격에 대해서는 논란이 있으나 대체로 초국가성·초실정법성·자연권성을 인정한다. 헌법에 명문의 규정이 있는 경우는 선언적 효력을 가질 뿐이다. 저항권의 행사요건으로는 보충성·최후수단성·성공가능성 등이 거론되는데(허 영 88면 이하 참조), 헌법질서가 완전히 무너진 경우에 행사되는 것이므로 헌법의 규정에 근거해서 행사되는 것이 아니기 때문에 자연권으로 보는 것이다. 기타 행사요건으로 헌법의 기본질서와 기본권이 전면 부인되는 경우 즉 국가권력의 불법적 행사가 객관적으로 명백한 경우에 행사되며 행사방법은 가급적 평화적이어야 한다는 것도 들 수 있다.

그런데 다른 헌법적 수단이 존재하지 않고(보충성), 헌법질서가 완전히 무너진 때에는(최후수단성) 대개 성공가능성이 없다. 따라서 저항권을 행사해야 하는 상황을 방지하는 것이 중요하고, 따라서 평상시의 비판적 복종의 자세가 중요하다(허 영 89면). 다만 시민불복종권과 저항권은 그 요건과 효과 면에서 구분된다(권영성 75면, 김학성 61면). 무력의 행사는 가능할까? 최후수단성이란 특성을 감안하면 무력의 행사를 전적으로 부인하기는 어렵다고 생각된다.

3. 우리나라의 태도

우리의 경우 헌법에 직접적인 명문규정은 없다. 다만 헌법상 간접적 규정으로 현행헌법 개정시 전문(前文)에 들어간 '불의에 항거한 4·19 민주이념을 계승하고'라는 문구를 들 수 있다.

대법원 판례는 저항권의 존재를 부인하고 있다(민청학련사건 대판 1975.4.8, 74도3323; 김재규사건 대판 1980.5.20., 80도306).

제 3 장
우리 헌법의 기초

제1절 헌법사

> 제5·7·8·9차 개헌은 전면개정의 방식으로 이루어졌을 뿐 아니라 내용에 있어서도 상당한 변화를 가져와 헌법의 동일성에 문제가 있다고 할 수 있다. 그렇다면 헌법개정이 아니라 신 헌법의 제정인가? 한편 제1·2차 개헌은 헌법개정절차에 있어 하자가 있는데 이 경우는 무엇이라 해야 하는가?

우리나라 헌법사를 살펴보기 전에 시대구분에 많이 쓰이는 공화국 구분에 대해 살펴보자. 공화국의 구분은 프랑스에서 유래하는 것이다. 프랑스대혁명(1789) 이후 국민공회가 제1공화국을 선포하였다(1792). 그 후 나폴레옹의 집권에 따라 제1제정(1804~1814)이 되고, 그가 물러난 후 왕정복고가 이루어진다. 그 후 루이 필립의 후계문제로 1848년 2월혁명이 일어나서 왕정이 무너지고 루이 나폴레옹이 대통령이 되면서 제2공화국(1848~1852)이 된다. 루이 나폴레옹의 친위쿠데타로 제2제정(1852~1870)이 되고, 그 후 제3공화국(1871~1940)을 거쳐 제2차 세계대전 중 비시정권(1940~1945)이 성립하였고, 제4공화국(1946~1958)을 거쳐 알제리 반란을 계기로 드골의 재집권에 따라 제5공화국(1958~현재)이 성립하였다. 이렇게 중간에 이질적 시대가 존재하므로 제1공화국 제2공화국 등으로 부르게 되었다. 그런 이질적 요소를 갖고 있지 않은 미국과 독일은 공화국에 숫자를 붙여 구분하지 않는다.

우리는 4·19 이후 제2공화국이라 부르기 시작한 것으로 알려져 있다. 다만 그 이후에는 법적인 기준이 없어 편의상 부르는 개념일 뿐 법적 개념은 아니다. 최근에 정부의 의사에 부응하여 문민정부·국민의 정부·참여정부·실용정부라고 한 바 있으나, 그 이후 박근혜 정부, 문재인 정부, 윤석열 정부 등 단순히 대통령의 이름을 붙여 구분하고 있다. 시간이 흐른 후에 역사적 분류가 새롭게 이루어질 것으로 예상된다.

I. 제헌헌법

대한제국 당시 채택된 대한국국제(1899)는 우리나라 최초의 서양식 헌법이라고 할 수 있겠다. 다만 의회에서 제정한 것은 아니다. 이후 일제강점기로 이어졌고, 3·1운동을 계기로 임시헌장(1919.4)이 채택되었고, 임시헌법(1919.9)으로 개편되었다. 1945년 일제강점기로부터 해방되면서 1948년 대한민국 헌법이 제정되기에 이르렀다. 1948년 헌법은 통상 제헌헌법으로 불리나, 헌법을 만드는 헌법이란 용어가 어색하다 하여 권영성교수는 유진오박사의 사용례에 따라 건국헌법이라 부른다(권영성 89면). 그러나 제헌시의 실정헌법이란 의미로 이해하면 될 것이다.

1. 경과

1945.8.15 일제로부터 해방되었으나, 남과 북이 서로 다른 과정을 밟게 된다. 남쪽에는 1946.12.12 남조선과도입법의원(미군정법령 제118호; 민선의원 45인, 관선의원 45인)이 구성되었다. 참고로 미군정법령 제1호는 '위생국설치', 제2호는 '패전국 정부의 재산권 행사 금지'의 건이었다.

1948.2.26 유엔 소총회의에서 남한만의 자유총선거 실시가 허락되었고, 미군정법령 제175호로 선거법이 만들어졌다. 이에 따라 1948.5.10 총선거가 실시되어 198인의 제헌의원이 선출되었다. 임기는 2년으로 헌법이 제정되고 나서도 해산되지 않고 '통상 국회'의 역할을 하였다(제헌헌법 §102). 제헌의원의 분포는 대한독립촉성국민회 53, 한국민주당 29, 대동청년단 14, 민족청년단 6, 기타단체 11, 무소속 85명 등이었다. 이러한 단체들은 정당으로서의 성격이 약하다.

5월 31일 소집된 제헌의회는 이승만을 의장으로 신익희와 김동원을 부의장으로 선출하고, 6월 3일 30인의 헌법기초위원과 10인의 전문위원으로 헌법제정에 착수하였다.

유진오의 초안(권승렬의 참고안)은 의원내각제·양원제, 대법원의 위헌법률심사 등을 내용으로 하였으나 이승만과 동조세력의 반대로 대통령제·단원제, 헌법위원회의 위헌법률심사로 내용이 바뀌었다.

6월 23일 국회 본회의에 상정되어 심의를 거친 후 7월 12일에 통과되고 7월 17일에 공포되었다. 8월 15일을 정부수립일로 하기 위한 것이었다.

2. 내용

(1) 대통령제 요소

1) 대통령은 국가원수 겸 행정부 수반
2) 국무총리, 국무위원 임명(국회에 책임 없음)
3) 법률안 거부권
4) 임기는 4년이며, 1차 재임가능

(2) 의원내각제 요소

1) 대통령을 국회에서 선출
2) 국무원이 의결기관
3) 국무위원과 국회의원 겸직가능
4) 부서제도(副署制度)
5) 대통령·국무위원의 국회출석·발언권
6) 정부의 법률안제출권

Ⅱ. 제1공화국 헌법

제1차 개헌 전에 두 번의 헌법개정안 발의가 있었다. 헌법개정은 이승만과 원내 다수세력을 형성한 야당(한민당 등)간의 정치투쟁에서 시도되었다. 야당이 발의한 의원내각제 개헌안(1950.1.28)은 부결되었다(재적 179, 찬성 79, 반대 33, 기권 66, 무효 1). 1950.5.30의 제2대 국회의원 선거에서 지지세력이 줄어든 이승만은 국회간선으로는 재선되기 어려울 것 같아 6·25로 인한 부산 피난 중 정부안으로 대통령직선제 개헌안(1951.11.30)을 발의하였으나 역시 부결되었다(출석 163, 찬성 19, 반대 143, 기권 1).

1. 제1차 개헌(발췌개헌)

(1) 경과

대통령직선제 개헌안 부결시킨 야당의 국회의원들은 다시 의원내각제 개헌안을 발의하였다(1952.4.17). 이에 정부는 대통령직선제 개헌안을 다시 발의하였다(1952.5.14). 이에 대통령직선제에 야당 측의 국무원불신임제가 가미된 절충안(발췌개헌 拔萃改憲) 국회에서 공포분위기 속에서 통과되었다(출석 166, 찬성 163, 기권 3).

(2) 내용과 문제점

1) 대통령직선제, 정부통령제
2) 국회 양원제(실제 구성되지 않음)
3) 국무원 불신임제(의원내각제적 요소)
4) 국무총리 임명 시 국회의 승인
5) 국무위원 임명 시 국무총리의 제청

제1차 개헌에 대하여 다음과 같은 위헌성이 지적된다. 첫째, 30일 이상의 공고절차를 지키지 않았다. 둘째, 독회(讀會)절차와 자유토론이 생략된 채 공포분위기에서 통과되었다. 셋째, 양립하기 어려운 대통령직선제와 국회의 국무원불신임제 등 내용적으로 무리한 짜깁기라는 점 등이다.

2. 제2차 개헌(사사오입개헌)

(1) 경과

1954.5.20 제3대 국회의원선거에서 이승만에 의하여 창당된 자유당이 원내다수당을 차지하였다. 그러자 당시 이승만대통령의 계속 집권을 위하여 3선(選)을 가능하게 하는 헌법개정안을 발의하였다. 이에 앞서 정부는 경제조항에 규정된 통제 내지 계획경제적인 내용을 자유시장경제로 전환하는 내용의 개헌안을 제출한 바 있다(1954.1.23 제4차 개헌안). 그러나 돌연 이 개헌안을 철회하였는데 3선개헌안을 제출하기 위한 포석이라고 알려져 있다.

재적 203명 중 136명의 찬성으로 발의된 이 개헌안은, 찬성 135, 반대 60, 기권 7, 무효 1로 의결정족수인 2/3에 해당되는 135.333…즉 136명에서 1표가 부족하여 부결되었다(1954.11.27). 그러나 소수점 이하를 반올림하여 의결정족수를 135라고 하여 이틀 후 자유당의원들만 모인 상태에서 지난번 부결을 번복하였고, 같은 날 공포되었다. 사사오입개헌(四捨五入改憲)이라 불린다.

(2) 내용과 문제점

제2차 개헌은 의결정족수에 미달한 것이므로 불법적인 개헌이었다(절차상 문제점). 또한 "이 헌법 공포당시의 대통령은 제55조 제1항 단서의 제한(단 재선에 의하여 1차중임할 수 있다)을 적용하지 아니한다."라는 규정을 부칙에 둠으로써 초대대통령 즉 이승만 개인에 대한 중임제한을 철폐한 것은 평등원칙에 위배되는 규정이다(내용적 문제점).

발의한 의원 모두 찬성하면 통과될 수 있었는데도 당시 표결결과 무효표가 하나 나와서 개헌 선에 미달이 되었다. 이 무효표 하나에 대해서는, 한 자유당의원이 "어느 곳에 투표하느냐?"라고 질문하자 "입구(口) 자(字) 있는 곳에 하라"고 가르쳐 주었는데 투표용지에는 '가(可)' '부(否)' 모두 '입구(口) 자'가 있어서 모두 표기했다는 일화가 있다(송우, 한국헌법개정사, 집문당, 1980, 161면).

기타 개헌의 주요내용은 다음과 같다.
1) 주권제약·영토변경에 대한 국민투표제
2) 군법회의의 헌법적 근거부여
3) 국무총리제 폐지
4) 헌법개정의 국민발안제
5) 자유경제에로의 전환

Ⅲ. 제2공화국 헌법

1. 제3차 개헌(의원내각제 개헌)

(1) 경과

1956.5.15 제3대 대통령과 부통령 선거에서 민주당 후보였던 신익희(申翼熙)가 갑자기 죽어 이승만이 대통령에 당선되었으나, 부통령은 민주당 후보인 장 면(張 勉)이 당선되었다. 당시 미국식 러닝메이트제가 아니었다. 각각 정당이 다른 대통령과 부통령의 불화가 계속되면서 자유당의 독재가 더욱 심하여졌다. 1960.3.15의 선거에서도 민주당후보인 조병옥(趙炳玉)이 선거 한 달 전 죽고 대통령에 이승만, 부통령에 이기붕이 당선되었다고 발표하였다. 하지만 이는 부정선거라는 주장이 제기되었고 마침내 4·19혁명으로 이어져 결국 자유당 정권은 붕괴되었다.

이에 대통령의 독재 방지를 위한 민주적인 의원내각제 개헌안이 마련되었다. 같은 해 6.7 국회법을 개정하여 무기명투표 대신 기명투표로 하도록 하였고, 6.15 재적 218, 출석 211, 찬성 208, 반대 3으로 통과되었다.

(2) 내용과 문제점

절차상 위헌이라고 할 수는 없으나, 국회법을 개정하여 기명투표방식을 택한 것은 국회의원에게 완전한 투표의 자유를 보장하지 않았다고 할 수 있다. 물론 당시 국회구성상 다수당인 자유당을 제치고 야당인 민주당의 주도로 개헌을 추진하기 위하여 불가피했던 것이다.

부분개정의 방식이었지만 매우 많은 내용의 변화가 있었다. 이를 이원집정부제라고 할 수도 있다. 즉 대통령의 실질적 권한으로 계엄선포에 대한 거부권(§64②), 정당해산제소에 대한 승인권(§13②), 헌법재판소심판관 임명권(§83-4②), 국무총리 지명권(§69, 실제 김도현을 지명했다가 국회에서 부결되자 장 면을 지명) 등이 있었다.

그밖에 개정된 내용은 다음과 같다.

1) 양원제

2) 기본권의 일반적 법률유보
   3) 정당조항의 신설
   4) 헌법재판소 신설
   5) 중앙선거위원회 신설(헌법차원 격상)
   6) 대법원장·대법관 선거제
   7) 지방자치단체장 주민선거제
   8) 공무원·경찰관의 정치적 중립성 보장

2. 제4차 개헌(부칙만의 개정)

(1) 경과

　3·15 부정선거자, 부정축재자 등에 대하여 처벌법규가 없어 무거운 처벌을 할 수 없는 것으로 밝혀지자, 이들에 대한 처벌을 위한 소급입법의 근거를 마련하라는 시위대의 의사당 점거를 계기로 부칙만의 개헌안이 발의되었다. 이 개헌안은 1960.11.23 민의원에서, 같은 해 11.28 참의원에서 각각 통과되었다.

(2) 내용과 문제점

　헌법부칙에 소급입법(遡及立法)의 근거를 마련하였고, 이에 따라 국회에서 부정선거관련자 처벌법, 반민주행위자 공민권제한법, 부정축재특별처리법과 이러한 형사사건의 처리를 위하여 특별재판소 및 특별검찰부조직법이 제정되었다. 그러나 5·16으로 그 처리는 완결되지 못하였다.

Ⅳ. 제3공화국 헌법

1. 제5차 개헌

(1) 경과

　1961.5.16 군사쿠데타에 의하여 권력을 장악한 군부는 군사혁명위원회를 구성하였다. 5.23 국가재건최고회의(의장 장도영, 부의장 박정희, 의원 29인)

로 이름을 바꾸고, 6.6 국가재건비상조치법을 제정·공포하였다. 이는 기존의 헌법을 대체하는 것이었고, 7차에 걸쳐 개정되면서 헌법의 역할을 하였다(대법원은 이 법이 헌법과 같은 효력이 있는 기본법이라고 판시하였다. 대판 1963.11.7, 63초8). 정부형태는 국가재건최고회의에서 3권을 장악한 일종의 회의제였다.

1962.7.11 국가재건최고회의의 특별위원회로 헌법심의위원회가 발족하였다. 10.12 국민투표법을 제정·공포하여 12.17 역사상 처음으로 국민투표로 헌법이 개정되었다. 부칙에 따라 1963.12.17부터 시행되었다(대통령 선거는 1963.10.15).

(2) 내용과 문제점

제5차 개헌은 최초의 전면개정이었다. 이전 헌법의 절차에 따르지 아니하고(국회가 해산된 상태였으므로) 국민투표로 개헌하였다. 따라서 기존헌법과의 동일성·계속성에 의문이 제기된다.

내용적인 특징은 다음과 같다.
1) 권력분립에 의한 대통령제
2) 국회 단원제
3) 기본권은 인간의 존엄과 가치 조항이 삽입된 반면 국가안전보장을 이유로 다소 약화되었다는 평이 가능하다.
4) 정당국가를 지향해서 무소속 출마금지와 당적 이탈 시 의원직 상실을 규정하였다.
5) 대법원의 위헌법률심사권
6) 헌법개정에 있어서 필수적 국민투표제 실시

2. 제6차 개헌(삼선개헌)

(1) 경과

1967.5.3 제6대 대통령선거에서 박정희(朴正熙)가 재선되고, 6.8 제7대 국회의원선거에서 민주공화당이 개헌선인 2/3를 넘는 의석을 확보하자(전체

176, 공화 130, 신민 44 등), 1969.8.7 공화당의원 122명이 박정희의 3선을 가능하게 하는 헌법개정안을 발의하였다. 9.14 제3별관에서 기습 처리되어 10.17 국민투표로 확정되었다(65.1% 찬성).

(2) 내용과 문제점

제6차 개헌은 절차상 국회 내의 합의에 따라 개정되었다고 보기 어렵고, 집권당 내부의 갈등도 있었다.

내용은 큰 변화 없이 "대통령의 계속 재임은 3기에 한(限)한다(§69③)."는 내용이 가장 중요한 것이었다. 그밖에 바뀐 내용은 다음과 같다.

1) 대통령의 탄핵소추 요건을 강화하여, 의결정족수를 국회의원 50인 이상의 발의와 재적 2/3 이상의 찬성을 요하도록 하였다.

2) 국회의원 수 상한을 150 내지 200인에서 150 내지 250인으로 조정하였다.

3) 국무위원과 국회의원의 겸직을 허용하였다.

V. 제4공화국 헌법

1. 제7차 개헌(유신헌법)

(1) 경과

제6차 개헌 이후 실시된(1971.4.27) 제7대 대통령선거에서 박정희가 세 번째로 대통령에 당선되었으나, 야당후보인 김대중보다 95만표를 더 얻는데 그쳤다. 이에 여당에 대한 지지도가 떨어지자 박정희는 1971.12.6 비상사태를 선포하고, 12.27에는 이 비상사태의 법적 근거를 마련하고자 국가보위에 관한 특별조치법이 변칙 통과되었다(헌법재판소는 이 법률이 위헌이라고 결정하였다. 헌재1994.6.30, 92헌가18). 한편 1972년 7·4 남북공동성명이 있었고 평화통일과 급변하는 국제정세에 대처한다는 명목으로 1972.10.17 비상조치가 있었고, 국회를 해산한 상태에서 헌법개정이 추진되어 10.26 비상국무회의를 거쳐 11.21 국민투표가 실시되어(총 유권자 91.9%의 투표와 투표자 91.5%의 찬성), 12.27 공포되었다.

(2) 내용과 문제점

국회해산권이 이전헌법에 규정되어 있지 않았기 때문에 절차상 위헌적인 개헌이었다.

그밖에 주요한 내용은 다음과 같다.

1) 긴급조치권과 국회해산권을 갖는 등 대통령에게 권한이 집중되었다. 대통령은 통일주체국민회의를 통하여 선출되며, 임기는 6년이며 연임제한 규정이 없다. 대통령의 추천으로 국회의원 1/3이 선출되는데 임명제와 다름 없었다.

2) 기본권이 약화되었다. 본질적 내용의 침해금지 조항이 삭제되었다.

3) 헌법위원회의 설치와 모든 법관에 대한 대통령의 임명으로 사법권이 약화되었다.

4) 헌법개정절차의 이원화, 즉 대통령이 발의한 것은 국민투표로 확정하고 국회가 발의한 것은 통일주체국민회의에서 확정하였다.

Ⅵ. 제5공화국 헌법

1. 제8차 개헌

(1) 경과

이른바 유신헌법은 권위주의적 대통령제로서 3권을 모두 대통령이 장악할 수 있었고 대통령에 대한 통제장치가 거의 없었다. 특히 긴급조치권을 통하여 반대를 억압하는 정책을 썼다(제9호까지 발동). 유신헌법에 대한 반발이 거세지자 1975.2.15 유신헌법과 박정희에 대한 신임을 묻는 국민투표를 실시하였다. 79.8%의 투표와 73.1%의 찬성을 얻었음에도 헌법개정의 요구가 끊이지 않았다. 마침내 1979.10의 부마사태(釜馬事態)에 이어 10·26으로 박정희가 죽으면서 유신헌법시대는 막을 내리게 된다.

이후 최규하(崔圭夏)가 대통령권한대행을 거쳐 대통령에 당선되고(1979.12.6), 헌법개정이 논의되었으나, 1979년의 12·12와 1980년의 5·18을 거쳐 신군부의 등장으로 1980.5.31 국가보위비상대책위원회가 설치되고, 8.16 최규하 대통령의 사임으로 8.27 전두환이 제11대 대통령으로 선출되고, 1980.9.29 정부의 헌법개정안이 공고되고 10.22 국민투표를 거쳐 10.27 공포되었다.

(2) 내용과 문제점

1980년의 비상적인 상황 하에서 만들어진 제5공화국 헌법은 민주적 정당성을 결여하고 있었다고 할 수 있다.

헌법은 전문, 본문 10장, 131조, 부칙 10조 등으로 구성되었고, 구속적부심사제를 부활하였고, 기타 다음과 같은 내용들이 신설되었다.

재외국민의 보호, 행복추구권, 연좌제 금지, 사생활의 비밀과 자유, 언론의 사회적 책임, 형사피고인의 무죄추정, 환경권, 소비자의 보호, 중소기업의 보호·육성, 국가표준제도

Ⅶ. 현행헌법

1. 제9차 개헌(현행헌법)

(1) 경과

민주적 정당성을 결여한 전두환 정부에 대한 저항이 계속되면서, 1985.2.12에 실시된 총선에서 대통령직선제를 공약으로 내건 야당들이 득표율에 있어 여당을 상회하였고(민정당 35.25%, 신민·민한·국민 58.1%), 대통령직선제 개헌요구는 마침내 1987.6.10의 항쟁으로 이어졌다. 결국 6·29선언으로 개헌이 추진되었다. 9.18 여야공동으로 개헌안이 발의되고, 10.12 국회 의결을 거쳐, 10.27 국민투표로 확정되어(78.2% 투표, 93.1% 찬성), 10.29 공포되었다.

(2) 내용과 문제점

정상적인 상태에서는 처음 여야 합의로 발의된 현행헌법은, 시간적 여유가 없이 그리고 전문가의 심의가 부족했다는 점을 빼고는 비교적 하자 없이 개정된 것이었다.

전문, 본문 10장 130조, 부칙 6조로 구성되었고, 1987.10.29 공포되었으나 효력발생은 1988.2.25에 이루어졌는데 이는 당시 대통령의 임기를 보장해주기 위한 것이었다.

4·19 민주이념, 국정감사권, 헌법재판소, 언론·출판의 검열 및 허가 금지 등이 부활되었고, 그 밖에 다음과 같은 내용이 신설되었다.

1) **전문**: 대한민국 임시정부의 법통 계승, 조국의 민주개혁의 사명, 자율과 조화 등

2) **총강**(總綱): 민주적 기본질서에 입각한 평화통일정책의 수립·시행, 국군의 정치적 중립성 준수

3) **기본권**: 적법절차의 보장, 체포구속 시 그 이유·일시·장소·변호인 의뢰권의 고지·통지의무, 통신·방송시설 기준의 법정화, 과학기술자의 권리보호, 형사피해자의 법정진술권, 범죄피해자의 국가구조청구권, 대학의 자율성보장, 최저임금제, 국가의 여성·노인·청소년에 대한 복지향상 의무, 국가의 재해예방노력의무, 국가의 주거환경조성의무, 국가의 모성보호의무

4) **통치구조**: 대통령직선제, 국민경제자문회의, 헌법재판소 특히 헌법소원

5) **경제질서**: 경제민주화, 국가의 지역경제육성 의무, 경자유전(耕者有田)의 원칙, 농수산물의 수급균형 및 유통구조의 개선, 과학기술의 혁신 및 인력·정보의 개발

제3·4·5공화국 헌법은 신 헌법의 제정이라고 하는 것이 다수설이다(김철수 102~108면, 허 영 109·112·117면 등). 그러나 이는 당시의 헌법개정의 위헌성을 정당화시켜 줄 우려가 있다. 따라서 이를 헌법개정으로 보되 비정상적인(위헌적인) 절차에 의한 개정이었다고 하는 것이 바람직하다.

제2절 헌법의 전문

> 우리 헌법 전문(前文)은 단 하나의 문장으로 구성되어 있다. 주어와 서술어를 찾아보자. 전문의 문학적 가치와 법적 평가는 어떻게 내려질 수 있는가?

I. 헌법전문의 의의

1. 헌법전문의 개념

헌법의 전문(前文)이란 본문 앞에 놓이는 서문(序文, 머리말)으로서 헌법전의 일부를 구성한다. 그 내용은 대체로 헌법의 성립과 유래, 헌법의 제정목적, 헌법제정의 주체, 헌법의 기본원리 등을 담고 있다.

2. 입법례

(1) 전문이 없는 헌법

노르웨이·네덜란드·벨기에·소련헌법(1936)·덴마크·룩셈부르크·아이슬랜드 등은 헌법에 전문이 없다. 이탈리아의 경우 공포문에 불과하다. 따라서 전문이 헌법의 필수적 구성요소는 아니라고 할 수 있다.

(2) 전문이 단문인 헌법

영국의 대헌장(Magna Carta), 미국 헌법, 바이마르 헌법 등은 전문이 짧거나 내용이 단순하다.

참고로 미국헌법의 전문을 읽어보자. "우리 합중국 인민(people)은 더욱 완전한 연합(union)을 형성하고, 정의를 확립하고, 국내 안녕을 확보하고, 공동방위에 대비하고, 공공복리를 증진시키고, 그리고 우리와 우리 자손들에게 자유의 축복을 보증(secure)하기 위하여 이 미합중국헌법을 제정한다."

(3) 전문이 장문인 헌법

우리 헌법과 독일기본법 등이 이에 속하며, 특히 프랑스 4공화국 헌법(1946)은 전문에 권리장전(기본권 규정)이 포함되어 있다.

Ⅱ. 전문의 법적 성격

1. 학설

(1) 효력부정설

전문의 법적 효력을 부인하는 학자로는 안쉬츠(G.Anschütz 1867~1948), 마이어(G.Meyer) 등의 19C 독일 법실증주의자, 위어(K.C.Wheare)·코윈(E.Corwin) 등의 영미학자, 미국 연방대법원 등을 들 수 있다. 안쉬츠(G.Anschütz)는 헌법전문은 "선언적일 뿐 명령적인 것은 아니다."라고 하였다.

(2) 효력긍정설

슈미트(C.Schmitt)·케기(W.Kägi)·라이프홀쯔(G.Leibholz 1901~1982)·헷세(K.Hesse) 등 20C 독일의 헌법학자와 연방헌법재판소, 우리나라 학자들은 전문의 법적 효력을 인정한다. 즉 정치적 존재형태, 국가질서의 최고원리 등을 포함하기 때문에 법적 효력을 인정한다.

2. 법적 성격

헌법전문에 대한 학설의 대립은 실제로는 그 학자가 속한 나라의 헌법전문을 설명하는 것으로 볼 수 있다. 우리와 독일의 경우 전문이 비교적 장문이고 중요한 내용을 많이 포함하고 있어 다수의 학자가 법적 효력을 인정한다. 법적 효력을 인정할 때 그 성격은 다음과 같다.

전문은 헌법의 일부를 구성하며, 본문과 형식상 동일한 효력이 있다. 내용적으로는 오히려 더 근본적인 내용을 담고 있어서 최고규범성을 띠며 헌법본문과 하위법규의 해석기준이 된다. 따라서 헌법개정의 한계 밖에 있다. 다만 자구수정은 가능해서 전면개정을 한 제5·7·8·9차 개헌에서 전문도 개정되었다. 또한 재판규범성이 있다. 헌법재판소도 헌법전문의 재판규범성을 긍정하고 있다(헌재 1989.1.25., 88헌가7).

참고로 헌법 부칙의 경우 본문과 동일하게 법적 효력이 있다.

III. 우리나라 헌법전문의 내용

1. 헌법제정권력의 주체와 헌법성립유래

헌법전문은 헌법제정권력의 주체로 '대한국민'을 들고 있으며, 1948.7.12 제정되고 8차에 걸쳐 개정된 헌법을 국민투표로 개정한다고 함으로써 성립유래와 민주적 정당성이 있음을 밝히고 있다.

2. 대한민국의 건국이념 및 계승정신

3·1운동과 4·19민주이념을 계승하고, 대한민국 임시정부의 법통을 계승했음을 밝히고 있다. 임시정부의 법통계승은 현행헌법에 추가된 내용이다.

3. 헌법의 기본원리

헌법전문은 다음과 같은 헌법의 기본원리를 선언하고 있다.

즉 국민주권주의(국민이 헌법을 제정), 자유민주주의(조국의 민주개혁…자유민주적 기본질서), 기본권존중주의(각인의 기회를 균등히 하고), 국제평화주의(세계평화와 인류공영에 이바지), 사회국가원리(국민생활의 균등한 향상), 문화국가주의(유구한 역사와 전통에 빛나는), 평화통일 등이 선언되어 있다.

[판례] 헌법 전문은 헌법의 이념 내지 가치를 제시하고 있는 헌법규범의 일부로서 헌법으로서의 규범적 효력을 나타내기 때문에 구체적으로는 헌법소송에서의 재판규범인 동시에 헌법이나 법률해석에서의 해석기준이 되고, 입법형성권 행사의 한계와 정책결정의 방향을 제시하며, 나아가 모든 국가기관과 국민이 존중하고 지켜가야 하는 최고의 가치규범이다(헌재 2006.3.30., 2003헌마806).

제3절 대한민국헌법의 기본원리

> 북한의 정식 명칭은 '조선민주주의인민공화국'이다. 그렇다면 북한의 정치체제도 민주주의인가? 우리나라의 민주주의와는 어떻게 다른가? 북한은 또 '우리식 사회주의'를 추구한다고 한다. 우리 헌법의 사회국가원리와는 어떻게 다른가?

Ⅰ. 기본원리의 의의

헌법의 기본원리라 함은 헌법전체에 걸쳐서 고려되어야 하는 원리로서, 국가정책결정 또는 입법의 기준이 되고, 헌법의 개별조항과 법령의 해석기준이 되고, 헌법개정의 한계이며, 국민과 모든 국가권력을 구속한다.

우리 헌법 상의 기본원리는 다음과 같은 것들이다. 그러나 우리나라만의 특유한 원리는 없다. 따라서 자세한 내용은 다음 장(章)의 헌법의 기본원리를 보기 바란다.

Ⅱ. 우리헌법의 기본원리

1. 국민주권주의: 전문, §1②
2. 자유민주주의: 전문, §4, §8
3. 기본권존중주의: 전문, §10, §37
4. 권력분립주의: §41, §64, §101
5. 국제평화주의: 전문, §5, §6
6. 문화국가주의: 전문, §9, §69
7. 사회국가원리: 전문, §32, §34
8. 사회적 시장경제주의: §119
9. 평화통일: 전문, §4, §69
10. 방어적 민주주의: §8, §41, §69

제4절 국가의 본질과 국가형태

> 임꺽정 이야기에 보면 청석골에 임꺽정을 비롯하여 모사(謀士)인 서림 등의 두령들과 많은 식솔들이 모여 살았고 나름대로의 규율과 방위능력이 있었으며, 경제적 활동을 하고 세금을 걷는 등 재원조달 능력도 마련되어 있었다. 수호지의 양산박도 마찬가지였다. 이들을 국가라고 할 수 있는가?

I. 국가의 의의와 본질

1. 국가의 개념

국가는 사회공동체가 정치적 일원체로 조직된 것이라고 정의할 수 있다. 옐리네크(G.Jellinek 1851~1911)에 의하면 국가란 주권·국민·영역을 구성요소로 성립된 가장 강력하고 포괄적인 단체라고 한다(삼요소설). 그러나 이는 정태적(靜態的) 설명이어서 현대의 동적(動的)인 국가(공동체)를 정확히 설명하기 어렵다. 현대는 고전적인 국가사회이원론이 극복되어 국가와 사회는 개념적으로 다른 특징을 갖는다고 하더라도 서로 중첩되고 상호 영향을 준다. 즉 국가는 정적·고정적·조직적인 특징을 갖는 데 비해서 사회는 동적·유동적·비조직적인 특색을 갖는다. 따라서 국가를 정적으로만 이해해서는 헌법의 기초로서의 국가를 파악하기 어렵다.

2. 국가의 기원과 본질

(1) 국가의 기원

국가의 기원 즉 국가가 어떻게 성립했는가에 대해서는 다음과 같은 학설들이 있다. 즉 국가는 신에 의해 창조되었다는 신의설(神意說)(v.Stahl), 우위의 일족이 열위의 다른 족속을 지배·정복함으로써 발생했다는 실력설·정복설(F.Oppenheimer), 가족이 씨족·부족·국가로 발전했다는 가족설(R.Filmer), 경제적으로 피지배계급을 착취하기 위해 생겼다는 계급국가설(F.Engels) 등이 있다. 그리고 근대적 국가이론으로써 민주주의의 바탕이 되는 계약설은 인간이 가지고 태어난 자연권을 확실히 누리기 위해 자발적으로 체결한 계약으로 인해 국가가 생겼다고 한다. 여기에는 홉스(Th.Hobbes)의 복종계약설, 로크(J.Locke)의 위임계약설, 루소(J.J.Rousseau)의 사회계약설 등 조금씩 다른 견해가 있다(국민주권론 부분 참조).

(2) 국가의 본질

국가의 본질에 대해서도 다양한 학설이 있다.

국가는 국민을 요소로 하지만 국민의 단순한 총화와는 다른 독립된 의사를 가진 단체라는 유기체설(O.v.Gierke, J.K.Bluntschli), 유산계급이 무산계급을 착취하기 위한 것이라는 착취설(F.Oppenheimer, F.Engels), 국가는 윤리적 이념의 발현이며 객관적 정신의 최고의 발전단계라는 윤리설·도덕설(Platon, Hegel, J.Fichte), 국가는 전체사회가 아니라 치안의 유지를 목적으로 하는 부분사회라는 부분사회설·다원적 국가론(H.J.Laski, R.M.MacIver), 개개 국민과는 다른 독립된 법인격을 가진 권리주체로서 공법인이라는 국가법인설(G.Jellinek), 국가와 법질서를 동일시하는 법질서설(H.Kelsen), 국가를 통합의 과정으로 설명하는 통합론(R.Smend) 등이 있다.

II. 국가형태의 분류

1. 고전적 분류

국가형태에 대한 고전적 분류는 절대군주의 유무를 기준으로 2분설 또는 3분설을 취하고 있다. 즉 플라톤이 군주국과 공화국으로 구분한 이래, 아리스토텔레스는 군주국·귀족국·민주국으로 나누고 그것들의 타락한 형태로 폭군정(暴君政)·과두정(寡頭政)·중우정(衆愚政)을 대비시키고 있다. 몽테스키외(Montesquieu, 1689~1755)는 공화정·군주정·전제정으로 나누었고, 마키아벨리(N.Machiavelli 1469~1527)는 군주제와 공화제로 구분하였다.

이러한 고전적 분류의 영향을 받은 것으로 정체(政體)와 국체(國體)에 의한 분류가 있다(H.Rehm: Allgemeine Staatslehre, 1899). 즉 국체는 주권의 소재를 의미하며 군주국·귀족국·공화국으로 나눌 수 있고, 정체는 주권(통치권)의 행사방법에 의한 분류로 독재정체·민주정체로 구분한다. 또한 옐리네크(G.Jellinek)는 국가의사의 결정방법에 따라 한 개인의 의사에 의하여 결정되는 군주국과 다수인이 법적 절차에 의하여 결정하는 공화국으로 구분한다.

2. 현대적 분류

(1) 고전적 분류의 문제점

군주제의 유무에 의한 고전적 분류방법은 국민주권주의가 확립된 현대에는 무의미하다. 따라서 주권의 소재와 행사에 따른 국체·정체의 구분도 의미가 없다. 현대에는 군주가 존재하는 국가들, 예컨대 영국·벨기에·덴마크·스페인·일본 등의 경우 군주가 실권을 행사하지 않으므로 실질적으로는 민주국가로 분류된다.

(2) 레벤슈타인의 분류

레벤슈타인(K.Loewenstein)은 국가형태를 다음과 같이 분류한다.

1) 입헌주의 국가형태

국가권력이 분립된 국가형태(민주적 공화국)로 대통령제·의원내각제·이원집정부제·연방제 등의 국가를 들 수 있다.

2) 전제주의 국가형태

국가권력이 집중된 국가형태(전제적 공화국)로, 이는 다시 단일정당을 근간으로 성립하며 국민을 국가의 봉사수단화 하는 국가형태인 전체주의국가(예컨대 나찌즘·파시즘·인민공화국)와 국가권력이 하나의 국가기관에 거의 집중된 국가형태를 의미하는 권위주의국가(신대통령제) 등으로 나누어 볼 수 있다.

허 영교수는 input(사회⇒ 국가), output(국가⇒ 사회)에 따라 전체주의·자유민주주의·권위주의·제도적 모델로 분류한다(허 영 214면 이하).

3. 우리나라의 국가형태

헌법은 "대한민국은 민주공화국이다(§1①)."라고 규정하고 있다. 이는 비군주국·반독재국이며, 민주적 공화국가임을 선언한 것이다. 이 조항은 1948년 헌법 이래 개정된 적이 없는 근본적인 규범·조항이다. 헌법개정 부분에서 설명한 대로 이 규정을 폐지 또는 개정하면 동일한 헌법으로 보기 어렵다.

제5절 헌법의 효력범위

> 북한과 자유로운 왕래나 거주가 불가능한 것이 현실인데 북한도 우리나라라고 할 수 있는가? 탈북자와 중국에 사는 동포와는 어떻게 다른가? 탈북하여 중국에 정착했다가 다시 한국에 들어오는 경우는 어떨까?

헌법의 효력범위는 국가의 구성요소로 논의되던 것이다. 그러나 위에서 본 것과 같이 주권·국민·영역이라는 분류는 정적인 개념으로 현대의 헌법의 효력범위를 정확히 설명하기 곤란하다. 따라서 헌법의 인적·공간적 효력범위로 설명한다.

Ⅰ. 국가권력

국가권력이란 주권과 통치권을 포괄하여 부르는 말이다. 그 자세한 내용은 민주주의의 국민주권론에서 설명한다.

Ⅱ. 인적 효력범위(국민)

1. 의의

(1) 개념

국민(國民)이란 정치적 통일체인 국가에 소속되는 개개 자연인의 전체를 말한다. 즉 국가의 구성원을 말한다. 법인은 경우에 따라 포함되는 경우도 있다(기본권의 주체 참조).

이에 반해서 인민(人民)이란 사회의 구성원을 말한다. 현대의 헌법은 국가뿐만 아니라 사회적 영역도 규율하므로 국민은 곧 인민이라고 할 수 있다. 한편 민족(民族)은 혈연을 기초로 한 문화적 집단을 의미한다.

국민과 국가의 통치권에 복종하는 자는 동일하지는 않다. 외국인이나 무국적자도 대한민국의 영역 안에 있으면 대한민국의 통치권에 복종해야 하기 때문이다. 국민이란 결국 국적을 가진 모든 사람을 말한다. 국민은 외국에 있는 경우에도 대한민국의 헌법이 적용된다.

(2) 헌법규정

국적(Staatsangehörigkeit, nationality)이란 국민으로서의 신분이나 국민이 되는 자격을 말한다. 우리 헌법은 "대한민국의 국민되는 요건은 법률로 정한다(§2①)."고 하였다. 즉 우리는 국적법률주의(단행법주의)를 취하고 있으며, 이를 규율하는 법률로 국적법을 비롯하여 출입국관리법, 해외이주법, 「재외동포의 출입국과 법적 지위에 관한 법률」 등이 있다. 입법례로는 헌법이 국적관계를 정하는 헌법주의와 이를 민법에서 정하는 민법주의(예컨대 벨기에)도 있다.

2. 국적의 취득과 상실

(1) 선천적 취득

국적의 선천적 취득이란 출생함으로써 국적을 갖게 되는 것을 말한다.

이 때 어느 나라의 국적을 취득하는가는 부모의 국적을 기준으로 하는 속인주의(혈통주의)와 태어난 곳을 기준으로 하는 속지주의(출생지주의)가 있다. 예컨대 일본·스위스·독일·오스트레일리아 등은 속인주의를 영국·미국·남미 등은 속지주의를 택하고 있다. 우리나라는 원칙적으로 속인주의를 택하고 있으며 예외적으로(예컨대 부모를 모르는 기아가 우리나라에서 발견되었을 때, 국적법 §2①iii, §2②) 속지주의를 택하고 있다.

[판례] 개정된 국적법 부칙(§7①)이 모가 한국인인 자녀에 대해 구법으로 인해 침해받은 기본권을 회복시켜 줌에 있어 신법시행 전 10년 동안에 출생한 자녀에게만 대한민국 국적을 부여하고 그 이전에 출생한 자에게는 그러하지 아니한 것은 헌법 §11①의 평등원칙에 위배된다(헌법불합치/ 잠정적용, 헌재 2000.8.31, 97헌가12).

(2) 후천적 취득

출생 이외의 사유로 국적을 취득하는 경우는 다음과 같은 것들이 있다.

우리의 국적법은 부모양계혈통주의(1997년 개정 전 부자동일국적주의), 부부별개국적주의(개정 전 부부동일국적주의), 예외적 이중국적주의(개정 전 이중국적금지주의) 등을 채택하고 있다. 이를 자세히 보자.

첫째, 부 또는 모 어느 한 쪽이 대한민국 국민이면 국적을 부여한다(국적법 §2①ⅰ).

둘째, 혼인의 경우, 남녀 모두 혼인 후 2년 이상 국내에 거주하거나, 혼인 후 3년이 경과하고 1년 이상 국내에 거주함으로써 간이귀화의 방법(법 §6②)으로 국적을 취득한다. 개정 전 국적법은 외국국적을 갖는 여자에 한하여 한국국적의 남자와 혼인하여 한국국적을 취득하도록 함으로써(구 국적법 §2ⅰ), 평등의 원칙위배라는 비판을 받았다. 그러나 현재는 남녀 동일하게 귀화를 통하여 국적을 취득할 수 있다.

셋째, 귀화(歸化)는 국적을 취득하려는 자가 국가의 허가를 얻어 국적을 취득하는 것이다. 그 요건은 5년 이상 국내에 거주해야 하고, 대한민국 민법상 성년이며, 품행이 단정하고, 생활능력이 있으며, 대한민국 국민으로써 기본 소양을 갖추어야 한다(법 §5). 이에 해당하는 자는 법무부장관의 허가를 받아 국적을 취득하며, 관보에 고시되어야 효력이 발생한다.

이러한 보통귀화에 비해 특별귀화는 한국과 특별한 관계가 있어서 그 요건을 완화한 것이다. 예컨대 부 또는 모가 대한민국 국민이거나, 대한민국에 특별한 공로가 있는 자 등이다(법 §7①).

넷째, 인지(認知)란 혼인 외의 출생자를 자기의 자녀라고 인정하는 의사표시를 말한다. 인지에 의한 국적의 취득은 대한민국 민법상 미성년이어야 하며, 출생 당시 부 또는 모가 대한민국 국민이었어야 한다(법 §3).

다섯째, 수반취득(隨伴取得)이란 타인의 국적취득에 수반하여 국적을 취득하는 것으로, 부 또는 모가 대한민국 국적을 취득한 경우 그의 자(子)가 국적을 취득하게 되는 경우이다(법 §8).

끝으로 국적회복(재귀화)이란 일단 국적을 상실한 사람이 법무부장관의 허가를 얻어 국적을 다시 취득하게 되는 것을 말한다(법 §9).

[판례] 개인의 국적선택에 대하여는 나라마다 그들의 국내법에서 많은 제약을 두고 있는 것

이 현실이므로, 국적은 아직도 자유롭게 선택할 수 있는 권리에는 이르지 못하였다고 할 것이다. 그러므로 "이중국적자의 국적선택권"이라는 개념은 별론으로 하더라도, 일반적으로 외국인인 개인이 특정한 국가의 국적을 선택할 권리가 자연권으로서 또는 우리 헌법상 당연히 인정된다고는 할 수 없다고 할 것이다(헌재 2006.3.30, 2003헌마806).

(3) 국적의 상실

국적의 상실은 국적의 취득과 반대의 경우에 발생한다. 국적법은 이중국적과 무국적을 원칙적으로 부인하되 예외적으로만 복수국적을 허용하고 있다. 20세 전에 이중국적이 된 경우는 22세까지, 20세 후에 이중국적이 된 경우는 2년 이내에 국적을 선택해야 하며, 선택하지 않는 경우 한국국적이 자동적으로 상실된다(법 §12~§14). 또한 외국국적을 취득하지 않은 상태에서 무국적자가 될 수 없다. 국민의 의무를 회피하기 위한 방편으로 이용되는 것을 막기 위한 것이다. 2005년 개정으로 병역회피 목적으로 이중국적을 이용하는 폐해를 막기 위하여 원정출산자의 직계비속은 병역의무를 마쳐야만 국적이탈을 할 수 있게 하였다(법 §12③). 2010년 개정으로 복수국적이 된 경우에도 대한민국의 법령적용에 있어서는 대한민국 국민으로만 처우(법 §11-2①)하는 것으로 하였고, 대한민국에서 외국국적을 행사하지 않을 것을 서약해야 하며(법 §10②), 그렇지 않은 경우 법무부장관은 국적선택명령을 할 수 있도록 하였다(법 §14-2①).

[판례 1] 이중국적에 관하여 현행법은 선천적 이중국적은 일정 기간 허용하고, 후천적 이중국적은 원칙적으로 불허하며(국적법 §10, §15①), 이중국적 상태의 해소를 위하여 국적선택제도를 두고 있다. 국적선택제도는 일정 시점까지는 이중국적을 법적으로 허용하는 한편, 그 시점까지는 반드시 하나의 국적을 선택토록 함으로써 이중국적을 강제로 정리하기 위한 것이다(§12~§14)(헌재 2004.8.26., 2002헌바13).
[판례 2] 복수국적자가 외국에 주소가 있는 경우에만 국적이탈을 신고할 수 있도록 하는 국적법 규정은 명확성 원칙에 위배되지 아니하며 국적이탈의 자유를 침해하지 않는다(합헌, 헌재 2023.2.23., 2020헌바603).

3. 재외국민의 보호

재외국민이란 한국국적을 가진 국민이 외국에서 장기 체류하거나 영주

(永住)하는 사람을 말한다. 재외국민이 늘어남에 따라 이들을 보호해야 할 국가의 의무가 강조되고 있다. 그 1차적 책임은 해외공관이 지게 된다. 국가는 해당국가와의 외교관계에서 이들을 보호할 정책을 시행하여야 한다(헌재 1993.12.23, 89헌마189 참조).

지난 헌법(1980)에 "재외국민은 국가의 보호를 받는다."라는 조항을 신설하였고, 현행 헌법 §2②은 "국가는 법률이 정하는 바에 의하여 재외국민을 보호할 의무를 진다."라고 더욱 적극적으로 규정하였다.

앞서 언급한 대로 재외국민에 대하여 예외적으로 복수국적이 허용된다. 외국의 경우 47개국이 이중국적을 허용하고 있다.

[판례 1] 재외동포의 출입국과 법적지위에 관한 법률은 외국국적 동포 등에게 광범위한 혜택을 부여하고 있는바, 정부수립 이전에 국외로 이주한 동포에게는 그 혜택을 주지 않고 있다. 이는 합리적 이유 없는 차별로 헌법 제11조의 평등원칙에 위배된다(헌법불합치, 헌재 2001.11.29, 99헌마494).

[판례 2] 공직선거법이 주민등록을 요건으로 국내거주 재외국민의 지방선거 선거권을 제한하는 것이 국내거주 재외국민의 평등권과 지방의회의원선거권을 침해한다(헌법불합치, 헌재 2007.6.28, 2004헌마644등).

4. 국민의 헌법상 지위

옐리네크(G.Jellinek)는 국민의 수동적 지위에서 의무가, 소극적 지위에서 자유권이, 적극적 지위에서 청구권·수익권이, 능동적 지위에서 참정권이 나온다고 하였다(지위론). 그러나 지위에서 기본권이 나오는 것이 아니며 사회권의 경우 수동적·소극적·적극적 성격이 모두 있다는 점에서 현대에는 타당하지 않은 이론이다.

(1) 주권보유자로서의 국민

이는 이념적 통일체로서 전체국민을 말하며 대한민국 국적이 있는 모든 사람이 해당된다.

헌법에는   전문 : 대한민국 국민
　　　　　§1② : 대한민국의 주권은 국민에게 있고,……

§7 : 공무원은 국민전체에 대한 봉사자이며,……
§8 : 정당은… 국민의 정치적 의사형성에 참여하는……
§69 : 조국의 평화적 통일과 국민의 자유와 복리의 증진

등의 경우에 이런 의미의 국민이 표현되어 있다.

(2) 주권행사자로서 국민

이는 정치적 통일체로서 전체국민을 말하며 유권자의 집합체로서의 국민을 말한다. 우리 헌법의 §41와 §67의 국회의원과 대통령선거, §72와 §130의 국민투표에 참여하는 국민을 의미한다. 이를 국가최고기관이라고도 한다. 이는 옐리네크(G.Jellinek)가 국민을 1차기관, 다른 국가기관을 2차기관이라 한 데서 유래하는 설명이다. 그러나 국민은 조직적이지 못하고 그 의사를 쉽게 확인하기 어렵다는 점에서 국가기관이라 부르는 것은 무리이다.

(3) 기본권 주체로서의 국민

개개인으로서의 국민은 국가권력에 의해 보호받는 대상이 되며 이는 기본권의 주체로서 표현된다. 헌법 §10 내지 §37의 국민이 이에 속한다.

(4) 공의무의 주체로서의 국민

국민 개개인은 또한 헌법이 정하고 있는 여러 가지 의무를 부담해야 하는 입장이다. 이를 피치자(被治者)로서의 국민이라고도 한다.

Ⅲ. 공간적 효력범위(영역)

> 홋카이도가 정식으로 일본에 편입된 것은 1869년이며, 오키나와가 편입된 것은 1879년, 센카쿠열도가 편입된 것은 1895년이다. 일본은 그러한 연장선에서 독도를 1905년 편입한 것이라고 주장한다. 이런 일본의 주장은 우리 입장에서 볼 때 어떤 문제점이 있는가? 한편 오키노토리시마(沖ノ鳥島)는 일본의 섬인가?. 단순한 암초인가? 참고로 대한제국 칙령 제41호는 울릉도를 울도로 개칭하고 도감을 군수로 개칭하였으며, 그 관할에 석도(돌섬, 독도)를 포함시켰다.

영역(Staatgebiet)이란 국가존립의 기초인 일정범위의 공간을 말한다. 이는 보통 영토·영해 및 영공으로 구성된다. 국가는 이 영토에 대하여 그리고 영토 내에서 배타적 권력을 행사한다. 이를 영역권 또는 영토고권(領土高權 Gebietshoheit)이라 한다.

1. 영토

(1) 헌법규정과 현실

헌법은 §3에서 "대한민국의 영토는 한반도와 그 부속도서로 한다."라고 규정하였고 이에 따라 영해와 영공도 결정되게 된다. 그러나 헌법의 효력이 북한지역에 미치지 못하기 때문에 이 규정은 실효성이 없는 규정이라 할 수 있다. 판례는 북한을 국가로 인정하지 않고 있으며(예컨대 대판 1990.9.25, 90도145), 국가보안법도 같은 입장이다. 그러나 북한의 실체를 인정하는 정책들이 시행되었는데, 남북교류협력에 관한 법률(1990), 남북사이의 화해와 교류협력에 관한 합의서(1991), 남북한의 UN가입(1991), 판문점-평양선언(2018) 등이 그것이다.

현행헌법에 신설된 §4의 평화통일조항은 내용상 분단을 전제로 한 규정이고, §3의 영토조항은 분단의 현실을 전제로 하지 않은 규정이어서 해석상의 충돌문제가 생긴다. 해석만으로는 해결하기 어려우므로 헌법개정을 비롯한 입법의 보완이 필요하다.

전면개정의 방법으로 헌법이 개정된 상태에서 §4를 §3의 신법이라고 할 수도 없다. 또한 현실과의 괴리가 있다 하여 곧바로 §3를 사문화시키기도 어렵다. 마찬가지로 일반법과 특별법의 관계로 해석하여 §4를 우선하는 것으로 보는 견해도(계희열[상] 174면) 해석론으로는 무리라고 생각된다. 우리와 같은 분단상황이었던 통일 전 서독은 기본법 §23에서 헌법의 적용범위를 서독에 국한하고 나머지 지역은 서독에 편입될 때 적용하도록 함으로써 이러한 문제를 야기하지 않았고, 이 규정은 결국 독일통일에 기여하였다.

한편 북한도 1948년 헌법에 '조선민주주의인민공화국의 수도는 서울'이라 하였고, 현행헌법 §9도 "…조국통일을 실현하기 위하여 투쟁한다."라는 규정을 가지고 있어 우리와 마찬가지의 문제가 있다.

(2) 영토의 변경과 법적 효과

1) 영토변경의 원인

국가의 영토는 여러 가지의 원인에 의하여 변경될 수 있다. 이 경우 국가의 동일성에는 변함이 없으며 다만 국가권력이 행사되는 인적·공간적 범위만 변하는 것이다.

이러한 영토변경의 원인으로는 우선 국제조약에 의한 변경을 들 수 있는데 평화 시에는 매매·교환·할양·합병 등이 있으며, 전시에는 점령·정복 등이 있다.

예를 들어 미국은 1867년 러시아로부터 알래스카를 720만 달러에 매입한 바 있다. 당시 러시아는 영국과 긴장 관계에 있었고 현재의 캐나다가 영국령이었다. 캐나다가 자치령이 된 것은 1931년, 정식으로 독립한 것은 1951년이다.

한편 무주지(無主地)의 경우 국제법상 선점국의 영토로 인정된다. 이 밖에 자연적·사실적 변경이 있을 수 있는데, 화산의 폭발로 인한 섬의 생성 등을 예로 들어 볼 수 있다.

2) 영토변경의 효과

주민의 국적은 경우에 따라 다른데, 할양(割讓)의 경우 할양조약에 의하며, 대체로 주민이 일정 기간 내에 자유로이 선택하게 한다. 합병의 경우는 합병국의 국적을 취득한다.

할양지의 법은 할양과 더불어 그 효력이 상실되는 것이 아니라 신법의 제정 시까지 존속하는 것이 원칙이다.

[판례 1] 국민의 개별적 기본권이 아니라 할지라도 기본권보장의 실질화를 위하여서는, 영토조항만을 근거로 하여 독자적으로는 헌법소원을 청구할 수 없다 할지라도, 모든 국가권능의 정당성의 근원인 국민의 기본권 침해에 대한 권리구제를 위하여 그 전제조건으로서 영토에 관한 권리를, 이를테면 영토권이라 구성하여, 이를 헌법소원의 대상인 기본권의 하나로 간주하는 것은 가능한 것으로 판단된다(헌재 2001.3.21, 99헌마139등).

[판례 2] 독도 등을 중간수역으로 정한 '대한민국과 일본국 간의 어업에 관한 협정'(1998)은 어업에 관한 협정으로서 배타적 경제수역을 직접 규정한 것이 아니므로 독도의 영유권문제나 영해문제와는 직접적인 관련을 가지지 아니하므로, 헌법상 영토조항을 위반하였다고 할 수 없다(헌재 2009. 2. 26. 2007헌바35).

2. 영해

영해란 영토에 접속한 일정한 범위의 해역을 말한다. 그 범위는 각국의 주장이 다른데 우리나라 영해 및 접속수역법(1995)은 §1에서 12해리(海里 nautical mile; 1해리는 1,852m, 12해리는 약 22.2Km)로 규정하고 있다. 예외적으로 대한해협은 3해리(령 §3, 일률적으로 3해리는 아님)로 하고 있다. 영해 밖의 바다는 공해(公海)라 한다.

국제적으로 유엔 해양법협약(1982; 1996발효)에 따라 12해리 영해제도 및 국제해협 통과통항제도(transit passage), 200해리 배타적 경제수역과 대륙붕(大陸棚 수심 200m 이하)에 대한 기준도 확립되었다.

3. 영공

영공이란 영토와 영해의 수직상공을 말한다. 그 범위에 대해서는 학설이 다양하나 통상의 항공기로 지배 가능한 상공까지 영공이라는 것이 다수설이다. 이를 부양력설이라 하는데, 대기 중 비행기 날개로 인한 부양력(베르누이의 정리)에 의하여 뜨는 한도까지 영공이라는 설명이다.

그 이상은 우주라 하며 국제법의 일분야인 우주법(宇宙法)의 규율영역이다.

[판례] (☞ 신행정수도의건설을위한특별조치법위헌확인) ① 수도를 설정하거나 이전하는 것은 국회와 대통령 등 최고 헌법기관들의 위치를 설정하여 국가조직의 근간을 장소적으로 배치하는 것으로서, 국가생활에 관한 국민의 근본적 결단임과 동시에 국가를 구성하는 기반이 되는 핵심적 헌법사항에 속하는 것이다.

② 수도가 서울로 정하여진 것은 비록 헌법상 명문의 조항에 의하여 밝혀져 있지는 아니하나, 조선왕조 창건 이후부터 경국대전에 수록되어 장구한 기간동안 국가의 기본법규범으로 법적 효력을 가져왔던 것이고, 헌법제정 이전부터 오랜 역사와 관습에 의하여 국민들에게 법적 확신이 형성되어 있는 사항으로서 제헌헌법 이래 우리 헌법의 체계에서 자명하고 전제된 가장 기본적인 규범의 일부를 이루어 왔기 때문에 불문의 헌법규범화된 것이라고 보아야 한다.

③ 관습헌법도 헌법의 일부로서 성문헌법의 경우와 동일한 효력을 가지기 때문에 그 법규범은 최소한 헌법 제130조에 의거한 헌법개정의 방법에 의하여만 개정될 수 있는 것이다. 형식적인 헌법개정 외에도, 관습헌법은 그것을 지탱하고 있는 국민적 합의성을 상실함에 의하여 법적 효력을 상실할 수도 있다. 성문의 경성헌법 체제에서 인정되는 관습헌법사항은 하위규범형식인 법률에 의하여 개정될 수 없다.

④ 수도의 이전을 확정함과 아울러 그 이전절차를 정하는 이 사건 법률은 우리나라의 수도가 서울이라는 불문의 관습헌법사항을 헌법개정절차를 이행하지 않은 채 법률의 방식으로 변경한 것이어서 그 법률 전체가 청구인들을 포함한 국민의 헌법개정국민투표권을 침해하였으므로 헌법에 위반된다(위헌, 헌재 2004. 10.21, 2004헌마554·566).

(☞ 헌법 §72의 대통령의 국민투표 부의권 위배라서 위헌이라는 재판관 김영일의 별개의견, 기본권침해가 아니어서 각하라는 재판관 전효숙의 반대의견 있음)

☞ 그 후 신행정수도 후속대책을 위한 연기·공주지역 행정중심복합도시 건설을 위한 특별법 위헌확인 사건에서는 기본권이 인정되지 않는다는 이유로 각하 결정을 하였다. 헌재 2005.11.24., 2005헌마579·763

제 4 장
헌법의 기본원리

　헌법의 기본원리란 헌법의 모든 분야에 있어서 적용되고 기준이 되어야 하는 근본이념을 의미한다. 학자에 따라서 차이가 날 수 있으나, 민주주의·법치국가·사회국가를 가장 중요한 원리로 볼 수 있다. 이밖에 국제평화주의와 문화국가원리도 함께 살펴본다. 한편 자연과 환경보호를 헌법의 기본원리로 격상시켜야 한다는 논의가 독일에서 진행되고 있다. 우리도 이를 긍정적으로 검토하여야 하는 시기라고 할 수 있다(계희열[상] 196면 이하).

제1절 민주주의

> 우리는 국가의 구성원이면서 사회의 구성원이기도 하다. 그렇다면 국가와 사회는 어떻게 구분되고 어떤 차이가 있을까?

Ⅰ. 의의

1. 개념

　민주주의원리는 다의적 개념으로 쓰이고 있다. 현대의 국가 중에서 표면적으로 민주주의를 부정하는 국가는 없다고 해도 과언이 아니다. 우리 헌법도 민주주의를 표방하고 있으나 '민주'라는 말이 여러 곳에서 조금씩 다른 의미로 사용되고 있다. 예컨대, 전문의 민주이념, 자유민주적 기본질서는 국가의 이념을, 민주개혁은 정치·경제·사회질서의 발전방향을 의미한다. 또 §1①의 민주는 국가형태를, §4의 자유민주적 기본질서는 통일정책방향을, §8의 민주적은 정당의 준칙을, 민주적 기본질서는 정당의 해산요건을, §32의 민주주의원칙은 근로에 대한 입법기준을 각각 의미한다.

일반적으로 민주주의는 다음과 같은 의미로 구분해 볼 수 있다.

첫째, 실천원리로서의 민주주의는 이념이 아닌 역사적 개념으로 쓰이는 것이다. 근대적 민주주의가 형성되던 18C의 개인주의·인간주의·상대주의·합리주의 등을 의미한다.

둘째, 정치원리로서의 민주주의는 또다시 둘로 나누어 볼 수 있다. 그중 ① 정치형태를 의미할 때는 국민에 의한 정치, 국민에 의한 지배, 다수결원리, 기본권의 보장, 정치과정의 자유와 공개(C.Schmitt) 등을 말하며, ② 정치이념·목적을 의미할 때는 수단을 경시한 채(이 점에서 법치국가와 비교됨) 자유·평등을 말한다. 19C에는 자유가, 20C에는 평등이 강조되었다. 자유와 평등은 서로 배타적인 것으로 보이나 민주주의에 있어서는 서로 제한과 보완의 관계로 조화되어야 한다.

독일 연방헌법재판소는 사회주의국가당(SRP)의 해산심판(1952)에서 "자유민주적 기본질서란 모든 폭력의 지배나 자의적(恣意的) 지배를 배제하고 그 때 그 때의 다수의사에 따른 국민의 자결(自決) 그리고 자유와 평등을 기초로 한 법치국가적 통치질서를 말한다. 이 질서의 기본적 원리에는 적어도 다음과 같은 것이 포함되어야 한다. 즉 기본법에 구체화된 기본적 인권, 특히 생명권과 인격의 자유로운 발현권의 존중, 국민주권, 권력분립, 정부의 책임성, 행정의 합법률성, 사법권의 독립, 복수정당제의 원리와 헌법상 야당의 구성과 활동의 권리를 가진 모든 정당의 기회균등이다."라고 정의내리고 있다(BVerfGE 2,1,12f.).

> [판례] 자유민주적 기본질서에 위해를 준다 함은 모든 폭력적 지배와 자의적 지배 즉 반국가단체의 일인독재 내지 일당독재를 배제하고 다수의 의사에 의한 국민의 자치, 자유·평등의 기본 원칙에 의한 법치주의적 통치질서의 유지를 어렵게 만드는 것이고, 이를 보다 구체적으로 말하면 기본적 인권의 존중, 권력분립, 의회제도, 복수정당제도, 선거제도, 사유재산과 시장경제를 골간으로 한 경제질서 및 사법권의 독립 등 우리의 내부 체제를 파괴·변혁시키려는 것으로 풀이할 수 있을 것이다(헌재 1990.4.2, 89헌가113).

2. 법적 성격

민주주의원리의 헌법체계 내에서의 의의는 다양하다. 이는 헌법구성의 기본원리라 할 수 있다. 즉 국가권력에 근거를 부여해 준다. 또한 헌법의 개별조항과 법령의 해석기준이 되고, 헌법개정의 한계의 내용을 이루며, 기본권 보장의 한계(기본권 제한의 근거)로서 작용한다.

한편 우리 헌법상 민주주의원리에는 자유민주주의와 사회민주주의가 포함되는 것으로 보는 것이 다수설이다. 다만 정당해산에 있어서 §8④의 민주적 기본질서에서 '민주'를 자유민주주의로 축소해석하는 것은 다른 문제이다(정당제도 참조).

우리 헌법에 구현된 민주주의의 구체적 내용에 대해서는 아래에서 차례로 설명한다. 민주주의가 구체화된 질서로서의 정당제도·선거제도·권력분립제도 등은 제3부 통치구조(국가조직)에서 살펴본다.

Ⅱ. 민주주의의 구성요소

1. 국민주권론

> 한적한 들판에 단독주택을 소유하고 있는 집주인이 자기 집에 대하여 할 수 있는 일은 무엇인가? 국민이 국가에 대하여 할 수 있는 일은 무엇인가? 한편 언론에서 사용하는 미사일주권·핵주권·검역주권 등에서 '주권'은 적절한 용어인가?

(1) 의의

우리 헌법은 §1②에서 "대한민국의 주권은 국민에게 있고, 모든 권력은 국민으로부터 나온다."고 규정하고 있다. 이는 이념적 통일체로서의 전체국민이 주권을 향유하고 있다는 것을 의미한다. 즉 국가의사를 최종적으로 결정할 수 있는 최고권력의 담당자가 국민이라는 것이다. 한편 주권은 헌법제정권력과 같은 의미로 쓰이고, 통치권을 합하여 포괄적으로 부를 때 국가권력이라고 한다.

허 영교수는 국가권력의 정당성이 국민에게 있고, 국가 내의 모든 통치권력의 행사를 이념적으로 국민의 의사에 귀착시킬 수 있다는 것을 뜻한다고 한다(허 영 159면).

한편 주권의 제한을 예정하고 있는 규정으로는 이탈리아 헌법 §11, 프랑스 헌법 전문, 우리 헌법 §60(주권의 제약에 대한 국회의 동의) 등을 들 수 있다.

(2) 연혁

1) 군주주권론

근대 주권국가는 교황과 황제의 권위에 기초하고 있던 중세 봉건질서가 무너지면서 이를 대체하는 새로운 권위로서 왕권을 절대화하는 과정에서 비롯되었고, 이것이 군주주권론이다. 주권은 대외적으로 (교황과 황제의 권위로부터) 독립되어 있고, 대내적으로(영주와 제후 등의 권위에 우선하는) 최고의 권력으로 이해되었다.

보댕(J.Bodin 1530~1596)은 주권론의 창시자로 불린다. 그는 '국가에 관한 6편(1576)'에서 군주주권론을 주장하였다. 그는 주권이란 한 국가의 절대적이고 항구적인 권력이며 최고의 명령권이라고 하면서, 주권적 군주를 신의 대리자로 생각하였고(왕권신수설), 모든 권력은 군주에게 집중되어야 한다고 주장하였다. 다만 신법(神法)과 자연법, 스스로 체결한 계약에는 구속된다고 하였다. 이러한 주장은 십자군전쟁의 실패로 인한 교황의 권위의 몰락에 따른 프랑스 내부의 혼란을 종식하고 질서를 회복하기 위해서 주장되었다.

한편 홉스(Th.Hobbes 1588~1679)는 사회계약설을 주장하였는데, 모든 시민은 계약을 통하여 모든 권리를 주권자에게 이양함으로써 자연상태에서의 '만인의 만인에 대한 투쟁'상태를 종식할 수 있다고 하였다. 주권은 무조건적이고 회수할 수 없으며 항구적이라고 하였다. 현실적으로 주권의 행사자는 군주가 바람직하다고 함으로써 군주주권론자로 분류된다.

2) 국민주권론

군주주권론이 중세 말의 혼란을 종식하는 데 기여했으나 곧 한계에 부딪치게 되는데, 군주 개인이 자기 자신을 위하여 주권을 행사하는 경우가 발생하는 것이다. 따라서 군주주권론과 거의 동시에 주권의 소재가 군주가 아니라 국민이어야 한다는 국민주권론이 주장되었다. 대체로 사회계약설과 결합되어 나타난다.

알투지우스(J.Althusius 1577~1633)가 사회계약설(결합계약과 통치계약)에서 국민주권론을 주장하였다. 로크(J.Locke 1632~1704)는 위임계약의 철회로서 저항권을 인정하고 있으며, 몽테스키외(Montesquieu 1689~1755)와 더불어 권력분립을 주장함으로써 군주의 절대권력을 제한하는 이론을 발전시켰다.

3) 루소의 인민주권론

루소(J.J.Rousseau 1712~1778)에 따르면 주권자는 사회계약의 당사자인 인민이다. 주권은 일반의사(volonté générale)의 행사이므로 양도될 수도 분할될 수도 없는 것이다. 이때의 인민은 구체적·현실적 유권자 시민의 총체를 말한다. 사회계약상태에서의 모든 권리는 법률로 규정되어 있고, 법률을 만드는 것도 일반의사의 표현이며 이 법률에는 군주도 복종한다고 함으로써 군주주권론과는 전혀 다른 입장이다. 한편 주권을 분유(分有)하며, 직접민주제와 권력통합, 그리고 통치자에 대한 명령적 위임을 주장함으로써 국민주권론과도 약간 다르다. 이를 인민주권론이라 한다.

4) 국가주권론

독일의 법실증주의자들인 라반트(P.Laband)·옐리네크(G.Jellinek) 등은 국가 자신이 주권을 가지고 있다는 국가주권론을 주장하였다(19C). 이는 군주주권론·국민주권론의 대립을 지양하려는 회피이론이다. 왜냐하면 국가가 주권을 가지고 있다고 하여도 결국 국가의사를 결정하는 것은 군주이든 국민이든 자연인이기 때문이다. 제정(帝政)이었던 당시의 사정이 반영된 이론이다.

한편 법질서 자체가 주권을 가지고 있다고 설명하는 크라베(H.Krabbe)·켈젠(H.Kelsen)의 법주권론도 같은 맥락에서 이해할 수 있다.

5) 의회주권론

영국에서는 왕의 권력을 제한하는 과정에서 상대적으로 의회가 주권을 가지고 있다는 의회주권론(Supremacy of Parliament)이 주장되었고, 현재도 이 용어를 많이 사용하고 있으나 국민의 대표로 의회가 구성되는 현대는 결과적으로 국민주권론과 다를 바 없게 되었다.

(3) 한계

국민주권론은 시민혁명을 거치면서 1776년 미국독립선언, 1787년 미국 연방헌법, 1789년 프랑스인권선언, 1791년 프랑스 헌법 등에서 선언되었다. 그러나 군주에게 주권이 있다고 함으로써 곧바로 질서를 잡을 수 있었던 군주주권론과는 달리, 국민주권론은 국민에게 주권이 있다고 선언하는 것만으로는 곧바로 구체적 질서를 형성할 수가 없다. 주권의 행사방법·구체적 형성에 따라 그 양태가 전혀 달라지는 것이 국민주권론의 한계이다. 주권자로서의 국민은 구체적 행동통일체로서의 개개인이나 그들 중의 일정범위의 집합이 아니라 추상적·이념적 통일체인 전체로서의 국민이기 때문에 구체적 의사의 형성과 확인이 군주주권론처럼 쉽지 않기 때문이다.

(4) 우리 헌법상 국민주권의 행사방법

국민주권론은 민주주의이론의 출발점을 이룬다. 주권을 행사하는 방법으로는 대의기관을 통해서 간접적으로 행사하는 간접민주주의와 직접 국가의사를 결정하는 직접민주주의가 있다. 1972년 헌법 §1②은 "대한민국의 주권은 국민에게 있고, 국민은 그 대표자나 국민투표에 의하여 주권을 행사한다."고 하여 그런 원칙을 선언하였다.

현행 헌법에 간접민주제 또는 대의제는 ① 국회의원선거(§41), ② 대통령선거(§67), ③ 지방자치단체장 및 지방의회의원선거(§118) 등에 나타나 있다. 또 직접민주제는 ① 중요정책에 대한 국민투표제(§72), ② 헌법개정안에 대한 국민투표제(§130) 등에 나타나 있다.

아래에서는 그 중 중요한 의미를 갖는 대의제를 설명하고 국민투표에 대해서는 참정권에서 설명하기로 한다.

2. 대의제

> 국민은 선거운동 기간에는 후보자로부터 절을 받지만, 선거로 당선된 사람이 국민 특히 지역구민에게 물어보고 어떤 결정을 하는 경우는 드물다. 그렇다면 국민과 대통령·국회의원과는 어떤 관계인가? 대통령과 국회의원은 국민의 뜻에 따라야 한다고 하는데, 절대다수의 국민이 세금을 내기 싫어하므로 세금(세법)을 폐지해야 할까?

(1) 의의

국민주권론이 일반화되면서 어떻게 구체적 질서를 형성할 것인가가 문제된다(헌재 1989.9.8, 88헌가6 참조). 즉 국가의사를 국민이 직접 결정할 것인가 또는 다른 사람을 시켜서 결정하게 할 것인가가 문제되는 것이다. 국민이 직접 모든 국가의사를 결정하는 것은 이론적으로는 정당성이 있으나 현실적으로는 불가능하다. 국민은 그 수가 많고, 조직되어 있지 않고, 대부분의 경우에 국민의 의사가 형성되어 있지도 못하다. 또 전문적인 결정을 내리는 데 부적합하고, 모든 사소한 문제까지 결정하려고 하지도 않는다. 따라서 국민이 직접 모든 문제를 결정하지는 않고 국민을 대신할 기관을 구성해 놓는 것이 필요한데 이것이 대의제이다.

따라서 루소(J.J.Rousseau)의 일반의사론 또는 슈미트(C.Schmitt)의 동일성민주주의 즉 '국민은 치자이면서 피치자'라는 명제는 실현불가능한 전제를 갖고 있는 것이다. 역사적으로 직접민주주의 또는 평의회민주주의가 성공한 사례가 별로 없으며, 이러한 주장이 전체주의에 악용된 경험이 이를 말해 준다.

(2) 내용

대의제란 대의기관(代議機關)의 의사결정이 국민의 결정으로 간주되고 그 효과가 국민에게 미치는 것을 말한다. 국민을 대신해서 국가의사를 결정하는 기관을 대의기관이라 하는데 우리나라의 경우 국회·대통령이 이에 속한다. 이때 국민은 대의기관 구성권과 통제권을 가지며, 대의기관은 국가의사결정권을 갖는다. 통제권 중 가장 효과적인 것은 선거를 통한 통제이며, 정당을 통해서 평상시에도 국민의 의사를 반영할 수 있다.

(3) 위임의 성격

대의제에서는 국민이 주권을 가지고 있고 대의기관이 그 권한을 대신해서 행사하므로 위임자와 수임자의 관계가 성립한다. 그러나 그 위임의 성격은 민법상의 위임이 아니다. 즉 대의기관은 국민의 경험적 의사에 따라 결정하는 것이 아니라 추정적 의사에 따라 결정하게 된다. 예컨대 세금을 올리거나 병역복무기간을 늘리는 법률을 만든다고 할 때 그 법안에 찬성하는 국민은 거의 없을 것이지만 국가를 위해서는 그런 법률도 필요한 경우가 있다. 대의기관의 이러한 결정이 정말 국민을 위해서 이루어진 것인가는 다음 선거결과가 말해 준다. 이러한 관계를 무기속위임(無羈束委任) 또는 자유위임이라고 한다(반대개념은 기속위임 또는 강제위임).

대의민주주의를 국민대표주의라고도 한다(예컨대 김철수 1,244면). 그러나 무기속위임을 의미하는 대의(Repräsentation)라는 개념은 기속위임에 가까운 중세 등족회의(等族會議, 領主會議)의 대표(Vertretung)라는 개념과는 구분되어야 한다.

(4) 한계

현대 민주주의는 대의제를 기본으로 한다. 현재 우리나라도 헌법개정과 대통령이 부의한 국민투표의 두 경우를 제외하고는 모든 국가의사 결정은 대의기관이 이를 행한다. 그러나 이러한 대의제가 완벽한 것은 아니다. 즉 보통선거와 대중민주주의 발달로 인해서 국민이 국가의사 결정에 직접 참여할 가능성이 커지고 있으며, 정당제도의 발달로 인해서 대의기관이 국민보다는 소속 정당의 이익을 위해서 결정하는 사례가 늘고 있기 때문이다. 따라서 대의제를 보완해야 할 필요성이 대두되고 있다. 즉 국가의사의 형성과 집행과정의 공개와 개방, 그리고 이 과정에 대한 국민의 통제가 더욱 필요하다고 할 수 있다. 동시에 직접민주주의를 어느 정도 가미하는 것도 필요한 것으로 인식되고 있다.

3. 다수결원리

> 다수당의 '날치기 통과'와 소수당의 물리적 법안처리 방해를 막기 위하여 도입한 이른바 '국회선진화법'은 정당간 합의가 안 될 때 국회의원 3/5 이상의 동의가 없으면 법안상정이 불가능하도록 하고 있다. 국민의 의사가 잘 반영될까, 아니면 국민의 의사를 왜곡시킬까?

(1) 의의

다수결원리란 다수의 의사를 전체의 의사로 간주하고 소수는 이에 따른다는 것으로, 민주주의에 있어 의사결정의 형식적 원리라고 할 수 있다. 다수결원리는 고대에도 있었으나, 근대의 사회계약론에 따라 국민이 국가의사결정에 직간접으로 참여하게 됨에 따라 결정방식으로 중요시되었던 것이다.

(2) 민주적 정당성

이러한 다수결원리가 왜 정당성을 갖는가에 대해서는 여러 설명이 시도된다. 예컨대, 다수는 합리적 결정가능성이 높다거나(Aristoteles B.C 384~B.C 322), 상대적으로 다수편의 힘이 끄는 방향으로 가는 것은 당연하다(J.Locke). 또는 다수의 의사를 전체의사로 간주할 때 자기의사에 반해서 복종하는 사람이 적기 때문이라고 설명되고 있다.

(3) 전제와 한계

다수결원리가 성공하기 위한 전제로는, 결정에 참여하는 사람들의 평등과 소수와 다수가 바뀔 가능성이 상존하는 다원적 개방성, 또는 소수자 보호의 조치 등이 마련되어야 하는 점 등을 들 수 있다.

한편 다수결원리라면 무엇이든지 가능한 것은 아니다. 예컨대 공동의 기초를 깨뜨리는 문제나 객관적 진리 또는 생사의 문제는 다수결로 정할 수 없다(H.Dreier)고 할 수 있다. 즉 다수결원리에도 한계가 있는 것이다.

4. 다원주의

> 노무현정부의 수도이전, 이명박정부의 4대강사업, 박근혜정부의 국정농단 사건, 문재인정부의 적폐청산과 조국사태, 윤석열정부의 대북강경 노선 등에서 많은 사회적 갈등이 있었다. 이러한 갈등은 불필요한 것인가? 또 이러한 견해의 차이는 어떻게 극복해야 하는가?

(1) 의의

근대적인 민주주의가 형성될 당시는 가치상대주의에 입각해 있었다. 즉 어떤 특정의 가치를 고집하는 것이 아니고, 다수의 의사에 따르기만 하면 민주주의라고 생각했던 것이다. 정치적 영역에 있어서 가치상대주의는 다원적 이해관계가 자유롭게 표현되며, 또 그것이 정당화되는 과정으로 나타난다. 민주주의에 있어서 전제라고 할 수 있는 이러한 특징을 다원주의(多元主義)라 하는데 18C 영국에서 형성되었다. 다원주의의 실체는 누구나 자기의 이익을 추구하는 이익다원주의이며, 그 형태는 이익을 추구하기 위해 같은 이익을 가진 사람들이 함께 행동하는 집단다원주의로 나타난다.

(2) 발달

이러한 다원주의에 대해서는 제한된 이익만 추구하여 결국 국가부정·무정부주의에 이른다는 비판이 제기되었다(C.Schmitt). 한 때는 이러한 비판이 고조되었으나 다원주의에 대한 이러한 극단적 비판은 결국 전체주의가 대두되는 계기를 제공하였다.

(3) 신 다원주의

다원주의에 대한 비판을 수용하면서 신 다원주의가 등장하였다. 이는 다원주의에 있어서 갈등의 불가피성을 인정하지만, 침해될 수 없는 공동의 기초를 인정하고 이 공동의 기초는 지키자는 것을 주장하였다. 한편 이러한 신 다원주의에 대해서는 기존의 집단에만 유리하다는 좌파의 또 다른 비판이 제기되었다.

(4) 한계

오늘날과 같은 대중민주주의에 있어서 다원주의는 불가피하며 민주주의는 다원주의를 본질로 하고 있다. 다만 다원주의는 다원적 정치과정으로서의 민주주의를 의미하며 완성된 어떤 체제를 의미하지는 않는다는 데 유의하여야 한다.

5. 방어적 민주주의

> 우리의 근세사에서 6·25전쟁과 월남전은 중요한 의미를 갖는다고 할 수 있다. 이 두 전쟁의 같은 점과 다른 점은 무엇인가? 이 두 전쟁을 통하여 우리가 지키려고 했던 가치는 무엇인가? 아직도 분단되어 있는 우리의 현실에서 통일을 위해서는 전쟁도 필요악이라 할 수 있는가?

(1) 의의

민주주의는 원칙적으로 가치상대주의 내지 다원주의에 기초하고 있기 때문에 어떤 이념이나 사상도 정치과정에 참여할 수 있도록 개방되어 있어야 한다. 그러나 민주주의에 적대적이거나 민주주의를 파괴하려는 사람(또는 단체)에게도 정치과정이 개방되어야 할 것인가가 문제된다. 경험적으로 전체주의를 경험하면서 이에 대한 반성으로 방어적(防禦的) 민주주의가 생겨났다.

방어적 민주주의(streitbare Demokratie)란 민주주의의 적에 대하여 적극적으로 민주주의를 보호해야 한다는 사상을 말한다. 여기서 적극적으로 방어해야 할 가치, 즉 방어적 민주주의의 개념 징표를 자유민주주의라고 할 수 있다.

(2) 입법례

이러한 방어적 민주주의는 독일에서 많은 논의가 있었는데, 민주주의의 역사가 길지 않고 아직 확고하게 정착되어 있지 못했기 때문이다. 실제로 바이마르공화국의 붕괴와 나찌정권의 성립은 형식적인 민주적 절차에 따라 합법적으로 이루어졌다. 이에 대한 반성으로 전후(戰後)에 서독은 방어적 민주주의의 여러 제도를 마련하였다. 즉 직접민주제적 요소를 제거하였고 위헌정당해산 · 기본권실효 · 공직취임금지 · 위헌결사금지 · 저항권 · 비상사태헌법, 개헌의 한계 등을 마련하였다.

우리나라는 위헌정당해산제도를 비롯하여 독일과 비슷한 제도들을 두었으며 나아가 기본권제한의 원리로서 이해되기에 이르렀다(위헌정당해산제도는 정당 부분 참조).

허 영교수는 기본권실효제도가 위헌정당해산제도에 비해 실효성이 적다고 한다(허 영 90면). 그러나 자유민주주의를 부정하는 정당을 해산하는 위헌정당해산의 경우, 정당의 세력이 작으면 사회적 해악이 적어서 해산의 필요성이 적고, 반대로 지지하는 국민이 많아서 세력이 크면 해산 자체가 어려울 뿐 아니라 그 지지자는 어떤 형태로든 존재한다는 점이 문제. 따라서 독일에서도 위헌정당해산이 1950년대의 2번 외에는 실제 해산 사례가 없다. 반면에 개인적으로 기본권(주로 정치적 기본권)을 행사하지 못하도록 하는 기본권실효제도가 오히려 더 실효성이 있다고 할 수 있다. 다만 현실에서는 두 제도 모두 별로 활용되고 있지는 않다.

(3) 한계

방어적 민주주의의 필요성은 당연히 긍정될 수 있지만, 그 방어목적을 넘는 경우는 오히려 민주주의를 파괴하게 된다. 따라서 방어적 민주주의는 다원주의의 부정이 아니라 민주주의가 존립하기 위한 최소한도의 기초를 지키는 데 국한되어야 할 것이다.

[판례] '자유민주적 기본질서'의 본질적 내용은 법치국가원리의 기본요소인 '기본적 인권의 존중, 권력분립, 사법권의 독립'과 민주주의원리의 기본요소인 '의회제도, 복수정당제도, 선거제도' 등으로 구성되어 있다(헌재 2004.5.14, 2004헌나1).

제2절 법치국가

영화 '변호인'(2013)과 '1987'(2017)은 우리나라의 민주화 과정을 그리고 있다. 그런데 이때를 민주화시대라고 하는데, 민주화라는 말보다 '법치국가화'라는 말이 더 어울리지 않을까?

Ⅰ. 의의

1. 개념

법치국가(또는 법치주의)란 인간이 아니라 법이 통치해야 한다는 말이다. 즉 인간은 자의적으로 통치할 위험이 있으므로 객관적이고 공정한 법에 의하여 통치가 이루어져야 한다는 의미이다.

따라서 법치국가원리는 전통적으로 국민의 자유와 권리를 제한하거나 국민에게 새로운 의무를 부과할 경우에는 반드시 국회에서 제정한 법률에 의하여야 한다는 소극적 정치원리로 이해되었다. 그러나 선재하는, 제한의 대상이 되는 권력이 존재하지 않게 된 현대에는 선재하는 국가권력의 통제가 아니라 국가권력의 기능적·조직적 형태를 정하는 적극적 구성원리로 이해한다(계희열[상] 337면, 허 영 162~163면, 독일의 통설).

한편 이러한 실체법적인 독일식 표현에 비하여, 절차법적인 영국식 표현인 법의 지배(Rule of Law)란 모든 시민은 보통법법원에서 권리를 판정받을 수 있고 법원은 행정행위의 합법성을 심사할 수 있는 것이라고 정의된다.

2. 기능

법치국가의 내용은 시대와 국가에 따라 다소 다르다. 특히 현대에 있어서는 과거 군주시대처럼 국가와 국가권력의 존재를 전제로 하지 않는다. 그러므로 적극적·긍정적 국가구성원리로 이해되고 있다. 대체로 국가권력을 법에 구속시키고 그럼으로써 국가권력을 완화하는 것을 의미한다. 즉 법치국가원리는 정치적 통일을 성립시키며, 국가생활의 안정화·합리화를 가능하게 하고 국가권력을 제한하는 기능을 가진다.

법치국가의 궁극적 목적은 국민의 자유와 권리를 보호하는 것이다. 구체적으로는 기본권의 보장과 권력분립, 법률에 의한 행정과 재판 등을 통해 법치국가(법치주의)가 구현된다고 할 수 있다(뒤에 설명).

3. 역사적 발전

(1) 영국의 법의 지배

영국에서 법의 지배(Rule of Law) 원리는 그 이론과 실제에 있어서 매우 일찍 발달하였다. 이미 13C말 사법제도의 정비와 더불어 판례법을 중심으로 하는 보통법(common law)이 형성되었고, 이 보통법이 국왕까지도 구속한다는 사상이 발달하면서 보통법의 지배라는 의미로 법의 지배원리가 발달되었다.

이러한 법의 지배원리는 17C에 확립되었는데, 코크(E.Coke 1552~1634)와 로크(J.Locke 1632~1704) 등에 의하여 이론적으로 발전되었다. 특히 자유주의적 국가이론의 대변자인 로크는 국가의 전횡(專橫)으로부터 개인의 자유를 보장하기 위하여 인간에 의한 통치가 아니라 법에 의한 통치(government of law, not of men)를 주장하였다. 국가는 시민의 재산(생명·자유·재산)을 보호해야 하며, 국가의 형성도 그러한 목적 하에서 이루어졌다고 한다. 그래서 국가는 강력해야 하나 권력의 남용을 막기 위해서는 권력을 분립해야 한다고 주장하였다. 이러한 사상은 명예혁명(1688)을 거치면서 확립되었다. 다만 그 과정에서 의회주권의 성립에 따라 보통법의 우위 대신에 의회제정법의 우위사상이 성립하였다. 19C말에 다이시(A.Diecy, 1835~1922)에 의하여 법의 지배란 정규법의 우위, 법 앞의 평등, 영국헌법의 특수성 등으로 정리되었다.

영국에서는 오늘날 전통적으로 법의 지배가 절차적인 것으로 이해되고 있으나, 형식적인 면에 치우치지 않고 있는 것은 민주주의를 통한 보완이 있기 때문이다. 즉 의회는 선거민의 의사를 대변하며, 국민의 기본권 보장에 따라 법제정이 자의적(恣意的)인 것이 되지 않으며, 어떤 집단도 정당하지 못한 방법으로 법률상의 특권적 지위가 부여되지 않는다는 것이 인정되고 있어서 법의 지배의 실질적인 기능을 하고 있다(계희열[상] 341면 이하 참조).

(2) 시민적 법치국가

일찍이 법의 지배사상이 발전한 영국에 비하여 독일의 경우 이의 발달이 상당히 늦었지만 훨씬 중요한 위치를 차지하게 된다. 독일에서는 법치국가(Rechtstaat)를 독특한 국가유형으로 이해하였고, 시대에 따라 강조점도 달라졌다. 18C말에 죄형법정주의 사상이 나타났고, 칸트(I.Kant 1724~1804)에 의하여 국가의 목적을 제한하고 국가를 법에 구속시켜야 하며, 시민의 자유와 평등을 국가의 기초로 삼아야 한다는 주장이 제기되었다. 그러나 아직은 법치국가라는 말을 쓰지는 않았다. 19C에 와서야 법치국가란 말이 사용되고 독일 고유의 개념으로 발전한다. 슈탈(F.J.Stahl 1802~1861), 마이어(O.Mayer(1846~1924)) 등에 의하여 형식화된 개념으로 정립되었다. 국가활동의 형식을 법으로 정하는 것, 사법적 권리보장, 행정의 합법률성 등을 그 요소로 보았다. 즉 법치국가는 국가권력(민주적이거나 권위주의적인 것이든)을 완화시키는 비정치적 형식원리로서 민주주의와는 관련이 없는 것으로 이해되었다. 바이마르공화국에서 제도적으로는 법치국가가 잘 실현되었으나, 극단적으로 형식적으로만 이해된 나머지 법의 정당성이나 실질적 정의 같은 것은 문제되지 않았다.

이러한 법치국가사상을 형식적 법치국가라고 한다. 또한 18C(독일은 19C)는 시민사회를 그 특징으로 하므로 시민적 법치국가라고도 한다. 제도적으로 시민적 법치국가는 19C 중엽부터 실현되기 시작하여 성문헌법·권력분립·기본권보장·국가배상제도, 행정의 합법률성·헌법재판제도 등이 나타난다. 그러나 법실증주의와 결합하여 법의 합법성만을 강조하고(법적용의 평등) 법의 내용은 불문함으로써 법률만능주의에 빠지게 되었고, 특히 경제분야에서의 불평등을 야기하게 되었다. 결국 나찌에 의한 합법적 불법국가(legaler Unrechtsstaat)를 경험하고 나서 법치국가를 실질적으로 이해해야 한다는 요구가 제기되었다(계희열[상] 344면).

(3) 실질적 법치국가

형식적 법치국가에 대한 반성으로 20C에 와서, 법치주의의 이념을 구현하여 법의 합법성 뿐만 아니라 정당성을 강조하고 법에 의한 지배로써 정의·실질적 평등에 반하지 않아야 한다는 주장이 제기되었다. 이를 실질적 법치국가라고 한다. 즉 실질적 법치국가란 국민의 개인적 및 정치적 자유를 보호하고 모든 공권력의 행사를 완화하고 법에 구속시키는 것이다.

즉 법치국가의 모든 제도와 형식적 합법성은 자유·평등·정의의 실현을 통한 인간의 존엄성을 보장하는 것이어야 한다.

특히 20C에 와서 자본주의의 폐단에 따른 경제적 불평등을 해소하는 것이 실질적 정의의 내용을 이룬다고 이해되고 있다. 따라서 사회권의 보장, 공법상 보상·배상제도 등을 통한 법 내용의 평등을 추구하는 것이 실질적 법치국가의 내용으로 이해되고 있다. 독일에서 형식적·실질적 법치국가로 발전한 경과는 영국과는 매우 다르나, 결과적으로 현대에 와서는 그 내용이 매우 비슷하다고 할 수 있다.

한편 헬러(H.Heller 1891~1933)는 바이마르공화국시대에 이미 사회적 법치국가를 주장하였다. 즉 실질적 자유와 실질적 평등의 관념 하에 전통적 자유주의와 사회주의(사회국가)의 내용적 요청을 결합하려고 하였다. 즉 사회국가도 법치국가적인 토대 위에서 이루어져야 한다는 것이다.

II. 법치국가의 구성요소

> 법을 아는 것과 법을 현실에 적용하는 것, 그리고 그 법이 잘 규정되어 있는지의 문제는 서로 어떤 관련이 있는가? 특히 우리나라의 현실은 어떤가?

1. 실질적 요소

법치국가의 실질적 요소로는 인간의 존엄과 가치(§10), 자유·평등(§11 이하)을 들 수 있다. 이 때 인간의 존엄과 가치란 헌법규범의 최고가치이며 헌법의 구성원리이다. 따라서 법치주의 뿐 아니라 모든 헌법의 기본원리의 궁극적 목적이 된다. 자유는 법질서 내에서의 자유를 의미하며, 평등은 실질적 의미의 평등을 의미한다.

2. 형식적 요소

(1) 법의 최고성

법치국가는 사람에 의한 통치가 아니라 법에 의한 통치를 의미하므로 법이 국가의 모든 행위와 작용의 최고 기준이 된다. 법의 최고성(Primat des Rechts)은 어떠한 국가행위도 헌법과 모순될 수 없다는 헌법의 우위와 입법의 형식으로 행해지는 국가행위는 그 밖의 국가행위에 우선된다는 법률의 우위의 형태로 나타난다. 이러한 법의 최고성은 법적 안정성을 위하여 성문법주의(성문헌법주의)를 채택하도록 한다.

(2) 기본권 보장

법치국가는 개인의 자유와 권리를 보호하려는 데서 출발하고 있으며 이것을 목표로 하고 있다. 따라서 기본권 보장은 법치주의의 직접적이고 핵심적인 부분이다. 헌법은 제2장(§10~§37)에서 기본권을 규정하고 있다.

(3) 권력의 분립

권력분립이란 권력의 분리와 균형을 통하여 국가권력을 완화시킴으로써 개인의 기본권을 보장하는 것이다. 따라서 법치국가의 기본적 구성요소 또는 전제요건이 된다. 권력집중은 권력남용을 가져오게 되고 따라서 법에 따라 통치가 이루어지지 않게 되는 것이다.

권력분립의 원리는 행정의 합법률성(법치행정), 포괄적 위임입법의 금지(§75), 사법권의 독립 등의 원리를 포함하며 이는 법치주의의 내용이 된다. 권력분립의 자세한 내용과 변질은 뒤의 통치구조의 원리부분을 보기 바란다.

(4) 사법절차의 보장

국민의 자유와 권리를 보호하고 전체적 법질서의 유지를 위해서 사법절차의 보장이 필요하다.

(5) 기타

이밖에도 국가권력행사의 예측가능성 보장, 신뢰보호의 원칙 내지는 소급효 금지(§13①②) 등의 요소를 들어볼 수 있다.

Ⅲ. 법치주의와 국가긴급사태

과거 국가긴급사태 또는 비상사태가 발생하면 이를 극복하기 위하여 초법적 수단, 즉 왕이나 국가최고권력자의 비상대권을 발동하였다. 현대는 법치국가원리에 따라 비상사태에서도 법에 따라 이를 극복하도록 헌법에 그 발동근거와 한계 등을 규정하고 있다. 따라서 이를 법치주의의 예외 또는 제한이라고 부르는 것(권영성 151면, 김철수 244면 등)은 적절한 표현이 아니다. 법치주의는 예외를 불허하는 것으로 긴급권에 대한 제한으로 파악해야 한다(계희열[상] 351면).

우리 헌법 상 국가긴급권으로는 대통령의 권한으로 규정된 긴급재정·경제처분권 및 긴급명령권(§76), 비상계엄 선포권(§77) 등이 있다.

법치국가를 형식적 의미의 법률에 의한 기본권제한으로 파악하는 입장에서 특수한 신분관계(특별권력관계)에 의한 제한을 법치국가의 예외로 보는 경우도 있으나(김철수 244면) 위에서 지적한 것과 마찬가지로 부적절한 설명이다.

제3절 사회국가원리와 사회적 시장경제질서

> "골라 먹는 재미가 있다."던 아이스크림 광고가 있었다. 그런데 모든 사람에게 아이스크림을 골라 먹을 수 있는 기회가 주어지는가?

Ⅰ. 사회국가원리

1. 의의

사회국가원리가 무엇을 의미하는지에 대해서 아직 정설이 없으며 계속 논의되는 중이라고 할 수 있다. 이는 헌법상의 기본원리 중 비교적 최근에 생긴 원리이기 때문이다. 사회국가란 대체로 실질적 자유와 평등을 실현할 수 있도록 국가가 뒷받침하는 것이라 할 수 있다. 다시 말해서 사회적·경제적 약자와 소외계층, 특히 산업사회가 성립하면서 대량으로 발생한 무산근로대중의 생존을 보호하고 정의로운 사회·경제질서를 확립하려는 국가를 말한다(계희열[상] 375면).

사회국가와 구분되는 개념으로는 사회주의국가를 들 수 있다. 사회주의국가는 러시아혁명(1917)으로 시작되었고, 국민의 모든 생활 즉 모든 생산과 분배가 국가에 의해 보장받는 국가를 말한다. 하지만 결과적으로는 국민의 사생활까지도 국가에 의해 통제되는 결과를 가져왔다. 1990년대 이후 소련의 해체 등 세계적으로 사회주의의 몰락이라는 현상이 나타났다.

한편 복지국가(Wohlfartsstaat)는 국민의 일상생활이 국가의 사회보장제도에 의해 규율되는 국가로 사회적 곤궁과 생활의 위험을 방지 또는 제거하고 개인의 안전과 복지를 보장하려고 하는 점에서 사회국가와 비슷하다. 그러나 복지국가가 이러한 보장을 전적으로 책임지려 하는 데 비해 사회국가는 개인의 생활을 가급적 스스로 책임지게 하려고 한다는 점에서 차이가 있다(계희열[상] 381면). 복지국가는 담세율(擔稅率)이 높아서 삶의 의욕이 감소되고, 자살이나 매춘 등의 사회병리적 현상이 증가하고, 사회보장재정의 과다로 경제성장이 둔화되는 등의 역기능이 나타나는 국가로 보통 북유럽의 국가를 가리킨다. 그러나 우리나라에서는 사회국가와 사회주의국가의 혼동을 두려워하여 복지국가라는 용어를 사회국가 대신 사용하여 왔고 지금도 혼용되고 있다. 경우에 따라서는 사회복지국가 또는 사회복지주의라고 사용하기도 한다(이준일 171면).

[판례] 사회국가란 한마디로, 사회정의의 이념을 헌법에 수용한 국가, 사회현상에 대하여 방관적인 국가가 아니라 경제·사회·문화의 모든 영역에서 정의로운 사회질서의 형성을 위하여 사회현상에 관여하고 간섭하고 분배하고 조정하는 국가이며, 궁극적으로는 국민 각자가 실제로 자유를 행사할 수 있는 그 실질적 조건을 마련해 줄 의무가 있는 국가이다(헌재 2002.12.18, 2002헌마52).

2. 헌법체계와 사회국가원리

사회국가원리가 헌법에 규정된 유형으로는 우리나라와 바이마르 헌법처럼 그 원리는 규정되어 있지 않으나 사회권이 폭넓게 규정되어 있는 경우가 있고, 독일기본법처럼 구체적 사회권 규정은 없으나 사회국가원리가 선언되어 있는 경우, 그리고 이 양자를 모두 가지고 있는 이탈리아 같은 경우가 있다.

우리 헌법은 전문에서 "…모든 영역에 있어서 각인의 기회를 균등히 하고, 능력을 최고도로 발휘하게 하며, 자유와 권리에 따르는 책임과 의무를 완수하게 하여 안으로는 국민생활의 균등한 향상을 기한다."고 규정하고 있으며, §10에서 기본권보장의 원칙이 선언되어 있고, 구체적 규정으로 §23 ②의 "재산권의 행사는 공공복리에 적합하도록 하여야 한다."는 규정을 비롯하여 §31 내지 §36에서 개별 사회권을 규정하였고, §119의 사회적 시장경제질서의 채택과 §120 내지 §127의 규정들을 가지고 있다. 따라서 사회국가원리가 헌법상의 기본원리라는 데에 이의가 있을 수 없다.

다만 그 법적 성격에 대해서는 견해가 갈리는데, 사회국가원리의 규범적 성격을 부인하는 견해도 있으나 이를 긍정하는 것이 다수설이다. 부인설은 사회국가원리가 헌법에 규정되어 있는 경우에도 그 내용을 확정하기 어려운 백지위임에 불과하여 정치적 선언에 지나지 않는다고 한다. 그러나 사회국가원리는 모든 국가권력의 담당자에게 적극적인 사회적 형성을 통해 사회적 대립을 조정하고 그렇게 함으로써 정의로운 사회질서를 마련하도록 권한과 의무를 부여하는 직접적 효력을 가진 헌법지침적·수권적 성격을 가진다(계희열[상] 387면, 허 영 173면).

한편 참여권(Teilhaberecht)이란 사회국가원리를 근거로 국민에게 일정한 청구권을 인정하는 이론으로 독일 연방헌법재판소의 판례에서 인정되고 있다(BVerf 33, 303 등). 이는 평등권(또는 기회균등)을 매개로 일정한 국가적 급부에 균등하게 참여할 수 있는 권리를 인정하는 것이다. 우리나라는 개별 사회권이 폭넓게 규정되어 있으므로 참여권이론을 원용할 필요성은 적다.

3. 사회국가원리의 내용

사회국가원리는 프랑스혁명 이념의 하나인 박애정신의 실현을 그 기초로 하고 있지만, 전통적 자유와 평등에 대해서도 이를 형식적으로 이해하는 것이 아니라 실질적으로 이해하게 되었다. 즉 자유를 실현할 수 있는 실질적 조건들을 마련하고 사실상의 기회를 평등하게 부여하며 균형 있는 재산의 분배를 위해 노력해야 하는 것을 의미한다. 이러한 실질적 자유·평등에 대하여 연대성(連帶性 Solidarität)이라는 개념을 쓰기도 한다.

사회국가원리의 구체적 내용을 들어보면 다음과 같다(계희열[상] 383면 이하 참조).

첫째, 국가는 주어진 재정적 능력 안에서 국민의 생활여건을 형성해 주어야 한다. 국가는 국민의 생활능력을 강화시켜 주고 적절한 생활수준을 유지할 의무를 진다. 구체적으로는 실업을 방지하고, 통화의 안정을 유지하고, 교육시설을 마련하고, 보건시설과 여가시설 등을 제공하여야 한다.

둘째, 국가는 사회적 안전을 위해서 노력해야 하는데, 사회적 안전이란 실업·질병·노령·노동불능 등과 같은 긴급상황으로부터 개인을 사전 또는 사후에 보호하는 제도들을 마련하고 유지하는 것을 말한다. 궁극적으로 생활의 위험을 사회적으로 공평하게 분담하려는 것이며, 이를 위하여 국가가 배려하고 부조하는 것을 말한다.

셋째, 사회국가는 실질적 평등의 실현을 추구한다. 사회국가는 이해관계를 조정하고 보호하며 모든 국민의 복리를 가급적 평등하게 증진시키고 부담을 가급적 평등하게 분담시키려 한다. 이러한 평등은 물론 최대한의 기회균등과 사회적 약자를 특별히 보호하는 방향으로 실현되어야 한다(계희열[상] 384면). 이를 위하여 교육의 기회균등, 주택과 환경문제, 사회적 약자의 보호, 공평한 부담과 조세의 분담, 생활필수품에 대한 국가적 보조 등의 조치가 필요하다.

넷째, 사회국가는 또한 실질적 자유의 보장을 요구한다. 예컨대 집 없는 사람에게 주거의 자유나 재산권의 보장은 무의미하다. 따라서 자유를 실현할 수 있는 여건을 마련해 주어야 한다. 특히 생계유지의 수단이 마련되어야 한다. 근로의 기회가 제공되고 정당한 노동조건 하에서 근로할 수 있어야 한다. 결국 사회국가에서의 자유권의 보장은 사회국가원리에 의해 제한되는 사회적 자유일 수밖에 없다(계희열[상] 385~386면, 허 영 173면).

4. 사회국가원리의 한계

사회국가를 실현하는 데는 다음과 같은 한계가 있다.

첫째, 어떻게 사회국가를 실현할 것인지의 방법은 확정되어 있지 못하다. 이는 입법자의 과제이다. 그러나 입법자가 사회국가질서를 형성하는 데 있어서 실질적 법치국가원리에 의해 제한되지 않을 수 없다. 법치국가적인 절차적 제한뿐만 아니라 법치국가적 내용에 의해 제한된다. 즉 사회국가원리에 의한 법치국가적 자유와 평등의 제한도 일정한 한계 내에서만 허용된다(계희열[상] 388).

둘째, 사회국가는 사회주의처럼 혁명적 방법에 의해 실현되거나, 사유재산을 부인하고 국가가 모두 책임지거나, 복지국가처럼 과도한 조세를 통하여 사기업을 통제하고 국가가 국민의 생활을 책임지는 것이어서는 안 된다. 사회국가는 개인의 창의를 존중하고 이를 개발하도록 지원하고, 자유로운 활동을 보장하며, 가급적 각자의 생활을 스스로 책임지도록 하되 사회적 약자에 대해서는 최저생활을 보장해야 하는 이념적·개념적 한계가 있다. 따라서 하향식 평준화를 이루는 것은 사회국가의 목표가 아니다.

셋째, 사회국가를 실현하는 데는 방대한 재원이 필요하다. 즉 사회국가의 성패는 국가의 경제력에 좌우된다. 제1차 세계대전 이후의 바이마르 공화국의 실패가 이를 말해 준다. 이러한 재정적 한계가 있으므로 사회보장정책만을 고집하여 기업의욕을 저하시키면 결과적으로 사회국가의 실현을 더욱 어렵게 할 수 있다.

참고로 우리나라의 조세부담률(국세·지방세 총액을 국내총생산으로 나눈 것)은 2022년 기준 23.8%인데, 경제협력개발기구(OECD) 38개 회원국 평균은 25.2%(2021)이다. 여기에 사회보장기여금을 더한 국민부담률은 2022년 기준 32.0%인데 OECD 평균은 34.0%다. 우리는 대체로 하위권이지만 최근 급속히 증가하는 추세다.

Ⅱ. 사회적 시장경제질서

사회국가를 실현하는 도구로 사회권의 보장과 더불어 중요한 것은 사회국가에 맞는 경제질서의 형성이다. 우리헌법은 개인과 기업의 경제상의 자유와 창의를 존중함을 기본으로 하면서도(§119①), 국가는 균형 있는 국민경제의 성장 및 안정과 적정한 소득의 분배를 유지하고, 시장의 지배와 경제력의 남용을 방지하며, 경제주체간의 조화를 통한 경제의 민주화를 위하여 경제에 관한 규제와 조정을 할 수 있다고 규정(§119②)하고 있어서 사회적 시장경제질서를 채택하고 있다.

경제질서는 시대에 따라 다음과 같이 발전하여 왔다.

1. 근대국가의 자유시장경제

근대는 개인주의와 자유주의를 기본으로 하고 있으며, 경제질서는 자본주의적 자유시장경제(또는 자유방임주의)를 채택하고 있다. 프랑스 대혁명 이래 국가와 사회의 구별을 전제로(국가·사회이원론) 경제에 대해 국가는 중립을 지켰다. 따라서 헌법상 경제질서에 대한 규정이 없었다.

이러한 자유시장경제질서는 개인과 사기업의 자유로운 경쟁과 창의를 보장하고, 능률을 극대화함으로써 경제를 성장시키고 부를 창출하는 데 많은 역할을 하였다. 그러나 시간이 지남에 따라 노동자의 빈곤화와 노사간의 대립, 독점의 형성과 경제력의 남용, 경제공황과 대량실업, 해외시장개척을 위한 국제적 긴장 내지는 전쟁 등의 부작용이 나타나게 되었다. 이에 대한 대안으로 사회주의와 사회적 시장경제의 새로운 경제질서가 나타나게 되었다.

2. 현대국가

(1) 사회주의적 계획경제질서

자본주의의 이러한 단점을 제거하기 위하여 혁명적 방법에 의하여 자본주의를 전면적으로 부인하는 경제질서로 나타난 것이 사회주의이다. 즉 사유재산제도와 자유로운 경제활동을 부인하는 대신 생산수단의 사회화, 계획에 따른 공동생산과 공평한 분배를 통하여 모든 사람이 능력만큼 일하고 수요만큼 받는다는 이상적인 사회를 건설할 수 있다고 하였다.

그러나 사회주의적 계획경제는 인간의 본능적 소유욕과 이윤동기를 간과하고 있기 때문에 생산력이 떨어지고 결국 소련을 비롯한 동구권이 사회주의를 포기하였고 중국 등 다른 사회주의국가도 시장경제질서를 가미하고 있는 것이다.

(2) 사회적 시장경제질서

현대는 소수의 국가를 제외하고는 순수한 자본주의적 자유시장경제질서나 사회주의적 계획경제를 채택하고 있는 나라는 없다. 다만 자본주의적 전통이 강하냐 또는 사회주의적 전통이 강하냐의 차이가 있을 뿐 대부분의 나라들은 혼합경제질서 또는 사회적 시장경제질서를 채택하고 있다.

사회적 시장경제질서란 사회국가(국가적 성격)에 대응되는 경제질서로 사유재산·자유경쟁을 기본으로 하되 경제정의·실질적 정의를 위해서 계획경제·통제경제를 가미하여 최저한의 인간다운 생활을 보장해 주기 위해 국가가 개입하는 경제질서를 말한다.

이러한 경향은 1919년 바이마르 헌법에서 시작되었다. 이를 최초의 경제헌법이라 하며, 이는 국가·사회이원론이 비판되면서 헌법이 적극적으로 경제문제를 규정하기 시작한 것을 의미한다.

Ⅲ. 우리 헌법의 경제질서

1. 경제질서의 기본원칙

우리 헌법은 재산권(§23①)과 무체재산권(§22②)을 보장하고 개인과 기업의 자유와 창의를 존중한다고(§119①) 규정함으로써 자본주의적 시장경제질서를 기본으로 하고 있다. 그러나 동시에 재산권의 내용과 한계를 법률로 정하도록 하고(§23① 후단), 재산권의 행사는 공공복리에 적합하도록 하여야 한다(§23②)고 규정하고 있으며, 국가는 경제민주화를 위하여 경제에 관한 규제와 조정을 할 수 있다(§119②)고 규정함으로써 사회적 시장경제질서를 채택하고 있음을 알 수 있다.

[판례 1] 자유방임적 시장경제를 지향하지 않고 아울러 전체주의국가의 계획통제경제도 지양하면서 국민 모두가 호혜공영하는 실질적인 사회정의가 보장되는 국가……의 이상을 추구하고 있다(헌재 1989.12.22, 88헌가13).

[판례 2] 헌법 제119조 제2항에 규정된 '경제주체간의 조화를 통한 경제민주화'의 이념도 경제영역에서 정의로운 사회질서를 형성하기 위하여 추구할 수 있는 국가목표로서 개인의 기본권을 제한하는 국가행위를 정당화하는 헌법규범이다(헌재 2004.10.28, 99헌바91).

[판례 3] 헌법 제119조에 규정된 경제질서 조항의 의미…우리 헌법의 경제질서가 사회정의, 공정한 경쟁질서, 경제민주화 등을 실현하기 위한 국가의 규제와 조정을 허용하는 사회적 시장경제임을 밝히고 있다(헌재 2021.3.25., 2017헌바378).

2. 경제질서의 구체적 내용

(1) 국가의 중요한 천연자원은 원칙적으로 국유, 개인에게 이용·개발·채취할 수 있도록 특허(§120①)

(2) 국가의 국토와 자원보호와 이용, 개발계획수립·시행 (§120②)

(3) 농지에 관한 경자유전의 원칙과 소작제도의 금지, 부분적 농지임대차, 위탁경영의 허용(§121)

(4) 농·어촌의 종합개발계획과 지역경제의 육성의무(§123①②)

(5) 중소기업의 보호육성(§123③)

(6) 농수산물의 수급균형 및 유통구조의 개선(§123④)

(7) 소비자보호(§124), 국가표준제도(§127②)

(8) 대외무역의 육성과 이에 대한 규제와 조정(§125)

(9) 사영기업의 국유화 원칙적 금지(§126)

(10) 과학기술의 혁신 및 정보의 개발(§127①)

제4절 국제질서

> 북한의 (대륙간탄도미사일과 같은) 로켓 발사와 핵실험은 UN 결의 위반이다. 국제사회는 이에 대하여 어떤 제재를 가할 수 있을까? 반대로 북한을 핵보유국으로 인정하는 것은 누가 할 수 있을까? 2023년 이스라엘-하마스 전쟁 과정에서 누가 더 비난 받아야 할까?

Ⅰ. 국제평화주의

1. 의의

오늘날 교통과 통신의 비약적 발전은 국가 간의 상호교류와 의존을 가져왔고, 평화와 안전, 질서유지 등은 한 국가만의 문제일 수가 없게 되었다. 인류가 국제평화의 필요성을 인식하고 이를 위해 노력한 것은 최근의 일이라고 할 수 있다.

연혁적으로는 1791년 프랑스헌법이 국제평화주의를 규정한 이래, 제1차·2차 세계대전을 겪으면서 많은 학자들(예컨대 그로티우스나 칸트 등)과 국가의 노력이 계속되어 왔다. 1907년 헤이그평화회의에서 계약의무의 이행을 강제하는 수단으로서의 전쟁을 금지하였고, 1928년에는 전쟁포기에 관한 조약(부전조약)이 체결되기에 이르렀다.

우리 헌법도 전문에서 '항구적인 세계평화와 인류공영에 이바지함'을 규정하였고, 침략적 전쟁의 부인(§5)과 국제법존중주의(§6)를 규정하였다.

2. 헌법규정의 유형

(1) 침략전쟁을 부인하는 유형: 우리헌법(§5①), 1949년 독일기본법(§26①), 1946년 브라질 헌법, 1950년 니카라과 헌법
(2) 전쟁의 포기와 군대보유 금지: 1947년 일본헌법(§9)
(3) 평화소란행위 금지: 1949년 독일기본법(§26①)
(4) 영세중립 선언: 1955년 오스트리아 헌법, 스위스
(5) 주권의 제한과 국제기구에 부분적 이양: 1947년 이탈리아 헌법(§11),

현 EU회원국
(6) 국제분쟁의 평화적 해결규정: 네델란드 헌법, 1931년 스페인 헌법
(7) 군수물자의 생산·수송 및 유통 제한: 1949년 독일기본법(§26②)

3. 우리 헌법의 국제평화주의

우리 헌법은 전문에서 국제평화주의를 선언한 외에 §5①에서 "대한민국은 국제평화의 유지에 노력하고 침략적 전쟁을 부인한다."라고 규정함으로써 침략전쟁을 부인하고 있다. 이는 영토확장·채권확보를 위한 전쟁을 부인한다는 의미이다. 따라서 우리의 생존을 위한 자위적·방어적 전쟁은 가능하며 모든 전쟁을 부인하는 것은 아니다. 헌법상 국군의 존재와 관련된 규정들, 예컨대 대통령의 국군통수권(§74①), 국군의 조직과 편성의 법정주의(§74②), 국민의 국방의 의무(§39①), 국가안전보장회의(§91), 군사법원규정(§27② 등), 선전포고 등에 대한 국회의 동의권(§60②) 등은 모두 자위적 전쟁을 전제로 한 것이다.

이밖에도 헌법은 통일과 관련하여 평화적 방법으로 이를 추구해야 한다는 것을 규정하고 있으며(전문, §4), 국제법 존중주의를 규정하고 있다. 국제법 존중주의는 아래에서 좀 더 자세히 살펴본다.

II. 국제법 존중주의

1. 국제법규의 국내법적 효력

국제평화의 유지를 위해서는 국제질서를 규율하는 국제법이 잘 지켜져야 한다. 이를 위하여 우리 헌법 §6는 "헌법에 의하여 체결·공포된 조약이나 일반적으로 승인된 국제법규는 국내법과 같은 효력을 가진다."고 하여 국제법존중주의를 선언하고 있다. 입법예로는 미국은 조약의 최고법규성을 인정하고 있으며(§6②; 연방헌법보다 상위라는 의미는 아님), 프랑스·네델란드는 헌법보다 하위이고 법률보다 상위라 하고 있으며, 전후 독일은 베를린에 대하여 국제법에 의하여 주권이 제약됨을 규정했던 바 있다. EU 회원

국들은 EU기본조약이 헌법보다 상위라고 규정하고 있다.

　국내법과 같은 효력을 가진다고 할 때에도 조약이나 일반적으로 승인된 국제법규는 법률과 동위의 효력을 인정하는 견해(권영성 175면; 구병삭, 신헌법원론, 박영사, 1996, 296면), 획일적으로 판단하기 어려우므로 조약의 내용에 따라 다르다는 견해(김철수 292면; 허 영 195면), 대체로 헌법보다는 하위이며 법률보다는 상위라는 견해(계희열[상] 184면) 등이 있다. 또한 위헌적인 조약에 대한 규범통제를 긍정하는 견해가 다수설이다. 그러나 국내적 효력과 국제적 효력은 구분하여 이해하여야 할 것이다.

　이와 같은 논의는 국내법과 국제법의 관계에 대한 입장에 따라 결론이 달라질 수 있다. 여기에는 크게 일원론(Monismus)과 이원론(Dualismus)이 있다. 일원론에 따르면 국내법과 국제법은 하나의 통일된 법질서를 이루는 것이며, 자연법이 모든 법의 원천(19C 중엽까지의 논거)이라거나 법의 단계구조(법실증주의)를 그 논거로 하였다. 즉 국내법과 국제법은 통일된 법질서를 이루며 어느 하나가 다른 하나에 타당성을 부여한다. 국내법우위론과 국제법우위론으로 다시 나눌 수 있다. 반면에 이원론에 따르면 국내법과 국제법은 별개의 자율적 법체계로서 그 권한·영역·법원(法源)·수규자(受規者)가 서로 다르다고 한다. 국제법의 타당근거는 국제법주체간의 의사의 합치에 있고, 국내법의 타당근거는 한 국가의 단독의사에 있다는 것이다. 따라서 국제법이 국내적으로 효력을 발생하기 위해서는 국내법으로 전환(Umsetzung)하는 것이 필요하다(계희열[상] 176면). 국내법과 국제법의 현실적 부조화를 설명하기 위해서는 이원론이 타당하다고 생각된다.

　　[판례 1] (☞ "한미상호방위조약 제4조에 의한 시설과 구역 및 주한미군의 지위에 관한 협정"§2-1㉯에 대한 위헌법률심판) 비록 그 명칭은 '협정'으로 되어 있지만 '외국군대의 지위에 관한 것'이고 '국가에게 재정적 부담을 지우는 내용과 근로자의 지위, 미군에 대한 형사재판권, 민사청구권 등 입법사항'을 포함하는 것으로서 실제로도 국회의 비준동의와 대통령의 비준·공포를 거친 것이므로 위헌법률심판의 대상으로 인정된다(합헌, 헌재 1999.4.29, 97헌가14).

　　[판례 2] 헌법 제6조 제1항의 국제법 존중주의는 우리나라가 가입한 조약과 일반적으로 승인된 국제법규가 국내법과 같은 효력을 가진다는 것으로서 조약이나 국제법규가 국내법에 우선한다는 것은 아니다(헌재 2001.4.26, 99헌가13).

2. 일반적으로 승인된 국제법규

위에서 본 것처럼 국내법과 같은 효력을 갖는 국제법에는 우리나라가 당사자인 조약과 일반적으로 승인된 국제법규가 있다. 일반적으로 승인된 국제법규란 세계의 압도적 다수국가에 의해서 승인된 국제법규를 말한다(K.Hesse 단락 103). 즉 국제사회에서 그 규범성이 인정된 것을 말한다. 여기에는 다음과 같은 것들이 포함된다.

첫째, 국제관습법 또는 일반적 법원칙으로는 조약준수의 원칙, 외교관의 면책특권(외교관계에 관한 비인협약이 후에 마련되었음), 민족자결원칙(국내문제 불간섭원칙), 포로의 살해금지와 인도적 처우 등이 있다.

둘째, 일반적으로 인정되는 조약으로는 부전조약(不戰條約 1928), UN헌장(1945)의 일부(우리나라의 경우 1991.9.17 UN가입 이전), 대량학살(Genocide)금지조약(1948 파리 유엔총회에서 채택되어 1951 발효), 포로에 관한 제네바 협정(1949) 등이 있다.

많은 국제법규 중에서 일반적으로 승인된 국제법규가 어떤 것인지 누가 확정할 것인가의 문제에 대하여 헌법은 아무 규정도 두고 있지 않다. 그러나 이는 구체적 분쟁에 있어서 법원과 헌법재판소에서 확인되는 것이다.

[판례] 세계인권선언(1948)은 이상(理想)을 규정한 것으로 법적 효력을 인정할 수 없다(헌재 1991.7.22, 89헌가106).

III. 외국인의 지위보장

> 우리나라 사람이 이슬람 국가 중 한 곳에 갔다가 그 곳 풍습을 몰라서 오해를 받아 주민들에 의해 죽음을 당하였다고 가정해 보자. 그럼에도 그 나라에서는 자기 나라의 관습과 법을 들어 아무 문제가 없다고 한다면 우리나라는 어떤 조치를 취할 수 있을까?

1. 상호주의원칙

외국과의 교류가 활발해짐에 따라 국내에 체류하는 외국인과 외국에 체류하는 내국인의 숫자가 증가되는 추세이다. 2023년 기준 국내 체류 외국인은 251만 명이 넘는다. 외국인의 지위를 보장하지 않고서는 국제평화주의를 달성할 수 없을 것이다.

외국인에 대한 태도에는 내국인과 동등하게 취급하는 평등주의와 상대국가가 자국민을 보호해 주는 것만큼 보호하는 상호주의가 있다.

우리헌법 §6②은 "외국인은 국제법과 조약이 정하는 바에 의하여 그 지위가 보장된다."고 규정하고 있어서 상호주의원칙에 따라 외국인의 법적 지위를 보장하고 있다. 그밖에도 많은 기본권이 그 성격에 따라(예컨대 인간의 권리) 외국인도 그 주체가 된다. 그러나 논리의 일관성을 위해서는 이 경우에도 상호주의원칙에 따라 보장되지 않는 경우도 있다고 하여야 할 것이다. 재한외국인처우기본법 §5⑤은 "법무부장관은 외국인정책 기본계획수립에 있어서 상호주의원칙을 고려한다."고 규정하고 있다. 국가배상법 §7의 경우도 "이 법은 외국인이 피해자인 경우에는 해당 국가와 상호 보증이 있을 때에만 적용한다"고 규정하고 있다.

보호되는 정도에 따라서 내국인대우원칙(국내적 표준주의)과 인권최소수준보호원칙(국제적 표준주의)으로 구분하기도 한다.

2. 재외국민의 보호

재외국민이란 한국국적을 가진 국민이 외국에서 장기 체류하거나 영주하는 사람을 말한다. 이러한 재외국민이 늘어남에 따라 이들을 보호해야 할 필요성이 증대되고 있다. 특히 해외동포의 민족의식을 고취하고 일체감·귀속감 등을 부여하도록 하는 것이 전체 국익에도 도움이 될 것이다.

재외국민에 대한 일차적 보호책임은 재외공관이 지고 있으나 국가적 차원에서 이들을 보호하는 것이 당연한 국가의 의무이다. 우리 헌법은 1980년 헌법에 "재외국민은 국가의 보호를 받는다."라는 규정(§2②)을 두었고, 현행헌법은 §2②에 "국가는 법률이 정하는 바에 의하여 재외국민을 보호할 의무를 진다."라고 좀 더 적극적인 규정을 두었다. 재외국민에 대하여 이중국적을 허용하는 문제가 논의 중이라는 것은 앞서 말한 바와 같다. 재외국민의 교육지원 등에 관한 법률(2008), 다문화가족지원법(2008) 등 관련 법률이 제정되고 있다.

[판례 1] 재외동포의 출입국과 법적지위에 관한 법률은 외국국적 동포 등에게 광범위한 혜택을 부여하고 있는바, 정부수립 이전에 국외로 이주한 동포에게는 그 혜택을 주지 않고 있다. 이는 합리적 이유 없는 차별로 헌법 제11조의 평등원칙에 위배된다(헌법불합치, 헌재 2001.11.29, 99헌마494).

[판례 2] 대한민국 국적을 가지고 있는 영유아 중에서 재외국민인 영유아를 보육료·양육수당의 지원대상에서 제외함으로써, 국내에 거주하면서 재외국민인 영유아를 양육하는 부모를 차별하는 보건복지부지침은 평등권을 침해한다(위헌, 헌재 2018.1.25., 2015헌마1047).

Ⅳ. 평화통일의 원칙

해방 이후 남북이 분단된 이래 한반도 재통일의 민족적 염원에도 불구하고 정부차원이나 헌법차원에서는 이를 소홀히 다룬 감이 없지 않다. 연혁적으로는 제1공화국에서는 북한은 평화통일을 주장한 데 비해서 우리는 북진통일을 주장하였다. 제2공화국에서는 자유총선거에 의한 통일을 주장하였다. 이 두 가지는 우리가 북한보다 경제력에서 뒤지는 당시의 현실에 비추어 비현실적인 통일방안을 내 놓은 것이라 생각된다. 제3공화국에서는 선건설·후통일을 주장하였다. 이것도 마찬가지로 당장은 통일의 의사가 없다는 것을 말해주고 있다. 제4공화국 이후에는 현재까지 평화통일을 기본으로 구체적 방안들을 제시하고 있다.

현행 헌법은 §4를 신설하여, "대한민국은 통일을 지향하며, 자유민주적 기본질서에 입각한 평화적 통일정책을 수립하고 이를 추진한다."라고 규정하였다. 이 규정의 효력은 국가목표이며 헌법의 기본원리라고 할 수 있다. 다만 영토조항(§3)과의 해석상 곤란한 문제가 야기되며(제3장 제4절 헌법의 효력범위 참조), 자유민주적 기본질서를 고수할 때 과연 평화적 통일이 이루어질 수 있을까 하는 의문이 있다. 이 밖에도 헌법전문에 "조국의…평화적 통일의 사명에 입각하여"라고 규정한 것을 비롯하여, 대통령의 의무조항(§66③)과 선서조항(§69)에도 평화통일의 원칙을 규정하고 있다.

[판례 1] 북한이 남·북한의 유엔동시가입, 소위 남북합의서의 채택·발효 및 남북교류협력에 관한 법률 등의 시행 후에도 적화통일의 목표를 버리지 않고 각종 도발을 자행하고 있으며

남·북한의 정치, 군사적 대결이나 긴장관계가 조금도 해소되고 있지 않음이 현실인 이상, 국가의 존립·안전과 국민의 생존 및 자유를 수호하기 위하여 신·구 국가보안법의 해석·적용상 북한을 반국가단체로 보고 이에 동조하는 반국가활동을 규제하는 것 자체가 헌법이 규정하는 국제평화주의나 평화통일의 원칙에 위반된다고 할 수 없다(헌재 1997.1.16, 92헌바6).

[판례 2] 남북교류협력에 관한 법률 §9가 북한주민과의 접촉에 있어 통일부장관의 승인을 얻도록 한 것에 대해, 통일부장관이 접촉승인신청을 받아 접촉의 시기와 장소, 대상과 목적 등 구체적인 내용을 검토하여 승인여부를 결정하도록 한 것은 접촉과정에서 초래될 수도 있는 긴장을 막고 문제발생시 적절하게 대처하기 위한 것으로서 현 단계에서는 불가피한 조치이고, 따라서 헌법상의 통일관련조항에 위배되지 않으며, 특히 헌법상의 통일관련조항들은 '국가의 통일의무를 선언'한 것이지만, 그로부터 국민 개개인의 통일에 대한 기본권, 특히 국가기관에 대하여 통일과 관련된 구체적인 행위를 요구하거나 일정한 행동을 할 수 있는 권리가 도출된다고 볼 수 없다(헌재 2000.7.20, 98헌바63).

[판례 3] 오늘날 전쟁과 테러 혹은 무력행위로부터 자유로워야 하는 것은 인간의 존엄과 가치를 실현하고 행복을 추구하기 위한 기본 전제가 되는 것이므로, 달리 이를 보호하는 명시적 기본권이 없다면 헌법 §10와 §37①으로부터 평화적 생존권이라는 이름으로 이를 보호하는 것이 필요하다. 그 기본 내용은 침략전쟁에 강제되지 않고 평화적 생존을 할 수 있도록 국가에 요청할 수 있는 권리라고 볼 수 있을 것이다(헌재 2006.2.23., 2005헌마268).

제5절 문화국가원리

프랑스가 강탈해 간 외규장각도서의 완전반환이 아직 실현되고 있지 못하다. 일본의 경우 더욱 심각하다. 어떤 정책이 필요한가? 또 문화재의 보존과 전통문화의 육성이 우리 국민들에게 어떤 의미가 있는가?

우리 헌법은 명시적 규정은 없으나 문화국가원리에 대하여 여러 가지 형태로 규정하고 있다. 문화국가원리가 우리 헌법상의 기본원리라고 하는 것이 일반적이나 그 구체적 내용과 형태에 대하여는 많은 논의가 없는 것이 현실이다.

Ⅰ. 문화국가의 개념

문화와 국가가 개념적으로 문화국가(Kulturstaat)라는 말로 연결된 것은

19C초 피히테(J.G.Fichte 1762~1814)에 의해서였다. 그 이후 많은 논의가 계속되어 왔으나 아직은 그 구체적 내용에 대한 합의가 이루어지지 않은 상태라 할 수 있다. 일반적으로 문화국가란 문화의 자율성을 최대한 보장하면서 국가가 적극적인 문화형성의 과제를 수행하고 실질적인 문화적 평등을 위해 노력하는 국가를 말한다(계희열[상] 414면).

이 때 문화의 의미는 매우 다양하며 관점에 따라 다르게 사용되는데, 대체로 인위적 행동과 그에 의해 단순한 자연물과 구별되는 어떠한 인간적 의미와 가치가 부여된 유형·무형의 모든 것을 의미한다. 그러나 헌법이 추구하는 문화국가에서의 문화는 좁은 의미로, 국가와 특별한 관계를 가지고 있는 인간의 정신적·창조적 활동의 영역이라고 할 수 있다. 여기에는 학문·예술·교육·종교적 영역이 포함된다.

후버(E.R.Huber 1903~1990)에 의하면 문화국가개념을 다음의 다섯 가지로 설명하고 있다(Zur Problematik des Kulturstaates, 1958; 계희열[상] 419면 이하). 첫째 문화의 국가로부터의 자유, 즉 국가의 중립성 내지는 문화의 자율성에 대한 승인, 둘째 문화에 대한 국가의 기여, 즉 국가가 문화의 보호·관리·전승 및 진흥에 힘써야 하는 것, 셋째 국가의 문화형성력, 즉 국가가 문화의 자율성을 인정하는 전제하에서 문화를 능동적으로 형성할 권한을 가지는 것, 넷째 문화의 국가형성력, 즉 문화는 국가를 형성하는 힘을 가지고 있다는 것, 다섯째 문화의 산물로서의 국가, 즉 국가의 문화형성력과 문화의 국가형성력을 동시에 실현하는 국가는 하나의 문화조직체 내지 문화적 산물로 이해된다는 것이다.

Ⅱ. 문화국가의 내용

이러한 문화는 근대이전에는 국가의 지배체제에 종속되어 있었으나, 근대에 와서 성장한 시민계급은 문화의 주체로 되었고 문화 자체를 위한 문화의 자율성을 확보하게 되었다. 그러나 그 후 문화의 경제종속, 외래문화에의 종속, 문화적 불평등의 문제가 발생하였다. 이에 따라 건전한 문화의 육성과 진흥 및 문화적 불평등의 시정 등이 현대 문화국가의 과제로 등장하고 있다.

문화국가는 특성은 다음과 같다. 첫째, 문화적 자율성을 보장해야 한다. 국가는 최대한 중립성과 관용을 지켜야 한다. 그러나 문화의 자율성도 무제한한 것일 수는 없기 때문에 국가가 문화에 대해 무관심하거나 방치하는 것을 의미하는 것은 아니다. 국가는 문화의 사회적 책임을 벗어난 현상에 대하여 적절한 조치를 취해야 하지만 그것은 문화자체의 조성이 아니라 문화여건의 간접적 조성이어야 한다. 둘째, 국가의 문화육성과 진흥을 위한 지원이 있어야 한다. 그것은 간섭이 아니라 지원이라는 방식으로 행해진다. 그러나 다양한 문화활동을 모두 지원할 수 없으므로 우선순위를 정할 수밖에 없다. 이 경우 그 차별의 합리적 근거와 기준을 제시하는 것이 중요하다. 지원의 기준과 방식이 민주적인 절차를 거쳐 합리적으로 정해지지 않으면 자칫 간섭이 될 위험이 크다. 셋째, 문화적 평등권의 보장을 위해 노력해야 한다. 평등한 문화향유권은 평등권에 포함되어 있고, 자유권의 형태로 규정된 문화적 개별기본권에 포함되어 있다. 그러나 많은 경우 문화향유권은 경제적 능력에 따라 실질적 차이를 가져오므로 사회국가원리에 입각하여 모두를 위한 문화정책이 추진되어야 한다. 이러한 의미에서 볼 때 문화국가원리는 사회국가원리와 상당부분 중첩된다. 즉 문화국가를 이해할 때 문화정책에 중점을 두어야지 문화의 향수에 중점을 두면 사회국가원리와 구분이 어렵다.

III. 우리 헌법상의 문화국가원리

우리 헌법은 문화국가원리에 대해 직접적인 규정은 두고 있지 않으나, 전문에서 "유구한 역사와 전통에 빛나는" 이라는 규정을 두어 문화국가의 이념을 표현하고 있으며, "정치·경제·사회·문화의 모든 영역에 있어 각인의 기회를 균등히 하고"라 하여 문화영역에서의 평등권을 규정하고, §9에서 "국가는 전통문화의 계승·발전과 민족문화의 창달에 노력하여야 한다."라고 규정하여(1980년 헌법에서 처음 규정) 문화국가원리를 선언하고 있다. 대통령의 선서조항(§69)에도 "…민족문화의 창달에 노력하며"라는 내용을 넣어 대통령의 의무를 강조하였다. 이밖에 문화적 기본권으로 학문의 자유(§22), 예술의 자유(§22), 종교의 자유(§20), 교육을 받을 권리(§31) 등을 규정하고 있으며, 양심의 자유(§19), 언론출판의 자유(§21), 지적소유권(§22 ②) 등도 문화국가를 뒷받침할 수 있는 기본권들이다. 그리고 인간의 존엄과 가치 및 행복추구권(§10)과 인간다운 생활을 할 권리(§34)도 환경권(§35) 등도 문화국가의 기본을 이루는 규정이라 할 수 있다.

이러한 기본권 또는 헌법규정에 의거하여 문화적 기본권들을 구체적으로 실현하기 위하여 많은 개별법률 들이 제정되어 있다.

[판례 1] 단지 일부 지나친 고액과외교습을 방지하기 위하여 모든 학생으로 하여금 오로지 학원에서만 사적으로 배울 수 있도록 규율하는 것은 자기결정과 자기책임을 생활의 기본원칙으로 하는 헌법의 인간상이나 개성과 창의성, 다양성을 지향하는 문화국가원리에 위반된다(헌재 2000.4.27, 98헌가16등).

[판례 2] 오늘날 문화국가에서의 문화정책은 그 초점이 문화 그 자체에 있는 것이 아니라 문화가 생겨날 수 있는 문화풍토를 조성하는 데 두어야 한다. 문화국가원리의 이러한 특성은 문화의 개방성 내지 다원성의 표지와 연결되는데, 국가의 문화육성의 대상에는 원칙적으로 모든 사람에게 문화창조의 기회를 부여한다는 의미에서 모든 문화가 포함된다. 따라서 엘리트문화뿐만 아니라 서민문화, 대중문화도 그 가치를 인정하고 정책적인 배려의 대상으로 하여야 한다(헌재 2004.5.27, 2003헌가1등).

그밖에 헌법상의 원리로서 환경보전의 원리도 논의되고 있다. 이에 대하여는 환경권에서 설명한다.

제 2 부

기본권

제 1 장 기본권 총론
제 2 장 기본권의 이념과 기준
제 3 장 자유권
제 4 장 참정권
제 5 장 사회권
제 6 장 청구권
제 7 장 국민의 의무

제1장
기본권 총론

제1절 기본적 인권의 발달

> 히브리성경 사무엘하에 나오는 이야기. 다윗은 왕이 된 후 전 왕인 사울의 손자 므피보셋을 불러, "내가 네 조부 사울의 모든 땅을 네게 돌려줄 것이니라." 하였다. 그 후 아들 압살롬의 반역으로 피난가는 중에 므피보셋이 보이지 않고 므피보셋의 종 시바가 "그가 말하기를 '오늘 이스라엘 집이 내 아버지의 왕국을 내게 돌리리라.' 하더이다."고 하자, 다윗은 "므피보셋에 속한 모든 것이 다 네 것이니라." 하였다. 피난 갔다가 돌아와서 시바의 모략인 줄 알게 되자 므피보셋에게 "너와 시바는 그 땅을 나누라."고 하였다. 그 재산은 누구의 것인가? 므피보셋이나 시바는 받은 재산을 마음대로 할 수 없다는 말인가?

　기본권의 역사는 인권사상에서 유래한다. 즉 철학의 대상으로서 인간을 연구하던 것에서 비롯된다. 그러던 것이 후에 헌법에 수용되고, 국민주권론이 확립되면서 근대 또는 현대적 기본권으로 발전한다. 아래에서 그 역사적 발전을 살펴보자.

Ⅰ. 고전적 기본권

1. 인권사상의 발전

　고대 그리스철학에서 소크라테스(Socrates B.C.470?~B.C.399)·플라톤(Platon B.C.428?~B.C.347?)·아리스토텔레스(Aristoteles B.C.384~B.C.322) 등에 의하여 이미 인간의 자유가 철학적 인식대상으로 논의되었다. 그 후 로마의 스토아(Stoa)철학과 키케로(Cicero B.C.106~B.C.43)의 인권사상으로 이어지고, 중세 기독교사상에서 토마스 아퀴나스(Thomas von Aquinas 1225~1274)는 인간을 도덕적 양심에 따라 행동할 수 있는 유일한 생명체로 이해하여 자유의 이념적 기초를 마련하였다.

그 후 아메리카 대륙의 발견(1492)과 루터의 종교개혁(1517) 등으로 상징되는 르네상스 시대가 되면서 그로티우스(H.Grotius 1583~1645; 네덜란드어로 휘호 더 흐로트Hugo de Groot)에 의하여 확립된 자연법사상은 자유주의 인권사상에 영향을 주었다. 로크(J.Locke 1633~1704)의 자연법사상으로 이어지고, 그 후 군주주권론의 등장에 대항하여 국민주권론이, 또한 푸펜도르프(S.Pufendorf 1632~1694), 라이프니츠(v.Leibniz 1646~1716), 볼프(Ch.Wolff 1679~1754) 등으로 대표되는 신자연법사상이 천부인권론을 주장하여 자유주의 인권사상이 헌법에 수용되는 데 기여하였다.

2. 영국

영국의 인권보장 과정은 국왕과 의회와의 투쟁의 역사로 의회권한의 점진적인 확대가 특징이다. 의회구성원이 귀족에서 서민으로 확대되는 과정에서 인권의 보호대상도 귀족에서 일반국민으로 확대되었다(17C). 대헌장 같은 초기의 인권선언도 근대에 들어오면서 재해석에 따라 그 성격과 보호대상이 바뀌었다.

이를 차례대로 살펴보면 다음과 같다. 우선 존(John 1166~1216)왕 때 제정된 대헌장(Magna Carta 1215)은 국왕에 대한 등족(等族)의 약정서로서 기본권 전개의 상징적 의미를 가지며 신체의 자유 등이 규정되었다. 그 후 그로티우스(H.Grotius 1583~1645)·로크(J.Locke 1632~1704) 등의 이론적 발전이 있었다. 권리청원(Petition of Right 1628)은 의회의 승인 없는 과세의 금지와 인신의 자유 등을 포함하고 있었으며, 국민협정(Agreement of the People 1647)은 종교·양심의 자유, 평등권, 병역강제금지 등의 내용을 가지고 있었다. 또 인신보호법(Habeas Corpus Act 1679)은 구속적부심사제의 기원이 되었다. 명예혁명(1688)의 결과 채택된 권리장전(Bill of Rights 1689)은 국왕이 법률의 효력을 정지시키거나 상비군을 설치하는 경우, 그리고 조세 부과 시에 의회의 동의를 받도록 함으로써 의회의 권한이 국왕보다 커지는 분기점을 이룬다.

II. 근대적 기본권

위에서 본 영국의 인권선언은 17C에 와서 그 수혜자가 일반 국민으로 확대되어 근대적 성격을 갖게 된다. 미국이나 프랑스의 경우 18C에 시민혁명에 이어 근대적 성격을 띠는 인권선언이 있었고 이후 헌법에 수용되었다. 이는 근대입헌주의 헌법상의 기본권을 말하며, 개인주의·자유주의에 의한 자연법·천부인권사상에 기초한 것이었다.

1. 미국

미국은 영국식민지로부터 독립하는 과정에서 근대적 인권이 확립되게 되었다. 기존의 정부나 권력으로부터 정당성을 찾을 수 없던 상황이므로 천부인권사상과 저항권사상이 반영되었다.

버지니아권리선언(1776.6)은 생명·자유·재산·행복추구권·저항권 등을 규정하고 있었고, 곧이어 채택된 미국 독립선언(1776.7)도 생명·자유·행복추구권·저항권 등을 포함하고 있었다. 그 후 1787년 연방헌법을 제정하였으나, 연방정부는 국민의 기본권을 침해할 만큼 강력한 권한을 갖고 있지 않았으므로 기본권을 규정하지 않았다. 그러나 연방헌법의 인준과정에서 이에 대한 요청이 있어 1791년 수정(Amendment) 10개조의 기본권을 추가하였다.

2. 프랑스

프랑스는 국제적으로 미국의 독립에 자극받아 군주제도를 무너뜨리고 공화정을 수립하는 과정에서 인권이 확립되었다. 이론적으로는 몽테스키외(Montesquie 1689~1755)와 루쏘(J.J.Rousseau 1712~1788) 등의 권력분립·국민주권이론에서 영향을 받았다. 1789년 프랑스대혁명 당시 채택된 프랑스인권선언('인간과 시민의 권리선언' Déclaration des droits de l'Homme et du citoyen)은 생명·자유(신체·종교·표현)·재산·안전·저항권 등의 인권을 포함하고 있었고, 1791년 헌법이 제정되면서 이를 재확인하였다.

(Montesquie는 보통 성[姓]만 쓰는데, 정식 이름이 Charles-Louis de

Secondat Baron de La Brede et de Montesquie로 너무 길기 때문이다.)

3. 독일

독일의 경우 19C 후반까지 통일을 이루지 못하고 있었고, 1871년의 통일도 시민혁명을 거치지 못한 통일이었다. 통일 후의 정치체제도 제정(帝政)이었기에 근대적 의미의 기본권은 20C에 와서야 확립되었다. 다만 근대적 의미의 기본권과 외형상 유사한 것들은 그 이전에도 있었다.

1807년 베스트팔렌왕국헌법은 신체·재산·신앙·출판의 자유 등이 규정되어 있었고, 1849년 프랑크푸르트 헌법 초안은 많은 기본권규정들을 갖고 있었으나 정치적 통일을 이루지 못하여 시행되지 못하였다. 그 후 프로이센 중심의 통일작업이 진행되어 1850년 프로이센 헌법이 마련되었고, 1871년 독일이 정치적 통일을 이루고 헌법(비스마르크 헌법)이 제정되었다.

III. 현대적 기본권

근대적 의미의 기본권들은 각국의 헌법에 반영되었다. 그러다가 현대 즉 제1·2차 세계대전을 거치면서 새로운 성격이 나타나게 되었는데, 사회권의 등장이 그것이다. 자세한 배경은 제1부 제4장의 사회국가원리 부분을 참조하기 바란다.

1. 인권선언의 사회화

러시아 혁명에 이어 마련된 1918년 소련헌법은 '근로하고 착취당하는 인민의 권리선언'을 포함하고 있었다. 그러나 이는 사회주의국가의 인권선언이고, 자유민주주의 체제하의 인권선언으로 사회권이 최초로 규정된 것으로는 1919년 바이마르 헌법을 들 수 있다. 여기에는 많은 사회권(생존권)이 규정되어 있었다. 그 후 제정된 대부분의 국가의 헌법은 대체로 사회권들을 규정하고 있고 우리의 헌법도 예외는 아니다(사회권에 대해서는 뒤에 설명).

바이마르 헌법 §153③은 "소유권은 의무를 수반한다. 그 행사는 공공복리에 이바지해야 한다." §156①은 "법률에 의하여…사회화에 적합한 사기업(私企業)을 보상을 조건으로 공유로 이전할 수 있다."라고 규정하였다. 우리 헌법 §23② "재산권의 행사는 공공복리에 적합하도록 하여야 한다." §23③ "공공필요에 의한 재산권의 수용·사용 또는 제한 및 그에 대한 보상(補償)은 법률로써 하되, 정당한 보상을 지급하여야 한다."라는 규정이 이를 따른 것이다.

2. 자연권사상의 부활과 인권선언의 국제화

근대적 인권선언은 자연권사상에 기초한 것이었다. 그러다가 19C의 법실증주의의 경향 때문에(독일을 비롯한 유럽 대부분의 국가의 경향이었음) 자연권사상은 일시 퇴조하였다. 그러나 제2차 세계대전 당시의 유태인 학살 등의 인권유린을 경험하고 나서 각국에서는 자연권 사상이 부활되었고, 그 후의 헌법상 기본권들은 다시 이러한 성격을 띠고 있다.

또한 전쟁의 억제와 평화의 유지는 한 나라만의 노력으로 불가능하다는 것을 경험하고 나서 여러 국제조직이 출현하였다. 1945년 유엔헌장, 1948년 세계인권선언(30개조), 1950년 유럽인권협약, 1966년 국제연합 인권규약 등이 채택되었고, 유럽공동체(EU) 등의 지역적인 조직이 다수 출현하였다. 이에 따라 인권보장도 국제적 성격을 띠게 되었다.

3. 제3세대 기본권

1970년대 초부터 제3세대 기본권(인권)이란 새로운 개념이 등장하였다. 바작(K.Vasak 1929~)에 의하면 시민적·정치적 권리를 제1세대 기본권, 경제적·사회적·문화적 권리를 제2세대 기본권이라 부르고, 여기에 제3세대 기본권을 첨부하고 있다(계희열[중] 16면 이하 참조). 학자에 따라 구체적 내용에는 차이가 있으나, 연대권(連帶權)이라 하여 건강한 환경을 요구할 권리, 깨끗한 물을 요구할 권리, 깨끗한 공기를 요구할 권리 및 평화권 등을 들고 있다. 또 경제발전권, 인류공동의 유산에 대한 소유권, 의사소통권, 서로 다를 수 있는 권리, 인간적 도움을 요구할 권리 등도 거론되고 있다.

대체로 제1세대 기본권이 개인, 제2세대 기본권이 사회를 중심개념으로 하는 데 비하여 제3세대 기본권은 국제적으로 통용될 수 있는 내용이라고 한다. 그러나 아직 구체적 내용이 확립된 개념이라 하기는 어렵다.

Ⅳ. 우리나라

우리나라도 조선말에는 이미 근대적 의미의 헌법이라고 할 만한 것들이 등장하였다. 1899년 대한국국제가 있었고, 1919년 임시정부헌법도 있었다. 그러나 본격적인 헌법의 제정은 1948년에 와서 이루어졌다. 제헌헌법은 미국·일본·바이마르헌법의 영향을 받은 것으로 기본권들은 선언적 의미가 강했다. 왜냐하면 기본권 보장을 위한 정치적·경제적 여건이 미숙했기 때문이다. 그 후 제1공화국 때는 실정헌법상의 권리로서의 성격이 강했고, 통제경제(예컨대 이익균점권)적인 성격을 갖고 있었다. 1960년 헌법은 자연권적 성격이 강하고 기본권의 본질적 내용 침해금지조항이 규정되었다. 1962년 헌법에서 인간의 존엄과 가치규정과 고문금지 조항이 신설된 반면, 전체적으로는 이전보다 약간 후퇴한 측면이 있다. 1972년 헌법은 헌법규정과 헌법현실 모두 기본권 제한이 매우 많았다. 1980년 헌법은 기본권제한을 약간 완화하였다. 그리고 현행헌법은 조금 더 기본권보장에 충실한 규정들을 두었다. 그러나 역대헌법이 모두 그렇듯이 이론적 검토가 불충분한 가운데 헌법개정이 이루어짐에 따라 비현실적이거나 해석이 곤란한 기본권규정들이 다수 존재하는 것이 우리 헌법상 기본권의 현실이다.

제2절 기본권의 의미와 분류

TV에서 검찰이나 경찰에서 밤샘조사를 받고 귀가하는 피의자를 본 적이 있는가? 그 하룻밤 사이에 그 안에서 어떤 일이 벌어졌을까? 밤새워 조사받는 것 자체가 문제는 아닐까? 물론 밤샘조사는 본인의 동의가 요건이다.

Ⅰ. 인권과 기본권

앞에서는 인권과 기본권을 정확히 구분하지 않고 설명했지만, 엄격히 말하면 인권과 기본권은 개념상 구분된다.

역사적으로 기본권이 보장되지 않은 상태에서 천부인권사상에 근거하여 주장되던 내용, 즉 이념 또는 목표로서 논의되던 내용을 인권(Menschenrecht)이라고 한다. 따라서 인권은 인간이 인간으로서 당연히 갖는 생래적 권리를 의미한다. 반면에 기본권(Grundrecht)이라 함은 헌법에 규정되어 국가권력에 의하여 보장되는 국민의 기본적 권리를 말한다. 따라서 일응 실정권적인 성격을 갖는다. 그런데 역사적으로 인권으로 주장되던 것들은 대부분 헌법에 수용되어 기본권으로서의 성격도 갖게 되었으므로 구체적 목록을 들어보면 인권과 기본권은 거의 같게 된다(성낙인 903면 이하 참조). 그러나 참정권이나 사회권과 같이 인권이라 하기에는 부적절한 것이 있어서 개념상 구분하는 것이 적절하다. 인권을 인간으로서의 기본권, 기본권을 시민으로서의 기본권이라고 표현하기도 한다(독일).

우리 헌법에 기본권이라는 용어는 사용되고 있지 않다. '기본적 인권', '국민의 권리와 의무' 또는 '자유'라는 용어가 사용되고 있으나, 개념상 오해의 소지가 있으므로 이하에서는 특별히 인권이라고 할 필요가 있는 경우 외에는 기본권으로 용어를 통일한다. 헌법재판소법은 인권이라는 용어는 쓰지 않고 모두 기본권이라고 한다.

Ⅱ. 기본권의 법적성격

1. 주관적 공권과 객관적 법질서

근대적 기본권이 형성되던 때의 체제는 군주제였으며, 기본권 침해의 대부분은 전제군주(국가권력)에 의하여 이루어졌다. 따라서 기본권의 일차적 기능은 이러한 국가권력의 침해로부터 개인의 자유와 권리를 방어하는 것이었다. 기본권은 개인이 직접 자신을 위하여 국가에 대하여 일정한 이익 즉 부작위·작위·수인(受忍) 등을 요청하는 권리로서의 성격을 지녔으며, 이러한 성격은 현대에 와서도 긍정된다. 이를 주관적 공권이라 부른다.

법실증주의자인 켈젠(H.Kelsen 1881~1973)은 기본권은 주관적 공권이 아닌 반사적 이익(국민의 국가에 대한 관계)으로 파악하였으나, 같은 법실증주의자인 옐리네크(G.Jellinek 1851~1911)는 국민의 지위이론(뒤에 설명)에 따라 주관적 공권성을 인정하였다. 그 후 슈미트(C.Schmitt 1888~1985)도 주관적 공권성을 인정하였다. 그는 기본권을 자유권으로 파악하였고 그 밖의 영역은 제도보장(뒤에 설명)으로 파악하였다. 또한 정치부문은 민주주의 원리가, 기본권분야는 법치국가원리가 적용된다고 하였다. 이에 대하여는 헌법의 영역을 이원적으로 설명했다는 비판이 제기된다.

이러한 기본권의 주관적 공권성에 대해서 스멘트(R.Smend 1882~1975)는 객관적 법질서로서의 성격을 강조한다. 즉 기본권이란 개인을 위한 것뿐만 아니라 한 나라의 (헌)법질서의 구성요소가 된다는 점을 강조하였다. 그에 따르면 기본권은 통합의 바탕이 되는 가치체계이며, 전체로서의 국가이해에 바탕을 두고 설명하게 된다. 이러한 이해가 역사적으로 자유권에서 사회권으로 기본권의 중심이 옮겨가는 것을 설명할 수 있다. 다만 기본권의 책임성을 강조하게 되고 전통적 자유주의 이념과 맞지 않는다는 비판이 제기된다.

기본권에 위와 같이 주관적 공권성과 객관적 법질서의 요소라는 두 가지 측면이 있다는 것을 기본권의 이중적 성격이라고 한다.

기본권의 이중적 성격을 인정하지 않는 견해도 있으나 이는 기본권과 제도보장을 엄격히 구분하려는 견해로 찬동하기 어렵다. 독일헌법 §1②은 "따라서 독일 국민은 불가침·불가양의 인권을 세계의 모든 인간공동체·평화 그리고 정의의 기초로서 인정한다."라고 규정하고 있으나 우리는 그러한 규정이 없으므로 헌법에 규정되면서 객관적 질서가 된다는 견해(김철수 311면)가 있다. 하지만 기본권은 헌법규정 여부와 관계없이 그 객관적 법질서로서의 성격이 인정되는 것이다.

[판례] 국민의 기본권은 국가권력에 의하여 침해되어서는 아니 된다는 의미에서 소극적 방어권으로서의 의미를 가지고 있을 뿐만 아니라, 헌법 제10조에서 국가는 개인이 가지는 불가침의 기본적 인권을 확인하고 이를 보장할 의무를 진다고 선언함으로써, 국가는 나아가 적극적

으로 국민의 기본권을 보호할 의무를 부담하고 있다는 의미에서 기본권은 국가권력에 대한 객관적 규범 내지 가치질서로서의 의미를 함께 갖는다. 객관적 가치질서로서의 기본권은 입법·사법·행정의 모든 국가기관의 방향을 제시하는 지침으로서 작용하므로, 국가기관에게 기본권의 객관적 내용을 실현할 의무를 부여한다(헌재 1995.6.29, 93헌바45).

관련된 문제로 국민은 기본권을 포기할 수 있는가의 문제가 있다. 기본권을 주관적 권리라고 보면 포기가 가능하지만, 객관적 법질서의 구성요소로 본다면 포기할 수 없는 것이 된다. 결국 기본권의 이중성을 인정하여 개별 기본권의 본질이나 기능에 따라 규범조화적으로 해석하여야 할 것이다(계희열[중] 74면, 정종섭 332면). 물론 포기가 가능하다 해도 개인적 법익에 해당하는 경우에 그 기본권의 행사만 포기할 수 있을 뿐 기본권 자체를 포기할 수는 없다고 하여야 한다.

한편 사회권은 실현을 위해서는 구체적 법률이 필요하나(국회만 구속), 나머지 기본권은 헌법상 규정만으로 직접적 효력을 갖는 현실적·주관적 공권으로 볼 수 있다. 사회권에서 다시 설명한다.

2. 자연권설과 실정권설

자연권설은 기본권을 자연법상의 권리로 파악하는데, 이는 18C의 천부인권론에서 비롯된 것이다. 우리나라의 다수설이라 할 수 있다. 즉 자연권설에 따르면 기본권은 국가발생 이전의 자연법상의 권리를 헌법상 선언·확인한 것에 불과하다. 따라서 기본권은 헌법상 규정에 의하여 비로소 보장되는 권리가 아니다. 그 근거로 §10의 인간의 존엄과 가치조항이나 §37 ①의 "국민의 자유와 권리는 헌법에 열거되지 아니한 이유로 경시되지 아니한다."는 규정을 든다(권영성 303면, 김철수 309면).

반면에 법실증주의자들의 입장인 실정권설은 기본권은 국가에 의하여 창설된 권리로서 헌법상 규정에 의하여 비로소 보장된 권리라고 한다. 이와는 달리 스멘트(R.Smend 1882~1975)는 기본권의 국가형성적 기능을 강조하여 객관적 질서로서의 기본권을 강조하였다. 이러한 입장들을 살펴볼 때 자연권설이 일응 타당해 보이지만 이는 기본권의 구체적 내용이 각국에 따라 상이하며, 현실에서 보장받기 위해서는 헌법상 규정과 이에 따라 형성된 법질서 내에서만 가능하다는 점을 간과한 것이다. 또한 국가를 통합의 계속된 과정으로 이해할 때 기본권이 갖는 통합의 계기는 매우 중요한 것이다. 이를 자연권으로 이해할 경우 통합의 계기로서 지니는 의미가 감소할 수밖에 없다.

스멘트학파인 헤벌레(P.Häberle 1934~)는 슈미트(C.Schmitt)가 "자유는 제도일 수가 없다."고 한 데 빗대서 "자유는 제도일 수밖에 없다."고 하면서 국가 내의 법질서 속에서 그 구체적 내용이 형성되고 보장받을 수밖에 없다는 점을 강조한다. 이러한 이론을 제도로서의 기본권이론이라고 한다. 이에 대해 제도에 대한 기본권의 구속성을 강조했다거나(권영성 185면), 법실증주의로의 복귀라는 비판이 있으나 이는 정당한 비판이 아니다. 왜냐하면 헤벌레의 이론은 제도와의 이분적 사고가 아니며, 국가를 법실증주의처럼 국민과 유리된 통치의 주체로 파악하는 것이 아니라 국민의 참여를 통한 통합으로서의 전체질서를 국가로 보기 때문이다.

III. 기본권과 제도보장

> 국가가 "오늘부터 결혼을 법률로 금지하고 남녀 간의 동거는 아기를 가질 때만 가능하다."고 하면 어떻게 될까? 이러한 입법이 과연 가능할까? 한편 동성 간의 결혼을 허용하는 입법은 가능할까? 또 동성커플의 입양을 제한하는 것은 어떨까?

기본권을 자유권만으로 파악하고 그 밖의 영역은 제도보장으로 파악하는 슈미트(C.Schmitt)의 이론을 중심으로 제도보장이론을 살펴보자. 슈미트(C.Schmitt)의 배분의 원리에 따르면 인간의 자유는 원칙적으로 무제한한 것이지만 국가권력은 원칙적으로 제한적인 것이라고 한다. 즉 그의 기본권관은 18C 자유주의자들의 사상에 기초하고 있다. 그러나 자유도 국가권력도 무제한할 수는 없는 것이며 여러 가지 기준에 따라 그 한계가 주어지는 것이다(제6절 기본권의 제한과 한계 참조).

1. 제도보장의 의의

제도보장(Institutsgarantie)이란 현존하는 객관적 제도를 헌법상 보장함으로써 그 제도의 본질적 내용을 입법권의 침해로부터 보호하는 것을 말한다. 예컨대 복수정당제도나 사유재산제도 또는 직업공무원제도 등이 정당법이나 민법 또는 공무원법 등에 의하여 침해되는 것을 방지하려는 것이다. 제도보장은 역사적·전통적으로 형성된 기존의 제도에 대한 보장을 의미하므로 헌법에 의해 창설된 제도는 그 대상이 아니다.

제도보장이론은 연혁적으로 1919년 바이마르헌법 하의 재산권보장과 관련하여 볼프(M.Wolff 1872~1953)가 창안한 것으로 슈미트(C.Schmitt)에 의하여 체계화되었다. 원래의 제도보장은 사법상의 제도를 말하였으나 나중에 공법상의 영역에도 개념이 확대되었다. 현재는 이를 구분할 필요가 없다. 슈미트는 제도보장과 기본권을 엄격히 구별하였으며, 제도보장은 국가내적 존재로 일반 입법에 의해 폐지가 불가능하다는 것을 강조하였다.

2. 기본권과 제도보장의 관계

슈미트(C.Schmitt)의 설명에 따라 제도보장의 특성을 기본권과 대비해 보면 다음과 같다.

첫째, 기본권은 주관적 공권인 데 비해 제도보장은 객관적 법질서를 이룬다. 둘째, 기본권은 자연법상 권리를 헌법에서 선언·확인하는 데 불과한 것이므로 최대한 보장되어야 하나, 제도보장은 그 제도의 본질적 내용을 침해하지 않는 범위 내에서 보장된다. 셋째, 기본권은 모든 국가권력을 구속하고 기본권 침해 시 기본권 자체에서 청구권이 발생하지만, 제도보장은 입법권을 구속하는 것이므로 제도보장 침해 시 제도보장 자체로서 직접 청구권이 발생하는 것은 아니다.

그러나 제도보장은 개인의 인권이 아닌 전체인권을 보장의 대상으로 하며 결과적으로 기본권보장의 효과를 수반하게 된다. 예컨대 민주적 선거제도의 보장은 참정권 보장의 효과를 가져 올 수 있고, 사유재산제도의 보호는 재산권 보장과 연결되므로 제도보장은 기본권과 양립할 수 있는 것이다. 따라서 기본권과 제도보장의 이분적 사고는 문제점을 노출한다. 또한 청구권문제에 있어서 헌법재판제도의 발달로 제도보장에 대한 침해도 헌법재판으로 구제가 가능하다는 점이 제도보장 초기이론과 현재가 달라진 상황이라 하겠다.

3. 제도보장의 사례

(1) 직업공무원제도(§7②): 공무원의 정치적 중립성 보장
(2) 지방자치제도(§117, §118): 참정권
(3) 표현제도(§21): 언론·출판의 자유
(4) 대학의 자치제도(§22): 학문의 자유
(5) 사유재산제도(§23): 재산권
(6) 교육의 자치제도(§31): 교육의 자주성·전문성·정치적 중립성 보장
(7) 혼인, 가족제도(§36): 사생활의 보장
(8) 민주적 선거제도(§41, §67): 참정권·선거권
(9) 복수정당제도(§8): 참정권

[판례] 공권력의 행사 또는 불행사로 헌법의 기본원리 혹은 '헌법상 보장된 제도'의 본질이 훼손되었다고 하여 그 점만으로 바로 국민의 기본권이 직접 현실적으로 침해된 것이라 할 수 없으므로, 청구인들의 주장과 같은 피청구인의 행위가 국민주권주의라든지 "복수정당제도"가 훼손될 수 있는지의 여부는 별론으로 하고 그로 인하여 바로 헌법상 보장된 청구인들의 구체적인 기본권이 침해받을 여지가 있다고 보기 어렵다(헌재 1998.10.29, 96헌마186). ☞ 제도보장의 침해를 기본권의 침해로 보지 아니한 판례

Ⅳ. 기본권의 분류

> 어떤 경우에도 절대적으로 보장되는 기본권이 있을까? 모든 기본권은 국가권력에 의하여 허용되는 범위 내에서만 의미가 있는 것일까?

기본권의 성격을 파악하기 위하여 여러 가지 기준에 의하여 다음과 같은 분류가 행해진다.

1. 절대적 기본권과 상대적 기본권

절대적 기본권은 제한하지 않거나 제한할 수 없는 기본권을 말한다. 예컨대 양심상 결정의 자유나 침묵의 자유, 신앙의 자유와 신앙고백의 자유, 학문연구의 자유, 예술창작의 자유 등이 여기에 속한다. 반면에 상대적 기본권은 제한이 가능하고 또 제한되고 있는 기본권, 즉 대부분의 기본권을 말한다.

그러나 이러한 분류는 별 실익이 없다. 절대적 기본권의 사례로 드는 것들은 내심의 작용이거나 혼자만의 영역에 머물러 있으므로 현실적으로 제한할 수도 없고 제한할 필요도 없는 것들이다. 독일에서는 법률유보가 없는 기본권을 절대적 기본권이라 부르기도 하나 우리나라와는 헌법상 기본권 규정이 다르므로 주의해야 한다. 더구나 과거 절대적 기본권으로 분류되던 학문의 자유 중 연구영역에 있어서도 인간의 배아복제나 복제인간 등의 연구가 제한됨으로써(국가별로 차이가 있음) 이러한 분류의 문제점을 말해 주고 있다.

2. 주체를 기준으로 한 분류

첫째, 인간으로서의 기본권은 초국가적이고 외국인을 포함하는 데 비해서, 시민으로서의 기본권은 국가 내적이고 내국인만 주체가 된다. 다만 이는 헌법관에 따라 결론이 달라질 수 있다.

둘째, 모든 기본권은 자연인이 향유할 수 있는 것들이지만 그 중에서 재산권이나 재판청구권 등은 법인도 주체가 될 수 있는 기본권이다.

3. 효력을 기준으로 한 분류

첫째, 현실적·구체적 기본권과 방침적·추상적 기본권이 있는데 특히 사회권에서 문제가 된다.

둘째, 모든 기본권은 원칙적으로 대국가적 효력이 있는데, 경우에 따라서는 대사인적 효력(제3자효)이 인정되는 기본권이 있다.

셋째, 진정한 기본권과 제도의 반사적 효과로 인정되는 부진정한 기본권(예컨대 독점금지제도에 의한 독과점거부권)으로 나눌 수도 있다.

4. 역사적 변천

기본권의 논의는 19C 이전의 자유권 중심에서 20C 이후의 사회권 중심으로 변하였다. 이는 개인을 추상적 개인에서 현실적 개인으로, 형식적 자유와 평등에서 실질적 자유와 평등으로, 대국가적 태도에 있어서 소극적인 요구에서 적극적인 요구로 바뀌었음을 의미한다.

5. 헌법상 기본권 편별

옐리네크의 지위론에 따라 구분하기도 하나 여기에 언급이 없는 현대의 사회권 때문에 그대로 답습할 수는 없다. 대체로 포괄적 기본권·자유권·참정권·청구권·사회권·의무 등의 순으로 기술하며 이 책에서도 이러한 편별을 따르기로 한다. 편별에 따라 기본권의 해석이 달라지는 것은 아니다.

옐리네크의 지위론은 국민의 지위를 수동적·소극적·적극적·능동적 지위로 나누고 이에 각각 국민의 의무·자유권·생존권·참정권이 연계된다고 하는 이론이다.

학자에 따라서는(예컨대 허영 346면 이하) 기본권을 영역별로 나누는데, 이는 우리 헌법 편제에는 맞지 않는다. 즉 경제영역에 직업의 자유와 근로의 권리가 함께 나오고, 자유권의 사회권화, 사회권의 자유권적 성격을 강조하게 되면 자유권과 사회권을 구분하여 규정한 우리 헌법편제를 설명할 수 없다. 이러한 분류는 사회권이 없고 자유권 중심으로 규정되어 있는 독일헌법에나 타당한 분류이다.

제3절 기본권의 주체

> 외국인인 A씨는 관광비자로 우리나라에 들어와 취업하여 돈을 벌고자 하였다. 그러나 한국인 업주로부터 온갖 학대를 다 받았으며 원하는 돈도 벌 수 없었다. 그는 법에 어떤 호소를 할 수 있을까?

우리 헌법은 모든 기본권 조항에서 기본권의 주체를 '국민'이라고 하고 있다. 제2장의 제목을 '국민의 권리와 의무'라고 한 것을 비롯하여 §10에서 §37까지의 모든 규정이 국민을 기본권의 주체로 기술하고 있다. 다만 §12 신체의 자유에서 '누구든지'라는 용어를 4회 사용하고 있을 뿐이다. 그러나 §12①에서 보면 그 '누구든지'조차도 앞의 '모든 국민'을 받는 것으로 해석할 수 있다. 기본권을 누릴 수 있는 주체는 기본권의 내용과 성격에 따라 달라지며, 가능하면 이를 구분하여 헌법에 규정해 놓는 것이 바람직하다. 독일의 경우 이를 인간(Menschen), 독일국민(Alle Deutschen 또는 das deutsche Volk), 누구나(Jeder) 등으로 구분하여 규정하고 있으며, 법인(juristische Personen)은 별도의 규정이 있다. 일본의 경우도 '국민'과 '누구나' 등으로 구분해서 규정하고 있다. 이렇게 세분화된 규정이 없는 우리나라의 경우 해석을 통하여 특정 기본권의 주체를 확정하여야 한다.

Ⅰ. 국민

기본권의 주체로서의 국민이라 할 때, 내국인과 외국인을 구분해야 하고 자연인과 법인을 구분해야 한다. 차례로 살펴보자

1. 일반국민

일반적으로 국민이라 할 때, 기본권 보유자로서의 국민과 기본권 행사자로서의 국민의 범위가 약간 다르다. 기본권 보유자로서의 국민은 국적을 가진 모든 국민을 말한다. 원칙적으로 민법상 권리능력자를 의미하나 완전히 동일한 것은 아니다. 예컨대 태아의 경우 민법상은 예외적인 경우에만 권리능력을 가지나 헌법상 생명권의 주체로는 예외로서가 아니라 당연히 주체가 된다. 또 권리능력 없는 사단(社團)으로 다루어지는 정당의 경우에 당연히 헌법재판의 당사자가 되는 경우가 있다.

반면에 기본권 행사자로서 국민은 기본권 보유자로서의 국민 중에서 혼자서 유효한 행위를 할 수 없는 자, 예컨대 민법상의 미성년자·피성년후견인(민법 §9 이하) 등의 행위무능력자를 제외한 개념이다. 민법 외에도 선거

법상 선거권 결격사유 등 다른 법률에 의해 특정 기본권의 행사능력이 제한되는 경우도 있다.

동물의 경우 기본권이나 권리의 주체가 될 수 없다(아래 판례 1). 참고로 독일의 경우 동물의 지위를 인간과 물건 사이에 두고 있다. 독일기본법 §20a은 "…자연적 생활기반과 동물을 보호한다."고 규정하였다. 또 민법상 동물의 법적 지위에 관한 법률(1990)을 제정하였고, 민법 §90a은 "동물은 물건이 아니다."라고 규정하였다.

위 독일기본법 §20a은 국가의 보호의무를 규정하였는데, "국가는 미래 세대를 위한 책임으로써…"라고 함으로써 '미래 세대의 기본권'을 보호한다는 취지로 이해할 수 있다. 일본 헌법도 §97에서 "이 헌법이 일본 국민에게 보장하는 기본적 인권은…현재 및 장래의 국민에 대하여 침해할 수 없는 영구한 권리로서 신탁된 것이다."라고 함으로써 미래 세대의 기본권이 보장되어야 함을 규정하였다.

[판례 1] (☞ 도롱뇽의 기본권 주체성을 부인한 판례) 천성산 일원에 서식하고 있는 도롱뇽 또는 그를 포함한 자연 그 자체로서는 소송을 수행할 당사자능력을 인정할 수 없다(대판 2006.6.2, 2004마1148등).

[판례 2] 초기배아는 수정이 된 배아라는 점에서 형성 중인 생명의 첫걸음을 떼었다고 볼 여지가 있기는 하나 기본권 주체성을 인정하기 어렵다(헌재 2010.5.27, 2005헌마346).

2. 특수한 신분관계

특수한 신분관계란 특수한 신분에 따라 특정 행정목적을 위하여 포괄적 지배권이 설정되어 있으며, 일반국민에 비하여 기본권의 제한을 많이 받을 수 있는 범위의 국민을 말한다. 이는 전통적으로 특별권력관계라고 부르던 것인데 국왕의 권한이 줄어들면서 내부의 신하들(현대의 공무원들)에게는 일반국민보다 포괄적 지배권을 유지할 수 있도록 한 데서 유래하는 것이다. 그래서 한 때 법률의 근거 없이도 기본권을 제한할 수 있다고도 하였으나 현재는 법률의 근거 없이 기본권을 제한할 수는 없다는 것이 일반적 견해이다. 특수한 신분관계를 기본관계와 내부관계로 나누어, 특히 기본관계 즉 이러한 관계의 발생·변경·존속의 경우 일반 국민의 경우와 전혀 다를 바 없이 기본권이 보장된다고 보는 것이 다수설이다. 더 나아가 이 문제는 기본권제한의 특수형태일 뿐 기본권 주체의 문제는 아니라는 견해가 타당하다(허영 313면 이하, K.Hesse 단락 321 이하).

특수한 신분관계에 속하는 대표적 부류는 공무원이다. 공무원은 헌법상 근로3권(§33②)이 제한되고, 공무원의 정치적 중립조항(§7②)에 따라 정당법에 의하여 정당가입·정치활동이 금지되고, 기타 거주이전의 자유나 계약의 자유, 영리기업의 경영 등이 제한된다. 또 군인·군무원의 경우 국가배상청구권이 제한되며(§29②), 수형자(受刑者)의 경우 거주이전의 자유나 통신의 자유 등이 제한된다(형의 집행 및 수용자의 처우에 관한 법률 §43 등).

II. 외국인

1. 외국인의 기본권 주체성

헌법관에 따라 외국인의 기본권 주체성에 대한 태도가 달라진다. 법실증주의의 경우 외국인의 기본권 주체성을 부인한다. 결단주의는 기본권의 성질에 따라 긍정된다고 한다. 통합론의 경우 이 문제에 대한 입장이 불분명하나 상호주의로 해결하면 될 것이다. 통합론에 따를 경우 외국인에게 기본권 주체성을 인정하면 통합을 해치므로 인정할 수 없다는 비판이 있으나(허영 258면), 외국인에게 기본권 주체성을 인정하는 것이 꼭 통합을 저해한다고 해석할 필요는 없다고 생각한다. 이와 관련하여 재한외국인 처우 기본법(2007)이 있다.

2. 외국인에게 인정되는 기본권

외국인이라 해도 인간의 존엄과 가치 및 행복추구권, 평등권, 대부분의 자유권, 외국인에게 인정되는 기본권을 구제받기 위한 청구권 등은 인정된다. 반면에 자유권 중에서도 거주이전의 자유(예컨대 입국의 자유, 국내체류의 자유), 직업의 자유(예컨대 변호사[외국법자문사]·도선사[導船士]·공증인), 재산권(예컨대 토지소유권·광업권·선박·항공기) 등은 일정한 제한이 따른다. 기타 국가배상청구권은 상호주의가 규정되어 있으며(국가배상법 §7), 망명권의 경우 입법례에 따라 다르다. 우리나라는 명문규정이 없고 학자에 따라 다른 입장을 보이고 있다. 또 참정권은 원칙적으로 부인되지만 지방자치 차원에서는 일부 인정되고 있다(공직선거법 §15②iii). 사회권의 경우 입법정책상의 문제이나 현재는 대체로 제한되고 있다.

[판례 1] 인간의 존엄과 가치, 행복추구권은 대체로 '인간의 권리'로서 외국인도 주체가 될 수 있다고 보아야 하고, 평등권도 인간의 권리로서 참정권 등에 대한 성질상의 제한 및 상호주의에 따른 제한이 있을 수 있을 뿐이다(헌재 2001.11.29, 99헌마494).

[판례 2] (☞ 산업기술연수생 도입기준 완화결정 등 위헌확인) 근로의 권리의 구체적인 내용에 따라, 국가에 대하여 고용증진을 위한 사회적·경제적 정책을 요구할 수 있는 권리는 사회권적 기본권으로서 국민에 대하여만 인정해야 하지만, 자본주의 경제질서 하에서 근로자가 기본적 생활수단을 확보하고 인간의 존엄성을 보장받기 위하여 최소한의 근로조건을 요구할 수 있는 권리는 자유권적 기본권의 성격도 아울러 가지므로 이러한 경우 외국인 근로자에게도 그 기본권 주체성을 인정함이 타당하다(위헌, 헌재 2007.8.30., 2004헌마670)

[판례 3] 단순히 '국민의 권리'가 아니라 '인간의 권리'로 볼 수 있는 기본권에 대해서는 외국인도 기본권의 주체이다. 변호인의 조력을 받을 권리는 성질상 인간의 권리에 해당되므로 외국인도 주체이다(헌재 2018.5.31., 2014헌마346).

Ⅲ. 법인

1. 의의

법인(法人)은 법에 의하여 인간으로 의제된 것이므로 원칙적으로 기본권의 주체가 될 수 없다. 다만 개별 기본권의 성질상 법인에게도 기본권 주체성을 인정할 필요가 있는 경우가 있다.

헌법관에 따라서는 법실증주의·통합론이 이를 긍정하는 반면, 기본권을 전통적 자유권으로 보는 슈미트(C.Schmitt)는 법인은 생래적(生來的)인 것이 아니므로 기본권의 주체가 될 수 없다고 한다. 우리헌법은 아무 규정이 없으나 독일 기본법 §19③는 "기본권이 성질상 가능하다면 내국법인에게도 적용된다."고 규정하고 있다. 한편 외국법인의 경우는 외국인의 기본권 주체성에 준하여 개별적으로 판단해야 할 것이다.

2. 법인에게 인정되는 기본권

법인에게도 평등권과 자유권 중 직업선택의 자유, 재산권, 거주이전의 자유, 청원권·재판청구권·국가배상청구권 등의 청구권은 인정된다.

반면에 인간의 존엄과 가치 및 행복추구권, 자유권 중 신체·생명의 자유와 양심·신앙의 자유, 참정권, 청구권 중 형사보상청구권과 범죄피해자 국가구조청구권, 사회권 등은 인정되지 않는다.

이렇게 볼 때 인정여부의 기준은 신체가 없다는 점과 정신작용의 존엄성을 보장할 필요가 없다는 점을 들 수 있고, 반면에 사회적 활동(예컨대 경제활동)과 관련된 기본권은 인정된다.

한편 공법인(公法人)의 기본권 주체성은 원칙적으로 부인된다. 왜냐하면 기본권이 원칙적으로 국가권력의 침해를 방어하거나 국가권력에게 어떤 행위를 요청하는 것이라고 할 때, 공법인의 주체는 결국 국가이므로 국가가 자신에 대하여 기본권 보장을 주장하는 것이 되기 때문이다. 다만 국가에 대하여 독립성이 보장된 공법인은 그 존립목적과 관련된 제한된 분야의 기본권은 인정된다. 예컨대 국공립대학은 국가에 대해 학문의 자유를 주장할 수 있으며, 지방자치단체·국책은행 등은 그 존립목적과 관련된 활동의 자유가 인정되는 것이다(계희열, 공법인의 기본권 주체성, 구병삭박사 정년기념논문집, 1991, 1면 이하 참조).

[판례 1] 법인도 법인의 목적과 사회적 기능에 비추어 볼 때 그 성질에 반하지 않는 범위 내에서 인격권의 한 내용인 사회적 신용이나 명예 등의 주체가 될 수 있고 법인이 이러한 사회적 신용이나 명예 유지 내지 법인격의 자유로운 발현을 위하여 의사결정이나 행동을 어떻게 할 것인지를 자율적으로 결정하는 것도 법인의 인격권의 한 내용을 이룬다고 할 것이다. 그렇다면 방송법 관련규정이 심의규정을 위반한 방송사업자에게 의사에 반한 사과행위를 강제하는 것은 방송사업자의 인격권을 침해한다(헌재 2012.8.23, 2009헌가27).

☞ 같은 내용의 사건(신문사와 발행인)에 대하여 양심의 자유를 침해하여 위헌(한정위헌)이라고 한 헌재 1991.4.1, 89헌마160 결정 참조..

[판례 2] 교육부장관이 국립대학교인 강원대학교에 대하여 법학전문대학원 신입생 1인의 모집을 정지하도록 한 것은 대학의 자율권을 침해한다(헌재 2015.12.23., 2014헌마1149).

☞ 헌법소원심판에서 국립대학에 대하여 대학의 자율권의 주체로서 청구인 능력을 인정한 사례

제4절 기본권의 효력

10~20년의 장기계약, 연예기획사의 행사에 무료출연, 이성교제 금지 등 이른바 '연예인 노예계약'은 기본권을 침해하는가? 이러한 계약은 법적으로 어떻게 판단될까?

Ⅰ. 대국가적 효력

1. 의의

전통적으로 기본권은 국가권력의 기본권 침해를 막기 위해서 확립된 것이다. 따라서 기본권은 국가권력인 입법권·집행권·사법권을 구속하는 대국가적(對國家的) 효력을 가진다. 우리헌법에는 명문의 규정이 없으나 국민주권주의를 인정하는 한 이는 당연한 것이며, 국가는 국민의 기본권을 최대한 보장해야 한다. 국가권력의 기본권에의 구속성은 헌법개정의 한계를 이룬다. 독일 기본법 §1③은 "이하의 기본권은 직접 효력을 갖는 권리로서 입법·집행 및 사법을 구속한다."고 규정하고 있다.

2. 대국가적 효력의 내용

원칙적으로 모든 기본권은 대국가적 효력을 가진다. 대국가적 효력이란 국가기관의 행위를 기속한다는 의미로 국가기관의 권력행위는 물론 관리행위·국고행위도 구속한다고 보아야 한다(국가권력 전부를 구속하는 것은 아니라는 견해도 있다; 계희열[중] 81면 이하 참조). 예컨대 국가가 단순한 구매행위를 한다 해도 상대방의 종교를 이유로 차별할 수 없는 것이다.

다만 예외적으로 사회권은 추상적 권리로서 입법권만을 구속하고 행정·사법권은 직접 구속하지 못한다(침해배제청구는 가능)는 견해가 있으나(권영성 649면) 이는 잘못된 견해로 생각된다. 다만 구체적 권리설에 따른다 해도 구체적 내용에 대해서는 상당부분 입법형성의 자유가 보장되어 있으며, 그 권리의 성격이 잠정적일 수밖에 없다(계희열[중] 82면 이하 참조). 사회권 부분에서 설명한다.

여기서 국가를 구속한다는 의미는 국가가 국민의 기본권을 침해하지 못한다는 것뿐만 아니라, 적극적으로 국가에게 국민의 기본권보장의무가 있음을 의미한다. 전통적으로는 자유권 중심의 단순한 침해배제를 의미하였으나, 기본권의 중심이 사회권으로 옮겨오고 나서는 적극적으로 기본권의 내용을 형성하고 보호해야 할 의무가 국가(권력)에게 있음을 의미한다. 독일의 경우 개별 사회권 규정이 없어서 자유권도 적극적인 국가의 보호의무를 인정하는 쪽으로 해석하려는 경향이 있다. 우리나라에서도 비슷한 경향이 있다(자유권의 사회권화 현상).

[판례 1] (☞ 도로교통법 §4에 대한 헌법소원) 입법자의 기본권보호의무의 이행에 대한 심사는 권력분립의 관점에서 소위 '과소보호금지원칙', 즉 국가가 국민의 법익보호를 위하여 적어도 적절하고 효율적인 최소한의 보호조치를 위반했는가를 기준으로 심사해야 한다. 원칙적으로 "국가의 보호의무에서 특정조치를 취해야 할 또는 특정법률을 제정해야 할 구체적인 국가의 의무를 이끌어 낼 수 없고, 단지 국가가 특정조치를 취해야만 당해 법익을 효율적으로 보호할 수 있는 유일한 수단일 경우에만 입법자의 광범위한 형성권은 국가의 구체적인 보호의무로 축소되고, 이 경우에 국가가 보호의무 이행의 유일한 수단인 특정조치를 취하지 않을 때에는 보호의무의 위반을 확인하게 된다(헌재 1997.1.16, 헌마110등).

[판례 2] 국가가 적극적으로 국민의 기본권을 보장하기 위한 제반조치를 취할 의무를 부담하는 경우에는 설사 그 보호의 정도가 국민이 바라는 이상적인 수준에 미치지 못한다고 하여 언제나 헌법에 위반되는 것으로 보기 어렵다. 국가의 기본권보호의무의 이행은 입법자의 입법을 통하여 비로소 구체화되는 것이고, 국가가 그 보호의무를 어떻게 어느 정도로 이행할 것인지는 입법자가 제반사정을 고려하여 입법정책적으로 판단하여야 하는 입법재량의 범위에 속하는 것이기 때문이다(헌재 2008.7.31, 2004헌바81).

II. 대사인적 효력

1. 의의

전통적으로 국민의 기본권 침해는 국가권력에 의해서 이루어진다고 생각하였으나 현대에 와서는 국가에 준하는 사회적 세력의 등장으로 기본권의 대국가적 효력만으로는 효과적인 기본권 보장이 곤란한 경우가 생겼다. 따라서 기본권을 사인간(사법관계)에도 적용할 필요성이 대두하였는데 이를 기본권의 대사인적(對私人的) 효력 또는 기본권의 제삼자효(drittwirkung)

라고 한다.

그 성립배경을 좀더 살펴보자. 근대에는 개인주의·자유주의에 따라 개인 대 개인은 형식상 대등관계였고, 사인 간에는 사법원리가 적용될 뿐 기본권의 효력은 국가권력에 대한 방어적 권리(대국가적 효력만)로서만 인정되었다. 그러나 현대 사회국가에서는 경제정의와 실질적 평등을 추구하게 되었고, 사인 간에도 기본권을 사회적 원리로 적용(기본권의 대사인적 효력)할 필요가 생겼다. 예컨대 결혼퇴직제, 고용된 의사에게 양심에 반하는 낙태를 강요하는 경우 등에서 문제된다.

헌법이론의 측면에서 보면, 법실증주의·결단주의는 기본권을 대국가적 방어권으로 이해하므로 기본권의 대사인적 효력을 인정하는 것은 모순이다. 이는 기본권의 객관적 법질서의 측면을 인정하는, 즉 기본권의 이중적 성격을 인정하는 경우에만 이론적 근거를 인정할 수 있는 것이다(허 영 273면).

[판례] 임부의 낙태를 처벌하는 것이 위헌이라고 판단되는 경우에는 동일한 목표를 실현하기 위해 임부의 동의를 받아 낙태시술을 한 조산사를 형사처벌하는 형법 조항도 당연히 위헌이 되는 관계에 있다(헌재 2012.8.23, 2010헌바402).

2. 대사인적 효력에 관한 이론

이러한 기본권의 대사인적 효력은 전통적 기본권이론으로 설명할 수 없는 것이다. 이를 인정할 것인가 또는 어떤 논거로 설명할 것인가가 다음과 같이 다양하게 제시되고 있다.

(1) 독일의 이론

독일에서의 이론으로 효력부정설과 효력인정설을 들 수 있다. 우선 효력부정설은 전통적 기본권이론으로 기본권은 대국가적 효력만 있고 대사인적 효력은 없다는 것인데, 공법관계가 사법관계에 적용되면 공사법의 법체계의 혼란이 야기되기 때문에 대사인적 효력을 인정할 수 없다고 한다.

반면에 효력인정설은 또 두 가지로 나뉜다. 첫째, 직접적 효력설은 연방노동법원(Bundesarbeitsgericht)의 니퍼다이(H.C.Nipperdey 1895~1968)가 주장한 이론이다. 기본권은 국가권력에 대한 주관적 공권(公權)뿐만 아니라 사인에 대한 주관적 사권(私權)도 부여하는 것으로 사인관계에도 직접 적용된다는 것이다. 그러나 모든 기본권에 대하여 직접적 효력을 인정하는 것은 아니고 헌법에 명문의 규정이 있거나 성질상 사인 상호간에 직접 적용될 수 있는 것에 한하여 직접 적용된다고 한다(제한적 직접적용설). 예컨대 독일기본법 §9③의 (근로자의 단결권을) '제한하거나 방해하려는 협정은 무효이며'라는 규정을 들 수 있다.

둘째, 간접적 효력설이 독일과 우리나라의 통설인데, 대표적인 것은 뒤리히(G.Dürig 1920~1996)의 공서양속설(公序良俗說)이다. 이는 사법(私法)의 일반조항의 해석에 기본권의 내용을 도입하여 해석하면 간접적으로 기본권이 사법관계에 적용된 결과를 가져온다는 것이다. 예컨대 민법 §2의 신의성실·권리남용금지 규정이나, §103의 "선량한 풍속 기타 사회질서에 위반하는 사항을 내용으로 하는 법률행위는 무효로 한다."는 공서양속 규정을 해석할 때에, 기본권을 침해하는 내용을 이러한 일반조항의 개념에 포섭하여 해석함으로써 간접적으로 기본권을 원용(援用)하는 것이다. 즉 공권력의 개입이 없는 경우에 예외적으로 기본권의 대사인적 효력을 인정하게 된다. 연예인들의 이른바 '노예계약'도 이러한 논리로 무효라고 판단할 수 있게 되는 것이다.

(2) 미국의 이론

미국의 판례에서 형성된 것들로 국가관여설 또는 국가원용설이라 하는데, 일종의 간접적용설이며 국가작용 의제이론이라 할 수 있다(허 영 274면 이하).

첫째, 국유재산이론은 국가의 재산을 임차한 사인에 의한 기본권의 침해는 국가가 국민의 기본권을 침해한 것으로 보고 대사인적 효력을 인정하는 것이다. 둘째, 국가원조이론은 국가로부터 재정적 원조나 특권을 받은 사인에 의한 기본권의 침해는 국가가 국민의 기본권을 침해한 것으로 보고 대사인적 효력을 인정하는 것이다. 셋째, 통치기능이론은 정당이나 사립대학 등 국가와 같은 통치기능을 담당하는 기관에 의한 기본권의 침해는 국가가 국민의 기본권을 침해한 것으로 보고 대사인적 효력을 인정하는 것이다. 넷째, 사법(司法)집행이론은 사인에 의한 기본권의 침해행위가 재판상 문제가 된 경우 법원에서 합법성을 인정하여 집행한 것은 국가가 국민의 기본권을 침해한 것으로 보고 대사인적 효력을 인정하는 것이다.

[판례] 흑인에게 부동산매매를 금지하는 사(私) 계약인 주민계약에 대하여 법원이 합법성을 인정하여 집행한 것은 위헌으로서 기본권의 대사인적 효력을 인정해야 한다(미국 연방대법원 Shelley v. Kraemer, 334U.S1 1948).

3. 우리 헌법상 기본권의 효력

우리나라 다수설은 대국가적 효력만 있고 대사인적 효력이 부인되는 것으로 죄형법정주의, 형벌불소급의 원칙, 일사부재리원칙, 형사보상청구권, 보건권 등 대체로 청구권이나 사회권을 들고 있다(허 영 281면, 김철수 359면 참조). 반면에 사인 간에 직접 효력을 갖는 기본권으로, 근로3권(§33), 언론·출판의 자유(§21④), 여성 및 소년근로자의 특별보호(§32④⑤), 인간의 존엄과 가치 및 행복추구권(§10), 혼인·가족생활에 있어서 양성평등(§36①) 등을 들고 있다.

그러나 다수설은 헌법이 직접적인 규정을 둔 §21④의 "언론·출판은 타인의 명예나 권리 또는 공중도덕이나 사회윤리를 침해하여서는 안 된다."는 규정 외에도 포괄적 내용을 갖는 §10 내지는 독일기본법 §9③ 같은 규정이 없는 근로3권도 직접 적용된다고 함으로써 스스로 간접적 적용설이라고 한 입장에 모순되는 사례를 들고 있다. 따라서 언론·출판이 갖는 특수한 성격 때문에 명문의 규정을 둔 §21④ 외에는 간접적용설을 적용하여 사인 간에 적용하는 것이 논리의 일관성을 유지하는 것이 될 것이다(이준일 357면 이하 참조).

독일기본법 §9③ "근로조건과 경제조건의 유지와 개선을 위하여 단체를 결성할 권리는 누구에게나 그리고 모든 직업에 보장된다. 이 권리를 제한하거나 방해하려는 협정은 무효이며, 이를 목적으로 하는 조치는 위법이다.…"

[판례] 기본권 규정은 그 성질상 사법관계에 직접 적용될 수 있는 예외적인 것을 제외하고는 사법상의 일반원칙을 규정한 민법 제2조, 제103조, 제750조, 제751조 등의 내용을 형성하고 그 해석 기준이 되어 간접적으로 사법관계에 효력을 미치게 된다. 종교의 자유라는 기본권의 침해와 관련한 불법행위의 성립 여부도 위와 같은 일반규정을 통하여 사법상으로 보호되는 종교에 관한 인격적 법익침해 등의 형태로 구체화되어 논하여져야 한다(대판 2010.4.22, 2008다38288).

4. 결어

기본권의 대사인적 효력을 인정한 결과 사적자치가 제한되고, 사법의 공법화 경향이 가중되는 결과가 되지만 이는 기본권을 실질적으로 보장함으로써 기본권 보장의 확대를 가져오기 위한 필연적인 결과이며 피할 수 없는 현상이라 하겠다. 따라서 부작용을 최소화하기 위해서도 간접적 적용설에 의하여 그 지나친 확대적용을 막는 것이 바람직하다고 하겠다.

또한 입법자에게는 기본권의 내용을 구체적이고 상세하게, 사법관계에 참여한 사람들(예컨대 당사자·법원 등)을 직접 구속할 수 있는 법으로 전환시켜야 할 과제가 헌법적으로 부과된다(계희열 [중] 103면 이하)

III. 기본권의 경합과 충돌

1. 의의

구체적인 사례에서 어느 기본권을 적용할 것인가는 매우 어려운 일이다. 거의 대부분의 사례에서 기본권의 경합과 충돌현상이 발생한다. 이를 어떻게 해결할 것인가가 기본권이론의 매우 중요한 분야이며, 헌법재판에서도 많은 비중을 차지한다.

기본권의 경합(Konkurrenzen)이란 동일한 기본권 주체가 동시에 여러 기본권을 주장하는 경우이며 기본권의 경쟁이라고도 한다. 형법에서 말하는 상상적 경합과 유사한 것이다. 예컨대 어느 장소에 갇혀 있어서 신체의 자유와 거주이전의 자유가 동시에 침해되는 것을 말한다.

기본권의 충돌(Kollisionen)이란 서로 다른 기본권 주체가 동일한 사건에서 국가에 대하여 서로 다른 기본권을 주장하는 경우로 기본권의 상충이라고도 한다. 예컨대 어떤 사람이 자신의 재산권을 행사하여 자신 소유의 공터에 다른 사람들의 통행을 막거나 시위를 금지시키는 것을 들 수 있다.

2. 해결방안

기본권의 경합과 충돌의 문제는 결국 기본권 상호간의 정서(整序)의 문제이므로 원칙적으로는 기본권 제한의 문제이다(뒤에 설명). 여기서는 그 개념에 덧붙여 기본적인 해결방안을 살펴보는 데 그친다.

기본권이 경합되는 경우 해결하는 방법으로는 최약효력설·최강효력설이 있다. 최강효력설이 다수설인데 경합된 여러 기본권 중 가장 강력한 효력을 가져 올 수 있는 기본권만을 적용하는 것이다. 다만 이 경우 사안과 성격상 가장 가까운 기본권을 우선 적용한다는 원칙을 무시하고 강력한 효력의 기본권만을 주장하는 것은 안 된다. 또한 경합하는 기본권들이 상호 보완적인 관계에 있는 한 모두 적용되고 실현되어야 한다(계희열 [중] 120면).

기본권이 충돌되는 경우 즉 어떤 사람의 기본권을 보장해 주는 경우 다른 사람의 기본권이 제한되어야 할 경우로 거의 모든 경우에 발생하는 것이다. 이 경우 우선 이익형량의 원칙에 따라 특정 법익을 보호하여야 할 것이다. 즉 기본권간의 위계질서와 상대적 기본권을 전제로 하여 상위의 기본권을 우선적으로 보장해야 한다. 위계질서 상 같은 경우 재산권보다는 인격권을, 평등권보다는 자유권을 우선 보장해야 한다는 입장도 있다(허 영 287면). 그러나 실제로는 이러한 추상적 기준대로 형량을 해 낼 수 있는 것은 아니며, 수많은 관점을 고려하여 정해지는 것이다. 또한 이익형량의 결과 어느 기본권만을 보장하게 되는 경우 제한되는 기본권은 전혀 보장되지 못하여 본질적 내용을 침해할 우려도 있는 것이다. 따라서 실제적 조화의 원리(Prinzip praktischer Konkordanz; 헷세 62면 이하)에 따라 모든 법익이 모두 동시에 가장 잘 실현되도록 상호 정서(整序)되어야 하며 성급한 이익형량이나 추상적 가치형량에 의하여 어떤 기본권을 희생시켜서는 안 될 것이다(규범조화적 해석이라고도 한다. 허 영 287면 이하). 자세한 내용은 아래 기본권의 제한부분에서 설명한다.

[판례 1] (☞ 음란·저속한 간행물의 출판을 금지시키고 이를 위반할 경우 출판사의 등록을 취소할 수 있도록 한 출판사및인쇄소의등록에관한법률 제5조의2 제5호의 위헌여부가 문제된 사건) 하나의 규제로 인하여 여러 기본권(사안의 경우 언론·출판의 자유, 직업선택의 자유 및 재산권)이 동시에 제약을 받는 기본권경합의 경우에는 기본권침해를 주장하는 제청신청인과 제청법원의 의도 및 기본권을 제한하는 입법자의 객관적 동기 등을 참작하여 사안과 가장 밀접한 관계에 있고 또 침해의 정도가 큰 주된 기본권을 중심으로 해서 그 제한의 한계를 따져 보아야 한다(헌재 1998.4.30, 95헌가16).

[판례 2] 혐연권이 흡연권보다 상위의 기본권이므로 흡연권은 혐연권을 침해하지 않는 한에서 인정되어야 한다(헌재 2004.8.26, 2003헌마457).

[판례 3] 고등학교 평준화정책에 따른 학교 강제배정제도가 위헌이 아니라고 하더라도 여전히 종립학교(종교단체가 설립한 사립학교)가 가지는 종교교육의 자유 및 운영의 자유와 학생들이 가지는 소극적 종교행위의 자유 및 소극적 신앙고백의 자유 사이에 충돌이 생기게 되는데, 이와 같이 두 기본권이 충돌하는 경우에는 구체적인 사안에서의 사정을 종합적으로 고려한 이익형량과 함께 양 기본권 사이의 실제적인 조화를 꾀하는 해석 등을 통하여 이를 해결하여야 하고, 그 결과에 따라 정해지는 양 기본권 행사의 한계 등을 감안하여 그 행위의 최종적인 위법성 여부를 판단하여야 한다(대판 2010.4.22, 2008다38288).

제5절 기본권의 제한과 한계

> 패전위기에 몰린 국가가 제2차 세계대전 당시 일본군이 쓰던 이른바 '가미가제(神風) 전법'(비행기에 폭탄을 싣고 미국 항공모함에 돌진하는 것)을 군인들에게 강요할 수 있을까?

I. 기본권 제한의 의의와 유형

1. 의의

기본권은 절대적으로 보장되는 것일 수가 없다. 공익이나 타인의 기본권과 조화되는 한도에서만 보장될 수 있을 뿐이다. 모든 사람이 모든 기본권을 충분히 보장받으려고 한다는 것은 결국 아무도 기본권을 보장받지 못한다는 말과 같은 것이다. 따라서 기본권은 구체적으로 그 공동체에서 형성된 법질서 하에서 한계를 가질 수밖에 없는 것이다. 이것이 기본권의 제한과 한계문제이다.

제한·한계·침해라는 용어가 혼동해서 쓰이기도 한다. 여기서는 공익이나 다른 사람의 기본권을 고려하여 기본권의 범위를 한정하는 것을 제한, 법질서 내에서 그 제한행위에 의해 획정된 범위를 한계, 그 한계 안에서 기본권을 보장해 주지 못하는 것을 침해라고 구분하여 쓰기로 한다. 제한이라는 것을 이미 존재하는 기본권을 어떤 목적에 의하여 범위를 줄이는 것을 의미하는 것으로 사용하는 것은(허 영 295면 이하), 법률로 구체화되는 것을 고려하지 않고 헌법규정만의 해석으로 이미 존재하는 범위를 확정할 수 없다는 점에서 동의하기 어렵다.

2. 헌법규정에 의한 한계

기본권에 따라서는 헌법자체가 그 범위를 구체적으로 제한하고 있는 경우가 있다. 이것을 헌법유보(憲法留保)라고 하는 경우도 있으나(권영성 346면), 이것은 헌법자체가 기본권의 한계를 획정해 놓은 것으로 법률유보와는 성질이 전혀 다른 것이고 독일에서도 거의 쓰이지 않는 개념이다.

헌법적으로 한계가 명시되어 있는 경우 입법권자의 입법재량권의 한계를 획정해 놓음으로써 입법권자에 대한 헌법제정권력자의 방어적 기능을 가진다. 또한 기본권남용을 방지하거나 헌법의 통일성을 유지하는 기능을 하기도 한다.

(1) 일반적 한계

우리나라 헌법에는 일반적 한계조항(헌법유보라는 용어를 쓰는 경우 일반적 헌법유보)의 명문규정이 없다. 외국의 입법례로, 1789년 프랑스 인권선언(헌법의 일부로 인정됨) §4의 "자유는 타인을 해하지 아니하는 모든 것을 행할 수 있는 것이다."는 규정과 일본헌법 §12 후단의 "또 국민은 자유와 권리를 남용해서는 안 되며, 늘 공공의 복지를 위하여 이용할 책임이 있다."는 규정을 들 수 있다. 독일 기본법 §2① '타인의 권리, 헌법질서, 도덕률에 위배되지 않는 범위에서만'이라는 규정을 일반적 한계로 보는 견해도 있으나(권영성 346면 이하), 이는 독일 기본법 §2①의 인격의 자유발현권 "누구든지 타인의 권리를 침해하지 않고 헌법질서나 도덕률에 반하지 않는 한, 자신의 인격을 자유로이 발현할 권리를 가진다."에 국한된 한계로 보는 것이 정당하다.

(2) 개별적 한계

이는 개별 기본권에 대하여 헌법이 그 한계를 정하여 놓은 것이다. §8 ②의 "정당은 그 목적·조직과 활동이 민주적이어야 하며, 국민의 정치적 의사형성에 참여하는 데 필요한 조직을 갖춰야 한다."는 규정, §21④의 "언론기관은 타인의 명예나 권리, 또는 공중도덕이나 사회윤리를 침해해서는 아니 된다."는 규정, §23②의 재산권행사의 공공복리적합성, §29② 군인·군무원의 국가배상 제한, §33② 공무원의 근로3권 제한 등이 있다.

3. 법률에 의한 제한

법률에 의한 제한이란 헌법 자체가 기본권의 범위를 제한하는 것이 아니라 법률에 위임하여 구체적 범위를 획정하도록 하는 것이다. 법률유보(Vorbehalt des Gesetzes)라고 한다. 법률유보로 되어 있는 경우 행정권이나 사법권으로부터 기본권을 보호해 주고 기본권을 강화해 줄 수 있으나, 입법권자가 이를 남용할 수 있고, 한계를 지키지 않는 경우 오히려 입법권자에 의한 기본권 침해가 야기될 수도 있다. 따라서 법률유보는 법률에 의하기만 하면 기본권을 얼마든지 제한할 수 있다는 의미가 아니라 법률에 의하거나 근거하지 않으면 기본권을 제한할 수 없다는 의미로 이해해야 할 것이다(계희열 [중] 136면 참조).

(1) 일반적 법률유보

우리 헌법 §37②은 "국민의 모든 자유와 권리는 국가안전보장·질서유지 또는 공공복리를 위하여 필요한 경우에 한하여 법률로써 제한할 수 있으며, 제한하는 경우에도 자유와 권리의 본질적인 내용을 침해할 수 없다."고 규정하여 모든 기본권은 법률에 의하여 제한될 수 있도록 하고 있는데 이를 일반적 법률유보라 한다. 이는 형식상 일반적 법률유보조항으로 보이나 내용상 기본권제한의 한계조항으로 보아야 한다(허 영 308면 이하).

한편 독일은 이러한 일반적 법률유보조항이 없으며 개별적 법률유보 규정만 가지고 있다. 독일 기본법 §19①의 "이 기본법에 따라 기본권이 법률에 의하여 또는 법률에 근거하여 제한될 수 있는 경우 그 법률은 일반적으로 적용되어야 하고 개별적인 경우에만 적용되어서는 안 된다."는 규정은 일반적 법률유보조항이 아니라, 처분법률은 안 된다는 기본권 제한 법률의 형식을 규정한 것이다.

(2) 개별적 법률유보

헌법규정에 "법률에 의하지 아니하고는 제한할 수 없다."라든가 "법률로써 정한다."라는 규정이 있는 것들은 개별적 법률유보조항으로 볼 수 있다. 예컨대 §12①의 신체의 자유, §22②의 저작권의 보호, §23①의 재산권의 내용과 한계, §25의 공무담임권 등 그 사례는 많다. 다만 법률유보와 기본권형성적 법률유보를 나누는 입장에서는(허 영 299면 이하) 이들 중 신체의 자유 정도만 법률유보로 볼 수 있다. 이러한 법률유보의 종류에 대해서 좀 더 자세히 살펴보자.

(3) 법률유보의 종류

전통적인 법률유보는 원칙적으로 '무제한한 자유'를 제한하는 의미를 갖는다. 이를 기본권제한적 법률유보라 한다. 반면에 헌법에 규정된 기본권을 구체화하는 실현형식에 주안점이 주어져 있는 것을 기본권형성적 법률유보라 한다. 자유권은 대체로 앞의 개념에, 사회권은 대체로 뒤의 개념에 해당한다. 청구권은 별도로 절차구체화적 법률유보라고 하기도 한다.

허 영교수는 모든 법률유보를 제한형식으로 이해하는 입장과 헤벌레(P.Häberle 1934~)의 제도적 기본권이론처럼 모든 법률유보를 실현형식으로 이해하는 것을 모두 비판하면서, 구체적 규정에 따라 두 개념을 구분하여 사용하고 있다(허 영 300면).

한편 독일의 경우는 법률유보조항에 그 제한의 범위나 기준 등을 규정하고 있는데 이를 가중법률유보라 한다. 반면에 아무 기준의 제시 없이 법률에 유보하는 것을 단순법률유보라 한다. 우리나라의 경우 개별적 법률유보 (예컨대 신체의 자유 §12①)에는 가중된 기준을 제시하고 있는 것이 거의 없다. 다만 일반적 법률유보조항인 §37②의 경우 제한의 목적으로 국가안전보장·질서유지·공공복리를 들고 있는데 이를 가중법률유보로 볼 수 있다. 그 내용에 대해서는 뒤에 설명한다.

참고로 우리와 독일의 규정 방식을 비교해 보자. 우리 헌법 §18 모든 국민은 통신의 비밀을 침해받지 아니한다. 독일 기본법 §10 ① 서신의 비밀과 우편 및 전신의 비밀은 불가침이다. ② 그 제한은 오로지 법률에 근거하여서만 행해질 수 있다. 그 제한이 자유민주적 기본질서나 연방 또는 어떤 지방(支邦)의 존립 또는 안전의 보호에 도움이 될 때에는, 그 제한을 관계자에게 통지하지 않는다는 것과 쟁송수단 대신 의회가 임명하는 기관과 보조기관으로 하여금 심사하게 하는 것을 법률이 정할 수 있다.

우리 헌법 §14 모든 국민은 거주·이전의 자유를 가진다.

독일 기본법 §11 ① 모든 독일인은 전 연방영역에서 이전의 자유를 누린다. ② 이 권리는 충분한 생활근거가 없고 이로 말미암아 일반에게 특별한 부담을 지우는 경우나, 연방 또는 어떤 지방(支邦)의 존립이나 그 자유민주적 기본질서를 위협하는 위험을 방지하기 위하여, 전염병의 위험이나 자연재해 또는 특별히 중대한 사고를 극복하기 위하여, 소년을 방치로부터 보호하기 위하여, 또는 범죄행위의 예방을 위하여 필요한 경우 법률에 의해서 또는 법률에 근거하여서만 제한될 수 있다.

(4) 일반적 법률유보와 개별적 법률유보의 관계

우리의 경우 독일과는 달리 일반적 법률유보 뿐만 아니라 개별적 법률유보도 동시에 규정하고 있어서 이 둘의 관계가 어떤 것인지가 문제된다. 그러나 유감스럽게도 우리나라에서는 아직 이에 관한 구체적 논의가 별로 없는 실정이다. 자칫 잘못 이해하면 개별적 법률유보가 규정되어 있는 경우 그렇지 않은 기본권보다 더 많은 정도로 제한할 수 있는 것으로 이해할 수 있으나, 그러면 기본권의 본질적 내용을 침해할 가능성이 있다. 따라서 개별적 법률유보가 규정되어 있는 경우에도 단순한 주의적 규정으로 보고, 그 제한의 목적·내용·방법 등은 §37②의 기준에 따라야 한다고 해야 할 것이다.

4. 내재적 한계

위에서 본 것처럼 헌법과 법률에 의하여 기본권의 구체적 범위와 내용이 확정되는데, 이와는 별도로 명문의 규정이 없이도 그 한계를 인정해야 한다는 논의가 있다. 이 이론은 주로 독일에서 논의되는 것이다. 독일의 경우 일반적 법률유보가 없으면서 개별적 법률유보도 없는 규정, 예컨대 평등권(§3①), 신앙과 양심의 자유(§4①), 학문과 예술의 자유(§5③), 혼인의 자유(§6①), 평화로운 집회의 자유(§8①), 단결권 및 단체교섭권(§9③), 청원권(§17) 등을 이른바 형식적 의미의 절대적 기본권이라고 할 때 이것들도 무제한한 것은 아니라는 점에서 출발한 논의이다.

그 논거로는 다음과 같은 것들이 제시되고 있다(권영성 345면 이하, 허영 290면 이하 참조). 첫째 독일기본법 §2①("누구든지 타인의 권리를 침해하지 않고 헌법질서나 도덕률에 반하지 않는 한 자신의 인격을 자유로이 발현할 권리를 가진다.")의 타인의 권리·헌법질서·도덕률을 다른 기본권에도 한계개념으로 사용해야 한다는 사회공동체유보설, 둘째 개념정의를 통해서 그 내용적 한계를 지으려는 개념내재적 한계이론, 셋째 모든 기본권은 국가공동체의 존립을 전제로 하는 것이므로 국가존립의 보장을 내재적 한계로 보는 입장, 넷째 헌법의 통일성과 헌법이 추구하는 전체적인 가치질서의 관점에서 한계를 인정하려는 입장 등이 있다.

그러나 이러한 이론은 자칫 이를 너무 확대하면 개별적 법률유보규정이 불필요한 것이 될 수도 있다. 더구나 우리나라처럼 일반적 법률유보가 규정되어 있는 경우 이른바 절대적 기본권이 있다고 할 수 없기 때문에 내재적 한계이론의 확대적용은 곤란하다. 다만 법률유보에 의한 기본권의 구체적 한계문제가 논의될 때 이러한 내재적 한계이론을 그 이론적 기초로 하는 경우에 도움이 될 수 있다. 우리나라의 경우 내재적 한계이론을 부인하거나(계희열[중] 133~134면, 홍성방[상] 400면), 신중한 접근을 강조하고 있다(허 영 294면). 우리 헌법재판소는 기본권의 내재적 한계를 인정하고 있다.

[판례] 개인의 성적자기결정권도 국가적·사회적·공공복리 등의 존중에 의한 내재적 한계가 있는 것이며, 따라서 절대적으로 보장되는 것은 아니다(헌재 1990.9.10, 89헌마82).

Ⅱ. 기본권제한의 목적과 형식

기본권의 제한은 위에서 살펴본 대로 헌법 자체의 규정에 의한 것과 법률의 규정에 의한 것이 있다. 헌법에 구체적 한계를 규정하고 있다 하더라도 결국은 법률에 의하여 더욱 세부적으로 구체화될 수밖에 없으므로 법률유보가 중요한 제한의 형식이 되는데, 우리 헌법은 그 목적이나 형식을 개별 기본권에 따라 각각 규정하고 있지 않으며 일반적 기준을 §37②에서 규정하고 있을 뿐이다.

1. 기본권제한의 목적

§37②은 기본권제한의 목적으로 국가안전보장·질서유지·공공복리를 들고 있다. 그 구체적 개념은 학자에 따라 다양하게 설명하고 있으나, 그 개념의 포괄성으로 인해서 일률적으로 해석해 낼 수 있는 것은 아니다. 다만 헌법의 이념과 정신을 존중하면서 개인의 기본권을 최대한 보장하는 방향으로 해석을 해야 할 것이다. 어차피 추상적 개념정립의 문제가 아니라 구체적 문제를 해결하는 과정에서 밝혀질 것이기 때문이다.

국가안전보장이란 국가의 존립이나 헌법의 기본질서 포함하여 침략·내란으로부터 국가를 수호하는 것을 의미하며, 이러한 목적의 기본권제한 법률로는 형법이나 국가보안법 등이 있다. 질서유지는 사회의 안녕질서를 의미하며 형법·도로교통법, 집회 및 시위에 관한 법률 등이 있다. 공공복리는 국민공동의 복리 또는 공통의 이익을 의미한다. 이는 사회국가원리를 반영하고 있으며, 개인의 기본권충돌을 조정하는 개념으로서의 역할을 한다. 예컨대 국토의 계획 및 이용에 관한 법률 등이 있다.

기본권 제한은 이러한 법익과 다른 사람의 기본권을 제한하기 위하여 필요한 경우에 최소한의 범위에서 이루어진다. 아래에서 설명한다.

2. 기본권제한의 형식

기본권을 제한할 때는 '법률로써' 제한할 수 있다. 이때의 법률은 국회에서 제정된 형식적 의미의 법률이어야 한다. 다만 이때의 '법률로써'를 '법률을 가지고서만'이라는 의미로 해석하면(예컨대 권영성 352면 이하) 실제로 대통령령 등에 의하여 기본권이 제한되는 현실을 설명할 수 없게 된다. 따라서 이것을 '법률을 가지고서 또는 법률에 근거하여'라고 해석하여야 한다. 즉 법률에 근거가 없는 관습법이나 명령 등으로는 기본권제한이 불가능하다는 의미로 해석해야 한다. 독일기본법 §19①은 '법률에 의하여 또는 법률에 근거하여(durch Gesetz oder auf Grund eines Gesetzes)'라고 명확히 규정하고 있다.

기본권제한 법률은 일반성·추상성을 갖고 있어야 하며, 개별적·구체적 사항에 적용되는 법률, 즉 처분적 법률(Maßnahmegesetz)로서는 제한할 수 없다. 사회국가원리가 발달함에 따라 처분법률에 대하여 관대해지고는 있지만 극단적인 처분법률을 허용할 수는 없다. 또한 기본권제한 법률은 명확성을 가지고 있어야 한다. 특히 형벌법규의 경우 죄형법정주의에 따라 이 원칙이 확립되어 있다. 또 기본권을 제한하는 법률은 원칙적으로 제한하는 기본권을 명시해야 한다. 독일기본법 §19①ii는 기본권의 제한에 있어서 "그 법률은 또한 기본권의 해당 조항을 적시해야 한다."고 규정하고 있다. 이는 어떤 입법과정에서 우연히 또는 결과적으로 기본권을 제한하는 것은 있을 수 없다는 의미이다. 우리나라는 이 원칙이 잘 지켜지지 않고 '결과적으로' 제한되는 경우가 많은 것으로 생각된다. 이런 경우 의도하지 않았던 기본권 제한의 결과가 되므로 기본권 보호차원에서 문제가 발행할 소지가 많다.

한편 §6①에 의한 조약과 국제법규는 법률과 같은 효력을 가지므로 기본권 제한의 형식으로 가능하다. 자세한 것은 제1부 제4장의 국제평화주의를 보라.

또 국가긴급권도 법률의 효력을 가지므로 기본권 제한형식으로 가능하다. 즉 §76의 대통령의 긴급재정경제처분권과 긴급재정경제명령권 및 긴급명령권, §77의 대통령의 비상계엄선포권에 따른 기본권제한을 들 수 있다. 자세한 것은 대통령의 권한 부분을 보기 바란다. 국가긴급권에 의한 기본권제한을 예외적 제한이라고 하는 것은(예컨대 김철수 391면) 제한의 형식을 '법률에 의해서만'이라고 해석하는 결과로 부적절하다. 기본권의 제한은 그 목적이나 형식에 있어 예외를 인정하면 안 된다.

특별권력관계에 의한 제한은 앞의 기본권의 주체를 보라.

[판례 1] 국가보위입법회의법 부칙 제4항 후단이 규정하고 있는 "…그 소속 공무원은 이 법에 의한 후임자가 임명될 때까지 그 직을 가진다."라는 내용은 행정집행이나 사법재판을 매개로 하지 아니하고 직접 국민에게 권리나 의무를 발생하게 하는 법률, 즉 법률이 직접 자동집행력을 갖는 처분적 법률의 예에 해당하는 것이며, 따라서 국가보위입법회의 의장 등의 면직발령은 위 법률의 후속조치로서 당연히 행해져야 할 사무적 행위에 불과하다(헌재 1989.12.18, 89헌마32등).

[판례 2] 법률유보원칙은 단순히 행정작용이 법률에 근거를 두기만 하면 충분한 것이 아니라, 국가공동체와 그 구성원에게 기본적이고도 중요한 의미를 갖는 영역, 특히 국민의 기본권실현에 관련된 영역에 있어서는 행정에 맡길 것이 아니라 국민의 대표자인 입법자 스스로 그 본질적 사항에 대하여 결정하여야 한다는 요구까지 내포하는 것으로 이해하여야 한다(본질성이론 내지 의회유보원칙). 헌법 §37②의 "법률로써"는 국민의 자유나 권리를 제한하는 행정작용의 경우 적어도 제한의 본질적인 사항에 관한 한 국회가 제정하는 법률에 근거를 두는 것만으로는 부족하고 국회가 직접 결정함으로써 실질에 있어서도 법률에 의한 규율이 되도록 요구하고 있는 것으로 이해하여야 한다(헌재 1999.5.27, 98헌바70).

III. 기본권제한의 한계

위의 기본권제한의 목적과 형식도 결국 기본권제한의 한계 문제이나 여기서는 특히 제한의 정도 문제를 따로 살펴보기로 한다.

1. 비례의 원칙

법률에 의한 기본권의 제한은 그 목적을 달성하기 위하여 불가피한 경우에 한하여 제한할 수 있다(보충성). 당연히 기본권제한의 목적은 정당한 것이어야 하며(목적의 정당성), 그 목적을 달성하는 데 적합한 방법을 선택하여야 하며(방법의 적절성 또는 적합성의 원칙), 제한되는 기본권이 필요 이상으로 제한되면 안 되고(필요성, 피해의 최소성 또는 최소침해의 원칙),

기본권제한의 정도와 제한에 의해서 보호되는 공익을 비교형량해서 더 큰 공익을 위하여 불가피한 경우에만 제한할 수 있다(상당성, 법익의 균형성 또는 좁은 의미의 비례의 원칙). 이러한 내용을 포괄적으로 비례의 원칙 또는 과잉(입법)금지의 원칙이라고 한다. 기본권제한 법률은 이 비례의 원칙에 맞아야 하며 헌법재판에서 위헌성을 다루는 대표적인 기준이 된다.

한편 이익형량을 할 때의 기준으로 미국판례(U.S. v. Carolene Products Co. 304U.S.144 1938)에서 형성된 이중기준의 원칙(double Standard)이 있다. 이는 정신적·정치적 자유권이 경제적 자유권(또는 사회권) 보다 더 보장되어야 한다는 원칙이다. 또 자유우선의 원칙(in dubio pro liberta)은 자유와 평등이 충돌하는 경우 자유를 우선하자는 원칙이다.

2. 본질적 내용의 침해금지

§37②은 기본권을 필요한 경우에 한하여 법률로써 제한하되, "본질적 내용"을 침해할 수 없다고 규정하였다. 기본권의 본질적 내용이 무엇인지가 문제이다. 이를 풀어서 말하면, 기본권을 공동화(空洞化)·형해화(形骸化)시키면 안 된다는 것 즉 기본권제한의 정도가 지나쳐 기본권을 보장하지 않는 것과 같은 정도에 이르면 안 된다는 것인데 마찬가지로 구체적 기준은 제시하기 어렵다. 기본권의 본질적 내용과 인간의 존엄과 가치를 동일하게 보는 견해도 있으며(허 영 353면), 다른 것으로 보는 견해도 있다(다수설). 독일의 경우 절대설과 상대설, 객관설과 주관설의 대립이 있다(이준일 339면 이하 참조). 본질적 내용은 한마디로 정의하기는 어려우나 어떤 정해진 내용이 있으며, 개인적 차원에서가 아니라 객관적이고 일반적인 침해일 때 본질적인 침해로 보는 것이 타당하다고 생각된다. 즉 개인적 차원에서는 정당한 절차에 의해 기본권이 박탈되어도 본질적 침해는 아니라고 생각된다.

[판례] 수용자의 경우에도 모든 기본권의 제한이 정당화될 수 없으며 국가가 개인의 불가침의 기본적인 인권을 확인하고 보장할 의무(헌법 제10조)로부터 자유로워질 수는 없다. 따라서 수용자의 지위에서 제한이 예정되어 있는 자유와 권리는 형의 집행과 도망·증거인멸의 방지라는 구금의 목적과 관련된 신체의 자유 및 거주이전의 자유 등 몇몇 기본권에 한정되어야 하며 그 역시 필요한 범위를 벗어날 수 없다(헌재 2003.12.18, 2001헌마163).

제6절 기본권의 침해와 구제

> 국민의 입장에서 기본권을 잘 보장받기 위해 가장 필요한 기관은 어디일까? 국회 · 대통령 · 대법원 · 헌법재판소 · 국민권익위원회 · 국가인권위원회…아니면 정당?

Ⅰ. 기본권 침해의 유형

1. 입법에 의한 침해

입법작용에 의한 침해로는 적극적 입법(작위적 입법)에 의한 침해와 소극적 입법(부작위적 입법)에 의한 침해가 있다. 이에 대해 청원권의 행사, 여론 또는 압력단체의 활동, 입법에 대한 헌법소원심판 등의 구제절차가 있다.

2. 행정에 의한 침해

행정작용에 의한 침해는 잘못된 행정처분에 의한 침해를 말하는데, 주로 수사기관에 의한 침해가 많은 편이다. 일반 행정처분의 경우 위법한 것 뿐 아니라 부당한 처분도 문제가 될 수 있으나 행정기관의 재량의 범위를 벗어난 것만 구제의 대상이 된다. 청원 · 국가배상 · 손실보상 · 행정심판 · 행정소송 · 헌법소원심판 등의 구제절차가 마련되어 있다.

3. 사법에 의한 침해

사법작용에 의한 침해는 사실관계의 오판, 법의 잘못 적용에 의한 침해를 말하며, 심급제 · 재심제도 · 헌법소원심판 등의 구제절차가 있다.

4. 사인에 의한 기본권 침해

사인(私人)에 의한 기본권 침해는 일차적으로 사법절차(민 · 형사상의 구제)에 의하여 구제된다. 그리고 기본권의 대사인적 효력이 문제된다.

Ⅱ. 우리나라 헌법상 기본권침해에 대한 구제

기본권의 침해에 대하여 다음과 같은 구제절차가 마련되어 있는데 자세한 내용은 해당부분을 보기 바란다.
 (1) 청원권 §26
 (2) 재판청구권(행정심판) §27
 (3) 형사보상청구권 §28
 (4) 국가배상청구권 §29
 (5) 범죄피해자 국가구조청구권 §30
 (6) 위헌법령심사제 §107②, §111
 (7) 헌법소원심판 §111
 (8) 국가인권위원회 및 국민권익위원회(법률)

제 2 장
기본권의 이념과 기준

제1절 인간의 존엄과 가치 및 행복추구권

Ⅰ. 인간의 존엄과 가치

> 인간을 복제하여 폐쇄된 곳에서 관리하다가 그 인간이 병들었을 때 장기를 제공하게 한다는 내용의 영화 '아일랜드(2005)'에서 그 복제된 인간은 인간인가, 단순한 장기의 집합체에 불과한가? 한편, 영화 'A.I.(2001)'에서처럼 사람과 똑같이 느끼는 로봇소년을 단순한 기계로 취급하는 것은 당연한 일인가? '아이로봇(2004)' '엑스마키나(2015)'에서의 로봇은 어떤가? 이들에게 세금을 부과하는 것(로봇세)은 가능할까?

1. 의의

> 헌법 §10
> 모든 국민은 인간으로서의 존엄과 가치를 가지며, 행복을 추구할 권리를 가진다. 국가는 개인이 가지는 불가침의 기본적 인권을 확인하고 이를 보장할 의무를 진다.

헌법은 §10에서 인간의 존엄과 가치 및 행복추구권을 규정하고 있다.

기본권은 공동체의 가치를 표현하고 있는데, 우리 헌법은 그 가치의 핵심적 내용으로 인간의 존엄과 가치를 선언하고 있다. 이 '인간으로서의 존엄과 가치'가 구체적으로 무엇인지는 학자마다 설명이 다양하며 굳이 언어적 개념규정이 필요한 것은 아니라고 할 수 있다(뒤에서 설명). 그러한 인격은 존중되어야 하며, 양도나 포기가 불가능한 초국가적 개념으로 이해된다. 즉 인간은 절대적 가치를 지닌 목적적 존재이지 수단적 존재가 아니라고(I.Kant 1724~1804) 할 수 있다(W.Maihofer, 심재우 옮김, 법치국가와 인간의 존엄, 1996, 86면 참조).

2. 연혁 및 입법례

인간의 존엄과 가치는 고대의 노예제도, 중세의 농노제도 하에서는 인정되기 어려웠으나 근대 이후 자연법상 권리로 인정되기 시작했다. 그 후 제2차 세계대전 이후 세계 각국에서 명문화하기에 이르렀다. 영미법계통이 아닌 대륙법계통의 영향을 받은 기본권이라 할 수 있다.

입법예로는 독일기본법 §1① "인간의 존엄은 불가침이다. 이를 존중하고 보호하는 것은 모든 국가권력의 의무이다." 이탈리아 헌법 §2 "공화국은 인간의 불가침의 권리를 인정하고 보장한다.…" 일본헌법 §13 "모든 국민은 개인으로서 존중된다." 세계인권선언 §1 "모든 사람은 태어날 때부터 자유롭고, 존엄하며, 평등하다." 등을 들 수 있으며, 우리나라는 1962년 헌법에서 신설하였다(당시 헌법 §8).

3. 법적성격

인간의 존엄과 가치는 특정 내용을 가지는 개별적 권리가 아닌 헌법의 기본원리 또는 이념이라고 할 수 있으며, 다른 기본권의 해석원리가 된다. 즉 인간의 존엄과 가치조항은 근본규범성을 가지므로 다른 개별 기본권(§11~§37)의 목적조항이며, 헌법의 구성원리가 된다는 의미이다. 또한 실정헌법상의 기본권이라기보다는 전(前) 국가적 자연권성을 갖는다고 할 수 있다. 다만 인간의 존엄과 가치조항과 행복추구권이 구체적 기본권성을 갖는가에 대하여는 학설의 대립이 있다. 구체적 기본권성을 부인하고 단지 이념적 출발점 내지 헌법의 구성원리라고 하는 견해가 다수설이다. 인간의 존엄과 가치의 구체적 기본권성은 부인하고 행복추구권은 구체적 기본권성을 인정하는 견해도 있고(권영성 384면), 이를 주기본권이라 하는 견해(김철수 423면)도 있다. 독일의 경우도 견해가 갈리나 연방헌법재판소는 인간의 존엄규정의 구체적 기본권성을 인정하고 있다. 우리 헌법재판소는 인간의 존엄규정에 대하여는 언급이 없으나 행복추구권에 대해서는 구체적 기본권성을 인정하고 있다(헌재 1989.10.27, 89헌마56 참조).

4. 주체와 내용

(1) 주체

우리헌법은 인간의 존엄과 가치조항의 주체로서 '모든 국민'이라고만 하고 있으나, 이는 법인을 제외한 자연인으로 해석되며, 외국인도 포함하는 것으로 새겨야 한다.

(2) 내용

인간의 존엄과 가치라고 할 때 그 구체적 내용이 무엇인지 한마디로 말하기는 어렵다. 인간이 아무것도 주체적으로 느낄 수 없는 극한상황에서 인간의 존엄성이 침해되고 있다고 할 수 있다(W.Maihofer, 심재우 옮김, 법치국가와 인간의 존엄, 1996, 16면). 이를 인격의 본질로 간주되는 존귀한 인격주체성(권영성 377면), 존엄은 인격자체를 말하며 가치는 인간의 독자적 평가(김철수 426면), 인격의 내용을 이루는 윤리적 가치(허 영 347면) 등으로 다양하게 설명하고 있다. 또한 여기서의 인간의 의미는 고립된 인간도 아니며, 독립적 지위를 전혀 못 갖는 것도 아니라고 할 수 있다. 독일 연방헌법재판소는 "고유한 가치를 유지하면서 사회에 구속되고 일정한 관계를 가진 인간"이라고 하고 있다(BVerfGE 4,7,15).

결국 인간의 존엄과 가치조항은 국가의 기본권 보장의무를 선언하고 있으며, 반(反) 전체주의 즉 국가는 개인을 위하여 존재한다는 것을 강조하고 있다. 앞에서 보았듯이 이는 모든 기본권의 일반적·공통적 이념이 되는 기본권으로 기본권의 이념적 기초라고 불린다.

[판례] 우리 헌법질서가 예정하는 인간상은 "자신이 스스로 선택한 인생관·사회관을 바탕으로 사회공동체 안에서 각자의 생활을 자신의 책임 아래 스스로 결정하고 형성하는 성숙한 민주시민"인바, 이는 사회와 고립된 주관적 개인이나 공동체의 단순한 구성분자가 아니라, 공동체에 관련되고 공동체에 구속되어 있기는 하지만 그로 인하여 자신의 고유가치를 훼손당하지 아니하고 개인과 공동체의 상호연관 속에서 균형을 잡고 있는 인격체라 할 것이다(헌재 2003.10.30, 2002헌마518).

5. 효력

인간의 존엄과 가치조항이 가지는 법적인 효력으로 대국가적 효력을 들 수 있으며, 이는 직접적 효력규정이다. 다만 이 조항만으로 구체적 내용을 찾아내기는 쉽지 않다. 따라서 개인은 좀 더 구체적 내용을 갖는 개별 기본권들을 통해서 보호받지만 궁극적으로는 이 조항을 통하여 보호될 수 있다. 즉 주관적 권리성을 인정한다는 것이 포괄적 권리라는 의미는 아니다(계희열 [중] 207면, 이준일 380면). 특히 우리나라의 경우 열거되지 아니한 권리 규정(§37①)이 있기 때문이다. 주관적 권리를 부인하는 견해도 있다(권영성 378면). 다수설은 대사인적·직접적 효력을 가진다고 한다.

> [판례 1] 헌법 제10조에서 규정한 인간의 존엄과 가치는 헌법이념의 핵심으로, 국가는 헌법에 규정된 개별적 기본권을 비롯하여 헌법에 열거되지 아니한 자유와 권리까지도 이를 보장하여야 하며, 이를 통하여 개별 국민이 가지는 인간으로서의 존엄과 가치를 존중하고 확보하여야 한다는 헌법의 기본원리를 선언한 조항이다. 따라서 자유와 권리의 보장은 1차적으로 헌법상 개별적 기본권규정을 매개로 이루어지지만, 기본권제한에 있어서 인간의 존엄과 가치를 침해한다거나 기본권형성에 있어서 최소한의 필요한 보장조차 규정하지 않음으로써 결과적으로 인간으로서의 존엄과 가치를 훼손한다면, 헌법 제10조에서 규정한 인간의 존엄과 가치에 위반된다고 할 것이다(헌재 2000.6.1., 98헌마216).
>
> [판례 2] 교정시설 내 성인 남성인 청구인이 이 방실에 수용된 동안 1인당 실제 개인사용가능면적은, 2일 16시간 동안에는 $1.06m^2$, 6일 5시간 동안에는 $1.27m^2$였다. 이는 우리나라 성인 남성이 팔다리를 마음껏 뻗기 어렵고, 모로 누워 '칼잠'을 자야 할 정도로 매우 협소한 것이다. 인간으로서 최소한의 품위를 유지할 수 없을 정도로 과밀한 공간에서 이루어진 이 사건 수용행위는 인간으로서의 존엄과 가치를 침해한다(위헌확인, 헌재 2016.12.29, 2013헌마142).

한편 §10는 국가권력에 의한 국민의 기본권 침해금지라는 소극적 측면뿐만 아니라 국가가 국민의 기본권을 타인의 침해로부터 보호해야 할 의무를 가진다는 적극적 측면도 포괄하고 있다. 국가의 적극적인 기본권 보호의무는 궁극적으로 입법자의 입법행위를 통하여 비로소 실현될 수 있는 것이기 때문에, 입법자의 입법행위를 매개로 하지 아니하고 단순히 기본권이 존재한다는 것만으로 헌법상 광범위한 방어적 기능을 갖게 되는 기본권의 소극적 방어권으로서의 측면과는 근본적으로 차이가 있다. 이 경우 국가가 '국민의 기본권보호의무'를 다했는지의 여부는 이른바 '과소보호금지

(Untermaßverbot) 원칙'에 따라 판단하여야 된다. 즉 국가가 국민의 법익보호를 위하여 적어도 적절하고 효율적인 최소한의 보호조치를 취했는가가 그 기준이 되는 것이다. 국민의 기본권침해 여부는 '과잉금지원칙'에 따라 판단되는 것임에 비해, 기본권보호의무의 이행여부에 대한 심사는 '과소보호금지원칙'에 따른다는 점을 주의하여야 한다.

II. 행복추구권

> 장기이식을 본인 사후 가족이 결정할 수 있는 것인가? 본인이 생전에 장기의 기증을 찬성한 경우, 또는 반대한 경우는 어떤가? 한편 자기 생명은 자기가 끝낼 수 있는 것인가?

1. 의의

행복추구권이란 인간이 정신적·육체적·물질적 욕구를 충족할 수 있는 권리, 또는 고통이 없고 만족감을 느끼는 상태 등으로 표현될 수 있다. 그러나 행복한 상태에 대한 기준이 사람마다 다르므로 각자 행복을 추구할 자유를 의미한다고 할 수 있으며, 일반적 인격발현권(독일 기본법 §2①)으로 볼 수도 있다.

2. 연혁 및 입법례

위에서 본 인간의 존엄과 가치규정이 독일의 입법례를 도입한 것이라면 행복추구권은 미국의 입법례를 도입한 것이다. 즉 버지니아 권리장전(1776.6) §1와 미국 독립선언(1776.7)에서 행복추구권을 찾아 볼 수 있다. 일본헌법(1946 제정, 1947 시행) §13도 이를 규정하고 있다. 우리나라는 1980년 헌법에서 명문화하였다. 그 이전에는 인간의 존엄과 가치 및 헌법에 열거하지 아니한 권리 속에 내포된 것으로 인정하는 것이 다수설이었다.

3. 법적성격

행복추구권은 자연권적 성격을 가지며, 소극적·적극적 권리로서의 성격을 동시에 가진다고 말해진다(권영성 384면 이하). 또 모든 국민의 당위적이고 이상적인 삶의 지표를 설정해 놓음으로써 인간의 존엄과 가치가 갖는 윤리규범적 성격과 실천규범적 성격을 강조하는 것이라고 이해하기도 한다(허 영 355면).

행복추구권은 그 개념의 상대성 내지 불명확성 때문에 규범적 차원에서 그 성격을 인정하기 어렵다. 더구나 인간의 존엄과 가치라고 하는 기본권 보장의 가치지표를 갖고 있는 상태에서 이와 더불어 규정됨으로써 불필요한 논쟁과 개념적 혼란을 가져왔다. 그러나 일단 헌법에 규정되어 40년 가까이 존재하는 규정의 존재를 부인할 수는 없으므로, 일응 개별적 권리가 아닌 포괄적 권리로서 이해하기로 한다. 따라서 다른 개별 기본권에 대해서는 일반법적 성격을 가지나, 다만 더 근본적 가치를 지닌 인간의 존엄과 가치조항과의 관계에서는 수단적 의미를 갖는 것으로 본다.

4. 내용과 한계

행복추구권의 주체는 법인을 제외한 국민이며, 그 자연권적 성격상 외국인도 포함된다.

행복추구권을 구체적이고 독자적 내용을 갖는 것으로 이해하는 것이 우리 헌법재판소의 판례이며(헌재 1989.10.27, 89헌마56), 행복추구권 속에 일반적 행동자유권과 개성의 자유로운 발현권 등이 함축되어 있다고 한다(헌재 1991.6.3, 89헌마204; 1992.4.14, 90헌바23). 그러나 헌법재판소는 행복추구권과 인간의 존엄과 가치와의 관계를 명확히 설명하고 있지 않다.

한편 행복추구권도 타인의 인간존엄·행복추구권, 헌법질서, 도덕률 등에 의하여 한계를 갖는다.

[판례 1] 행복추구권은 국민이 행복을 추구하기 위하여 필요한 급부를 국가에게 적극적으로 요구할 수 있는 것을 내용으로 하는 것이 아니라, 국민이 행복을 추구하기 위한 활동을 국가권력의 간섭 없이 자유롭게 할 수 있다는 포괄적인 자유권으로서의 성격을 가지는 것이다(헌재 2000.6.1, 98헌마216). 행복추구권은 다른 기본권에 대한 보충적 기본권으로서의 성격을 지니는 것이기 때문에 공무담임권이라는 우선적으로 적용되는 기본권이 존재하여 그 침해여부를 판단하는 이상 행복추구권의 침해여부를 독자적으로 판단할 필요가 없다(헌재 2000.12.14, 99헌마112). 또한 자신이 마실 물을 선택할 자유, 수돗물 대신 먹는 샘물을 음용수로 이용할

자유는 행복추구권의 내용을 이루는 것이다(헌재 1998.12.24, 98헌가1).

[판례 2] 군대 내 동성애 처벌규정(군형법 §92)은 군인들의 성적자기결정권이나 사생활의 비밀과 자유를 침해하지 아니하며 명확성의 원칙에도 반하지 않는다(헌재 2011.3.31, 2008헌가21).

[판례 3] 경찰청장이 2009.6.3 경찰버스들로 서울특별시 서울광장을 둘러싸 통행을 제지한 행위는 거주·이전의 자유를 제한한 것으로 볼 수는 없으나, 과잉금지원칙을 위반하여 일반적 행동자유권을 침해한 것이다(위헌확인, 헌재 2011.6.30, 2009헌마406).

[판례 4] 법인도 법인의 목적과 사회적 기능에 비추어 볼 때 그 성질에 반하지 않는 범위 내에서 인격권의 한 내용인 사회적 신용이나 명예 등의 주체가 될 수 있고, 법인이 이러한 사회적 신용이나 명예 유지 내지 법인격의 자유로운 발현을 위하여 의사결정이나 행동을 어떻게 할 것인지를 자율적으로 결정하는 것도 법인의 인격권의 한 내용을 이룬다고 할 것이다(헌재 2012.8.23, 2009헌가27).

[판례 5] 선거기사심의위원회가 불공정한 선거기사를 보도하였다고 인정한 언론사에 대하여 언론중재위원회를 통하여 사과문을 게재할 것을 명하도록 하는 공직선거법 규정은 언론사의 인격권을 침해하여 헌법에 위반된다(헌재 2015.7.30, 2013헌가8).

Ⅲ. 열거되지 아니한 자유와 권리

헌법 §37①
국민의 자유와 권리는 헌법에 열거되지 아니한 이유로 경시되지 아니한다.

§37①은 미국헌법 수정 §9의 "헌법에 어떤 종류의 권리가 열거되어 있다고 하여 인민이 보유하는 그 밖의 여러 권리를 부인하거나 경시하는 것으로 해석되어서는 안 된다."라는 규정의 영향으로 제헌헌법부터 규정되어 왔다.

이 §37①(열거되지 아니한 자유와 권리) 때문에 기본권의 자연권성이 인정되는 것은 아니라는 점은 위에서 보았다. 이 §37①과 §10에 따라, 헌법에 명문으로 규정되어 있지 않다고 하더라도 그 기본권성이 인정되는 것이면 국가는 이를 확인하고 보호하여야 한다. 여기에는 두 가지 유형이 있을 수 있다. 첫째로 너무나 당연한 기본권이지만 전제된 것으로 보아 명문으로 규정하지 않았거나 또는 헌법 제정 과정에서의 미숙으로 빠진 것이 있다. 예컨대 생명권·신체불훼손권, 초상권이나 평화적 생존권 등이 그것이다. 둘째로 모든 기본권은 사회적 상황에 따라 서서히 발전하여 그 기본권성을 갖게 되는 것이므로 아직은 그 발전단계에 있어서 헌법상 명문으로 규정할 단계에 이르렀다고 보기는 어려운 경우이다. 예컨대 수면권·휴식권·스포츠권 등이 그것이다. 이러한 것들만을 행복추구권의 내용으로 보아서는 안 되며 열거된 것들을 보충하는 의미를 갖는 것으로 보아야 한다. 개별적으로 간략하게 살펴보자.

생명권과 신체불훼손권은 신체의 자유부분에서 설명한다.

평화적 생존권이란 헌법상의 원리로서 인정되는 평화주의와는 달리 국민 개개인의 기본권으로 주장되는 것이다. 연혁적으로는 프랑스헌법(1791), 부전조약(1928), UN헌장(1945), 독일 기본법 §26(1949) 등에 규정되었다. 그 의미는 평화를 향수(享受)하며 전쟁을 거부할 수 있는 권리를 말한다.

또한 일반적 인격권(인격발현권)도 독일의 경우는 명문의 규정이 있으나(독일 기본법 §2①) 우리는 명문의 규정이 없다. 그 내용으로 명예·성명·초상권 등을 포함하는 것으로 보아 §17의 사생활의 비밀에서 설명하는 경우도 있으나(권영성 455면) 그보다는 더욱 넓은 개념이므로 오히려 §10의 행복추구권에서 찾는 것이 마땅하다.

> [판례 1] (☞ 평화적 생존권) 외국에의 국군의 파견결정은 파견군인의 생명과 신체의 안전뿐만 아니라 국제사회에서의 우리나라의 지위와 역할, 동맹국과의 관계, 국가안보문제 등 궁극적으로 국민 내지 국익에 영향을 미치는 복잡하고도 중요한 문제이다(헌재 2004.4.29, 2003헌마814).
>
> [판례 2] 평화적 생존권이란 이름으로 주장하고 있는 평화란 헌법의 이념 내지 목적으로서 추상적인 개념에 지나지 아니하고, 개인의 구체적 권리로서 국가에 대하여 침략전쟁에 강제되지 않고 평화적 생존을 할 수 있도록 요청할 수 있는 효력 등을 지닌 것이라고 볼 수 없다. 따라서 평화적 생존권은 헌법상 보장되는 기본권이라고 할 수는 없다 할 것이다(헌재 2009.5.28, 2007헌마369). ☞ 평화적 생존권을 인정한 판례도 있다(헌재 2006.2.23, 2005헌마268)

제2절 평등권

> 공무원시험에서 군필자 가산점 제도가 폐지되었는데, 대신 무엇으로 병역의무 이행을 보상해 주어야 할까? 병역법에 남자만이 병역의 의무를 갖는 것으로 되어 있는데, 여성에게도 병역의 의무를 부과하는 것은 어떤가? 공공기관에서 남자만 숙직을 하는 것은 타당한가?

I. 의의

1. 헌법체계 내에서의 의의

헌법 §11①
모든 국민은 법 앞에 평등하다. 누구든지 성별·종교 또는 사회적 신분에 의하여 정치적·경제적·사회적·문화적 생활의 모든 영역에 있어서 차별을 받지 아니한다.

평등권이란 기회의 균등과 자의(恣意)의 금지(Willkürverbot)를 의미한다. 미국에서는 불합리한 차별(irrational discrimination) 금지라고 표현하는데 같은 의미이다.

헌법은 전문에서 "모든 영역에 있어 각인의 기회를 균등히 하고…"라고 규정하고 있으며, §11①에서 평등원칙을 규정하고 있다. 또한 같은 조문 2항과 3항에서 사회적 특수계급의 부인과 영전일대(榮典一代)의 원칙을 규정하고, 다른 곳에서도 교육의 기회균등(§31①), 혼인과 가족생활에서 양성의 평등(§36①), 선거에서의 평등(§41①) 등 개별 분야에서의 평등원칙을 규정하고 있다.

우리 헌법은 기본권의 이념적 기초로서의 인간의 존엄과 가치규정을 가지고 있으며, 기본권의 방법적 기초로서 평등권(평등원칙)을 규정하고 있다. 즉 모든 기본권을 실현할 때는 평등원칙에 어긋나지 않게 보장되어야 한다는 것을 의미한다.

2. 연혁 및 입법례

(1) 연혁

평등권은 멀리는 고대 그리스의 정의사상에서도 살펴볼 수 있으며, 중세 기독교에서 신(神) 앞의 평등사상으로 이어진다.

그 후 자연법사상에 따라 인간은 태어나면서부터 평등하다는 사상이 전개되었고, 근대 입헌주의의 성립 후 자유민주주의사상에 따라 자유와 평등이 강조되었다. 즉 근대에 와서 시민의 정치적 참여에 있어서 평등사상 내지는 법률적용의 평등(입법자 비구속설) 사상으로 발전하였다. 현대에 와서는 경제적·사회적 측면에서 실질적 평등 내지는 법률내용의 평등(입법자 구속설)이 강조되게 되었다. 물론 뒤에서 보는 것처럼 현대에도 영역별로 형식적 평등이 적용되기도 하므로 형식적 평등에서 실질적 평등으로 강조점이 옮겨졌다는 의미일 뿐 형식적 평등은 불필요한 기준이라는 의미는 아니다.

(2) 입법례

1776년의 버지니아권리선언과 미국독립선언, 그리고 프랑스대혁명 당시의 인권선언(1789)과 1793년 프랑스헌법 §3의 법 앞의 평등규정 등이 있으며, 그 후 바이마르헌법(1919)을 비롯하여 현대 헌법에는 예외 없이 평등권이 규정되어 있다.

Ⅱ. 평등권의 내용

1. 법적성격

평등권은 주관적 공권으로서의 성질과 객관적 법질서로서의 성격을 동시에 갖고 있다. 주관적 공권으로서의 평등권은 국민이 국가로부터 불평등한 처우를 받지 아니하며 불평등한 처우 시 개선을 요구할 수 있는 권리를 의미한다. 이는 구체적 기본권의 적용에 모두 적용되는 포괄적 기본권으로서의 성격을 가진다. 한편 객관적 법질서의 요소로서의 평등권은 모든 국가법질서의 구성요소이다.

평등권은 전국가적 자연권성을 가지며, 인간의 존엄과 가치규정이 기본권의 이념적 기초라 불리는 데 반해서 기본권의 방법적 기초라고 불린다. 평등권은 근본규범성을 가진다고도 표현된다.

2. 주체

헌법상 평등권의 주체는 국민이다. 국민에는 자연인뿐만 아니라 법인도 포함되며 권리능력 없는 사단도 평등권의 주체가 된다. 다만 외국인의 경우에는 평등권의 주체가 되지만, 예외적으로 참정권이나 경제적 기본권 또는 사회권 등에 있어서는 내국인과 다르게 취급된다. 이를 상황적 제한설이라고 한다.

3. '법 앞에 평등'의 의미

(1) 평등의 효력

모든 국민은 법 앞에 평등하다고 할 때, '법'이라고 하는 것은 성문법과 불문법을 포함한 모든 법을 의미한다. 즉 일체의 법규범은 평등하게 적용되어야 한다는 의미이다.

'법 앞에'라는 말, 즉 평등의 효력은 시대적으로 의미가 변천해 왔다. 즉 근대적 의미의 평등은 이를 행정과 사법에 있어서의 평등만을 의미한다고 생각했는데 이를 법적용 평등설이라 한다. 이는 정립된 법을 평등하게 적용하는 것을 주로 생각했기 때문이며, 이런 의미에서 입법자비구속설이라고 한다. 한편 현대적 의미의 평등은 법의 정립작용인 입법과 법의 집행작용인 행정·사법에 있어서 모두 적용되는 평등을 의미하게 되었다. 이를 법 내용 평등설이라 하며 입법자도 평등권에 구속된다는 점에서 입법자구속설이라고 한다.

[판례] 헌법이 선언하고 있는 '인간의 존엄성'과 '법앞에 평등'이란 행정부나 사법부에 의한 법 적용상의 평등을 뜻하는 것 외에도 입법권자에게 정의와 형평의 원칙에 합당하게 합헌적으로 법률을 제정하도록 하는 것을 명령하는 이른바 법 내용상의 평등을 의미하고 있기 때문에 아무리 특정한 분야의 특별한 목적을 위하여 제정되는 특가법이라 하더라도 입법권자의 법제정상의 형성의 자유는 무한정으로 허용될 수는 없는 것이며 나아가 그 입법내용이 정의와 형평에 반하거나 자의적으로 이루어진 경우에는 평등권 등의 기본권을 본질적으로 침해한 입법권 행사로서 위헌성을 면하기 어렵다(헌재 1992.4.28, 90헌바24).

(2) 평등의 개념

그렇다면 평등이란 말의 개념은 무엇인가? 법철학에서는 전통적으로 정의(正義)라는 개념과 유사한 것으로 생각해 왔다. 그러나 사람에 따라 견해가 갈리며 완전히 동의어는 아니다. 예컨대 신체장애로 인하여 노동력이 없는 사람에게 사회가 생계를 유지하도록 도와주는 것은 정의 관념에는 맞으나, 이 경우 그는 능력과 노력이 없었던 것이므로 평등의 관념에는 맞지 않는다고 할 것이다. 다만 그것까지 포함해서 평등이라고 하는 견해도 있다.

아리스토텔레스는 정의를 평균적(平均的) 정의와 배분적(配分的) 정의로 나누었다. 즉 평균적 정의는 근대적 의미를 가지며 형식적·기계적·절대적 평등에 해당한다. 반면 배분적 정의는 현대적 의미를 가지며 실질적·비례적·상대적 평등에 해당한다. 그러나 현대라고 해서 배분적 정의 내지는 실질적 평등만이 적용되는 것은 아니다. 예컨대 정치적 영역에서는 절대적 평등이 적용되고 있다. 물론 정치적 영역에도 구체적으로는 차이가 있을 수 있는데, 예컨대 미국의 일부 주(州)는 문맹시험 후 선거에 참여할 수 있게 하는 경우가 있었다(연방선거는 1964년, 주 선거는 1966년 위헌결정). 반면에 남아공화국은 이러한 경우에 대비하여 투표용지에 후보자의 사진을 넣고 있다. 한편 경제·사회적 영역에서는 상대적 평등이 적용되고 있다. 다만 실질적 평등이라고 해도 현실적으로 그 구체적 기준을 정하는 것이 매우 어려운 문제이며 계속된 논의가 필요하다는 점을 지적해 둔다. 이 경우 합리성이 인정되는 경우는 차별이 가능하고(미국식 표현), 자의적(恣意的) 적용은 금지된다(독일식 표현).

한편 평등은 기회의 평등과 결과의 평등으로 나누어 볼 수 있는데 우리 헌법이 규정한 것은 대체로 기회의 평등(균등)이라 할 수 있다. 이에 반해 사회주의 국가에서는 주로 결과의 평등을 강조하는 경향이 있다.

헌법재판소는 평등원칙에 대한 심사에 있어서 초기에는 단순한 자의금지의 기준(완화된 심사척도)을 따랐지만, 이후 독일의 판례(최신의 정식 das neueste Formel)를 받아들여 규율대상과 차별기준에 따라 비례의 원칙을 적용한 엄격한 심사척도를 적용하는 등 다양한 기준을 제시하고 있다(헌재 1999.12.23, 98헌바33 참조). 헌법자체가 평등을 규정하고 있거나 중요한 기본권에는 엄격한 심사척도를 적용한다.

[판례 1] "헌법이 보장하는 평등의 원칙은 개인의 기본권 신장이나 제도의 개혁에 있어 법적 가치의 상향적 실현을 보편화하기 위한 것이지, 불균등의 제거만을 목적으로 한 나머지 하향

적 균등까지 수용하고자 하는 것은 결코 아니며, 따라서 국가가 언제 어디에서 어떤 계층을 대상으로 하여 기본권에 관한 상황이나 제도의 개선을 시작할 것인지를 선택하는 것을 방해하지 아니한다."고 하여 이른바 단계적 평등원칙을 수용하고 있는데, 만일 그것이 허용되지 않는다면 "사항과 계층을 대상으로 하여 동시에 제도의 개선을 추진하는 예외적 경우를 제외하고는 어떠한 제도의 개선도 평등의 원칙 때문에 그 시행이 불가능하다는 불합리한 결과"가 초래되기 때문이다(헌재 1991.2.11, 90헌가27; 1998.12.24, 98헌가1).

[판례 2] 헌법 제11조 제1항의 평등원칙은 일체의 차별적 대우를 부정하는 절대적 평등을 의미하는 것이 아니라 입법과 법의 적용에 있어서 합리적인 근거가 없는 차별을 하여서는 아니된다는 상대적 평등을 뜻한다(헌재 1998.9.30, 98헌가7등).

[판례 3] 혼인한 등록의무자 모두 배우자가 아닌 본인의 직계존·비속의 재산을 등록하도록 공직자윤리법이 개정되었음에도 그 부칙에서 개정전 법률에 따라 이미 배우자의 직계존·비속의 재산을 등록한 혼인한 여성 등록의무자는 종전과 동일하게 계속 배우자의 직계존·비속의 재산을 등록하도록 규정한 것은 평등원칙에 위배된다(위헌, 헌재 2021.9.30., 2019헌가3).

4. 차별금지사유와 차별금지영역

(1) 차별금지 사유

"누구든지 성별·종교·사회적 신분에 의하여 차별받지 아니한다."라고 할 때 그 사유는 예시적인 것이다. 예컨대 정치적 신조나 사상 등에 의하여도 차별받아서는 안 되는 것이다.

물론 이 때의 차별은 불합리한 차별을 금지한다는 의미이므로 능력에 따른 합리적 차별은 가능하며, 그런 의미에서 실질적 평등을 의미한다. 그 구체적 사례들을 살펴보자.

첫째, 성별에 의한 차별이란 남녀평등을 의미하는 것으로 합리적 차별의 사례로는 다음과 같은 것들이 있다. ① 동일노동에 대한 남녀의 동일임금 ② 여성노동자의 특별보호(근로기준법 §70 심야노동금지, §73 생리휴가 등) ③ 병역의무의 주체를 남자에 한하는 것 등이다. 강간죄의 주체를 남자에 한하는 형법 §297의 객체는 '부녀(婦女)'에서 '사람'으로 개정되었다(2012). 반면에 여성의 결혼퇴직제는 불합리한 차별로 평가된다. 합리적 차별인지의 구분은 실정법과 판례를 기준으로 한다. 다만 이론적으로는 계속적이고 심도 있는 검토가 필요하다.

둘째, 종교에 의한 차별은 §20의 종교의 자유 내지는 국교부인·정교분리의 원칙에 어긋나는 차별을 말한다. 이 경우 제3자효가 종종 문제된다. 합리적 차별의 사례로는 ① 사립학교에서 교원 채용 시 특정 종교인에 한하여 채용 ② 사립학교에서 특정 종교교육 실시(원칙적으로 강제가 아니어야 함) ③ 크리스마스·석가탄신일의 공휴일 지정(세계적·보편적 풍습으로 인정) ④ 국가적 행사에 교황청 사절을 초청 ⑤ 모든 종교단체에 재정적 지원(조세감면) 등을 들 수 있다. 반면에 불합리한 차별의 사례로는 ① 국·공립학교에서 교원 채용 시 특정 종교인에 한하여 채용 ② 국·공립학교에서 특정 종교교육 실시 ③ 특정 종교(합리적 차별의 ③을 제외한)를 위한 공휴일 지정 ④ 국가적 행사에 특정 종교의식을 거행하는 것 ⑤ 특정 종교단체에 대한 재정지원 등을 생각해 볼 수 있다.

셋째, 사회적 신분에 의한 차별도 금지된다. 신분은 선천적 신분과 후천적 신분으로 구분된다. 선천적 신분은 왕족·귀족·귀화자·전과자 등의 후손으로서 태어나면서부터 갖게 되는 신분을 말하며, 후천적 신분은 공무원·농어민·귀화자·전과자·학생 등으로 자신이 살면서 취득하게 된 신분을 말한다. 그런데 합리적인 차별로 인정되는 경우는 대체로 후천적 신분에 한한다. 합리적 차별의 사례로는 마약 상습범에 대한 가중처벌, 존속살해에 대한 가중형(일본판례에서는 위헌, 日最判 1973.4.4, 昭和45あ1310)을 들어 볼 수 있다. 또 코로나19 사태 때(우리나라의 경우 2020.1~2023.5 약 3년 4개월) 백신을 접종하지 않는 사람들에 대한 공공건물 출입금지는 합리성이 인정된다고 할 수 있다.

반면에 불합리한 차별의 사례로는 귀화자 자녀에 공직 취임 제한을 들 수 있다. 귀화자 본인에 대한 외무공무원에의 취임금지는 합리적 이유가 있는 것으로 본다.

[판례 1] 사회적 신분이란 사회에서 장기간 점하는 지위로서 일정한 사회적 평가를 수반하는 것을 의미하므로 전과자도 사회적 신분에 해당하나, 형법 §35가 누범에 대하여 형을 가중하는 것은 전범에 대하여 형벌을 받았음에도 다시 범행을 하였다는 데 있는 것이지, 전범에 대하여 처벌을 받았음에도 다시 범행을 하는 경우에 전범도 후범과 일괄하여 다시 처벌한다는 것이 아니며, 합리적 근거 있는 차별이어서 헌법상의 평등원칙에 위배되지 아니한다(합헌, 헌

재 1995.2.23, 93헌바43).

[판례 2] 동성동본 혼인금지규정인 민법 제809조 제1항은 '인간으로서의 존엄과 가치 및 행복추구권'을 규정한 헌법이념 및 '개인의 존엄과 양성의 평등'에 기초한 혼인과 가족생활의 성립·유지라는 헌법규정에 정면으로 배치될 뿐만 아니라 남계혈족에만 한정하여 성별에 의한 차별을 함으로써 헌법상의 평등의 원칙에 위반된다(헌법불합치, 헌재 1997.7.16, 95헌가6등).

[판례 3] 공무원임용시험령 §16 [별표 4] 중 5급 공개경쟁채용시험의 응시연령 상한을 '32세까지'로 한 부분은, 32세가 넘으면 그러한 자격요건을 상실한다고 보기 어렵고, 6급 및 7급 공무원 공채시험의 응시연령 상한을 35세까지로 규정하면서 그 상급자인 5급 공무원의 채용연령을 32세까지로 제한한 것은 합리적이라고 볼 수 없으므로, 기본권 제한을 최소한도에 그치도록 요구하는 헌법 §37②에 부합된다고 보기 어렵다(헌법불합치, 헌재 2008.5.29, 2007헌마1105).

[판례 4] 외국인 지역가입자에 대하여 내국인등과 달리 보험료를 체납한 경우에는 다음 달부터 곧바로 보험급여를 제한하는 국민건강보험법 §109⑩은 평등권을 침해한다(헌법불합치, 헌재 2023.9.26., 2019헌마1165).

(2) 차별금지 영역

§11가 "누구든지…정치적·경제적·사회적·문화적 생활의 모든 영역에 있어서 차별을 받지 아니한다."고 할 때의 영역들도 위의 차별금지 사유와 마찬가지로 예시적인 것이다. 다만 그 개념의 포괄성으로 인해 생각해 볼 수 있는 모든 영역을 포함하는 것으로 해석된다. 몇 가지 사례를 들어보자.

첫째, 정치적 영역에 있어서 일정한 전과자에 대한 선거권 제한, 또는 정당에 대한 특권 등은 합리적이다. 반면에 선거구 인구의 현저한 불균형은 위헌이다. 이를 시정하기 위하여 공직선거법 §24는 선거구획정위원회를 두도록 하고 있다. 형사 과실범의 경우 선거권 제한은 문제가 있다.

둘째, 경제적 영역에 있어서는 고용·임금·담세율 등에 있어서 합리적 이유 없이 차별해서는 안 된다.

셋째, 사회적 영역에서는 적서(嫡庶)·남녀 등을 이유로 차별해서는 안 된다. 공무원의 노동3권 제한이나 군인·군무원의 이중배상청구권 제한, 국회의원의 불체포·면책특권과 대통령의 형사상 특권, 기타 경제적 영역에서의 국가유공자의 우선 취업기회 부여(§32⑥)나 여성 및 소년근로자 특별보호 등은 헌법자체가 정책적으로 인정하는 합리적 차별이다.

넷째, 문화적 영역에 있어서는 교육의 기회균등이나 문화향수에 있어서의 균등한 혜택 등을 의미한다.

기타 헌법 각 영역에서 평등권과 관련된 문제가 발생한다. 각 부분에서 다시 상술하기로 하고 여기서는 생략한다.

[판례 1] (☞ 미국 흑백인 공학문제) ① 1896 Plessy v. Ferguson(164 U.S. 537); Seperate but equel(분리하되 평등) ② 1954 Brown v. Board of Education of Topeka(347 U.S. 483); real or substantial equality(진정한 또는 실질적 평등)

[판례 2] 제대군인지원법 §8①③, (구)국가유공자예우등에관한법률 §70에 규정된 2년 이상 현역복무자는 5%, 2년 미만 현역복무자는 3%의 가산점을 6급 이하의 국가·지방공무원시험과 교사임용고시 등에 적용하는 것은 여성 및 제대군인이 아닌 남성을 부당한 방법으로 지나치게 차별하는 것으로서 헌법 §11에 위배된다(위헌, 헌재 1999.12.23, 98헌마363).

[판례 3] 국가유공자 등 예우 및 지원에 관한 법률에서 국가공무원시험 등에서 제한 없이 10%의 가산점을 주는 것은, 가족들의 증가로 수혜의 대상자가 늘어나 결과적으로 일반 공직시험 응시자들의 평등권과 공무담임권을 침해한다(헌재 2006.2.23, 2004헌마675등).

☞ 같은 사안에 대한 헌재 2001.2.22, 2000헌마25 판례 변경

[판례 4] 장기적으로는 출산율의 변화에 따른 병역자원 수급 등 사정을 고려하여 양성징병제의 도입 또는 모병제로의 전환에 관한 입법논의가 사회적 합의 과정을 통해 진지하게 검토되어야 할 것으로 예상되지만, 현재의 시점에서 제반 상황을 종합적으로 고려하여 남성에게 병역의무를 부과한 병역법 조항은 평등권을 침해하지 않는다(합헌, 헌재 2023.9.26., 2019헌마423등).

5. 사회적 특수계급의 부인 및 영전일대의 원칙

"사회적 특수계급의 제도는 인정되지 아니하며, 어떠한 형태로도 이를 창설할 수 없다(§11②)." 또한 "훈장 등의 영전(榮典)은 이를 받은 자에게만 효력이 있고, 어떠한 특권도 이에 따르지 아니한다(§11③)."

그러나 이는 원칙적인 규정이고, 실제로는 국가유공자예우 등에 관한 법률이나 전직대통령에 대한 예우 또는 연금지급 등의 문제가 있다. 따라서 이 규정들은 전근대적인 귀족제도와 같은 특수계급이나 영전의 세습제 등을 부인하는 것으로 새겨야 할 것이다.

제 3 장
자유권

제1절 자유권의 의의

> 군복무 중에 "제대만 하면 무엇이든 할 수 있다."고 생각했다는 이야기를 하는 사람이 많다. 그밖에 살면서 '자유의 존재'를 실감하게 되는 때는 언제일까?

Ⅰ. 의의

자유권은 개인이 그의 자유로운 영역에 대하여 국가로부터 침해나 간섭을 받지 아니할 소극적·방어적 권리로서의 성격을 갖는다. 물론 위법한 침해에는 제거청구권이 있으며 구제절차가 마련되어 있다(청구권 참조).

자유권은 기본권 중에서 가장 먼저 형성된 것이다. 즉 근대 입헌주의가 성립되면서 국가의 국민에 대한 자유침해를 방어하기 위하여 기본권이 주장되었는데 그 당시에 주장되던 기본권의 대부분은 자유권으로서의 성격을 갖는다. 따라서 자유권은 기본권의 핵심적 내용을 이루었다. 그리고 현대에 와서도 그 중요성이 줄어든 것은 아니다. 다만 선진국의 경우, 국가에 의한 기본권 침해사례가 많이 사라진 현실에 따라 국가의 적극적 보호의무가 더 많이 주장되고 있을 뿐이다. 나아가 국가의 적극적 개입을 요청하는 사회권으로 논의의 중심이 옮겨진 상태이다. 우리나라는 그러한 상태에까지 충분히 도달했다고 하기는 어려우며, 아직 자유권의 중요성은 헌법학에서 소홀히 할 수 없는 주제라 하겠다.

Ⅱ. 법적성격

자유권은 초(超) 국가적, 천부적 인권 내지는 전(前) 국가적 자연권성을 갖는 것으로 생각되었다. 이는 근대 초기에 주장되던 때의 상황을 반영한 입장이다. 우리나라에서는 아직도 이렇게 설명하는 입장이 다수설로 보인다(예컨대 권영성 405면, 김철수 554면). 그러나 자유권이 자연권적 성격을 갖는다고 해서 절대적으로 보장되는 권리일 수는 없다. 타인의 기본권이나 내재적 한계에 따른 제한이 있을 수 있으며, 특히 헌법 §37②에 따라 실정법에 의하여 제한될 수 있는 것이다(기본권의 자연권설에 대한 비판은 전술).

자유권을 자연권으로 보는 입장은 당연히 그 주체 문제에서 인간의 권리라고 할 수밖에 없다(물론 우리 헌법규정은 모두 '국민'이라고 하고 있다). 따라서 외국인도 원칙적으로 자유권의 주체가 된다. 그러나 실제로는 자유권의 경우에도 외국인에게 제한되는 경우가 많이 있다. 예컨대 경제적 영역과 관련된 자유권은 대개 외국인에 대한 차별이 인정된다. 또한 외국인도 자유권의 당연한 주체가 된다고 설명하는 것은 외국인에 대한 헌법적 태도가 상호주의에 의한다고 하는 설명과도 모순된다.

자유권은 그 효력에 있어서 구체적·현실적 권리이다. 따라서 헌법상 규정만으로 직접적 효력을 갖는 권리이며 침해 시 재판청구가 가능하다. 즉 다수설이 구체적 입법이 있어야 청구할 수 있다고 사회권을 설명하는 것과 대비된다(사회권 참조). 헌법에 열거되지 아니한 자유권도 보장된다(§37①). 헌법에 규정된 것은 예시적 것이라고 할 수 있으며 해석상 기본권성이 인정되는 경우 국가는 이를 보장하여야 한다. 다만 이를 근거로 모든 자유권을 포괄적 권리라고 하는 것(권영성 406면)은 문제가 있다. 왜냐하면 포괄적 기본권으로 우리 헌법은 §10를 두고 있기 때문이다. 또한 자유권은 그 효력 상 대국가적 방어권이며, 국가권력의 부작위를 요청하는 소극적인 성격을 띤다.

Ⅲ. 자유권의 발달

개별 자유권의 발달순서를 개략적으로 살펴보자. 다만 이는 규정된 시기일 뿐 실제 보장된 시기는 아닐 수도 있다. 예컨대 학자에 따라서는 신체의 자유보다 종교의 자유가 더 먼저 보장되었다고 하는 경우도 있다. 그러나 대체로 신체의 자유(13C)가 자유권 중에서 가장 먼저 보장된 것으로 생각된다. 즉 1215년 영국의 대헌장에서 이미 신체의 자유가 규정되었다. 이는 국왕과의 협상에서 대등한 협상을 위해서는 신체의 자유에 대한 보장이 전제조건이기 때문에 가장 먼저 주장된 것이다. 물론 이 때까지는 일반인에게 적용된 것은 아니며, 귀족들에게 보장된 것이다. 그 후 종교의 자유와 언론의 자유(17C)가 보장되었다. 이것들은 1647년과 1649년의 영국 국민협정에 규정되었다. 재산권(18C)은 1776년 버지니아 권리선언에 규정되었다. 그리고 학문의 자유(19C)는 1848년 프랑크푸르트 헌법에서 확립되었고, 거주이전의 자유와 직업의 자유(20C)는 1919년 바이마르 헌법에서 최초로 규정되었다. 물론 실제로 영국 등에서는 이미 확립되어 있었다.

한편 자유권의 분류방식은 학자마다 다르다. 허영교수는 자유권뿐만 아니라 다른 기본권을 포함하여 영역별로 나누고 있으며, 권영성교수는 자유권·사회권 등으로 나누면서 또 그 안에서 영역별로 분류하고 있다. 계희열교수도 같다. 김철수교수는 주자유권(독일기본법 §2① 인격의 자유로운 발현권)과 파생적 자유권으로 분류하고 있다(김철수 556면). 그러나 분류는 전체적인 파악을 위해서 필요한 것일 뿐 개별 기본권의 성격이 달라지는 것은 아니다. 이 책에서는 자유권·참정권·사회권·청구권의 순서로 기술하되 헌법조문을 일차적 기준으로 하여 영역별로 묶어서 고찰한다.

제2절 신체의 자유

연쇄살인사건(2006~2008)의 피의자 강호순은 "증거를 대는 사건은 모두 자백하겠다."고 했다고 한다. 방배동 서래마을 영아살해 사건, 화성 백골 변사체 사건 등 현대의 사건들은 과학수사, 특히 DNA 검사로 해결되는 경우가 많다. 그렇다면 '가학수사'라는 고문은 완전히 없어졌을까?

Ⅰ. 의의

1. 헌법상의 인신권

(1) 헌법상의 신체의 자유

우리 헌법은 기본권 보장의 전제로서 인신권(人身權)을 보장하고 있다. 헌법은 명문으로는 신체의 자유만을 보장하고 있으나, 생명권은 그 당연한 전제로서 보장되는 것으로 해석되며, 신체불훼손권(身體不毀損權)도 인정된다.

§12는 제1항 제1문에서 신체의 자유의 실체법적 규정을 하고 있다. 여기서의 신체의 자유란 신체활동의 임의성을 보호한다는 것, 즉 법률과 적법절차에 의하지 아니하고는 신체에 대하여 어떠한 제한을 할 수 없다는 것을 의미한다.

또한 §12① 후단에서부터 ⑦까지는 절차법적 규정들을, §13는 법률유보에서의 기준으로 일사부재리·소급입법금지·연좌제금지 등을, §27와 §28는 형사피고인의 권리로서 공정한 재판을 받을 권리와 형사보상청구권을 규정하였다.

헌법상의 규정들로는 지나치게 자세한 감이 있으며, 형사소송법을 비롯한 법률의 규정과 중복되는 규정도 다수 있다. 이는 그동안 우리나라에서 신체의 자유가 제대로 보장되지 못해 왔다는 사실을 반영하는 것이다. 그러나 최근에는 헌법재판소의 활동과 권위주의적 정권의 퇴진으로 인해 신체의 자유에 대한 보장의 정도가 높아졌다고 생각된다. 구체적 내용들은 아래에서 살펴본다.

(2) 생명권

> 2011년 7월 22일 노르웨이. 무슬림을 증오하고 다문화를 배격해 온 극우주의자 아네르스 베링 브레이비크의 정부청사에 대한 폭탄 테러와 이민자에게 관대한 정책을 펴온 집권 노동당 청소년캠프 행사장에서의 총기 난사로 77명이 사망하였다. 그런데 노르웨이는 사형과 무기징역이 없어서 그가 받은 형은 법정 최고형인 징역 21년이었다. 현재 교도소에서 오슬로 대학강의를 청강한다고 한다. 사건 당시 32살이었던 그는 모범수로 인한 가석방을 고려하지 않는다면 오십 대 초반에 사회에 복귀한다. 사형제도가 없는 것이 과연 바람직한가?

헌법상의 규정은 없으나 생명권은 신체의 자유뿐만 아니라 모든 기본권의 전제가 되는 것이다. 그 근거를 인간의 존엄과 가치 규정에서 찾는 견해(김철수 431면)와 신체의 자유의 전제로서 근거를 찾는 견해(다수설) 등이 있다. 미국독립선언(1776)·일본헌법(1946)·세계인권선언(1948)·Genocide 금지조약(1948) 등에 명문화되었다.

생명권의 내용은 생명에 대한 사회적·법적 평가를 불허하는 것이다. 인간의 존엄성 보장을 위하여 당연히 전제되는 것이며, 국가목적의 단순한 수단일 수 없다는 것이다. 생명권의 보장과 관련하여 많은 문제들이 야기된다. 예컨대 사형제도는 합헌인가의 여부가 오랫동안 논란을 빚어 왔다. 독일의 경우 헌법에 명문으로 이를 폐지한다고 규정하고 있으나(독일 기본법 §102), 우리는 그런 규정은 없고 판례는 이를 합헌으로 보지만 논란은 계속되고 있다. 왜냐하면 이는 가치관의 문제와 밀접한 관련이 있기 때문이다. 기본권이론에서도 생명권은 특이한 성격을 갖는데, 기본권 제한이 있을 수 없고 생명권에 대한 보장 또는 박탈만 있을 수 있다. 생명권과 관련하여 헌법상 사형제도 규정(§110④ 비상계엄 하의 사형규정) 외에 뇌사·심장사문제, 낙태문제, 장기이식과 복제인간 등이 문제되고 있다. 안락사(존엄사)문제와 관련하여 존엄사법(호스피스·완화의료 및 임종과정에 있는 환자의 연명의료 결정에 관한 법률)이 제정되었다(2016).

이 중 낙태문제를 생각해 보자. 낙태문제는 우리나라를 비롯하여 세계적으로 계속 논란이 되어 왔다. 참고로 독일의 경우를 보면, 통일 전 서독에서는 연방헌법재판소의 낙태허용에 대한 위헌결정으로 낙태죄는 3년 이하의 징역(임부는 1년 이하)에 처하도록 되어 있었으나, 동독의 경우는 12주 이내에는 임신중절이 허용되었다. 통일 후 구 동서독 지역에 이를 각각 분리 적용함에 따라 낙태 여행이 유행한 바 있다. 현재는 연방헌법재판소의 제2차 낙태결정(1993.5.28)으로 낙태허용은 위헌이나 임신초기에는 의사의 상담을 거쳐 중절을 허용하는 것으로 잠정 조치되었다.

[판례 1] 인도적 또는 종교적 견지에서는 존귀한 생명을 빼앗아 가는 사형제도는 모름지기 피해야 할 일이겠지만 한편으로는 범죄로 인하여 침해되는 또 다른 귀중한 생명을 외면할

수 없고 사회공공의 안녕과 질서를 위하여 국가의 형사정책상 사형제도를 존치하는 것도 정당하게 긍인할 수밖에 없는 것이므로 형법 제338조가 그 법정형으로 사형을 규정하였다 하더라도 이를 헌법에 위반되는 조문이라 할 수 없다(대판 1987.9.8, 87도1458).

[판례 2] 사형이 비례의 원칙에 따라서 최소한 동등한 가치가 있는 다른 생명 또는 그에 못지않은 공공의 이익을 보호하기 위한 불가피성이 충족되는 예외적인 경우에만 적용되는 한 생명권의 박탈이라 해도 기본권의 본질적 내용을 침해하는 것은 아니다(합헌, 헌재 1996.11.28, 95헌바1).

[판례 3](☞ 존엄사 판결) 회복불가능한 사망의 단계에 이른 후에는, 의학적으로 무의미한 신체 침해 행위에 해당하는 연명치료를 환자에게 강요하는 것이 오히려 인간의 존엄과 가치를 해하게 되므로, 이와 같은 예외적인 상황에서 죽음을 맞이하려는 환자의 의사결정을 존중하여 환자의 인간으로서의 존엄과 가치 및 행복추구권을 보호하는 것이 사회상규에 부합되고 헌법정신에도 어긋나지 아니한다. 그러므로 회복불가능한 사망의 단계에 이른 후에 환자가 자기결정권을 행사하는 것으로 인정되는 경우에는 특별한 사정이 없는 한 연명치료의 중단이 허용될 수 있다(대판 2009.5.21, 2009다17417).

[판례 4](☞ 위 판례3의 내용에 대한 헌재의 판시) 환자가 장차 죽음에 임박한 상태에 이를 경우에 대비하여 미리 의료인 등에게 연명치료 거부 또는 중단에 관한 의사를 밝히는 등의 방법으로 죽음에 임박한 상태에서 인간으로서의 존엄과 가치를 지키기 위하여 연명치료의 거부 또는 중단을 결정할 수 있다 할 것이고, 위 결정은 헌법상 기본권인 자기결정권의 한 내용으로서 보장된다(헌재 2009.11.26., 2008헌마385).

[판례 5] 자기낙태죄 조항(형법 §269①)은 모자보건법이 정한 예외를 제외하고는 임신기간 전체를 통틀어 모든 낙태를 전면적·일률적으로 금지하고, 이를 위반할 경우 형벌을 부과함으로써 임신의 유지·출산을 강제하고 있으므로, 임신한 여성의 자기결정권을 제한한다(헌법불합치, 헌재 2019.4.11.2017헌바127). ☞ 헌재가 제시한 개정시한 2020.12.31.이 지나서 해당 조문과 의사 처벌 조항(형법 §270①)이 효력상실. 헌재가 제시한 임신 22주 이후의 낙태금지도 허용되는 결과가 되어 버렸다.

(3) 신체불훼손권

신체불훼손권은 신체의 자유와는 다른 것으로 신체를 다치거나 이로 인해서 고통을 당하지 않을 권리를 말한다. 독일기본법 §2②은 "누구나 생명권과 신체불훼손권을 갖는다. 신체의 자유는 불가침이다. 이 권리들은 법률에 근거해서만 제한될 수 있다."고 하여 생명권과 신체의 자유와 더불어 병렬적으로 규정하고 있으나 우리는 이 중 신체의 자유만 규정하고 있다. 개념적으로 신체의 자유 규정(§11)에서 당연히 도출되는 것으로 이해할 수는 없다. 그러나 국가는 국민의 신체를 건전하게 유지할 수 있도록 보호해야 할 것이다. 이를 열거되지 아니한 기본권으로 논의가 계속되는 것은, 만약 이를 확실한 기본권으로 인정할 경우는 국가가 범죄 또는 안전사고와 관련한 신체의 훼손에 대하여 보호의무 내지는 손해배상책임이 있다고 해야 하기 때문이다.

장기 등 이식에 관한 법률(1999)은 장기매매를 금지하고 있으며, 뇌사판정기준과 판정절차를 정하고 있다.

[판례] 성폭력범죄를 저지른 성도착증 환자의 동종 재범을 방지하기 위한 성충동 약물치료는 정당성이 인정되나, 장기형이 선고되는 경우 치료명령의 선고시점과 집행시점 사이에 상당한 시간적 간극이 있어 불필요한 치료를 막을 수 있는 절차가 마련되어 있지 않아서 과잉금지원칙에 위배되어 신체의 자유를 침해한다(헌법불합치, 헌재 2015.12.23, 2013헌가9).

2. 신체의 자유의 연혁

신체의 자유는 위에서 본 대로 다른 기본권들을 보장받기 위한 전제조건이라고 할 수 있다. 따라서 기본권이 주장될 때 가장 먼저 주장된 것이다. 그래서 1215년 영국의 대헌장에 이미 신체의 자유에 대한 규정이 나오는데 특히 1225년 대헌장 개정 시 '국법에 따라' 신체의 자유를 제한할 수 있다는 규정을 삽입하였다. 그 후 1679년 영국의 인신보호법은 신체의 자유와 관련하여 여러 규정을 두었고 특히 구속적부심사(拘束適否審査) 제도를 최초로 규정하였다. 이후 1776년의 버지니아 권리선언과 1789년 프랑스 인권선언 §7와 §8 등에 규정되었고, 대부분의 헌법들은 인신에 대한 보호를 규정하고 있다.

Ⅱ. 내용

1. 법적성격과 주체

신체의 자유는 자유권 중에서 정신적 자유권과 더불어 가장 기본적 권리라고 할 수 있다. 그 연혁적인 의미에서 천부인권적 성격이 강한 기본권이다. 또한 인간의 존엄과 더불어 민주주의 발전의 기본이 되었다. 주관적 공권성이 특히 강하고, 제한이 가능하고 또 필요한 이른바 상대적 기본권이다.

신체의 자유의 향유 주체는 국민만이 아니라 외국인도 포함하는 것으로 보아야 하고 따라서 인간으로서의 권리라고 할 것이다. 물론 그 성격상 신체를 갖고 있지 않은 법인에 대해서는 신체의 자유를 보장할 실익이 없다.

2. 실체적 보장

(1) 죄형법정주의

> 헌법 §13①
> 모든 국민은 행위시의 법률에 의하여 범죄를 구성하지 아니하는 행위로 소추되지 아니하며, 동일한 범죄에 대하여 거듭 처벌받지 아니한다.

죄형법정주의란 죄와 형벌은 법률로써만 인정한다는 원칙이다. "법률 없으면 범죄 없고 법률 없으면 형벌 없다(nullum crimen sine lege, nulla poena sine lege praevia)." 이때의 법률은 형식적 의미의 법률을 의미한다. 따라서 관습형법에 의하여 처벌할 수 없다. 즉 성문형법주의를 의미하며 형벌규정의 일반적·포괄적 위임이 금지된다. 또한 유추해석이 금지되며, 절대적 부정기형(不定期刑)도 금지된다. 형벌불소급의 원칙은 뒤에서 따로 살펴본다.

> [판례 1] 법치국가원리의 한 표현인 명확성의 원칙은 기본적으로 모든 기본권제한입법에 대하여 요구된다. 규범의 의미내용으로부터 무엇이 금지되는 행위이고 무엇이 허용되는 행위인지를 수범자가 알 수 없다면 법적 안정성과 예측가능성은 확보될 수 없게 될 것이고, 또한 법집행당국에 의한 자의적 집행을 가능하게 할 것이기 때문이다. 또한 이러한 법률의 명확성에 대한 요구는 적법절차나 죄형법정주의가 적용되는 영역에서는 그 밖의 일반적인 경우보다도 더욱 엄격하게 요구된다(헌재 2000.2.24, 98헌바37).

> [판례 2] 재개발·재건축·도시환경정비사업을 시행하는 조합 등으로 하여금 '중요한 회의'가 있는 때에는 속기록·녹음 또는 영상자료를 만들도록 하고, 이를 위반한 경우 조합임직원 등을 처벌하는 구 '도시 및 주거환경정비법' 규정은 독자적인 판정기준이 될 수 없어 그 해당여부가 안건에 따라 정해지는지, 실제 의결된 내용에 따라 정해지는지 여부조차 예측할 수 없으므로 죄형법정주의의 명확성원칙을 위반한 것이다(헌재 2011.10.25, 2010헌가29).

> [판례 3] 다른 법령에 근거한 '지정 또는 고시·공고'를 범죄구성요건의 일부로 차용하고 있는 법률조항은 하위법령에 구성요건의 형성을 '위임'하고 있는 위임입법이 아니다. 그런데 산업기술의 유출방지 및 보호에 관한 법률 제2조 등이 관계 법령에 따른 지정 또는 고시·공고의 근거법령을 구체적으로 특정하지 아니하여, 그 문언만으로는 수범자가 자신의 행위가 금지되

는지 아닌지를 정확하게 예측하고 자신의 행위를 결정할 수 없게 하므로, 죄형법정주의의 명확성원칙에 위배된다(위헌, 헌재 2013.7.25, 2011헌바39).

(2) 형벌불소급의 원칙

§13①은 형벌불소급(刑罰不遡及)의 원칙을 규정하고 있다. 이는 행위 시의 법률에 의하지 아니한 행위로 소추되지 아니한다는 원칙이다. 즉 행위 시에 존재하는 법률에 의한 처벌만 인정하고 사후입법에 의한 처벌을 금지하는 것이다. 이 형벌불소급의 원칙은 법적 안정성과 기득권을 존중하려는 것이다. 따라서 범죄자에게 유리하면 소급해서 적용할 수 있다. 즉 형법 §1②은 무죄로 되거나 형이 가벼워지면 신법에 의하게 하고 있고, 형법 §1③은 형 확정 후 범죄를 구성하지 않게 되면 형 집행을 중지하도록 규정하고 있다. 한편 §13②도 소급입법에 의한 참정권의 제한과 재산권 박탈을 금지하고 있다.

다만 이 원칙은 우리 헌정사에서 몇 번의 예외가 있었다. 비교적 최근의 사례로는 「헌정질서파괴범죄의 공소시효 등에 관한 특례법」(1995)과 「5·18민주화운동 등에 관한 특별법」(1995)이 제정되어 소급입법 여부가 문제되었으나 헌법재판소는 이를 합헌으로 보았다(헌재 1996.2.16, 96헌가2 등). 독일의 경우 공소시효를 연장하는 규정을 소급 적용한 것이 합헌이라는 판례가 있다(BVerfGE 25, 269). 참고로 우리 형사소송법은 사형에 해당하는 살인죄의 공소시효를 폐지하였다(법 §253-2).

[판례 1] 전자장치 부착을 통한 위치추적 감시제도가 처음 시행될 때 부착명령 대상에서 제외되었던 범죄자 중 3년이 경과되지 않았던 사람들에 소급하여 부착하도록 한 '특정 범죄자에 대한 위치추적 전자장치 부착 등에 관한 법률' 규정에서, 이 부착명령은 형벌과 구별되는 비형벌적 보안처분으로서 소급효금지원칙이 적용되지 아니한다(헌재 2012.12.27., 2010헌가82 등).

[판례 2] (☞ 성폭력범죄의 처벌 등에 관한 특례법 제21조) DNA 증거 등 그 죄를 증명할 수 있는 과학적인 증거가 있는 특정 성폭력범죄는 공소시효를 10년 연장하는 조항은 명확성원칙, 평등원칙에 위배되지 않는다. 또 연장조항 시행 전에 범한 죄로 아직 공소시효가 완성되지 아니한 것에 대하여 연장조항을 적용하는 조항은 형벌불소급의 원칙, 신뢰보호원칙에 위배되지 않는다(합헌, 헌재 2023.5.25., 2020헌바309등).

(3) 일사부재리의 원칙

일사부재리(一事不再理)의 원칙이란 동일한 범죄로 인하여 거듭 처벌받지 아니한다는 원칙이다. 따라서 일사부재벌(一事不再罰)의 원칙이라는 것이 정확한 표현이며, 거듭처벌금지의 원칙이라고도 한다. 이는 실체적 확정력(기판력)이 생긴 경우(판결선고 시; 민사재판의 경우 변론종결 시)에 다시 심리하여 처벌할 수 없다는 것이다. 예외적으로는 재심이 가능하나 피고인에게 유리한 경우에 한한다.

일사부재리의 원칙과 유사한 것으로 영미법 계통의 이중위험금지의 원칙(double Jeopardy rule)이 있다. 미국 수정헌법 §5는 "누구든지 동일한 범행으로 생명이나 신체에 대한 위협을 재차 받지 아니한다."고 규정하였다. 이것은 판결확정 시가 아니라 일정한 단계에 이르면 주장할 수 있으며 동일한 절차의 반복금지를 의미한다. 예컨대 같은 사안에 대해 동일인을 반복해서 수사를 할 수 없다는 것이다. 이는 수사절차상의 원칙이며 본인이 포기할 수 있다는 점에서 일사부재리의 원칙과는 약간 다른 것이며, 더 포괄적 보호가 가능하다.

[판례 1] 사회보호법상의 보호감호처분은 형사처벌이 아니어서 일사부재리의 원칙에 위배되지 않는다(헌재 1991.4.1, 89헌가17등).

[판례 2] 무허가 건축행위에 대해 벌금형이 선고되었음에도 불구하고 관할구청장이 시정조치를 이행하지 않고 있다는 이유로 과태료부과처분을 하더라도, 벌금형은 무허가 건축행위 자체를 위반한 것에 대해 가해진 것임에 반해, 과태료는 위법건축물의 방치를 막고자 행정청이 시정조치를 요구하였음에도 불구하고 이를 이행하고 있지 않다는 이유로 행정명령의 실효성을 확보하기 위해 과해진 것이므로 양자는 보호법익과 목적에 있어 차이가 있고, 따라서 헌법이 금지하고 있는 이중처벌이라 볼 수 없다(헌재 1994.6.30., 92헌바38).

[판례 3] 형법 §57①은 해당 법관으로 하여금 미결구금일수를 형기에 산입하되, '또는 일부분'이라 하여 그 미결구금일수 중 일부만을 본형에 산입할 수 있도록 하고 있는바, 이는 헌법상 무죄추정의 원칙 및 적법절차의 원칙 등을 위배하여 신체의 자유를 침해한다(위헌, 헌재 2009.6.25., 2007헌바25).

[판례 4] 외국에서 형의 전부 또는 일부의 집행을 받은 자에 대하여 형을 감경 또는 면제할 수 있도록 규정한 형법 제7조에서 전혀 반영하지 않을 수 있는 부분은 신체의 자유를 침해한다(헌법불합치, 헌재 2015.5.28., 2013헌바129). ☞ 2016년 "산입한다."로 형법 개정.

(4) 연좌제의 금지

헌법 §13③
모든 국민은 자기의 행위가 아닌 친족의 행위로 인하여 불이익한 처우를 받지 아니한다.

연좌제(連坐制)의 금지란 자기의 행위가 아닌 타인의 행위로 인하여 불리한 처분을 받지 아니한다는 원칙이다. 이를 형사책임 개별화의 원칙 또는 자기책임의 원칙이라고도 한다. 근대 이전에는 범죄의 예방을 위하여 연좌제가 당연시되었으나 근대 형법이 확립되면서 이를 폐지하기에 이르렀다. 동양에서도 반역의 경우 구족(九族)을 멸하던 관행이 그것이다. 지난 헌법(1980)에 처음 명문화되었다.

연좌제(緣坐制)는 친족의 범죄와 관련된 것을, 연좌제(連坐制)는 기타 관련자의 범죄와 관련된 것으로 구분하기도 한다. 판례는 상급자의 하급자 행위에 대한 책임은 연좌제가 아닌 감독책임이라고 하고 있다.

[판례 1] 양성화대상 건축물의 정리등에 관한 사항을 심의의결하는 특정건축물정리 심의위원회 위원장 직무대행자가 담당직원 1인에게 그 신고서류에 대한 검토를 전담시키고 확인조치를 취하지 아니하여 담당직원이 신고인들과 결탁하여 허위의 신고서류를 심의에 회부하도록 방치함으로써 부당 양성화조치가 이루어지게 되었다면, 이는 부하 직원에 대한 감독을 소홀히 하는 등 직무상 성실의무를 위배하였다고 할 것이다(대판 1987.4.14., 86누183).

[판례 2] 헌법 제13조 제3항은 '친족의 행위와 본인 간에 실질적으로 의미 있는 아무런 관련성을 인정할 수 없음에도 불구하고 오로지 친족이라는 사유 그 자체만으로' 불이익한 처우를 가하는 경우에만 적용되기 때문에 원칙적으로 회계책임자가 친족이 아닌 이상, 회계책임자가 300만 원 이상의 벌금을 선고받은 경우 후보자의 당선을 무효로 하고 있는 구 공직선거법 규정은 적어도 헌법 제13조 제3항의 규범적 실질내용에 위배될 수는 없다(헌재 2010.3.25, 2009헌마170).

(5) 형사피고인의 무죄추정원칙

헌법 §27④
형사피고인은 유죄의 판결이 확정될 때까지는 무죄로 추정된다.

§27④은 형사피고인의 무죄추정원칙을 규정하고 있다. 이 규정은 1980년 헌법에 신설된 것인데, '의심스러울 때는 피고인의 이익을 위하여' 라는

형법의 원칙을 규정한 것으로 볼 수 있다. 즉 형사피고인의 부당한 인권침해를 방지하고자 하는 것이 이 원칙의 취지이다.

여기서 형사피고인은 피고인(被告人)뿐만 아니라 무죄의 개연성이 더 높다고 할 수 있는 피의자(被疑者)를 당연히 포함하는 것으로 해석된다. 그리고 유죄의 판결이란 형의 선고뿐만 아니라 형의 면제나 집행유예를 포함하는 것이다. 따라서 유무죄의 판단이 아니라 형식적 요건의 판단에 따른 면소판결(免訴判決)은 제외된다. 유죄의 입증책임은 검사에게 있다. 이는 기소독점주의에 따른 당연한 결과이다.

[판례 1] 관세법을 위반한 범인이 당해 관서에 출두하지 아니하거나 도주한 때 및 그 물건이 압수된 날로부터 4개월이 경과한 때라는 두 가지 요건만 충족되면 '별도의 재판이나 처분 없이' 압수물품을 국고에 귀속되도록 한 관세법규정은 유죄판결이 확정되기도 전에 무죄의 추정을 받는 자의 소유에 속한 압수물건을 국고에 귀속하도록 함으로써 실질적으로 몰수형을 집행한 것과 같은 효과를 발생케 하는 것으로서 헌법 §27④(무죄추정의 원칙)에 위반된다(위헌, 헌재 1997.5.29, 96헌가17).

[판례 2] 지방자치단체의 장이 금고 이상의 형을 선고받고 그 형이 확정되지 아니한 경우 부단체장이 그 권한을 대행하도록 규정한 지방자치법 제111조 제1항 제3호는 자치단체장의 공무담임권을 침해하고 무죄추정의 원칙에 저촉된다(헌법불합치, 헌재 2010.9.2, 2010헌마418)

☞ 합헌결정된 헌재 2005.5.26, 2002헌마699 · 2005헌마192 판례변경.

[판례 3] 수형자라 하더라도 확정되지 않은 별도의 형사재판에서만큼은 미결수용자와 같은 지위에 있으므로, 형사재판 출석 시 아무런 예외 없이 사복착용을 금지하고 재소자용 의류를 입도록 하는 것은 공정한 재판을 받을 권리를 침해한다(헌재 2015.12.23, 2013헌마712).

3. 절차적 보장

(1) 적법절차의 보장

헌법 §12①
…누구든지 법률에 의하지 아니하고는 체포·구속·압수·수색 또는 심문을 받지 아니하며, 법률과 적법한 절차에 의하지 아니하고는 처벌·보안처분 또는 강제노역을 받지 아니한다.

1) 의의

적법절차의 보장은 현행헌법에 신설된 규정이다. 이 적법절차의 보장은 미국연방헌법 수정 §5와 §14에서 규정하고 있는 적정한 법의 절차(due process of law)로서 공정하고 합리적인 절차를 의미한다. 이는 영국의 대헌장과 권리청원, 그리고 일본헌법 §31도 규정하고 있는 것이다.

지난 헌법에서는 '법률에 의하지 아니하고는'이라는 규정만 있는 법률주의였다. 즉 체포·구금·압수·수색·심문·처벌·보안처분의 경우 법률주의에 의하였고, 징역형과 노역장유치 등에 수반되는 강제노역은 형의 선고(宣告)주의였다(법관유보). 반면에 현행헌법에서는 체포·구속·수색·압수·심문은 법률주의를, 처벌·보안처분·강제노역의 경우에는 법률주의와 적법절차주의를 동시에 규정하고 있다. 이는 강제노역의 경우 법관유보보다 더 넓은 개념으로 후퇴한 측면이 있으며, 독일식 표현인 법률주의에 영미식 표현인 적법절차를 동시에 규정함으로써 양 개념의 해석에 있어서 혼란을 야기하였다. 왜냐하면 독일식의 법률주의에도 적정한 절차에 따라야 한다는 것이 해석상 포함되는 것이기 때문이다. 그러한 개념상의 혼란에도 불구하고 현행헌법이 적법절차원리를 규정한 것은 1972년 헌법 하에서 도입된 보안처분이 남용되던 관행을 방지하고자 하는 야당의 주장이 받아들여져서 보안처분을 할 때 '적법절차'에 의하도록 규정한 것이다.

2) 내용

적법절차라고 할 때의 법은 국회에서 제정한 형식적 의미의 법률 뿐 아니라 일체의 법규범을 의미한다. 그리고 절차의 단순한 적법(適法) 뿐 아니라 적정(適正)까지 포함하는 것이다. 또한 적법절차는 형사절차 뿐만 아니라 행정상 절차에도 적용되고 있으며, 절차적 차원의 적법성에서 실체적 차원의 적법성에까지 그 개념이 확장되고 있다. 적용범위도 신체의 자유뿐만 아니라 모든 자유와 재산의 제한에 적용된다.

[판례 1] 유치장에 수용되는 자에게 실시하는 신체검사는 일정한 범위 내에서 필요성과 타당성은 인정된다 할 것이나, 현행범으로 체포된 여자들로서 체포될 당시 흉기 등 위험물을 소지·은닉하고 있었을 가능성이 거의 없었고, ······특히 옷을 전부 벗긴 상태에서 실시한 신체수색은 심한 모욕감과 수치심만을 안겨 주었다고 인정하기에 충분하며 인간으로서의 기본적 품위를 유지할 수 없도록 하는 것으로서 수인하기 어려운 정도라고 보여지므로 헌법 §10의

인간의 존엄과 가치로부터 유래하는 인격권 및 §12의 신체의 자유를 침해하는 정도에 이르렀다(헌재 2002.7.18., 2000헌마327).

[판례 2] 법원의 수사서류 열람·등사 허용 결정에도 불구하고 검사가 해당 수사서류의 등사를 거부한 검사의 행위는 신속하고 공정한 재판을 받을 권리 및 변호인의 조력을 받을 권리를 침해한다. 열람만을 허용하고 등사를 거부하는 경우에도 마찬가지이다.(위헌확인, 헌재 2017.12.28., 2015헌마632).

[판례 3] DNA감식시료채취영장 발부 과정에서 채취대상자에게 자신의 의견을 밝히거나 영장 발부 후 불복할 수 있는 절차 등에 관하여 규정하지 아니한 '디엔에이신원확인정보의 이용 및 보호에 관한 법률'(2010) 제8조는 재판청구권을 침해한다(헌법불합치, 헌재 2018.8.30., 2016헌마344등).

보안처분이란 사회에 위험한 자나 위험이 우려되는 자를 일정기간 사회로부터 격리 또는 감시하는 처분으로 범죄예방이 목적이며, 범죄의 대가로 주어지는 형벌과는 다른 것이다. 그 유형으로는 보호처분(소년법 §32), 치료감호(치료감호법 §2), 보호관찰(성폭력처벌법 §16), 거주지제한(보안관찰법 §4) 등이 있다. 보호감호제도는 사회보호법의 폐지(2005)에 따라 없어졌는데 최근 필요성이 제기되어 보호수용이라는 명칭으로 재도입이 추진되고 있다.

또 다음의 두 가지 보안처분은 약간 성격이 다르다. 즉 소년법상의 보안처분은 범죄행위를 요건으로 하며 법원의 결정에 의한 보안처분인 데 반해서, 보안관찰법, 마약류관리에 관한 법률, 보호관찰 등에 관한 법률, 감염병의 예방 및 관리에 관한 법률 등에서의 보안처분은 범죄행위를 요건으로 하지 않으며 행정기관에 의한 보안처분이다. 보안관찰법에 따르면 검사의 청구, 보안관찰처분심의위원회, 법무부장관의 결정 등의 절차를 통하여 이루어진다.

[판례] 보호의무자 2인의 동의와 정신건강의학과 전문의 1인의 진단으로 정신질환자에 대한 보호입원이 가능하도록 한 정신보건법 규정은 신체의 자유를 침해한다(헌법불합치, 헌재 2016.9.29., 2014헌가9).

(2) 고문금지

헌법 §12②
모든 국민은 고문을 받지 아니하며…

§12②전단은 고문금지를 규정하고 있다. 고문이란 자백을 강제하기 위하여 가해지는 폭력을 말한다. 이는 자백의 증거능력 및 증명력을 제한하는 §12⑦과 연결되어 인간의 존엄성을 훼손하는 대표적 사례인 고문을 금지한다는 명문의 규정이다. 너무나 당연한 규정이나 1980년대 박종철 고문치사사건 등의 실제 사례가 있었으므로 이를 강조하고 있는 것이다.

　　경찰·검찰·국가정보원 등의 공무원에 의한 고문은 불법행위로서 손해배상책임이 발생한다. 형법 §125의 형사상의 책임(5년 이하의 징역)도 져야 한다.

[판례](☞ 과거사 국가배상청구 '소멸시효' 사건) 국가가 소속 공무원들의 조직적 관여를 통해 불법적으로 민간인을 집단 희생시키거나 장기간의 불법구금·고문 등에 의한 허위자백으로 유죄판결을 하고 사후에도 조작·은폐를 통해 진상규명을 저해하였음에도 불구하고, 과거사정리법이 그 불법행위 시점을 민법 §166①, §766②의 '객관적 기산점'을 적용하여 소멸시효의 기산점으로 삼는 것은 합리적 이유가 인정되지 않는다(헌재 2018.8.30., 2014헌바148등).

(3) 형사상 불리한 진술거부권

헌법 §12②
…형사상 자기에게 불리한 진술을 강요당하지 아니한다.

　　§12②은 형사상 불리한 진술거부권을 규정하고 있다. 묵비권(默秘權)이라고도 하는데, 16C 후반 영국의 판례에서 형성된 권리이다. 미국연방헌법 수정 §5는 이를 자기부죄거부(自己負罪拒否)의 특권(Privilege against self-incrimination)으로 규정하였다.

　　형사상 불리한 진술거부권을 갖는 모든 국민은 피고인·피의자·증인 등 형사사건과 관련된 모든 국민이다. 또 불리한 진술이란 형사상 어떤 사실을 진술함으로써 유죄판결의 기초가 되거나 양형상 불리하게 되는 진술을 의미하는데, 구두진술이나 문서진술을 포함하는 개념이다. 형사상 불리한 진술을 거부할 수 있는 것이므로 단순히 자신의 명예나 성실성 침해 또는 민사·행정상 불리한 진술거부는 인정되지 않는다.

　　또 자기에게 불리한 진술거부권을 갖는 것이므로 단순한 친구나 제삼자를 위한 진술거부는 부인되지만, 배우자와 공범 또는 친족에게 불리한 진술거부는 인정된다.

이와 관련하여 거짓말탐지기의 사용이 허용되는 것인지가 문제된다. 판례는 이를 허용한다. 다만 당사자의 동의를 얻어야 하고 그 증거능력을 제한하여 참고자료로만 활용되므로 부당하다고 할 수는 없다.

[판례 1] (☞ 경찰공무원의 음주측정요구와 그에 불응할 경우 형사처벌하도록 하고 있는 도로교통법 §41, §107-2에 대한 위헌법률심판사건) '진술'이라 함은 언어적 표출, 즉 생각이나 지식, 경험사실을 정신작용의 일환인 언어를 통하여 표출하는 것을 의미하는 데 반하여 "호흡측정"은 신체의 물리적·사실적 상태를 그대로 드러내는 행위에 불과한 것으로서 "진술의 등가물(等價物)"로 평가될 수 없고, 측정결과 밝혀질 객관적인 혈중알콜농도는 당사자의 의식으로부터 독립되어 있어 당사자가 이에 대해 지배력을 행사할 수 없는 "신체검사"로서의 성격을 가지므로 진술거부권의 침해로 볼 수 없다(헌재 1997.3.27., 96헌가11).

[판례 2] 성폭력범죄의 처벌 등에 관한 특례법이 등록대상자에게 신상정보 및 변경정보의 제출의무를 부과하고 있는데, 그 제출이 '형사상' 자기에게 불리한 진술이라고 할 수 없고, 이로 인하여 진술거부권이 제한된다고 볼 수 없다(헌재 2016.9.29., 2015헌마913).

(4) 영장제도

1) 영장제도의 의의

영장제도는 사법권의 독립에 의하여 그 신분이 보장되는 법관을 인신의 자유를 제한하는 수사과정에 참여시킴으로써 인신보호를 강화하려는 것이다. 따라서 사전영장주의가 원칙이며 이는 가장 대표적 사전구제책이라 할 수 있다. 헌법은 체포·구속·압수·수색의 경우와 주거에 대한 압수·수색의 경우 법관이 발부한 영장을 제시하도록 하고 있다(§12③, §16). 형사소송법은 구속영장(형소법 §75)과 압수·수색영장(법 §114)외에도 검사가 신청하여 판사가 발급하며 48시간 내에 구속영장을 신청해야 하는 체포영장제(법 §200-2)와 구속 전 피의자심문제도(영장실질심사제; 법 §201-2)를 규정하였는데 모두 인신보호를 위한 사전영장제도의 구체화이다. 영장실질심사제는 구속영장이 청구되면 지체 없이, 특별한 사정이 없으면 다음 날까지 심문하도록 하였다(법 §201-2①).

한편 예외적으로 검사의 지휘에 따라 사후영장주의를 적용할 수 있다. 즉 현행범과 준현행범(추적되는 도중, 흉기소지, 현저한 흔적, 누군지 물음에 도망하려는 자; 형소법 §211)의 경우 누구든지 영장 없이 체포가 가능하다(형소법 §211). 물론 50만 원 이하의 벌금이나 구류·과료에 해당하는 경미한 범죄의 경우는 주거부정에 한하여 영장 없이 체포할 수 있다(법 §214). 현행범인 외에도 장기 3년 이상의 형에 해당하는 죄를 범하고 도피 또는 증거인멸의 염려가 있을 때에는 사후에 영장을 청구할 수 있다(§12③ 단서). 이것은 형사소송법상의 긴급체포의 경우(법 §200-3)로서, 48시간 내 영장을 발부받아야 한다(법 §200-4).

사전영장주의의 또 다른 예외로 비상계엄시의 특별한 조치를 들 수 있다. 그러나 전면적인 영장주의의 배제는 허용되지 않는다. 또 행정절차의 경우 순수한 행정목적을 달성하기 위해서는 영장주의가 적용되지 않는다(뒤에 설명).

2) 영장발부의 요건과 절차

헌법과 형사소송법은 체포·구속·수색·압수의 경우 영장이 발부되어야 한다고 규정하고 있다. 체포(逮捕)는 피의자의 일시유치를, 구속(拘束)은 피의자의 계속유치를, 수색(搜索)은 물건·사람을 발견하기 위한 검색을, 압수(押收)는 증거·압수물의 점유이전을 각각 의미한다.

영장의 발부는 형사소송법 등의 규정에 따라 적법절차에 의하여 검사가 신청하여 법관이 발부한다. 영장에는 피의사실, 집행의 대상, 유효기간 등 구체적인 내용을 기재하여야 한다(형사소송규칙 §95, §107 등). 구체적 내용을 기재하지 않는 이른바 일반영장은 금지되는데 피의자의 지위가 불안정해지기 때문이다.

[판례 1] 구속영장의 실효여부를 검사의 의견에 좌우되도록 규정한 형소법 §331 단서(무죄 등이 선고되면 구속영장 효력 상실, 단 "검사로부터 사형·무기 또는 10년 이상의 징역이나 금고에 해당한다는 취지의 의견진술이 있는 사건에 대하여는 예외로 한다."는 규정)는 위헌이다(헌재 1992.12.24, 92헌가8).

☞ 구속집행정지결정에 대한 검사의 즉시항고를 인정하는 형소법 규정은 검사의 불복을 그 피고인에 대한 구속집행을 정지할 필요가 있다는 법원의 판단보다 우선시킬 뿐만 아니라, 사실상 법원의 구속집행정지결정을 무의미하게 할 수 있는 권한을 검사에게 부여한 것이라는 점에서 헌법 제12조 제3항의 영장주의원칙에 위배된다(헌재 2012.6.27, 2011헌가36).

[판례 2] 국가보안법위반죄 등을 범한 자를 법관의 영장 없이 구속, 압수, 수색할 수 있도록

했던 구 인신구속 등에 관한 임시 특례법(1961.8.7, 법률 제674호로 개정되고, 1963.9.30, 법률 제1410호로 폐지되기 전의 것) 제2조 제1항은 영장주의에 위배되므로 헌법에 위반된다(위헌, 헌재 2012.12.27., 2011헌가5)

[판례 3] 체포영장을 집행하는 경우 필요한 때에는 타인의 주거 등에서 피의자 수사를 할 수 있도록 한 형사소송법 규정은 수색에 앞서 영장을 발부받기 어려운 긴급한 사정이 인정되지 않는 경우에도 영장 없이 피의자 수색을 할 수 있다는 것이므로, 헌법 제16조의 영장주의 예외 요건을 벗어나는 것으로서 영장주의에 위반된다(헌법불합치, 헌재 2018.4.26., 2015헌바370 등).

(5) 체포·구속 시 이유와 권리를 고지 받을 권리

> 헌법 §12⑤
> 누구든지 체포 또는 구속의 이유와 변호인의 조력을 받을 권리가 있음을 고지 받지 아니하고는 체포 또는 구속을 당하지 아니한다. 체포 또는 구속을 당한 자의 가족 등 법률이 정하는 자에게는 그 이유와 일시·장소가 지체 없이 통지되어야 한다.

§12⑤은 체포·구속시 그 이유와 권리를 고지 받을 수 있도록 하였다. 특히 가족에의 통지의무는 현행헌법에서 신설되었다.

이 규정은 피의자의 방어권을 강화하기 위한 규정이다. 긴급구속의 경우에도 적용된다. 이는 미국 Miranda v. Arizona 383U.S.436(1966)판결에서 확립된 미란다원칙을 규정한 것이다. 국민의 입장에서는 석명(釋明)요구권을, 국가의 입장에서는 형사절차의 기속을 의미한다(허 영 406면). 형사소송법도 같은 규정을 하고 있다(법 §72). 진술거부권의 고지는 피의자 신문시에 이루어진다(법 §200②).

한편 피의자나 피고인을 구속할 때에는 변호인에게, 변호인이 없는 경우 법정대리인·배우자·직계친족·형제자매 중에서 피고인이 지정한 사람에게 사건명, 구속일시·장소, 범죄사실의 요지, 구속의 이유와 변호인을 선임할 수 있는 취지를 지체 없이 서면으로 통지하여야 한다(법 §87, §30②).

[판례 1] 적법한 절차에 따르지 아니한 위법행위를 기초로 하여 증거가 수집된 경우에는 당해 증거뿐 아니라 그에 터 잡아 획득한 2차적 증거에 대해서도 증거능력은 부정되어야 한다. 다만 위와 같은 위법수집증거 배제의 원칙은 수사과정의 위법행위를 억지함으로써 국민의 기본적 인권을 보장하기 위한 것이므로 적법절차에 위배되는 행위의 영향이 차단되거나 소멸되었다고 볼 수 있는 상태에서 수집한 증거는 그 증거능력을 인정하더라도 적법절차의 실

질적 내용에 대한 침해가 일어나지는 않는다 할 것이니 그 증거능력을 부정할 이유는 없다(대판 2013.3.14, 2010도2094).

(☞ 위법한 강제연행 상태에서 호흡측정 방법에 의한 음주측정을 한 다음 피의자가 그 결과를 부인하기 위하여 스스로 혈액채취 방법에 의한 측정을 할 것을 요구하여 혈액채취가 이루어졌다고 하더라도 유죄 인정의 증거로 쓸 수 없다고 본 사례)

[판례 2] (☞ 기소유예처분취소) 자신의 남편을 모욕죄의 현행범으로 체포하려 한 경찰관의 멱살을 잡아 흔들어 상해를 가하고, 현행범 체포행위를 방해하고자 한 사실이 인정된다고 하더라도, 그 남편이 지속적으로 미란다원칙을 고지받지 못하였다고 진술하고 있으므로 경찰관의 현행범 체포행위가 적법한 공무집행의 요건을 갖추지 못한 것으로 볼 여지가 있다(인용, 헌재 2012.7.26., 2010헌마9).

(6) 변호인의 조력을 받을 권리

1) 의의

헌법 §12④
누구든지 체포 또는 구속을 당한 때에는 즉시 변호인의 조력을 받을 권리를 가진다. 다만, 형사피고인이 스스로 변호인을 구할 수 없을 때에는 법률이 정하는 바에 의하여 국가가 변호인을 붙인다.

§12④은 변호인의 조력을 받을 권리를 규정하였다. 이는 형사사건의 원고인 검사에 비하여 피고인은 법률전문가가 아니므로 대등한 공격·방어권을 확보하기 위하여 인정되는 것이다. 그리고 방어권의 확보를 위하여 변호인과의 접견·교통권이 보장된다.

2) 사선변호인

누구든지 체포·구속된 경우 지체 없이 변호인의 조력을 받을 권리가 있다. 따라서 변호인의 접견을 허용하지 않은 채 작성된 구속피의자신문조서의 증거능력이 부인된다(서울형사지법 1990.1.30, 89고합1118). 미국의 경우 신문시에 변호사가 동참할 수 있도록 하고 있는데 우리도 이 제도를 도입하였다. 변호인의 조력을 받을 권리는 형사피의자와 형사피고인에게 모두 인정된다. 또한 형사절차 뿐 아니라 행정절차에서 구속을 당한 사람에게도 보장된다. 예컨대 출입국관리법상 보호 또는 강제퇴거의 절차에도 적용된다(헌재 2018.5.31., 2014헌마346).

우리나라의 경우 활동하는 변호사의 수가 3만 9천여 명(2024 현재)으로 늘어나고는 있다. 하지만 수임료가 비싸므로 사소한 사건의 경우 실질적으로 변호사의 도움을 얻기 곤란하다. 다만 법무사·변리사·행정사·중개사 등 변호사 인근 직역이 별도로 있어서 이들의 업무도 변호사가 처리하는 미국 등과 단순 비교는 주의를 요한다.

[판례 1] 변호인 접견교통권의 주체는 체포·구속당한 피의자·피고인에만 한정되는 것이어서 변호인 자신은 그 주체가 아니고, 다만 형소법 §34에 의한 권리만을 갖는다(헌재 1991.7.8, 89헌마181).

[판례 2] 형사절차가 종료되어 교정시설에 수용 중인 자(受刑者)는 원칙적으로 변호인의 조력을 받을 권리의 주체가 될 수 없다(다만 재심절차 등에서는 受刑者라도 변호인 선임을 위한 일반적인 교통·통신이 보장된다)(헌재 1998.8.27, 96헌마398).

[판례 3] 변호사와 접견하는 경우에도 수용자의 접견은 원칙적으로 접촉차단시설이 설치된 장소에서 하도록 규정하고 있는 형의 집행 및 수용자의 처우에 관한 법률 시행령(2008) 규정은 과잉금지원칙에 위배하여 재판청구권을 침해한다(헌법불합치, 헌재 2013.8.29, 2011헌마122).

[판례 4] 수형자와 변호사와의 접견내용을 녹음·녹화하게 되면 그로 인해 제3자인 교도소 측에 접견내용이 그대로 노출되므로 수형자와 변호사는 상담과정에서 상당히 위축될 수밖에 없고, 특히 소송의 상대방이 국가나 교도소 등의 구금시설로서 그 내용이 구금시설 등의 부당처우를 다투는 내용일 경우에 접견내용에 대한 녹음, 녹화는 실질적으로 당사자대등의 원칙에 따른 무기평등을 무력화시킬 수 있다(위헌확인, 헌재 2013.9.26, 2011헌마398).

[판례 5] 수형자와 소송대리인인 변호사의 접견을 일반 접견에 포함시켜 시간은 30분 이내로, 횟수는 월 4회로 제한한 형의 집행 및 수용자의 처우에 관한 법률 시행령 규정은 재판청구권을 침해한다(헌법불합치, 헌재 2015.11.26, 2012헌마858).

3) 국선변호인

형사피고인이 스스로 변호인을 구할 수 없는 경우 법률이 정하는 바에 의하여 국가가 변호인을 붙인다. 경제적 이유가 아니면서 변호인을 구할 수 없는 경우, 예컨대 파렴치한이나 반란죄 등의 사건에서도 국선변호인제도가 적용된다.

국선변호인의 선임사유로는 ① 미성년자, ② 70세 이상 고령자, ③ 농아자, ④ 심신(心神)장애자, ⑤ 재산이 없는 자로서 법률이 정하는 자(형소법 §33), ⑥ 사형·무기·단기 3년 이상의 징역에 해당되며 변호인이 없는 경우(법 §282~§283) 등이다. 실제로 국선변호인의 선임만 법률에 의해서 강제될 뿐 국선변호인 없이 신문(訊問)이 가능하다.

국선변호인제도가 실효성을 거두려면 국선변호인의 수임료를 현실화해야 한다. 현재의 수임료(본안사건 30만원, 구속영장 15만원, 합의부사건 40만원)로는 성의 있는 변론을 기대하기 어렵다. 또 형사피고인 뿐 아니라 형사피의자에게도 국선변호인제도의 혜택을 확대하는 것이 필요하다(허 영 405면). 한편 성폭력사건에서 19세 미만의 피해자를 돕기 위하여 검사가 수사 및 기소 전 단계에서 국선변호인을 지정할 수 있는 법률조력인제도가 도입되었다(2012).

미국처럼 법원에 소속된 국선변호인전담변호사를 두는 것이 대안이 될 것이다. 우리나라도 일부 법원에서 국선변호인을 전담하는 변호사를 지정해서 운영하고 있다(매월 25건[합의부 20건]으로 제한, 월 800만원 지급).

[판례] 기소된 피고인이 스스로 변호인을 구할 수 없을 때에는 국가로 하여금 법률이 정하는 바에 따라 '국선변호인'의 조력을 받을 수 있도록 함으로써, 형사피고인의 경우 변호인의 조력을 받을 권리가 단순한 사적 권리일 뿐만 아니라 일정한 경우에는 공적 의무에 해당됨을 천명하고 있다(헌재 2004.9.23, 2000헌마138).

(7) 구속적부심사제

1) 의의

헌법 §12⑥
누구든지 체포 또는 구속을 당한 때에는 적부의 심사를 법원에 청구할 권리를 가진다.

구속적부심사제(拘束適否審査制)란 구속영장이 제대로 발부되었는지에 대하여 판사가 다시 심사하는 영장의 재심(再審) 제도라 할 수 있다. 가장 대표적인 사후구제책으로 구속의 당·부당과 구속의 필요성을 심사하게 되는데, 구속 시와 심사 시의 상황을 모두 고려하여 판단한다. 영장실질심사제와 더불어 인신구속과 관련된 기본권 침해를 최소화할 수 있는 제도라 할 수 있으며, 불구속재판의 원칙에 충실하려는 제도적 표현이다.

연혁적으로는 마그나카르타 이전부터 있었던 것으로 추정되는 인신보호 영장제도에서 출발한 것이며, 1679년 영국의 인신보호법(Habeas Corpus Act)에서 명문화된 이래 미국을 비롯하여 각국의 헌법에 계수(繼受)되었다. 우리나라는 1948.3의 군정법령 제176호(특별형사소송법)로 도입되었고, 1972년 헌법을 제외하고는 1948년 헌법 이래 계속 규정되었다. 이를 받아서 형소법 §214-2에 자세한 규정이 있다. 한편 인신보호법(2007)은 피수용자의 구제청구절차를 규정하고 있다.

2) 내용

지난 헌법 §11⑤은 '법률이 정하는 바에 의하여' 구속적부심사청구권을 가진다고 하였으나 현행헌법은 법률유보를 삭제하였다.

구속적부심사를 청구할 수 있는 사람은 피의자·변호인·법정대리인·배우자·직계친족·형제자매·호주·가족·동거인·고용주 등이다.

구속적부의 심사는 원칙적으로 영장을 발부하지 않은 판사가 행한다. 구속적부심사의 결정에 대해서는 검사 또는 피의자는 법원에 항고할 수 없는데 이는 신속한 본안의 진행을 위해서이다.

한편 기소전 보석제도(보증금납입 조건부 석방명령제도 형소법 §214-2⑤)는 법원이 직권으로 활용하는 제도이다. 또 보석과 관련해서 보석금을 낼 재력이 없는 경우 보석보증보험제도(형소법 §100③)도 활용되고 있는 등 다양한 보완책이 마련되어 있다.

[판례] 구속적부심사의 청구인적격을 피의자 등으로 한정하고 있어서 구속적부심사를 청구한 후 결정이 있기 전에 기소가 되면 구속의 정당성에 대한 실질적인 판단을 받을 기회가 박탈되므로 위헌의 소지가 있다(헌법불합치, 헌재 2004.3.25, 2002헌바104).

(8) 자백의 증거능력 및 증명력의 제한

헌법 §12⑦
피고인의 자백이 고문·폭행·협박·구속의 부당한 장기화 또는 기망(欺罔) 기타의 방법에 의하여 자의(自意)로 진술된 것이 아니라고 인정될 때 또는 정식재판에 있어서 피고인의 자백이 그에게 불리한 유일한 증거일 때에는 이를 유죄의 증거로 삼거나 이를 이유로 처벌할 수 없다.

§12⑦은 자백의 증거능력과 증명력을 제한하고 있다. 이는 정식재판의 경우만 해당되며, 약식재판이나 통고처분 등의 경우에는 적용되지 않는다. 당사자가 원하지 않을 경우에는 정식재판의 길이 열려 있기 때문이다.

여기서 말하는 증거능력이란 증거로서 채택될 가능성 또는 증거로서의 자격을 말한다. 반면에 증명력은 유죄의 기초가 될 수 있는 능력을 말한다. 증거능력과 증명력의 판단은 사실심법원의 전권사항이다. 증거의 증명력은 법관의 자유판단에 의하는데(형사소송법 §308), 이를 자유심증주의(自由心證主義)라고 한다. 물론 법관의 자의적(恣意的) 판단을 의미하는 것은 아니며, 법의 일반원칙과 선례에 구속된다.

[판례 1] 전문증거(傳聞證據 공판준비 또는 공판기일에 진술할 수 없는 조서 기타 서류)는 원칙적으로 증거능력이 제한되나, 이의 예외를 인정한 형사소송법 §314는 합헌이다(헌재 1994.4.28, 93헌마26).

[판례 2] 자유심증주의는 법관으로 하여금 증명력 판단에 있어서 형식적 법률의 구속을 받지 않고 논리법칙과 경험법칙에 따라 합리적인 사실인정을 가능하게 함으로써 과거의 법정증거주의의 획일성을 극복하고 사실인정의 구체적 타당성을 도모할 수 있게 하며 형사소송이 지향하는 이념인 실체적 진실 발견에 가장 적합한 방책이 되는 것이며, 여러 가지 제도적 보완 장치가 마련되어 있다. 따라서 자유심증주의가 형사피고인의 공정한 재판을 받을 권리를 침해하는 것이라고 볼 수 없다(헌재 2009.11.26, 2008헌바25).

(9) 신속한 재판과 공개재판

> 헌법 §27③
> 모든 국민은 신속한 재판을 받을 권리를 가진다. 형사피고인은 상당한 이유가 없는 한 지체 없이 공개재판을 받을 권리를 가진다.

§27③은 신속한 재판을 받을 권리와 공개재판을 받을 권리를 규정하고 있다. 이 둘은 결국 공정한 재판을 받을 권리를 보장하기 위한 원칙이다.

신속한 재판이란 재판의 부당한 장기화로 인한 법적 지위의 불안정성을 배제하려는 것이다. 즉 법적 분쟁의 신속한 해결 또는 유무죄의 신속한 확정을 통하여 기본권침해를 방지할 수 있는 것이다.

또한 공개재판이란 아무 이해관계 없는 사람도 방청할 수 있도록 하는 것을 말한다. 이는 과거 사법권도 왕에게 있을 때(관방사법 官房司法) 비밀재판을 통하여 부당하게 처벌되던 관례를 막고 공정한 재판을 위하여 마련된 원칙이다.

4. 청구권에 의한 보장

신체의 자유는 뒤에서 보는 청구권이 정하는 절차에 의하여 보장된다. 즉 청원권·재판청구권·형사보상청구권 내지 형사피해자의 재판절차진술권(§27⑤)과 범죄피해자 구조청구권(§30) 등이 그것이다. 자세한 것은 해당 부분을 참조하기 바란다.

5. 신체의 자유에 대한 제한

신체의 자유는 일반적 법률유보(§37②) 뿐만 아니라 개별적 법률유보에 의하여 제한된다. 자세한 것은 형법과 형사소송법을 비롯한 개별 법률로 구체화되고 있다. 우리의 경우 일반형법 외에도 수많은 특별형법이 있어서 법적 제재를 지나치게 형벌에 의존하는 것으로 생각된다.

[판례 1] 금치 수형자에 대하여 일체의 운동을 금지하는 것은 수형자의 신체적 건강뿐만 아니라 정신적 건강을 해칠 위험성이 현저히 높아서 인간의 존엄과 가치 및 신체의 안전성이 훼손당하지 아니할 자유를 포함하는 헌법 §12의 신체의 자유를 침해한다(위헌, 헌재 2004.12.16., 2002헌마478).
☞ 같은 취지; 헌재 2016.5.26, 2014헌마45

[판례 2] 미결수용자와 미지정 수형자(추가 사건이 진행 중인 자)의 신분으로 구치소에 수용되어 있던 기간 동안, 교정시설 안에서 매주 화요일에 실시하는 종교집회 참석을 제한한 행위는 종교의 자유를 침해한다(위헌확인, 헌재 2014.6.26, 2012헌마782).

제3절 사회적 자유권

연예인 본인의 의사에 반하여 사생활이 일반에 공개되는 사생활침해가 잇따르고 있다. 연예인의 사생활은 어디까지 보장되어야 하는가? 특히 인터넷에 유포된 UCC의 상당부분이 조작된 것으로 판명되는데, 법적으로 어떻게 판단될까?

Ⅰ. 거주·이전의 자유

1. 의의

> 헌법 §14
> 모든 국민은 거주·이전의 자유를 가진다.

(1) 헌법적 의미

§14는 거주이전의 자유를 규정하고 있다. 거주·이전의 자유란 자기가 원하는 장소에 주소·거소를 정하고, 이전(移轉)하며, 자기 의사에 반(反)하여 거주지를 옮기지 아니할 자유를 의미한다.

연혁적으로 1919년 바이마르 헌법에서 최초로 규정되었으나 실제로는 자본주의가 확립되면서 당연히 전제된 것으로 여겼다. 다만 독일의 경우 자본주의가 늦게 발전하면서 헌법차원에서 규정한 것이다.

민법 상 2개의 주소를 가질 수 있으나, 가족관계의 등록 등에 관한 법률에 따른 등록이 주민등록법상의 주민등록표와 내용이 다르면 주민등록표를 정정 또는 말소한다(주민등록법 §14).

(2) 법적성격

거주이전의 자유는 사회적 활동에 관한 기본권으로 인신의 자유에 속한다. 특히 경제적·정신적 활동에 관한 기본권의 성격을 강조하여 경제활동의 자유로 보는 입장도 있다(장영수 763면). 직업의 자유 규정이 없던 때는 직업의 자유를 포함하는 것으로 이해되었다(제헌헌법 §10).

한편 앞서 살펴본 신체의 자유와의 구별이 문제된다. 신체의 자유는 주로 국가 수사권의 발동으로부터 신체활동의 임의성을 보호한다는 데 주안점이 있는 데 비해서, 거주·이전의 자유는 입지적 관점에서 생활형성권을 보장해 주는 데 주안점이 있다(독일의 다수설, 허 영 501면). 봉건시대 말의 장원제도가 존재할 때는 장원 안에서는 신체의 자유가 있으나 거주·이전의 자유는 없었다. 그러다가 장원제가 붕괴되면서 거주이전의 자유가 확립되었고, 신체의 자유와 그 보호영역이 중첩되었다. 초기에는 이 둘을 구분하려고 노력하였으나 현재는 엄격한 구분이 어렵기 때문에 그러한 노력을 포기하고 다만 그 기능이 다르다는 것만을 인정한다.

외국인의 경우 제한적으로만 인정되는데, 다만 출국의 자유는 인정된다. 거주·이전의 자유는 경제활동과 밀접한 관련이 있으므로 법인의 주체성도 인정된다.

2. 내용

(1) 국내 거주·이전의 자유

거주·이전의 자유는 일차적으로 국내에서의 거주·이전의 자유를 의미한다. 거주·이전의 목적은 불문한다. 즉 직업·영업·관광 등 어떠한 이유로 인해서도 가능하다. 다만 국내라고 할 때 군사분계선 이남에 한하여 인정된다. 이는 영토조항인 §3가 실효성이 없는 규정이기 때문이다.

(2) 국외 거주·이전의 자유

거주·이전의 자유에는 국외 이주의 자유가 포함된다는 것이 다수설이다. 다만 우리나라가 외국인의 입국을 허가사항으로 하는 것처럼 외국도 제한을 가할 수 있기 때문에 상대방 국가와의 관계에 따라 실제로 이주할 수 있는지가 결정된다. 다만 우리나라 입장에서는 원칙적으로 해외이주를 금지하지 않는다. 해외이주법 §6에 따르면 해외이주는 신고사항으로 되어 있다. 또한 해외여행에 있어서 여권법과 출입국관리법에 의한 여권제도가 마련되어 있으나 이것이 원칙적으로 단순한 출국신고의 성격을 갖도록 운영되는 한 거주·이전의 자유에 대한 침해라고 할 수는 없다(허 영 503면). 해외이주 또는 해외여행의 자유는 출국의 자유와 귀국의 자유가 동시에 보장되는 것을 의미한다.

[판례] 해외여행 및 해외이주의 자유는 필연적으로 외국에서 체류 또는 거주하기 위해서 대한민국을 떠날 수 있는 '출국의 자유'와 외국체류 또는 거주를 중단하고 다시 대한민국으로 돌아올 수 있는 '입국의 자유'를 포함한다(헌재 2004.10.28, 2003헌가18).

(3) 국적변경의 자유

국적변경의 자유란 대한민국 국적을 상실하고, 외국국적을 취득할 수 있는 자유를 의미한다. 이는 단순한 국적이탈로 인한 무국적의 자유를 포함하는 것은 아니다. 무국적과 더불어 복수국적도 원칙적으로 금지되지만, 해외동포의 관리와 소속감을 위해서 일정한 한도 내에서 복수국적을 인정하고 있다. 국적변경의 자유는 거주·이전의 자유에 당연히 포함되는 것으로 해석되고 있으나 탈세나 병역기피 등의 목적으로 국적을 변경하는 것은 허용되지 않는다(제1부 헌법의 효력범위 국적문제 참조).

(4) 망명권

망명권(Asylrecht)이란 정치적 박해를 피하여 다른 나라로 이주하는 것을 의미한다. 독일기본법 §16②을 비롯하여 프랑스헌법과 세계인권선언 등에서 이를 인정하고 있다. 이를 긍정하는 견해(권영성 318면)가 있다. 그러나 이를 악용하는 사례도 많으므로 엄격히 제한된 범위에서만 인정하여야 할 것이다.

3. 제한

거주·이전의 자유는 일반적 법률유보(§37②)에 의하여 제한되는데, 국가보안법·소방법·해외이주법, 「감염병의 예방 및 관리에 관한 법률」 등의 법률에 근거하여 제한된다. 부모의 자녀에 대한 거소지정권(민법 §914)이나 부부의 동거의무(민법 §826①) 등은 합리적 범위 내에 있으므로 거주·이전의 자유에 대한 침해라고 할 수 없다.

그밖에 특수한 신분관계에 의한 제한, 예컨대 공무원, 군인·군무원, 수형자 등에 대한 제한도 있으나 모두 법률차원의 근거가 있다.

외국인의 경우는 출입국관리법·여권법 등에 의하여 입국의 자유와 국내체류자유가 제한된다. 다만 출국의 자유는 인정된다.

[판례] 거주·이전의 자유는 공권력의 간섭을 받지 않고 일시적으로 머물 체류지와 생활의 근거되는 거주지를 자유롭게 정하고 이를 변경할 목적으로 자유롭게 이동할 수 있는 자유를 보호하지만, 국민이 그가 선택할 직업 내지 그가 취임할 공직을 그가 선택하는 임의의 장소에서 자유롭게 행사할 수 있는 권리까지 포함하는 것은 아니므로, 선거법이 거주요건(자치단

체장선거에 있어 90일의 거주요건)을 두고 있다 하여 거주·이전의 자유의 제한의 문제가 발생하는 것은 아니다(헌재 1996.6.26., 96헌마200).

II. 사생활의 비밀과 자유

1. 의의

헌법 §17
모든 국민은 사생활의 비밀과 자유를 침해받지 아니한다.

(1) 헌법적 의미

§17는 사생활의 비밀과 자유를 보장하고 있다. 사생활의 비밀과 자유는 사생활의 자유로운 형성과 전개를 방해받지 않을 권리를 의미하며 사생활의 내용적 보장이라 할 수 있다. 이에 비해서 주거의 자유(§16)는 사생활의 보호를 위해서 그 공간자체를, 통신의 자유(§18)는 사생활의 보호를 위해서 그 의사전달 수단을 보호하려는 것으로 볼 수 있다. 사생활의 보호는 현대 정보화시대에서 중요시되는 기본권이다.

연혁적으로는 미국의 워런-브랜다이스(S.D.Warren, L.D.Brandeis)의 '프라이버시권'(The Right to Privacy, 1890)이라는 글에서 주장되었고, 독일에서는 인격권으로서 논의되었다. 우리나라는 지난 헌법(1980)에서 신설하였다. 법률로는 미국의 Privacy Act(1974), 독일의 Datenschutzgesetz(1979), 영국의 Data Protection Act(1984), 일본의 행정기관이 보유하는 전자계산기처리와 관련된 개인정보에 관한 법률(1988) 등이 있다. 우리나라에서도 공공기관의 개인정보보호에 관한 법률(1994; 개인정보보호법 2011), 공공기관의 정보공개에 관한 법률(1998), 위치정보의 보호 및 이용 등에 관한 법률(2005) 등이 제정되었다.

(2) 법적성격

사생활의 비밀과 자유가 보호하려는 영역은 인간의 존엄 및 행복추구권과 밀접한 영역이다. 인격권의 일종으로서, 대리행사가 불가능하며 일단 침해된 경우 회복하기가 곤란하다는 특징을 갖는 일신전속적(一身專屬的) 권리다. 또한 대사인적 효력이 빈번하게 문제되는 특징을 가진다.

사생활의 비밀과 자유는 소극적으로는 침해배제를, 적극적으로는 일반적 생활규범 내에서 사생활을 설계·형성할 권리를 의미한다. 자기정보통제와 관련하여서는 청구권적 성격도 도출될 수 있다. 자기정보에 대한 자기결정권은 §17가 아니라 §10에서 도출된다는 견해도 있다(김철수 433면).

사생활의 비밀과 자유의 주체는 자연인이다. 외국인도 그 주체가 된다. 사자(死者)는 그 주체가 되지는 않으나 가족과의 관계 등에서 역시 보호되어야 할 것이다. 법인의 경우는 제외된다는 것이 다수설이다.

2. 내용

(1) 사생활의 불가침

사생활의 불가침이란 사적 비밀의 공표금지를 말한다. 따라서 오인을 낳게 할 표현이나 과장·왜곡 등이 금지된다. 사적 비밀뿐만 아니라 적극적인 사생활의 자유로운 형성과 전개의 침해금지도 의미한다. 또한 사적 비밀이 아니더라도 성명·초상·경력 등 인격적 징표의 도용금지도 의미한다. 이러한 것들을 특별히 초상권(肖像權)이라고 하는데 헌법에는 명문의 규정이 없어서 열거되지 아니한 자유와 권리로 취급된다. 다만 그 근거는 §17에서 찾는 것이 일반적이다. 한편 퍼블리시티권(Right of Publicity)은 초상권과 관련된 것들을 허락 없이 상업적으로 이용하지 못하도록 통제할 수 있는 경제적 측면의 권리를 의미한다.

(2) 자기정보의 침해금지

사생활의 비밀과 관련하여 특히 자기정보의 침해금지가 문제된다. 이는 자기정보에 대한 열람의 자유, 정정·삭제 등을 요구할 수 있는 자기정보의 관리권, 자기정보의 무단공표금지 등을 의미한다.

다만 기본권충돌이 일어나는 경우는 비례의 원칙으로 해결하여야 한다. 예컨대 국민의 알권리와 범인의 전과를 공표하는 것, 성범죄자 신상공개제도,

정치인의 사생활 등 경우에 따라서 보호범위가 정해진다. 참고로 형법상 피의사실공표죄는 범죄수사에 관한 직무를 행하는 자가 직무상 알게 된 피의사실을 공판청구전에 공표하는 행위를 금한다(형법 §126).

[판례 1] 구체적으로 사생활의 비밀과 자유가 보호하는 것은 개인의 내밀한 내용의 비밀을 유지할 권리, 개인이 자신의 사생활의 불가침을 보장받을 수 있는 권리, 개인의 양심영역이나 성적 영역과 같은 내밀한 영역에 대한 보호, 인격적인 감정세계의 존중의 권리와 정신적인 내면생활이 침해받지 아니할 권리 등이다. 요컨대 헌법 제17조가 보호하고자 하는 기본권은 사생활영역의 자유로운 형성과 비밀유지라고 할 것이다(헌재 2007.5.31, 2005헌마1139).

[판례 2] 주민등록번호 유출 또는 오·남용으로 인하여 발생할 수 있는 피해 등에 대한 아무런 고려 없이 주민등록번호 변경을 일체 허용하지 않는 것은 개인정보자기결정권에 대한 과도한 침해로 과잉금지원칙에 위반된다(헌법불합치, 헌재 2015.12.23, 2013헌바68등).

[판례 3] 통신비밀보호법상 검사 또는 사법경찰관은 수사 또는 형의 집행을 위하여 필요한 경우 전기통신사업자에게 통신사실 확인자료의 열람이나 제출을 요청할 수 있는데, 여기에 위치추적 자료도 포함되는 것으로 규정한 것은 과잉금지원칙에 반하여 개인정보자기결정권과 통신의 자유를 침해한다(헌법불합치, 헌재 2018.6.28, 2012헌마191등).

(3) 잊혀질 권리

잊혀질 권리(Right to be forgotten)는 인터넷에서 검색되는 자신의 정보에 대한 삭제를 요구할 수 있는 '개인정보 삭제 청구권'이다. 2012년 유럽연합(EU)이 '일반정보보호규정(GDPR, General Data Protection Regulation)'을 통해 처음으로 잊혀질 권리를 법제화했다. 우리의 경우 「정보통신망 이용촉진 및 정보보호에 관한 법률(정보통신망법)」 §44-2(정보의 삭제요청 등)를 통해 잊혀질 권리를 보장하고 있다. 즉 개인이 자신의 정보삭제를 요청하면 검색서비스 사업자는 해당 정보에 대한 삭제 또는 30일 이내의 차단(임시조치)을 해야 한다. 다만 알 권리나 표현의 자유와의 기본권 충돌이 문제되고 있다.

3. 제한

사생활의 비밀과 표현의 자유와의 관계에 있어서 표현의 자유가 우선하여 민·형사상의 책임이 면제되는 경우가 있다. 이는 공적 기능과 기본권

충돌로써 설명된다.

첫째, 권리포기이론이란 일정한 사정 하에서 사생활의 비밀을 포기한 것으로 보자는 이론이다. 예컨대 자살자의 경우 자신과 친족의 사생활의 비밀을 포기한 것으로 보는 견해로, 약간 무리한 점이 있다. 자살자라고 해서 자신의 비밀을 모두 공표하고 싶어 했으리라고 단정할 수 없으며 더구나 남은 가족이나 친족의 사생활은 보호되어야 한다. 따라서 사생활의 비밀을 포기했으리라고 추정되는 극히 예외적인 경우만 이에 해당된다.

둘째, 공익이론은 국민의 알권리를 충족하기 위하여, 즉 공익이 더 큰 경우에는 개인의 사생활의 비밀을 공표할 수 있다고 보는 것이다. 예컨대 중대한 범죄수사와 관련해서는 사생활의 보호정도가 일반인보다 적을 수 있다. 알권리는 열거되지 아니한 권리로 언론·출판의 자유에 전제된 것으로 보는 것이 다수설이고 헌법재판소의 입장이다.

셋째, 공적 인물이론이란 공직후보자 등 공적 인물은 일반인에 비하여 사생활비밀의 제한을 더 많이 수용하여야 한다는 이론이다. 앞의 공익이론에 포함해서 이해해도 된다. 미국에서는 좀 더 포괄적 의미로 공인(公人 public figure)이라는 용어를 사용한다.

넷째, 공적 기록이론은 국가의 정보요구권의 측면을 말하는데, 개인의 사생활비밀에 대한 공적 기록은 공표할 수 있다는 것이다. 예컨대 통계·여론조사·행정목적상 필요한 경우 이름·연령·주소·직업 등은 공표될 수도 있는 것이다.

이러한 사생활의 비밀에 대한 제한은 결국 비례의 원칙 내지는 이익형량의 원칙에 의하여 합리적 범위 내에서만 이루어져야 한다.

[판례] 공직자 등의 병역사항 신고 및 공개에 관한 법률 §3 등은 사생활 보호의 헌법적 요청을 거의 고려하지 않은 채 인격 또는 사생활의 핵심에 관련되는 질병명과 그렇지 않은 것을 가리지 않고 무차별적으로 공개토록 하고 있으며, 일정한 질병에 대한 비공개요구권도 인정하고 있지 않다. 그리하여 그 공개 시 인격이나 사생활의 심각한 침해를 초래할 수 있는 질병이나 심신장애내용까지도 예외 없이 공개함으로써 신고의무자인 공무원의 사생활의 비밀을 심각하게 침해하고 있다(헌법불합치, 헌재 2007.5.31, 2005헌마1139).

4. 침해와 구제

사생활의 비밀에 대하여 공권력에 의한 침해가 있는 경우 방해배제를 청구하거나 관련자의 형사처벌이나 손해배상(국가배상)을 청구할 수 있다. 반면에 사인에 의한 침해의 경우 배제청구나 손해배상, 또는 정정보도나 사죄광고 등을 통하여 구제 받을 수 있다. 양심에 반하는 사죄광고는 위헌이라는 것이 헌법재판소의 판례이다(양심의 자유에서 설명).

이른바 '몰래카메라'를 통한 사생활침해와 관련하여 국가의 보호의무가 어느 정도까지 인정되는지 문제된다. 「성폭력범죄의 처벌 등에 관한 특례법」 §14(카메라 등을 이용한 촬영)는 "카메라나 그 밖에 이와 유사한 기능을 갖춘 기계장치를 이용하여 성적 욕망 또는 수치심을 유발할 수 있는 사람의 신체를 촬영대상자의 의사에 반하여 촬영한 자는 5년 이하의 징역 또는 3천만원 이하의 벌금에 처한다."고 규정하였다. 또 개인정보보호법 §25는 영상정보처리기기(CCTV)의 설치를 일정한 경우로 제한하고 있다. 형사처벌과는 별도로 민사상 손해배상책임이 인정된다.

Ⅲ. 주거의 자유

1. 의의

헌법 §16
모든 국민은 주거의 자유를 침해받지 아니한다. 주거에 대한 압수나 수색을 할 때에는 검사의 신청에 의하여 법관이 발부한 영장을 제시하여야 한다.

(1) 헌법적 의미

§16는 주거의 자유를 규정하였다. 주거(住居)의 자유에서 말하는 주거란 현재의 거주여하를 불문하고, 사람이 거주하기 위하여 점유하고 있는 일체의 건조물이나 시설물을 말한다. 독일 연방헌법재판소는 '공간적으로 외부와 구획이 된 모든 사적 생활공간'을 주거라고 한다. 예컨대 가택의 거실, 호텔의 객실, 회사의 사무실, 학교의 기숙사 등이 모두 주거의 자유에서 말

하는 주거가 된다.

주거의 자유를 침해받지 않는다고 할 때의 침해란 거주자의 의사에 반해서 들어가는 것을 말하며, 주거내의 장치를 통한 도청(盜聽) 등 사생활을 침해하는 일체의 행위를 포함하는 개념이다.

연혁적으로 고대 로마의 주거에 대한 신성불가침사상에 소급하며, 인격권 내지 사생활의 비밀을 위한 기본권으로 발전되었다.

(2) 법적성격

주거의 자유는 사생활의 비밀과 자유를 보장하기 위한 기본권으로서 사생활의 공간적 보장이라고 할 수 있다(사생활의 비밀과 자유는 사생활의 내용적 보장, 통신의 자유는 사생활의 수단적 보장).

주거의 자유의 주체는 모든 국민이며, 외국인도 그 주체가 된다.

2. 내용

(1) 거주인의 승낙의 자유

거주인의 명시적 또는 추정적 승낙이 있는 경우에만 주거에 대한 출입이 허용된다. 추정적 승낙이란 명시적 승낙이 없어도 통상의 경우 승낙이 있었다고 생각되는 경우이다. 예컨대 자주 왕래가 있던 이웃집에 주인이 없을 때 잠깐 들어간 경우도 승낙이 있는 것으로 볼 수 있다. 그러나 추정적 승낙 뿐 아니라 명시적 승낙이 있는 경우라도 거주인이 명시적으로 퇴거를 요구하면 그 때부터 주거침입이 된다. 판례에 의하면 불법적인 목적을 위한 경우에는 거주인의 승낙을 받고 주거에 들어간 경우에도 주거침입이 된다고 한다.

> [판례 1] 복수의 주거권자가 있는 경우 한 사람의 승낙이 다른 거주자의 의사에 직접·간접으로 반하는 경우에는 그에 의한 주거에의 출입은 그 의사에 반하는 사람의 주거의 평온 즉 주거의 지배관리의 평온을 해치는 결과가 되므로 주거침입죄가 성립한다. 따라서 남편이 일시 부재중 간통의 목적 하에 그 처의 승낙을 얻어 주거에 들어간 경우라도 남편의 주거에 대한 지배관리관계는 여전히 존속한다고 봄이 옳고 사회통념상 간통의 목적으로 주거에 들어오는 것은 남편의 의사에 반한다고 보여지므로 이러한 경우에는 주거침입죄가 성립한다(대판 1984.6.26., 83도685). ☞ 판례변경 아래 [판례 3]

[판례 2] 주거침입죄는 주거의 평온과 안전을 침해하는 범죄인바, 주거는 사생활의 중심이 되는 장소이기 때문에 그 불가침이 보장되지 않고서는 개인의 생명, 신체, 재산의 안전은 물론, 나아가 인간 행복의 최소한의 조건인 개인의 사적 영역이 지켜질 수 없다는 점에서 주거침입죄가 강간죄와 결합될 경우에는 그 불법의 정도가 높아진다고 할 것이다(헌재 2004.6.24, 2003헌바53).

[판례 3] (배우자 있는 사람과의 혼외 성관계 목적으로 다른 배우자가 부재중인 주거에 출입하여 주거침입죄로 기소된 사건) 외부인이 공동거주자의 일부가 부재중에 주거 내에 현재하는 거주자의 현실적인 승낙을 받아 통상적인 출입방법에 따라 공동주거에 들어간 경우라면 그것이 부재중인 다른 거주자의 추정적 의사에 반하는 경우에도 주거침입죄가 성립하지 않는다(대판 2021.9.9., 2020도12630). ☞ 위 [판례 1] 판례변경.

(2) 주거의 압수·수색에 대한 영장제도

1) 일반영장의 금지

주거의 압수·수색의 경우에는 검사가 신청하여 법관이 발부한 영장(슈狀)이 필수적이다. 영장은 수색할 장소와 압수할 물건, 집행시기가 기재된 개별영장이어야 하며, 동일한 영장에 수 개의 수색할 장소와 압수할 물건이 기재되는 등의 일반영장은 금지된다.

한편 구속영장을 집행할 경우 별도의 압수·수색영장이 없이 압수·수색·검증이 행해진다(형소법 §216). 따라서 긴급구속의 경우 피구속자가 현존하는 장소에 대한 수색이나 소지한 물건의 압수가 가능하며, 물론 사후영장을 제시해야 한다.

2) 행정절차의 경우

단순한 행정목적을 위한 행정절차의 경우에는 영장이 필요하지 않다는 것이 다수설이다. 다만 목적달성을 위해 필요한 최소한의 제한에 그쳐야 한다(허 영 422면). 예컨대 소방시설점검을 위하여 영업장소에 들어가는 것은 법률에 근거가 있으나(소방시설 설치유지 및 안전관리에 관한 법률 §4), 원칙적으로 영업을 방해하지 않는 범위 내에서 이루어져야 할 것이다. 경찰관직무집행법 §7에 따라 위해를 방지하거나 피해자를 구조하기 위하여 타인의 주거에 들어가는 것은 주거의 자유에 대한 합리적 제한이라 할 수 있다.

다만 행정절차의 경우에도 형사상의 목적을 위한 경우에는 영장이 필요하다고 하여야 한다. 예컨대 조세법·산림기본법 위반자 처벌을 위한 경우에는 영장을 발부받은 뒤에 이를 집행하여야 할 것이다.

3. 제한

주거의 자유는 일반적 법률유보(§37②)에 근거하여 제한된다. 위에서 예를 든 소방시설법 §4, 경찰관직무집행법 §7, 형사소송법 §216 등에 근거하여 제한된다.

Ⅳ. 통신의 자유

전화를 통한 협박·폭언 등의 범죄행위에 대하여 발신 장소를 알려주는 것은 통신의 자유를 침해하지 않는가? 범죄 신고를 익명으로 하고 싶은 사람의 발신번호를 추적하는 것은 어떤가? 스마트폰을 통한 위치확인 서비스는 어떤가?

1. 의의

헌법 §18
모든 국민은 통신의 비밀을 침해받지 아니한다.

(1) 헌법적 의미

§18는 통신의 자유를 규정하였다. 통신의 자유란 개인이 자신의 의사나 정보를 자유롭게 전달·교환할 수 있으며, 그 내용이 본인의 의사에 반해서 공개되지 않는다는 것을 의미한다.

이 때 통신의 개념은 협의로는 신서(信書)·전화·전보 등을 통한 의사 전달을 의미하며, 광의로는 이밖에 물품의 수수(授受)도 포함한다. 통신의 개념은 광의로 파악하는 것이 다수설이며, 메신저·SNS·유튜브 등 새로운 수단도 통신의 자유에서 보호된다.

통신의 자유에서 침해받지 않는다고 할 때의 의미는 본인의 의사에 반한 열람금지·누설금지·정보제공금지 등을 말한다.

(2) 법적성격

통신의 자유는 사생활의 비밀과 자유를 보장하기 위한 수단으로서의 성격을 가진다. 한편 언론·출판의 자유가 불특정 다수인에 대한 자기의사의 표현을 보호하는 기본권인 데 비해서, 통신의 자유는 특정인에 대한 의사전달을 보호하는 기본권이다.

통신의 자유의 주체는 모든 국민인데, 자연인뿐만 아니라 법인도 포함하며, 외국인도 주체가 된다.

2. 내용

통신의 자유는 통신의 내용, 통신의 형태, 통신의 당사자, 전달방법 등이 본인의 의사에 반해서 공개되지 않는다는 것을 의미한다. 법률적 차원에서는 형법 §316에 비밀침해죄가 규정되어 있다.

통신의 자유에서 통신의 열람 또는 개봉이 금지된다고 할 때의 대상은 편지뿐만 아니라 엽서·전보 등도 포함되며, 개봉하는 것뿐만 아니라 기술적 수단을 이용하여 그 내용을 알아내는 것도 금지된다(형법 §316② 참조).

전화교환원이나 통역에 종사하는 사람이 업무상 알게 된 통신의 내용을 누설해서는 안 되며, 통신내용(발신인, 수신인의 성명, 주소, 횟수 등)을 정보기관에 제공하는 것도 금지된다.

이와 관련하여 전화 등의 도청도 금지된다. 다만 수사상 필요시 수사기관이 법원의 허가를 얻어 감청(監聽)하는 것은 가능하다. 또한 수사기관·피해자의 요청 시 전화의 역탐지(발신장소의 발견)도 가능하다(통신비밀보호법 §13). 주거 내 장치를 통한 도청은 통신의 자유와 주거의 자유를 동시에 침해한다(기본권 경합).

3. 제한과 한계

통신의 자유는 합법적이고 정당한 통신내용만 보호하는 것으로 예컨대 무허가 무선통신이나 범죄행위와 관련된 통신은 보호되지 않는다.

제한의 근거를 규정한 개별 법률은 다음과 같은 것들이 있다.

첫째, 통신비밀보호법(1993)에 따르면 검사의 신청과 법원의 허가로 2개월 이내(2개월 연장 가능)의 통신제한이 가능하며(법 §6), 정보수사기관의 장은 내국인에 대하여 고등법원 수석부장판사의 허가로, 외국인의 경우 대통령의 승인으로 4개월 이내(4개월 연장가능)의 통신제한조치가 가능하다(법 §7). 둘째, 국가보안법 §8의 반국가단체와의 통신금지, 셋째, 형사소송법 §107의 우편물 압수, 넷째, 형의 집행 및 수용자의 처우에 관한 법률 §43의 수형자의 서신검열, 다섯째, 채무자회생 및 파산에 관한 법률 §80의 파산자의 우편물 관리 등이 있다.

> [판례 1] 미결수용자의 서신에 대한 검열은 미결구금제도의 실효성 있는 운영상 그 필요성이 인정되고, 이로 인해서 미결수용자의 통신의 비밀이 일부 제한되는 것은 위헌이라고 할 수 없다. 그러나 헌법이 보장하는 변호인의 조력을 받을 권리의 실효성을 높이기 위해서는 미결수용자의 서신 중 변호인과의 서신은 다른 서신에 비해 특별한 보호를 받아야 한다(일부위헌, 일부한정위헌, 헌재 1995.7.21, 92헌마144).
>
> [판례 2] 통신비밀보호법 제6조 제7항 단서 중 전기통신에 관한 '통신제한조치기간의 연장'에 관한 부분은 횟수의 제한 없이 통신제한조치의 연장을 가능하게 하여 과잉입법금지의 원칙에 위반된다(헌법불합치, 2011.12.21까지 잠정적용, 헌재 2010.12.28, 2009헌가30).
>
> [판례 3] 형의 집행 및 수용자의 처우에 관한 법률 시행령이 교정시설의 안전과 질서유지, 수용자의 교화 및 사회복귀를 원활하게 하기 위해 수용자가 밖으로 내보내는 서신을 봉함하지 않은 상태로 제출하도록 한 것이나, 수용자가 보내려는 모든 서신에 대해 무봉함 상태의 제출을 강제함으로써 수용자의 발송 서신 모두를 사실상 검열 가능한 상태에 놓이도록 하는 것은 기본권 제한의 최소 침해성 요건을 위반하여 수용자인 청구인의 통신비밀의 자유를 침해하는 것이다(헌재 2012.2.23, 2009헌마333).
>
> [판례 4] 「정보통신망 이용촉진 및 정보보호 등에 관한 법률」이 사람을 비방할 목적으로 정보통신망을 통하여 공공연하게 사실을 드러내어 다른 사람의 명예를 훼손한 자를 형사처벌하도록 한 규정은 명확성원칙, 과잉금지의 원칙에 위배되지 않는다(합헌, 헌재 2023.9.26., 2021헌바281등).

제4절 경제적 자유권

19C 이전의 국가·사회이원론에 따라 국가는 경제영역에 간섭하지 않았다. 경제는 사생활이라고 생각하였다. 이러한 사상적 배경 하에 자본주의 내지 자유시장경제가 발전하게 된 것이다. 따라서 헌법에도 경제질서에 대

한 언급이 없었으며, 재산권은 자연권으로 간주되었다. 그러나 현대에 들어오면서 자본주의의 모순을 자각하게 되었고, 국가·사회이원론이 무너지면서 사회주의와 수정자본주의(사회적 시장경제)가 생겨나게 되었다. 헌법에도 경제에 대한 언급, 더 나아가 국가의 간여가 규정되었다. 즉 최초의 경제헌법이라고 불리는(자유민주주의국가 중에서) 1919년 바이마르 헌법이 대표적 사례이다. 여기서부터는 소유권행사의 공공복리 적합성, 인간다운 생활을 할 권리 등의 이념이 나타나게 되었다.

우리 헌법도 사회적 시장경제질서를 택하고 있다(§119 이하). 따라서 경제적 자유에 대한 제한이 불가피하다. 이에 대한 설명은 제1부를 참조하기 바란다. 자유권의 형태로는 직업선택의 자유(§15)와 재산권 보장(§23)이 규정되어 있으며, 기타 사회권들이 이와 관련된 기본권이라 할 수 있다.

Ⅰ. 직업의 자유

> 인력시장에 나가 하루하루 일을 맡아서 하는 사람도 직업이 있는 사람인가? 온라인 도박장을 개설하거나 별다른 직업 없이 도박만 하는 사람의 경우는? 일본에는 빠찡코를 전문적으로 하는 사람도 있다. 이들의 직업도 기본권으로 보호되어야 할까?

1. 의의

> 헌법 §15
> 모든 국민은 직업선택의 자유를 가진다.

(1) 헌법적 의미

§15는 직업선택의 자유를 규정하고 있다. 단순히 직업 '선택'의 자유만 가지는 것이 아니라 더 포괄적 개념이므로 직업의 자유라고 하여야 한다.

직업이란 생계유지(생활의 기본적 수요충족)를 위한 계속적인 경제적 소득활동을 말한다. 그 개념적 표지(標識)로는 첫째, 경제성(생활수단성) 둘째, 계속성 셋째, 공공무해성(公共無害性)을 들 수 있다(허 영 508면). 이러한 조건에 따라 새로운 직종이 포함될 수 있다. 현재 우리나라에는 1만여 직종이 보고되어 있다. 통계청은 한국의 직업을 1,231개로 분류하였다(2018). 참고로 축산물위생관리법 §2는 개고기를 식용에 포함하고 있지 않지만 그 판매업자를 무직자로 볼 수는 없다.

[판례] 학교운영위원이 무보수 봉사직이라는 점을 고려하면 운영위원으로서의 활동을 직업으로 보기 어렵다(헌재 2007.3.29, 2005헌마1144).

(2) 연혁과 입법례

직업의 자유는 연혁적으로 1919년 바이마르 헌법이 최초로 규정하고 있다. 물론 최초의 규정일 뿐 최초로 보장된 것은 아니다. 당시 독일에 비하여 선진국이던 영국·프랑스 또는 미국에서는 이미 확립되어 있었다고 볼 수 있다. 우리나라는 1962년 헌법에 최초로 규정되었다. 그 이전에도 직업의 자유가 부인되었던 것은 아니며 거주이전의 자유에 포함하는 것으로 해석되었다. 따라서 연혁적으로 보아 거주·이전의 자유와 밀접한 관계가 있다.

입법례를 살펴보자. 미국 헌법에는 규정이 없으며, 일본 헌법과 바이마르 헌법은 거주이전의 자유와 동일조문에 규정하고 있다. 반면에 독일 기본법과 우리 헌법은 독립된 조문에서 직업의 자유를 규정하고 있다.

(3) 법적성격

직업의 자유는 사회적·경제적 활동에 관한 기본권이다. 주관적 공권이며 대국가적 효력을 가지는 자유권으로 분류할 수 있지만, 사회권의 성격도 가진다고 할 수 있다. 그러나 우리헌법은 이에 대응하는 사회권으로 근로의 권리를 규정하고 있으므로 사회권적 성격을 강조하는 것은 기본권체계상 불필요한 혼란을 야기할 수 있다. 다만 주관적 공권으로서만이 아니라 객관적 법질서로서의 성격도 가진다고 해석하여야 한다. 또한 하위입법이 없어도 헌법 §15에 근거해서 주장할 수 있는 직접효력규정이다.

국민은 자연인뿐만 아니라 법인도 직업의 자유의 주체가 된다. 그러나 외국인은 제한적으로만 인정된다. 이는 내국인의 직업의 자유를 우선적으로 보장하기 위한 불가피한 제한으로 볼 수 있다(아래 제한 참조).

2. 내용

(1) 직업선택의 자유

위에서 본 것처럼 직업의 자유는 직업선택의 자유만을 말하는 것은 아니다. 그러나 직업의 자유가 처음 주장되던 봉건시대에서는 직업선택의 자유가 없고 직업도 세습되었다. 따라서 직업선택의 자유가 직업의 자유 중 가장 중요한 것으로 인식되었던 것이다. 직업선택의 자유에는 직종선택의 자유뿐만 아니라 직업교육장의 선택과 특정 직업의 포기·변경을 포함하는 개념이다.

(2) 직업행사의 자유

직업의 자유는 단순히 직업선택의 자유가 보장됨으로써 보장되는 것이 아니라 직업행사의 자유가 보장될 때 완전히 보장되는 것이라 할 수 있다. 직업행사의 자유는 구체적으로 직장선택의 자유를 포함하며, 선택한 직장에서의 영업의 자유를 의미한다. 영업의 자유는 직업의 자유의 한 내용으로 이해될 수 있으나, 법인의 경우에는 직업의 자유와 영업의 자유가 동일한 개념이라는 점을 강조하는 경우도 있다(허 영 510면).

직업의 자유와 관련하여 무직의 자유가 인정되는가? 이를 인정하는 것이 다수설이다. 그 근거로는 근로의 의무(§32②)가 법적으로 제재가 가해지는 의무가 아니라는 점을 들 수 있다.

[판례] 직업의 자유가 보장된다고 하여 그것이 반드시 특정인에게 배타적인 직업선택권이나 독점적인 직업 활동의 자유를 보장하는 것은 아니며, 전문분야에 대한 자격제도가 도입되어 자격자의 업무영역에 대한 법률적 보호가 행해지고 있는 경우 자격자 이외의 자에 대해서도 동종업무의 취급을 허용할 것인가는 자격제도의 도입배경과 목적, 당해 업무의 성격 등을 고려하여 합목적적으로 결정되어야 할 입법정책의 문제이므로, 자동차관리법이 자동차매매업자와 자동차제작·판매자에게도 그가 매매 또는 판매한 자동차에 대해 자동차등록신청을 대행할 수 있도록 함으로써 행정사가 아닌 자에게 일반행정사의 업무영역에 속하는 행위를 할 수 있게 하더라도 일반행정사의 직업의 자유를 침해하는 것이라 할 수 없다(헌재 1997.10.30, 96헌마109).

3. 제한

(1) 단계이론

직업의 자유를 위에서 본 것처럼 직업선택의 자유와 직업행사의 자유로 대별하는 것은 그 제한과 관련하여 한계가 다르기 때문이다. 단계이론이란 직업의 자유에 대해서 다음의 3단계로 제한이 이루어진다는 것으로 독일 연방헌법재판소의 약국판결(Apotheken-Urteil; BVerfGE 7, 377)에서 정립된 이론이다. 우리 헌법재판소도 당구장결정(헌재1993.5.13, 92헌마80)에서 이 이론을 수용하고 있다. 단계이론은 결국 비례의 원칙을 세분화해서 적용한 것이다.

1) 제1단계(직업행사의 자유에 대한 제한)

직업의 자유에 대한 제한이 불가피할 때, 우선 침해가 가장 약한 정도로 이루어지는 직업행사의 자유를 제한하게 된다. 예컨대 백화점의 바겐세일기간의 제한, 대형마트의 강제휴무, 스크린쿼터제(영화 및 비디오물의 진흥에 관한 법률 §40의 방화 상영일수의 강제), 택시의 합승 금지, 유흥업소 영업시간제한 등이 그것이다.

[판례 1] 직업결정의 자유에 비하여 직업종사의 자유에 대하여는 상대적으로 더욱 넓은 법률상의 규제가 가능하다……18세 미만자 당구장 출입금지는 위헌이다(위헌결정, 헌재 1993.5.13, 92헌마80).

[판례 2] 공연장의 경영자에게 대통령령이 정하는 일 수 이상 국산영화를 상영하도록 한 영화법은 국산영화의 존립·진흥·발전을 위한 최소한의 제한으로 직업의 자유를 침해한 것으로 볼 수 없다(기각, 헌재 1995.7.21, 94헌마125).

[판례 3] 주류 판매업자에 대한 자기 도(道) 생산소주의 50% 이상 구입명령제도는 위헌이다(헌재 1996.12.26, 96헌가18).

[판례 4] 약사법의 개정으로 한약사제도를 신설하여 약사의 한약조제를 금지하는 한편 기존의 약사 및 약학대학생 중 한약조제시험에 합격한 자에게 한약의 조제권을 인정하면서, 과거 1년 이상 한약을 조제하여 온 약사에게 2년의 유예기간 동안 한약을 조제할 수 있도록 하고 그 이후는 이를 금지하는 것은, 약사들의 직업수행의 자유를 제한하는 것이기는 하지만 직업의 자유의 본질적 내용을 침해하는 것이라 할 수 없다(헌재 1997.11.27, 97헌바10).

[판례 5] 구 의료법(1987.11.28, 법률 제3948호) §19-2②의 태아 성별 고지 금지는 낙태, 특히 성별을 이유로 한 낙태를 방지함으로써 성비의 불균형을 해소하고 태아의 생명권을 보호하기 위해 입법된 것이다. 그런데 낙태가 사실상 불가능하게 되는 임신 후반기에 이르러서도

태아에 대한 성별 정보를 태아의 부모에게 알려 주지 못하게 하는 것은 최소침해성 원칙을 위반하는 것이므로 헌법에 위반된다(헌법불합치, 헌재 2008.7.31, 2004헌마1010등).

2) 제2단계(주관적 사유에 의한 직업선택의 자유에 대한 제한)

직업의 자유에 대한 제2단계 제한은 주관적 사유에 의한 직업선택의 자유에 대한 제한이다. 이는 특정 직업이 요구하는 일정한 자격과 결부하여 제한하는 경우이다. 예컨대 의사 또는 한의사가 되려면 자격관련 국가고시에 합격해야 한다든가, 택시운전면허가 있어야 택시운전을 할 수 있다든가 하는 것들이다. 대체로 면허제도가 이에 해당한다. 이러한 2단계의 제한은 기본권주체의 노력에 의하여 그 제한에서 벗어날 수 있다는 점이 다음의 제3단계 제한과 구분된다.

예컨대 법원·검찰 등에서 5급으로 5년 이상, 7급으로 7년 이상 근무하면 법무사시험에서 1차시험을 면제해주는 것(법무사법 §5-2)도 일종의 직업의 자유에 대한 제한이다.

[판례 1] 비변호사의 법률사무취급을 전반적으로 금지하고 있는 변호사법 규정(§90ⅱ)은, 변호사제도를 도입하게 된 배경과 목적, 변호사 아닌 자의 모든 법률사무취급을 금지하는 것이 아니라 단지 금품 등 이익을 얻을 목적의 법률사무취급만을 금지하고 있다는 점, 금지되고 있는 법률사무취급의 범위와 방법 및 그 정도 등에 관하여도 법률에 상세하게 규정하고 있는 점에 비추어, 당해 규정이 일반국민의 직업선택의 자유에 대한 과도한 제한으로 과잉금지의 원칙에 위배된다고 볼 수 없다(헌재 2000.4.27., 98헌바95등).

[판례 2] 아동·청소년대상 성범죄로 형 또는 치료감호를 선고받아 확정된 자에 대하여 어떠한 예외도 없이 재범의 위험성이 있다고 간주하여 일률적으로 10년간 아동·청소년 관련기관 등을 운영하거나 이에 취업하거나 사실상 노무를 제공할 수 없도록 한 '아동·청소년의 성보호에 관한 법률'은 직업선택의 자유를 과도하게 제한하여 위헌이다(헌재 2016.4.28., 2015헌마98).

[판례 3] 변호사시험의 응시기간과 응시횟수를 법학전문대학원의 석사학위를 취득한 달의 말일 또는 취득예정기간 내 시행된 시험일부터 5년 내에 5회로 제한한 변호사시험법은 직업선택의 자유와 평등권을 침해하지 않는다(합헌, 헌재 2016.9.29., 2016헌마47등).

☞ 같은 취지 헌재 2023.6.29., 2022헌바67등.

3) 제3단계(객관적 사유에 의한 직업선택의 자유에 대한 제한)

제3단계 제한은 기본권주체와는 무관하게 어떤 객관적 사유에 의하여 직업선택의 자유를 제한하는 것이다. 대체로 허가·특허제도가 이에 해당한다. 그러나 이는 기본권주체가 그 전제조건을 충족시킬 수가 없기 때문에 침해의 정도가 가장 심한 것이다. 따라서 엄격한 요건을 충족시키는 경우에만 제한이 허용되어야 한다. 즉 직업의 자유보다 더 중요한 공공의 이익을 보장하기 위해서만 인정되어야 할 것이다. 예컨대 그린벨트 내 주유소 거리제한, 안마사 자격의 시각장애인 독점 등이다.

[판례 1] 행정사법 제4조는 합리적인 방법으로 자격시험이 실시되는 것을 전제로 하며 시험의 실시여부까지도 대통령령으로 정하라는 뜻은 아니므로, 행정사법 시행령(2008) 제4조 제3항 중 '행정사의 수급상황을 조사하여 행정사 자격시험의 실시가 필요하다고 인정하는 때 시험실시계획을 수립하도록 한 부분'은 직업선택의 자유를 침해한다(위헌, 헌재 2010.4.29., 2007헌마910).

[판례 2] 전문과목을 표시한 치과의원은 그 표시한 전문과목에 해당하는 환자만을 진료하여야 한다고 규정한 의료법 규정은 과잉금지원칙에 위배되어 직업수행의 자유를 침해하며, 평등권을 침해한다(위헌, 헌재 2015.5.28, 2013헌마799).

[판례 3] 세무사 자격 보유 변호사로 하여금 세무사로서 세무사의 업무를 할 수 없도록 규정한 세무사법 규정은 과잉금지원칙을 위반하여 세무사 자격 보유 변호사의 직업선택의 자유를 침해하므로 헌법에 위반된다(헌법불합치, 헌재 2018.4.26, 2015헌가19).

[판례 4] 교육환경보호구역(학교 경계로부터 일정 거리) 안에서 「청소년 보호법」상 청소년유해업소인 '복합유통게임 제공업' 용도의 시설 및 행위를 금지함으로 인해 해당 토지나 건물의 임차인 내지 영업자의 직업수행의 자유 및 재산권이 제한된다 하더라도 과잉금지의 원칙에 위배되지 않는다(합헌, 헌재 2024.1.25., 2021헌바231).

(2) 제한의 목적에 따른 분류

국가안전보장을 위해서 방위산업, 살상무기의 제조·판매 등의 허가제, 질서유지를 위해서 마약·밀수·인신매매·위조통화 등의 금지, 공공복리를 위해서 요식업·숙박업 등의 허가제 등이 있다.

(3) 외국인에 대한 제한

외국인에 대해서는 변리사·도선사(導船士)·공증인·변호사 등의 직업선택의 자유가 제한된다. 국제변호사의 경우 외국법자문사라는 명칭으로 일부 활동이 가능하다. 또 원칙적으로 외국인은 일반 공무원이 될 수 없으며 예외적인 경우만 가능하다(국가공무원법 §26-3). 외국인은 외무공무원이 될 수 없다(외무공무원법 §9②). 이는 상대방 국가와의 관계에서 우리나라의 국익을 우선하는 데 문제가 있을 수 있기 때문에 제한하는 것이다.

II. 재산권의 보장

> 거액의 대가를 받고 경쟁사로 옮겨 기술을 유출하는 행위를 제한하는 것은 직업의 자유를 침해하는 것인가? 아니면 회사의 재산권을 보장하는 조치인가?

1. 의의

헌법 §23
① 모든 국민의 재산권은 보장된다. 그 내용과 한계는 법률로 정한다.
② 재산권의 행사는 공공복리에 적합하도록 하여야 한다.
③ 공공필요에 의한 재산권의 수용·사용 또는 제한 및 그에 대한 보상은 법률로써 하되 정당한 보상을 지급하여야 한다.

(1) 헌법적 의미

헌법 §23는 재산권에 대하여 규정하고 있다. 이밖에도 §13②은 소급입법에 의한 재산권 박탈금지, §22②은 무체재산권, §120는 특허권, §121는 소작제의 금지, §122는 국토이용·개발과 보전, §126는 사영기업의 국공유화를 각각 규정하고 있다.

재산권은 국민생활의 물질적 기초이며, 경제활동을 통한 개성신장을 도와주는 역할을 한다. 또한 자본주의 경제의 기초이고, 사회국가 실현의 수단이며, 직업의 자유의 전제조건이 된다. 헌법은 이러한 재산권을 보장하면서 한편 사회적 제약 내지는 사회적 기속을 강조함으로써 사회국가의 이념과 조화를 꾀하고 있다.

연혁적으로는 근대에 와서야 재산권에 대하여 기본권적 성격이 부여된다. 즉 1776년 버지니아권리선언에 규정되었는데 이때는 재산권을 절대적 기본권 즉 전국가적·천부적 인권으로 생각하였다. 1789년 프랑스 인권선언 §17도 같은 의미로 해석할 수 있다.

그 후 현대에 와서는 재산권의 성격이 달라졌다. 즉 바이마르 헌법 §153는 "소유권의 내용과 한계는 법률로 정해진다. 소유권은 의무를 수반한다. 그 행사는 동시에 공공의 복리에 적합하도록 하여야 한다."고 하여 재산권의 상대화를 규정하였다. 이제 재산권은 절대적 기본권이 아니라 상대적 기본권으로서 인식되게 되었다.

(2) 법적성격

재산권은 기본권인 동시에 제도보장의 성격을 가지는 것으로 이해된다. 즉 기본권으로 이해할 때 자유권으로 분류할 수 있으며, 제도보장으로 파악하는 경우 사유재산제도를 의미한다. 다른 기준으로 볼 때, 주관적 공권이며 객관적 법질서의 구성요소라고 할 수 있다.

재산권의 주체는 국민이다. 자연인과 법인을 포함하는 개념이다. 외국인의 경우는 제한된 범위 내에서만 재산권이 인정된다. 「부동산 거래 신고 등에 관한 법률」 §8에 따르면 외국인의 토지취득은 신고제(군사지역 등 일부는 허가제)를 채택하고 있다.

2. 내용

(1) 재산권의 객체

재산권이란 공·사법상 경제적 가치가 있는 모든 권리를 보장해 주는 것이다. 즉 사적으로 유용하고 임의적 처분권능이 인정되는 모든 재산가치가 있는 권리는 재산권의 객체가 된다. 예컨대 민법상 물권·채권을 비롯하여 공법상 하천점용권·보수청구권·연금청구권, 기타 특별법상 광업권·무체재산권 등이 모두 재산권의 객체가 된다.

(2) 재산권의 보장

재산권의 보장이라 할 때 이는 사유재산제 내지는 생산수단의 사유(私有)를 전제로 하는 것이다. 구체적으로는 재산권의 취득·관리·수익·처분의 권능을 포함한다. 재산권의 취득과 처분의 자유를 제한하는 것으로는 토지거래허가제 또는 신고제(부동산 거래신고 등에 관한 법률), 관리의 자유를 제한하는 것으로는 토지의 형질 지정 등, 수익의 자유를 제한하는 것으로는 소작제의 금지 등을 들 수 있다.

> [판례 1] 국토이용관리법(☞ 국토의 계획 및 이용에 관한 법률로 대체) §21-3①과 §31-2의 토지거래허가제가 현재 전혀 목적에 적합하지 아니하다거나 따로 최소침해의 요구를 충족시켜 줄 수 있는 최선의 방법이 있다거나 아니면 쉽게 찾을 수 있다거나 하는 등의 사정이 없는 한 토지거래허가제를 비례의 원칙 내지 과잉금지의 원칙에 어긋난다고 할 수 없다. 그러나 토지거래허가제가 "행위의 법률적 부인" 차원을 넘어 "자유형"까지 규정하고 있는 동법 제31조의 2에 대해서는 위헌의견이 과반수이지만 위헌결정의 정족수에 미달이어서 헌법에 위반된다고 '선언'할 수 없다(위헌불선언[합헌], 헌재 1989.12.22, 88헌가13).

> [판례 2] 재산권은 사적유용성 및 그에 대한 원칙적 처분권을 내포하는 재산가치 있는 구체적 권리이므로 구체적인 권리가 아닌 단순한 이익이나 재화의 획득에 관한 기회(단순한 기대이익·반사적 이익 또는 경제적인 기회)등은 재산권보장의 대상이 아니다(헌재 2000.12.14, 99헌마112).

(3) 재산권의 구체화와 사회기속성

헌법은 재산권을 보장하면서 그 내용과 한계는 법률로 정하도록 하고 있기 때문에(§23①), 기본권형성적 법률유보에 의하여 구체화되는 구조를 취하고 있다. 즉 19C적 자유방임주의에 입각한 재산권의 내용이 아니라, 국가는 무제한적인 사유재산과 계약의 자유를 제한하는 한편 모든 국민에게 실질적인 생존을 보장해 주기 위하여 재산권의 사회기속성(社會羈束性)을 규정하고 있다.

이러한 재산권의 사회기속성은 사회관련적 의미를 가지며, 사익과 공익의 조화를 추구하고, 사회적 통합을 꾀하며, 경제조항(헌법 제9장)에 규정되어 있는 여러 가지 재산권제한의 특수형태를 정당화시켜 주는 이념적 기초로서의 의미를 가진다(허 영 538면).

그러나 사회적 기속은 한계가 있을 수밖에 없다. 사회적 제약이 지나치게 확대되면 재산권이 형해화(形骸化)될 수 있기 때문이다. 다만 이러한 사회적 제약은 반드시 보상을 해 주어야 하는 재산권의 수용과는 구별되어야 한다. 그러나 이 구별은 실제로는 매우 어려운 일이다(아래 3. 제한 참조).

재산권의 사회기속성 대신에 좁은 의미로 토지공개념이나 주택공개념이라는 용어가 쓰이기도 한다.

[판례 1] 국유재산에 대한 시효취득 부인을 잡종재산에도 적용하는 국유재산법 §5②는 위헌이다(헌재 1991.5.13, 89헌가97).

[판례 2] 자연보존지구 안의 토지를 이미 농지나 대지로 합법적으로 이용한 경우에도 구역지정으로 인하여 종래의 용도대로 더 이상 사용할 수 없다면 사회적 제약의 한계를 넘는 특별한 재산적 손해가 발생했다고 보아야 한다(헌재 2003.4.24, 99헌바110등).

[판례 3] 구 지방세법 제22조 제2호 (3)목은 비상장법인의 과점주주 중 주식을 가장 많이 소유하거나 법인의 경영을 사실상 지배하는 자와 생계를 함께하는 자에게 소유하고 있는 주식이 몇 주(株)인지도 묻지 않고 제2차 납세의무를 지우고 있다. 이는 책임의 범위와 한도조차 뚜렷하게 설정하지 아니한 채 법인의 체납세액 전부에 대하여 일률적으로 제2차 납세의무를 지우고 있는 것으로 과점주주들 간에 불합리한 차별을 하여 조세평등주의에 위반되고 과점주주의 재산권을 침해한다(위헌, 헌재 2007.6.28, 2006헌가14).

3. 제한

(1) 공공복리 적합성

§23②은 "재산권의 행사는 공공복리에 적합하도록 하여야 한다."고 규정하고 있다. 이 재산권행사의 공공복리적합성을 헌법적 의무(김철수 754면), 또는 내재적 제약성(권영성 567면 이하)으로 설명하는 경우도 있으나, 이는 헌법이 규정하고 있는 헌법적 한계의 표현이라 할 것이다(허 영 528면 이하).

그밖에도 §37②에 따르면 재산권의 제한은 주로 공공복리를 위하여 이루어진다고 할 수 있다. 그런데 §23③에서는 '공공필요'라는 개념을, §126에서는 '긴절한 필요'라는 개념을 각각 사용하고 있다. 이 두 개념을 공공복리보다 더 좁은 개념으로 이해하는 견해도 있다(계희열[중] 567면). 반면에 공공복리보다 넓은 개념으로 이해하는 견해도 있으나(권영성 569면), 그렇게 이해하는 경우 §37②이 정하는 제한의 한계보다 더 폭넓게 제한될 수 있는 것으로 해석될 수 있다. '공공필요'나 '긴절한 필요'라는 개념은 결국 §37②이 정하는 한계 내에서 이해되어야 한다.

(2) 재산권의 수용·사용·제한과 보상

재산권의 수용(收用)이란 소유권의 박탈을, 사용(使用)은 국가나 공공단체가 사인의 재산권을 일부 행사하는 것, 그리고 제한(制限)이란 사인의 재산권행사를 일부 못하게 하는 것을 말한다. 이러한 재산권의 수용·사용·제한은 국민의 재산권을 침해할 소지가 있으므로 반드시 법률에 근거가 있어야 한다. 따라서 행정명령 또는 조례에 의한 재산권의 제한은 허용되지 않는다.

또한 재산권의 제한은 반드시 보상(補償)이 있어야 한다. 보상이 없는 재산권의 제한은 위헌이라 할 수 있다. 재산권을 제한하는 법률 속에 보상의 기준과 방법 등이 함께 규정되어야 한다는 의미에서 이를 부대조항(附帶條項) 또는 불가분조항(Junktim - Klausel; package deal clause)이라고 한다. 다만 보상을 해 주어야 한다고 할 때, 위의 사회기속성에서 설명한 것처럼 단순한 사회적 제약인 경우는 보상을 해 줄 필요가 없으나 그 이상의 제한이 될 경우는 반드시 보상을 해 주어야 한다. 이 둘을 구별하는 것이 쉬운 일이 아니며 다음과 같은 설명들이 가능하다. 사회기속이론은 공익에 대한 위험을 방지하기 위한 방어적인 행위는 단순한 사회적 제약에 해당하지만, 재산권을 특정한 다른 공익을 위해서 이용하려는 능동적인 행위는 공용수용에 해당되어 보상이 있어야 한다고 한다. 특별희생설(다수설)에 따르면 재산권의 제한이 일반적인 성격을 가져서 사회전체에 미치는 경우는 단순한 사회적 제약이 되지만 개별적인 성격을 가져서 특별한 희생이 되는 경우는 보상이 필요한 재산권의 제한이라고 한다. 이밖에도 재산권의 주체에게 그 제한의 수인(受忍)을 기대할 정도면 단순한 사회적 제약으로 보려는 기대가능성이론, 제한된 상태에서도 사적인 유용성이 인정되면 단순한 사회적 제약으로 보려는 사적 유용성이론, 부동산 등에 대하여 입지조건이나 자연적인 형상을 고려해서 현 상태대로 보전하기 위한 것은 단순한 사회적 제약으로 보아야 한다는 상황기속이론 등이 있다. 물론 이중 하나의 이론만으로 완벽한 기준을 제시하기는 어렵다. 따라서 구체적인 경우에 여러 가지 기준을 종합적으로 고려해야 할 것이다. 그리고 어느 경우라도 비례의 원칙을 준수해야 함은 물론이다.

재산권 수용 등에 있어서 보상의 기준은 헌법상 정당한 보상이다(§23 ③). 지난 헌법은 공익과 관계자의 이익을 정당하게 형량하여 보상한다고 규정하였다(1980년 헌법 §22③). 이 이익형량보상은 재산권제한으로 발생하는 손해뿐만 아니라 발생할 수 있는 이익도 형량해서 보상하라는 것이었다. 그러나 현재는 정당보상을 규정하고 있고 이 정당보상의 의미는 원칙적으로 완전보상을 의미한다.

[판례 1] (☞ [구]도시계획법 §21(개발제한구역)에 대한 위헌소원) ① 구역지정 후 토지소유자가 자신의 토지를 원칙적으로 종래의 용도대로 사용할 수 있는 한, 토지소유자에게 부과되는 현 상태 유지의무나 변경금지의무, 나아가 개발가능성의 소멸과 그에 따른 지가의 하락·지가 상승률의 상대적 감소 등은 토지소유자가 수인해야 하는 사회적 제약의 범위에 속하지만, ② 구역지정으로 말미암아 토지를 종래의 목적으로도 사용할 수 없거나 또는 법률상으로 허용된 토지이용의 방법이 없기 때문에 실질적으로 토지의 사용·수익권이 폐지된 경우(예컨대 나대지[裸垈地] 상태로 있었던 토지가 구역지정과 동시에 건물신축이 금지되는 경우, 종래 농지로 사용되었으나 오염 또는 수로차단으로 농지로 사용하는 것이 불가능해진 경우)에는 사회적 제약의 정도를 넘는 경우로서 보상규정을 두어야만 헌법적으로 용인될 수 있다(헌법불합치, 헌재 1998.12.24, 89헌마214등).

[판례 2] 행정기관이 개발촉진지구 지역개발사업으로 실시계획을 승인하고 이를 고시하기만 하면 고급골프장 사업과 같이 공익성이 낮은 사업에 대해서까지도 시행자인 민간개발자에게 수용권한을 부여하는 구 '지역균형개발 및 지방중소기업 육성에 관한 법률'(2005)은 헌법 제23조 제3항에 위배된다(헌법불합치, 헌재 2014.10.30, 2011헌바172등).

(3) 제한의 한계

공익을 위하여 재산권을 제한할 수 있지만 재산권의 본질적 내용을 침해해서는 안 된다(§37② 후단). 또한 헌법은 소급입법에 의한 재산권의 박탈금지(§13②)를 규정하고 있다. 그러나 실제는 4·19와 5·16 후의 부정축재처리법 등에 의하여 소급입법에 의해 재산권이 제한된 적이 있으며, 근래에는 친일재산귀속법(2005)에 따라 친일반민족행위자의 재산을 환수한 바 있다.

[판례 1] 장기간 도시계획시설로 지정된 토지에 대해 보상규정을 두지 않은 도시계획법 §4는 헌법에 합치하지 않는다. 2001.12.31을 시한으로 법개정 전까지 잠정적으로만 적용된다(헌법불합치, 헌재 1999.10.21, 97헌바26).

[판례 2] 공무원이 '직무와 관련 없는 과실로 인한 경우' 및 '소속상관의 정당한 직무상의 명령에 따르다가 과실로 인한 경우'를 제외하고 재직 중의 사유로 금고 이상의 형을 받은 경

우, 퇴직급여 등을 감액하도록 규정한 공무원연금법은 재산권을 침해하지 않으나, 2009.12.31 개정된 이 감액조항을 2009.1.1까지 소급하여 적용하도록 규정한 부칙은 소급입법금지원칙에 위배된다(위헌, 헌재 2013.8.29, 2010헌바354등).

(4) 위법한 재산권침해

위에서 공익을 위한 불가피한, 합법적인 재산권제한을 설명하였다. 그러나 실제로는 이러한 합법적인 제한뿐만 아니라 위법적인 재산권침해가 있을 수 있다. 즉 공공필요에 의하지 않은 침해, 법률에 근거가 없거나 법률의 형식에 의하지 않은 침해, 보상규정이 없는 법률에 의한 침해, 비례의 원칙을 어긴 침해 등이 그것이다(허 영 547면). 이러한 위법한 재산권침해에 대해서는 재산권수용유사침해이론과 국가배상이론에 따라 권리구제가 이루어져야 한다.

재산권수용유사침해(enteignungsgleicher Eingriff) 이론이란 국가가 재산권을 수용하려는 의도는 없었으나, 합법적으로 다른 공권력 작용을 수행하다가 결과적으로 재산권을 침해한 경우를 말한다. 위법·무책의 경우를 말하며 이 경우 고의·과실이 인정되면 국가배상의 문제로 넘어가는 것이다. 그린벨트의 지정이 그 예이다. 한편 수용적(收用的) 침해는 지하철공사로 인한 주변 건축물의 균열을 가져오는 것과 같이 적법하지만 이례적·비의욕적·부수적 결과로 인한 침해를 말한다. 또 희생유사침해는 위법한 비재산권침해를 말한다.

[판례 1] 토지소유권자의 주소 또는 거소불명으로 협의를 행할 수 없을 경우 공시송달로써 협의에 갈음할 수 있도록 한 공공용지의 취득 및 손실보상에 관한 특례법 규정은 협의대상자를 파악하기 어렵다는 이유만으로 소유권자의 명시 또는 묵시의 의사 없이도 타인의 재산을 처분 또는 사용할 수 있게 하는 '사실상의 소유권의 강제취득'이므로 위헌이다(헌재 1995.11.30, 94헌가2).

[판례 2] 지적법상의 지목은 토지의 사용목적 또는 용도에 대한 유권적 확인이자 표시로서, 단순히 토지에 관한 사실적·경제적 이해관계에 영향을 미치는 것이 아니라 토지소유자의 실체적 권리관계에 밀접히 관련되어 있는 재산권의 한 내포이므로, 지목변경신청을 정당한 이유 없이 거부한 행정청의 지목변경신청반려처분은 토지의 정당한 등록을 통하여 토지소유자가 누리게 될 재산권을 침해한다(헌재 1999.6.24, 97헌마315).

[판례 3] 체육시설(☞ 사안에서는 골프장)을 도시계획시설사업의 대상이 되는 기반시설의 한 종류로 규정한 '국토의 계획 및 이용에 관한 법률' 규정은 민간기업도 일정한 조건하에서는 헌법상 공용수용권을 행사할 수 있게 하면서도 개별 체육시설의 성격과 공익성을 고려하지 않은 채 구체적으로 범위를 한정하지 않고 포괄적으로 대통령령에 입법을 위임하고 있어서 포괄위임금지원칙에 위배된다(헌재 2011.6.30, 2008헌바166등).

III. 소비자의 권리

> 새로 구입한 자동차가 계속 고장이 나는데도 새 차로 바꿔주지 않는다는 소비자의 불만이 보도된 적이 있다. 또 특정회사의 스마트폰은 수리를 맡기면 자기 것이 아닌 중고로 바꿔준다고 한다. 회사 입장에서는 어쩔 수 없는 일인가?

헌법 §124
국가는 건전한 소비행위를 계도(啓導)하고 생산품의 품질향상을 촉구하기 위한 소비자보호운동을 법률이 정하는 바에 의하여 보장한다.

헌법은 §124에서 소비자의 권리를 소비자보호운동의 차원에서 규정하고 있을 뿐이다. 여기서 소비자는 사업자가 공급하는 상품 및 용역(서비스)을 소비생활을 위하여 구입하여 사용하고 이용하는 자를 말한다. 그리고 소비자의 권리란 소비자가 양질의 상품과 용역을 적절한 유통구조를 통하여 적절한 시기에 구입하거나 사용할 수 있는 권리를 말한다. 이는 현대 산업사회의 비조직적이고 약자인 일반 소비자의 권익을 보호하기 위해서 주장되기 시작한 것으로 1960년대 이후 각국의 헌법에 등장하기 시작하였다. 우리나라는 1980년 헌법에서 명문화되었고, 소비자보호법(1980)이 제정되었으며, 이후 소비자기본법(2006)으로 전면 개정되었다.

소비자기본법에 따르면 소비자는 모든 물품과 용역으로 인한 생명·신체 및 재산상의 위해(危害)로부터 보호받을 권리를 가지며, 자유로운 선택권과 이에 필요한 교육을 받을 권리, 단결권·단체행동권 등을 가지며(법 §4), 물품과 용역을 선택하는 데 필요한 지식과 정보를 알 권리를 가진다(법 §13). 한편 공정거래위원회에 소비자정책위원회를 두고(법 §23 이하), 한국소비자원을 설립한다(법 §33 이하).

[판례] (☞ 도서 정가제) 간행물 판매자에게 정가 판매 의무를 부과하고, 가격할인의 범위를 가격할인과 경제상의 이익을 합하여 정가의 15퍼센트 이하로 제한하는 출판문화산업 진흥법 규정은 직업의 자유를 침해하지 않으며, 간행물에 관한 소비자의 후생이 단순히 저렴한 가격에 상품을 구입함으로써 얻는 경제적 이득에만 한정되지는 않고 다양한 관점의 간행물을 선택할 권리 및 간행물을 선택함에 있어 필요한 지식 및 정보를 용이하게 제공받을 권리도 포괄하므로 전체적인 소비자후생이 제한되는 정도는 크지 않다(기각, 헌재 2023.7.20., 2020헌마104).

제5절 정신적 자유권

근대의 기본권보장 초기에는 자유주의에 따라 정신적 자유권들이 천부인권으로서 당연히 인정되었던 것이다. 이 때 국가는 국가중립론에 따라 개인적인 영역에 간섭하지 않는 것이 원칙이었다. 이는 사상·표현의 자유시장론 또는 진리생존설로 설명되었다.

정신적 자유는 인간존엄의 조건이며 자유권의 핵심적 내용 중의 하나라고 할 수 있다. 따라서 경제적 자유권보다 고도로 보장된다(이중기준의 원칙).

Ⅰ. 양심의 자유

북한의 체제변화를 위한다며 전단을 풍선에 매달아 보내는 행위는 바람직한가? 군대 내의 금서목록 지정은 필요한 것인가?

1. 의의

헌법 §19
모든 국민은 양심의 자유를 가진다.

(1) 헌법적 의미

§19는 양심의 자유를 규정하고 있다. 한편 §46②은 "국회의원은 국가이익을 우선하여 양심에 따라 직무를 행한다."고 규정하고 있으며, §103는 "법관은 헌법과 법률에 의하여 그 양심에 따라 독립하여 심판한다."고 규정

하고 있다. 이 규정들에서 각 양심의 의미는 구분하여야 한다. §19에서의 양심이란 일반적인 인간의 객관적 양심을 말하는 반면에 §46②과 §103에서의 양심의 의미는 직업적 양심을 말한다. 이는 일반법과 특별법의 관계에 선다. 예컨대 법관 개인의 양심과 직업인으로서의 양심이 충돌할 수도 있으며 그 경우 직업적 양심에 따라 재판하라는 것을 의미한다.

연혁적으로 양심의 자유는 종교의 자유 속에 내포된 권리로서 인식되었다. 그렇게 보는 경우 그 형성의 시기는 더 소급된다. 다만 양심의 자유에 대한 독자적 규정은 1850년 프로이센 헌법에서 종교의 자유와 더불어 규정되었고, 1919년 바이마르 헌법에서 독자적 권리로 인정되었다. 우리나라는 1962년 헌법에서 신앙의 자유와 분리하여 규정된 이래 현행 헌법에 이른다. 참고로 독일 기본법 §4는 "신앙과 양심의 자유, 종교적 그리고 세계관의 신조(Bekenntnis/ confession)의 자유는 침해되지 아니한다."고 규정하고 있다.

(2) 법적성격

양심의 자유는 종교·언론·학문의 자유 등의 전제가 되는 내심의 자유라고 할 수 있다. 양심의 자유는 윤리적 차원의, 사상의 자유는 논리적 차원의 자유라고 할 때 일응 구별이 된다. 하지만 사상의 자유가 독자적 규정이 없으므로 양심의 자유의 범위를 확대하여 사상의 자유를 포함하는 것으로 본다(권영성 481면). 내심의 작용에 한해서는 절대적 자유권이라고 한다(권영성 483면). 그러나 주관적 공권으로서 뿐만 아니라 객관적 가치질서로서의 성격도 인정하면서 자연권으로서 절대적 자유권이라 하는 것은 모순이다. 또 내심의 작용에 머물러 있어서 다른 법익과의 충돌이 없는 경우에 과연 기본권으로서의 의미가 있는지 의문이라는 점은 기본권 총론에서 살펴본 바와 같다.

양심의 자유에서는 기본권의 대사인적 효력(제삼자효)이 비교적 자주 문제가 된다. 또 양심의 자유는 정신적 자유이므로 그 주체는 국민 중에서 자연인이 된다. 법인의 경우는 주체성이 부인된다고 본다. 외국인도 양심의 자유의 주체가 된다.

2. 내용

양심의 자유는 다음과 같은 몇 가지 측면에서 보장되어야 한다.

(1) 양심형성과 결정의 자유

양심상 결정의 자유란 어떤 문제에 대한 옳고 그름을 판단한 확신을 강제할 수 없다는 것이다. 예컨대 공무원의 경우 정치활동이 금지된다 하더라도 그 정치적 신조는 보호되는 것이다. 다만 위에서 본 대로 내면의 결정에 남아 있는 동안은 침해될 가능성이 없고 따라서 특별히 보장의 문제가 생기지 않는다. 다음의 양심을 지키는 자유가 문제될 뿐이다.

한편 올바른 가치관을 형성하여 양심상의 결정이 올바로 내려질 수 있는 환경에서 성장할 권리, 즉 양심형성의 자유도 매우 중요한 것이다. 예컨대 폐쇄된 공산주의 체제하에서는 공산주의가 무조건 좋다는 식의 가치관이 형성되고, 따라서 올바른 양심상의 결정이 이루어질 수 없다. 양심형성의 자유를 위해서는 모든 사상이나 역사적 사실 등에 통제 없이 접근할 수 있어야 한다.

(2) 양심을 지키는 자유

양심을 지키는 자유란 침묵의 자유, 즉 양심상 결정을 외부로 표현하도록 강요받지 아니할 자유를 의미한다. 다음과 같은 문제들이 있다.

1) 양심상 추지금지 및 충성선언의 금지

양심상 추지(推知) 또는 추찰(推察)이란 타인의 양심을 고문이나 폭행 등의 물리적인 힘에 의해서가 아니라 외부적 표현행위를 강요하고 이를 통하여 양심상의 결정을 알아내는 것을 말한다. 이는 특히 종교의 자유와 밀접한 관련이 있다. 예컨대 일본 에도막부 시절(1629) '십자가 밟기'를 통하여 기독교인을 가려낸 행위나, 일제 강점기에 신사참배를 거부하면 일본에 반항하는 것으로 취급하던 것 등을 들 수 있다. 이러한 행위들은 양심의 자유를 침해한다.

또 양심에 반하는 충성 선언을 강요하는 것도 양심의 자유에 반한다. 예컨대 공무원의 선서도 문제가 될 수 있다.

[판례] (☞ 준법서약제) 단순히 국법질서나 헌법체제를 준수하겠다는 취지의 서약을 할 것을 요구하는 준법서약은 어떤 구체적이거나 적극적인 내용을 담지 않은 채 단순한 헌법적 의무의 확인·서약에 불과하다 할 것이어서 양심의 영역을 건드리는 것이 아니다(기각, 헌재 2002.4.25., 98헌마425등).

2) 양심상 결정에 반하는 행위의 강요금지

첫째, 양심상 (집총)병역거부가 가능한가에 대하여 우리나라는 이를 부인하였으나 현재는 인정되고 있다. 개병제(皆兵制) 당시의 미국·독일·네덜란드·대만 등에서도 양심상의 집총병역거부가 인정되었다. 이 국가들은 현재 개병제를 포기하였다. 양심상 '집총'병역의 거부가 인정되는 것이므로 병역의무 자체를 거부하는 것이 인정되는 것은 아니며, 대체복무를 하여야 한다는 것이 각국의 입장이었다.

둘째, 양심에 반하는 사죄광고를 명하는 법률에 대해서는 우리 헌법재판소가 위헌결정을 하였다.

[판례 1] 민법 §764 "명예회복에 적당한 처분"에 양심에 반하는 사죄광고를 포함시키는 것은 헌법에 위반된다. 대신 판결문을 그대로 싣는 것은 가능하다(질적 일부위헌[한정위헌], 헌재 1991.4.1, 89헌마160).

☞ 공직선거법에 따른 사과문 게재 명령은 언론사의 인격권 침해라고 한 헌재 2015.7.30, 2013헌가8 비교.

[판례 2] 병역법상 병역의 종류를 현역, 예비역, 보충역, 병역준비역, 전시근로역의 다섯 가지로 한정하여 규정하고 양심적 병역거부자에 대한 대체복무제를 규정하지 아니한 병역종류조항이 과잉금지원칙을 위반하여 양심적 병역거부자의 양심의 자유를 침해한다(헌법불합치, 헌재 2018.6.28., 2011헌바379등).

☞ 양심상 병역거부를 인정하지 않았던 헌재 2004.8.26., 2002헌가1 결정을 판례 변경

[판례 3] 여호와의 증인 신도인 피고인이 종교적 양심을 이유로 입영하지 않고 병역을 거부하여 병역법 위반으로 기소된 사안에서, 제반 사정에 비추어 피고인의 입영거부 행위는 진정한 양심에 따른 것으로서 '정당한 사유'에 해당할 여지가 있다(대판 2018.11.1., 2016도10912).

☞ 양심적 병역거부를 인정하지 않았던 판례(대판 2004.7.15., 2004도2965) 변경.

[판례 4] 여호와의 증인 신도인 피고인이 종교적 신념을 이유로 사회복무요원의 복무를 이탈

한 경우 '정당한 사유'에 해당하지 않아 병역법위반죄가 성립한다(대판 2023.3.16., 2020도15554)

3) 증언거부

형사상 자기에게 불리한 증언을 거부할 수 있다(§12②). 즉 형사피고인이나 피의자 뿐 아니라 증인에게도 불리한 진술거부권 내지 묵비권이 인정된다. 다만 범죄수사상 필요한 단순한 사실에 대한 증언거부는 부인된다고 보는 것이 일반적이다. 이런 증언은 양심과 관련이 적어서 특별히 보호할 실익이 없기 때문이다.

(3) 양심상 결정을 표현할 자유

양심상의 결정을 외부에 표현할 자유는 양심의 자유 속에 포함되지 않는다. 이러한 자유가 보장되지 않는다는 것이 아니라 양심의 자유가 아닌 언론·출판의 자유에 속한다는 의미이다. 이렇게 해석하는 것은 양심의 자유와 언론의 자유는 보장의 정도가 다르기 때문이다.

더 나아가 양심상 결정을 실현할 자유도 양심의 자유에서 보장된다고 하는 견해도 있으나(허 영 442면), 단순한 표현 이상의 실현은 각각의 개별 기본권을 통하여 보장된다고 보아야 할 것이다.

3. 제한

양심의 자유도 절대적으로 보장되는 것은 아니라 할 것이다. 다만 어느 경우에 어느 정도 제한될 것인가에 대하여 다음과 같은 입장차이가 있다. 첫째, 내심 한계설은 양심의 자유는 내재적 작용인 경우에도 제한된다고 한다(박일경 295면). 둘째, 내심 무한계설은 내재적 작용인 경우에는 제한할 수 없고, 외부적 표현행위인 경우 제한된다는 입장이다. 셋째, 절대적 무한계설은 양심의 자유는 내재적 작용뿐만 아니라 외부적 표현행위인 경우에도 제한할 수 없다고 한다. 이중 내심무한계설이 다수설이나 단순한 내심의 작용은 제한이 불가능하다는 점을 고려하면 별 의미가 없는 것이다. 특히 양심상의 결정을 표현하는 경우 언론의 자유로 보는 경우 더욱 그렇다. 결론적으로 양심상 결정이 외부로 나타나는 경우 다른 기본권과의 조화 내지는 내재적 한계이론에 따라 제한된다고 할 것이다.

[판례 1] (☞ 국가보안법상의 '불고지죄'에 대한 위헌소원) 양심의 자유에는 양심형성의 자유와 양심적 결정의 자유를 포함하는 이른바 내심적 자유(forum internum) 및 양심을 외부에 표명하도록 강제 받지 아니할 자유(침묵의 자유) 뿐만 아니라 양심적 결정을 외부로 표현하고 실현할 수 있는 양심실현의 자유(forum externum)까지 포함되는 것으로, 전자의 경우 그것이 내심에 머무르는 한 '절대적 자유'라 할 수 있지만 후자, 즉 양심실현의 자유는 타인의 기본권이나 다른 헌법적 질서와 저촉되는 경우 헌법 §37에 따라 법률로 제한될 수 있는 '상대적 자유'이며, 불고지죄는 국가의 존립과 안전에 저해되는 타인의 범행에 대한 '객관적 사실'을 고지할 의무를 부과할 뿐 개인의 세계관이나 인생관·주의·신조 등 내심적·윤리적 판단을 고지대상으로 하는 것이 아니므로 침묵의 자유를 침해하는 것으로 볼 수 없고, '고지'가 양심에 어긋난다는 이유로 범죄사실을 고지하지 아니하는 것은 '부작위에 의한 양심실현'에 해당하지만, 이것은 이미 순수한 내심영역을 벗어난 것으로서 법률에 의한 제한이 가능한 경우에 해당하고, 남북관계의 현실이나 법익보호의 중요성 및 친족 간의 특례규정 등에 비추어 불고지죄가 양심의 자유를 제한하고 있다 할지라도 과잉금지원칙이나 기본권의 본질내용을 침해한 것으로 볼 수 없다(헌재 1998.7.16, 96헌바35).

[판례 2] 국가보안법상 이적행위 및 이적표현물 제작행위 등을 처벌하는 규정(법 §2①, §7① ③⑤)은, 국가의 존립·안전이나 자유민주적 기본질서에 실질적 해악을 미칠 위험성이 명백한 행위만이 이적행위조항의 처벌대상에 포함됨이 명백해졌으므로, 단순히 정부의 정책에 반대하거나 제도개혁을 주장한다는 이유만으로 처벌하는 수단으로 악용될 가능성은 거의 없다. 따라서 표현의 자유를 침해하지 않는다(헌재 2023.9.26., 2017헌바42등).

☞ 같은 취지의 결정은 헌재 2015.4.30., 2012헌바95등 참조

II. 종교의 자유

기성 주류 종교단체와 그들이 이단이라고 부르는 종파와의 갈등에 국가가 어디까지 개입할 수 있을까? 우리가 미신(迷信)이라는 이름으로 부르는 토속신앙은 종교의 자유에 의해서 보호될 수 있을까?

1. 의의

헌법 §20
① 모든 국민은 종교의 자유를 가진다.
② 국교는 인정되지 아니하며, 종교와 정치는 분리된다.

(1) 헌법적 의미

§20는 종교의 자유와 국교부인·정교분리의 원칙을 규정하고 있다. 종교의 자유는 아래에서 보는 것처럼 넓은 의미를 가지고 있다. 종교의 자유의 핵심영역인 신앙은 절대자를 의지하는 것을 말하며, 이 때 신앙의 자유란 그 대상과 방법을 자기가 원하는 대로 선택할 수 있다는 의미이다. 신앙이 신(神)과 피안(彼岸)에 대한 내적인 확신을 의미하는 반면, 양심이란 옳고 바른 것을 추구하는 윤리·도덕적 마음을 말한다고 할 수 있다.

연혁적으로 종교의 자유는 1647·1649년 영국의 국민협정, 1689년 권리장전, 1776년 버지니아 권리장전, 1919년 바이마르 헌법 등에 규정되었다. 이것들은 규정된 것일 뿐 실제 보장되기 시작한 것은 신체의 자유보다 앞선다는 견해도 있다.

세계인구 80억 명 중 기독교 25억 6천만 명, 이슬람교 19억 6천만 명, 힌두교 10억 명, 불교 5억 4천만 명이며, 신앙이 없는 사람이 8억 9천만 명이다(2022 기준).

(2) 법적성격

종교의 자유는 기본권 중에서 가장 고전적 기본권 중의 하나이다. 이는 근대 천부인권사상의 성립에 영향을 미쳤다고 볼 수 있다. 중요한 근대 시민혁명 중의 하나인 미국의 독립전쟁은 결국 신앙의 자유를 찾아 나선 청교도들에 의한 것이었다. 물론 이에 앞선 종교개혁(예컨대 루터의 종교개혁 1517)은 근대 기본적 인권성립에 영향을 주었다.

종교의 자유는 대사인적 효력이 자주 문제되는 기본권이다. 주체는 자연인인 국민이며, 외국인에게도 인정된다. 법인의 경우 종교의 자유 중 신앙의 자유의 주체가 될 수 없다. 다만 종교행사의 자유를 위한 활동에서 주체가 될 수는 있다. 예컨대 어느 종교단체의 주관으로 종교적 집회를 갖는 경우 그 종교단체가 법인인 경우도 당연히 가능하다.

2. 내용

종교의 자유는 다음과 같이 신앙의 자유와 신앙실행의 자유로 크게 나누어 볼 수 있다.

(1) 신앙의 자유

신앙의 자유는 신앙강제로부터의 자유를 말한다. 즉 스스로 신앙을 선택할 수 있는 자유와 신앙을 바꿀 수 있는 개종의 자유, 신앙·무신앙의 자유, 신앙고백의 자유 내지는 신앙불표명의 자유 등을 포함하는 것이다.

학자에 따라서 신앙고백의 자유를 신앙실행의 자유로 보기도 한다(계희열 [중] 352면). 독일 기본법은 신앙의 자유와 신앙고백의 자유, 그리고 종교행사의 자유를 병렬적으로 규정하였다(독일 기본법 §4①②).

이 신앙의 자유를 절대적 자유권이라고도 하지만 내면의 작용에 머물러 있는 한 기본권으로서 보호될 실익은 적다고 하는 점은 앞에서 설명한 바와 같다.

(2) 신앙실행의 자유

신앙실행의 자유는 신앙을 위한 외부적 행위들을 말한다. 즉 기도·예배·축제 등의 종교적 행사, 선교활동·종교교육 등의 포교의 자유를 포함한다. 또한 종교를 위한 집회·결사의 자유도 여기에 포함시킬 수 있는데, 일반적 집회·결사의 자유보다 강한 보호를 받는다. 예컨대 집회 및 시위에 관한 법률 §15에 따르면 종교를 위한 집회는 옥외집회라도 신고할 필요가 없다(집회의 자유 참조).

신앙의 자유에 비하여 신앙실행의 자유는 상대적 자유권이다. 즉 다른 법익과의 조화를 위하여 제한될 수 있는 것이다. 참고로 형법 §158는 장례식·제사·예배 또는 설교방해죄가 규정되어 있다.

[판례 1] 정교분리원칙상 국·공립학교에서의 특정종교를 위한 종교교육은 금지되나 사립학교에서의 종교교육 및 종교지도자 육성은 선교의 자유의 일환으로서 보장된다(대판 1989.9.26, 87도519).

[판례 2] (☞ 채플과 관련하여) 사립대학은 종교교육 내지 종교선전을 위하여 학생들의 신앙을 가지지 않을 자유를 침해하지 않는 범위 내에서 학생들로 하여금 일정한 내용의 종교교육을 받을 것을 졸업요건으로 하는 학칙을 제정할 수 있다(대판 1998.11.10, 96다37268).

[판례 3] 종교교육이 일반국민을 상대로 한 것이 아니고 특정 교단 내부의 자체적이고 순수한 성직자, 교리자 양성을 목적으로 종교활동의 연장에서 이루어지는 것이라면 인가나 등록 요건과는 아무런 관계없이 원칙적으로 자유롭게 이를 수행할 수 있으나, 종교교육이 학교나 학원 형태로 시행될 경우 국가가 교육에 필요한 시설과 교육과정 등에 대한 최소한의 기준을 마련하여 학교설립인가나 학원등록을 요구하는 것은 합헌이다(헌재 2000.3.30, 99헌바14).

[판례 4] 종교(선교활동)의 자유는 국민에게 그가 선택한 임의의 장소에서 자유롭게 행사할 수 있는 권리까지 보장한다고 할 수 없으며, 그 임의의 장소가 아프가니스탄 등 전쟁 또는 테러위험이 있는 해외 위난지역인 경우에는 더욱 그러하다(헌재 2008.6.26, 2007헌마1366).

3. 국교부인과 정교분리의 원칙

§20②은 국교부인과 정교분리의 원칙을 별도로 규정하고 있다. 이에 대하여 종교의 자유에 당연히 포함된다는 견해(김기범, 한국헌법, 1973, 191면), 종교의 자유는 주관적 공권이나 국교부인·정교분리는 제도적 보장이므로 종교의 자유의 전제이나 당연히 포함되는 것은 아니라는 견해(권영성 493면), 객관적 가치질서로서의 기능을 강조한 것이라는 견해(허 영 454면 이하) 등이 있다.

(1) 국교부인의 원칙

국교란 국가에서 하나의 종교를 선언하고 이것만 인정하는 것을 말한다. 예컨대 회교국가나 태국의 불교 등을 들 수 있다. 네팔의 경우 2008년 개헌 이전에는 힌두교가 국교였다. 나라마다 구체적 보장 범위에 차이가 있다. 영국·스페인 등은 국교를 인정하지만 그 밖의 종교를 부인하지 않으므로 종교의 자유가 있다고 할 수 있다.

국교부인의 원칙은 어떤 종교를 국교로 선언하지 않겠다는 것을 의미한다.

(2) 정교분리의 원칙

정교분리의 원칙이란 국가가 특정종교에 간섭하지 않으며, 반면에 종교도 국가적 영역에 간섭하지 않겠다는 것이다. 이에 따라 다음과 같은 문제들이 발생한다. 즉 국가는 특정종교단체에 대한 재정적 지원을 해서는 안 된다. 예컨대 국가가 국유지·공유지를 특정종교단체에 기증하는 것은 금지된다는 것이다. 또한 특정종교를 위한 공휴일 지정은 원칙적으로 금지된다. 다만 크리스마스나 부처님 오신 날을 공휴일로 한 것은 이미 종교적 색채와는 상관없이 세계적으로 축제의 의미가 있으므로 이를 공휴일로 지정한 것으로 볼 수 있다. 또 국가적 행사에 특정 종교의식을 거행할 수 없다. 반면에 국·공립학교에 종교학과를 설치하거나, 소속 학생들의 종교활동의 자유는 보장된다. 이는 특정 종교에 간섭하거나 지원하는 것이 아니기 때문이다. 국가공무원법 §59-2는 공무원의 종교중립의 의무를 규정하였다(2009).

한편 국가가 모든 종교를 평등하게 보호하는 것에 대하여 무종교의 자유와의 형평성 때문에 허용될 수 없다는 견해(권영성 494면, 김철수 815면 이하), 무방하다는 견해(문홍주, 한국헌법, 해암사, 1987, 270면) 등이 있다. 일률적으로 판단하기는 어렵고 구체적인 사안에 따라 판단해야 한다고 생각된다.

4. 제한

신앙의 자유는 내심의 작용에 머물러 있는 한 제한할 수 없는 것이 원칙이다. 이 신앙이 외부적으로 표현될 때, 즉 신앙실행의 자유는 §37②에 의하여 제한이 가능하다.

한편 내재적 한계를 인정할 수 있는데, 예컨대 유교는 절대자 내지는 내세관이 없으므로 종교로 볼 수 없다. 대신 학문의 자유나 집회·결사의 자유 등에서 보호된다. 내재적 한계로 우리의 판례가 들고 있는 것은 공서양속을 파괴하는 행위, 국민의 기본의무를 회피하는 행위, 미신적 치료행위 등이다.

[판례 1] 국기에 대한 경례를 종교상의 우상숭배라 하여 거부한 학칙위반 학생에 대하여 제적처분을 한 것은 정당하다. 학생들은 그 학교의 학칙을 준수하고 교내질서를 유지할 임무가 있으므로 종교의 자유 역시 그들이 재학하는 학교의 학칙과 교내질서를 해치지 아니하는 범위 내에서 보장되는 것이며, 징계처분을 받음으로 인하여 종교의 자유가 침해된 결과를 초래하였다 하더라도 이를 감수할 수밖에 없다 할 것이고 그들의 신앙에 의하여 차별대우를 받

은 것도 아니라고 볼 것이다(대판 1976.4.27, 75누249).

[판례 2] 생모가 사망의 위험이 예견되는 그 딸(당시 11세)에 대하여는 수혈이 최선의 치료방법이라는 의사의 권유를 자신의 종교적 신념('여호와의 증인'의 교리)이나 후유증 발생의 염려만을 이유로 완강하게 거부하고 방해하였다면 이는 결과적으로 요 부조자를 위험한 장소에 두고 떠난 경우나 다름이 없어서 유기치사죄에 해당한다(대판 1980.9.24, 79도1387).

[판례 3] 양심적 병역거부자에 대하여 대체복무제를 도입하지 않은 채 형사처벌 규정만을 두고 있는 병역법 규정이 양심의 자유를 침해하는 것은 아니다(헌재 2011.8.30, 2008헌가22등).

[판례 4] 미결수용자와 미지정 수형자(추가 사건이 진행 중인 자)의 신분으로 구치소에 수용되어 있던 기간 동안, 교정시설 안에서 매주 화요일에 실시하는 종교집회 참석을 제한한 행위는 종교의 자유를 침해한다(위헌확인, 헌재 2014.6.26, 2012헌마782).

Ⅲ. 언론·출판, 집회·결사의 자유

> 사이버 공간에서의 명예훼손과 관련하여 카카오톡에 대한 감청이 문제가 된 바 있고, 선거관련 댓글조작 사건이 있었다. 온라인과 오프라인에서의 표현의 자유에 대한 제한은 어떻게 다를까?

1. 의의

헌법 §21
① 모든 국민은 언론·출판의 자유와 집회·결사의 자유를 가진다.
② 언론·출판에 대한 허가나 검열과 집회·결사에 대한 허가는 인정되지 아니한다.
③ 통신·방송의 시설기준과 신문의 기능을 보장하기 위하여 필요한 사항은 법률로 정한다.
④ 언론·출판은 타인의 명예나 권리 또는 공중도덕이나 사회윤리를 침해하여서는 아니 된다. 언론·출판이 타인의 명예나 권리를 침해할 때에는 피해자는 이에 대한 피해의 배상을 청구할 수 있다.

(1) 헌법적 의미

언론·출판의 자유와 집회·결사의 자유는 표현의 자유이다. 헌법 §21가 이를 규정하고 있다. 다른 기본권과 관련된 표현의 자유는 해당 기본권에서 이를 보장한다. 예컨대 학문연구와 관련된 표현의 자유는 §21가 아니라 §22에서 보장된다. 이런 식으로 종교·노동운동·예술과 관련된 표현 등을 빼고 나면 §21는 주로 정치적 의사표현의 자유로 이해할 수 있다. 따라서 표현의 자유는 민주주의 발전의 전제가 된다. 반대로 표현의 자유가 보장되어야 민주주의가 발전할 수 있다고도 할 수 있다. 즉 표현의 자유와 민주주의는 밀접한 관련이 있다.

(2) 법적성격

표현의 자유는 대국가적 방어권의 성격이 짙다. 그러나 주관적 공권성과 더불어 객관적 법질서의 성격도 갖는다. 이를 자유언론제도로서 제도보장으로 파악하는 견해도 있다.

표현의 자유가 민주주의 실현을 위한 기본권으로서 정치적 자유권이라고 한다. 반면에 참정권은 정치적 활동권이다. 이 둘을 정치적 기본권이라 한다.

표현의 자유는 국민과 외국인이 모두 그 주체가 된다. 자연인뿐만 아니라 법인도 그 주체성이 인정된다.

2. 언론·출판의 자유

(1) 개념

언론이란 담화·연설·방송·방영 등 구두(口頭)에 의한 의사표현을 말하며, 출판이란 도서·문서·사진·조각 등 상형(象形)에 의한 의사표현을 말한다. 언론의 자유와 출판의 자유는 같은 기능을 한다고 할 수 있다. 하지만 언론의 자유가 출판의 자유에 비하여 상대방에 대한 광범위하고 직접적인 영향력이 있으므로 비교적 더 제한이 될 수 있다.

뒤에서 설명하는 집회·결사의 자유가 단체의 의사표현의 자유라고 할 때, 언론·출판의 자유는 개인적인 의사표현으로서의 성격이 짙다. 또한 통신의 자유가 특정한 상대방에 대한 의사전달임에 비하여 언론·출판의 경우는 불특정·다수인에 대한 의사표현이라는 점에서 구분된다.

최근에 대중적 의사소통의 수단으로 필수적인 인터넷의 경우 언론과 출판의 특성을 모두 가진다. 익명성과 즉흥성 등 그 단점에도 불구하고 불가피한 문화현상이다. 더구나 양방향 의사소통이 가능한 대중매체의 발달로 방송과 통신이 융합되는 현상도 일반화되고 있다(예컨대 인터넷 방송).

(2) 연혁

언론·출판의 자유는 영국의 경우 1647·1649년 국민협정에 규정되었으나, 실질적으로 언론의 자유가 확립된 것은 1695년 검열법이 폐지되면서라고 할 수 있다. 미국의 경우 1776년 버지니아권리선언에 처음 규정되었다. 우리나라의 경우 제헌헌법에서부터 규정되었지만 실질적으로 보장되기 시작한 것은 민주화 이후 현행 헌법부터라고 평가할 수 있다.

(3) 내용

언론·출판의 자유에 대해서는 방송법, 정기간행물의 등록 등에 관한 법률, 출판사 및 인쇄소의 등록에 관한 법률 등이 이를 규율하고 있다. 언론·출판의 자유와 관련하여 다음과 같은 문제들이 있다.

첫째, 언론·출판의 자유는 사상이나 의견의 발표와 전달의 자유를 의미한다. 위에서 본대로 의사표현의 자유라 할 수 있는데, 이때 표현되는 의사는 평가적 사고의 과정을 거친 평가적 의사라는 견해(독일 다수설, 허 영 609면 이하)와 단순한 사실의 전달을 포함하는 사실전달포함설이 있다. 단순한 사실처럼 보이는 것도 결국 선택과 전달상황 등 주관적 사고과정을 거친 것으로 볼 수 있으므로 평가적 의사만 표현의 자유의 대상이라 하여도 별 문제가 없다.

둘째, 알권리라는 것이 있다. 알권리란 일반적으로 접근할 수 있는 정보원으로부터 정보를 수집하고 정보를 취사·선택할 수 있는 자유를 말한다. 알권리는 의사표현의 선행조건으로서의 의미를 가진다(헌재 1989.9.4, 88헌마22; 1991.5.13, 90헌마133; 1992.2.25, 89헌가104 등). 다만 모든 정보의 공개를 요구할 수 있는 것은 아니며, 공개할 수 없는 공익과의 조화를 이루는 범위에서만 허용된다 할 것이다(공공기관의 정보공개에 관한 법률 §7). 정보의 공개를 요구한다는 점에서 청구권적 성격도 지닌다고 할 것이다.

[판례] 청구인의 정당한 이해관계가 있는 정부보유의 정보(임야조사서·토지조사부)의 열람·복사신청에 대하여 행정청이 아무런 검토 없이 불응한 부작위는 알권리를 침해하며, 이

것은 법률의 제정이 없더라도 가능하다(헌재 1989.9.4, 88헌마22).

셋째, 액세스(Access)권과 반론권이 있다. 액세스권은 언론매체접근이용권이라 번역할 수 있는데, 기존의 언론기관을 이용하여 의사를 표현할 권리이다. 뒤에서 설명하는 언론기관의 자유와 충돌할 수 있으므로 무조건 이용할 수 있다는 의미는 아니다. 반면에 반론권은 좁은 의미의 액세스권이라 하는데, 이는 언론기관의 보도·방영 등에 대한 정정요구권을 말한다. 이는 보도된 내용과 관련된 사람에 대하여 그 권리의 침해를 시정할 수 있는 기회를 주는 것이므로 액세스권보다 더 보호된다. 법률은 진실하지 않은 보도로 인한 경우의 정정보도청구권(언론중재 및 피해구제 등에 관한 법률 §14 §15)과 진실여부를 떠나 피해를 입은 경우의 반론보도청구권(법 §16), 범죄혐의자가 무죄판결을 받았을 경우의 추후보도청구권(법 §17) 등으로 세분하여 규정하고 있다.

[판례] (☞ 정부가 신문의 사설 등에 대하여 반론보도를 청구한 데 대하여) 언론보도 가운데 사실적 주장이 아닌 의견표명이나 비평에 대해서는 반론보도를 청구할 수 없다(대판 2006.2.10, 2002다49040).

넷째, 언론기관의 자유에는 언론기관창설의 자유와 보도논평의 자유 내지는 방송·방영의 자유가 포함된다. 형법 §310는 명예훼손이 "진실한 사실로서 오로지 공공의 이익에 관한 때"는 위법성을 조각(阻却)한다고 규정하고 있어서 이를 뒷받침하고 있다. 또한 언론기관의 자유는 취재의 자유를 포함한다. 정기간행물등록에 관한 법률(1987)에 의해 폐지된 언론기본법 §8에는 취재원비익권이 있었다. 현재는 이 조항이 없지만 이를 부인할 수는 없다. 다만 헌법이 보호하는 그 밖의 가치에 우선하는 것이 아니라 동열에 있으며 다른 법익을 존중하지 않으면 안 된다(BVerfGE 10, 118 참조).

[판례] 언론매체의 기사가 어떤 사실을 기초로 의견 또는 논평을 표명함으로써 타인의 명예를 훼손하는 경우에도 그 행위가 공공의 이해에 관한 사항이고 그 목적이 공익을 도모하기 위한 것일 때에는 전제가 되는 사실이 중요한 부분에서 진실이라는 증명이 있거나 표현행위를 한 사람이 진실이라고 믿을 만한 상당한 이유가 있는 경우에는 위법성이 없다(대판 2012.11.15, 2011다86782).

다섯째, 시설기준 등의 법률유보(§21③) 조항이 신설되었다. 이는 1962년 헌법 §18③이 "신문이나 통신의 발행시설기준은 법률로 정할 수 있다."라고 규정하여 4·19 이후의 사이비언론을 규제하는 근거로 규정하였던 것을 같은 취지로 규정한 것이다.

[판례 1] 신문 등의 시설은 임차로도 가능하므로 소유를 요건으로 할 필요는 없으므로 정간법 §7①은 소유를 요건으로 해석하면 위헌이다(한정위헌, 헌재 1992.6.26, 90헌가23).

[판례 2] (☞ 음란 또는 저속한 간행물을 출판하여 공중도덕이나 사회윤리를 침해하였다고 인정되는 경우 출판사 또는 인쇄소의 등록을 취소할 수 있도록 한 출판사및인쇄소의등록에관한법률 §5-2ⅴ) 음란표현의 경우 그로부터 사회의 성도덕을 보호하기 위해서는 음란표현을 금지시킬 필요성이 존재하지만, 저속한 표현은 음란표현과는 달리 언론·출판의 자유의 보호영역에 속하는 표현이며 일정한 사회적 가치를 지니므로 이를 전면적으로 금지시키고 나아가 출판사의 등록을 취소할 수 있도록 하는 것은 언론·출판의 자유를 과도하게 제한하는 것으로서 위헌이다(헌재 1998.4.30, 95헌가16).

[판례 3] 신문법 §15③이 신문의 복수소유를 일률적으로 금지하는 것은 신문의 자유를 필요 이상으로 제한하고 있다. 신문법 §17가 신문사업자를 일반사업자에 비하여 더 쉽게 시장지배적 사업자로 추정되도록 규정하고 있는 것은 합리적이고 적정한 수단이 아니다. 또 시장점유율이 높다는 이유만으로 신문사업자를 차별하는 것은 평등원칙에 위배된다(위헌·헌법불합치, 헌재 2006.6.29., 2005헌마165등).

[판례 4] 신문 등의 진흥에 관한 법률의 위임에 따른 대통령령이 인터넷신문의 등록요건으로 취재 인력 3명 이상을 포함하여 취재 및 편집 인력 5명 이상을 상시적으로 고용할 것을 규정하였는데, 이는 과잉금지원칙에 위배되어 언론의 자유를 침해한다(위헌, 헌재 2016.10.27, 2015헌마1206등).

여섯째, 사이버공간에서의 표현의 자유와 제한의 문제가 있다. 요즈음 새롭게 의사소통수단으로 등장한 인터넷 등의 온라인매체는 기존의 의사소통구조와는 매우 다른 특성들을 지니고 있다. 즉 지리적·물리적 공간을 뛰어넘어 전 세계를 하나의 가상공간에 넣을 수 있게 되었다. 또한 일방적인 의사의 표현이 아닌 양방향 의사소통이 가능하게 되었다. 여기서 발생하는 헌법적 문제로는 지적재산권, 명예훼손, 청소년의 보호, 스팸메일의 방지, 기타 범죄의 연결장치로서의 역할 등이다. 이와 관련하여 우리나라를 포함한 각국은 새로운 법적 규제를 마련하고 있는 과정에 있다. 예컨대 가상현실 속의 아바타에 대하여 성범죄를 행한 경우 처벌해야 한다는 논의가 있다. 우리나라도 이런 환경에 적응하고자 방송과 통신을 통합하여 방송통신위원회를 신설하였다(2008).

[판례 1] (☞ 인터넷에 허위사실을 유포하여 구속된 일명 '미네르바' 사건) 전기통신기본법 §47①이 '공익을 해할 목적으로 전기통신설비에 의하여 공연히 허위의 통신을 한 자'를 처벌하도록 하고 있는바, '공익을 해할 목적'이라는 것이 불분명하여 표현의 자유에서 요구하는 명확성의 요청 및 죄형법정주의의 명확성 원칙에 부응하지 못 한다(위헌, 헌재 2010.12.28, 2008헌바157 · 2009헌바88).

[판례 2] 인터넷게시판을 설치·운영하는 정보통신서비스 제공자에게 본인확인조치의무를 부과하여 게시판 이용자로 하여금 본인확인절차를 거쳐야만 게시판을 이용할 수 있도록 하는 본인확인제를 규정한 '정보통신망 이용촉진 및 정보보호 등에 관한 법률'은 과잉금지원칙에 위배하여 인터넷게시판 이용자의 표현의 자유, 개인정보자기결정권 및 인터넷게시판을 운영하는 정보통신서비스 제공자의 언론의 자유를 침해한다(헌재 2012.8.23, 2010헌마47등).

(4) 표현의 자유의 제한기준

표현의 자유는 정치적 자유권으로 그 중요성이 크며, 민주화과정 중에 있는 경우는 이에 대한 제한의 정도와 기준이 매우 첨예한 문제로 대두된다. 표현의 자유를 제한하는 경우의 기준, 즉 합헌성판단기준에 관하여 다음과 같은 원칙들이 판례에서 형성되어 있다.

1) 사전억제금지의 원칙

언론·출판의 자유는 의사표현의 자유로서 외부적 규제 없이 표현할 수 있어야 하는 것은 당연하다. 다만 이것은 무제한한 것은 아니며 다른 기본권이나 법익과의 조화를 이루어야 함은 당연하다. 그러나 그 조화는 사후에 책임지는 것이어야지 사전에 억제되는 것은 언론·출판의 자유를 침해하는 것이 된다. 따라서 언론·출판에 대한 사전검열과 허가는 금지되는 것이 원칙이다. 현재 우리나라에서 영화·연극 등에 대하여 공연윤리위원회 등의 자율규제가 이루어지고 있다. 법률상 자율적 규제이므로 허용된다고 할 것이나 사실상 국가가 관여하게 되는 문제가 있다(아래의 [판례 4] 참조).

[판례 1] 정기간행물의 등록 등에 관한 법률 §7①(정기간행물의 등록)은 정기간행물의 발행인들에 의한 무책임한 정기간행물의 난립을 방지함으로써 언론·출판의 공적 기능과 언론의 건전한 발전을 도모할 목적으로 규정된 것으로 헌법상 금지된 허가제나 검열제와는 다른 것

이다(헌재 1992.6.26, 90헌가23).(☞ 신문 등의 진흥에 관한 법률로 바뀜)

[판례 2] 프랑스어사용에 관한 법률(1994.8.4)을 공역무를 수행하지 않는 사인(예컨대 방송국이나 일반사인)에 강제하는 것은 표현의 자유를 침해한다(프랑스 헌법평의회 1994.7.29).

[판례 3] (☞ 영화법 §12에 대한 위헌소원사건) 등급심사의 경우 심의기관에서 영화의 상영여부를 종국적으로 결정할 수 있도록 하는 것은 검열로서 허용될 수 없으나, 영화의 상영으로 인한 실정법 위반의 가능성을 사전에 차단하고 청소년 등에 대한 상영이 부적절한 경우 이를 유통단계에서 효과적으로 관리할 수 있도록 미리 등급을 심사하는 것은 사전검열에 해당하지 않는다(헌재 1996.10.4, 93헌가13등).

[판례 4] (☞ 위 [판례 3]에서) 공연윤리위원회가 비록 행정기관이 아닌 독립적인 위원회의 형태를 취하고 있지만, 공연법에 의해 설치되고 또 행정기관이 그 구성에 지속적인 영향을 미치는 한 실질적으로 행정기관에 해당되는 것이다. 그 후 동위원회가 '한국공연예술진흥협의회'로 변경되었지만, 역시 그 성격에 있어 공연윤리위원회와 대동소이하여 마찬가지로 검열기관에 해당한다(헌재 1999.9. 16, 99헌가1).

[판례 5] 한국광고자율심의기구가 행하는 방송광고 사전심의는 방송위원회가 위탁이라는 방법에 의해 그 업무의 범위를 확장한 것에 지나지 않는다고 할 것이므로 한국광고자율심의기구가 행하는 텔레비전 방송광고 사전심의는 행정기관에 의한 사전검열로서 헌법이 금지하는 사전검열에 해당한다(위헌, 헌재 2008. 6.26, 2005헌마506).
☞ 의료광고 사전심의 위헌(헌재 2015.12.23, 2015헌바75).

2) 명백하고 현존하는 위험의 원칙

표현의 자유는 원칙적으로 사전제한을 금지하지만, 예외적으로 '명백하고 현존하는 위험이 있는 경우'에는 사전에 제한할 수 있다. 이는 미국 연방대법원의 Holmes 대법관이 1919년 Schenck 사건에서 판시한 것이 처음이다. 이 판례는 제1차 세계대전 당시 '징병제 거부문서'의 발표를 방첩법(Espionage Act) 위반으로 사전에 제한한 것을 인정한 판례이다.

[판례] 남북합의서 위반행위로서 전단 등 살포를 하여 국민의 생명·신체에 위해를 끼치거나 심각한 위험을 발생시키는 것을 금지하고 형벌을 과하는 「남북관계 발전에 관한 법률」 §24 ①iii 등은, 국가형벌권의 행사는 중대한 법익에 대한 위험이 명백한 경우에 한하여 최후수단으로 선택되어 필요 최소한의 범위에 그쳐야 하는데도, 정치적 표현의 자유에 대한 제한이 매우 중대하여 과잉금지의 원칙과 책임주의에 위배되어 표현의 자유를 침해한다(위헌, 헌재 2023.9.26., 2020헌마1724등).

3) 명확성의 원칙

표현의 자유를 제한하는 법률은 명확하고 구체적이어야 하며, 만약 불명확한 경우에는 '막연하기 때문에 무효'라는 이론이다. 예컨대 「5·18민주화운동 등에 관한 특별법(5·18민주화운동법)」 §8의 경우(2021년 신설) '5·18민주화운동에 대한 허위의 사실을 유포한 자'를 처벌하고 있는데 '허위의 사실'이 명확하지 않아서 논란이 될 가능성이 있다고 생각된다.

[판례 1] 명백하고 현존하는 위험의 원칙과 명확성의 원칙을 들어 국가보안법 §7①⑤은 각 그 소정의 행위가 국가의 존립·안전을 위태롭게 하거나 자유민주적 기본질서에 위해를 줄 경우에만 적용해야 한다(한정합헌, 헌재 1990.4.2, 89헌가113).

[판례 2] 개정된 국가보안법 §7의 "국가의 존립·안전이나 자유민주적 기본질서를 위태롭게 한다는 정을 알면서"라는 구성요건이 불분명한 점은 있으나 확대해석의 위험은 거의 제거되어 합헌이다(헌재 1996.10.4, 95헌가2).

4) 이중기준 이론

기본권을 정신적 기본권과 경제적 기본권으로 구분하여 후자를 더 많이 제한할 수 있는 것으로 보는 이론이다. 따라서 표현의 자유는 폭넓게 보호된다.

5) 합헌성추정 배제이론

표현의 자유를 제한하는 법률은 합헌성추정(헌법합치적 해석)을 받지 못한다. 따라서 위헌의 소지가 있는 제한법률을 적용하지 말자는 것이다.

3. 집회·결사의 자유

§21① 후단은 언론·출판의 자유와 더불어 정치적 자유권으로서 집회·결사의 자유를 규정하고 있다. 이를 구체적으로 규정하고 있는 법률로는 집회 및 시위에 관한 법률이 있다.

(1) 법적성격

집회·결사의 자유도 언론·출판의 자유와 더불어 표현의 자유로서 민주적·정치적 기본권이라 할 수 있다. 다만 언론·출판의 자유가 개인적 공권이라면 집회·결사의 자유는 집단적 성격을 갖는 기본권으로서 언론·출판의 자유에 대한 보조적 기능을 하는 기본권이라 할 수 있다. 다만 공공질서에 대한 영향력이 직접적이므로 언론·출판의 자유보다 제한의 정도가 더 클 수 있다.

집회·결사의 자유의 법적 성격에 대해서는 주관적 공권이나 제도보장은 아니라는 견해(권영성 537·542면), 자유권이면서 제도보장이라는 견해(김철수 887면), 집회의 자유는 공권이나 결사의 자유는 공권이면서 제도보장이라는 견해(허 영 632면) 등이 있다.

(2) 집회의 자유

1) 개념

집회(集會)란 다수인이 공동목적을 위하여 일정한 장소에서 일시적 회합을 갖는 행위를 말한다. 반면에 결사(結社)는 계속적 조직을 의미한다. 다수인이 모이는 것이라 할 때, 그 최소한의 숫자에 대해서는 2인설과 3인설이 있는데 3인설이 다수설이다. 최근 '1인 시위'라는 것이 유행하고 있는데 1인이 시위하는 것은 집단의 의사표현으로 볼 수 없으므로 집회라 할 수는 없다. 다만 1인 시위를 여러 사람이 이어서 하는 경우는 집회로 볼 수 있지만, 현행법상 규제는 없다. 한편 공동목적에는 정치적 성격만이 아닌 의사표현도 포함하나 오락적 성격의 집회는 제외된다고 본다(광의설, 허 영 633면 이하). 의사표현의 상대방을 알 필요는 없다. 즉 언론·출판의 자유와 마찬가지로 불특정 다수인에 대한 의사표현의 자유라 할 수 있다.

한편 집회의 자유는 시위의 자유를 포함한다. 시위(示威)란 위세를 보인다는 의미인데 일반적으로 움직이는 집회, 즉 집회장소가 고정되어 있지 않은 집회를 말한다.

2) 종류

집회는 여러 가지 기준에 의해 나누어 볼 수 있는데 대체로 옥내집회와 옥외집회의 구분이 의미가 있다. 옥내집회란 천장이 덮여 있고 사방이 폐쇄된 장소에서의 집회를 말한다. 옥내집회의 경우 집회의 개최절차상 사전에 아무런 제한을 받지 않는다(신고 불요). 반면에 옥외집회란 옥내집회가 아닌 모든 집회를 말하며, 옥내집회인 경우에도 확성기를 설치해서 옥외의 참가를 유도하는 경우 옥외집회로 본다. 옥외집회는 개최 48시간 전에 관할 경찰서장에게 신고하여야 한다. 이러한 취급상의 차이는 일반대중에 미치는 영향력 때문에 질서유지 등 집회를 규제할 필요성 때문이다.

3) 내용

집회의 자유는 개성의 신장과 공감대적 의사형성을 가능하게 하는 기능을 한다. 집회의 자유에는 구체적으로 집회의 개최·불개최의 자유, 집회에의 참가·불참가의 자유, 집회에서의 연설·토론·사회의 자유 등을 포함한다. 연설·토론 등은 언론의 자유에 포함되는 것으로 보는 견해도 있다(김철수 890면).

집회의 자유의 주체는 자연인이며(외국인 포함), 법인도 그 주체가 될 수 있다.

[판례] 집회의 자유는 민주국가에서 정신적 대립과 논의의 수단으로서, 평화적 수단을 이용한 의견의 표명은 헌법적으로 보호되지만, 폭력을 사용한 의견의 강요는 헌법적으로 보호되지 않는다(헌재 2003.10.30, 2000헌바67등).

4) 효력

집회의 자유는 전통적으로 대국가적 효력을 가진다. 그러나 해석상 대사인적 효력이 인정될 수 있다. 집회 및 시위에 관한 법률 §3는 "누구든지……방해해서는 아니 된다."고 하여 이를 명문화하였다.

5) 제한

집회의 자유에 대한 신고제는 인정된다. 반면에 허가제를 채택하여 집회의 자유를 제한할 수는 없다. 옥외집회의 경우 48시간 전에 관할 경찰서에 신고해야 한다(법 §6). 집회가 불법집회라고 판단되면 관할 경찰서장이 금지를 통고할 수 있다(법 §8). 이에 대하여 72시간 내에 광역자치단체장에 이의신청을 할 수 있으며, 이의신청은 24시간 내에 재결되어야 하고, 재결이 금지로 결정되면 10일 이내에 고등법원에 제소할 수 있다. 다만 이 신고는 학문·예술·체육·종교의식·친목·오락·관혼상제·국경행사를 위한 집회에는 필요하지 않다(법 §15).

집회 자체가 금지되는 경우로는 일출전·일몰후의 옥외집회·시위(법

§10)와 주요공공관서 100m 이내의 옥외집회·시위(법 §11) 등이 있다. 이 중 일률적 야간집회금지는 헌법재판소의 헌법불합치 결정(헌재 2009.9.24, 2008헌가25) 이후 기간도과로 효력이 상실되었다. 한편 최근에는 복면시위의 금지여부가 논란이 되고 있다.

[판례 1] (☞ 외국공관 100m 이내 시위금지는 위헌) 외교기관에 대한 집회가 아니라 우연히 금지장소 내에 위치한 다른 항의대상에 대한 집회의 경우 법익충돌의 위험성이 작다. 이 금지조항의 문제점은, 집회금지구역 내에서 외교기관이나 당해 국가를 항의의 대상으로 삼지 않는, 다른 목적의 집회가 함께 금지된다는데 있다. 특히, 서울과 같은 대도시에서 주요건물이 밀집해 있는 경우, 그 곳에 우연히 위치한 하나의 보호대상건물이 1백 미터의 반경 내에 위치한 다수의 잠재적 시위대상에 대한 집회를 사실상 함께 금지하는 효과가 있다(위헌, 헌재 2003.10.30., 2000헌바67·83).

☞ 국회의사당 100m 이내 옥외집회 및 시위 금지 헌법불합치(헌재 2018.5.31., 2013헌바322등).

☞ 국회의장 공관의 경계 지점으로부터 100미터 이내 옥외집회 또는 시위를 일률적으로 금지한 조항 헌법불합치(헌재 2023.3.23., 2021헌가1).

☞ 대통령 관저의 경계 지점으로부터 100미터 이내의 장소에서는 옥외집회 또는 시위를 금지하고 위반 시 형사처벌한다고 규정한 「집회 및 시위에 관한 법률」은 집회가 금지될 필요가 없는 장소까지도 집회금지장소에 포함되게 하여 집회의 자유를 침해한다(헌법불합치, 헌재 2022.12.22., 2018헌바48등).

[판례 2] 사법작용의 공정성과 독립성은 헌법적 요청이므로, 각급 법원 인근에서의 옥외집회나 시위를 예외 없이 절대적으로 금지하더라도 이는 추상적 위험의 발생을 근거로 금지하는 불가피한 수단이다. 독립된 건물을 가지고 그 주변의 일반건물과 어느 정도 이격거리를 두고 있는 경우가 많은 우리나라 법원의 일반적 구조상 제한되는 집회·시위의 범위는 상대적으로 작다. 따라서 각급 법원 100m 이내의 시위를 금지한 것은 합헌이다(헌재 2005.11.24, 2004헌가17). ☞ 합헌과 위헌의견이 5:4로 갈렸다.

[판례 3] 야간옥외집회에 관한 일반적 금지를 규정한 집시법 제10조 본문과 관할 경찰서장에 의한 예외적 허용을 규정한 단서는 그 전체로서 야간옥외집회에 대한 허가를 규정한 것이라고 보지 않을 수 없고, 낮 시간이 짧은 동절기의 평일의 경우 직장인이나 학생은 사실상 집회를 주최하거나 참가할 수 없게 되어 집회의 자유를 실질적으로 박탈하거나 명목상의 것으로 만드는 결과를 초래하게 된다(헌법불합치, 2010.6.30 시한으로 잠정적용, 헌재 2009.9.24, 2008헌가25).

☞ 헌재 1994.4.28, 91헌바14 판례 변경

☞ 일몰 후 24시까지 옥외집회 및 시위를 절대적으로 금지한 부분에 대한 한정위헌 결정(헌재 2014.3.27, 2010헌가2등; 헌재 2014.4.24, 2011헌가29)

[판례 4] 집회 및 시위의 해산을 위하여 최루액을 물에 혼합한 용액을 살수차를 이용하여 살수한 행위는 신체의 자유와 집회의 자유를 침해한다(위헌확인, 헌재 2018.5.31, 2015헌마476).

(3) 결사의 자유

1) 개념과 종류

결사란 다수인이 공동목적을 위하여 조직적·계속적 단체를 결성하는 것을 말한다.

결사의 종류는 기준에 따라 여러 가지로 나누어 볼 수 있다. 즉 정치적 결사와 비정치적 결사, 일반적 결사와 특수목적(종교 §20, 학예 §22, 노동 §33) 결사, 공개결사와 비밀결사 등이 있다.

2) 내용

결사의 자유는 단체의 결성과 불결성의 자유, 단체존속과 단체활동의 자유를 포함한다. 또한 단체에의 가입과 탈퇴의 자유가 보장된다. 다만 공법적 결사, 예컨대 의사회·변호사회·상공회의소 등은 가입이 강제되기 때문에 소극적 결사의 자유가 부인된다. 이는 공익과의 형량결과 결사의 자유를 제한하는 것이 공익에 부합되기 때문이며, 법률적인 근거가 마련되어 있다.

[판례] 결사란 자연인 또는 법인의 다수가 상당한 기간 동안 공동목적을 위하여 자유의사에 기하여 결합하고 조직화된 의사형성이 가능한 단체를 말하는 것으로 공법상의 결사는 이에 포함되지 아니한다(헌재 1996.4.25, 92헌바47).

3) 제한

사회단체신고에 관한 법률이 1997.3.7 폐지되어 결사의 자유에 대하여 현재 법적으로는 별 제한이 없는 상태이다. 이론적으로 신고제는 인정되지만 허가제는 금지된다. 다만 세금감면 등 국가로부터 지원을 받기 위해서는 신고(등록)되어 있어야 하는 경우가 많다. 이에 관하여는 다수의 개별 법률들이 규정하고 있다.

[판례 1] (☞ 농·축협중앙회를 통합하는 신 농업협동조합법에 대한 헌법소원) '지역별·업종별 축협은 그 '존립목적' 및 '설립형식'에서의 자주성에 비추어 볼 때 오로지 국가의 목적을 위하여 존재하고 국가에 의하여 설립되는 공법인이라기보다는 사법인에 가깝고(따라서 결사의 자유의 주체가 된다), 축협중앙회의 경우도 공법인성이 상대적으로 크지만 역시 그 존립목적이나 설립형식에서의 자주적 성격에 비추어 사법인의 성격을 부인할 수 없지만(공법인성과 사법인성을 겸유한 특수한 법인), 축협중앙회가 갖는 두드러진 공법인적 특성이 결사의 자유

의 제약요소로 작용하므로 농·축협중앙회의 강제통합으로 인해 결사의 자유가 제한된다 할지라도 그것이 비례성의 원칙을 상실하였다거나 입법재량의 범위를 현저히 일탈한 것으로 볼 수 없다(헌재 2000.6.1, 99헌마553).

[판례 2] (☞ 운송사업자로 구성된 협회로 하여금 연합회에 강제로 가입하게 하고 임의로 탈퇴할 수 없도록 하는 「화물자동차 운수사업법」 규정) 연합회는 공공재적 성격을 가지는 화물자동차 운송사업의 공익성을 구현한다는 점에서 다른 사법인과 차이가 있다. 국가나 지방자치단체가 공익적 기능을 직접 수행하거나 별개의 단체를 설립하는 방안은 연합회에의 가입강제 내지 임의탈퇴 불가와 같거나 유사한 효과를 가진다고 보기 어렵다. 따라서 이 조항은 결사의 자유를 침해한다고 볼 수 없다(합헌, 헌재 2022.2.24., 2018헌가8).

Ⅳ. 학문과 예술의 자유

> 학문적 목적으로 모든 것을 연구해 볼 수 있을까? 예컨대 군사기밀과 관련된 사항이나 인간복제에 대한 실험은 어떤가?

1. 학문의 자유

헌법 §22①
모든 국민은 학문과 예술의 자유를 가진다.

(1) 의의

학문의 자유에 대하여 헌법은 §22①에서 이를 규정하고 있다. 한편 §31④에서 "교육의 자주성·전문성·정치적 중립성 및 대학의 자율성은 법률이 정하는 바에 의하여 보장된다."고 규정하고 있는데, §31④은 기본권 편별 상 사회권들에 끼어 있으나 이는 제도보장으로 볼 수 있고 성격상 학문의 자유와 밀접한 관련을 가지고 있다.

연혁적으로 학문의 자유는 1848년 프랑크푸르트 헌법과 1919년 바이마르 헌법에 명문화되었다. 그러나 실제 각국에서 학문의 자유가 확립된 것은 더 거슬러 올라간다고 하는 것이 일반적이다.

(2) 법적성격

학문의 자유는 기본권 중에서 자유권으로 파악할 수 있다. 다만 대학의 자치는 제도보장적 성격을 가진다. 물론 기본권의 이중적 성격을 인정하는 입장에서는 학문의 자유는 주관적 공권뿐만 아니라 객관적 법질서의 요소로서도 파악된다.

학문의 자유의 주체는 외국인을 포함하여 모든 국민이다. 또한 대학이나 연구소·연구원 등의 단체도 학문의 자유의 주체가 된다.

(3) 내용

학문의 자유에는 다음과 같은 것들이 문제된다.

1) **학문연구의 자유**

학문에 대한 연구란 진리를 탐구하는 행위를 말하며, 학문연구의 자유란 연구과제·연구방법·연구시간·연구장소 등을 임의로 선택할 수 있다는 의미이다. 학문의 자유에서 가장 본질적 부분이라 할 수 있으며, 절대적 자유권이라 한다(절대적 자유권개념의 비판은 전술). 그러나 우리는 남북분단에 따른 특수한 사정 하에 절대적으로 보장되지 못한 부분이 있었다. 또한 최근에는 생명윤리문제와 관련하여 배아복제 연구 등은 심의를 받아야 연구할 수 있게 되었다(「생명윤리 및 안전에 관한 법률」 §10).

[판례 1] 대학생이 공산주의 경제이론에 관한 서적을 학문연구를 위해 소지한 것으로 인정되는 경우 불법목적이 부인된다(대판 1982.5.25, 82도716).

[판례 2] 반국가단체를 이롭게 할 목적으로 공산주의 혁명론 및 전술에 관한 내용을 담은 서적을 소지하고 있었다면 그것은 학문의 자유에 대한 한계를 넘은 것이라 할 것이며 또 소지한 서적이 국내에서 번역 소개되었거나 대학에서 부교재로 사용되는 것이라 하여도 마찬가지이다(대판 1986.9.9, 86도1187).

[판례 3] 불온도서의 소지·전파 등을 금지하는 군인복무규율(대통령령 제5954호)은 국군의 이념 및 사명을 해할 우려가 있는 도서로 인하여 군인들의 정신전력이 저해되는 것을 방지하기 위한 조항으로 기본권을 침해하지 않으며, 이에 근거한 국방부장관 및 육군참모총장의 '군내 불온서적 차단대책 강구 지시'는 기본권침해의 직접성이 인정되지 않는다(헌재 2010.10.28, 2008헌마638).

2) **학문활동의 자유**

학문활동의 자유는 다음과 같은 것들을 포함한다.

첫째, 연구결과 발표의 자유가 있다. 이는 다음에 설명하는 대학 강단 이외의 방법을 통해서 발표하는 것을 말한다. 위의 연구의 자유를 절대적 자유권이라 할 때 이는 상대적 자유권이다. 따라서 학문연구의 발표를 통하여 타인의 명예를 훼손하거나 타인의 저작권을 침해하는 등 실정법을 위반한 경우 이에 상응한 민·형사상의 책임을 지는 것은 당연하다. 헌법적으로 보호되어야 할 것과 아닌 것은 발표 내용의 학문성에 의하여 결정된다고 보아야 한다(허 영 460면).

둘째, 교수(敎授)의 자유가 있다. 이는 학문연구의 결과를 대학 등에서 전달하는 것이며 그 자체가 하나의 연구과정으로 볼 수 있기 때문에 학문연구의 자유와 마찬가지로 보장된다. 여기서 말하는 교수는 자연인 교수(Professor)를 의미하는 것이 아니라 대학에서 가르치는 것(teaching)을 의미한다. 교수의 자유는 대학이나 이에 준하는 고등교육기관에서의 강의에만 인정되는데, 이런 곳에서의 교수는 비판적 사고능력을 기르는 동시에 진리탐구의 한 과정으로 볼 수 있기 때문이다. 따라서 교수에 대한 지시나 강제가 부인되는데, 이는 교수의 상대방(학습자)이 선택해서 강의를 들을 자유가 전제된다.

교수는 단순한 지식의 전달을 의미하는 중·고등학교 이하의 교육과는 다른 것이다. 따라서 대학교수의 강의내용에 대한 허가제나 대학교재의 검인정교과서 사용을 의무화하는 것은 인정될 수 없으나, 중·고등학교 이하에서는 강의내용을 제한하거나 검인정교과서를 사용하도록 하는 것이 인정된다.

셋째, 학문을 위한 집회·결사의 자유가 있다. 이는 일반적 집회·결사보다 강한 보호를 받아서 집회의 경우 관할 경찰서에 신고할 의무가 없다.

[판례 1] 국민의 수학권의 보호라는 차원에서 학년과 학과에 따라 어떤 교과용 도서에 대하여 이를 자유발행제로 하는 것이 온당하지 못한 경우가 있을 수 있고, 그러한 경우 국가가 관여할 수밖에 없다는 것과 관여할 수 있는 헌법적 근거가 있다는 것을 인정한다면 그 인정의 범위 내에서 국가가 이를 검인정제로 할 것인가 또는 국정제로 할 것인가에 대하여 재량권을 갖는다고 할 것이므로 중학교의 국어교과서에 관한 한, 교과용 도서의 국정제는 학문의 자유나 언론·출판의 자유를 침해하는 제도가 아님은 물론 교육의 자주성·전문성·정치적 중립성과도 무조건 양립되지 않는 것이라 하기 어렵다(헌재 1992.11.12, 89헌마88).

[판례 2] 학문의 자유에서 말하는 '학문'이란 일정한 지식수준을 기반으로 방법론적으로 정돈된 비판적인 성찰을 함으로써 진리를 탐구하는 활동을 말한다. 학문의 자유는 곧 진리탐구의 자유라 할 수 있고, 나아가 그렇게 탐구한 결과를 발표하거나 강의할 자유 등도 학문의 자유의 내용으로서 보장된다(헌재 2003.9.25, 2001헌마814).

3) 대학의 자치제도

위에서 본대로 대학의 자치를 규정하고 있는 §31④는 사회권 규정들 가운데 있어서 헌법상 편재가 부적절하다.

학문연구기관으로서의 대학이 대학운영에 관한 모든 사항을 외부의 간섭 없이 자율적으로 결정할 수 있을 때 학문의 자유가 그 실효성을 거둘 수 있기 때문에 대학의 자치가 인정되는 것이다.

연혁적으로 대학의 자치는 유럽에서 오랜 전통으로 발달하였다. 중세 대학의 기원은 학자(교수)들의 모임에서 비롯된 것으로(반대사례도 있음), 이들과 학생들의 신분이 귀족이었기 때문에 그 지역의 영주가 간섭하기 어려웠음은 쉽게 추측해 볼 수 있다.

10C에 이집트 파티마 왕조 때 카이로에 알아즈하르대학(960)이 설립되었고, 11C에는 이탈리아의 살레르노대학(1060)과 볼로냐대학(1088)이 설립되었다. 그 후 프랑스의 파리대학(1109), 영국의 옥스퍼드대학(1168)과 케임브리지대학(1209)이 개교하였다. 그러나 근대적 형태의 대학은 1694년 독일의 할레대학이 '대학의 자유선언'을 채택하면서(대학원 체제가 구비됨) 성립한 것으로 알려져 있다.

대학의 자치에 관해서는 1231년 교황 그레고리오 9세(Papa Gregorio IX, 1170~1241)의 칙서 '과학의 어머니(Parens scientiarum)'를 대학의 자치와 특권이 보장된 최초의 문건으로 본다. 대학의 자치는 대학 내의 인사·학사·재정 기타 학내문제의 운영에 관한 자주적 결정권을 의미한다. 대학의 자치에 있어 그 주체는 대학의 주체인 교수회와 학생회로 나누어 볼 수 있다. 자주적 결정권이란 대학의 학내문제에 대하여 1차적으로 대학 스스로 결정 또는 해결하고, 대학의 요청에 의해서만 공권력(주로 경찰권)의 개입이 가능한 것을 말한다.

[판례 1] 국립대학이 교육역무와 학교시설을 학생에게 제공하기 위하여 교육재원이 필요하고, 이는 설립자경영자인 국가나 수익자인 학생 측이 이를 부담할 수밖에 없다. 고등교육법 제11조 제1항은 "학교의 설립자경영자는 수업료와 그 밖의 납부금을 받을 수 있다."고 규정하였다. 기성회비는 기성회 규약에 따라 받는 회비라는 법률적인 성격과 아울러, 그 실질에 있어 영조물 이용관계에서의 사용료를 학생이나 학부모로부터 납부받은 것으로서 '그 밖의 납부금'을 납부받은 것으로 볼 수 있다. 따라서 '법률상 원인 없이' 이익을 얻은 경우에 해당한다고 볼 수는 없다(대판 2015.6.25., 2014다5531).

[판례 2] 검정고시 출신자의 수시모집 지원을 제한하는 서울교육대학교의 '2017학년도 신입생 수시모집 입시요강'은 균등하게 교육을 받을 권리를 침해한다(위헌확인, 헌재 2017.12.28., 2016헌마649).

[판례 3] 헌법이 특별히 대학의 자율성을 보장하는 이유는 학문의 자유를 보장하기 위함이므로, 대학의 학문과 연구 활동에서 중요한 역할을 담당하는 교원에게 그와 관련된 영역에서 주도적인 역할을 인정하는 것은 대학의 자율성의 본질에 부합하고 필요하다(헌재 2023.6.29., 2022헌마156).

(4) 제한

학문의 자유도 내재적 제약을 받는 것은 당연하다. 그밖에 실정법에 의한 외부적 제한의 필요성은 적다고 할 수 있다. 외부적인 제한은 자칫 학문의 자유가 수행하는 헌법적 기능에 비추어 볼 때 학문의 자유의 본질적 내용을 해칠 우려가 크기 때문이다. 학문의 자유에 대한 제약은 내재적 한계와 학문 내에서의 자율적인 통제가 바람직하다(허 영 466면).

다만 구체적 경우에 있어서 다른 법익과의 충돌을 해결하기 위하여 학문의 자유가 제한되는 경우는 있을 수 있다. 예컨대 인간복제나 유전자조작, AI개발 등에 대하여 각국이 이를 제한하고 있거나 제한에 대한 논의가 진행 중이다.

[판례 1] 학문의 연구는 기존의 사상 및 가치에 대하여 의문을 제기하고 비판을 가함으로써 이를 개선하거나 새로운 것을 창출하려는 노력이므로, 그 연구의 자료가 사회에서 현재 받아들여지고 있는 기존의 사상 및 가치체계와 상반되거나 저촉된다고 하여도 용인되어야 할 것이다(대판 1983.2.8, 82도2894)..

[판례 2] (☞ 배아연구와 관련된 직업에 종사하는 사람들 청구한 헌법소원)배아의 경우 형성 중에 있는 생명이라는 독특한 지위로 인해 국가에 의한 적극적인 보호가 요구된다는 점, 배아의 관리·처분에는 공공복리 및 사회 윤리적 차원의 평가가 필연적으로 수반되지 않을 수 없다는 점에서도 그 제한의 필요성은 크다. 그러므로 배아생성자의 배아에 대한 자기결정권은 자

기결정이라는 인격권적 측면에도 불구하고 배아의 법적 보호라는 헌법적 가치에 명백히 배치될 경우에는 그 제한의 필요성이 상대적으로 큰 기본권이다(헌재 2010.5.27., 2005헌마346).

2. 예술의 자유

(1) 의의

예술의 자유는 인간의 미적인 감각세계 내지는 창조적 경험세계를 표현할 수 있는 기본권이다. 예술의 자유는 정신적·문화적 영역에서 개성 신장을 돕고 문화국가의 실현에 이바지하는 객관적 기능을 수행한다(계희열[중] 377면, 허 영 467면).

예술의 자유에서 예술의 본질은 "예술가의 인상·견문·체험 등을 일정한 형태언어를 매개로 하여 직접적인 표상으로 나타내는 자유로운 창조적 형성이다. 모든 예술적 활동은 '논리적으로 해명할 수 없는' 의식적·무의식적 과정들의 혼합이다."(독일 연방헌법재판소 Mephisto-Klausmann 판결, 1971.2.24, BverfGE 30, 173, 188f.) 예술의 자유는 학문의 자유와는 달리 객관적인 논증을 필요로 하거나 다른 사람을 설득하려는 노력이 필요 없는 주관적 활동이기 때문에 무엇이 예술인가를 정의할 필요는 없다는 주장도 있다. 그러나 헌법상 예술의 자유로서 보호받기 위해서는 예술의 정의를 내리지 않을 수 없다. 다만 적극적으로 정의한다 하더라도 지나치게 미학적인 기준을 요구할 수는 없는데, 자칫 예술의 자유가 모든 국민의 자유가 아니라 전문적인 예술가들의 기본권으로 변할 위험이 있기 때문이다.

예술의 자유는 연혁적으로는 1919년 바이마르 헌법에 처음 규정되었으나, 각국의 예술의 자유의 실질적 보장은 이보다 앞선다는 것이 정설이다.

(2) 내용

예술의 자유는 우선 예술 창작의 자유를 의미한다. 이는 자유롭게 예술 창작의 소재나 형태 또는 과정을 결정할 수 있는 자유를 의미한다. 다만 예술은 표현 그 자체에 목적과 의의가 있기 때문에 자기목적적인 것이고 어떤 목적을 전제로 한 수단 내지 도구가 아니라는 점을 유의해야 한다. 따라서 상업광고 등은 그것이 비록 예술적 형태를 띠고 있다고 하더라도 예술창작의 자유에서 보호받지는 못한다. 이 예술창작의 자유는 거의 절대적으로 보호받는다고 하더라도 다른 법익과의 충돌이 있는 경우는 제한될 수 있는 것이다. 예컨대 거리에서의 전위예술은 통행을 방해하거나 내용적으로 청소년보호에 위배되면 제한될 수 있다.

둘째, 예술 발표의 자유가 있다. 이는 창작한 예술품 자체를 보호하고 그 창작물의 보급과 전시를 보호하는 것이다. 이것은 자유권적 성격이 강하므로 국가에 대하여 적극적으로 예술창작물을 전시·공연·보급해 줄 것을 요구할 수는 없다고 하겠다. 그리고 이 예술 발표의 자유는 예술품으로서 표현하는 것을 말하므로 경제적으로 활용하는 차원의 보호는 재산권(§23, §22②)에 의해 보호된다.

셋째, 예술을 위한 집회·결사의 자유는 예술활동을 위해서 집회를 개최하고 결사를 조직할 수 있는 자유를 의미한다. 이때의 주체는 예술단체 자체가 아니라 개개인이 그 주체가 될 수 있을 뿐이라고 해야 한다(허 영 471면).

예술활동에 대한 자율적 규제를 위하여 공연윤리위원회와 공연예술진흥협의회 등이 마련되어 있으나, 그 구성을 살펴볼 때 순수한 자율적 단체인지는 논란의 여지가 있다.

[판례 1] (☞ 마야부인 그림)"······침대 위에 비스듬히 위를 보고 누워 있는 본 건 천연색 나체화 카드사진이 비록 명화집에 실려 있는 그림이라 할지라도 이것을 예술·문학·교육 등 공공의 이익을 위하여 이용하는 것이 아니고 본 건과 같이 성냥갑 속에 넣어서 판매할 목적으로 그 카드사진을 복사·제조하거나 시중에 판매하였고, 이러한 그림은 정상적인 성적 정서와 선량한 사회의 풍속을 해칠 가능성이 있다 할 것이므로 이를 음화라고 본 원심판결은 정당"하다(대판 1970.10.30, 70도1879).

[판례 2] (☞ 염재만의 소설) '반노(叛奴)'의 13장 내지 14장 기재부분이 음란하다는 공소사실은 그 표현에 있어 과도하게 성욕을 자극시키거나 정상적인 정서를 크게 해칠 정도로 노골적이고 구체적인 표시라고 볼 수 없고 전체적인 내용의 흐름이 인간에 내재하는 향락적인 성욕에 반항하고 그로부터 새로운 자아를 발견하는 내용이므로 이를 음란작품이라고 단정할 수 없다(대판 1975.12.9, 74도976).

[판례 3] (☞ G20서울정상회의 홍보 포스터에 이명박 대통령을 희화화하는 '쥐' 그림을 그려 넣은 혐의(공용물건손상)로 기소된 대학강사에게 벌금 200만 원 형)예술작품의 창작과 표현활동의 영역에서 발생한 일이라 하더라도 그 행위가 형법에서 금지하고 있는 범죄에 해당하는 이상 예술창작과 표현활동이라는 이유로 그 행위가 정당화되지는 않는다(서울중앙지법 2011.5.13, 2011고단313; 대판 2011.10.13 확정).

3. 저작자·발명가·과학기술자·예술가의 권리

헌법 §22②
저작자·발명가·과학기술자와 예술가의 권리는 법률로써 보호한다.

§22②은 저작자·발명가·과학기술자 및 예술가의 권리보호를 규정하고 있다. 이는 지적소유권 등의 무체재산권을 보호한다는 취지이며, 저작권법·공업소유권법·특허법 등의 법률로써 보호되고 있다. 과학기술의 진흥과 육성을 위하여 과학기술자의 권리 보호조항을 현행헌법에서 신설하였다. 우리나라는 1987년에 세계저작권협약(1952)과 세계음반협약(1971)에 가입하였다.

현재 세계적으로 생성형 AI의 개발이 경쟁적으로 진행되고 있는데, 이 생성형 AI가 만든 예술품의 저작권이 누구에게 있어야 하는지 논의 중이다.

[판례 1] 특허등록한 발명의 명칭은 '숙취해소용 천연차 및 그 제조방법'임에도 불구하고 식품등의 표시기준(식품의약품안정청고시)이 '음주전후' 및 '숙취해소'표시를 금지함으로 인하여 그 발명특허제품에 '숙취해소용 천연차'라는 표시를 하지 못하고 '천연차'라는 표시만 할 수밖에 없게 되었는바, 이는 특허권자인 청구인들이 업으로서 특허발명을 실시할 권리(특허제품판매권)을 제한하는 것으로서 헌법상의 과잉금지원칙에 위배하여 헌법상 보호받는 재산권인 특허권을 침해한다(헌재 2000.3.30, 99헌마143).

[판례 2] '저작자 아닌 자를 저작자로 하여 실명·이명을 표시하여 저작물을 공표한 자'를 처벌하는 저작권법 규정은 명확성 원칙에 위배되거나 표현의자유를 침해하지 않는다(합헌, 헌재 2018.8.30., 2017헌바158).

제4장
참정권

제1절 참정권의 의의

> 우리나라는 민주주의(국민주권주의)를 채택했으므로 국민이 주인이라는 것인데, 국민이 늘 주인 대접을 받는가? 또 국민이 국가의 모든 문제를 결정할 수 있을까? 또 국민이 결정하는 것이 바람직한가?

Ⅰ. 의의와 기능

참정권은 국민주권주의를 당연한 전제로 하는 현대 헌법 하에서 국민이 국가기관을 구성하거나 국정에 직접 참여하는 능동적 공권으로서의 의미를 가진다. 정치적 기본권은 정치적 자유권, 예컨대 언론·출판·집회·결사의 자유 등과 정치적 활동권, 즉 참정권으로 나누어 볼 수 있다.

참정권은 국가권력 창설기능과 국가의사 형성기능을 갖는다고 할 수 있다.

Ⅱ. 법적성격

민주주의를 국민이 정부기관을 구성하고, 국민의 의사에 따라 국가의 주요문제가 결정되고, 국민에 의한 정부통제가 가능하고, 정부는 국민에 대하여 책임을 지는 통치형태로 이해할 때, 참정권은 민주주의 실현의 기초가 된다. 따라서 참정권은 민주적·정치적 성격을 띠는 기본권이라 하겠다. 또한 능동적 공권으로서 직·간접으로 정치에 참여할 수 있는 기본권이다. 참정권은 국가내적 권리로서 실정법상의 권리이기 때문에 그 주체는 국민일 수밖에 없다. 즉 외국인은 원칙적으로 그 주체성이 부인된다. 또한 참정권은 그 성격상 일신전속적(一身專屬的) 권리로서 대리행사가 불가능하다.

Ⅲ. 주체 및 형태

1. 주체

참정권의 주체는 위에서 본 대로 국민, 즉 내국인이다. 다만 예외적으로 외국인에게 일정한 범위의 참정권이 인정되는데, 영주권 취득 후 3년 이상 경과한 외국인에게는 지방자치선거에 선거권이 인정된다(공직선거법 §15②iii).

참정권의 성격상 당연히 법인은 제외된다. 그리고 모든 국민이 참정권을 행사할 수 있는 것은 아니고 만 18세 이상의 국민 중에서 민·형사상, 선거법상의 제한이 없는 국민만이 참정권을 행사할 수 있다. 자세한 것은 아래 제2절의 선거권과 제3부의 선거제도를 참조하기 바란다.

2. 형태

국민주권주의라고 하더라도 그 발현형태는 두 가지로 나뉘는데, 국민이 직접 국가의사를 결정하는 직접민주정과 대의기관을 통해서 의사를 표현하는 간접민주정으로 나눌 수 있다. 이 중 간접민주정을 기본으로 하고 직접민주정이 가미된 형태가 우리나라를 비롯한 대다수의 자유민주주의 국가들의 현실이다.

참정권과 관련해서 보면, 간접민주정 즉 대의제에서 기능하는 것은 선거권·피선거권·공무담임권 등이다. 반면에 직접민주정에서 기능하는 것은 국민투표권을 비롯하여 국민발안권·국민소환권 등이 있다.

3. 의무성

기본권의 이중적 성격을 인정하는 입장에서 보면 기본권은 객관적 법질서의 요소가 되므로 단순한 권리로서의 성격뿐만 아니라 책임과 의무를 동반하게 된다. 왜냐하면 단순한 권리라고 해서 이를 모두 포기하면 그 공동체가 무너질 수 있기 때문이다. 특히 참정권의 경우에는 이러한 성격이 두드러진다. 따라서 참정권의 경우 권리로서의 성격뿐만 아니라 의무로서의 성격도 강조된다. 그러나 그 의무는 법적으로 강제되는 법적 의무가 아닌 윤리적 의무에 불과하다. 선거권의 경우, 만약에 모든 국민이 기권하고 선거일에 놀러 간다면 국가가 유지될 수 없는 것이다. 그러나 선거에의 참여를 법적으로 강제할 수는 없는데 자유선거의 원칙을 채택하고 있으며 강제선거가 아니기 때문이다. 다만 외국의 경우 약간의 제재를 과할 수 있도록 규정한 입법례도 있다. 예컨대 호주는 선거 불참에 대하여 과태료로 20호주달러를 부과한다.

IV. 참정권의 발달

참정권의 발달은 결국 보통선거의 확립의 역사를 말하며, 보통선거의 확립은 최종적으로 여성의 선거권이 인정되면서부터 이루어진 것으로 본다.

각국의 보통선거권의 확립연대는 다음과 같다(남성/ 여성).

(1) 미국의 와이오밍 주 1890
(2) 뉴질랜드 1893
(3) 오스트리아 1907/1918
(4) 소련 1917
(5) 영국 1918/1928
(6) 독일 1871/1919
(7) 미국 1920(수정헌법 §19)
(8) 한국 1948
(9) 스위스 1879/1971
(10) 프랑스 1848/1946
(11) 노르웨이 1897/1913
(12) 스웨덴 1921
(13) 일본 1925/1947
(14) 이탈리아 1912/1946
(15) 캐나다 1920

이슬람국가들의 경우 여성의 참정권이 최근까지 인정되지 않았다. 사우디아라비아의 경우 2015년 지방선거에서 처음 여성의 참정권이 인정되었다.

V. 제한

연령에 의한 제한, 즉 미성년자의 선거권을 부인하는 것은 미성년자의 정치적 식견부족에 따른 합리적 제한으로 보통선거의 확립과 무관하게 제한된다. 그밖에 민·형사상(성년피후견인·자격정지), 선거법상 참정권의 제한이 이루어진다. 그러나 소급입법으로 참정권을 제한할 수 없는 것이 원칙이다(§13②). 그럼에도 불구하고 우리 역사상 몇 번의 소급입법에 의한 제한이 있었는데 제헌국회의 반민족행위자 처벌법(1948), 4·19 이후의 반민주행위자 공민권제한법(1960), 5·16 이후의 정치활동정화법(1962), 5·17 이후의 정치풍토쇄신을 위한 특별조치법(1980) 등이 그것이다. 이러한 소급입법은 단기적으로는 구체적 타당성을 인정할 수도 있겠지만 법치국가적 관점에서 장기적으로 보면 법적 안정성을 해친다.

> [판례 1] 공직선거법 §38가 장기간 국외의 구역을 항해하는 선박에 장기 기거하는 선원들에게 아무런 선거방법을 마련하지 않고 있는 것은 헌법에 합치되지 아니하다(헌법불합치, 헌재 2007.6.28., 2005헌마772)
> ☞ 이후 팩스투표기를 통하여 선상투표가 가능해졌다.
>
> [판례 2] 공직선거법 §15, §37와 국민투표법 §14 등이 '관할 구역 안에 주민등록이 되어 있는 자'에 대해서만 선거권을 행사하도록 한 것은 헌법에 합치되지 않는다(2008.12.31을 시한으로 개정할 때까지 잠정적용)(헌법불합치, 헌재 2007.6.28, 2004헌마644등).☞ 헌재 1999.1.28, 97헌마253등 판례를 변경하여 재외국민의 선거권 인정

제2절 선거권

> 19세 미만의 대학생들에게 선거권을 주는 것은 바람직한가? 또 그럴 경우 같은 연령의 고등학생에게 선거권을 주어야 하는가? 정신이상자 또는 수형자(受刑者)에게도 선거권을 주어야 하는가?

I. 의의

헌법 §24
모든 국민은 법률이 정하는 바에 의하여 선거권을 가진다.

§24는 선거권을 규정하고 있다. 선거권이란 국민이 각종 국가기관구성원을 선출하는 권리이다. 이로써 국민이 국가의사결정에 간접적으로 참여하게 되는 것이다. 투표(Abstimmung)가 어떤 사항을 결정하는 것인 데 비해

서 선거(Wahlen)는 인물을 결정하는 것을 말한다.

지난 헌법 §23는 '만 20세가 되면'이라는 문구가 있었다. 그러나 1987년 현행헌법으로의 개정 시 야당의 선거연령 인하 주장과 여당의 고수 주장이 팽팽히 맞섰다. 즉 야당은 요즘 청소년의 조숙한 경향과 외국의 사례를 들어 18세로의 인하를 주장하였고, 여당은 정치적 식견의 부족을 이유로 20세를 고집하였다. 그러나 이러한 주장들은 표면상의 이유이고 그 속을 들여다보면 모두 당리당략의 발상이라는 것을 알 수 있다. 전통적으로 젊은 층의 지지를 많이 받는 야당으로서는 선거연령의 인하가 곧 자기들의 지지세력 확대로 이어지기 때문에 이를 주장했던 것이고 여당은 그렇기 때문에 이를 반대한 것이다. 결국 타협이 안 되니까 이 문구를 아예 삭제하였고, 헌법개정 후 국회의원선거법 협상에서 종전대로 만 20세로 규정하였다. 그 후 2005년 19세로 인하되었다가 2020년 다시 18세로 인하되었다(공직선거법 §15). 그러나 민주주의와 정치에 대한 교육이 뒷받침되지 않는 단순한 선거연령 인하는 부작용이 있을 수 있다. 현실적으로 대학입시에 매몰되는 고등학생에게 선거권이 주어지는 것은 득보다 실이 많다고 하겠다. 참고로 제1공화국 당시에는 21세였다가 제2공화국 때 20세로 인하되었다.

Ⅱ. 법적성격

선거권은 대의제에 있어서 국민이 갖고 있는 국가기관 구성권을 말한다. 선거권의 법적 성격에 대하여 다음과 같은 학설이 있다.

첫째, 자연권설(J.Locke, J.J.Rousseau)은 선거권을 천부적·자연법적인 권리로 본다. 둘째, 공무설(P.Laband 등 법실증주의자)은 선거권을 국가가 국민에게 부여한 공무(公務)로 본다. 셋째, 권한설(G.Jellinek)은 이를 선거에 참가하는 권한으로 본다. 넷째, 통설인 이원설(L.Duguit 1859~1928)은 선거권을 주관적 공권인 동시에 공무로 보되, 의무는 윤리적 의무라고 한다.

Ⅲ. 내용

1. 헌법상의 선거권

국회의원 선거권은 §41①이, 대통령 선거권은 §67①이 규정하고 있는데, 선거의 원칙으로 보통·평등·직접·비밀선거가 규정되어 있다. 명문으로 열거되지는 않았지만 자유선거도 당연히 인정된다. 자세한 것은 제3부 선거제도를 참조하기 바란다.

지방자치단체장과 지방의회의원선거의 선거권에 대해서는 법률유보 사항으로 규정되어 있다(§118②). 다만 그 문구가 '지방의회의⋯의원선거와 지방자치단체장의 선임방법'으로 되어 있어서 지방자치단체장의 경우 반드시 선거가 아니더라도 위헌이 아니라는 해석이 가능하다. 이는 현행 헌법 개정 당시 지방자치가 실시되지 않고 있던 사정이 반영된 조문이다. 실제로는 공직선거법에 의하여 지방자치단체장도 선거로 구성된다(법 §2).

2. 법률상의 선거권

위에서 본 대로 현행헌법은 선거연령을 법률에 위임하고 있다. 공직선거법 §15는 선거일 현재 18세 이상의 국민에게 선거권이 있음을 규정하는 한편 §18는 선거권 결격사유를 규정하고 있다. 이에 따르면 ① 성년피후견인, ② 금고 이상의 형의 선고를 받고 그 집행이 종료되지 않았거나 집행을 받지 아니하기로 확정되지 아니한 자, ③ 선거범으로서 100만 원 이상의 벌금형을 받고 그 형이 확정된 후 5년, 집행유예를 선고받고 10년, 징역형의 선고 후 종료·면제 후 10년이 경과되지 아니한 자, ④ 기타 판결로 선거권이 정지·상실된 자는 선거권이 없다.

이상의 선거권 결격사유 중에서 ②의 경우는 범죄의 종류를 가리지 아니하고 과실범 등 사소한 범죄자에게도 선거권을 박탈하는 것은 합리적 제한이라고 하기 어려워 위헌적 요소가 있다는 지적(이 책, 제10판, 259면 참조)에 따라 헌법재판소에서 위헌결정이 나왔다. 즉 그 내용 중 유기징역이나 유기금고의 집행유예 기간 중인 자에 대한 선거권 박탈은 위헌으로, 집행이 종료되지 않은 자에 대한 제한은 헌법불합치 결정이 나왔다(아래 판례 2 참조).

[판례 1] 선거권의 행사를 위하여 필요한 정보의 제공이 현실적으로 어려운 수형자에게 그 기간 동안 공민권의 행사를 정지시키는 것은, 형벌집행의 실효성 확보와 선거의 공정성을 위하여 입법자가 일응 추구할 수 있는 것으로서 입법목적의 정당성이나 방법의 적정성을 충족시킨다(헌재 2004.3.25, 2002헌마411).

☞ 같은 사안에 대하여 헌재 2009.10.29, 2007헌마1462 결정에서는 기각결정이 되었으나 다수의견(5인)이 위헌의견을 표명한 바 있다.

[판례 2] 집행유예기간 중인 자와 수형자의 선거권을 제한하고 있는 공직선거법 제18조는 구체적인 범죄의 종류나 내용 및 불법성의 정도 등과 관계없이 일률적으로 선거권을 제한하여야 할 필요성이 있다고 보기 어렵고, 침해의 최소성원칙에 어긋난다. 특히 집행유예자는 교정시설에 구금되지 않고 일반인과 동일한 사회생활을 하고 있으므로, 선거권을 제한해야 할 필요성이 크지 않다. 따라서 선거권을 침해하고, 보통선거원칙에 위반하여 평등원칙에도 어긋난다(위헌). 다만 수형자에 대한 부분은 입법자의 형성재량에 속한다(헌법불합치, 헌재 2014.1.28, 2012헌마409등).

제3절 공무담임권

> 공직선거에 후보자로 나서려면 거액의 기탁금을 내야 한다. 예컨대 대통령선거에 나오려면 3억 원, 지역구 국회의원의 경우 1천500만 원의 기탁금을 내야 한다. 유능하지만 돈 없는 사람이 공직에 나서는 것을 원천적으로 차단하는 것은 아닌가?

I. 의의

헌법 §25
모든 국민은 법률이 정하는 바에 의하여 공무를 담임할 권리를 가진다.

§25는 공무담임권을 규정하고 있다. 공무담임권이란 국가·공공단체의 구성원으로서 그 직무를 담당할 수 있는 기본권을 말한다. 이는 피선거권보다 넓은 개념이다. 왜냐하면 선거를 통하지 않고서도 공무를 담임할 수 있는 길이 많기 때문이다. 여기서는 일단 피선거권을 중심으로 그 내용을 살펴보자.

Ⅱ. 내용

1. 피선거권의 요건

공직선거법 §16는 피선거권의 연령에 대하여 규정하고 있다. 이에 따르면 국회의원·지방의회의원·지방자치단체장은 모두 18세 이상 되어야 피선거권이 있다(법 §16②③). 그리고 대통령은 40세로 규정하고 있다(§67④, 법 §16①).

연령에 따른 요건 외에 지방자치선거에 있어서는 60일 이상 당해 지방자치단체의 관할구역 안에 주민등록이 되어 있을 것을 요한다(법 §16③). 이는 당해 자치단체를 잘 아는 사람을 선출하도록 하려는 것으로 보이나, 그 판단은 선거인에게 맡기는 편이 낫다고 생각된다. 오히려 수십, 수백표로 당락이 좌우되는 지방자치선거의 현실을 감안하면 일본의 경우처럼 선거인에게 거주요건을 붙이는 것이 선거조작을 방지하는 방법이 될 것으로 생각된다.

선거법이 통합되기 전에는 국회의원과 지방의원은 25세, 기초자치단체장은 30세, 광역자치단체장은 35세, 대통령은 40세로 되어 있었다. 그러나 이러한 연령에 의한 피선거권의 제한은 별 실효성이 없으며 선거인들이 판단하도록 맡기는 것이 바람직하다는 이유로 25세로 통일되었다가 다시 18세로 인하되었다(2020). 다만 대통령은 헌법 자체가 40세로 규정하고 있으므로(§67④) 법률에서도 그대로 40세로 하였다.

2. 결격사유

선거권이 없거나, 금고 이상 형의 선고를 받고 실효되지 않았거나, 판결 또는 다른 법률로 피선거권이 상실·정지된 경우에는 피선거권이 인정되지 않는다(법 §19).

[판례 1] 대통령선거방송토론위원회가 대선을 앞두고 '후보자초청 TV토론회'를 개최하면서 초청대상인 후보자를 지지율 10% 이상인 후보자로 한정한다는 기준을 결정·공표한 행위는 ① 적정수의 주요후보자만을 참가하게 할 때 대담·토론의 기능이 충분히 발휘할 수 있다는 점, ② 전파자원의 한정성 등을 고려한 것이므로 공무담임권이나 평등권을 침해하지 아니한다(헌재 1998.8.27, 97헌마372등).

[판례 2] 공직선거법(§64①, §250①)이 후보자의 비정규학력을 선전벽보에 게재할 수 없도록 한 것은 유권자들에게 후보자의 능력과 자질을 올바르게 판단할 수 있는 기회를 제공하고 이로써 선거의 공정성을 확보하기 위한 것이므로 합헌이다(헌재 1999.9.16., 99헌바5).

[판례 3] 전북대학교 총장임용후보자 선정에 관한 규정(훈령)이 총장후보자 접수 시 1,000만원의 기탁금을 납부하게 한 것은 과잉금지원칙에 반하여 공무담임권을 침해한다(위헌, 헌재 2018.4.26, 2014헌마274).

3. 그 밖의 공무담임권

위에서 살펴본 선거를 통하여 공직에 취임하는 것 외에도 국가공무원법 · 지방공무원법 등에 정해진 절차에 따라 임용되어 공무를 담임하는 경우가 많이 있다. 단순 수치로 비교하면 선거직보다 훨씬 더 많다. 자세한 것은 제3부 직업공무원제도를 참조하기 바란다.

제4절 국민투표권

> 4대강 살리기 사업, 한미 FTA 비준, 원전건설 중단 등 사회적 이슈들에 대하여 국민투표로 결정하자는 의견이 있었는데, 헌법적으로 가능한가? 대통령의 임기 중 신임을 묻는 국민투표는 가능한가?

I. 의의

국민투표권이란 국민이 입법이나 중요한 정책 등의 국가의사를 직접 결정할 수 있는 기본권을 말한다. 역사적으로 국민투표의 시초는 1294년 스위스의 슈비츠(Schwyz) 지방에서 실시되었으며, 1847년 스위스 헌법에서 법제화되었다. 스위스가 인민주권론에 입각한 회의제 정부형태를 채택하고 있는 점과 일맥 상통한다고 하겠다.

우리 헌법은 직접민주정치에 해당하는 제도로 국민투표권을 규정하고 있다. §72는 "대통령은 필요하다고 인정할 때에는 외교·국방·통일 기타 국가안위에 관한 중요정책을 국민투표에 붙일 수 있다."고 규정하고 있으며,

§130② "헌법개정안은 국회가 의결한 후 30일 이내에 국민투표에 붙여…" 라고 규정하고 있다. 즉 우리 헌법은 2가지의 국민투표를 규정하고 있다. §72는 플레비시트에 가깝고, §130②은 레퍼랜덤에 가깝다.

지방자치법에서는 주민투표 외에 주민소환제도도 도입되어 있다(법 §14, §20).

Ⅱ. 유형

1. 레퍼랜덤

레퍼랜덤이(Referendum)란 헌법상 제도화되어 있는 헌법사항(입법사항)에 대한 국민투표를 의미한다. 우리 헌법상 헌법개정절차인 §130②에 규정되어 있는 국민투표가 이에 해당한다. 헌법개정은 대의기관이며 입법기관인 국회의 의결만으로 결정하는 것이 아니라 국민투표로 최종 확정하도록 하였다. 이는 헌법개정의 경우 국민의 주권행사에서 매우 중요한 것이므로 국민이 직접 최종적으로 결정할 수 있도록 한 것이다. 헌법개정과 관련된 국민투표는 1962·1969·1972·1980·1987년의 5번의 사례가 있다.

2. 플레비시트

플레비시트(Plébiscite)란 주권제약·영토변경 등 헌법상 제도화되어 있지 아니한 헌법현실적인 것에 대한 국민투표를 의미한다. 현행 헌법상 대통령의 국민투표부의권(§72)이 여기에 해당한다. 1954년 헌법(2차개헌) §7-2는 "주권의 제약 또는 영토의 변경을 가져올 국가안위에 관한 중대사항은 국회의 가결을 거친 후에 국민투표에" 부치도록 규정한 바 있다. 실제 국민투표는 프랑스, 스위스 등에서 사례가 많다. 우리의 경우 플레비시트라 할 수 있는 국민투표는 1975.2.12에 시행된 유신·박정희에 대한 신임투표를 들 수 있다. 실제로 레퍼랜덤과 플레비시트의 성격을 엄격히 구분하기는 곤란하다. 예컨대 집권자가 추진한 헌법개정안이 부결된 경우에는 불신임을 받았다고 생각하는 것이 일반적이기 때문이다.

Ⅲ. 기능

국민투표는 주권자인 국민이 직접 국가의사를 결정한다는 의미가 있다. 그러나 국민투표는 이상적이지만 비현실적이라고 할 수 있다. 왜냐하면 국민은 비조직적이므로 통일된 의사를 확인하기 어렵고, 전문성이 요구되는 문제를 판단하기 어려우며, 국민이 정치에 관심을 갖지 않는 현대적 경향 때문이다. 역사적으로도 통치자의 정당성 획득을 위한 도구로 전락한 사례가 많다. 예컨대 1802년의 나폴레옹의 국민투표, 1933년의 히틀러의 국민투표 등이 그것이다. 또한 국민투표가 빈번히 시행되는 경우 의회 기능의 약화를 초래한다.

다만 현대 대의제·정당제의 단점을 보완하는 역할을 위하여 보충적·상징적으로 존재한다고 할 수 있다.

제 5 장
사회권

제1절 사회권의 의의

> 화이트 크리스마스를 기대하는 국민들은 국가에 대해서 크리스마스에 눈이 내리도록 해 달라고 요청할 수 있는가? 미세먼지를 제거하기 위하여 비가 내리도록 요청하는 것은 어떤가?

I. 의의

1. 개념

사회권이란 국민이 생활에 필요한 제반조건을 국가가 적극적으로 관여하여 확보하여 줄 것을 요청하는 기본권이다. 즉 인간다운 생활을 위하여 일정한 국가적 급부(給付)와 배려(配慮)를 요구할 수 있는 기본권이다. 사회권이 실질적으로 보장되기 위해서는 국가적으로 재정적 뒷받침이 있어야 한다. 사회권을 생존권 또는 사회적 기본권이라고도 한다.

2. 연혁

사회권은 연혁적으로 제1차 세계대전 이후 부(富)의 편재, 실업증가와 노사 간의 첨예한 대립 등으로 자유권이 형식화 되고 실질적으로는 자유와 평등이 보장되지 못하자 생겨났다. 즉 사회권은 실질적 평등과 최저한도의 문화생활을 요구할 수 있는 기본권이라 할 수 있다. 1919년 바이마르 헌법 §151①는 "경제생활의 질서는 모든 국민에게 인간다운 생활을 보장하기 위하여 정의의 원칙에 합치하여야 한다. 이 한계 내에서 개인의 경제적 자유는 보장된다."고 하여 이러한 취지를 규정하였다. 이념으로는 실질적 자유와 실질적 평등을 주장하거나 연대성(連帶性 Solidarität)이란 개념을 쓰기도 한다.

Ⅱ. 법적성격

사회권의 법적 성격에 대하여 다음과 같은 학설들이 있다.

1. 입법방침(Programm)규정설

입법방침규정설에 따르면 헌법상 사회권 규정은 입법의 방향을 제시하거나 입법자에게 입법의무를 지우는 데 불과하며, 직접적 효력을 갖지 못하는 권리라고 한다. 따라서 재판규범성·권리성을 부인하는 결과를 가져온다.

이는 안쉬츠(G.Anschütz 1867~1948)의 견해로 바이마르 시대의 통설이었다. 당시의 독일은 제1차 세계대전의 패전에 따른 경제의 파탄과 재정의 궁핍으로 많은 사회권규정들을 실제로는 보장해 줄 수 없는 상황이었기 때문에 이러한 입장이 통설일 수밖에 없었다.

2. 법적 권리설

위의 프로그램규정설이 사회권을 권리로서 파악하지 않자 자유권이나 청구권 같은 다른 기본권의 규범력도 약화될 우려가 있다 하여 독일은 제2차 세계대전 후의 본(Bonn) 기본법에서는 사회권규정들을 모두 없앴다. 대신 사회적 법치국가(sozialer Rechtsstaat)라는 원칙만 선언하였다. 하지만 우리는 1948년 헌법 이래 계속 사회권들이 규정되어 있으므로 다음과 같은 법적권리설이 주장되고 있다.

(1) 구체적 권리설

사회권은 구체적 권리로서 헌법상 규정만으로 직접적 효력을 갖는 권리라고 이해하는 입장이다. 그러나 우리의 사회권규정들이 현실성이 없는 문구를 가지고 있거나, 개별적으로 그 보호정도가 상이한 경우가 많으며, 특히 소송의 형태로 부작위위헌확인소송만이 존재하고, 작위의무화소송(독일)·직무집행명령(영·미) 등이 가능한 독일과는 다르다는 점 때문에 일률적으로 받아들이기는 어렵다.

(2) 추상적 권리설

사회권은 추상적 권리로서 헌법상 규정만으로 직접적 효력을 갖지 못하며 반드시 입법조치(구체적 법률제정)가 수반되어야 효력을 갖는 권리라고 설명하는 입장이다. 즉 국가기관 특히 입법기관을 구속하고 해석의 원리로서 기능하지만 이를 근거로 국민이 직접 청구할 수는 없다고 한다. 종래 우리나라의 다수설이었다. 그러나 이러한 설명은 결국 위에서 살펴 본 프로그램규정설과 다를 바가 없다. 설명만 법적권리라고 했을 뿐 법에 의하여 강제로 실현할 수 없다면 이는 권리가 아닌 단순한 반사적 이익에 불과한 것이다. 이 학설의 발원지로 알려진 일본(판례에서 제기됨)에서도 이미 포기된 이론이다.

(3) 결어

사회권은 구체적 권리라고 하여야 한다. 다만 개별 사회권의 보장범위는 그 때 그 때 해석해야 하며, 헌법규정과 재정·경제적 상황에 따라 그 범위가 달라질 수 있다. 그 구체적 범위는 입법과 헌법재판 등을 통해서 정해질 것이다. 물론 사회권을 침해하는 공권력의 행위에 대하여 국민은 방해배제청구권과 더불어 입법부작위 헌법소원도 가능하다.

권영성 648면 이하에서는 이를 불완전한 구체적 권리라고 하며, 김철수 950면에서는 법적 권리로서 침해배제청구권과 재판규범의 성격도 있다고 한다. 헌법재판소도 사회권과 관련된 헌법소원을 각하가 아니라 기각한 것으로 보아(아래 결정례 참조), 사회권을 구체적 기본권으로 보고 있는 것으로 해석된다(김하열 661~663면 참조). 구체적 권리설이라고 해도 알렉시(R.Alexy 1945~)의 '원칙모델'에 따라 "권리성을 가지지만 곧바로 확정적인 권리가 되는 것이 아니라 여러 가지 요소들을 형량하여 각기 다양한 정도로 실현되는" 것으로 이해하여야 한다(계희열[중] 712면 이하 참조).

[판례 1] 인간다운 생활을 할 권리로부터는…인간의 존엄에 상응하는 생활에 필요한 "최소한의 물질적인 생활"의 유지에 필요한 급부를 요구할 수 있는 구체적인 권리가 상황에 따라서는 직접 도출될 수 있다고 할 수는 있어도, 동 기본권이 직접 그 이상의 급부를 내용으로 하

는 구체적인 권리를 발생케 한다고는 볼 수 없다고 할 것이다. 이러한 구체적 권리는 국가가 재정형편 등 여러 가지 상황을 종합적으로 감안하여 법률을 통하여 구체화할 때에 비로소 인정되는 법률적 권리라고 할 것이다(헌재 1995.7.21, 93헌가14).

[판례 2] (☞ 생활보호대상자로서 1994년 기준 보호급여 월 65,000원은 인간다운 생활을 할 권리를 침해한다는 헌법소원) 인간다운 생활을 할 권리는 적극적·형성적 활동의 입법·행정부의 행위규범이지 합헌성심사의 통제규범이 아니다. 구체적 수준은 해당기관의 재량이다(기각, 헌재 1997.5.29, 94헌마33).☞ 추상적권리설에 따르면 각하해야 한다.

[판례 3] 국가유공자 등 예우 및 지원에 관한 법률상 보상금수급권도 다른 국가보상적 내지 국가보훈적 수급권이나 사회보장수급권과 마찬가지로 구체적인 법률에 의하여 구체적으로 형성되는 권리라고 할 것이고, 국가가 국가유공자에게 지급할 구체적인 보상의 내용 등에 관한 사항은 국가의 재정부담능력과 전체적인 사회보장의 수준, 국가유공자에 대한 평가기준 등에 따라 정하여질 수밖에 없으므로, 입법자의 광범위한 입법형성의 자유영역에 속하는 것으로 기본적으로는 국가의 입법정책에 달려 있다(헌재 2010.5.27, 2009헌바49).

Ⅲ. 자유권과의 관계

사회권의 개념과 성격을 명확히 하기 위하여 전통적인 자유권과 비교해 보기로 한다.

1. 개념

자유권이 근대의 개인주의와 자유주의에 입각하여 국가권력의 소극화를 전제한다면, 사회권은 현대의 사회국가(복지국가)원리와 정의의 이념에 입각하여 국가권력의 적극화를 전제로 한다.

2. 성질

자유권은 19C 이전의 야경국가(夜警國家)를 배경으로 생겨난 것이다. 자유권은 소극적·방어적 기본권이다. 그 주체는 국민이며, 그 중 자연인이 원칙이다. 외국인과 법인은 성질상 예외적으로 포함될 수 있다. 또한 헌법상 법률유보 규정은 권리제한적 유보이며, 주로 국가안전보장 또는 질서유지를 위하여 제한된다.

반면에 사회권은 20C 사회국가를 배경으로 한다. 사회권은 적극적·수

익적 기본권이다. 그 주체는 국민이며 외국인은 원칙적으로 배제된다. 이는 사회권을 보장해주기 위해서는 재정적 뒷받침이 필수적인데 외국인의 경우 국가재정에 기여하는 정도가 없거나 약하기 때문이다. 헌법상 법률유보 규정은 권리형성적 유보이며, 주로 공공복리를 기준으로 한다.

3. 효력

자유권은 초국가적 권리 내지는 자연법상의 권리로 인식되었다. 따라서 인간의 권리라고 한다(이에 대한 비판은 기본권 총론 참조).

반면에 사회권은 국가내적 권리 내지는 실정법상의 권리이며, 따라서 국민의 권리이다. 이러한 특징적 분류에도 불구하고 오늘날 기본권 분야에 있어서 중대한 과제는 자유권과 사회권의 조화이다. 근대의 자유권 중심의 기본권체계에서 현대는 사회권중심의 기본권 체계로 바뀌었다. 이에 따라 '자유권의 사회권화' 현상이 논의되고 있다. 이는 개별 사회권이 규정되어 있지 않은 독일에서 두드러진 현상이다.

사회주의를 표방하는 나라들도 사회권을 가지고 있는데 그 규정형태는 우리의 사회권과 별로 다를 바가 없다. 그러나 경제체제 자체가 다르므로 실제로 그 성격은 매우 다르다고 할 수 있다. 따라서 양자를 개량주의적 사회권과 사회주의적 사회권으로 구분해서 부르기도 한다.

IV. 사회권의 종류

우리 헌법은 다음과 같은 사회권들을 규정하고 있다. 이 중 일반적·원칙적 규정으로는 §34①의 인간다운 생활을 할 권리를 들 수 있으나 편재상 중간에 끼어 있어 조문의 위치가 적절치 못하다.

① 교육을 받을 권리(§31)
② 근로의 권리(§32)
③ 근로자의 근로3권(§33)
④ 인간다운 생활을 할 권리(§34)

⑤ 환경권(§35)
⑥ 혼인·가족생활 및 보건권(§36)

제2절 인간다운 생활을 할 권리

> 어떤 형제나 자매가 헐벗고 그 날 먹을 것조차 없는데, 여러분 가운데서 누가 그들에게 평안히 가서 몸을 따뜻하게 하고, 배부르게 먹으라고 말만 하고 몸에 필요한 것들을 주지 않으면 무슨 소용이 있겠습니까?(야고보서 2:15-16)

I. 의의

1. 헌법적 의미

헌법 §34
① 모든 국민은 인간다운 생활을 할 권리를 가진다.
② 국가는 사회보장·사회복지의 증진에 노력할 의무를 가진다.
③ 국가는 여자의 복지와 권익의 향상을 위하여 노력하여야 한다.
④ 국가는 노인과 청소년의 복지향상을 위한 정책을 실시할 의무를 진다.
⑤ 신체장애자 및 질병·노령 기타의 사유로 생활능력이 없는 국민은 법률이 정하는 바에 의하여 국가의 보호를 받는다.
⑥ 국가는 재해를 예방하고 그 위험으로부터 국민을 보호하기 위하여 노력하여야 한다.

§34는 인간다운 생활을 할 권리를 비롯하여 사회보장·사회복지 등을 규정하고 있다. 인간다운 생활을 할 권리는 모든 사회권의 근본이념이 되는 권리라 할 수 있다. 이는 마치 인간의 존엄과 가치 조항이 전체 기본권의 이념이 된 것과 마찬가지 구조라 하겠다. 다만 문언적으로는 모든 기본권을 포괄할 수 있는 것처럼 보이지만 인간의 존엄성 규정이 있으므로 인간다운 생활을 할 권리는 사회권만을 포괄하는 것으로 본다.

연혁적으로 인간다운 생활을 할 권리는 1919년 바이마르 헌법 §151①, UN인권선언 §23, §25① 등에 규정되었다.

2. 법적성격

인간다운 생활을 할 권리의 법적 성격을 추상적 권리라고 하는 것은 위에서 본 바와 같은 문제점이 있다. 다만 헌법상의 규정을 볼 때에 제2항 이하의 규정들은 "국가는……노력하여야 한다."는 식으로 규정되어 있어서 구체적 권리라고 하더라도 어느 정도의 보호영역을 도출해 낼 수 있을지 의문이다. 인간다운 생활을 할 권리의 주체는 자연인인 국민이며, 법인과 외국인은 성격상 제외된다.

[판례 1] '인간다운 생활을 할 권리' 규정에 의거하여 국민에게 주어지게 되는 사회보장에 따른 국민의 수급권(受給權)은 국가에게 단순히 국민의 자유를 침해하지 말 것을 내용으로 하는 것이 아니라 적극적으로 급부를 요구할 수 있는 권리를 주된 내용으로 하기 때문에, 그 권리의 구체적인 부여 여부, 그 내용 등은 무엇보다도 국가의 경제적인 수준, 재정능력 등에 따르는 재원확보의 가능성이라는 요인에 의하여 크게 좌우되게 된다(헌재 1995.7.21, 93헌가14).

[판례 2] '인간다운 생활을 할 권리'가 모든 국가기관을 기속하는 것이지만, 그 기속의 의미는 "적극적·형성적 활동을 하는 입법부 또는 행정부"의 경우와 "헌법재판에 의한 사법적 통제기능을 하는 헌법재판소"에 있어서 동일하지 아니하며, 전자의 경우에는 국민소득, 국가의 재정능력과 정책 등을 고려하여 가능한 범위 안에서 최대한으로 모든 국민이 물질적인 최저생활을 넘어서 인간의 존엄성에 맞는 건강하고 문화적인 생활을 누릴 수 있도록 하여야 한다는 행위의 지침 즉 '행위규범'으로서 작용하지만, 후자의 경우에는 다른 국가기관 즉 입법부나 행정부가 국민으로 하여금 인간다운 생활을 영위하기 위하여 객관적으로 필요한 최소한의 조치를 취할 의무를 다하였는지를 기준으로 국가기관의 행위의 합헌성을 심사하여야 한다는 '통제규범'으로 작용한다(헌재 1997. 5.29, 94헌마33).

[판례 3] 인간다운 생활을 할 권리는 사회권적 기본권의 일종으로서 인간의 존엄에 상응하는 최소한의 물질적인 생활의 유지에 필요한 급부를 요구할 수 있는 권리를 의미하는데, 이러한 권리는 국가가 재정형편 등 여러 가지 상황들을 종합적으로 고려하여 법률을 통하여 구체화할 때에 비로소 인정되는 법률적 권리라고 할 것이다(헌재 2009.9.24, 2007헌마1092).

Ⅱ. 내용

1. 인간다운 생활을 할 권리

국가는 모든 국민의 인간으로서의 존엄성과 최소한의 문화적 생활을 보장해야 한다. 다만 건강하고 문화적인 생활의 내용을 일률적으로 정하기 곤란한 점이 있다. 인간다운 생활의 수준은 생물학적 최저수준설, 정상적 사회생활을 할 수 있는 정도의 수준설, 자신의 가치관에 따라 추구할 수 있는 이상적인 수준설 등에 따라 차이가 있을 수 있다.

인간다운 생활의 보장은 §34② 이하의 사회보장·사회복지, 사회권과 §119②의 경제에 관한 규제·조정 등을 통하여 이루어진다.

2. 사회보장과 사회복지

(1) 사회보장제도

사회보장에 사회보험·공적부조(공공부조)·사회복지를 모두 포함시켜 분류할 수도 있으나, 우리 헌법은 사회보장과 사회복지를 병렬적으로 보며, 사회보장은 사회보험과 공적부조로 이루어지는 것으로 본다. 사회보장기본법 §3 i 는 "사회보장이란 출산, 양육, 실업, 노령, 장애, 질병, 빈곤 및 사망 등의 사회적 위험으로부터 모든 국민을 보호하고 국민 삶의 질을 향상시키는 데 필요한 소득·서비스를 보장하는 사회보험, 공공부조, 사회서비스를 말한다."고 하고 있다. 개정(2013) 전에는 사회보장개념에 사회복지개념을 포함시키고 있었으나 헌법에 맞추어 용어를 정리하였다. 이렇게 나눌 때 사회보장이란 모든 국민의 인간다운 생활과 최소한의 문화적 생활을 보장하는 제도를 말하는 것으로 정의한다. 사회복지는 일반국민에 대한 것이 아니라 일부 계층에 대한 보호를 의미하고, 금전 이외의 도움도 포함하는 것으로 구분된다.

(2) 사회보장제도의 유형

1) 사회보험

사회보험이란 국민의 사망·사고·질병·재해 등에 대비하여 일정한 보험료를 납부하고, 보험사고가 발생한 경우 보험급여를 받는 제도를 말한다.

사회보험은 강제가입의 원칙과 능력부담의 원칙이 적용된다. 이와 구별되는 상업보험은 자유로이 가입할 수 있으며 보험사고율에 따라 보험료가 달라진다. 또한 사회보험은 가입이 강제되므로 근거 법률이 있어야 한다. 근로자의 4대보험인 산업재해보상법·국민건강보험법·국민연금법·고용보험법과 공무원연금법·군인연금법 등이 그것이다.

> [판례 1] 공무원연금법상의 퇴직급여가 사회보험의 하나로서, 공무원 자신의 '기여금'과 국가 또는 지자체의 '부담금'으로 형성되는 퇴직급여 중 본인기여금 부분은 재직 중 근무의 대가로서 지급하였어야 할 임금의 후불로서의 성격(후불임금)을 띠고, 나머지 부분은 재직 중의 성실한 복무에 대한 공로보상 또는 사회보장적 급여로서의 성격(사회보장수급권)을 띠고 있으며, 따라서 공무원의 퇴직급여청구권은 경제적 가치가 있는 권리로서 헌법 §23에 의해 보호되는 재산권이다(헌재 1998.12.24, 96헌바73; 1999.4.29, 97헌마333).

> [판례 2] 공무원연금법에서, 본인의 기여금에 해당하는 부분은 임금의 후불적 성격이 강하므로 재산권적 보호가 강조되어야 하는데도 지급정지제도를 규정하면서 소득수준과의 상관관계에 관하여 아무런 기준을 제시하지 않고 대통령령에 포괄 위임한 것은 위헌이다(위헌, 헌재 2005.10.27, 2004헌가20)

2) 공적부조

공적부조(公的扶助) 또는 공공부조란 국가가 모든 재원을 부담하여 생활무능력자의 인간다운 생활을 보장해 주는 제도이다. 사회보험과 비슷하나 그 보험료를 국가가 지불해 준다고 할 수 있다. 근거법률로는 국민기초생활보장법·의료급여법 등이 있다.

§34⑤은 "신체장애자 및 질병·노령 기타의 사유로 생활능력이 없는 국민은 법률이 정하는 바에 의하여 국가의 보호를 받는다."고 특별히 규정하여 생활무능력자의 생활보호청구권을 규정하였는데 국민기초생활보장법(1999)이 이를 구체적으로 규정하고 있다.

(3) 사회복지

사회복지란 일부 특수계층의 국민(예컨대 모성·아동·노령·심신장애자·윤락여성)의 건강유지, 빈곤해소 등을 위하여 국가가 이를 보장해 주는 제도를 말한다. 근거법률로는 사회복지사업법, 아동복지법, 한부모가족지원법, 노인복지법, 장애인복지법, 장애인고용법, 장애인연금법, 장애인차별금지법, 특수교육법, 「성매매방지 및 피해자보호 등에 관한 법률」, 「교통약자의 이동편의증진법」, 「중증장애인생산품 우선구매 특별법」, 「장애인·노인·임산부 등의 편의증진보장에 관한 법률」 등이 있다.

§34③은 "국가는 여자의 복지와 권익의 향상을 위하여 노력하여야 한다." 그리고 §34④은 "국가는 노인과 청소년의 복지향상을 위한 정책을 실시할 의무를 진다."고 규정하여 여성·노인·청소년의 복지를 강조하고 있는데 이는 현대 산업사회에서 소외되기 쉬운 경제적 약자의 인간다운 생활을 보장하려는 취지이다.

[판례] 사회복지사업법을 위반하여 100만 원 이상의 벌금형을 선고받고 그 형이 확정된 후 5년이 지나지 아니한 사람에 대하여 임원의 자격을 상실하도록 하여 사회복지법인 임원의 자질을 일정 수준으로 담보하도록 하는 것은 사회복지서비스를 이용하는 사람을 보호하고 궁극적으로 사회복지사업의 공정·투명·적정을 도모하기 위한 것이다(합헌, 헌재 2023.9.26., 2021헌바240).

3. 그 밖의 권리

헌법 §35③은 "국가는 주택개발정책을 통하여 모든 국민이 쾌적한 주거생활을 할 수 있도록 노력하여야 한다."고 규정하였다. 조문의 위치는 환경권에 들어있지만 이는 인간다운 생활을 위하여 중요한 요소인 주거권(住居權)을 규정한 것이다. 따라서 인간다운 생활을 할 권리나 사회보장제도의 일종으로 보는 것이 더 성격에 부합한다. 사생활의 비밀에 속하는 주거의 자유와는 다른 성격으로 사회권의 일종이다.

한편 국가는 천재(天災)·인재(人災)를 예방함으로써 인명과 경제적 손실을 방지하여 모든 국민의 인간다운 생활을 보장하도록 규정하고 있다(§34⑥).

제3절 교육을 받을 권리

초중고교에서의 체벌금지는 교육을 받을 권리의 보장에 기여하는가, 아니면 방해하는가? 체벌 이외에 어떤 효과적인 교육방법이 있을까?

Ⅰ. 의의

1. 헌법적 의미

헌법 §31
① 모든 국민은 능력에 따라 균등하게 교육을 받을 권리를 가진다.
② 모든 국민은 그 보호하는 자녀에게 적어도 초등교육과 법률이 정하는 교육을 받게 할 의무를 진다.
③ 의무교육은 무상으로 한다.
④ 교육의 자주성·전문성·정치적 중립성 및 대학의 자율성은 법률이 정하는 바에 의하여 보장된다.
⑤ 국가는 평생교육을 진흥하여야 한다.
⑥ 학교교육 및 평생교육을 포함한 교육제도와 그 운영, 교육재정 및 교육의 지위에 관한 기본적인 사항은 법률로 정한다.

교육을 받을 권리는 교육을 통하여 개성신장의 수단을 마련하고, 문화국가실현을 촉진시켜 주며, 민주시민의 윤리적 생활철학을 습성화시킬 수 있고, 직업과 경제생활영역에서 실질적인 평등을 실현시켜 사회국가의 이상을 실현케 한다는 의미를 갖는다(허 영 475면).

연혁적으로 살펴볼 때, 학문의 자유와 더불어 교육이 이루어지지만 여기서 말하는 교육의 권리는 그러한 사교육(私敎育)이 아니라 국가에 의해서 주도되고 보호되는 공교육(公敎育)을 의미한다. 프랑스 혁명기에 콩도르세(A.N.Condorcet 1743~1794)에 의해 근대적 공교육이 처음 주창되었다. 그 후 제1차 세계대전 이후 교육권으로 고양되었다. 그리고 1919년 바이마르 헌법 §143~§146가 이를 헌법에 규정하였다. 또 1936년 소련헌법 §121도 이를 규정하였다.

2. 법적성격

교육권의 법적 성격에 대하여 다수설인 추상적 권리설의 문제점은 앞서 지적한 바와 같다. 교육권은 대표적인 사회권이다. 즉 인간다운 생활을 하기 위해서는 필수적으로 전제되는 것이 교육이라 할 수 있다. 이를 위해서 구체적으로 일정한 공교육을 국가에 대하여 청구할 수 있는 기본권이라 하겠다. 다만 교육의 자치와 대학의 자치는 제도보장의 성격을 갖는다. 교육권의 자유권적 측면은 학문의 자유에서 보호받는다. 물론 교육을 받을 권리는 자유권과 사회권의 측면을 다 갖고 있으며 학문의 자유뿐만 아니라 직업의 자유와도 관련되어 있다.

교육권의 주체는 자연인인 국민이다.

II. 내용

1. 능력에 따른 균등한 교육

교육을 받을 권리는 교육의 기회균등을 의미한다. 이는 교육영역에서의 평등권을 실현시키기 위한 것이다. 이를 좀 더 살펴보자.

(1) 능력

균등한 교육의 전제는 능력에 따른 교육을 의미한다. 즉 정신적·육체적 능력, 즉 수학능력(修學能力)에 따른 차별은 가능하다. 예컨대 공개경쟁시험을 통한 교육의 기회부여, 또는 연령에 의한 입학자격제한 등은 인정되는 것이다. 다만 인종·사회적 신분·경제적 능력에 의한 차별은 금지된다. 예컨대 혼혈아에 대한 입학자격제한, 특정 문벌의 자녀만 입학시키는 학교설립 등은 위헌이라 하겠다.

(2) 균등한 교육

균등한 교육이란 평등의 이념에 따른 교육을 말한다. 이는 취학의 기회균등과 모든 교육시설에 균등하게 참여할 권리를 말한다. 보호자와 국가는 의무교육과 평생교육의 진흥책임이 있다(§31②③⑤). 특히 국가는 장학정책 내지는 교육시설의 적정한 설치에 대한 책임이 있다.

다만 우리의 교육현실은 의무교육에 있어서조차 국민이 사적으로 교육비용의 상당한 부분을 부담해야 한다. 따라서 헌법규범과 현실의 괴리가 크다고 하겠다. 교육재정의 확충과 획기적인 개선책이 요구된다고 하겠다.

(3) 교육

교육을 받을 권리에 있어서의 교육은 공교육을 말하므로 여기서의 교육은 우선적으로는 학교교육을 말한다. 그러나 학교교육 외에도 평생교육 내지는 사회교육·국민교육 등도 국가의 책임으로 규정되어 있다.

교육을 받을 권리는 학습권이라고도 표현되는데, 이는 교사의 수업권 즉 교육을 시킬 권리와는 구분되는 것이다.

[판례 1] 교육을 받을……권리는 통상 국가에 의한 교육조건의 개선·정비와 교육기회의 균등한 보장을 적극적으로 요구할 수 있는 권리로 이해되고 있다. 수학권의 보장은 국민이 인간으로서의 존엄과 가치를 가지며 행복을 추구하고 인간다운 생활을 영위하는 데 필수적인 조건이자 대전제이다(헌재 1992.11.12).

[판례 2] (☞ 과외금지 위헌결정) 자녀의 양육과 교육에 있어서 부모의 교육권은 교육의 모든 영역에서 존중되어야 할 것이며, 다만, 학교교육의 범주 내에서는 국가의 교육권한이 헌법적으로 독자적인 지위를 부여받음으로써 부모의 교육권과 함께 자녀의 교육을 담당하지만, 학교 밖의 교육영역에서는 원칙적으로 부모의 교육권이 우위를 차지한다(헌재 2000.4.27, 98헌가16등).

2. 의무교육

헌법 §31②
모든 국민은 그 보호하는 자녀에게 적어도 초등교육과 법률이 정하는 교육을 받게 할 의무를 진다.

(1) 의의

§31②은 의무교육을 규정하고 있다. 의무교육은 모든 국민의 인간다운 생활과 문화국가의 건설에 수반되는 의무라고 할 수 있다. 이 때 의무교육의 주체는 학교에 갈 아동이 아니라 학령아동의 친권자나 후견인이라는 점에 유의해야 한다. 그리고 이 의무는 과태료 등 법적 제재가 따르는 법적 의무이다(뒤의 국민의 의무참조). 의무교육의 범위는 '초등교육과 법률이 정하는 교육'으로 되어 있는데, 현재 교육기본법에 의하면 6년의 초등교육과 3년의 중등교육을 의무교육으로 한다(법 §8).

[판례 1] 부모는 자녀의 교육에 관하여 전반적인 계획을 세우고 자신의 인생관·사회관·교육관에 따라 자녀의 교육을 자유롭게 형성할 권리를 가지며, 부모의 교육권은 다른 교육의 주체와의 관계에서 원칙적인 우위를 가진다(헌재 2000.4.27, 98헌가16).

[판례 2] 16세 미만 청소년에게 오전 0시부터 오전 6시까지 인터넷게임의 제공을 금지하는 이른바 '강제적 셧다운제'를 규정한 구 청소년보호법(2011) 제26조 제1항은 인터넷게임 제공자의 직업수행의 자유, 16세 미만 청소년의 일반적 행동자유권, 부모의 자녀교육권을 침해하지 않는다(합헌, 헌재 2014.4.24, 2011헌마659등).

(2) 의무교육의 무상성

의무교육은 학령아동을 학교에 보내야 하는 의무를 지우는 전제로 의무교육에 필요한 학비는 국가가 제공하는 것을 전제로 한다. 그리고 그 무상의 범위에 대해서는 취학필수비 무상설이 다수설이다. 이에 따르면 수업료와 학용품비 기타 학교에 다니는 데 필요한 비용을 국가가 부담해야 한다는 것이다. 의무교육에 해당되는데 사립학교를 선택하는 것은 수혜자가 스스로 무상의 혜택을 포기하는 것이므로 가능하다. 사실상 강제로 납부해야 하는 학교운영비 등은 의무교육의 무상성에 있어서 문제가 될 수 있다. 한편 무상급식과 무상교복의 경우 의무교육의 무상성에 당연히 포함되는 것은 아니지만, 사회국가적 측면에서 긍정적으로 평가되어 이미 대부분의 지역에서 실시되고 있다.

[판례 1] (☞ 학교용지부담금 위헌결정) 의무교육에 필요한 학교시설은 국가의 일반적 과제이고, 학교용지는 의무교육을 시행하기 위한 물적 기반으로서 필수조건임은 말할 필요도 없으므로 이를 달성하기 위한 비용은 국가의 일반재정으로 충당하여야 한다. 따라서 적어도 의무교육에 관한 한 일반재정이 아닌 부담금과 같은 별도의 재정수단을 동원하여 특정한 집단으로부터 그 비용을 추가로 징수하여 충당하는 것은 의무교육의 무상성을 선언한 헌법에 반한다(위헌, 헌재 2005.3.31, 2003헌가20) ⇒ 헌재 2008.9.25, 2007헌가9

[판례 2] 헌법상 의무교육 무상의 원칙에 있어서 무상의 범위는 헌법상 교육의 기회균등을 실현하기 위해 필수불가결한 비용, 즉 모든 학생이 의무교육을 받음에 있어서 경제적인 차별 없이 수학하는 데 반드시 필요한 비용에 한한다고 할 것이며, 수업료나 입학금의 면제, 학교와 교사 등 인적·물적 기반 및 그 기반을 유지하기 위한 인건비와 시설유지비, 신규시설투자비 등의 재원마련 및 의무교육의 실질적인 균등보장을 위해 필수불가결한 비용은 무상의 범위에 포함된다. 학교운영지원비의 경우 의무교육의 무상원칙에 위배되어 헌법에 위반된다(헌재 2012.8.23, 2010헌바220).

3. 교육의 자주성·전문성·정치적 중립성, 대학의 자율성

교육을 받을 권리를 실현하기 위해서는 교육의 자주성·전문성·정치적 중립성, 대학의 자율성이 보장되어야 한다. 헌법은 이것들을 법률유보로 하고 있다. 교육의 자주성·전문성·정치적 중립성을 위해서는 교육전문가에 의하여 교육정책이 수립되고 추진되어야 할 것이다. 그리고 정치적 영향을 받지 않기 위해서는 교육정책은 장기적으로 연구되고 수립되어야 한다고 생각된다. 대학의 자율성(대학의 자치)은 학문의 자유부분의 설명을 참조하기 바란다.

[판례] 교육감 후보자 자격에 관하여 후보자 등록신청개시일부터 과거 2년 동안 정당의 당원이 아닌 자로 규정하고 있는 '지방교육자치에 관한 법률' §24①은 지방교육자치의 행정에 있어서 교육의 정치적 중립성을 확보하기 위한 것으로서 공무담임권을 침해하지 않는다(헌재 2008.6.26, 2007헌마1175).

4. 평생교육의 확대

헌법은 국가의 평생교육 진흥의무를 규정하고 있다(§31⑤). 평생교육이란 출생에서 사망할 때까지의 교육을 말한다. 따라서 학교교육 이외의 사회교육·직업교육·국민교육 등을 포함하는 개념이다. 평생교육법이 이를 규정하고 있다. 선진국에 비하여 우리나라는 이러한 평생교육이 미흡한 실정이다.

5. 교육제도의 법정화

§32⑥은 "학교교육 및 평생교육을 포함한 교육제도와 그 운영, 교육재정 및 교원의 지위에 관한 기본적인 사항은 법률로 정한다."고 규정하고 있다. 이에 따라 교육기본법, 지방교육자치에 관한 법률, 교원의 지위 향상 및 교육활동 보호를 위한 특별법을 비롯하여 많은 법률들이 제정되어 있다.

[판례] 교육공무원법상의 국공립사대출신자를 국공립학교교사로 우선하여 채용하도록 한 것은 사립사범대학졸업자와 일반대학의 교직과정이수자가 교육공무원으로 채용될 수 있는 기회를 제한 또는 박탈하게 되어 평등의 원칙에 어긋난다(위헌, 헌재 1990.10.8, 89헌마89).

제4절 근로의 권리

> 청년실업률이 점점 높아지는 한편 중소기업은 직원을 구하지 못해 어려움을 겪는 경우가 많다. 무엇이 문제인가? 중소기업이라고 취업을 기피하는 사람에게 국가는 실업수당을 지급하여야 하는가?

I. 의의

1. 헌법적 의미

헌법 §32
① 모든 국민은 근로의 권리를 가진다. 국가는 사회적·경제적 방법으로 근로자의 고용의 증진과 적정임금의 보장에 노력하여야 하며, 법률이 정하는 바에 의하여 최저임금제를 시행하여야 한다.
② 모든 국민은 근로의 의무를 진다. 국가는 근로의 의무의 내용과 조건을 민주주의원칙에 따라 법률로 정한다.
③ 근로조건의 기준은 인간의 존엄성을 보장하도록 법률로 정한다.
④ 여자의 근로는 특별한 보호를 받으며, 고용·임금 및 근로조건에 있어서 부당한 차별을 받지 아니한다.
⑤ 연소자의 근로는 특별한 보호를 받는다.
⑥ 국가유공자·상이군경 및 전몰군경의 유가족은 법률이 정하는 바에 의하여 우선적으로 근로의 기회를 부여받는다.

근로의 권리란 근로를 선택·유지할 권리이며, 근로의 기회를 국가에 요청할 수 있는 권리이다.

연혁적으로 근로의 권리는 17~18C에는 자연권으로 인식되었다. 즉 이때는 노동의 자유를 의미하였다. 현재의 헌법체계로는 직업의 자유에 해당한다. 그러다가 20C에 와서는 그 의미가 달라졌다. 즉 1919년 바이마르 헌법 §163②는 "국가는 국민에게 노동의 기회를 부여해야 하며, 그렇지 않으면 생계비를 지급해야 한다."고 규정하여 사회권의 성격이 나타나게 되었다.

2. 법적성격

근로권의 법적 성격에 대하여 추상적 권리로 보는 것은 문제가 있다는 점은 사회권 일반에서 설명한 바와 같다. 따라서 구체적 기본권으로 보는 것이 타당하다. 즉 근로의 기회를 국가에 요청하고 국가가 근로의 기회를 제공해 주지 못한 경우는 생계비를 지급해야 한다고 하여야 한다.

물론 국민은 자유로이 근로를 선택하고 유지하는 것을 방해받지 않아야 한다. 그러나 이러한 방해배제청구권은 자유권적 측면으로서 우리 헌법은 §15의 직업의 자유에서 이러한 측면을 규정하고 있다. 따라서 여기서는 근로권의 사회권적 측면만이 고려되는 것이다. 근로권을 사회권으로 보므로 그 주체는 국민, 그 중에서 자연인이라고 하여야 한다.

Ⅱ. 내용

1. 근로권

(1) 근로권의 개념

근로권이란 근로의 의사와 능력이 있는 자가 국가에 대해 근로의 기회를 요청할 수 있는 기본권이다. 이를 근로기회 청구권설이라고 한다. 이는 경제적 약자인 근로자의 인간다운 생활을 위한 사회권이다. 현재 고용보험법이 시행됨에 따라 단순한 근로기회의 요청뿐만 아니라, 나아가 근로의 기회를 제공받지 못한 경우에는 생계비의 지급을 요청할 수 있다고 해석해야 한다.

(2) 국가의 고용증진 의무

§32① 후단은 국가의 고용증진 의무를 규정하고 있다. 즉 국가는 사회·경제적 방법에 의하여 근로의 기회를 창출하여 국민에게 제공하여야 한다. 종래에 이 국가의 고용증진 의무는 법적 의무가 아닌 윤리적 또는 정치적 의무로서 국민은 이를 근거로 근로기회의 청구나 실업보험의 청구를 할 수 없다고 해석해 왔다. 그러나 법적 의무가 아닌 단순한 윤리적 의무라고 해석하는 것은 헌법의 규범력을 떨어뜨리는 결과를 가져온다. 따라서 국가의 고용증진 의무는 법적 의무라고 새겨야 한다. 다만 현실적으로는 재정적 한

계로 인하여 그 보호되는 범위는 일정한 한계를 갖게 된다. 입법이나 행정이 현저히 이 의무를 해태(懈怠)한 경우에는 헌법위반이라 할 것이다.

이러한 고용증진 의무를 위하여 직업안정법, 직업교육훈련촉진법, 근로자직업능력개발법, 고령자고용법 등이 마련되어 있다. 또한 고용보험법에 따라 일정한 요건을 갖추면 실업급여가 지급되고 있다. 2023년 기준 우리나라 전체 실업률은 3.3%지만 청년실업률은 6.4%였다. 다만 이러한 통계는 구직단념자와 취업준비자를 뺀 수치이며, 주 1시간 이상 근로를 해도 취업자로 분류하는 등 체감실업률과는 거리가 있을 수 있으므로 여러 가지 지표를 비교해 보아야 실감할 수 있다.

2. 적정임금과 최저임금

(1) 적정임금의 보장

국가는 모든 국민이 인간의 존엄성과 최소한의 문화적 생활을 영위할 수 있는 적정임금을 보장받도록 '노력'하여야 한다. 여기서 노력이라는 용어는 법적 용어로는 부적절하다고 생각한다. 왜냐하면 법의 특성은 국가에 의한 강제인데, 국가가 "노력했으나 아무 결과가 없다."고 할 때 의무위반인지 따라서 어떤 제재가 가해져야 하는지 모호해지기 때문이다. 어쨌든 국가는 근로자가 적정임금을 받도록 필요한 입법과 행정지도 등을 행하여야 한다.

적정임금과는 다른 개념이지만 우리나라 근로자 평균임금은 년 4,213만원(2022)이다.

(2) 최저임금제의 실시

우리 헌법은 사회적 시장경제질서를 채택하고 있으므로 국가가 사기업에 대하여 적정임금을 강제할 수는 없다. 다만 사회국가원리 내지는 사회적 시장경제질서에 따라 최저임금을 정하여 그 이상의 임금을 지급하도록 강제하는 것은 근로자의 최저한의 인간다운 생활을 위한 조치로서 허용된다고 하겠다. 이를 위하여 최저임금법이 시행되고 있다. 여기에 따르면 최저임금의 기준은 근로자의 생계비, 유사근로자의 임금, 노동생산성을 고려하여 정하되 사업의 종류별로 구분하여 정할 수 있도록 하고 있다(법 §4①). 구체적으로 매년 최저임금심의위원회에서 이를 확정한다. 참고로 2024년에는 시급(時給) 9,860원, 월급(주 40시간, 월 209시간, 주휴수당 포함) 206만 740원이다. 10년 전인 2014년에는 시급 5,210원이었다.

[판례] (☞ 택시운전근로자 최저임금산입 특례조항 사건) 최저임금법에서 대표적인 저임금, 장시간 근로 업종에 해당하는 택시운전근로자들의 임금의 불안정성을 일부나마 해소하여 생활안정을 보장한다는 사회정책적 배려를 위하여 임금의 구성 비율을 조정하는 규정('생산고에 따른 임금을 제외한')을 둔 것은 계약의 자유와 직업의 자유를 침해하지 않는다(합헌, 헌재 2023.2.23., 2020헌바11등).

3. 근로조건기준의 법정화

헌법 §32③
근로조건의 기준은 인간의 존엄성을 보장하도록 법률로 정한다.

§32③은 근로조건의 기준에 대하여 규정하고 있는데, 이는 근대적인 계약자유의 원칙을 수정하는 것이다. 물론 이것은 근로조건의 상향으로 인하여 근로의 기회가 없어지는 경우 국가가 근로기회의 제공이나 최저생계비를 지급한다는 것을 전제로 하는 것이다. 국가가 그럴 능력이 없는 경우는 차라리 나쁜 조건이라도 근로를 하는 것이 근로자에게 필요하기 때문이다.

근로기준법이 이를 구체적으로 규정하고 있다. 근로조건에서 가장 중요한 것은 근로시간과 임금이라 하겠다. 이 중 근로시간에 대하여는 상한선을 규정하여 그 이하로 하도록 하고, 임금의 경우 하한선을 규정하여 그 이상 지급받을 수 있도록 하여 근로자를 보호하고 있다. 근로시간에 대하여는 1일에 8시간씩, 1주에 40시간을 기준으로 하되 노사 간의 합의로 12시간까지 연장이 가능하도록 하였다(법 §50, §53). '1주'라는 기준시간에 토요일과 일요일을 빼고 계산하여 주당 총 68시간으로 하던 관행을 깨고, 이를 포함하여 52시간을 주당 최대 근로시간으로 확정하였다. 이 근로시간은 휴식시간이나 점심시간 등을 제외하고 실제 일하는 시간만 계산한 것이다.

임금의 경우는 최저임금법이 이를 규정하고 있는데, 이에 대해서는 앞서 설명하였다.

참고로 우리나라 근로자의 연평균 근로시간은 1,901시간으로(2022), OECD 회원국 평균(1,752시간)보다 149시간 더 길며, 전체 38개 회원국 중 5위다. 독일은 1,341시간, 일본은 1,607시간, 미국은 1,811시간이며, 가장 긴 멕시코는 2,226시간이다. 2008년 우리나라 근로시간은 2,209시간이었다.

[판례] 합리적 이유 없이 '월급근로자로서 6개월이 되지 못한 자'를 해고예고제도의 적용대상에서 제외한 근로기준법 제35조 제3호는 근로의 권리를 침해하고, 평등원칙에도 위배된다(헌재 2015.12.23., 2014헌바3).

4. 여성과 연소자인 근로자의 보호

§32④⑤은 여자와 연소자의 근로에 대하여 특별히 보호하도록 규정하고 있다. 이는 일반적인 근로조건을 규정한 같은 조 제3항의 특별규정이라 할 수 있다.

이에 따르면 여성은 고용·임금 및 근로조건에 있어서 부당한 차별을 받지 않는다고 규정함으로써 §11①의 성별에 의하여 경제적 생활의 영역에 있어서 차별을 받지 않는다는 원칙을 근로관계에 있어서 구체적으로 다시 규정한 것이다.

근로기준법에서 이를 구체적으로 규정하고 있다. 여기에는 오후 10시에서 오전 6시까지의 야간작업과 휴일근무의 제한(법 §70①), 여자·18세미만자의 유해위험작업의 금지(법 §65), 갱내작업(坑內作業) 금지(법 §72), 여성의 생리휴가(법 §73, 2003년 무급화), 15세 미만자의 사용금지(법 §64①), 미성년자의 독자적 임금청구(법 §68) 등이 규정되어 있다.

5. 국가유공자의 우선취업기회 부여

§32⑥은 "국가유공자·상이군경 및 전몰군경의 유가족은 법률이 정하는 바에 의하여 우선적으로 근로의 기회를 부여받는다."고 규정하고 있는데, 이에 따라 국가유공자 등 예우 및 지원에 관한 법률(1984)이 제정되었다. 이에 따르면 국가는 이들에 대한 취업지원을 해야 하는데, 국가기관·지방자치단

체, 국공립학교 및 사립학교, 20명 이상 고용하는 공·사 기업체와 단체 등에 취업을 원할 때 일정부분 가산점을 부여하도록 하고 있다(법 §30, §31).

[판례] 국·공립학교의 채용시험에 국가유공자와 그 가족이 응시하는 경우 만점의 10퍼센트를 가산하도록 규정하고 있는 국가유공자 등 예우 및 지원에 관한 법률과 독립유공자예우에 관한 법률 등의 경우 취업보호대상자가 대폭 증가하여 기타 응시자들의 평등권과 공무담임권을 침해한다(헌법불합치, 헌재 2006.2.23, 2004헌마675)

☞ 합헌결정하였던 헌재 2001.2.22, 2000헌마25 판례변경

제5절 근로3권

> 대기업의 파업으로 우리나라 경제에 매년 수천억 원의 손실이 발생한다고 알려져 있다. 특히 병원이나 지하철 등 시민생활과 밀접한 영역의 경우 피해는 일반 국민들이 부담한다. 파업 외에 다른 해결책은 없을까?

I. 의의

1. 헌법적 의미

헌법 §33
① 근로자는 근로조건의 향상을 위하여 자주적인 단결권·단체교섭권 및 단체행동권을 가진다.
② 공무원인 근로자는 법률이 정하는 자에 한하여 단결권·단체교섭권 및 단체행동권을 가진다.
③ 법률이 정하는 주요 방위산업체에 종사하는 근로자의 단체행동권은 법률이 정하는 바에 의하여 이를 제한하거나 인정하지 아니할 수 있다.

근로3권은 근로자가 근로조건의 유지·향상을 위해서 자주적으로 단체를 조직하고, 단체의 이름으로 사용자와 교섭을 하고, 의사를 관철시키기 위해서 집단행동을 할 수 있는 기본권을 말한다. 이러한 근로3권은 사용자에 비하여 경제적 약자인 근로자에게 사용자에 대항할 수 있는 권리를 보장하여 실질적 평등을 이룩하고자 하는 기본권이다. 또한 인간다운 생활을

할 권리를 보장하는 제도로서의 의미가 있다. 근로3권은 헌법체계 내에서 사용자의 재산권보장이나 계약의 자유 등을 일부 제한하여 실질적 평등과 조화시키고 있다.

연혁적으로 1919년 바이마르 헌법 §159에서 최초로 근로3권을 헌법상 보장하고 있다.

2. 법적성격

근로3권을 추상적 권리라고 하는 것의 문제점은 사회권 일반에서 지적한 바와 같다. 근로3권은 자유권과 사회권적 성격이 모두 있다(권영성 684면, 허 영 563면). 즉 국가의 간섭 없이 노사 간의 협상을 통하여 근로조건을 정할 수 있어야 한다는 측면에서 자유권적 측면도 있으나 국가의 제도적 뒷받침에 의해서 근로3권이 실현된다는 점에서 사회권적 측면이 강한 것이 사실이다. 또한 근로3권은 전통적으로 사적 자치에 속하는 영역에 대한 규율인 만큼 사인간의 적용, 즉 기본권의 대사인적 효력이 강조되는 기본권이다.

[판례] 근로3권은 국가공권력에 대하여 근로자의 단결권의 방어를 일차적인 목표로 하지만, 근로3권의 보다 큰 헌법적 의미는 근로자단체라는 사회적 반대세력의 창출을 가능하게 함으로써 노사관계의 형성에 있어서 사회적 균형을 이루어 근로조건에 관한 노사간의 실질적인 자치를 보장하려는 데 있으므로 '사회적 보호기능을 담당하는 자유권' 또는 '사회권적 성격을 띤 자유권'이라고 말할 수 있다. 근로3권의 성격은 국가가 단지 근로자의 단결권을 존중하고 부당한 침해를 하지 아니함으로써 보장되는 자유권적 측면인 국가로부터의 자유뿐만이 아니라, 근로자의 권리행사의 실질적 조건을 형성하고 유지해야 할 국가의 적극적인 활동을 필요로 하므로 근로3권의 사회권적 성격은 입법조치를 통하여 근로자의 헌법적 권리를 보장할 국가의 의무에 있다(헌재 1998.2.27, 94헌바13등).

II. 내용

1. 근로3권의 주체

(1) 근로자

근로3권의 주체는 모든 국민이 아니라 근로자인 국민이다. 여기서 근로자라 함은 직업의 종류를 불문하고 사업 및 사업장에서 임금을 목적으로 노무를 제공하는 자를 말한다(노동조합 및 노동관계조정법 §2ⅰ, 근로기준법 §14). 노동력 제공의 능력과 의사가 있으면 되므로 현실적으로 노동력을 제공하고 있는 경우 뿐 아니라 잠재적으로 제공할 수 있는 자, 즉 실직 중인 자를 포함한다. 직업의 종류는 불문한다. 즉 정신노동이든 육체노동이든 사용자와 경제적 종속관계에 있는 자는 모두 근로자이다. 그 중 노사관계에서 사용자를 위하여 일하는 사람은 사용자로 본다. 따라서 자신의 재산으로 생계를 유지하는 사람, 예컨대 소농·영세어민·소상공업자 등은 근로자에서 제외된다. 사안에 따라 다르지만 택배(배달), 골프장 경기보조인(캐디), 학습지 방문교사, 보험모집인(생활설계사) 등도 근로자에서 제외되고 개인사업자로 본다. '노동자'는 육체노동자만을 의미하는 경우도 있으나 법률적으로는 근로자와 동의어이다.

(2) 사용자

사용자란 사업주 또는 사업경영 담당자 기타 근로자에 관한 사항에 대하여 사업주를 위하여 행위하는 자를 말한다(노조법 §2ⅱ, 근로기준법 §15). 사용자는 근로3권의 주체가 아니며, 헌법상 재산권(§23)과 직업의 자유(§15)의 보호를 받는다. 노사 간의 분쟁이 발생한 경우 직장폐쇄(노조법 §46)를 할 수 있다.

2. 근로3권의 구체적 내용

근로3권은 구체적으로 아래에서 설명하는 단결권 · 단체교섭권 · 단체행동권으로 구성된다.

(1) 단결권

단결권이란 사용자에 비하여 경제적 약자인 근로자가 단체를 결성하여 사용자에 맞설 수 있는 권리를 말한다. 즉 노동조합[勞組]을 결성할 수 있는 권리를 의미한다. 노동조합 및 노동관계조정법이 이에 대하여 자세한 규율을 하고 있다. 근로자는 노동조합에 가입하거나 가입하지 않을 권리,

즉 적극적·소극적 자유가 있다.

　노동조합에의 가입여부와 관련된 법제로는, 채용 시나 채용 후나 아무 제한이 없는 Open Shop, 채용 시는 조합원여부를 불문하나 채용 후에는 반드시 노조에 가입해야 하는 Union Shop, 채용할 때부터 조합원이어야 하는 Closed Shop의 세 가지가 있다. 우리나라는 현재 Open Shop을 기본으로 한다. 다만 그 성격상 Closed Shop이 인정되는 것으로 운송하역노조가 있다(부산 항만노조의 경우 이를 포기).

> [판례 1] 정당과 의회·정부에 대하여 단체 구성원의 이익을 대변하고 관철하려는 모든 이익단체는 정치자금의 기부를 통하여 정당에 영향력을 행사하려고 시도하는 것은 당연하며, 노동단체는 다른 사회단체와 본질적으로 같은 것이므로 노동단체의 정치자금 기부를 금지한 정치자금법 §12ⅴ는 헌법에 위반된다(위헌, 헌재 1999.11.25., 95헌마154).
>
> [판례 2] '교원의 노동조합 설립 및 운영 등에 관한 법률'의 적용을 받는 교원의 범위를 초·중등학교에 재직 중인 교원으로 한정하고 있는 같은 법 §2는 전국교직원노동조합 및 해직 교원들의 단결권을 침해하지 않는다(헌재 2015.5.28., 2013헌마671등).
>
> [판례 3] '교원의 노동조합 설립 및 운영 등에 관한 법률'의 적용을 받는 교원의 범위를 초·중등학교에 재직 중인 교원으로 한정하고 대학 교원들의 단결권을 인정하지 않는 같은 법 §2는 과잉금지의 원칙에 위배되어 위헌이다(헌법불합치, 헌재 2018.8.30., 2015헌가38).
>
> ☞ 위 [판례 2] 변경.

(2) 단체교섭권

　단체교섭권이란 노사 간에 근로조건에 관하여 단체협약을 체결할 권리를 말한다. 단체교섭이 양쪽의 의견차이로 불가능한 경우 노동위원회의 조정을 거친 후 다음에 설명하는 단체행동에 들어가게 되는 것이다. 단체협약은 노조법 §32에 따르면 2년 이내의 기간에 유효하다.

> [판례] 헌법 §33①이 "근로자는 근로조건의 향상을 위하여 자주적인 단결권·단체교섭권·단체행동권을 가진"다고 규정하여 근로자에게 단결권·단체교섭권·단체행동권을 기본권으로 보장하는 뜻은 근로자가 사용자와 대등한 지위에서 단체교섭을 통하여 자율적으로 임금 등 근로조건에 관한 단체협약을 체결할 수 있도록 하기 위한 것이므로, 비록 헌법이 위 조항에서 '단체협약체결권'을 명시하여 규정하고 있지 않다고 하더라도 근로조건의 향상을 위한 근로자 및 그 단체의 본질적인 활동의 자유인 단체교섭권에는 단체협약체결권이 포함되어 있다(헌재 1998.2. 27, 94헌바13등).

(3) 단체행동권

1) 의의

단체행동권이란 노사 간에 의견의 불일치, 즉 노동쟁의가 발생했을 때 의사의 관철을 위해서 단체로 행동할 수 있는 권리를 말한다. 노동쟁의란 "임금·근로시간·복지·해고 기타 대우 등 근로조건의 결정에 관한 주장의 불일치로 인하여 발생한 분쟁상태"를 말한다(노조법 §2). 그리고 이때의 쟁의행위란 "동맹파업·태업·직장폐쇄 기타 노사관계 당사자가 그 주장을 관철할 목적으로 행하는 행위와 이에 대항하는 행위로서 업무의 정상적인 운영을 저해하는 행위"를 말한다(노조법 §2). 이는 근로3권에서 가장 중요한 무기라고 할 수 있다.

이러한 단체행동권의 의미는 형사·민사상 책임을 면제하고, 해고 등의 불리한 처우를 받지 않는다는 데에 있다(노조법 §3 참조). 이는 재산권(§23)에 비해서 근로3권을 더욱 보호해 준다는 것을 말해주고 있다. 현행헌법은 지난 헌법에 규정되어 있던 단체행동권 행사에 대한 법률유보 규정을 삭제함으로써 이러한 점을 강조하고 있다. 물론 헌법체계 내에서 개별 법률유보 규정이 없더라도 §37②의 일반 법률유보조항으로 제한할 수 있으므로 실질적인 변화는 없다.

2) 종류

근로자측이 행사할 수 있는 단체행동권은 다음과 같은 것들이 있다. 첫째, 동맹파업(strike)은 전면적 작업거부를 말한다. 둘째, 태업(sabotage)은 불규칙적 노무제공을 의미한다. 셋째, 피켓팅(piketing)은 희망근로자의 사업장 출입을 저해하고 파업에 참여하도록 종용하는 것이다. 넷째, 보이콧트(boycott)는 불매운동을 말한다. 다섯째, 생산관리는 근로자가 직접 경영을 장악하는 것으로 원칙적으로는 인정되지 않으나, 사용자가 회사를 돌보지 않아 초래되는 손해를 막기 위하는 등의 예외적인 경우에 인정될 수 있다. 한편 직접 노사 간의 문제가 아닌 정치적 파업 등은 금지된다.

반면에 사용자측이 행할 수 있는 쟁의행위는, 조업을 중단하고 근로자의 출입을 제한하는 직장폐쇄(lock out)가 있다. 회사를 폐업하거나 근로자를 해고하는 것은 부당노동행위로서 금지된다(노조법 §81).

[판례 1] 근로자의 노조설립과 노동쟁의행위에 제3자 개입금지(옛 노조법 §12-2, §45-2; 옛 노쟁법 §13-2)는 합헌(헌재 1990.1.15, 89헌가103; 1993.3.11, 92헌바33).

[판례 2] 정리해고는 긴급한 경영상의 필요에 의하여 기업에 종사하는 인원을 줄이기 위하여 일정한 요건 아래 근로자를 해고하는 것으로서, 기업의 유지·존속을 전제로 소속 근로자들 중 일부를 해고 하는 것을 가리키는 것인바, 이와 달리 사업의 폐지를 위하여 해산한 기업이 그 청산과정에서 근로자를 해고하는 것은 기업경영의 자유에 속하는 것으로서 정리해고에 해당하지 않으며 해고에 정당한 이유가 있는 한 유효하다(대판 2001.11.13, 2001다27975).

[판례 3] (☞자동차 공장 근로자들이 통상적으로 실시하여 온 휴일근로를 집단적으로 거부하도록 하여 위력으로써 기업의 업무를 방해하여 형법 §314① 업무방해죄로 기소된 사건) '사용자가 예측할 수 없는 시기에 전격적으로 이루어져 사용자의 사업운영에 심대한 혼란 내지 막대한 손해를 초래한 집단적 노무제공 거부행위'를 위력에 의한 업무방해죄로 처벌하는 것은 단체행동권을 침해하지 않는다(헌재 2022.5.26., 2012헌바66). ☞ 대법원은 대판 2011.3.17., 2007도482에서 위력의 판단기준으로 '전격성과 중대성'을 제시

3. 공무원의 근로3권

헌법 §33②
공무원인 근로자는 법률이 정하는 자에 한하여 단결권·단체교섭권 및 단체행동권을 가진다.

§33②은 공무원의 근로3권을 제한하고 있다. 여기서 '법률이 정하는 자'에 대하여 국가공무원법 §66①은 '사실상 노무에 종사하는 공무원'이라고 하고 있는데, 미래창조과학부 소속의 현업기관의 작업현장에서 노무에 종사하는 우정직 공무원이 해당된다(국가공무원 복무규정 §28). 그 밖의 공무원은 근로3권이 제한된다. 공무원직장협의회의 설립운영에 관한 법률(1998)에 따라 공무원직장협의회가 구성되었다. 또 공무원의 노동조합설립 및 운영에 관한 법률(2005)에 따라 자치단체 별로 공무원노동조합이 설립되었다. 그러나 정치활동과 쟁의행위는 인정되지 않는다(법 §4 §11).

단체행동권이 제한되는 이유에 대하여는 직무성질설(職務性質說)이 다수설이다. 즉 공무원의 근로는 그 상대방이, 직접 고용의 주체인 국가나 지방자치단체가 아니라 국민이므로 국민이 가지는 행정서비스 수급권이 공무원

의 근로3권에 우선하는 것으로 보는 것이다.

[판례 1] 전교조 조합원들이 다수 조합원들과 함께 집단 연가서를 제출한 후 수업을 하지 않고 무단결근 내지 무단 조퇴를 한 채 교육행정정보시스템(NEIS) 반대집회에 참석하는 등의 행위는 직간접적으로 근로조건의 결정에 관한 주장을 관철할 목적으로 한 쟁의행위라고 볼 수 없어 노조법의 쟁의행위에 해당하지 않는다(헌재 2004.7.15, 2003헌마878).

[판례 2] 국가공무원법 규정에서 공무원의 정치적 의사표현이 집단적으로 이루어지는 것을 금지하는 것은, 다수의 집단행동은 그 행위의 속성상 개인행동보다 공공의 안녕질서나 법적 평화와 마찰을 빚을 가능성이 크고, 공무원이 집단적으로 정치적 의사표현을 하는 경우에는 이것이 공무원이라는 집단의 이익을 대변하기 위한 것으로 비춰질 수 있으며, 정치적 중립성의 훼손으로 공무의 공정성과 객관성에 대한 신뢰를 저하시킬 수 있기 때문이다.…교원노조법의 정치활동 금지 조항은 합헌이다(헌재 2014.8.28, 2011헌바32등).

4. 단체행동권의 제한

헌법 §33③
법률이 정하는 주요 방위산업체에 종사하는 근로자의 단체행동권은 법률이 정하는 바에 의하여 이를 제한하거나 인정하지 아니할 수 있다.

§33③은 주요 방위산업체 근로자의 단체행동권을 제한하고 있다. 지난 헌법은 국가·지방자치단체·공영기업체·주요방위산업체·공익산업체 기타 국민경제에 영향을 미치는 사업체에 종사하는 근로자의 단체행동권을 제한한다고 규정하였었다.

이밖에 법률적 차원에서 근로3권에 대한 제한이 이루어지고 있다. 예컨대 쟁의행위 전에 조정을 거쳐야 하고(노조법 §45) 이를 위해서 일반사업은 10일, 공익사업은 15일의 기간이 필요하다(노조법 §54). 공익사업장의 경우 쟁의행위를 할 때에도 필수유지업무는 제외된다(노조법 §42-2). 자세한 것은 노동관계법을 참조하기 바란다.

제6절 환경권

대기오염이 심한 도시에 사는 사람이 미세먼지 등으로 건강을 해친 경우, 국가 또는 지방자치단체에 대하여 깨끗한 환경을 조성해 주지 못한 것을 이유로 손해배상을 청구할 수 있는가?

Ⅰ. 의의

1. 헌법적 의미

헌법 §35
① 모든 국민은 건강하고 쾌적한 환경에서 생활할 권리를 가지며, 국가와 국민은 환경보전을 위하여 노력하여야 한다.
② 환경권의 내용과 행사에 관하여는 법률로 정한다.
③ 국가는 주택개발정책등을 통하여 모든 국민이 쾌적한 주거생활을 할 수 있도록 노력하여야 한다.

§35①은 환경권(環境權)과 환경보전의 의무를 규정하고 있다. 또한 제2항은 법률유보, 제3항은 국민의 쾌적한 주거생활을 위한 국가의 주택개발정책 등의 의무를 규정하고 있다. 이를 구체화한 환경정책기본법 §6는 "모든 국민은 건강하고 쾌적한 환경에서 생활할 권리를 가지며 국가 또는 지방자치단체의 환경보전시책에 협력하고 환경보전을 위하여 노력하여야 한다."고 규정하고 있다.

환경권은 불결한 환경으로 인해 건강을 훼손당하지 아니할 기본권 또는 적극적으로 깨끗한 환경에서 건강하고 쾌적한 생활을 영위할 수 있는 기본권이라 하겠다.

한편 주거권(§35③)은 사회보장 부분에서 설명한 바 있다.

2. 연혁

환경권은 1960년대 이후 환경보전사상에 의하여 각국에서 명문화하였다. 미국의 경우 1971년 국가환경정책법이 제정되었고, 독일의 경우 1972년 기본법 개정 시 중요한 환경보호에 관한 입법기능을 연방의 권한으로 하였고, 1994년 기본법 개정 시 환경권을 삽입하였다. 즉 독일 기본법 §20a는 "국가는 장래 세대에 대한 책임에서 헌법질서의 범위 내에서 입법에 의하여 그리고 법률이 정하는 바에 따라 행정과 사법을 통해 자연의 생활기반과 동물을 보호한다."고 규정하였다. 이 환경보전을 헌법상의 기본원리로 보려는 경향도 있다.

우리나라에서는 1980년 헌법에서 이를 명문화하였다. 법률로는 1963년 공해방지법이 제정되었다. 그 후 환경보전법(1977), 환경정책기본법(1990)으로 대체되었다. 또한 해양오염방지법(1991), 「수질 및 수생태계 보전에 관한 법률」(2007), 「온실가스 배출권의 할당 및 거래에 관한 법률」(2012), 「탄소중립 기본법」(2022) 등이 환경문제를 규정하고 있다.

Ⅱ. 내용

1. 환경권의 개념과 성격

(1) 환경의 개념

환경이라 할 때 좁은 의미로는 산·바다·공기 등의 자연적 환경을 말한다. 그러나 환경권에서 말하는 환경이란 넓은 개념으로 이러한 자연적 환경과 도로·공원·문화유산 등 인위적(사회·문화적) 환경을 포함하는 것이다. 예컨대 도시 및 주거환경정비법에서의 주거환경이란 인위적 환경을 포함하는 넓은 개념이다. 한편 환경오염이란 사업활동 및 그 밖의 사람의 활동에 의하여 발생하는 대기오염, 수질오염, 토양오염, 해양오염, 방사능오염, 소음·진동, 악취, 일조 방해 등으로서 사람의 건강이나 환경에 피해를 주는 상태를 말한다(환경정책기본법 §3ⅳ).

(2) 환경권의 개념

환경권은 일차적으로 국가의 환경침해에 대한 방어권을 의미한다. 또한 국가 외의 주체에 의한 환경오염에 대해서는 방해배제 청구권을 가진다고 할 수 있다. 기본권이론상 제3자효문제가 제기된다. 나아가 적극적으로는 국가에 대한 생활환경조성 청구권을 의미한다. 이 경우 국가의 재정능력이 문제된다. 특히 우리 헌법은 "모든 국민은 건강하고 쾌적한 환경에서 생활할 권리"를 가진다고 했지만 국가에게 이를 문자 그대로 실현할 능력이 있는지 의문이다.

(3) 환경권의 성격

위와 같은 환경권의 개념에 비추어 볼 때 환경권은 기본적으로 사회권으로 볼 수 있다. 그러나 환경권은 인간의 존엄·가치 및 행복추구권과 밀접한 관련이 있으며, 환경권침해의 배제 및 중지청구권은 자유권적 측면이 있고, 환경보전은 의무로서도 규정된다. 따라서 이를 종합적 기본권이라고도 한다(권영성 703면, 허 영 491면).

[판례] 헌법 제35조 제1항은 국민의 환경권을 보장함과 아울러 국가와 국민에게 환경보전을 위하여 노력할 의무를 부과하고 있다. 이 헌법조항은 환경정책에 관한 국가적 규제와 조정을 뒷받침하는 헌법적 근거가 되며, 국가는 환경정책 실현을 위한 재원마련과 환경침해적 행위를 억제하고 환경보전에 적합한 행위를 유도하기 위한 수단으로 수질개선부담금과 같은 환경부담금을 부과·징수하는 방법을 선택할 수 있는 것이다(헌재 1998.12.24, 98헌가1).

2. 환경권의 주체

환경권은 기본권의 측면과 의무로서의 측면에서 그 주체가 다르다. 즉 권리의 주체는 모든 자연인이 된다. 자국인과 외국인을 불문한다. 법인의 경우 환경권의 주체가 될 수 없다. 그러나 의무의 주체에는 자연인뿐만 아니라 법인도 포함된다. 특히 국가뿐만 아니라 일반 국민도 환경보전의 의무를 진다.

[판례] (☞ 천성산 내 사찰인 내원사와 미타암, 도롱뇽과 도롱뇽의 친구들[대표 지율 스님]이 경부고속철도 천성산 구간[원효터널] 13.2㎞ 구간의 공사착공금지 가처분신청) 자연물인 도롱뇽 또는 그를 포함한 자연 그 자체에 대하여 당자사능력을 인정하는 현행 법률이 없고 이를 인정하는 관습법도 없으므로, 따라서 신청인 도롱뇽의 가처분신청은 부적법하다(대판 2006.6.2, 2004마1148 · 1149).

Ⅲ. 환경권의 침해와 구제

1. 환경권 침해에 대한 구제

환경권의 침해는 국가나 사인(私人 특히 법인)에 의하여 이루어진다. 이 경우 환경권 침해에 대한 방해배제청구가 가능하다. 이를 강제하는 것은 소송을 통해서이다. 그리고 침해가 이미 종료한 경우 손해배상청구가 가능하다. 환경권 침해에 대한 소송에서는 당사자적격이 넓게 인정되는 것이 특색이다. 즉 오염된 환경과 관련된 모든 사람이 소송을 제기할 수 있다. 예컨대 핵발전소의 방사능 누출과 관련해서는 반경 수 km의 주민이 모두 소송의 당사자가 될 수 있다. 그러나 당사자적격이 넓다는 것은 직접 권리가 침해되지 않은 사람도 소송을 제기할 수 있는 민중소송(民衆訴訟)과는 다르다.

사회권적 성격으로서 환경권은 적극적으로 환경을 조성해야 할 의무를 국가에 지우고 있으므로 이것이 미흡하면 국가에 대해 건강하고 쾌적한 환경조성을 청구할 수 있을 것이다. 다만 사회권의 구체적 권리성을 인정하지 않는 경우에는 이를 인정할 수 없을 것이다.

[판례 1] 조망이익을 침해하는 행위가 사법상 위법한 가해행위로 평가되기 위해서는 조망이익의 침해 정도가 사회통념상 일반적으로 인용하는 수인한도를 넘어야 하고, 그 수인한도를 넘었는지 여부는 조망이익의 내용, 가해건물의 상황, 가해건물 건축의 경위, 조망방해를 회피할 수 있는 가능성의 유무, 조망방해에 관하여 가해자 측이 해의(害意)를 가졌는지의 유무, 조망이익이 피해이익으로서 보호가 필요한 정도 등 모든 사정을 종합적으로 고려하여 판단하여야 한다(대판 2004.9.13, 2003다64602).

[판례 2] 경유를 연료로 사용하는 자동차의 소유자로부터 환경개선부담금을 부과·징수하도록 정한 「환경개선비용 부담법」 조항이 과잉금지원칙을 위반하거나 휘발유차의 소유자에 비해 평등의 원칙을 위반하여 경유차 소유자의 재산권을 침해하는 것은 아니다(합헌, 헌재 2022.6.30., 2019헌바440).

2. 환경권의 한계

환경권은 경미한 침해에 대해서는 수인(受忍)하고 감수해야 할 의무가 있다. 즉 완벽한 환경권의 보장은 경제개발이나 타인의 환경권 등과 충돌할 가능성이 매우 크므로 적정한 선에서 이를 조화시켜야 한다.

제7절 혼인·가족생활 및 보건권

이른바 원조교제를 한 남성을 처벌하고 신원을 공개하는 것, 이혼 후 양육비를 지급하지 않으면 신원을 공개하는 것은 바람직한가? 법적인 관점에서만 생각해보자.

I. 의의

1. 헌법적 의미

헌법 §36
① 혼인과 가족생활은 개인의 존엄과 양성(兩性)의 평등을 기초로 성립되고 유지되어야 하며, 국가는 이를 보장한다.
② 국가는 모성(母性)의 보호를 위하여 노력하여야 한다.
③ 모든 국민은 보건에 관하여 국가의 보호를 받는다.

이러한 혼인·가족생활 등은 연혁적으로 1919년 바이마르 헌법에서 처음 규정되었다. 즉 바이마르 헌법 §119②은 "가족의 순결과 건강은 유지되어야 하며, 국가와 공공단체는 이를 지원하여야 한다."고 하였다. 우리나라의 경우 1948년 헌법 §20가 이를 규정한 이래 계속 규정되어 왔으며, 현행 헌법은 국가의 모성보호조항을 신설하였다.

혼인·가족생활에 대한 헌법적 규정은 사생활 영역도 국가공동체에 포섭하여 국가의 규율과 배려가 있어야 한다는 점을 말해 준다.

2. 법적성격

혼인·가족생활 등은 기본권으로서 사회권인 동시에 제도보장의 성격도 가진다. 제도보장의 성격 때문에 혼인·가족제도로 표현된다. 이에 대하여 헌법규정상 '권리'라는 용어가 없으므로 제도보장으로만 파악하는 견해(권영성 279면; 같은 책 695면에서 보건권은 사회권으로 본다), 생존권(Daseinsrecht)이며 제도보장으로 보는 견해(김철수 1,044면 이하), 자유권, 평등권, 사회권 및 객관적 가치규범으로 다면적이라는 견해(김하열 745면), 제도보장이면서 자유권이라는 견해(홍성방[중] 314~315면), 문화민족의 실현을 규정한 것이라는 견해(허 영 187면 이하) 등이 있다. 헌법재판소는 '혼인제도와 가족제도에 관한 헌법원리를 규정한 것'이라고 한다(헌재 1997.7.16, 95헌가6등).

Ⅱ. 내용

1. 혼인·가족생활

혼인·가족생활에 대한 규정은 인간의 존엄성을 사생활 영역에서 구체화한 것이다.

(1) 혼인제도

혼인에 관하여 전통적으로 내려온 내용을 헌법적으로 규정한 것으로 제도보장의 성격을 가지며, 법률에서 구체화하고 있다. 즉 민법에 ① 당사자의 자유의사에 의한 법률혼주의로 신고가 요건(법 §812), ② 일부일처제(법 §810), ③ 조혼(早婚)의 제한, 즉 18세 이상 되어야 혼인가능(법 §807; 2007 개정 전에는 남 18, 여 16세), ④ 근친혼제한(법 §809; 8촌 이내의 혈족, 6촌 이내의 혈족의 배우자 등) 등이 규정되어 있다. 반면에 국가 등에 의한 강제혼인, 축첩(蓄妾)·중혼(重婚)제도, 여성의 결혼퇴직제 등은 금지된다.

혼인신고와 관련하여 형식적인 증인만을 필요로 하게 함으로써 당사자의 의사에 관계없이 일방적으로 신고할 수 있는 점은 개선되어야 한다. 대법원규칙에 따르면 타인에 의한 일방적 신고 시 승소하면 새 가족관계등록부를 작성할 수 있다.

한편 동성동본의 혼인 금지규정은 헌법재판소에서 헌법불합치결정이 내려지고(헌재 1997.7.16, 95헌가6등) 그 개정기한(1998.12.31)까지 개정되지 않아 민법에서 삭제되었다. 그러나 이에 대한 개정논의를 거쳐 2005년 개정(삭제)된 것은 '헌법불합치결정'에 대한 몰이해에서 비롯되는 것이다(헌법소송의 결정의 유형과 효력에 대해서는 오호택, 헌법소송법, 제9판, 동방문화사, 2018, 241면 이하 참조).

[판례 1] 동성동본금지는 사회적 타당성 내지 합리성을 상실하고 있으며, 인간의 존엄과 가치 및 행복추구권, 양성의 평등에 기초한 혼인과 가족생활규정에 배치되어 헌법에 위반된다(헌법불합치, 헌재 1997.7.16, 95헌가6~13).

[판례 2] 간통죄의 보호법익인 혼인과 가정의 유지는 당사자의 자유로운 의지와 애정에 맡겨야지, 형벌을 통하여 타율적으로 강제될 수 없는 것이며, 현재 간통으로 처벌되는 비율이 매

우 낮고, 간통행위에 대한 사회적 비난 역시 상당한 수준으로 낮아져 간통죄는 행위규제규범으로서 기능을 잃어가고, 형사정책상 일반예방 및 특별예방의 효과를 거두기도 어렵게 되었다. 부부 간 정조의무 및 여성 배우자의 보호는 간통한 배우자를 상대로 한 재판상 이혼 청구, 손해배상청구 등 민사상의 제도에 의해 보다 효과적으로 달성될 수 있고, 오히려 간통죄가 유책의 정도가 훨씬 큰 배우자의 이혼수단으로 이용되거나 일시 탈선한 가정주부 등을 공갈하는 수단으로 악용되고 있기도 하다. 과잉금지원칙에 위배하여 국민의 성적 자기결정권 및 사생활의 비밀과 자유를 침해한다(위헌, 헌재 2015.2.26, 2009헌바17등).

☞ 헌재 1990.9.10, 89헌마82; 헌재 1993.3.11, 90헌가70; 헌재 2001.10.25, 2000헌바60; 헌재 2008.10.30, 2007헌가17 등 이전의 합헌결정을 변경

[판례 3] 8촌 이내의 혈족 사이에서는 혼인할 수 없도록 하는 민법 제809조 제1항은 입법목적 달성에 필요한 범위를 넘는 과도한 제한으로서 과잉금지원칙에 위배하여 혼인의 자유를 침해한다(헌법불합치, 헌재 2022.10.27., 2018헌바115).

(2) 가족제도

가족제도에 대해서도 민법에서 자세한 규정을 하고 있다. 즉 부부의 협동의무(법 §826), 부부의 동거의무(법 §826), 부부별산제(법 §830①)를 원칙으로 하되 공동재산제(법 §830②) 내지 일상가사대리권(법 §832) 등을 규정하고 있다. 헌법재판소의 호주제 위헌결정(아래 판례)으로 호주제가 폐지되고 가족관계등록부가 도입되었다(가족관계의 등록 등에 관한 법률 2007).

[판례 1] 호주제는 당사자의 의사나 복리와 무관하게 남계혈통 중심의 가(家)의 유지와 계승이라는 관념에 뿌리박은 특정한 가족관계의 형태를 일방적으로 규정·강요함으로써 개인을 가족 내에서 존엄한 인격체로 존중하는 것이 아니라 가의 유지와 계승을 위한 도구적 존재로 취급하고 있는데, 이는 혼인·가족생활을 어떻게 꾸려나갈 것인지에 관한 개인과 가족의 자율적 결정권을 존중하라는 헌법 §36①에 부합하지 않는다(헌법불합치, 헌재 2005.2.3, 2001헌가9등, 2004헌가5).

[판례 2] '효'라는 우리 고유의 전통규범을 수호하기 위하여 자기 또는 배우자의 직계존속을 고소하지 못하도록 규정한 형사소송법 제224조는 합리적인 근거가 있는 차별이라고 할 수 있다(헌재 2011.2.24, 2008헌바56). (☞ 위헌의견이 다수인 5명이었다.)

[판례 3] 혼인 종료 후 300일 이내에 출생한 자를 전남편의 친생자로 추정하는 민법 §844②은 모가 가정생활과 신분관계에서 누려야 할 인격권, 혼인과 가족생활에 관한 기본권을 침해한다(헌법불합치, 헌재 2015.4.30, 2013헌마623).

2. 국가의 모성보호의무

현행헌법에서 국가의 모성보호의무조항을 신설하였다. 이는 국가가 임신·출산·육아 등에 있어서 부녀자의 인간다운 생활을 보장하도록 한 것이다. 이는 국가에 의한 모성의 침해를 방어할 수 있는 권리인 동시에 국가에 대하여 모성보호를 요구할 수 있는 사회적 기본권의 성격을 가진다.

이러한 내용을 구체화한 모자보건법이 있으며, 남녀고용평등과 일·가정 양립지원에 관한 법률 §19, 국가공무원법 §71②, 교육공무원법 §44①의 육아휴직제도 등이 있다.

3. 보건권

보건권이란 국민이 그 건강을 유지하는 데 필요한 일정한 국가적 급부와 배려를 요구할 권리이다. 이는 개개인의 건강을 위한 기본권이 아니라 국민 전체의 보건향상을 위하여 국가가 정책적으로 이를 보호할 의무를 지는 것을 말한다. 국민은 그러한 한도 내에서 국가에 요청할 수 있는 것이다. 예컨대 전염병의 예방이나 치료와 같은 방역정책이나 건강보험정책 등을 요구할 수 있는 것이다. 반면에 국민은 타인의 건강을 해치지 않도록 국가의 국민보건시책에 협조하고 감수할 수인(受忍)의무가 있다.

국민건강증진법·지역보건법·의료법·결핵예방법, 감염병의 예방 및 관리에 관한 법률 등이 있다.

[판례] 미국산 쇠고기의 수입과 관련하여 국가의 보호조치가 필요한 상황 그 자체가 예상되며, 그 일환으로 행하여진 미국산 쇠고기 및 쇠고기 제품 수입위생조건에 대한 고시에 구체적으로 어떠한 내용의 수입위생조건을 정할 것인지는 농림수산식품부장관이 그 근거규정인 가축전염병예방법 §34②의 위임 범위 내에서 구체적 상황에 맞게 정할 수 있는 것으로서 원칙적으로 그 직무상의 재량영역에 속하는 것이다(기각, 헌재 2008.12.26, 2008헌마419등).

제6장
청구권

제1절 청구권의 의의

> 구제절차가 마련되어 있지 않은 권리를 권리라고 할 수 있는가? 그런 규정을 가지고 있는 법을 법이라 할 수 있는가?

Ⅰ. 의의

청구권이란 국민이 '다른 기본권의 보장'을 위하여 국가에 대하여 일정한 행위를 적극적으로 요청하는 기본권이다.

따라서 청구권은 기본권보장을 위한 기본권이라 할 수 있다. 절차적 기본권이며, 주관적 공권이다. 직접효력을 갖는 기본권이며, 적극적인 성격을 갖고 있으며, 국가내적 기본권이다. 그 성격을 좀 더 명확히 하기 위하여 다른 기본권들과 비교해 보자.

Ⅱ. 다른 기본권과의 비교

1. 자유권과의 비교

직접적·구체적 기본권인 점은 공통적이다. 연혁적으로 거의 비슷한 시기에 성립하였다. 그러나 자유권이 국가로부터의 자유를 의미하는 소극적인 성격인데 비해, 청구권은 국가에 적극적으로 요청하는 권리이다.

2. 사회권과의 비교

국가에 적극적으로 요청하는 적극적인 성격은 공통적이다. 그러나 청구권이 현실적·구체적 기본권인 데 비해서 사회권은 추상적 권리라고 하는 설도 있으며, 구체적 권리라고 하더라도 그 보장의 정도는 청구권보다 낮은 것이 현실이다. 사회권에 대한 법률유보를 권리형성적 법률유보라고 하는 데 비해서 청구권에 대한 법률유보는 절차구체화적 법률유보라고 한다.

Ⅲ. 청구권의 종류

우리 헌법은 청구권으로 청원권(§26)·재판청구권(§27)·형사보상청구권(§28)·국가배상청구권(§29)·범죄피해자 국가구조청구권(§30) 등을 규정하고 있다.

제2절 청원권

> 조선시대에 왕에게 직접 호소할 수 있다는 신문고가 설치되었다는데, 실제로 아무나 접근해서 칠 수 있었을까?

Ⅰ. 의의

1. 헌법적 의미

> 헌법 §26
> ① 모든 국민은 법률이 정하는 바에 의하여 국가기관에 문서로 청원할 권리를 가진다.
> ② 국가는 청원에 대하여 심사할 의무를 진다.

청원권은 공권력과의 관계에서 일어나는 여러 가지 이해관계, 의견, 희망 등에 관하여 적법한 청원을 한 모든 국민에게 국가기관이 청원을 수리할 뿐만 아니라 이를 심사하여 청원자에게 그 처리결과를 통지할 것을 요구할 수 있는 권리이다(헌재 1994.2.24, 93헌마213등). 즉 청원권은 국민이 국가기관에 자신의 의사를 전달하는 수단적 역할을 하는데, 이는 다른 기본권을 보장받기 위한 수단으로서 의의를 가진다.

연혁적으로 1689년 영국의 권리장전과 1787년 미국 연방헌법에 규정되었다.

2. 법적성격

청원권은 청구권으로서의 성질을 가진다. 청구권과 자유권의 성질을 모두 가진다고 하는 견해가 있으나(권영성 604면), 이를 자유권적으로 파악하는 것은 별 실익이 없다. 단순히 '청원할 수 있는 자유'가 있다는 의미라면 모든 기본권에 이러한 '자유'가 있기 때문이다. 청원권은 권리가 침해된 때만 행사할 수 있는 것은 아니다. 또 심사결과가 국가기관을 기속하지 않는다는 점에서 행정소송과 구분된다. 청원권은 그 역사가 길지만 사법제도와 의회제도의 발달로 국민의 기본권 보장에 있어서 중요성이 감소되고 있다. 다만 그 행사 빈도가 감소했다는 것은 아니며, 지금도 청원이라는 용어를 비롯하여 진정·탄원·고발·건의·민원 등의 이름으로 많이 행사되고 있다.

청원권의 주체로는 국민 · 외국인 · 법인 모두 될 수 있다.

II. 내용

청원권에 대하여는 청원법(2007 전부개정)이 자세히 규정하고 있다.

1. 청원의 형식

청원은 문서(전자문서 포함)로 한다(§26①; 법 §6①). 문서라고 해서 특정한 형식을 요구하는 것은 아니나, 청원법은 성명, 직업 및 주소 또는 거소를 기재하고 서명한 문서일 것을 요한다(법 §6①②).

2. 제출기관

청원을 제출할 수 있는 기관은 국가를 비롯한 모든 공공기관이다(법 §3).

3. 청원의 내용

(1) 청원사항

국민이 청원할 수 있는 내용에 대해서는 청원법은 개괄주의(예시주의)를 채택하고 있다(법 §4). 이에 따르면 ① 피해의 구제 ② 공무원의 위법·부당한 행위에 대한 시정이나 징계의 요구 ③ 법령·명령·규칙 등의 제정·개정 또는 폐지 ④ 공공의 제도 또는 시설의 운영 ⑤ 기타 국가기관 등의 권한에 관한 사항 등은 모두 청원의 대상이 된다.

(2) 청원금지사항

다만 다음과 같은 것은 청원을 수리하지 않는다. 즉 다른 법령에 의한 조사·불복 또는 구제절차가 진행 중인 때, 허위의 사실로 타인으로 하여금 형사처분 또는 징계처분을 받게 하거나 국가기관 등을 중상모략하는 사항인 때, 사인간의 권리관계 또는 개인의 사생활에 관한 사항인 때(이상 법 §5), 타인을 모해할 목적으로 허위의 사실을 적시한 청원도 금지된다(법 §11). 또 국가기관을 모독하는 청원도 금지된다(국회법 §123③).

4. 청원의 제한

내용적으로 청원이 금지되는 것 외에도 다음과 같은 제한이 있다.

(1) 이중청원금지

동일내용의 청원서를 동일기관에 2개 이상 또는 2개 기관 이상에 제출할 수 없다(법 §8). 여기서 동일내용의 청원이라 함은 청원이유가 다르더라도 그 요구의 주된 내용이 동일한 것을 말한다.

(2) 국회·지방의회에 대한 청원

이 경우는 당해 의회의 의원의 소개를 받아야 청원이 가능하다(국회법 §123①, 지방자치법 §73①). 청원을 소개한 의원은 소관위원회 또는 청원심사소위원회의 요구가 있을 때에는 청원의 취지를 설명하여야 한다(국회법 §125③, 지방자치법 §75②).

(3) 직무에 관한 청원금지

공무원·군인·수형자 등은 직무에 관한 청원이 금지된다. 대신 고충처리제도가 있어서 청원의 기능을 대신한다(국가공무원법 §76-2).

III. 효과

국민의 청원권행사에 대해서 국가는 이를 수리하고 심사할 의무(§26②, 법 §9①) 뿐만 아니라, 그 결과를 90일 이내에 청원인에게 통지하여야 한다(법 §9②). 또한 수리한 기관이 자기소관사무가 아닌 경우에는 주무관서로 이송해야 한다(법 §7③). 국가는 재결의 의무가 없으며, 재결의 결과에 구속력이 있는 것도 아니다. 국민은 청원을 이유로 차별대우나 불이익을 강요받지 않는다(법 §12).

한편 청원과 비슷한 제도로 옴부즈만(Ombudsmann)제도가 있다. 청원이 사안을 처리할 권한 있는 기관에 하는 것인 데 비해, 일반적으로 옴부즈만 제도는 직접 처리할 권한은 없으며 사안을 조사하여 국회에 보고함으로써 정치적 해결을 꾀한다. 우리나라의 국가인권위원회와 국민권익위원회도 유사한 기능을 가진다. 다만 이는 국회에 의해 임명되는 북유럽식 제도가 아니라 행정부에 의해 임명되고 행정부에 소속되는 미국식 제도이다. 또 감사원 민원실이나 헌법소원심판제도도 비슷한 기능을 한다.

[판례 1] 민중적 제도인 청원은 '재판청구권 기타 준사법적 구제청구'와는 완전히 성격을 달리하므로 청원사항의 처리결과에 심판서나 재결서에 준하여 이유를 명시할 것까지 요구하는 것은 청원권의 보호범위에 포함되지 않으며, 청원소관관서는 청원법이 정하는 절차와 범위 내에서 청원사항을 성실·신속·공정히 심사하고 청원인에게 그 청원을 어떻게 처리하였거나 처리하려고 하는지를 알 수 있을 정도로 결과를 통지하는 것으로 충분하고, 이로써 헌법 및 청원법의 의무를 필한 것이 되므로, 비록 그 처리내용이 청원인의 기대하는 바에 미치지 않는다 할지라도 심사결과의 통지는 더 이상 헌법소원의 대상이 되는 공권력의 행사 또는 불행사에 해당하지 않는다(헌재 1994.2.24, 93헌마213).⇒ 헌재 2000.6.1, 2000헌마18

[판례 2] 지방의회에 대한 청원에 의원의 소개를 필요적 요건으로 한 지방자치법 §65①은 청원의 남발을 규제하여 심사의 효율성을 제고하려는 데 그 목적이 있고, 소개의원은 1인으로 족한 점 등을 감안할 때, 그 제한은 공공복리를 위한 필요·최소한의 것으로서 청원권의 본질적 내용을 침해하지 아니한다(헌재 1999.11.25, 97헌마54).

⇒ 헌재 2006.6.29, 2005헌마604

제3절 재판청구권

> 우리나라 사람은 전통적으로 관가에 가는 것을 두려워하였다. 더 이상 해결할 방법이 없을 때만 최후에 법에 호소하는 것으로 생각하고 법적 절차에 의하여 해결되었을 때는 인간관계는 끝장이라고 생각하였다. 재판을 어떤 의미로 받아들이는 걸까?

Ⅰ. 의의

1. 의의

헌법 §27
① 모든 국민은 헌법과 법률이 정한 법관에 의하여 법률에 의한 재판을 받을 권리를 가진다.
② 군인 또는 군무원이 아닌 국민은 대한민국의 영역 안에서는 중대한 군사상 기밀·초병·초소·유독음식물공급·포로·군용물에 관한 죄 중 법률이 정한 경우와 비상계엄이 선포된 경우를 제외하고는 군사법원의 재판을 받지 아니한다.
③ 모든 국민은 신속한 재판을 받을 권리를 가진다. 형사피고인은 상당한 이유가 없는 한 지체 없이 공개재판을 받을 권리를 가진다.
④ 형사피고인은 유죄의 판결이 확정될 때까지는 무죄로 추정된다.
⑤ 형사피해자는 법률이 정하는 바에 의하여 당해 사건의 재판절차에서 진술할 수 있다.

헌법 §109
재판의 심리와 판결은 공개한다. 다만, 심리는 국가의 안전보장 또는 안녕질서를 방해하거나 선량한 풍속을 해할 염려가 있을 때에는 법원의 결정으로 공개하지 아니할 수 있다.

재판청구권은 재판절차를 규율하는 절차적 법률과 재판에서 적용될 실체적 법률이 모두 합헌적이어야 한다는 의미에서의 법률에 의한 재판을 받을 권리를 의미한다. 이는 비밀재판을 배제하고 일반 국민의 감시 하에서 심리와 판결을 받음으로써 공정한 재판을 받을 수 있는 권리를 포함하고 있다(헌재 1996.12.26, 94헌바1). 즉 재판청구권은 국민이 독립된 법원에 의한 적정·공평·신속·경제적 재판을 요청할 수 있는 기본권이다.

연혁적으로 1215년 대헌장에 규정된 이래 1791년 프랑스 헌법 등에 규정되어 내려오고 있다.

참고로 독일 기본법 §19④1문은 "공권력에 의하여 그 권리를 침해당한 자에게는 권리구제절차(Rechtsweg)가 열려 있다."고 규정하였다.

2. 법적성격

재판청구권은 청구권이다. 즉 다른 기본권을 보장하기 위한 수단적 기본권이다. 이에 대하여 자유권과 청구권의 이중적 성격을 가진다는 견해도 있으나(권영성 608면 이하) 자유권적 측면은 어느 기본권이나 있을 수 있으므로 실익이 없는 주장이다.

재판청구권은 직접적 효력을 갖는 기본권이다. 또한 재판청구권의 주체는 형사피고인뿐만 아니라 모든 국민이라 할 수 있으며, 외국인과 법인도 그 주체가 된다.

[판례] 헌법 제 27조 제1항은 "모든 국민은 ……법률에 의한 재판을 받을 권리를 가진다."고 규정하여 법원이 법률에 기속된다는 당연한 법치국가적 원칙을 확인하고, 법률에 의한 재판, 즉 절차법이 정한 절차에 따라 실체법이 정한 내용대로 재판을 받을 권리를 보장하고 있다. 이로써 위 헌법조항은 '원칙적으로 입법자에 의하여 형성된 현행 소송법의 범주 내에서 권리구제절차를 보장한다.'는 것을 밝히고 있다(헌재 2002.10.31, 2001헌바40).

Ⅱ. 내용

1. 공정한 재판

(1) 헌법과 법률이 정하는 법관

국민은 '헌법과 법률이 정하는 법관'에 의한 재판을 받을 권리를 가진다. 이 때의 법관은 일정한 자격이 있고, 신분이 보장된 법관을 말한다. 법원조직법은 그 자격을 변호사의 자격이 있는 자로 하고 있는데(법 §42), 변호사법은 사법시험이나 변호사시험의 합격을 변호사의 자격으로 규정하고 있다(법 §4). 또한 형사소송법에는 제척(除斥)·기피(忌避)·회피(回避)제도를 두어 구체적으로 당해 재판에 적합한 법관에 의한 재판을 받을 수 있도록 하고 있다(법 §17~§25). 민사소송법도 같은 규정을 두고 있다(법 §41~§50).

우리나라도 국민의 형사재판 참여에 관한 법률에 따라 배심제(국민참여재판)가 도입되었다(2008). 배심제(陪審制)라는 것은 법관이 아닌 일반인이 재판에 간여하는 것으로 영국에서 성립되어 미국·프랑스·독일 등에 도입된 제도이다. 대배심제는 기소(起訴)배심을, 소배심제는 심리(審理)배심을 말한다. 배심원이 사실심에만 간여하는 미국과는 달리 독일은 참심제라 하여 법률심에도 간여할 수 있다. 우리의 해난심판소도 같다. 법률에 따르면 국민참여재판은 일정한 형사재판에 적용되며(법 §5), 피고인이 원하는 경우만 진행된다(법 §8, §9). 유무죄에 대한 평결과 양형에 대한 의견을 제시할 수 있으나 판사는 평결과 다른 판결을 선고할 수 있으며 이 경우 판결문에 명시하도록 하고 있다(법 §49②). 따라서 우리의 제도는 법적으로는 강제력이 없지만, 실제로 평결과 다른 판결은 매우 적다(약 3%). 미국의 경우 배심원들의 평결에 판사가 구속되는 제도였으나, 연방대법원의 위헌결정으로 강제력이 없어졌다.

[판례 1] "법무부징계위의 결정에 대하여 불복이 있는 징계혐의자는 그 통지를 받은 날로부터 7일 이내에 대법원에 즉시항고할 수 있다."라고 하여 변호사징계절차에서 법무부징계위결정을 거친 후 곧바로 법률심인 대법원의 재판을 받도록 한 변호사법 §81④은, 법관에 의한 사실 확정과 법률의 해석·적용의 기회에 접근하는 것을 차단하여 재판을 받을 권리의 본질적 내용을 침해하는 것이다. 법무부징계위의 결정은 행정심판이므로 결국 위 규정은 재판의 전심절차로서만 기능해야 할 법무부징계위를 사실 확정에 관한 한 사실상 최종심으로 기능하게 하고 있어 재판을 받을 권리의 본질적 내용을 침해하는 것이다(위헌, 헌재 2000.6.29., 99헌가9).

[판례 2] 학교안전사고에 대한 공제급여결정에 대하여 학교안전공제중앙회 소속의 학교안전공제보상재심사위원회가 재결을 행한 경우 재심사청구인이 공제급여와 관련된 소를 제기하지 아니하거나 소를 취하한 경우에는 학교안전공제회와 재심사청구인 간에 재결 내용과 동일한 합의가 성립된 것으로 간주하는 '학교안전사고 예방 및 보상에 관한 법률' 제64조는 공제회의 재판청구권을 침해한다(헌재 2015.7.30, 2014헌가7).

(2) 법률에 의한 재판

법률에 의한 재판이라는 것은 합헌적인 정당한 법률에 의하여 재판이 이루어질 것을 의미한다. 이는 실체법과 절차법 모두 합헌적 법률이어야 함을 의미한다. 즉 재판이 이루어지는 근거가 되는 절차법이나 재판에 있어서 판단의 기준이 되는 실체법 모두 정당한 법률에 의해서 재판이 이루어져야 한다. 재판에 적용될 법률의 위헌여부에 대하여는 헌법재판소에 위헌법률심판을 청구하여 그 결과에 따라야 한다(헌법재판소법 §41).

(3) 재판

재판이라 함은 법률상의 쟁송이어야 하며, 당사자적격이 있는 사람에 의한 소의 제기가 있어야 하며, 소의 이익이 있어야 하는 등의 요건을 갖추고 있어야 한다. 국가는 재판을 거절할 수 없는데 이를 사법거절금지(司法拒絕禁止)의 원칙이라고 한다.

위에서 본 재판의 형식적 요건을 심사하여 요건이 불비된 경우는 각하(却下) 판결을 하고, 요건이 갖추어져 있으면 본안심리를 하게 된다. 본안심리를 하여 원고의 주장이 맞으면 인용(認容) 판결을, 틀리면 기각(棄却) 판결을 하게 된다.

형사사건의 경우 검사만이 기소를 할 수 있는데 이를 기소독점주의(起訴獨占主義)라 하고 기소여부를 검사가 결정하는 것을 기소편의주의(起訴便宜主義)라고 한다. 검사의 불기소처분에 대하여 고소권자는 관할 고등법원에 그 적부심사를 청구할 수 있는 재정신청제도가 있다(형소법 §260). 그 밖의 경우는 항고·재항고를 거쳐 헌법재판소에 헌법소원심판을 제기할 수 있다.

정당한 재판을 위해서 변론주의·당사자주의(대심주의) 등이 원칙이다. 또한 경제적으로 어렵거나 법을 모르는 자에 대한 법률상담·소송대리·법률사무 지원 등을 위해서 법률구조법에 의한 법률구조공단이 있다.

기타 공정한 재판을 받을 권리를 침해하지 않는 것으로 행정심판, 통고처분·약식재판·즉결처분 등을 들 수 있다.

[판례 1] 통고처분은 법관이 아닌 행정공무원에 의한 것이지만 처분을 받은 당사자의 임의의 승복을 발효요건으로 하고 불응 시 정식재판의 절차가 보장되어 있으므로 통고처분에 대하여 행정소송을 배제하고 있는 관세법 §38③ii(통고처분에 대해 불복할 수 없도록 한 조항)가 법관에 의한 재판을 받을 권리를 침해한다거나 적법절차의 원칙에 저촉된다고 볼 수 없다(헌

재 1998.5.28, 96헌바4).

[판례 2] 국내통화를 위조 또는 변조하거나 이를 행사하는 등의 행위를 처벌하는 '특정범죄 가중처벌 등에 관한 법률'이 형법조항과 똑같은 구성요건을 규정하면서 법정형의 상한에 '사형'을 추가하고 하한을 2년에서 5년으로 올려놓았는데, 별도의 가중적 구성요건 표지 없이 법적용을 오로지 검사의 기소재량에만 맡기고 있어 법집행기관 스스로도 혼란을 겪을 수 있고, 수사과정에서 악용될 소지도 있다. 따라서 형벌체계상의 균형을 잃은 것이 명백하므로 평등원칙에 위반된다(위헌, 헌재 2014.11.27, 2014헌바224등).

☞ 같은 취지; 헌재 2015.2.26, 2014헌가16등

2. 민간인의 군사재판

군인·군무원이 아닌 국민 즉 민간인은 원칙적으로 군사법원에 의한 재판을 받지 않는다. 군사법원은 통상법원이 아닌 특수한 성격을 지니고 있기 때문이다. 그러나 다음과 같은 경우는 예외적으로 민간인도 군사재판을 받게 된다. 즉 평상시에는 군사에 관한 죄를 범했을 경우에 군사재판을 받는다. 군사상 기밀·초병·초소·유독음식물공급·포로·군용물에 관한 죄 중 법률이 정한 경우는 민간인도 군사법원의 재판을 받는다. 또한 비상계엄 하에서는 살인 등의 중대한 범죄, 법원이 없거나 교통이 차단된 경우 군사재판을 받는다(계엄법 §10). 지난 헌법은 유독음식물공급이 아니라 유해음식물공급이라 했고, 군사시설에 관한 죄가 있었다.

[판례 1] 군대의 특수성으로 인하여 일단 군인신분을 취득한 군인이 군대 외부의 일반법원에서 재판을 받는 것은 군대 조직의 효율적인 운영을 저해하고, 현실적으로도 군인이 수감 중인 상태에서 일반법원의 재판을 받기 위해서는 상당한 비용·인력 및 시간이 소요되므로 이러한 군의 특수성 및 전문성을 고려할 때 군인신분 취득 전에 범한 죄에 대하여 군사법원에서 재판을 받도록 하는 군사법원법 제2조 제2항은 합리적인 이유가 있으며, 재판청구권을 침해하지 않는다(헌재 2009.7.30, 2008헌바162).

[판례 2] '전투용에 공하는 시설'을 손괴한 군인 또는 군무원이 아닌 국민이 군사법원에서 재판받도록 하는, 구 군사법원법(1987) 규정은 비상계엄이 선포된 경우를 제외하고는 헌법과 법률이 정한 법관에 의한 재판을 받을 권리를 침해한다(위헌, 헌재 2013.11.28, 2012헌가10).

3. 신속한 재판과 공개재판

(1) 신속한 재판

모든 국민은 신속한 재판을 받을 권리를 가진다. 재판의 부당한 지연은 자칫 소의 이익을 감소하게 만든다. 즉 승소를 해도 재판이 수년 동안 계속된다면 그동안 권리행사를 못할 뿐만 아니라 소송비용이 증가되는 등 권리구제가 미흡해지게 된다. 따라서 국가는 가능한 한 신속히 재판을 해야 한다. 형사사건의 경우 공소제기 후 6개월, 항소심 및 상고심은 기록송부 받은 후 4개월 이내에 선고하여야 한다(소송촉진등에 관한 특례법 §21). 민사사건의 경우 심급별로 5개월(민소법 §199)이다. 또한 대법원에서 심리를 계속할 필요가 없다고 판단한 경우 상고허가제(심리불속행제도)에 의하여 상고가 제한될 수 있다(상고심절차에 관한 특례법 §4 §5). 최근 대법원의 재판 부담을 덜기 위해 고등법원에 상고심법원을 설치할지 여부가 논란이 되고 있다. 재판 기간은 강제적인 것은 아니다(훈시규정). 신속한 재판과 실체적 진실발견이 서로 충돌되는 경우 실체적 진실발견이라는 이념이 앞서기 때문이다.

[판례 1] 국가보안법이 찬양·고무, 불고지죄에 대해서 피의자 구속기간을 형사소송법상의 30일보다 긴 50일로 한 것은 위헌이다(헌재 1992.4.14, 90헌마82).

[판례 2] 형사소송법 §361①(원심법원은 항소장을 받은 날로부터 14일 이내에 그 법원에 대응한 검찰청 검사에게 소송기록과 증거물을 송부하고, 그 검사는 7일 이내에 항소법원에 대응한 검찰청 검사에게 송부)과 §361②(항소법원에 대응한 검찰청 검사는 5일 이내에 항소법원에 이를 송부)은 당사자주의와 신속한 재판을 받을 권리를 침해하여 위헌이다(헌재 1995.11.30, 92헌마44 ☞ 이후 개정되어 원심법원은 항소심법원에 직접 기록과 증거물을 송부함).

(2) 공개재판

형사피고인은 상당한 이유가 없는 한 공개재판을 받을 권리를 가진다. 공개재판이란 당해 재판과 이해관계가 없는 자도 방청이 가능한 재판을 말한다. 이는 과거 사법부가 독립되기 전 행정부에서 재판이 이루어질 때[관방사법 官房司法] 비공개로 불공정한 재판이 이루어지던 것을 방지하기 위해서 생겨난 원칙이다. 공개의 범위는 원칙적으로 심리와 판결을 모두 공개하는 것이다. 다만 예외적으로 심리는 법원의 결정에 의하여 비공개로 진행할 수 있다. 그러나 판결은 반드시 공개해야 한다. §109는 비공개의 요건을 '국가의 안전보장 또는 안녕질서를 방해하거나 선량한 풍속을 해할 염려가 있을 때'라고 규정하고 있다.

4. 형사피고인의 무죄추정권

형사피고인은 유죄의 판결이 확정될 때까지는 무죄로 추정된다(§27④). 이는 형사피고인의 부당한 기본권침해를 막기 위한 원칙이다. 반대로 유죄의 추정을 하게 되면 사후에 무죄판결을 받은 경우 이는 부당한 기본권침해가 되는 것이다. 따라서 일단 무죄로 추정하고 사후에 유죄의 판결을 받게 되면 그 때부터 유죄로 취급된다. 물론 실제 범죄를 행하였어도 인간의 존엄과 가치를 훼손당하는 취급을 당해서는 안 된다. 형사피고인뿐만 아니라 무죄의 개연성이 더 높은 공소제기 전의 형사피의자도 당연히 무죄로 추정된다.

이 형사피고인의 무죄추정원칙은 언론의 자유 내지는 국민의 알권리와 기본권충돌이 일어난다. 구체적인 경우 비례의 원칙에 따라 처리되어야 할 것이다.

5. 형사피해자의 법정진술권

(1) 의의

형사피해자는 법률이 정하는 바에 의하여 당해 사건의 재판절차에서 진술할 수 있다. 이것은 수사 및 공판절차 등에서 진실발견을 통하여 형사피해자의 권익을 보호하며, 기소독점주의 하에서 법관에게 피해자가 의견을 개진할 수 있는 기회를 보장하는 것이다. 형사피해자의 법정진술권(§27⑤)은 범죄피해자 구조청구권(§30)과 더불어 피해자를 보호하는 헌법규정이다. 신체의 자유와 관련된 다른 규정들은 대부분 피의자 또는 피고인, 즉 범죄인을 보호하는 규정들이다.

헌법소원심판 중 검사의 불기소처분취소청구사건에서 평등권 위배와 더불어 중요한 논거가 된다.

(2) 제한

형사소송법에는 피해자의 법정진술권에 대하여 피해자가 아닌 자가 신청한 경우, 형사피해자가 이미 충분한 진술을 하여 진술을 반복할 필요가 없다고 인정하는 경우, 형사피해자의 진술로 인하여 재판절차가 현저히 지연될 우려가 있는 경우 등은 법정진술권을 제한할 수 있도록 규정하고 있다(법 §294-2).

> [판례 1] 기소유예처분이란 공소제기함에 충분한 혐의가 있음에도 불구하고 제반사정을 고려하여 공소를 제기하지 않는다는 처분이므로, 피의자의 입장에서 볼 때 범죄혐의가 없음이 명백한 사안을 놓고 자의적이고 타협적으로 기소유예처분을 한 것이라면 피의자의 평등권과 행복추구권을 침해한 것이다(헌재 1989.10.27, 89헌마56).☞ 형사피해자인 고소인이 피고소인에 대한 검사의 불기소처분을 다툴 경우 평등권과 재판절차진술권이 침해되었음을 주장해야 하는 경우와는 달리, 사례와 같이 범죄혐의자가 검사의 기소유예처분을 받고 이를 다투는 경우 평등권과 행복추구권의 침해를 주장해야 한다.
>
> [판례 2] 형사실체법상으로는 직접적인 보호법익의 향유주체로 해석되지 않는 자 할지라도 문제된 범죄행위로 말미암아 법률상 불이익을 받게 되는 자는 형사피해자에 해당하며, 따라서 교통사고로 사망한 자의 부모는 자식의 사망으로 극심한 정신적 고통을 받은 법률상 불이익을 입게 된 사람으로서 형사피해자에 해당한다(헌재 1993.3.11, 92헌마48).
>
> [판례 3] (☞ 가구회사와 대리점계약을 체결한 자가 회사의 계약취소를 불공정행위라고 주장하면서 이를 다툰 사건) 회사의 불공정행위로 인하여 대리점계약상의 지위를 상실하는 법률상의 불이익을 받고 있으므로 비록 공정거래법이라는 형사실체법상 보호법익의 주체는 아닐지라도 헌법상 재판절차진술권의 주체인 피해자에는 해당한다(헌재 1995.7.21, 94헌마136).

6. 헌법재판

재판청구권에서의 재판은 넓은 의미로 헌법재판을 포함한다. 자세한 것은 헌법재판소 부분에서 설명한다.

Ⅲ. 제한

재판을 받을 권리도 정당한 이유에 의하여 제한될 수 있다. 예컨대 군사법원에 의한 재판, 상고 또는 심급제의 제한(§110④), 행정심판전치주의가 강제되는 경우, 제소기간의 제한(행소법 §18①, §20) 등이 그것이다.

[판례 1] 농지개혁법 §18①이 최종법원을 2심 상급법원으로 제한한 것은 위헌이다(헌법위원회 1952.9.9, 헌위제1호).

[판례 2] "헌법과 법률이 정하는 법관에 의하여 법률에 의한 재판을 받을 권리"가 사건의 경중을 가리지 아니하고 모든 사건에 대하여 대법원을 구성하는 법관에 의한 균등한 재판을 받을 권리를 의미한다거나 또는 상고심재판을 받을 권리를 의미하는 것이라고 할 수는 없다. 심급제도는 사법에 의한 권리보호에 관하여 한정된 법 발견차원의 합리적인 분배의 문제인 동시에 재판의 적정과 신속이라는 서로 상반되는 두가지의 요청을 어떻게 조화시키느냐의 문제로 돌아가므로 원칙적으로 입법자의 형성의 자유에 속하는 사항이다(헌재 1997.10.30, 97헌바37등).

제4절 형사보상청구권

'억울한 옥살이 5년' 등 나중에 진범이 밝혀진 사건들이 가끔 신문에 보도된다. 그렇다면 일반적으로 재판결과를 믿을 수 있는가? 그 억울한 사람에게 어떻게 해 주어야 할까?

Ⅰ. 의의

1. 헌법적 의미

헌법 §28
형사피의자 또는 형사피고인으로서 구금되었던 자가 법률이 정하는 불기소처분을 받거나 무죄판결을 받은 때에는 법률이 정하는 바에 의하여 국가에 정당한 보상을 청구할 수 있다.

형사보상청구권은 부당하게 신체의 자유가 제한되었던 것에 대하여 국가가 보상해 줌으로써 기본권침해를 사후에 다소나마 회복해 주는 기본권이다. 즉 형사피의자가 구금(拘禁)된 후 검사에 의하여 불기소처분을 받거나, 형사피고인이 구금되었다가 나중에 무죄판결을 받은 경우 법률에 따라 정당한 보상을 청구할 수 있는 것이다.

연혁적으로 1848년 독일의 재심보상법, 1849년 프랑크푸르트 헌법, 1904년 독일의 미결구금보상법 등에서 규정되었다.

2. 법적성격

형사보상청구권은 형사사법작용의 위법성이나 공무원의 고의·과실과는 무관하다는 점에서 공무원의 고의·과실을 요하는 국가배상제도와는 다르다. 이는 일종의 무과실책임으로서 손실보상의 성격을 가진다.

이는 인신보호를 위한 사법절차 중에서 사후구제절차이다. 일종의 청구권으로 볼 수 있다. 직접적 효력을 가지며 구체적인 사항은 형사보상 및 명예회복에 관한 법률이 정하고 있다. 형사보상청구권은 국민뿐만 아니라 외국인도 그 주체가 될 수 있다.

Ⅱ. 내용

1. 청구권자

형사보상을 청구할 수 있는 사람은 형사피의자 또는 형사피고인이어야 한다.

2. 구금

그 중에서 구금되었던 자가 청구하게 된다. 따라서 불구속으로 수사와 재판이 진행된 형사피의자·형사피고인은 청구권이 없다. 그리고 구금이란 미결구금과 형 집행을 모두 포함하여 인신이 구속된 경우를 말한다. 참고로 형사소송법에 의하면 구속기간은 2개월이며 2차에 한하여(상소심은 부득이한 경우 3차) 갱신이 가능하다(형소법 §92).

3. 불기소처분·무죄판결

형사보상을 청구할 수 있는 경우는 불기소처분 또는 무죄판결을 받은 경우이다. 불기소처분은 피의자가 수사단계에서 검사에 의하여 죄가 없다고 인정된 경우에 이루어진다. 따라서 여기서의 불기소처분은 좁은 의미이며, 넓은 의미의 불기소처분에 해당하는 기소유예(起訴猶豫)와 기소중지(起訴中止)의 경우는 형사보상이 이루어지지 않는다. 무죄판결은 기소되어 재판의 결과 법원에 의하여 무죄로 판단된 경우이다. 원심이건 상급심이건 판결이 확정된 때 청구할 수 있다. 재심에서 무죄판결을 받은 경우도 해당된다. 다만 그 무죄판결이 형사미성년자이거나 심신장애로 인한 경우, 심판을 그르칠 목적의 허위자백이 있던 경우, 경합범의 일부 죄가 무죄로 판결된 경우는 형사보상청구권이 없다(「형사보상 및 명예회복에 관한 법률」§4).

[판례] 상소권회복에 의한 비상상고절차에서 원판결에서의 보호감호를 기각하는 재판을 받은 경우 명문의 규정은 없으나 형사보상이 인정된다(대판 2004.10.18, 2004코1).

III. 절차와 효과

1. 청구기간

무죄재판이 확정된 사실을 안 날로부터 3년, 무죄재판이 확정된 때로부터 5년 이내에 청구할 수 있다(법 §8). 또 피의자보상의 청구는 검사로부터 공소를 제기하지 아니하는 처분의 고지(告知) 또는 통지를 받은 날부터 3년 이내에 하여야 한다(법 §28③).

[판례] 군사법원법이 무죄판결이 확정된 자의 비용보상청구권의 제척기간을 무죄판결이 확정된 날부터 6개월 이내로 규정한 것은 재판청구권 및 재산권을 침해한다(위헌, 헌재 2023. 8. 31. 2020헌바252)

2. 청구권자

형사보상청구권을 행사할 수 있는 자는 원칙적으로 불기소처분 또는 무죄판결을 받은 자이다(법 §2, §27). 그러나 예외적으로 그 해당자가 사망 또는 사형이 집행된 경우에는 그의 상속인이 이를 청구할 수 있다(법 §3).

3. 청구기관

불기소처분의 경우 지방검찰청 피의자보상심의회(법 §28①)에, 무죄판결의 경우 무죄판결을 행한 법원(법 §7)에 청구한다.

4. 보상의 내용

형사보상의 내용은 1일 최저임금액 이상 대통령령이 정하는 금액(법 §5①)에서 정해진다. 현재의 대통령령 §2에 의하면 그 상한은 최저임금법상 일급의 5배로 되어 있다. 2024년 기준으로 1일 394,400원이 상한선이다.

4. 기타 명예회복 조치

무죄재판을 받은 경우 3년 이내에 지방검찰청에 청구하여 무죄재판사건의 재판서를 법무부 인터넷 홈페이지에 게재하도록 청구할 수 있다. 게재기간은 1년이다. 상속인과 대리인도 청구할 수 있다(법 §30~§32).

제5절 국가배상청구권

> 공무원도 한 인간이므로 범죄를 하는 경우가 종종 발생한다. 심지어 범죄를 예방하고 범인을 검거해야 할 경찰이 범죄를 행하는 경우도 있다. 그렇다면 범죄를 한 그 공무원만 처벌해서 이런 문제가 해결될까? 아니면 어떤 근본적인 문제가 있는가?

I. 의의

1. 헌법적 의미

> 헌법 §29
> ① 공무원의 직무상 불법행위로 손해를 받은 국민은 법률이 정하는 바에 의하여 국가 또는 공공단체에 정당한 배상을 청구할 수 있다. 이 경우 공무원 자신의 책임은 면제되지 아니한다.
> ② 군인·군무원·경찰공무원 기타 법률이 정하는 자가 전투·훈련 등 업무집행과 관

련하여 받은 손해에 대하여는 법률이 정하는 보상(報償) 외에 국가 또는 공공단체에 공무원의 직무상 불법행위로 인한 배상은 청구할 수 없다.

국가배상청구권은 국가의 불법행위로 인해 손해를 입은 국민의 권리를 구제해 주는 것이다. 이는 공무원의 국민에 대한 책임을 담보하고 법치국가의 원리를 구현하는 청구권이다.

연혁적으로 프랑스의 학설과 판례로 인정되었으며, 바이마르 헌법에 규정되었다. 반면에 영미계통은 국가배상을 비교적 뒤늦게 인정하여, 미국의 경우 1946년 연방불법행위배상청구법, 영국은 1947년 국왕소추법에 의해서 인정되었다. 우리나라는 1948년 헌법 이래 규정되었으며, 제2항은 1972년 헌법에서 규정된 것이다.

2. 법적성격

국가배상청구권은 다른 기본권의 구제를 위한 청구권이다. 또한 직접적 효력을 갖는 권리이다. 물론 국가배상법이 자세한 규정을 하고 있다. 국가배상청구권의 성격은 공권(公權)이라 하는 것이 다수설이다. 따라서 행정소송의 당사자소송에 해당된다. 하지만 대법원판례는 이를 사권(私權)으로 보고 민사상 손해배상청구권으로 인정하여 민사소송사건으로 다룬다.

주체는 원칙적으로 국민이다. 자연인과 법인을 불문한다. 다만 외국인에 대해서는 상호주의를 채택하고 있다. 국가배상법 §7는 "이 법은 외국인이 피해자인 경우에는 해당 국가와 상호 보증이 있을 때에만 적용한다."고 규정하고 있다.

II. 내용

1. 손해배상책임

(1) 발생원인

국가배상청구권은 공무원의 직무상 불법행위에 의하여 손해가 발생한 경우에 행사할 수 있는 것이다. 그 요소를 하나씩 살펴보자.

첫째, 여기서 공무원이라 함은 최광의의 공무원으로서 널리 공무를 위탁받아 실질적으로 그에 종사하는 모든 사람을 가리킨다. 판례는 미군부대의 카튜사(대판 1961.12.28, 4294민상218), 철도건널목의 간수(대판 1966.10.11, 66다1456), 집달관(대판 1968.5.7, 68다326), 소집중인 예비군(대판 1970.5. 26, 70다471), 시(市) 청소차의 운전수(대판 1971.6.4, 70다2955), 파출소에 근무하는 방범대원(대판 1991.3.27, 90도2930), 전입신고서에 확인인을 찍는 통장(대판 1991.7.9, 91다5570) 등을 공무원에 포함시키고 있다.

둘째, 직무행위는 사법(私法) 상의 행위를 제외한 권력작용과 관리작용을 포함하는 공행정작용을 의미한다. 행위자인 공무원의 주관적 요소는 배제되며 외형상 직무와 관련된 행위는 직무행위로 본다. 이는 피해자인 국민의 입장에서 판단하려는 것이다.

[판례 1] 도로가설 등 공사로 인한 무허가건물의 강제철거와 관련하여 이루어지는 시(市)나 구(區) 등 지방자치단체의 철거건물소유자에 대한 시영아파트 분양권부여 및 세입자에 대한 지원대책 등의 업무는 지방자치단체의 공권력행사 기타 공행정작용과 관련된 활동으로 볼 것이지 사경제주체로서 하는 활동이라고 볼 수 없다(대판 1994.9.30, 94다11767).

[판례 2] 국가배상법 §2①의 '직무를 집행함에 당하여'라 함은 직접 공무원의 직무집행행위이거나 그와 밀접한 관계에 있는 행위를 포함하고, 이를 판단함에 있어서는 행위 자체의 외관을 객관적으로 관찰하여 공무원의 직무행위로 보여질 때에는 비록 그것이 실질적으로 직무행위가 아니거나 또는 행위자로서는 주관적으로 공무집행의 의사가 없었다고 하더라도 그 행위는 공무원이 '직무를 집행함에 당하여' 한 것으로 보아야 한다(대판 1995.4.21, 93다14240).

셋째, 불법행위가 있어야 한다. 즉 공권력에 의한 권력적 행위나 영조물(營造物) 관리의 하자에 의한 비권력행위에 있어서 공무원의 직무상 불법행위가 있어야 한다. 공무원의 고의·과실이 요건이다.

넷째, 손해가 발생하여야 한다. 직무상 불법행위와 손해 간에 상당인과관계가 있어야 국가배상청구권이 인정된다. 손해는 정신적·물질적 모든 손해를 포함한다.

(2) 책임의 본질

국가배상책임의 본질에 대해서는 자기책임설·대위책임설·절충설 등이 있다. 이 중 헌법학계의 통설인 자기책임설에 따르면 공무원의 직무상 불법행위는 국가자신의 행위로써 국가가 책임을 지는 것이라 한다. 이 경우 국가의 책임은 무과실책임이다. 그러나 판례는 대위책임설을 따르고 있는데 피해자 구제를 위하여 국가나 공공단체가 공무원을 대신하여 책임을 지는 것이라고 한다. 그러나 이 대위책임설을 따르면 공무원이나 국가에 대하여 선택적 청구가 가능한데 공무원의 지위를 불안하게 하는 약점이 있다. 절충설은 경과실의 경우는 자기책임으로 고의나 중과실의 경우는 대위책임으로 본다. 자기책임설에 따르더라도 입법정책적으로 책임의 범위가 달라질 수는 있다.

[판례] 공무원이 직무집행 중 불법행위로 타인에게 손해를 입힌 경우에 국가 등이 국가배상책임을 부담하는 외에 공무원 개인도 고의 또는 중과실이 있는 경우에는 불법행위로 인한 손해배상책임을 진다고 할 것이지만, 공무원에게 경과실뿐인 경우에는 공무원 개인은 손해배상책임을 부담하지 아니한다고 해석하는 것이 헌법 제29조 제1항 본문과 단서 및 국가배상법 제2조의 입법취지에 조화되는 올바른 해석이라고 할 것이다(기존판례변경, 대판 1996.2.15, 95다38677).

(3) 구상권

국가배상책임을 진 국가나 공공단체는 불법행위를 한 공무원에 대하여 구상권(求償權)을 행사할 수 있다. 국가배상법에 따르면 공무원의 고의 또는 중대한 과실이 있는 경우에 구상권이 인정된다(법 §2).

2. 군인·군무원 등의 이중배상제한

헌법 §29②은 군인·군무원·경찰공무원 등 법률이 정하는 자가 직무집행과 관련하여 입은 피해에 대해서는 법률이 정하는 이외의 배상은 청구할 수 없다고 하고 있다. 법률이 정하는 배상이란 군인사법 §54의 보상 등을 말한다. 이는 훈련·전투 중 부상·사망의 우려가 많기 때문에 국가재원의 고갈을 방지하기 위하여 법률에 의한 배상만 인정한 것이다. 이 규정은 월남전 당시에 국가배상법 §2① 단서의 내용으로 입법(1967)된 것인데, 1971년 위헌판결을 받자 1972년 헌법에 명문화하였다. 이론적으로 위헌인 것을 실정헌법에 규정한다고 해서 그 위헌성이 치유되는 것은 아니다. 그러나 우리 헌법재판소는 이런 위헌적 헌법규범에 대한 통제를 인정하지 않는다.

[판례 1] 구 국가배상법(1967.3.3) 같은 내용의 조문 위헌(대판 1971.6.22, 70다1010; 당시는 대법원이 위헌법률심판)

⇒ 1972 헌법에 명문화

[판례 2] 명시적으로 헌법의 개별규정 그 자체의 위헌여부를 판단하는 것은 헌법재판소의 관장사항에 속하지 아니한다(헌재 1995.12.28, 95헌바3).

3. 절차와 배상범위

국가배상은 배상심의회에 청구한다. 결정전치주의(決定前置主意)가 폐지되어 이와는 별도로 소송이 가능하다. 배상심의회는 법무부에 구성되어 있는 본부심의회와 국방부에 두는 특별심의회가 있으며, 그 밑에 지구심의회를 둔다. 배상결정이 있으면 국가·지방자치단체에 지급을 신청한다. 지구심의회에서 기각결정이 있으면 본부심의회·특별심의회에 재심을 신청할 수 있다. 소송의 경우 금전적인 손해배상이므로 민사사건으로 다루지만 행정소송과 병합이 가능하다(행소법 §10).

배상의 범위는 원칙적으로 그 손해배상 기준액이 법정되어 있다(국가배상법 §3).

[판례 1] 배상심의위원회의 배상결정은 배상신청인의 동의 없이는 효력을 발생하지 않는 것으로서 배상신청인을 구속하지도 않고, 지방자치단체를 상대로 하는 배상사건에 있어서 지방자치단체를 구속하지도 않는다(법 §15). 이와 같은 배상결정의 효력에 초점을 맞추어 보면 배상심의 및 배상결정의 성격을 사법작용이라고는 할 수 없고, 행정심판과도 다르다. 배상심의회가 법무부장관의 지휘를 받는 등(법 §10) 결정주체의 제3자성이나 독립성이 부족한 점에서 일반적인 민사분쟁조정제도와는 차이가 있지만 결정의 효력에 있어서는 이와 유사하므로 배상결정제도는 민사분쟁조정제도에 가까운 일종의 소송 외 분쟁해결제도라고 말할 수 있다(헌재 2000.2.24., 99헌바17등).

[판례 2] 민주화운동 관련자 명예회복 및 보상 등에 관한 법률에 따라 보상금 등의 지급결정에 동의한 때 '민주화운동과 관련하여 입은 피해'에 대해 재판상 화해의 성립을 간주하는 규정은 정신적 손해에 대한 국가배상청구권을 침해한다(위헌, 헌재 2018.8.30, 2014헌바180등).

제6절 범죄피해자 구조청구권

> 모든 종류의 범죄 피해자에게 국가가 원상회복 또는 전액 손해배상을 해주면 얼마나 좋을까? 법적으로 이를 주장할 수 있을까?

Ⅰ. 의의

1. 헌법적 의미

> 헌법 §30
> 타인의 범죄행위로 인하여 생명·신체에 대한 피해를 받은 국민은 법률이 정하는 바에 의하여 국가로부터 구조를 받을 수 있다.

범죄피해자 국가구조청구권은 피해자의 법정진술권과 더불어 범죄피해자를 보호하기 위한 기본권이다. 즉 본인에게 귀책사유가 없는 타인의 범죄행위로 말미암아 생명을 잃거나 신체상 피해를 입은 국민이나 유족이 가해자로부터 충분한 배상을 받지 못하는 경우에 국가가 일정한 보상을 해주는 것이다. 범죄피해자는 민사법이나 국가배상 또는 형사배상명령제도(소송촉진등에 관한 특례법 §25)로써 손해배상을 받는 것이 가능하나, 범인이 도주했거나 배상능력이 없는 경우는 이 범죄피해자 구조청구권에 의한 국가의 보상이 실효성을 가진다.

연혁적으로 범죄피해자 국가구조청구권은 1960년대 이후 세계 각국에서 입법화되었다. 1963년 뉴질랜드에서의 입법을 시작으로 미국·영국·일본·캐나다 등에서 입법되었다. 이는 형법에서 피해자학이 연구되면서 이루어진 것이다. 우리나라는 현행헌법에서 처음 규정되었고, 범죄피해자구조법(1987)이 제정되었다가, 범죄피해자보호법(2010)으로 대체되었다.

2. 법적성격

범죄피해자 국가구조청구권은 일응 청구권이라고 할 수도 있으나 이는 국가의 범죄예방의무를 전제로 한다. 즉 국가의 신체의 자유에 대한 보호의무, 특히 과소보호금지의 원칙 등이 인정되어야 청구권이라고 할 수 있다. 현재 독일에서도 이러한 이론이 논의되고 있다. 현재로서는 사회보장적 성격으로 파악하는 것이 다수설이다. 이는 뒤에서 보는 대로 범인으로부터 배상을 받을 수 없는 경우 중 피해자의 생계유지 상황에 따라 국가가 보상해 주고 있기 때문이다.

이 청구권의 주체는 국민이며 외국인의 경우는 상호보증이 있는 경우에 한하여 그 주체가 된다(법 §23).

Ⅱ. 내용

1. 청구요건

구조청구권을 행사할 수 있는 자는 생명 또는 신체를 해하는 범죄행위로 인한 피해자이다(법 §1, §3).

그 중 적극적 요건으로 가해자의 불명, 가해자의 무자산(無資産)으로 피해의 전부 또는 일부를 배상받지 못한 경우이다(법 §16). 소극적 요건으로 피해자와 가해자가 친족관계이거나, 피해자가 범죄를 유발했거나 귀책사유가 있는 경우에는 지급하지 않을 수 있다(법 §19). 청구권은 범죄피해를 안 날로부터 3년, 발생한 날로부터 10년이 지나면 시효로 소멸된다(법 §25②).

[판례] 범죄피해자구조법이 범죄피해자구조청구권의 대상이 되는 범죄피해에 해외에서 발생한 범죄피해의 경우를 포함하고 있지 아니한 것이 현저하게 불합리한 자의적인 차별이라고 볼 수 없어 평등원칙에 위배되지 아니한다(헌재 2011.12.29., 2009헌마354).

2. 구조금의 종류와 지급방법

구조금에는 피해자의 유족에게 지급되는 유족구조금과 본인에게 지급되는 장해구조금, 중상해구조금이 있다(법 §17). 유족구조금의 경우 18~36개월의 범위 내에서 지급되며(법 §22①), 장해구조금과 중상해구조금은 2~36개월 범위 내에서 지급된다(법 §22②). 구조금액은 월급액이나 월 실수입액 또는 평균임금을 고려하여 정해진다. 사망한 경우에는 이를 기준으로 24개월 이상 48개월 이하의 범위에서 유족의 수와 연령 및 생계유지상황 등을 고려하여 대통령령으로 정하는 개월 수를 곱한 금액으로 한다(법 §22①). 배우자와 자녀의 경우 40개월이다(령 §22 ⅰ). 신속히 결정할 수 없는 경우에는 긴급구조금제도를 활용할 수 있다(법 §28). 일반 예산과는 별도로 범죄피해자보호 기금법(2010)을 제정하여 형사범의 벌금에서 6%를 떼어내어 기금을 조성하도록 하고 있다.

3. 국가의 대위권과 소멸시효

국가는 구조금을 지급한 범위 내에서 손해배상청구권을 대위(代位)한다(법 §21②). 구조금을 지급받을 권리는 양도·압류·담보제공이 불가능하다(법 §32). 구조금을 지급받을 권리는 결정이 송달된 날로부터 2년 안에 행사하지 않으면 시효로 소멸한다(법 §31).

제 7 장
국민의 의무

> 의무자에게 즐거움을 주는 의무부과도 있는가? 사실은 모든 국가적 의무가 그래야만 하는 것이 아닌가?

　국민의 기본적 의무란 국민이 통치권의 객체로서 부담하는 의무 중 헌법상의 의무, 즉 공의무(公義務)를 가리킨다. 근대입헌주의국가에서는 납세의 의무와 국방의 의무가 강조되었다. 20C 민주국가에 와서는 납세의 의무와 국방의 의무도 적극적 의미를 갖게 됨과 동시에 교육·근로·환경보전의 의무 등이 추가되었다. 차례로 살펴보자.

I. 납세의 의무

1. 의의

헌법 §38
모든 국민은 법률이 정하는 바에 의하여 납세의 의무를 진다.

　국가가 유지되기 위해 필요한 재원을 국민이 부담하는 것이 바로 납세의 의무이다. 여기서 조세 또는 세(稅)라 함은 명칭을 불문하고 국가 또는 지방자치단체가 그 재원의 확보를 위하여 직접적인 대가없이 일방적이고 강제적으로 부과하는 경제적 부담을 말한다. 그 점에서 시설이용의 대가로 지불되는 사용료나, 어떤 행위를 하는 대가로 지불되는 수수료, 또는 직접적 혜택에 대한 재정적 부담을 의미하는 분담금과는 구분된다.
　연혁적으로 납세의 의무는 1791년 프랑스 헌법에서 규정되었는데 당시는 국왕의 자의적 조세부과로부터 국민을 보호하기 위한 것이었다. 현대에 와서 국가의 주인인 국민이 국가의 재정적 유지를 위하여 세금을 납부해야 한다는 적극적 의미를 갖게 되었다.

2. 주체

납세의 의무의 주체는 국민이다. 국민 중 자연인·법인을 포함한다. 외국인은 예외적으로만 납세의 의무를 진다.

3. 내용

납세의 의무와 관련하여 다음과 같은 원칙이 적용된다. 자세한 것은 국회의 권한을 참조하기 바란다.

첫째, 공정과세의 원칙은 재력에 따른 공정한 과세를 해야 한다는 원칙이다. 둘째, 조세법률주의는 조세의 종목과 세율은 법률로 정해야 하며 하위법규로 정해서는 안 된다는 원칙이다(§59).

II. 국방의 의무

1. 의의

헌법 §39
① 모든 국민은 법률이 정하는 바에 의하여 국방의 의무를 진다.
② 누구든지 병역 의무의 이행으로 불이익한 처우를 받지 아니한다.

국방의 의무는 외국의 침략행위로부터 국가의 독립을 유지하고 영토를 보전하기 위한 국토방위의 의무를 말한다. 외국으로부터라는 것은 물리적인 외부만을 의미하는 것이 아니라 국가의 보전을 위한 것이라면 내부의 위험으로부터 지키는 것도 포함한다(아래 판례 참조).

연혁적으로 1791년 프랑스 헌법에 규정되었는데, 자의적 징집방지라는 소극적 의미를 가지고 있던 것이었으나, 현대에 와서 주권자인 국민 스스로 국가공동체를 보호한다는 적극적 의미를 지니게 되었다.

[판례] 전투경찰순경으로서 대간첩작전을 수행하는 것도 넓은 의미에서 헌법 §39 소정의 국방의 의무를 수행하는 것으로 볼 수 있으며, 전투경찰대의 임무에는 대간첩작전의 수행뿐 아니라 치안업무의 보조도 포함된다(헌재 1995.12.28, 91헌마80).

2. 주체

국방의 의무의 주체는 국민이다. 방공(防空)의 의무는 개념상 외국인도 해당된다. 반면에 병역의 의무는 남자에게만 있다. 병역에 관해서는 병역법이 제정되어 있으며, 물론 지원병제도는 여자를 포함한다(법 §3①).

3. 내용

국방의 의무, 특히 병역의 의무는 대체이행이 불가능하다는 특징을 가진다. 국방의 의무는 직·간접적으로 병력을 형성할 의무를 포함하며, 병역법에 의한 징집은 국민개병제 내지는 강제징집제를 채택하고 있다. 기타 예비군법·민방위기본법·비상대비자원관리법 등이 제정되어 있다.

III. 교육의 의무

1. 의의

헌법 §31②
모든 국민은 그 보호하는 자녀에게 적어도 초등교육과 법률이 정하는 교육을 받게 할 의무가 있다.

교육의 의무는 §31①의 교육권을 실효성 있게 한다. 자세한 것은 학문의 자유와 대학자치, 교육제도 등 참조하기 바란다.

2. 주체

의무교육의 주체는 교육을 받아야 할 자녀(학령아동)를 가진 친권자·후견인이다(초·중등교육법 §13①).

3. 내용

의무교육의 내용은 학교과정에 취학시키는 것이며, 이는 법적의무로서 이에 위반하면 과태료가 부과된다(초·중등교육법 §68).

의무교육은 무상제가 규정되어 있다(§31③). 무상의 범위는 취학필수비 무상설이 다수설로서 수업료·교과서·학용품 등에 대하여 무상으로 한다는 것이다. 자원하여 사립학교에 취학하는 것은 무상의 혜택을 포기하는 것이다.

Ⅳ. 근로의 의무

1. 의의

> 헌법 §32②
> 모든 국민은 근로의 의무를 진다. 국가는 근로의 의무의 내용과 조건을 민주주의 원칙에 따라 법률로 정한다.

근로의 의무는 현대 산업사회에 와서 국민의 의무로서의 성격을 가지게 되었다. 즉 국민의 근로가 없으면 국가가 유지될 수 없는 것이다.

2. 법적성격

근로의 의무는 현대국가에서 필수적으로 국민에게 강조되는 것이지만, 그 의무로서의 성격은 법적 의무가 아니라 윤리적 의무라고 하는 것이 다수설이다. 사회적 법치국가를 원칙으로 하는 우리 헌법 상 유산이나 모아놓은 재산에 의하여 근로하지 않고 생활하는 것을 금지할 수 없기 때문이다. 다만 예외적으로 §32② 후단에 따라 특정의 경우에 근로의 의무의 내용과 조건을 법률로 정할 수 있다. 이 범위에서 법적의무가 된다.

V. 환경보전의무

헌법 §35①
모든 국민은 건강하고 쾌적한 환경에서 생활할 권리를 가지며, 국가와 국민은 환경보전을 위하여 노력하여야 한다.

환경보전의 의무에 대하여는 환경권 부분을 참조하기 바란다.

VI. 재산권행사의 공공복리적합성

헌법 §23②
재산권의 행사는 공공복리에 적합하도록 하여야 한다.

이를 재산권 행사에 대한 법적 의무라고 하기도 하나 이는 재산권에 내재하는 사회적 제약을 규정한 것으로 보아야 한다. 이에 대해서는 재산권 부분을 참조하기 바란다.

제3부

통치구조(국가조직)

제 1 장 통치구조의 기본원리
제 2 장 정부형태
제 3 장 입법부
제 4 장 대통령
제 5 장 행정부
제 6 장 사법부
제 7 장 헌법재판소

제1장
통치구조의 기본원리

제1절 통치구조의 본질

> 대통령 한사람만 잘 뽑아 놓으면 국가생활의 모든 면에서 국민이 만족할 수 있을까? 문재인 정부의 표어인 '소득주도성장'은 결국 박근혜 정부의 '국민이 행복한 나라'와 같은 것 아닌가? 윤석열 정부의 '공정과 상식'은 잘 실현되고 있을까?

Ⅰ. 의의

통치구조(또는 국가조직)는 자기목적적일 수 없고 기본권실현의 수단적 의의를 가진다. 즉 기본권에 의해 나타나는 가치를 실현하기 위한 조직적·기능적 장치이다. 따라서 통치구조를 이해할 때 기본권적 가치와 분리해서 생각할 수 없다.

이러한 통치구조의 본질과 기능에 대하여 헌법관에 따라 다음과 같이 서로 다른 시각을 갖게 된다(제1부 제1장의 헌법관 참조).

Ⅱ. 법실증주의와 통치구조

1. 내용

켈젠(H.Kelsen 1881~1973)에 의해 대표되는 순수법학 내지 법실증주의 이론에 의하면 법과 국가는 동일하며, 국가는 법질서이고, 이 강제질서인 법질서를 실현하는 것이 국가목적이다. 결국 국가는 국민과는 별개인 자기목적적인 강제질서를 의미하게 되고, 국민과 유리된 자주적인 정당성을 갖게 된다. 특히 켈젠은 통치기능을 법정립기능만으로 파악하였다. 즉 입법부는 법률정립을, 행정부는 명령·규칙·처분을 정립한다는 식으로 3권의 분립도 규범정립의 단계로 설명한다.

2. 비판

그러나 통치구조는 자기목적일 수 없는 것이다. 법실증주의의 주장은 통치구조를 단순한 강제질서로 전락시키게 된다. 궁극적으로 국가권력은 국민으로부터 정당성이 나온다고 할 수 있다. 따라서 국민의 기본권과 유리된 사고는 위험한 것이다. 또한 집행·사법도 독자적 기능이 있음을 인정하여야 한다.

III. 결단주의

1. 내용

슈미트(C.Schmitt)의 결단주의에서 국가는 국민의 자연권 보장을 위해 존재한다고 할 수 있다(자유주의적 국가관).

그는 통치질서를 둘로 나누어 설명한다. 즉 비정치적인 부분(기본권 분야)은 법치국가원리가 지배하고, 정치적인 부분(국가조직 분야)은 민주주의원리가 지배한다고 한다. 따라서 기본권과 이념적으로 분리된 통치구조가 어떤 형태로 구체화되는가가 중요하다고 한다. 또한 치자(治者)는 곧 피치자(被治者)라는 동일성 민주주의(Identitäre Demokratie) 이론에 따라 국민의 자기통치에 의하여 민주주의가 실현된다고 한다. 따라서 통일된 정치의사를 가진 국민이 통일된 정치활동을 할 수 있다고 하여 국민의 국가기관성을 긍정한다.

2. 비판

슈미트(C.Schmitt)가 법실증주의의 자기목적적인 국가관을 탈피하고 국가권력의 제한(배분의 원리)과 권력분립의 필요성을 강조한 것은 이론적 공로라고 할 수 있다. 그러나 기본권을 자유권으로만 파악한 채, 국민의 자유와 권리는 법률에 의해서만 제한될 수 있다는 법치주의 원리가 지배한다고 함으로써 기본권의 국가형성적 기능을 간과하고 있다는 점이 지적될 수 있다. 또한 통치질서를 이원화시켜 설명함으로써 헌법의 통일성을 무시했다는 점이 비판될 수 있다. 또한 법치주의와 민주주의원리는 슈미트가 파악하는 대로 비정치적 또는 정치적 징표로 구분되는 것이 아니라 다 같이 국가창설과 존립의 구조적 원리로 파악해야 한다는 점이 지적된다.

Ⅳ. 통합론

1. 내용

통합론에 따르면 통치구조는 사회공동체를 정치적 일원체로 통합하기 위한 것이다. 그리고 통합의 기능을 위해서는 헌법을 전체로서 파악해야 한다. 따라서 헌법의 통일성을 요구하게 되며, 기본권과 통치구조는 결코 서로 다른 원리의 지배를 받는 것이 아니라 기능적인 상호 교차관계에 있는 것이다. 통치구조는 기본권실현을 위한 기능구조라고 할 수 있으며, 통합을 위한 기능의 분배와 국가기관의 설치가 필요하게 된다. 즉 기관중심의 통치구조가 아니라 기능중심으로 이해하여야 한다. 기본권이 초국가적인 자유와 권리일 수 없으며, 국가도 국민과 유리된 선재(先在)하는 완성물이 아니다. 따라서 국가로부터의 자유가 아니라 국가를 향한 자유를 주장하게 되고, 기본권의 객관적 법질서로서의 측면을 강조하게 된다(기본권의 이중적 성격).

2. 비판

통합론은 통치권의 자생적·독자적 정당성과 통치권행사의 형식적 합법성만을 주장하는 법실증주의나 민주적 정당성만을 중요시하는 결단주의에 와 비교된다. 통치권의 민주적 정당성뿐만 아니라 기본권 실현을 위한 통치권행사의 한계로서의 절차적 정당성도 강조함으로써 기본권과 통치구조를 일원적으로 설명하여 헌법질서의 전체적 연관성을 밝힌 것은 스멘트의 공적이라 할 수 있다.

그러나 기본권의 주관적 공권으로서의 성격이 약해지고 오히려 기본권의 책임성을 강조하게 된다는 점이 지적될 수 있다. 즉 기본권의 정치적 기능에 편중하여 사적·사회적 기능을 경시했다는 비판이 가능하다.

V. 통치구조의 기본이념

이상에서 헌법관에 따른 통치구조에 대한 인식을 살펴보았다. 결론적으로 통치구조는 자기목적적인 것이 아니라 기본권을 최대한 보장하기 위한 권력의 기능적·제도적 제동장치라 할 수 있다(권영성 729면, 허 영 693면).

따라서 국가권력은 기본권에 기속(羈束)되어야 하며, 국가권력의 민주적 정당성과 절차적 정당성을 확보하는 수단을 강구해야 하는 것이다.

제2절 대의제

대의제란 주권자인 국민이 직접 국가의사를 결정하지 않고, 대의기관을 구성하여 그들로 하여금 국민을 대신하여 국가의사를 결정하게 하며, 그 결정에 국민이 직접 결정한 것과 같은 법적 효과가 부여되는 것을 말한다. 이를 간접민주주의라고도 한다.

자세한 것은 제1부 제4장 제1절 민주주의 부분을 참조하기 바란다.

제3절 권력분립

'제왕적 대통령'이라는 말이 유행하고 그래서 개헌을 주장하는 사람들이 있다. 타당한 주장일까? 대통령제 하에서 대통령의 권한에 대한 효과적인 통제 방법은 무엇이 있을까?

Ⅰ. 의의

1. 개념

권력분립의 원리란 전통적으로는 국가권력을 입법권·사법권·행정권으로 나누고 상호 통제와 억제를 통해 권력의 균형(checks and balances)을 이룸으로써 국가권력을 완화시켜 개인의 자유와 권리를 보호하는 것을 말한다. 이는 자유주의적 통치원리로서 법치주의의 중요한 내용을 이루고 있다.

이런 권력의 분리(Gewaltentrennung)와 권력의 균형(Gewaltenbalancierung)을 내용으로 하는 권력분립의 원리는 근대 유럽에서 군주국가의 절대왕정이 극복되는 과정을 배경으로 성립하였고, 당시의 개인의 자유와 권리를 보장하는 필수적인 제도였다. 권력분립이론으로 다음과 같은 고전적 이론들이 등장하였다.

2. 권력분립 이론

(1) 로크의 이론

로크(J.Locke 1632~1704)는 명예혁명(1688) 이후의 영국의 정치상황을 분석하여 권력분립이론을 전개하였다. 그는 '시민정부에 관한 두 논문'(Two Treatises on Civil Government 1690)에서 국가권력을 입법권·집행권·동맹권·대권(大權) 등의 네 가지로 나누고 이를 국왕과 의회가 나누어 행사하는 것을 강조하였다. 이를 2권분립이라고도 하나(권영성 747면, 김철수 1,257면) 그것은 기관중심으로 본 것이고, 기능에 따라 보면 2권분립은 아니다.

로크는 입법부의 우위를 인정했으며, 사법권에 대한 언급이 없고, 몽테스키외적인 권력균형의 관점이 뚜렷하지는 않다. 사법권에 대한 언급이 없는 것은 법관의 독립을 보장하는 왕위계승법(Act of Settlement, 1701)이 제정되기 전이었기 때문일 것이다. 로크의 사상은 영국의 보통법의 영향과 자연법사상의 영향을 받은 것이다. 즉 "누구도 자신의 심판관이 될 수 없다."는 법원칙을 시대상황에 맞게 적용한 것으로 볼 수 있으며 권력분립의 창시자라 불린다. 그의 이론은 영국의 통치구조에 영향을 끼치고 있다.

(2) 몽테스키외의 이론

몽테스키외(Montesquieu 1689~1755)는 1729년부터 2년간 영국 체류에서 얻은 경험을 토대로 쓴 '법의 정신'(De l'esprit des lois, 1748)에서 입법·사법·집행의 3권분립이론을 전개하였다. 즉 국가기능을 이 세 가지로 나누어 각각 다른 세 기관에 맡김으로써 상호 견제하게 하여 시민의 자유를 보호하겠다는 법치국가적 자유보장이론을 전개하였다. 문제가 되는 것은 입법권과 집행권이고 사법권의 경우 오히려 소극적 독립성이 강조되었다.

그의 이론은 로크의 이론적 영향과 영국의 헌정생활의 경험에서 나온 것이다. 권력분립이론의 완성자라고 불리며, 미국의 통치구조에 그 영향을 끼치고 있다.

(3) 루소의 이론

루소(J.J.Rousseau 1712~1778)는 그의 인민주권론의 내용에 따라 권력분립을 부인하고 입법부 우위에 의한 권력통합론을 주장하였다. 구 소련과 공산국가들의 통치구조에 영향을 주었다. 회의제 정부형태를 참조하기 바란다.

3. 내용

권력분립이론은 권력이 독점되면 남용된다는 회의적 인간관에서 출발한 것이다. 권력이 남용되면 국민의 기본권이 침해될 가능성이 크기 때문에 이를 막기 위해서 국가권력을 제한·완화하는 것을 추구한다. 다시 말해서 국가권력을 기능에 따라 분리하여 서로 분리되고 독립된 다른 기관에게 맡김으로써 권력의 균형을 이루게 하고 상호 견제하게 하여서 권력의 남용을 막는 것이다.

따라서 권력분립이론은 국가권력의 남용방지라는 소극적 의미로 이해되는 것이다(권영성 746면, 김철수 1,255면). 그러나 아래에서 보는 것처럼 권력분립이론은 많은 변화를 겪어 왔다. 고전적 권력분립이론이 형성되던 때와는 달리 현대 민주헌법에서는 국가권력의 창설원리라는 적극적 의미로 이해하여야 할 것이다(계희열[상] 337면 이하, 허 영 743면). 한편 이러한 수평적 권력분립 이론에 비해서 오늘날 수직적 권력분립(권한분산)도 중요시되고 있다.

3권 즉 입법·사법·행정의 개념구분은 형식적·실질적 분류가 가능하다. 형식적 분류는 권력을 담당하고 있는 기관을 중심으로 이해하는 것이다. 이에 반해 실질적 의미의 삼권이라고 할 때, 입법은 국가·국민간의 관계를 규율하는 일반적·추상적 법규범의 정립작용으로, 사법은 법률상의 구체적 분쟁에 대하여 법규범을 적용·선언하는 것으로, 행정은 법규범의 근거와 범위 내에서 개별적 구체적 형성작용을 말하는 것으로 이해할 수 있다.

4. 권력분립의 변질

(1) 변질의 원인

근대에 성립된 권력분립이론은 현대에 와서 많은 변화가 있었다. 그 변질의 요인으로는 첫째, 이론이 성립되던 당시의 역사적 의미의 절대권력이 현대에서는 존재하지 않는다는 점을 들 수 있다. 따라서 국민을 위해서는 국가권력의 능률성이 강조되고 이러한 측면에서는 권력의 통합이 오히려 유리할 수도 있다. 둘째, 정당이 발달함에 따라 집권당이 입법·사법·행정을 거의 모두 장악하게 된다. 따라서 3권의 억제와 균형이라는 외형은 거의 기능을 잃게 되고(물론 사법은 비교적 전문성과 독립성이 유지되지만), 국가적 갈등은 집권당 내부의 조정으로 해결되는 경우가 많게 되었다. 셋째, 국가과제의 변질을 들 수 있다. 사회국가원리의 등장과 비상사태의 상시화(常時化) 현상은 필연적으로 고전적인 3권 중에서 행정부의 과제를 증대시켰고, 과제의 증대는 권력의 비대화를 가져왔다. 이를 행정국가화 현상이라고 한다. 넷째, 대중민주주의의 발달에 따라 보통·평등선거가 실시되고 국민이 직접 국가의사를 결정하거나 국가권력을 통제하는 경우가 많아진 점도 현대에 와서 고전적 권력분립 이론이 변질된 요인이다.

(2) 변질과 현대적 의의

현대는 선존하는 절대권력은 없어도 권력이 집중되면 남용될 가능성은 상존한다. 한편 능률적으로 국민을 위한다는 측면도 동시에 존재한다. 그리고 위에서 본 것처럼 고전적인 권력분립이론은 현대에 와서는 거의 기능하지 않고 있다. 따라서 현대에 와서는 어떻게 권력을 구성하느냐가 문제가 되는데 다음과 같이 새로운 권력분립이론이 모색되고 있다.

(3) 새로운 권력분립의 모색

현대의 권력분립은 고전적인 3권분립에서 벗어나 다원화된 권력의 배치를 모색하고 있다고 할 수 있다. 이러한 모색으로는 첫째, 여당을 통한 통합된 권력을 견제하기 위하여 야당의 권한강화를 들 수 있다. 개념상 야당은 다수당을 대신할 수는 없는 것이므로 이것은 소수자 보호의 문제로 나타난다. 둘째, 같은 의미에서 헌법재판제도가 이러한 소수자 보호 또는 평화적 정치를 가능하게 한다. 셋째, 연방제도나 지방자치제도를 통하여 강력한 중앙집권체제를 완화하고 권력을 분산한다. 이는 급격한 정책의 변화를 막고 나아가 평화적 정권교체를 가능하게 한다. 이밖에도 각종 압력단체를 통한 비판과 견제 또는 직업공무원제도의 확립을 통한 권한남용의 방지 등을 들 수 있다.

한편 뢰벤슈타인(K.Loewenstein)은 정책결정권(집행부·의회·국민투표 등)과 정책집행권(집행부·사법부), 그리고 정책통제권(수직적 통제와 기관상호간 통제) 등으로 나누었다. 이를 동태적 3분설이라 하는데 그는 정책통제권의 중요성을 강조하였다.

제4절 구체적 질서의 형성

> 대통령 후보자를 결정하는 정당 내부규정에 대해서 예비 후보 간에 늘 의견대립이 있었다. 그렇다면 아예 법률로 공정하게 규정하면 어떨까? 국회의원 선거에서도 늘 각 당의 공천과정에서 잡음이 터져 나왔다. 이것도 법률로 정하면 어떨까?

Ⅰ. 정당제도

1. 의의

(1) 정당의 개념

정당이라 함은 국민의 이익을 위하여 책임 있는 정치적 주장이나 정책을 추진하고 공직선거의 후보자를 추천 또는 지지함으로써 국민의 정치적 의사의 형성에 참여함을 목적으로 하는 국민의 자발적 조직을 말한다(정당법 §2).

다시 말해서 정당은 정권획득이라는 정치적 목적을 위한 결사(단체)이다. 그러나 헌법(또는 국가)을 긍정하고, 그 체제 안에서 정권을 획득하여야 한다. 따라서 그것은 선거를 통한 정권획득을 말하며(예컨대 폭력혁명을 추구하는 단체는 정당이 아님), 그러기 위해서 정당은 국민전체의 이익을 위한 단체이어야 한다. 이익단체가 특정 대상만을 위해 활동하는 것과 비교된다. 또한 정당은 조직적·계속적 단체라는 점에서 강령·당헌을 가져야 하며, 정당법에 의하여 중앙선거관리위원회에 등록되어 있어야 하고, 구성원이 당원의 자격을 보유하여야 한다.

(2) 연혁 및 입법례

1) 연혁

서구의 정당발전의 역사는 다음과 같다. 영국에서는 이미 17C말에 의회제도 내지는 정당제도의 기초가 성립했다. 이에 반해 프랑스는 근대적 정당의 실체가 20C초에나 형성되는데, 대혁명 이전에는 신분질서와 절대주의하의 조직들이 있었으나 정권획득을 위한 단체는 형성되어 있지 않았다. 19C에 강력하지 못한 조직을 갖는 집단들(Gruppen)이 의회 외적으로 나타날 뿐이다. 독일도 의회적 대표와 더불어 정당이 형성되는데 그 발전은 매우 좁은 범위에서 이루어졌다. 이러한 발전은 통일되기 전, 적어도 1848년까지는 단지 일반적인 정치적 경향이라거나 개별적으로 외부에 대표하는 정도로 성격지울 수밖에 없다(이상 Reiche Alternativkommentare, 2판, 1989, 1503면 이하).

2) 트리펠의 정당발전단계론

트리펠(H.Triepel 1868~1946)은 정당의 발전단계로 다음의 네 가지를 제시하였다. 즉 초기에는 정당이 국민의 의사를 왜곡하여 의회에 반영시킨다 하여 이를 나쁜 것으로 여기는 적대시단계(예컨대 미국의 헌법기초자, Rousseau의 명망가적 정치), 피할 수 없는 현상으로 인식하는 무시단계(근대의회주의의 발달초기), 승인 및 합법화단계(1919년 바이마르 공화국), 헌법편입단계(독일의 경우 1947년 바덴 지방헌법에서 최초로 규정; 브라질·에쿠아도르 등)로 발전한다는 것이다. 한 단계 나아가 헌법기관으로 보는 입장도 있다. 그러나 독일 연방헌법재판소는 정당의 일반적 활동에 대한 국고보조는 위헌이나 선거비용 보조는 가능하다는 결정을 하였고(1966.7.19, BVerfGE 20, 56, 96ff.), 이에 헌법기관설은 퇴조하였다.

헌법상 정당규정이 없는 국가로는 영국·미국·일본·캐나다 등을 들 수 있다.

3) 라이프홀쯔의 정당국가론

라이프홀쯔(G.Leibholz 1901~1982)는 19C의 의회주의·대의정치가 20C에 와서는 정당정치·국민투표제로 변질되었다고 한다. 다시 말해서 의회제민주주의에서 정당제민주주의로 바뀌었는데, 국민은 이념적 통일체로서 선거 시에만 투표에 참여하여 주권을 행사하던 것이 정당을 매개로 하여 평상시에도 국가의사결정에 참여할 수 있게 되면서 국민은 현실적 행동통일체로 되었다. 선거는 국가기관을 구성하는 행위보다는 정부선택을 위한 국민투표적 성격을 띠게 되었다. 이에 따라 권력분립에서 권력통합으로, 의원은 전 국민의 대표에서 정당에 예속된 존재로 그 의미가 바뀌었다.

(3) 우리나라의 태도

제1공화국에서의 정당에 대한 입장은 무시 또는 묵인의 태도로 일반결사로 취급하였다. 다만 국회법(1948) 개정 시(1949) '단체교섭회' 규정이 생겼다. 그러나 이는 국회의 활동 단위를 구성한 것이므로 정당을 규정한 것은 아니다. 따라서 이를 근거로 승인 또는 합법화 단계로 보기 어렵다.

제2공화국에서는 제3차 개헌에서 헌법에 정당에 관한 규정(§13, §72iii 등)이 생겼으므로 헌법편입 단계로 볼 수 있다.

제3공화국은 정당국가를 지향해서 국회의원과 대통령선거에 무소속 출마금지(§36③ §64③)와 임의로 당적변경 시 의원직 박탈(§38) 등을 규정하였다.

제4공화국 이후는 현재와 같다.

2. 정당의 법적성격

(1) 헌법상의 지위

우리 헌법체계상 정당을 어떻게 이해할 것인가는 다음과 같은 입장이 있다. 첫째 헌법기관설은 정당을 직접 헌법규정에 의하여 구성되는 기관으로 보는 것이며, 국가기관설은 헌법기관은 아니나 법률에 의하여 설립되는 국가적 기관으로 보는 견해이다. 둘째 사법적 결사설은 순수한 사적 결사로 보는 입장이다. 이에 반해 우리나라의 다수설인 중개적 권력설(또는 매개체설)은 정당의 헌법상 기능으로 볼 때 국민의 의사와 국가의사를 연결하는 지위를 갖는다고 한다. 이러한 정당은 제도보장으로써 헌법상 복수정당제도로 보장된다고 한다.

정당을 중개적 권력으로 보는 것이 합리적이다. 그것은 정당이 정치적 의사의 예비형성(Vorformung des politischen Willens)이라는 과제와 기능을 수행하고 있기 때문이다. 따라서 정당의 내부질서는 자율적이어야 한다. 외부적 규제가 커지면 국가와 국민 내지는 국가와 사회의 중개적 역할을 하는 데 방해가 될 수 있기 때문이다.

(2) 법적 형태

정당의 법적 형태 내지 성격에 대해서도 학설의 대립이 있으나, 판례와 다수설은 사법(私法)상 결사(법인격 없는 민법상 사단)로 보는 것이 일반적이다.

[판례] 정당의 법적 지위는 적어도 그 소유재산의 귀속관계에 있어서는 법인격 없는 사단으로 보아야 하고, 중앙당과 지구당과의 복합적 구조에 비추어 정당의 지구당은 단순한 중앙당의 하부조직이 아니라 어느 정도 독자성을 가진 단체로서 역시 법인격 없는 사단에 해당한다고 보아야 한다(헌재 1993.7.29, 92헌마262).

(3) 정당과 일반결사와의 관계

결사를 다수인이 공동목적을 위하여 조직적·계속적 단체를 결성하는 것이라 정의할 때 정당도 결사의 일종이라 할 수 있다. 다만 정당은 정치적 결사로써 헌법상 특별한 보호를 받는다. 가장 중요한 특권은 일반결사가 행정처분으로 강제해산이 가능한 데 비해 정당은 헌법재판소의 정당해산결정에 의하여만 해산될 수 있다는 점이다(뒤에 설명).

다시 말해서 정당조항(§8)의 법적 성격은 일반결사조항(§21)의 특별법적 규정이라 할 수 있으며, 복수정당제의 보장, 자유로운 정당결성권과 국민의 정당에 대한 가입과 탈퇴의 자유를 규정한 것이며, 헌법개정의 한계를 이루는 조항이라 할 수 있다.

3. 정당의 권리와 의무

(1) 정당의 자유와 기능

정당의 자유에는 정당설립의 자유와 해산의 자유 그리고 정당활동의 자유가 포함되며, 국민개개인이 정당에 가입·탈퇴할 수 있는 자유가 있다.

정당의 기능은 헌법질서 내에서 정권의 획득이라는 목적을 달성하기 위하여 국민의 지지를 얻어야 하고, 따라서 이를 위하여 책임 있는 정치적 주장을 하고, 정책을 수립·추진하며, 선거에서 후보자를 추천·지지하게 된다.

비록 §8가 헌법규정상 기본권 장(章)에 있지 않지만 기본권으로 다루어야 한다. 이는 헌법소원의 대상여부를 결정하는 데 중요한 표지가 된다. 독일의 경우 기본권 장에 없는 권리들도 기본권유사권리(grundrechtsgleiche Recht)로서 헌법소원의 대상이 된다(독일 기본법 §93①4a). 우리나라에서도 마찬가지로 이해되고 있다.

> [판례] 정당설립의 자유는 설립할 정당의 조직형태를 어떠한 내용으로 할 것인가에 관한 정당조직 선택의 자유 및 그와 같이 선택된 조직을 결성할 자유를 포괄하는 '정당조직의 자유'를 포함한다(헌재 2004.12.16, 2004헌마456).

(2) 정당의 특권

정당은 국민의 의사를 형성해서 국가의사 결정기관에 매개해 주는 역할 때문에 헌법적으로 중요한 기능을 하고 있다. 따라서 다음과 같은 특별한 보호가 요청된다. 첫째, 정당의 설립·활동·존립에 있어서의 보호로 위헌정당해산제도에 의하여 헌법재판소의 해산결정에 의해서만 해산될 수 있다. 반면 일반결사는 법령위반의 경우 행정처분에 의해 해산이 가능하다. 둘째, 선거의 기회균등(§116①)과 선거비용을 부담하지 않을 권리(§116②)가 있다. 셋째, 정당에 대한 기부금 및 재산상 출연(出捐)의 면세특권이 있다. §8③은 "정당은 법률이 정하는 바에 의하여 국가의 보호를 받으며, 국가는 법률이 정하는 바에 의하여 정당운영에 필요한 자금을 보조할 수 있다."고 규정하고 있는데, 이는 지난 헌법(1980)에 신설되었다. 정당의 정치자금에 관하여는 정치자금법이 규율하고 있는데, 정치자금은 당비·후원금·기탁금·국고보조금 등으로 충당된다.

> [판례 1] 정치자금법상 법인·단체의 자금으로 정치자금을 기부할 수 없도록 한 규정은 헌법에 위반되지 않는다(헌재 2010.12.28.,2008헌바89).
>
> [판례 2] 정당 후원회를 금지함으로써 일반 국민의 정당에 대한 정치자금 기부를 원천적으로 봉쇄한 정치자금법 규정은 정당의 정당활동의 자유와 국민의 정치적 표현의 자유를 침해한다(헌법불합치, 헌재 2015.12.23, 2013헌바168).

(3) 정당의 의무

정당은 위와 같은 특권이 있는 반면에 그 기능을 다하기 위하여 다음과 같은 의무가 있다. 첫째, 국가긍정의 의무가 있는데 1972년 헌법에 명문의 규정이 있었으며, 현재에도 인정된다. 즉 정당의 목적인 정권획득은 헌법질서 내에서만 가능한 것이다. 예컨대 폭력혁명에 의한 정권획득은 헌법적으로 인정되지 않는다. 둘째, 민주질서의 준수의무(§8④)가 있는데 이를 부정하는 경우 정당해산의 사유가 된다(뒤에 설명). 셋째, 목적·조직·활동의 민주화가 요구된다(§8② 전단). 이는 결국 당내민주주의를 의미하는데 특히 후보공천에 있어서 평당원 또는 국민의 의사가 잘 반영되지 못하는 비민주적인 절차로 되어 있는 것이 우리나라 각 당의 현실이다. 넷째, 재산(원)공개의무가 있다. 특히 선거비용은 사후에 검증을 받아야 한다(정치자금법 §40).

4. 정당의 조직과 등록

정당의 개념으로 위에서 설명한 것 외에 정당법 상 다음과 같은 조직을 갖추어야 정당이라 할 수 있다. 이러한 조직이 갖추어지면 중앙선거관리위원회에 등록하여야 법적으로 정당으로서의 자격을 갖게 된다. 등록은 단순한 확인요건이다.

(1) 중앙당

중앙당은 200인 이상 창당발기인이 있어야 하며(법 §6), 수도(首都)에 둔다(법 §3).

(2) 시·도당

시(市)·도당(道黨)은 100인 이상의 창당발기인이 있어야 하며(법 §6), 정당은 5개 이상의 시·도당을 가져야 한다(법 §17). 시·도당은 각각 1천인 이상의 당원을 가져야 한다(법 §18). 따라서 특정 지역에서만 활동하는 지역정당이 존재할 수 없다.

한편 정당법 §22는 정당원이 될 수 없는 자로 외국인, 공무원(정무직 제외), 교원(대학 교원 제외) 등을 들고 있다. 따라서 정당의 조직에 있어서 이러한 사람이 정당원으로 되어 있는 경우 요건미비가 된다.

5. 정당의 해산

(1) 정당해산의 의의

정당의 해산에는 자진해산과 강제해산이 있다. 자진해산은 정당자체의 대의기관의 결의로 해산하는 경우(법 §45)로 선관위에 신고해야 할 뿐 특별히 법적으로 규율되고 있지 않다. 그것은 정당자체의 자유와 스스로 정해진 절차에 의한 것이기 때문이다. 정당활동의 자유를 보장하는 의미에서 당연하다. 따라서 보통 정당해산이라고 하면 헌법 §8④에 따른 강제해산을 의미한다. 위헌정당해산제도는 제2차 세계대전 이후 방어적 민주주의이론에 따라 만들어진 제도로 독일기본법이 규정한 것을 우리나라 1960년 헌법 §83-3 iv가 처음 규정한 것이다. 즉 "민주주의를 부정하는 적에게는 관용할 수 없다."(G.Radbruch)는 이념에 따라 헌법의 중요한 이념인 자유민주주의를 보호함으로써 헌법을 보장하기 위한 제도이다. 정당은 이 해산의 요건에 해당하지 않아야 됨은 물론이다. 따라서 등록취소의 요건이 정당존립의 형식적 요건이라면 이 정당해산의 요건은 정당의 내용적 존립요건이라 할 수 있다.

독일에서는 1952년 사회주의국가당(SRP; 일명 신 나찌당)과 1956년 독일공산당(KPD)에 대하여 연방헌법재판소의 결정을 거쳐 해산한 사례가 있으나 그 이후에는 실제 사례가 없다. 우리나라의 경우 제1공화국 당시 진보당 사건이 있었다. 진보당의 강령과 당헌의 위헌성에 대하여 대법원은 "진보당의 강령·정책(혁신정치의 실현, 수탈 없는 경제체제의 확립, 평화통일의 실현)은 헌법의 전문, 제5조(국가의 국민의 자유·평등·창의존중과 공공복리향상의무), 제8조(평등조항), 제18조(근로3권), 제84조(경제질서)의 각 규정에 비추어 볼 때 위헌이라 할 수 없고, 평화통일에 관한 주장 역시 헌법 제13조의 언론의 자유의 한계를 이탈하지 아니하는 한 이를 위헌이라 할 수 없다."고 판시하였다(대판 1959.2.27, 4291형상559). 그러나 당시에는 정당에 관한 규정이 헌법에 없어서 보호되지 못하고 행정처분(공보실장의 명령)에 의하여 진보당은 등록이 취소되었다. 또 그 대표였던 조봉암은 간첩죄로 판결되어 사형을 당했으나 2011년 재심에서 무죄가 선고되었다(대판

2011.1.20, 2008도11). 한편 우리나라 최초의 사례로 통합진보당 해산 결정(2014)이 나왔다(뒤 판례 참조).

(2) 등록취소와의 구분

정당법 §44①는 정당의 등록취소사유를 규정하고 있다. 즉 정당의 최소한 조직요건을 구비하지 못한 경우(다만 공직선거일전 3월 이내인 경우 선거후 3월까지, 기타 사유발생 시부터 3월까지 등록취소 유예), 4년간 국회의원·지방의원·지방자치단체장선거에 불참하면 등록이 취소된다. 등록취소사유가 발생하면 선거관리위원회는 등록을 취소하고 이를 공고한다.

이 등록취소는 정당의 해산과는 다른 것이다. 즉 등록이 취소되면 요건을 구비하여 다시 등록할 수 있으나 위헌정당해산심판에 의해 해산이 되면 동일 또는 유사정당으로 재차 등록할 수 없다.

> [판례] 국회의원선거에 참여하여 의석을 얻지 못하고 유효투표총수의 100분의 2 이상을 득표하지 못한 정당에 대해 그 등록을 취소하도록 한 정당법 규정은 과잉금지원칙에 위반되어 정당설립의 자유를 침해한다. 또 등록취소된 정당의 명칭과 같은 명칭을 다음 국회의원선거의 선거일까지 사용할 수 없도록 한 규정도 정당설립의 자유를 침해한다(위헌, 헌재 2014.1.28, 2012헌마431등).

(3) 정당해산의 요건과 절차

1) 정당해산의 요건

위헌정당에 해당되어 해산의 대상이 되는 정당은 '정당의 목적·활동이 민주적 기본질서에 위배'되는 정당(§8④)이다. 민주적 기본질서를 넓은 의미로 해석하면 예컨대 인민민주주의(북한이 스스로의 체제를 지칭할 때 씀)를 부인하는 경우에도 해산이 된다는 불합리한 결과가 된다. 따라서 이것을 '자유민주주의'만 의미하는 것으로 해석하는 것이 다수설이다. 다만 이를 사회민주주의를 포함하는 개념으로 해석하여 극단적 자본주의를 주장하는 것도 해산사유가 된다는 견해도 있다(김철수 214면 이하). 그러나 이 제도의 실효성이 적은 현실을 고려할 때 그 개념을 자유민주주의로 축소해석하는 것이 합리적이다.

민주적 기본질서에 위반되는 여부는 정당의 당헌·강령, 기본정책, 기관지, 당 간부의 연설 등을 기준으로 판단한다. 해산의 대상이 되는 정당은 기성정당에 한하고 창당 중의 정당은 그 대상이 아니다. 다만 창당에 필요한 조직을 갖추고 등록만 남겨 놓은 경우는 이에 포함되는 것으로 해석된다.

2) 정당해산의 절차

정당해산심판의 제소권자는 정부(§89 14호)이다. 어떤 정당에 대하여 위헌으로 판단되면 제소하는 것이 정부의 의무이다. 위헌여부의 최종결정은 헌법재판소의 권한이다(§111①iii). 심판이 제기되면 해당 정당의 활동을 정지하는 가처분이 가능하다(헌법재판소법 §57). 해산의 결정은 재판관 9인중 6인 이상의 찬성으로 이루어진다(§113①). 결정정족수의 문제는 헌법재판소 부분 참조.

3) 정당해산의 효과

정당해산결정에 따라 해당 정당은 해산된다(헌법재판소법 §59). 결정은 창설적 효력을 가지며, 중앙선거관리위원회가 정당법의 규정에 의하여 집행한다(같은 법 §60). 해산결정이 되면 대체정당(강령 또는 기본정책이 동일하거나 유사한 정당)으로 재차 등록하는 것이 불가능하다(정당법 §40). 그리고 잔여재산은 국고에 귀속한다(정당법 §48②).

해산된 정당소속 국회의원은 의원의 자격을 상실한다고 하는 것이 다수설이다. 의원은 국민의 대표이므로 의원직을 유지하고 후에 선거에서 국민의 판단을 받아야 한다는 견해도 있다(김철수 215면). 독일의 경우 연방헌법재판소의 해산결정시 의원직 상실을 결정하였고, 그 후 선거법에 명문화하였다. 우리나라 통합진보당 사건의 경우도 주문(主文)에 의원직의 상실을 표기하였다.

[판례] 통합진보당이 북한식 사회주의를 실현한다는 숨은 목적을 가지고 내란을 논의하는 회합을 개최하는 등 활동을 한 것은 헌법상 민주적 기본질서에 위배되고, 이러한 피청구인의 실질적 해악을 끼치는 구체적 위험성을 제거하기 위해서는 정당해산 외에 다른 대안이 없으며, 피청구인에 대한 해산결정은 비례의 원칙에도 어긋나지 않고, 위헌정당의 해산을 명하는 비상상황에서는 국회의원의 국민 대표성은 희생될 수밖에 없으므로 피청구인 소속 국회의원

의 의원직 상실은 위헌정당해산 제도의 본질로부터 인정되는 기본적 효력이다(정당해산, 헌재 2014.12.19, 2013헌다1).

Ⅱ. 선거제도

> 선거제도는 선거법에 의하여 결정되는데, 선거법은 그 선거법에 의하여 당선되고 또 당선될 국회의원들이 만든다. 따라서 여야 할 것 없이 스스로 다음 선거에 유리하게 선거법을 고치려고 한다. 고양이에게 생선을 맡긴 격 아닌가?

1. 선거제도의 의의

(1) 선거의 개념과 성격

선거란 일정한 국민이 대통령 또는 국회의원 등 대의기관의 구성원을 선임하는 합동행위를 말한다. 의사표시의 숫자가 복수라는 점에서 집합적 합성행위라고도 한다(권영성 201면). 대의제도를 실현하기 위한 불가결한 수단이고 국민주권주의 하에서 주권을 행사하는 중요한 방법이다. 물론 민주주의가 아니더라도 선거가 행해질 수 있기 때문에 민주적인 선거방식이 전제되어야 한다.

선거의 법적성격은 공권이면서 동시에 공의무라는 것(이원설)이 다수설이다. 왜냐하면 선거가 단순한 권리의 측면만 있으면 자유롭게 스스로 포기할 수 있다고 해석하게 되고 그렇게 되면 민주국가가 유지될 수 없기 때문이다. 선거의 결과 맺어지는 선거인과 피선거인의 관계는 구체적 법적 책임을 지는 관계가 아니라 정치적 대표관계이다. 즉 무기속위임(無羈束委任)의 관계이므로 어떤 구체적 문제에 대하여 국민의 표현된 의사와 대의기관의 의사가 다를 수 있다.

(2) 선거의 기능

선거의 기능을 정리해 보면 다음과 같다. 첫째, 선거를 통하여 국민주권주의를 확립하게 된다. 즉 주요한 주권의 행사방법으로서 대의기관을 구성하는 기능을 한다. 둘째, 그 결과 통치의 정당화가 이루어진다. 즉 민의에 의한 정치가 이루어지며 국가기관의 행위에 민주적 정당성이 부여된다. 이를 신임의 부여라고도 한다. 셋째, 행정부와 의회의 정기적인 쇄신을 이루게 된다. 즉 정치적 투쟁을 평화적 방법으로 유도하여 정권과 정책의 자연스러운 교체를 가져온다. 또한 이를 통하여 정치적 통제기능을 하게 된다.

민주주의 실현의 요건을 선거의 공정, 결정과정의 공개와 통제가능성, 선거권·피선거권의 공정성 등을 들 수 있다고 할 때, 선거를 통한 국가기관구성은 매우 중요한 요소이다.

2. 선거의 원칙

우리 헌법은 선거의 원칙으로 보통·평등·직접·비밀선거의 원칙을 들고 있다(§41①, §67①). 자유선거의 원칙은 당연히 전제되어 있다. 아래의 설명에 더하여 제2부 제4장의 선거권 부분도 참고하기 바란다.

(1) 보통선거

보통선거란 일정한 연령에 달한 국민은 성별·재산·교양 등으로 인해 제한받지 않고 선거권을 행사할 수 있는 것을 말한다. 반대개념은 제한선거이다. 연령에 의한 제한, 즉 18세 미만의 국민에게 선거권을 주지 않은 것(공직선거법 §15)은 정치적 식견의 부족으로 정상적인 주권행사가 불가능한 것으로 판단되기 때문이다. 다만 구체적인 연령기준은 논의의 여지가 있다.

[판례] 보통선거의 원칙은 선거권자의 능력, 재산, 사회적 지위 등의 실질적인 요소를 배제하고 성년자이면 누구라도 당연히 선거권을 갖는 것을 요구한다. 따라서 선거권자의 국적이나 선거인의 의사능력 등 "선거권 및 선거제도의 본질상 요청되는 사유에 의한 내재적 제한"을 제외하고 보통선거의 원칙에 위배되는 선거권 제한입법을 하기 위해서는 기본권 제한입법에 관한 헌법 §37②의 규정에 따라야 한다(헌재 1999.1.28, 97헌마253등).

(2) 평등선거

평등선거란 선거인 1인에게 1표를 주는 것, 즉 각인의 투표가치를 동등하게 인정하는 원칙을 말한다. 반대개념은 차등선거이다. 형식적으로 평등선거가 이루어져도 실질적인 투표가치가 다를 수 있다. 예를 들어 A선거구는 30만 명, B선거구는 20만 명의 인구를 가지고 있다면, 한 선거구에서 1인의 국회의원을 뽑으므로 A선거구 유권자의 선거권은 B선거구 유권자의 선거권의 2/3 가치에 불과한 것이다. 따라서 일정기준 이상의 오차는 평등선거에 위반된다. 헌법재판소는 이에 대하여 몇 번의 위헌결정을 하면서 더 엄격한 기준을 제시하는데, 현재의 기준은 2:1이다(아래 [판례 4] 참조).

독일 연방헌법재판소는 1963년의 결정을 통해 '33.33%…이상의 오차는 위헌'이라는 기준을 제시한 바 있으며(BVerfGE16,130[140ff.]), 이후 독일 연방선거법(Bundeswahlgesetz) §3②ii에 "선거구의 인구는 선거구 평균 인구수의 25%를 넘거나 미달하면 안 된다. 그 편차가 33.33%에 달하면 새로 선거구를 획정해야 한다."고 규정하였다. 그 후 1996년 개정으로 15/100를 초과해서는 안 되며, 25/100를 초과하면 새로운 선거구를 획정해야 하는 것으로 바뀌었다. 미국 연방대법원도 1962년 Baker v. Carr사건에서 선거구 인구불평등은 위헌이라고 하였다. 1946년 Colegrove v. Green사건에서는 선거구 불평등문제를 정치문제라 하여 판단하지 않았다가 판례를 변경한 것이다. 일본 최고재판소도 1976년 위헌판결을 내린 바 있으며, 중의원의원선거구획정심의회설치법(1994) §3①은 "최다의 것을 최소의 것으로 나눈 수가 2 이상이 되지 않도록"하고 있다.

> [판례 1] 제15대 국회의원선거구 안에 따르면 해운대-기장구 363,369명, 전남 장흥구 61,529명의 선거권자로 이루어져 있어 5.87:1의 오차를 갖고 있어서 평등선거에 위반된다. 원칙은 2:1이나 잠정적으로 최대 4:1의 오차가 가능하다. 해당선거구만 조정하여 해결할 수 없으므로 선거구표 전체가 위헌이다. 또한 보은-영동 분할선거구도 위헌이다(헌재 1995.12.27, 95헌마224등).
>
> [판례 2] 선거구 인구편차가 상하 50%(즉 3:1)를 넘으면 위헌이다. 경기 안양시 동안구 선거구의 경우 전국 선거구 평균 인구수로부터 +57%의 편차를 보이므로 위헌이다(헌법불합치, 헌재 2001.10.25, 2000헌마92 · 240).
>
> [판례 3] 시 · 도의원 지역선거구의 획정에는 인구 외에 행정구역 · 지세 · 교통 등 여러 가지 조건을 고려하여야 하므로, 그 기준은 선거구 획정에 있어서 투표가치의 평등으로서 가장 중요한 요소인 인구비례의 원칙과 지역대표성 및 도시와 농어촌 간의 극심한 인구편차 등 3개의 요소를 합리적으로 참작하여야 하며, 현시점에서는 상하 60%의 인구편차(상하한 인구수 비율은 4 : 1) 기준이 적절하다. 경기도 용인시 제1선거구 등과 전라북도 군산시 제1선거구의

경우 헌법상 인구편차 허용기준인 상하 60%의 편차를 넘어서는 것이어서, 헌법상 보장된 선거권과 평등권을 침해하는 것이다. 또한 인구비례가 아닌 행정구역별로 시·도의원 정수를 2인으로 배분하고 있는 것도 위헌이다(헌법불합치, 헌재 2007.3.29, 2005헌마985등).

[판례 4] 인구편차 상하 $33\frac{1}{3}$%(상하한 인구수 비율 2 : 1)를 넘어 인구편차를 완화하는 것은 지나친 투표가치의 불평등을 야기하는 것으로, 이는 대의민주주의의 관점에서 바람직하지 아니하고, 국회를 구성함에 있어 국회의원의 지역대표성이 고려되어야 한다고 할지라도 이것이 국민주권주의의 출발점인 투표가치의 평등보다 우선시 될 수는 없다. 특히, 현재는 지방자치제도가 정착되어 지역대표성을 이유로 헌법상 원칙인 투표가치의 평등을 현저히 완화할 필요성이 예전에 비해 크지 아니하다(헌법불합치, 헌재 2014.10.30, 2012헌마192등).

(3) 직접선거

직접선거란 선거인이 최종 피선거인을 직접 선택하는 선거를 말한다. 중간선거인(선거인단)을 선택하면 그들이 최종 피선거인을 선택하는 간접선거의 반대개념이다. 과거에 국민의 정치적 식견이 부족하다고 여겨서 간접선거가 많았다. 그러나 현대에는 직접선거가 대부분이다. 간접선거의 경우도 정당제도의 발달에 따라 중간선거인 선거에서 이미 최종 결과를 예측할 수 있어서 직접선거와 다름없다. 미국의 대통령선거가 전형적인 사례이다. 중간선거인이 국민의 의사를 왜곡할 수 있다는 비판이 있으나, 이는 정확하지 않은 설명이다. 간접선거가 의미가 있으려면 선거인(국민)은 최종적 의사가 없다는 것이 전제되기 때문이다. 또한 우리나라 국회의원선거에 있어서의 비례대표의원 선거를 간접선거로 보는 것도 적절치 않다. 중간선거인의 존재가 없이 당선인의 결정방식만 다른 것이다.

[판례] 국회의원 비례대표 후보자 명단을 확정하기 위한 당내 경선은 정당의 대표자나 대의원을 선출하는 절차와 달리 국회의원 당선으로 연결될 수 있는 중요한 절차로서 직접투표의 원칙이 그러한 경선절차의 민주성을 확보하기 위한 최소한의 기준이 된다고 할 수 있는 점 등 제반 사정을 종합할 때, 당내 경선에도 직접·평등·비밀투표 등 일반적인 선거원칙이 그대로 적용되고 대리투표는 허용되지 않는다(대판 2013.11.28, 2013도5117).

☞ 통합진보당 비례대표 후보자 추천을 위한 당내 경선과정에서 대리투표를 한 것이 업무방해죄에 해당한다는 판결

(4) 비밀선거

비밀선거란 특정 선거인이 누구를 선택하였는지 비밀로 하는 선거를 말한다. 이를 공개하는 공개선거의 반대개념이다. 공개투표에서는 기명투표나 구두투표가 있을 수 있는데, 선거인에게 책임을 지울 수 있다는 장점이 있는 반면에 선거간섭이나 매표(買票)의 우려가 있다. 따라서 자유민주주의 하에서는 대부분의 경우 비밀선거를 채택하고 있으며, 우리나라도 예외가 아니다.

(5) 자유선거

자유선거란 선거인이 선거여부를 자유롭게 결정하는 것이다. 강제선거의 반대개념이다. 우리 헌법은 자유선거의 원칙을 명문으로 규정하고 있지는 않으나 당연한 원칙으로 해석한다. 자유민주주의를 원칙으로 하는 국가는 거의 자유선거를 원칙으로 한다. 오스트리아 헌법 §26가 기권에 대한 유죄의 근거를 규정하고 있는 정도가 예외이다. 소액의 벌금이나 과태료를 규정하고 있다.

3. 선거제도의 유형

선거제도의 구체적인 모습은 대표를 결정하는 방식인 대표제와 선거인을 지역단위로 분할하는 방식인 선거구획정의 방법에 의하여 나타나게 된다.

대표제는 다수대표제·소수대표제·비례대표제·직능대표제 등으로 나누어 볼 수 있는데, 이는 소선거구·중대선거구·대선거구(전국구) 등의 선거구제와 맞물려 있다. 각각의 특징과 장단점을 살펴보기로 한다. 다만 그 장단점은 필연적인 것은 아니다. 선거의 결과는 선거제도의 유형뿐만 아니라 한 국가의 역사와 정치적 상황, 국민들의 의식, 대표로 나서는 인물 등 여러 다른 요소들에 의해서 결정되기 때문이다.

(1) 다수대표제와 소선거구

다수대표제는 다수만이 대표를 낼 수 있다는 의미이다. 이는 소선거구와 맞물려 있다. 즉 한선거구에서 최다득표자 1인을 선출하는 것으로 소수는 대표를 낼 수 없게 된다. 과반수의 득표를 얻어야 당선되는 절대다수대표제와 득표율에 상관없이 최다득표자가 당선되는 비교다수대표제가 있다. 절대다수대표제의 경우 1차투표에서 당선인이 없으면 결선투표를 하게 된다.

참고로 결선투표제를 대체하는 선호투표제가 있다. 미국 메인 주(2018)를 비롯한 일부 주에서 채택한 방식이다. 투표용지에 후보별 선호 순위를 적은 후에 1순위표를 계산하여 과반수 득표자가 나오지 않으면 최저득표자를 제외하되, 그 표에서 2순위자로 표기된 후보에게 합산하는 방식으로 다시 1순위표를 계산하는 방식이다. 과반수 득표자가 나올 때까지 반복한다. 결선투표제도는 후에 다시 선거를 하는 방식이지만, 이 방식은 1회의 투표로 결선투표의 효과를 거둘 수 있다.

다수대표제의 장점으로 다수당이 유리하여 양당제도가 성립하기 쉽고 정치의 안정을 가져올 수 있다는 점을 들 수 있다. 또한 선거인과 대표자 간의 유대관계 형성이 쉽고, 선거인이 후보자의 인물·식견 파악이 쉬워서 투표율을 높일 수 있다. 그리고 시간·경비의 절약이 가능하여 선거관리가 쉽다는 점도 장점으로 들 수 있다. 반면에 단점으로는 당선인을 내지 못한 (즉 낙선자에게 투표한) 사표(死票)가 많고, 바이어스(Bias)현상이 나타날 수 있고, 결과적으로 소수보호라는 점에서 미흡하다는 점을 들 수 있다. 또한 혈연·지연·학연 등의 정실에 의한 지역적 인물이 당선되는 반면에 전국적인 인물이 낙선하는 경우가 생길 수 있으며, 게리맨더링(Gerrymandering)의 우려가 있다는 점 등을 들 수 있다.

참고로 Gerrymandering(선거구 조작)이란 1812년 미국의 매사츄세츠 주지사인 게리(E.Gerry 1744~1814)가 선거구를 자기에게 유리하도록 Salamander (전설속의 불도마뱀) 식으로 조작한 데서 유래하는 말이다. 이를 방지하기 위하여 선거구법정주의가 채택되어 있으며, 공직선거법 §24는 선거구획정위원회를 두고 있는데, 위원회는 선거구 안(案)을 만들 뿐 확정하는 것은 국회이다.

한편 Bias현상이란 타 정당에 비해 득표수에서 앞서지만 의석수에서 뒤지는 현상을 말하며, 우리나라에서도 10대 국회의원선거에서 나타난 바 있다.

(2) 소수대표제와 중·대선거구

선거구를 크게 획정하여 한 선거구에서 다수득표자와 순차득표자 2인 이상(보통 2~4인)을 선출하게 되는 중·대선거구제는 보통 소수대표제와 연결된다. 이 경우 다수세력 뿐 아니라 일정규모 이상의 소수세력의 지지를 받는 후보자도 대표자로 당선될 수 있다. 즉 소수대표제는 소수도 대표를 낼 수 있는 제도이다. 물론 소수가 다수보다 많은 의석을 차지하는 것은 아니며, 각 정당의 경우 자기당의 세력을 정확히 파악하고 있어야 나름대로 최대한 당선자를 낼 수 있게 된다. 그 구체적 방법은 누적투표제(의원정수와 동수의 성명을 기재, 중복기재가능)·제한투표제(정원보다 적은 수를 연기[連記]하게 함)·체감연기투표제(연기한 순서에 따라 그 가치를 체감함)·대선거구단기투표제 등이 있다.

이 제도의 장점은 선거과열이 방지되고, 사표(死票)가 적어서 소수도 대표를 낼 수 있으며, 전국적인 인물이 당선되기 쉽고, 게리맨더링(Gerry-mandering)을 방지할 수 있다는 점 등을 들 수 있다. 반면에 국민의 의사와 비례하지 않을 수 있고, 소수당이 난립하여 정국이 불안정할 수 있고, 국민이 집권당을 선택한다는 선거의 의미가 퇴색할 수 있다. 또 후보자의 인물·식견 파악이 어려워서 투표율이 낮을 수 있다는 점 등이 단점으로 거론된다.

참고로 1972년 헌법과 1980년 헌법 하의 국회의원선거에서 2명씩 선거한 경우가 있는데, 이는 한 선거구에 한 정당이 두 명씩의 후보를 내기 어려워서 '여야동반당선'이라는 오명을 갖고 있는 제도였다(전국적으로 몇 명의 무소속 후보가 당선되지만). 그 결과 구조적으로 과반수의석을 확보하는 정당이 나오기 어려워서 할증제(이른바 여당프리미엄)라는 비민주적 제도를 도입할 수밖에 없었다. 즉 1972년 헌법 하에서 통일주체국민회의에서 국회의원 1/3을 뽑았고, 1980년 헌법 하에서는 1991.12 국회의원선거법 개정 전까지 제1당에 전국구 의석 1/2을 배분하였다.

(3) 비례대표제와 대선거구

비례대표제란 각 정당이 얻은 득표수에 비례하여 의석을 배분하는 선거제도를 말한다. 비례대표제는 20C에 와서 확립된 제도로서 전형적 사례로는 바이마르공화국에서 찾아볼 수 있고 우리나라에서는 3공화국에서 처음 도입하였다.

　비례대표제는 대선거구(기준이 통일되어 있지 않으며 보통 5명 이상을 뽑는 선거구를 대선거구라고 함)와 정당의 역할을 전제로 한다. 비례대표제는 다수대표제나 소수대표제와는 달리, 다수와 소수가 그 지지비율에 따라 대표를 냄으로써 사표를 최소한으로 줄이고 국민의 의사를 정확히 의석수로 전환시킬 수 있다. 이로써 평등선거와 소수보호의 이념에 잘 부합한다. 또한 선거민과 후보자의 결탁이 방지된다는 점도 장점이다. 하지만 이것은 선거민과 후보자가 소원한 것을 말하므로 단점이 될 수도 있다. 일반적으로는 군소정당이 난립하여 정국이 불안정할 수 있으며, 절차가 복잡하고, 정당간부의 횡포가능성이 있다는 점이 단점으로 지적된다. 따라서 양당제와 당내민주화가 중요한 관건이 된다. 이를 해결하기 위하여 독일의 경우 저지(沮止)조항(Sperrklausel)을 두고 있다. 즉 5% 이상의 득표를 하거나 또는 지역구 3석 이상을 확보한 정당에만 비례대표의석을 배분하는 것이다(독일 연방의회선거법 §6⑥). 이 저지조항의 합헌성여부에 대하여 연방헌법재판소는 합헌판결을 하였고(BVerfGE 3, 27), 동서독 통일 후 첫 선거(1990.12.2)의 경우 동독지역의 정당들에게는 적용하지 않았다. 우리도 비슷한 규정을 하고 있다(뒤에 설명).

　비례대표제의 전형적인 방식은 명부식 비례대표제이다. 즉 선거인은 정당이 순위를 정하여 제시한 명부를 보고 정당에 투표하고 각 정당이 득표한 총수에 비례하여 의석을 배분하는 것이다. 그 명부가 고정되어 있는 고정명부제가 대부분이나 가변명부제와 개방명부제도 있다. 의석의 배분방식으로는 벨기에의 동트가 창안한 동트(d,Hondt)식(독일 1985년 선거법 개정 전)과 해어-니마이어(Hare-Niemeyer)식(독일 2005년까지)이 있다. 독일의 경우 부정적 득표비율(득표수 증가하면 비례의석 감소하는 현상)이 발견되어 연방헌법재판소에서 위헌결정이 남에 따라 2009년 이후에는 셍라그 쉐퍼스(Sainte-Laguë/ Schepers)식으로 개정되었다. 이는 정당득표수를 0.5, 1, 1.5…

(n-0.5) 등으로 순차적으로 나누어 몫이 큰 숫자부터 의석을 배분하는 방식이다. 또 독일은 지역구와 비례대표를 합하여 득표수로 의석을 배분하는 방식이므로, 지역구 선거에서 자기 당에 할당된 의석을 초과하여 당선되면 모두 인정되는 초과의석의 문제가 있다. 2013년 선거부터는 초과의석으로 생기는 전체 득표율과의 괴리를 보정 해주는 보정의석제도를 도입하였다.

(4) 직능대표제

그 밖의 선거방법으로는 직업별로 대표자를 선출하는 직능대표제가 있다. 그러나 현대는 직능별로 선거인을 구분하는 것이 기술적으로 어려우므로, 비례대표제와 결합해서 명부작성 시에 직능대표성을 갖는 사람을 몇 명 후보로 넣는 정도이다. 예컨대 공직선거법은 정당이 비례대표의원 후보자 추천 시 매 홀수 번호에 여성을 추천하여 전체 50% 이상 여성 후보를 추천하도록 하였다(법 §47③).

4. 우리나라 선거제도

(1) 국회의원선거

1) 선거방식

§41와 이를 구체화한 공직선거법에 따르면 국회의원선거는 소선거구제·비교다수대표제·직접선거·비례대표제로 이루어져 있다. 국회의 정원은 헌법이 200인 이상으로만 규정하고 있고(§41②), 공직선거법은 300인으로 규정하였다(법 §21①). 지역구의원은 253인, 비례대표의원은 47인이다.

지역구의원선거는 소선거구방식으로 이루어진다(법 §21②). 비교다수대표제(단순다수대표제)이므로 유효득표의 최고득표자가 당선되며, 최고득표자가 2인 이상인 경우 연장자가 당선된다(법 §188①). 또한 대통령선거와는 달리 후보자가 1인인 경우 무투표로 당선된다(법 §188②). 대통령선거의 경우 후보자가 1인이면 선거권자 1/3 이상 득표해야 당선된다(§67③).

비례대표의원의 의석배분은 지역구에서 5석 이상 확보하였거나 비례대표국회의원선거에서 득표율 3% 이상 획득한 정당에 비례대표 국회의원선거에서 얻은 득표비율에 따라 배분한다(법 §189①). 우리도 독일 같은 저지조항이 있으나 기준은 다르다. 독일은 5% 이상 득표 또는 지역구 3석 획득이다.

우리나라는 2020년 준연동형 비례대표제를 도입하였다. 연동배분 의석수 산정은 '의석할당정당이 비례대표국회의원선거에서 얻은 득표비율에 따라 산정한 의석수에서 해당 정당의 지역구국회의원 당선인 수를 뺀 후, 그 수의 50%에 이를 때까지 해당 정당에 비례대표국회의원 의석을 먼저 배분'하는 방식이다. 21대 총선(2020)에 한해서 비례대표의석 중 17석은 병립형으로 배분하고 30석은 연동형으로 배분하였다.

지역구 국회의원선거의 득표율로 비례대표 의석을 배분하던 방식이 헌법재판소의 결정(한정위헌, 헌재 2001.7.19, 2000헌마91등)에 따라 별도의 투표에 따라 비례대표의석을 배분하는 독일식으로 바뀌었다.

비례대표의원의 의석배분방식은 헤어/니마이어식으로 볼 수 있다.

[판례 1] 국회의원선거에서의 기탁금 2,000만원은 과다하여 피선거권을 침해한다(위헌). 또한 득표율 20/100 이상인 국고귀속 기준도 과도하게 높아 위헌이다(위헌). 또한 전국구의원의 경우 별도의 정당투표를 허용하지 않는 한 헌법에 위반된다(한정위헌, 헌재 2001.7.19, 2000헌마91·112·134등).

☞ 기탁금은 대통령 5억원, 광역자치단체장 5,000만원, 기초자치단체장 1,000만원, 국회의원 1,500만원(위 판례에 따라 2001.10 개정), 광역의원 300만원, 기초의원 200만원이다.

[판례 2] 선거범죄를 범한 비례대표지방의회의원 당선인 본인의 의원직 박탈로 그치지 아니하고 그로 인하여 궐원된 의석의 승계를 인정하지 아니하는 공직선거법 규정은 결과적으로 그 정당에 비례대표지방의회의원의석을 할당받도록 한 선거권자들의 정치적 의사표명을 무시하고 왜곡하는 결과가 된다. 또 자기책임의 원리에 반하고 명부상의 차순위후보자의 공무담임권을 침해한다(위헌, 헌재 2009.6.25., 2007헌마40).

[판례 3] (☞ 준연동형 비례대표제 사건) 준연동형 비례대표제를 규정한 공직선거법 규정은 직접선거원칙에 위배되지 아니하고, 의석배분조항이 평등선거원칙에 위배되지 않는다(헌재 2023.7.20., 2019헌마1443등).

2) 선거권과 피선거권

선거권은 18세 이상의 선거권 결격사유가 없는 국민에게 주어지며, 피선거권은 18세 이상의 피선거권 결격사유가 없는 국민에게 주어진다(법 §15 §16, §18 §19; 제2부 선거권·피선거권 참조).

3) 선거의 종류

국회의원선거에는 총선거와 재선거·보궐선거가 있다.

첫째, 총선거는 임기만료로 인하여 의원 전부를 경신하는 선거로서 임기만료 전 50일 이후 첫째 수요일(법 §34)에 실시한다. 구 국회의원선거법은 임기만료 전 150~20일까지 실시하도록 하였으나 공직선거법으로 통합되면서 선거일법정주의를 택하였다. 후보자가 되려면 선거일 전 15일부터 2일간 관할선거관리위원회에 등록하여야 한다(법 §49①). 등록 시에는 정당의 추천을 받거나 선거권자 300~500명의 추천을 받아야 한다(법 §48② ii). 기탁금은 1500만 원이며(법 §56ii), 다음의 경우에 후보자에게 반환된다(법 §57①). 즉 후보자가 당선되거나 사망한 경우와 유효투표총수의 15/100 이상을 득표한 경우에는 기탁금 전액, 후보자가 유효투표총수의 10/100 이상 15/100 미만을 득표한 경우에는 기탁금의 50/100에 해당하는 금액을 반환한다. 그리고 비례대표의원의 경우 소속정당에 비례대표의원 당선인이 없는 때에는 국고에 귀속된다.

둘째, 재선거는 후보자가 없는 경우, 당선인이 없는 경우, 선거 전부무효의 판결이나 결정이 있는 때, 당선인이 임기 개시 전에 사퇴 또는 사망한 때, 당선인이 임기 개시 전에 피선거권을 상실한 등의 이유로 당선무효가 되거나 선거비용 과다지출, 선거사무장 등의 선거범죄를 이유로 당선무효된 때 등의 사유가 발생한 경우 실시한다(법 §195). 선거 시기는 보궐선거와 같다.

셋째, 보궐선거는 선거구에서 선출된 의원에 결원이 생긴 경우에 실시된다. 재선거·보궐선거·증원선거 등은 4월 중 첫 번째 수요일에 실시한다(선거일 전 30일 이후 사유 발생한 경우 다음 선거일에 실시)(법 §35②).

재선거가 임기개시 전에 그 사유가 발생한 경우인 데 반해서, 보궐선거는 임기가 개시되어 국회의원 자격이 발생한 이후의 사유에 대하여 실시되는 것이 다를 뿐 나머지는 유사하다.

4) 선거운동

선거운동은 공영제로 운영된다. 선거기간은 14일이며(법 §33①ii), 선거운동기간은 선거기간 개시일부터 선거일 전일까지이다(법 §59). 선거운동기간 전이라도 예비후보자로 등록하여 선거운동 하는 것이 가능하며(법 §60-3 등), 인터넷 홈페이지를 통한 선거운동도 가능하다(법 §59iii).

선거운동기간의 제한이 없는 나라도 있고(미국·독일), 있는 나라도 있다(프랑스·일본). 우리나라의 사전선거운동 시비와 관련하여 생각해 볼 때 아예 기간의 제한을 없애고 유형별로 제한하는 것이 바람직하다고 생각된다. 선거인명부는 선거 때마다 수시로 작성된다(법 §37①). 선거비용의 제한은 선거관리위원회가 선거별로 허용되는 선거운동방법에 소요되는 비용 등을 감안하여 총액으로 산정하여 공고한다(법 §121 §122).

선거운동은 포괄적으로 허용하고 특별한 행위는 규제하는 형식을 취하고 있으나(법 §58②) 규제가 심한 편이라고 판단된다. 이와 관련하여 선거방송심의위원회(법 §8-2), 선거기사심의위원회(법 §8-3), 인터넷선거보도심의위원회(법 §8-5), 선거방송토론위원회(법 §8-7), 선거부정감시단(법 §10-2) 등이 규정되었다.

[판례 1] 선거의 공정성을 확보하기 위하여 선거에 대한 부당한 영향력의 행사 기타 선거결과에 영향을 미치는 행위를 금지하여 선거에서의 공무원의 중립의무를 실현하고자 한다면, 공무원이 '그 지위를 이용하여' 하는 선거운동의 기획행위를 막는 것으로도 충분하다. 따라서 사적인 지위에서 하는 선거운동의 기획행위까지 포괄적으로 금지하여 공무원의 지위를 이용하지 아니한 행위에까지 적용하는 한 헌법에 위반된다(한정위헌, 헌재 2008.5.29, 2006헌마1096). ☞ 헌재 2005.6.30, 2004헌바33 판례변경

☞ '공무원이 지위를 이용하여 선거에 영향을 미치는 행위'부분은 명확성의 원칙을 해치지 아니하나, 이를 위반한 경우 '1년 이상 10년 이하의 징역 또는 1천만 원 이상 5천만 원 이하의 벌금'에 처하도록 한 공직선거법 §255⑤은 유사규정들과 비교하여 지나치게 중하여 형벌체계상 균형을 상실하여 위헌이다(헌재 2016.7.28, 2015헌바6).

[판례 2] 선거일전 180일부터 선거일까지 선거에 영향을 미치게 하기 위하여 정당 또는 후보자를 지지·추천하거나 반대하는 내용이 포함되어 있거나 정당의 명칭 또는 후보자의 성명

을 나타내는 문서·도화의 배부·게시 등을 금지하고 처벌하는 공직선거법 규정의 '기타 이와 유사한 것' 부분에 '정보통신망을 이용하여 인터넷 홈페이지 또는 그 게시판·대화방 등에 글이나 동영상 등 정보를 게시하거나 전자우편을 전송하는 방법'이 포함된다고 해석한다면, 과잉금지원칙에 위배하여 정치적 표현의 자유 내지 선거운동의 자유를 침해한다(한정위헌, 헌재 2011.12.29, 2007헌마1001등),

[판례 3] 공직선거법이 언론인의 선거운동을 금지하면서 '대통령령으로 정하는 언론인'이라고만 하여, 관련조항들을 종합하여 보아도 방송, 신문, 뉴스통신 등과 같이 다양한 언론매체 중에서 어느 범위로 한정될지, 어떤 업무에 어느 정도 관여하는 자까지 언론인에 포함될 것인지 등을 예측하기 어려우므로 포괄위임금지원칙을 위반한다(위헌, 헌재 2016.6.30., 2013헌가1).

[판례 4] 선거운동기간 중 인터넷게시판 실명확인을 규정한 공직선거법 제82조의6 제1항 등은 익명표현의 자유와 언론의 자유를 제한하고, 모든 익명표현을 규제함으로써 대다수 국민의 개인정보 자기결정권도 광범위하게 제한하고 있는데 이는 선거의 공정성 유지라는 공익보다 결코 과소평가될 수 없다. 이 조항은 과잉금지원칙에 반하여 인터넷언론사 홈페이지 게시판 등 이용자의 익명표현의 자유와 개인정보자기결정권, 인터넷언론사의 언론의 자유를 침해한다(위헌, 헌재 2021.1.28., 2018헌마456등).

5) 선거관련 소송

선거와 관련하여 이의가 있는 경우는 소송을 통하여 이를 해결할 수 있다. 선거소송은 선거자체의 무효를 주장하는 것이고, 당선소송은 당선결정만 다투는 것이다. 선거인·정당·후보자가 원고가 되는데, 선거인의 경우 당선소송은 제기할 수 없다. 선거소송(법 §222①)과 당선소송(법 §223①) 모두 30일 이내에 대법원에 제소하여야 하고, 180일 이내에 판결하여야 한다(법 §225).

참고로 선거·당선소송의 경우 대통령·국회의원·광역단체장 선거는 대법원 관할이고, 지방의원·기초단체장 선거는 고등법원 관할이다. 지방선거의 경우 이 밖에도 상급 선거관리위원회에 14일 이내에 선거소청을 제기할 수 있다(법 §219).

(2) 대통령선거

1) 선거방식

대통령선거는 국민의 보통·평등·직접·비밀선거에 의한다(§67①). 직선제는 현행헌법 개정 시의 주요한 논점이었다. 즉 1972년 헌법 하에서 통일주체국민회의에서 대통령을 선출하였고, 1980년 헌법 하에서 대통령선거인단에 의한 간선이었던 것을 직선제로 개정하였다.

당선결정은 다수득표자를 당선자로 하는 단순다수대표제를 택하고 있으며, 다만 최고득표자가 2인 이상인 경우에는 국회 재적의원 과반수가 출석한 공개회의에서 다수표를 얻은 자를 당선자로 한다(§67②). 또한 후보자가 1인인 경우에는 국회의원선거와는 달리 무투표당선이 부인되고 선거권자 총수의 1/3 이상 득표를 하여야 당선된다(§67③, 법 §187①). 그러나 이는 형식적인 결선투표제도로서 실질적인 효과는 거의 없다. 즉 선거권자가 수천만 명이 되는 직선제에서 동점자가 나올 가능성은 거의 없기 때문이다. 대통령직선제를 채택하고 있는 프랑스 등의 대다수 국가는 과반수 득표자가 없을 때 결선투표를 하고 있다. 미국의 경우 간선제를 채택하는 한편 선거인단 과반수 득표자가 없는 경우 의회에서 결선투표를 행한다.

선거구는 전국이며(법 §20①), 개표구는 구시·군(법 §173), 투표구는 읍·면·동(법 §31①)이다.

우리나라의 경우 현행헌법 하에서 치러진 13대 대통령선거에서 노태우후보가 36.6%를, 14대 대통령선거에서 김영삼후보가 42.0%를, 15대 대통령선거에서 김대중후보가 40.3%를 득표하고 당선됨으로써 민주적 정당성에 문제점을 야기하였다. 결선투표제를 도입하게 되면 이 문제는 해결되나, 다만 비용과 시간의 과다 또는 그 과정에서의 혼란 등 단점도 예상된다. 16대 대통령 선거에서는 이른바 '후보단일화'의 결과로 노무현후보가 48.9%의 비교적 높은 득표율로 당선되었으며, 17대 선거에서는 이명박후보가 역대 최다 득표차로 당선되었지만 득표율은 48.7%에 그쳤다. 18대 선거에서는 박근혜후보가 현행 헌법 최초로 과반득표(51.6%)로 당선되었고, 19대 선거에서는 문재인후보가 41.1%로 당선되었다. 20대 선거에서는 윤석열 후보가 48.6%로 당선되었다. 이는 0.73%, 24만여 표 차이에 불과한 것이었다.

2) 선거권과 피선거권

선거권은 국회의원선거와 같다. 피선거권은 국회의원 피선거권이 있고 선거일 현재 만 40세 이상인 자(§67④, 법 §16①)이다. 1980년 헌법 §42에 있던 5년 이상의 국내거주요건은 현행헌법에서 삭제되었다. 그러나 1997.1.13 선거법 개정으로 5년 이상 국내거주요건이 법률에서 부활되었다(법 §16①).

3) 선거의 종류

임기만료 시에는 임기만료 70~40일전까지 후임자를 선거하여야 한다(§68). 이에 따라 공직선거법은 선거일법정주의를 택하여 임기만료 전 70일 이후 첫 수요일(법 §34ⅰ)로 규정하였다. 궐위·사망·자격상실의 경우에는 60일 이내 선출하여야 하며, 29일 전 대통령 또는 대통령권한대행자가 공고한다(법 §35①). 이 경우 후임자의 임기는 국회의원과는 달리 새로이 개시한다(법 §14①).

후보자로 등록하려면 정당후보자는 정당추천서와 승낙서, 무소속후보자는 2,500~5,000명의 선거인의 추천장(5개 이상의 광역자치단체별로 각 500인 이상)을 첨부하고(법 §48①ⅰ), 3억원을 기탁하여야 한다(법 §56①ⅰ).

(3) 지방자치선거

지방의회의원선거와 지방자치단체장선거는 기본적으로는 국회의원선거나 대통령선거와 같다. 다만 다음과 같은 약간의 다른 점들이 있다.

지방의회의원선거에서 광역의회의 경우 지역구의 소선거구와 다수대표제, 광역자치단체를 하나의 선거구로 하는 비례대표제가 병용되고 있다(법 §190, §190-2). 기초의회의 경우 지역구선거에서 2~4인의 중선거구와 비례대표제가 병용되고 있다(법 §23③ §26②). 지방의회의 비례대표의원의 정당배분은 국회와는 달리 100분의5 이상 득표한 정당에 한하며, 한 정당에 2/3 이상이 배분될 때는 특칙이 있다(법 §190-2).

지방자치단체장의 경우 주민직선에 의한 상대 다수대표제에 의하여 선거가 이루어진다(법 §191).

선거권의 경우 출입국관리법상 영주 체류자격을 획득한 후 3년이 경과한 외국인에게 지방선거의 선거권을 부여하고 있다(법 §15②ⅲ).

피선거권의 경우 모두 18세로 통일되었다. 선거법 통합 전에는 기초자치단체장은 30세, 광역자치단체장은 35세였다. 피선거권에는 60일 이상 당해 자치단체에 거주해야 한다(법 §16③)는 요건이 있다. 그러나 유능한 인사를 선거하고 지역감정을 퇴색시키기 위해서는 바람직하지 않은 규정이라고 생각된다. 수백 또는 수십 표에 당락이 좌우되는 지방선거에서 오히려 선거권에 거주요건을 두는 것이 선거조작을 방지하는 데 도움이 될 것이다. 일본은 3개월 이상 거주하여야 선거권이 인정된다(일본 지방자치법 §18).

[판례] 정치자금법 제6조 등이 국회의원을 후원회지정권자로 정하면서 시도의회 의원은 후원회 지정권자에서 제외한 것은 불합리한 차별로서 평등권을 침해한다(헌법불합치, 헌재 2022.11.24., 2019헌마528등)

☞ 헌재 2000.6.1., 99헌마576에서는 같은 사안에 대하여 합헌결정을 한 바 있다(판례 변경).

Ⅲ. 직업공무원제도

> 공무원(특히 검찰과 경찰)의 정치적 중립을 위하여 가장 필요한 것은 무엇인가? 또 선거, 특히 대통령선거 이후 다수의 고위 공무원이 교체되는 것은 어쩔 수 없는 현상인가?

1. 의의

공무원이란 직·간접적으로 국민에 의해 선출되어 국가 또는 공공기관에 소속되어 공무를 담당하는 자를 총칭한다. 공무원은 소속주체에 따라 국가공무원과 지방공무원으로 나눌 수 있으며, 국가공무원은 다시 경력직 공무원과 특수경력직공무원으로 구분해 볼 수 있다. 경력직공무원은 일반직·특정직(법관·검사·외무·경찰·소방·교육 등), 특수경력직공무원은 정무직·별정직으로 구분된다.

헌법 §7는 "① 공무원은 국민전체에 대한 봉사자이며, 국민에 대하여 책임을 진다. ② 공무원의 신분과 정치적 중립성은 법률이 정하는 바에 의하여 보장된다."고 하여 공무원제도를 규정하고 있다. 이 공무원제도는 결국 직업공무원제도(Berufsbeamtentum)가 핵심적 내용이라고 할 수 있다.

2. 공무원의 헌법상 지위

(1) 국민에 대한 봉사와 책임

헌법 §7가 규정하고 있는 국민에 대하여 봉사하고 책임을 지는 공무원은 최광의의 공무원을 의미한다. 즉 국가공무원법·지방공무원법상의 공무원뿐만 아니라 정치적 공무원·임시직 공무원·고용원까지 포함하는 넓은 개념으로 본다. 공무원이 국민에 대한 봉사자라 할 때의 국민은 주권자인 이념적 통일체로서의 전체국민을 의미한다.

또한 이 때 책임의 법적성격에 대해서는 다음의 두 입장이 있다. 첫째, 법적 책임설은 공무원은 국민 개개인에게 법적 책임을 지게 된다고 한다. 그러나 부분적으로는 몰라도 전체적인 책임의 성격은 법적으로 의무를 지는 관계는 아니라고 할 것이다. 둘째, 다수설인 정치적 책임설은 공무원은 국민 전체에 대하여 정치적·도의적 책임을 진다고 한다. 즉 이 설에 따를 때 국민 개개인의 의사에 반하여 직무를 집행할 수 있다는 점을 설명할 수 있다. 책임의 유형으로는 선거제도·탄핵제도, 임명권자에 의한 파면과 해임을 포함한 징계책임, 손해배상제도 등이 있다. 물론 법규 위반행위를 한 경우 법적인 책임을 진다.

(2) 직업공무원제도

1) 개념과 연혁

직업공무원제도란 국가 또는 공공단체와 공법상의 근무관계를 갖는 직업공무원에게 정책집행을 맡김으로써 안정적이고 능률적인 정책집행을 보장하는 공직구조에 관한 제도적 보장을 말한다. 즉 이를 위하여 공무원의 신분과 정치적 중립성이 보장된 공무원제도를 말한다. 직업공무원제도는 민주주의와 법치국가의 이념에 따라 정책집행이 이루어지도록 하며, 기능적 권력분립을 통하여 헌법생활을 안정시키고, 국민의 헌법상의 권리를 실현시키는 기초가 된다.

　직업공무원제도는 과거 미국과 영국에서 정실주의(情實主義)·엽관주의(獵官主義 spoiled system)에 의한 행정의 비능률성과 비전문성을 방지하기 위하여 생겨난 제도로써 15C 이래로 점진적으로 생겨난 것이다. 헌법적 제도보장으로는 바이마르공화국헌법 §128~§131에서 비롯되었다. 우리나라는 3차 개헌(1960)에서 공무원의 정치적 중립규정(당시 헌법 §27②)을 신설하였다.

[판례] 헌법 제7조가 보장하고 있는 이러한 직업공무원제도는 주관적 권리가 아닌 객관적 법규범이라는 점에서 기본권과 구별되기는 하지만 일단 헌법에 의해 제도로서 보장된 이상 입법자는 그 제도를 설정하고 유지할 입법의무를 지게 될 뿐만 아니라 헌법에 규정되어 있기 때문에 법률로써 이를 폐지할 수 없고, 비록 그 내용을 제한한다고 하더라도 그 본질적 내용을 침해할 수는 없다(헌재 1997.4.24, 95헌바48)⇒ 헌재 2004.11.25, 2002헌바8

2) 내용

　직업공무원제도는 헌법상 법률유보로 되어 있다. 이에 따라 국가공무원법·지방공무원법을 비롯한 많은 법규가 제정되어 있다. 이에 따르면 직업공무원제도의 핵심은 공무원의 신분보장과 정치적 중립성의 보장이라 하겠다. 신분보장은 경력직 공무원에만 해당되며 특수경력직 공무원은 그 보장의 정도가 현저히 낮다. 신분보장은 실적주의에 의한 인사와 합리적인 계급제를 말한다. 능력과 노력, 업무수행 결과 등에 의해서만 임용과 승진이 결정되어야 한다는 의미이다. 또한 정치적 중립성의 보장은 정치에의 불간섭·불가담 특히 집권당과 무관해야 한다는 의미이다. 즉 정치에 따라, 특히 선거결과에 따라 공무원의 직위와 보직이 변경될 수 없는 것이다. 이 원칙도 정무직 등 정치가 허용되는 공무원에게는 적용되지 않는다. 한편 이러한 신분보장과 정치적 중립을 보장하기 위해서 합리적 징계절차의 규정, 국가의 배상책임 등이 규정되어 있다. 이와 관련하여 국가공무원법 §68는 "공무원은 형의 선고, 징계처분 또는 이 법에 정하는 사유에 의하지 아니하고는 그 의사에 반하여 휴직, 강임(降任), 또는 면직을 당하지 아니한다."고 규정하였다.

한편 헌법 §5②후단은 국군의 정치적 중립을 특별히 규정하였으나, 이는 공무원의 정치적 중립에 원칙적으로 포함되는 것이다. 다만 1962년 헌법 하에서부터 1980년 헌법까지 군 장성 출신이 대통령을 함으로써 겪었던 비민주적인 행태에 대한 반성으로 둔 주의적 규정이라 할 수 있다.

[판례 1] (☞ 이른바 1980년의 공무원 숙정) 구 국가보위입법회의법 부칙 제4항 후단은 합리적 이유 없이 임명권자의 후임자 임명처분으로 공무원직을 상실하도록 함으로써 직업공무원제를 침해하였으므로 구 헌법 제6조 제2항, 헌법 제7조 제2항에 위반된다(헌재 1989.12.18., 89헌마32·33).

[판례 2] 정신상의 장애로 직무를 감당할 수 없는 국가공무원에 대하여 2년 이내의 휴직을 명할 수 있고, 그 기간이 끝난 후 직권면직을 할 수 있는데도, 피성년후견인 국가공무원은 당연퇴직한다고 정한 국가공무원법 조항은 공무담임권을 침해한다(위헌, 헌재 2022.12.22., 2020헌가8).

3. 공무원의 권리와 의무

(1) 공무원의 권리

공무원의 권리는 신분상의 권리와 재산상의 권리로 나눌 수 있다. 신분상의 권리란 신분보장을 받을 권리를 말한다. 공무원은 대통령이 임면하며(§78), 위에서 본 것처럼 실적제에 의한 신분보장과 정치적 중립이 보장된다. 재산상의 권리는 보수청구권과 실비청구권을 말한다.

[판례] 공무원연금법이 공무원의 신분이나 직무상 의무와 관련이 없는 범죄의 경우에도 퇴직급여 등을 제한하는 것은, 공무원범죄를 예방하고 재직 중 성실히 근무하도록 유도하는 입법목적을 달성하는 데 적합한 수단이라고 볼 수 없으며, 특히 과실범의 경우(☞ 사례에서는 음주운전)에는 공무원이기 때문에 더 강한 주의의무 내지 결과발생에 대한 가중된 비난가능성이 있다고 보기 어려우므로 자의적 차별이다(헌법불합치, 헌재 2007.3.29, 2005헌바33).

(2) 공무원의 의무

공무원은 국가긍정(충성)의 의무와 국민에 대하여 봉사할 의무가 있다. 국가공무원법은 이를 상세히 규정하고 있다. 즉 성실·법령준수의 의무(법 §56), 복종의무(법 §57), 직장이탈금지(법 §58), 친절·공정의 의무(법 §59),

비밀엄수의무(법 §60), 청렴의 의무(법 §61), 품위유지(법 §63), 영리업무 및 겸직금지(법 §64), 정치활동금지(법 §65), 집단행위금지(법 §66) 등이 있다. 비밀엄수의무는 공무원 신분을 벗어난 후에도 요구된다. 그렇지 않으면 소기의 목적을 달성할 수 없기 때문이다. 공직자윤리법은 일정 범위의 공직자는 퇴임 후 업무관련 기관에 취업을 금지하고 있다(법 §17)

이러한 의무 외에도 일반국민보다 더 기본권이 제한되는 경우가 있다. 이에 대한 설명은 특별권력관계설·국민전체봉사자설·직무성질설 등의 이론에 따라 조금씩 다르다. 직무의 성질상 국민에 대한 봉사가 주요 임무이므로 국민의 권리를 보호하기 위해서 제한된다는 직무성질설이 다수설이라 할 수 있다. 구체적으로는 헌법규정에 따른 제한으로 근로3권(§33②)이 제한되고, 국가공무원법 등의 법률에 따라 정당가입과 정치활동이 금지되며, 국외로의 거주·이전의 자유가 제한되며, 기타 계약의 자유나 영리기업의 경영이 제한되기도 한다.

[판례] 부정청탁 및 금품 등 수수의 금지에 관한 법률(김영란법) 상 언론인 및 사립학교 관계자를 공직자 등에 포함시킨 것, 사회상규에 위배되지 않으면 처벌하지 않는 것, 대가성에 상관없이 직무관련 금품 수수를 금지하며 동일인으로부터 일정금액 초과 금품수수를 금지한 것, 언론인 및 사립학교 관계자가 받을 수 있는 외부강의의 대가 등을 대통령령에 위임한 것, 배우자의 직무관련 금품수수를 안 경우 신고의무를 부과한 것 등은 일반적 행동자유권, 평등권을 침해하지 아니한다(합헌, 헌재 2016.7.28., 2015헌마236).

Ⅳ. 지방자치제도

> 지방선거에서 그 지역의 문제가 아니라 전국적 또는 정당별 이슈가 문제 되는 현실을 극복하기 위한 제도적 해결책은 없을까?

1. 의의

(1) 개념

지방자치제도는 일정한 지역주민이 자치기구를 설치하여 그 지방적 사무를 국가의 간섭 없이 자신의 책임 하에서 자신의 부담으로 처리하는 제도를 말한다. 지방자치제도는 국가의 과제를 덜어 주고 주민의 자치능력을 길러 민주주의와 권력분립의 이념을 실현시킨다. 따라서 행정작용의 한 형태(예컨대 김철수 1,553면 이하)를 넘어서 다원적 민주주의가 요청하는 기능적 권력통제를 위한 제도보장으로 보아야 한다(허 영 871면).

지방자치의 3요소로 옐리네크식으로 지역·주민·자치권을 드는 것이 보통이다. 또한 자치권의 4요소로는 자치입법권·자치조직권·자치행정권·자치재정권을 든다. 연방제 국가와는 달리 우리나라의 지방자치에서는 사법권의 자치가 허용되지 않는다.

(2) 자치권의 본질

자치권의 본질에 관해서 고유권설에 따르면 국가가 발생하기 이전부터 주민이 갖는 고유한 권리라고 한다. 영국의 학설이다. 이에 반해 자치위임설 또는 전래설은 국가가 위임한 것으로 국가가 승인하는 범위 내에서만 인정된다는 것으로 독일과 우리의 다수설이다.

2. 지방자치의 유형과 기능

(1) 유형

영국에서의 지방자치를 주민자치형이라고 하는데 다음과 같은 특징이 있다. 첫째, 민주주의원리에 의한 자치를 말한다. 둘째, 법인격이 없으며(정치적 의미의 자치) 지방정부라고 부른다. 셋째, 집행기관과 의결기관이 분화되어 있지 않으며 시장은 의전상의 대표일 뿐이다. 넷째, 고유사무와 위임사무가 구별되지 않고 특별지방행정기관이 국가사무를 처리한다. 다섯째, 의회로부터 감독을 받으며 감독권이 약하다.

한편 독일과 프랑스의 지방자치를 단체자치형이라 하는데 다음과 같은 특징이 있다. 첫째, 지방분권주의에 의한 자치를 말한다. 둘째, 법인격이 인정되며(법적 의미의 자치) 지방자치단체라고 부른다. 셋째, 집행기관과 의결기관이 분화되어 있다. 넷째, 고유사무와 위임사무가 구별되며 지방자치단체가 국가사무를 위임받아 처리한다. 다섯째, 정부로부터 감독을 받으며 감독권이 강하다.

(2) 기능

지방자치제도는 국민주권의 실현을 위한 중요한 제도이다. 이를 위하여 주민(국민)의 참여가 필수적이다. 그 과정에서 민주주의를 육성한다. 즉 지방주민의 자치능력을 배양하며, 중앙정치를 담당할 사람들을 양성하는 기능을 가진다. 또한 지방자치는 지방분권에 의하여 중앙집권을 방지한다. 수직적 권력분립이라고 한다. 특히 급속한 정권의 교체나 정책의 변화를 방지함으로써 안정된 생활을 가능하게 한다. 그리고 지방 실정에 맞는 행정을 통하여 그 지방의 이익을 도모할 수 있게 해준다.

3. 우리나라 지방자치제도

(1) 연혁

우리나라의 지방자치는 1949년 지방자치법이 제정되면서 시작되었다. 1952.4 시·읍·면의회 의원선거가 이루어졌고, 1952.5 7개도의회 의원선거가 있었다. 전쟁 중이었으므로 서울·강원·경기는 제외되었다. 그 후 1956.8 제2대 의원선거가 있었고, 1960.12 제3대 의원선거가 이루어졌다. 그러나 1961년 5·16으로 의회가 해산되었고(포고령 제4호) 지방자치에 관한 임시조치법에 따라 지방자치는 전면 중단되었다. 30여년의 공백 후에 1991년 지방의원선거(기초·광역)가 이루어졌고, 1995.6 지방의원·단체장 등 4개선거가 동시에 이루어짐으로써 명실상부한 지방자치가 시작되었다.

현행헌법은 지방자치가 중단되어 있던 1987년에 규정된 것이므로 단 2개조의 단순한 규정만 있고 자세한 내용은 법률유보로 되어 있다. 지난 헌법에 규정되어 있던 "지방의회는 재정자립도를 감안하여 순차적으로 구성한다."는 내용은 삭제되었다.

(2) 지방자치단체의 종류

지방자치단체는 공법인으로 권리의무의 주체가 된다. 헌법은 그 종류를 법률로 정하도록 하고 있다(§117②). 이에 따라 그 종류와 성격은 지방자치법이 규정하였다. 이에 따르면 지방자치단체는 특별시·광역시·도, 시·군·자치구가 있다(법 §2). 이러한 광역자치단체와 기초자치단체는 보통지방자치단체이다. 특별자치단체는 자치단체조합만이 규정되어 있다(법 §159~164). 이밖에도 광역행정사무를 처리하기 위해 행정협의회와 사무위임의 형식이 있으나 이는 법인격이 인정되지 않으므로 자치단체는 아니다.

(3) 지방자치단체의 기관

지방자치단체의 기관을 두는 유형으로는 중앙정부와 같이 직접민주제형과 간접민주제형이 있다. 직접민주제형은 주민총회형이라 할 수 있는데, 스위스, 미국 동북부 일부, 일본 정촌회의(町村會議) 일부가 이를 채택하고 있을 뿐이다. 대부분의 국가는 간접민주제형이며, 이는 다시 의원내각제형(영국)과 대통령제형이 있다. 우리는 대통령제형이다.

우리나라의 경우 의결기관으로 지방의회가 있다. 지방의회의 조직·권한·의원선거 등은 법률로 정하도록 위임되어 있다(§118②). 지방자치법에 따르면 지방의회의 회기는 정례회와 임시회가 있다. 정례회는 년 2회 개최한다. 회기는 연간 120일(광역), 80일(기초) 이내로 한정된다.

한편 집행기관으로 지방자치단체의 장이 있는데, 장의 선임방법도 법률유보로 되어 있으며(§118②), 지방자치법에 따르면 주민직선으로 선임한다(법 §94).

(4) 지방자치단체의 권한

지방의원·단체장 선거를 통하여 자치조직권에 의하여 조직이 완료되면 주어진 사무를 처리해야 되므로 지방자치단체는 당연히 사무처리권이 있다. 사무는 고유사무와 위임사무로 나눌 수 있다. 고유사무는 지역의 고유한 업무라고 생각되는 것으로 주민의 후생·복리·교육사무 등이다. 위임사무는 국가 또는 상급자치단체의 사무를 위임받아 행하는 것으로 주민의 등록·병무(兵務) 등이다. 위임사무는 다시 자치단체장에게 위임하는 기관위임사무와 자치단체 자체에 위임하는 단체위임사무로 나눌 수 있는데, 국가사무로서의 성격이 뚜렷한 것은 기관위임사무로, 국가사무와 지방적 사무의 중간적 성격의 것은 단체위임사무로 하는 것이 보통이다. 사무의 성격은 중앙정부의 정책에 따라 바뀔 수 있다.

한편 사무처리에 필수적인 재정관리권은 지방재정법이 자세한 규정을 하고 있다. 수입은 지방세·사용료·수수료·분담금 등으로 충당된다.

또한 지방자치단체는 자치입법권을 가지고 있다. 자치입법에는 조례와 규칙이 있다. 조례는 지방의회가 법령의 범위 내에서 제정하는 법규범이다(§117① 후단). 다만 주민의 권리제한·의무부과·벌칙을 규정할 때는 법률의 위임이 있어야 한다(법 §22 단서). 이 규정이 자치권을 침해하는 것은 아니라는 견해도 있다(권영성 248면 이하). 그러나 '법률'의 범위 내는 당연하지만, '영(令)'의 범위 내라는 것은 중앙정부의 각 부령으로도 모든 지방자치단체의 조례를 무력화시킬 수 있다는 것이 되어 자치권을 침해할 가능성이 있다. 또한 위임을 받지 않으면 실질적으로 아무것도 할 수 없다는 의미가 되어 매우 심각한 자치권침해로 보인다. 다른 나라는 대개 '법률의 범위 내에서' 조례를 제정할 수 있게 되어 있다.

한편 규칙은 지방자치단체의 장이 법령이나 조례의 범위 내에서 제정하는 것이다(법 §23).

또한 주민투표를 통하여 어떤 문제를 주민이 직접 결정할 수 있도록 근거규정을 마련하였다(법 §14). 이에 따라 주민투표법이 제정되었다(2004). 2011년 오세훈 서울시장이 무상급식에 대하여 주민투표에 부쳤다가 개표요건인(법 §24①) 투표율 1/3에 미달되는 25.7%여서 개표 없이 종료되었다. 이에 오시장은 사표를 내었다. 그 이후 요건이 주민투표권자 총수의 4분의 1로 개정되었다(2022).

한편 자치단체장과 지방의원(비례대표의원 제외)에 대한 주민소환제도의 근거가 마련되어(법 §20) 주민소환에 관한 법률(2006)이 제정되었다. 이에 따르면 임기 개시 후 1년, 잔여임기 1년 동안에는 소환할 수 없도록 하였다. 주민투표와 주민소환은 직접민주제에 따른 것이며 현 대의제를 보완하는 역할을 하지만 포퓰리즘(populism 인기영합주의)에 빠지거나 낙선자에 의해 악용될 가능성이 많아서 사유를 좀 더 한정하는 등의 입법적 보완이 필요하다.

> [판례] 조례의 제정권자인 지방의회는 선거를 통해서 그 지역적인 민주적 정당성을 지니고 있는 주민의 대표기관이고 헌법이 지방자치단체에 포괄적인 자치권을 보장하고 있는 취지로 볼 때, 조례에 대한 법률의 위임은 법규명령에 대한 법률의 위임과 같이 반드시 구체적으로 범위를 정하여 할 필요가 없으며 포괄적으로도 가능하다(헌재 2008.5.29, 2006헌바78).

(5) 지방자치단체의 감독과 통제

지방자치단체는 그 고유한 영역이 있으며, 그 한도 내에서는 중앙정부와 대등한 자격을 갖고 있는 것이다. 그러나 우리나라는 지방자치단체가 지방정부의 역할 외에 중앙정부의 하급기관으로서의 역할도 동시에 수행하고 있다. 따라서 진정한 지방자치가 시행되려면 위임사무를 줄여 나가야 할 것이다.

물론 지방자치단체가 독자적으로 사무를 집행한다 해도 결국 국가차원에서 이를 조정하고 통제할 수 있어야 하는 것은 당연하다. 통제의 방법은 다음과 같은 것들이 있다. 첫째, 입법적 감독은 운영에 관한 법률의 제정·개정을 비롯하여 국정감사·조사권 등을 통한 통제를 말한다. 둘째, 행정적 감독은 중앙행정기관이나 상급행정기관의 명령·승인 등이 있다. 셋째, 사법적 감독은 재판(소송), 위헌·위법의 명령·규칙·처분심사권 등을 들 수 있다. 영국의 경우 입법·사법 통제를 위주로 하며 사후통제가 주를 이룬다. 독일이나 우리나라는 행정통제 위주이며, 사전통제가 주가 되므로 통제가 강한 편이다.

> [판례] 행정안전부장관 등이 감사실시를 통보한 사무는 서울특별시의 거의 모든 자치사무를 감사대상으로 하고 있어 사실상 피감사대상이 특정되지 아니하였고 구체적으로 어떠한 자치사무가 어떤 법령에 위반되는지 여부를 밝히지 아니하였는바, 구 지방자치법 제158조 단서 규정상의 감사개시요건을 전혀 충족하지 못하였다 할 것이므로 서울특별시의 지방자치권을 침해한 것이다(인용, 헌재 2009.5.28, 2006헌라6).

제 2 장
정부형태

제1절 정부형태의 의의

> 우리 정부형태를 대통령제에서 이원집정부제(책임총리제)로 바꾸자는 개헌논의가 있다. 이원집정부제가 현행 대통령제의 문제점을 해결해줄 수 있을까? 완전히 의원내각제로 바꾸는 것은 어떨까?

Ⅰ. 개념

정부형태란 국가권력의 배분 또는 통치구조의 형태를 의미한다. 즉 권력분립원리의 조직적·구조적 실현형태를 말한다. 일반적으로 통치구조라 할 때는 권력분립의 적용뿐만 아니라 대의제도·지방자치제도 등 국가의 모든 구성원리를 복합적으로 의미한다.

정부형태는 대체적으로 대통령제·의원내각제·2원집정부제·회의제 등으로 구분해 볼 수 있다. 기본적으로는 대통령제와 의원내각제, 그리고 그 변형된 형태를 말한다. 현대의 대부분의 국가, 심지어 이러한 정부형태의 발생국인 영국과 미국에서도 그 전형적인 특징에서 벗어나고 있다. 우리나라도 마찬가지이다. 변화의 가장 큰 요인은 정당제도의 발달이다.

Ⅱ. 뢰벤슈타인의 분류

뢰벤슈타인(K.Loewenstein 1891~1973)은 정부형태를 입헌주의 정부형태와 전제주의 정부형태로 나누었다. 입헌주의 정부형태란 국가권력이 분립된 정부형태를 말하며, 전제주의 정부형태는 국가권력이 집중되어 있는 정부형태를 말한다. 전제주의 정부형태는 다시 전체주의와 권위주의 정부형태로 나뉜다. 전체주의 정부형태는 단일정당을 근간으로 성립하여 국민을 정부의 봉사 수단화시킨 정부로 예컨대 나찌·파시즘, 공산국가의 정부형태를 말한다. 권위주의 정부형태는 국가권력이 하나의 국가기관에 집중된 정부형태로 예컨대 신대통령제를 들 수 있다. 이러한 분류를 시도한 것은 전통적인 정부형태 분류가 상대화되고 혼합형이 많아짐에 따른 것이다.

Ⅲ. 뒤베르제의 분류

뒤베르제(M.Duverger 1917~2014)는 다음과 같이 분류한다. 즉 정치제도의 분류는 정치적 기구, 즉 대통령·의회·법원 등을 말한다. 정부형태의 분류는 정치적 기구의 결합으로서 의원내각제·대통령제 등을 말한다. 또한 정치체제의 분류는 기타의 요인을 포함하여 종합적으로 분류한다.

제2절 대통령제

> 현행 헌법 상 대통령임기의 단임제 때문에 레임덕(임기말 권력누수) 현상이 나타난다고 한다. 그렇다면 임기를 4년 중임제로 바꾸면 해결이 될까?

Ⅰ. 의의

1. 개념

대통령제는 입법부와 행정부가 엄격히 분립된 권력분립적 정부형태를 말하며, 각각 국민에 의해서 구성되는 것이 특징이다. 즉 입법부와 행정부는 상호 독립적이며, 상호 직접적인 책임을 지지 않는다. 다만 법률안거부권·공포권, 또는 법률제정권 등을 통하여 최소한의 공화관계를 유지한다.

2. 연혁

대통령제는 연혁적으로 미국에서 성립하였다. 즉 1787년 연방헌법을 제정하는 과정에서 처음 만들어진 것이다. 그 이념적 기초는 몽테스키외(Montesquieu, 1689~1755)의 사상에 있으며, 역사적으로는 영국의회에 대한 불신과 정치적 책임을 지지 않는 왕에 대한 불신에서 나왔다. 대통령에 의한 소수보호(다수당 견제)를 목표로 하고 있으며, 대표적 제도가 대통령의 법률안거부권이다. 따라서 일반적인 특색은 미국을 기준으로 판단하면 된다.

미국에서 생긴 대통령제는 19C에 독립한 중남미에, 제2차 세계대전 후에는 아시아·아프리카에 전파되었다. 이들 국가 중 정치적 안정과 민주주의가 성공한 나라가 있는 반면, 정치적 토대의 미흡으로 독재로 흐르거나 쿠데타의 연속으로 민주주의를 그르친 나라들도 많다.

II. 내용

1. 정부구성의 특색

대통령과 의회가 각각 국민에 의해서 구성되며, 대통령은 국가원수 겸 행정부 수반의 역할을 한다. 대통령과 의회가 서로 견제와 균형의 원리에 충실한 것이 특색이다. 대통령의 법률안 거부권, 법률안에 대한 서명·공포권과 의회의 탄핵의결권, 각종 동의권, 예산에 대한 심의·의결권 등을 제외하면 상호 간섭하지 않는다.

대통령은 직선제선거가 원칙이며 부통령을 두는 것이 일반적이다. 우리나라의 국무총리는 의원내각제적 요소이며, 대통령제의 특색에서 벗어나는 것이다. 대통령제 하에서는 국무회의도 자문기관의 성격을 지닌다.

2. 장·단점

정부형태의 장단점은 제도만 가지고 비교할 수 없다. 제도적 측면 외에 다른 요소에 의해서 장점으로 나타날 수도, 단점으로 나타날 수도 있다. 예컨대 대통령제의 장점으로 들 수 있는, 대통령의 임기동안 정국이 안정되고 일관성 있는 정책을 실현할 수 있다는 것은 부정적인 결과로 나타나면 독재화될 수 있다는 것이다. 그밖에 장점으로 대통령이 법률안 거부권을 행사하여 다수당의 횡포를 방지하고, 소수자를 보호할 수 있다는 점을 들 수 있다. 그러나 이것도 정당의 발달로 대통령소속 정당이 의회의 다수당인 경우는 아무 역할을 못한다. 대통령제의 단점으로 들 수 있는 정부와 의회의 충돌 시 이를 해결하기 곤란하다는 점도 이 경우 아무 문제가 되지 않는다.

반면에 대통령소속 정당이 의회의 다수당이 아닌 경우 책임정치가 곤란하다는 점이 단점으로 지적된다.

3. 변천

대통령제는 시대적 변화에 따라 여러 가지로 변질되었다. 즉 정당국가화경향에 따라 권력의 견제와 균형 대신에 권력의 통합현상이 나타났으며, 특히 국가과제의 증대와 위기상황의 상존으로 대통령의 지위와 권한이 강화되었다. 대통령을 중심으로 하는 행정부의 임무와 권한의 강화로 국회의 기능은 입법에서 국정통제 중심으로 바뀌었고, 사법부의 조정적 역할이 증대되고 있다.

이러한 현상은 미국에서도 마찬가지다. 다른 대통령제 국가에서는 변형된 대통령제인 신대통령제·반(半)대통령제 등이 나타나고 있다.

제3절 의원내각제

> 국민이 직접 국가최고권력자(국가원수)를 선택하지 못하는 의원내각제가 민주주의에 적합한 제도라고 할 수 있을까?

Ⅰ. 의의

1. 개념

의원내각제에서 국민은 의회만 직접 구성하게 된다. 그리고 의회의 다수당이 내각(행정부)을 구성한다. 따라서 입법부와 행정부가 융화된 권력융합적 정부형태를 이룬다. 서로 융합되는 한편 의회해산권과 내각불신임권을 통하여 상호 책임을 진다. 잠재적 여당으로서의 소수당은 다수당이 되었을 때를 대비하여 예비내각(Shadow Cabinet)을 갖고 있다. 의원내각제는 권력분립에 있어서 입법부와 행정부 사이의 견제가 이루어지지 않으므로 양대정당제의 확립이 중요한 역할을 하게 된다.

2. 연혁

의원내각제는 영국에서 생긴 제도이다. 영국에서 의회의 기원인 모범의회(Model Parliament, 1295)에서부터 입헌군주제 내지 공화정이 확립된(1649) 이후 양당제(1783, 휘그당·토리당)의 확립을 거치면서 의원내각제가 형성되었다. 즉 찰스 1세(Charles Ⅰ) 때 이른바 장기(長期)의회(Long Parliament, 1640~1649)에서 확립된 의회 우위의 의회정부제(assembly government)가 그 기원으로 알려져 있다.

그 후 유럽대륙의 입헌군주국에 도입되었고(예컨대 1831년의 벨기에), 영연방과 기타 일본·이스라엘·태국 등에 전파되었다.

Ⅱ. 내용

1. 정부구성

대통령제와는 달리 형식상 이원적 행정부가 특색이다. 하지만 국가원수(대통령이나 국왕)는 실권이 없다. 국왕은 종신인 경우가 많고 대통령인 경우 간선(예컨대 독일의 경우 연방의회에서 선출; 독일 기본법 §54①)이 많으나 직선도 있다. 한편 행정부의 수반으로서의 수상은 실질적으로 행정부를 장악하며, 다수당의 당수가 맡는 것이 일반적이다.

내각의 성립과 존속이 의회의 신임에 의존되며, 이를 조정하는 수단으로 의회해산권과 내각불신임권이 있다. 또한 정부도 법률안제출권이 있으며, 정부각료는 의원과 겸직이 가능하고 의회에 출석하여 발언할 수 있다. 내각회의는 실질적 의결기관의 성격을 갖는다.

대통령제와 의원내각제의 공통점으로는 사법부의 독립을 들 수 있다. 영국의 경우 판례법이 주된 법원(法源)이어서 상원의 상소위원회가 사법부의 최고 법원이었으나, 2009년 상원으로부터 독립한 대법원을 설치하였다(Constitutional Reform Act 2005). 대법원은 상원에 구성되는 대법관추천회의를 거쳐 총리가 임명제청하여 여왕이 임명하는 12명의 대법관으로 구성된다.

2. 장단점

의원내각제는 국민주권주의를 비교적 충실하게 실현할 수 있다. 즉 소수파도 참여하여 의견을 개진할 수 있다. 반면에 대통령제에서는 최종적으로 대통령 1인의 의사로 결정되므로 소수의 의견이 반영될 가능성이 적다. 또 정당이 발달한 현대의 의원내각제 하에서는 내각이 의회의 견제를 받지 않으므로 오히려 강력하고 지속적인 정책을 실현할 수 있다. 같은 의미에서 책임정치의 실현이 용이하다. 또 정부와 의회가 충돌하는 경우 해결할 수 있는 제도가 마련되어 있다는 점 등이 장점으로 거론될 수 있다.

반면에 단점으로는 위기관리능력이 약한 편이고, 다수당의 횡포나 군소정당의 난립 시 정국이 불안정하다는 점이 거론된다. 이 경우 약체행정부를 가져올 수 있다. 또한 금권정치(金權政治)가 이루어지거나 행정에 대한 의원들의 부당한 간섭이 있을 수 있다. 예컨대 일본의 경우 안정 다수당이 없어서 소수당이 정권의 향배를 쥐는 경우(casting vote)가 많았는데 그 과정에서 불합리한 담합이나 간섭 또는 금권정치가 있을 수 있다.

3. 유형과 변천

의원내각제는 영국형과 대륙형으로 대별된다. 영국형 의원내각제는 내각이 우월하고, 양당제가 확립되어 있고, 의원선거는 동시에 수상에 대한 선거의 의미가 강하다는 특색이 있다. 영국을 비롯하여 캐나다·호주·뉴질랜드 등을 들 수 있다. 한편 대륙형 의원내각제는 내각이 비교적 약체이고, 다당제로서 연립내각이 불가피한 특색을 갖는다. 독일·이탈리아·스칸디나비아제국 등을 들 수 있다. 이러한 약점을 보완하기 위하여 독일은 5% 저지조항과 건설적 불신임제를 도입하였다.

과거 의회와 내각의 균형형에서 내각의 지위가 향상되어 내각우위의 내각책임제(Cabinet Government)로 발전하였고, 선거가 정당 총재에 대한 국민투표적 성격을 띠게 되고 수상의 지위가 강화되어 내각불신임권이 유명무실한 수상정부제(Prime Ministerial Government)로 발전되어 온 것이 영국의 발전 형태이다. 다른 나라도 비슷한 과정을 겪었다.

한편 정당제도의 발달로 내각불신임권이 거의 이루어지지 않고 있다. 영국의 경우 1920년대 이후 55년만인 1979년 제임스 캘러헌(James Callaghan, 1912~2005) 내각에 대하여 내각불신임이 이루어진 바 있다. 총리 개인에 대한 불신임 사례는 있다. 2018년 테레사 메이(Theresa May, 1956~)에 대하여 불신임 표결이 있었으나 부결되었다. 일본도 1994년 하타 쓰토무(羽田 孜, 1935~2017) 내각에 대한 8번 째 내각불신임 이후는 사례가 없다. 대신 참의원의 문책결의안으로 정치적 효과를 추구한다. 한편 독일의 건설적 불신임제는 내각불신임을 하고서 새로운 수상을 선출하지 못하여 행정의 공백을 초래했던 과거를 거울삼아 내각불신임권이 별도로 행사되는 것이 아니고 새로운 수상을 선출하면 기존의 수상이 퇴직하는 제도이다(독일 기본법 §67①).

국회해산권도 유리한 총선시기의 선택전략으로 이용되고 있는 것이 현실이다. 영국의 경우 의회해산권은 총리가 하원의원 2/3 이상의 동의를 얻어 실시하는데, 의원의 임기가 정해지지 않아서 매번 의회해산의 형식으로 총선을 실시하였다. 이후 고정임기의회법(Fixed-term Parliaments Act 2011)에 따라 2015년부터 5년 임기로 정착되었다.

제4절 이원집정부제

> 헌법을 개정하지 않고서도 국회의 다수당(또는 다수파)에게 국무총리지명권을 주고 국무총리가 국내문제에 대하여 전권을 행사하게 할 수 있을까?

Ⅰ. 의의

1. 개념

이원집정부제(二元執政府制)는 대통령제와 의원내각제 요소가 결합된 정부형태이다. 원래는 평상시에는 의원내각제로 운영되다가 비상시에는 대통령제로 운영되는 것을 특색으로 하는 것이었다. 그러나 비상사태의 상시화(常時化) 현상으로 이러한 구분이 어려워지자 대내적 문제는 수상이, 대외적 문제는 대통령이 책임지는 것이 일반적이다. 이를 절충형이라고도 부르는데, 독자적 정부형태의 유형으로 인정하지 않는 경우 의원내각제의 변형으로 분류할 수 있다(허 영 787면 이하).

2. 연혁

이원집정부제는 1919년 바이마르 공화국 당시의 정부형태에서 비롯된 것으로 보는 것이 일반적이다. 당시에는 정당제가 미비하였고, 연방제를 채택했으며, 정치적 지도인물이 결여되었다는 점이 이러한 형태를 가져왔다. 그 후 오스트리아·핀란드, 1958년 드골헌법(프랑스 5공화국헌법)의 정부형태도 이러한 범주에 드는 것으로 분류된다.

Ⅱ. 내용

1. 정부구성

현대의 전형적인 사례는 프랑스에서 찾아볼 수 있다. 대통령과 의회가 각각 국민의 선거에 의해서 선출되는 것은 대통령제와 같다. 5년 임기의 대통령은 의회로부터 독립하며 의회에 책임을 지지 않는다. 그러나 내각은 의회에 의하여 구성되고 의회에 대하여 책임을 지는데 이 부분은 의원내각제적 요소이다. 행정부는 대통령과 수상으로 이원화되어 있다. 수직적으로는 평상시에 수상(내각)이 통치한다. 그러나 앞서 설명한 것처럼 늘 비상시라고 여겨지는 현대의 특성상 수평적으로 내정은 수상(내각)이, 군사·외교 등의 대외적 문제는 대통령이 권한을 행사한다. 프랑스의 경우 그 권한의 한계가 불분명하다는 비판이 있다.

2. 장단점

장점으로는 정부와 의회가 균형을 이루고, 권력이 분산된다는 점을 들 수 있다. 결과적으로 외교·국방의 정치적 이용이 방지된다. 또한 국가위기시 신속한 국정처리가 가능하다. 의원내각제를 보완할 수 있다는 점이 장점이지만, 반대로 단점만 나타날 수도 있다.

단점으로는 비상시의 대통령에의 권한 집중이 독재화의 우려가 있고, 국민의 의사가 국정에 잘 반영되지 않을 수 있으며, 책임정치가 곤란하다는 점이 거론된다.

제5절 회의제

1. 의의

회의제 정부는 루소의 인민주권론에 기인하며, 권력분립이 되어 있지 않고 의회에 모든 권력이 집중되어 있는 정부형태이다(사법권은 비교적 독립). 국민의 대표로 구성되는 의회는 국민과 기속위임(羈束委任)의 관계에 있고, 언제든 소환(Recall)이 가능하다. 내각은 의회의 위원회와 비슷한 성격을 가진다. 인민주권론에 기인하기 때문에 의회의 구성원이 비교적 다수인 것이 특색이다.

2. 사례

회의제 정부는 평의회제(Rätesystem)라고도 하며 구 소련이나 북한 등의 공산국가에서 그 전형을 볼 수 있다. 북한의 경우 최고인민회의에 모든 권력이 집중되어 있는 형식을 취한다. 그러나 실제로는 국가기구가 아닌 공산당이 실권을 쥐고 있어서 형식적인 특색과는 다르다.

자유민주주의 국가 중에서는 스위스가 거의 유일한 사례이다. 스위스에서 국민투표가 평균 1년에 9회나 실시되는 것은 인민주권론의 특성 때문이라고 하겠다.

제6절 우리나라 정부형태의 변천

> 우리나라 역대 정부형태는 대체로 대통령제였는데, 실제로는 시대별로 차이가 많았다고 할 수 있다. 그 원인은 무엇인가?

1. 제1공화국

제1공화국의 정부형태는 대통령제로 보는 것이 일반적이다. 그러나 순수한 대통령제와는 거리가 있다. 제헌헌법의 경우 대통령을 국회에서 뽑는 간선이었으므로 오히려 의원내각제에 가깝다고 할 수 있다. 다만 수상이나 총리라고 하지 않고 대통령이라는 명칭을 사용했다는 점과 대통령에 대한 불신임권이 의회에 있지 않았으므로 대통령제로 분류한다. 그 후 1차개헌으로 대통령직선제로 바뀌는 한편 의원내각제적 요소(국무원불신임권 등)가 더욱 첨가되었다. 2차개헌은 비교적 순수한 대통령제를 지향한 것으로 볼 수 있다.

2. 제2공화국

제2공화국은 의원내각제로 분류할 수 있다. 그러나 이를 2원집정부제라고 할 수도 있다. 대통령은 양원합동회의에서 선출하였다(당시 헌법 §53).

그 평가는 대통령이 형식적 권한만 갖는 명목상의 국가원수였는가 아니면 실질적 권한을 가지고 있었는가에 달려 있다. 그런데 당시의 대통령에게는 실질적 권한으로 볼 수 있는, 계엄선포에 대한 거부권(§64②), 정당해산제소에 대한 승인권(§13②), 헌법재판소 심판관 9인중 3인 임명권(§83-4②), 국무총리지명권(§69) 등이 있었다. 또 형식적 권한으로 볼 수 있는, 국군통수권(§61①), 공무원임면에 대한 확인권(§62), 국무위원임면에 대한 확인권(§69⑤) 등도 있었다.

국무총리지명권은 행사되기에 따라서는 형식적 권한일 수도 있다. 다만 실제로는 당시의 윤보선대통령이 자파인 김도현씨를 지명했다가 국회의 동의를 얻지 못하자 장면씨를 지명한 사례가 있다. 덧붙여 당시의 정치적 지도자인 윤보선씨가 대통령직을 선택했다는 점도 당시의 대통령이 의원내각제의 형식적 국가원수는 아니었음을 뒷받침한다. 그러나 제2공화국은 하위입법이 완비되는 등으로 그 실질을 파악하기 전에 5·16으로 중단되었기 때문에 정확한 평가는 어렵다.

3. 제3공화국

5·16 이후의 군사정부는 국가재건최고회의에 국가권력이 집중되어 있어서 회의제 정부형태로 분류할 수 있다.

민정 이양 이후, 제3공화국은 역대 헌법 중 비교적 순수한 대통령제를 규정하였고 권력구조는 헌법재판소가 없다는 점을 빼고는 현행헌법과 가장 비슷하다.

4. 제4공화국

이른바 유신헌법 하의 대통령은 순수한 대통령제에서 볼 수 없는 권한들, 예컨대 국회해산권·긴급조치권·국회 1/3구성권·법관인사권 등을 가지고 있었다. 이는 프랑스 5공화국헌법 상의 비상시의 대통령의 권한을 평상시에 행사할 수 있도록 규정한 것이다. 이를 혼합형 대통령제 또는 권위주의형 대통령제라고 할 수 있다.

5. 제5공화국

　1980년 헌법상의 대통령제는 제4공화국과 비슷하다. 예컨대 유정회와 전국구 국회의원이 유사하다. 다만 일부 조항은 일부 순수한 대통령제로 복귀하였다고 평가할 수 있다. 예컨대 긴급조치권이 비상조치권으로 완화된 것을 들 수 있다.

6. 현행헌법

　현행헌법상의 정부형태에 대해서는 제3공화국과 유사한 형태(김철수 1,282면), 한국형 대통령제(권영성 790면), 변형된 대통령제(허 영 806면) 등으로 부르고 있다. 현행 헌법은 대통령제를 기본으로 하지만 의원내각제적 요소가 가미되어 있는 형태로 볼 수 있다.

　그러한 의원내각제적 요소로는 ① 국무총리제도, ② 정부의 법률안 제출권, ③ 정부각료의 의회출석 발언권, ④ 정부각료와 국회의원의 겸직가능, ⑤ 국회의 국무총리·국무위원에 대한 해임건의권, ⑥ 부서제도(副署制度) 등을 들 수 있다.

제 3 장
입법부

제1절 의회제도

> 대의기관으로서 대통령과 국회는 어느 쪽이 국민의 의사를 잘 반영한다고 할 수 있는가?

I. 의회제도의 의의

1. 의회제도의 개념

의회제도는 민주적으로 공선(公選)된 합의기관에 의하여 다수결의 원리로써 국가의 중요한 정책을 결정하고 입법하는 제도로서 대의제도의 대표적 기관이다. 대통령제를 택하고 있는 우리나라의 경우 의회와 대통령은 모두 중요한 대의기관이다. 우리나라의 특수한 상황 때문에 의회보다 대통령이 오히려 국민의 의사를 충실히 반영하는 것으로 생각되는 경우가 많으나 제도적으로는 의회가 대통령보다는 더 전형적인 대의기관이다. 즉 의회는 결정과정이 공개되므로 국민의 의사가 반영될 기회가 많고 다수의견에 따르더라도 소수의견이 개진될 수 있다. 반면에 대통령은 결정과정이 공개되지 않고 하나의 의사만 가지므로 소수의견이 무시될 가능성이 있다.

한편 대의제 하에서도 '국가기관으로서의 국민'을 설명하는 경우가 많은데(예컨대 김철수 1,235면), 이는 옐리네크(G.Jellinek)가 말하는 1차기관과 2차기관의 설명을 따르는 것으로 보인다. 즉 스스로를 위하여 일하는 1차기관과 국민을 위하여 일하는 다른 2차적 기관들의 구분이 그것이다. 그러나 국민은 비조직적이고 어떤 결정을 내리기 위한 통일된 의사를 확인하기 어렵다는 점에서 국가기관으로 부르는 것은 무리라고 생각된다.

2. 의회제도의 연혁

의회제도의 기원은 중세의 등족회의(等族會議 Ständeversammlung; 領主會議라고 번역해야)까지 거슬러 올라갈 수 있다. 이는 군주에 대한 자문 내지는 견제세력으로서 등장한 것으로, 초기에는 귀족들로 구성되었고 귀족의 이익을 위해서 활동하였으며 그 지위가 세습되는 등 근대적 대의제도와는 거리가 있었다.

그 후 시민계급이 정치에 참여하게 되면서 현대적인 의회제도로 발전하였는데, 영국에서의 발전이 가장 앞선다고 할 수 있다. 영국에서는 17C 이후 블랙스톤(W.Blackstone 1723~1780) 등에 의해서 이론적으로 의회제도가 확립되었고, 명예혁명(1688)을 통하여 왕정(Stuart왕조)을 종식하고 국왕에 대한 의회의 우위를 확립하였다. 1689년 권리장전에 의회의 선거와 입법·국왕통제기능 등이 규정되어 이를 확인하였다.

한편 대륙에서는 프랑스가 국민의 대표기관으로 의회를 가장 먼저 채택하였다. 즉 1789년 대혁명 이후 국민의회(Assemblée nationale)가 대의기관으로서 국가의사결정의 중심기관이 되었다.

II. 의회제도의 내용과 변질

1. 의회제도의 내용

의회제도는 자유주의사상에서 출발한다. 그래서 군주세력을 제한할 입법부의 독립이 중요하다. 이는 국민주권사상으로 구체화되는데, 즉 국민의 대표자를 통하여 주권을 행사하는 대의(대표)원리로 나타난다. 군주제가 무너지고 공화정이 확립된 이래 의회제도는 의회에 의한 행정에 대한 감시와 비판·통제기능(국정통제기능)을 강조하게 된다.

의회제도에서는 보통·평등선거를 통하여 의회가 구성될 때 국민의 의사를 반영할 수 있게 된다. 그리고 결정과정의 공개와 다수결원리를 통하여 국민주권원리를 구현하게 된다. 그러므로 의회제도 성공의 전제조건으로 선거과정의 공정성과 정권교체가능성을 들 수 있다.

2. 의회제도의 변질

의회제도는 오늘날에 와서 그 의미가 약화되고 있다. 의회가 더 이상 국정운영의 중심기관이 되지 못한다는 것을 의미한다. 라이프홀쯔(G.Leibholz 1901~1982)는 19C의 의회주의·대의정치가 20C에는 정당정치·국민투표제로 변질되었다고 하였다.

의회제도의 변질은 다음과 같은 복합적 요인에 기인한다. 첫째, 정당국가화 경향 때문에 의원들의 정당예속현상이 생기게 되었다. 특히 정당수뇌부에서 모든 정책결정이 이루어지고 의회는 이에 대한 추인기관으로 전락하게 되었다. 둘째, 국가과제의 변화로 인해서 새로운 전문분야에 정부가 개입해야 할 필요성이 증대되는 데 비해서 의회는 합의체기관의 성격상 능률성과 전문성이 떨어지게 되었다. 따라서 과거 의회가 갖던 정책결정기능의 대부분을 행정부가 대신하게 되었다. 셋째, 선거제도가 갖는 결함으로 다수당의 정당성 내지는 국민대표성이 의심받게 되었고, 특히 선거제도가 의원 개인에 대한 선출의 의미보다 정당에 대한 선택의 의미로 변질되어 정당에 충성하는 직업정치인들이 의회를 구성하게 되었다. 기타 의회제도의 전형인 의원내각제의 부정적 경험과 의사진행의 비능률성 등도 의회제도의 약화를 불러왔다고 할 수 있다.

이러한 변질에도 불구하고 의회제도는 그 속에 담겨 있는 국민주권주의 내지는 자유민주주의 이념 때문에 결코 포기될 수는 없는 것이다. 따라서 의회제도를 보완하기 위해서 정당국가화 경향 속에서 당내민주주의를 이룩하고, 직능대표제를 통하여 전문가의 의회진출을 모색하고, 전문위원회의 확대, 선거공영제를 비롯하여 선거제도의 개선 등이 논의되고 있으며, 국민투표 등의 직접민주정치를 병용하는 것도 시도되고 있다.

제2절 국회의 헌법상 지위

> 국회의원 개개인이 하나의 입법기관 또는 헌법기관이라고 하는데, 이는 정확한 표현인가? 또 그 밖의 헌법기관은 무엇이 있을까?

국회의 헌법상의 지위는 국가에 따라 다르다. 단일국가·연방국가, 의원내각제·대통령제 또는 연성헌법·경성헌법 등에 따라 그 지위는 다르다. 여기서는 우리나라를 기준으로 하여 설명한다. 그리고 그 자세한 내용은 아래 제6절 의회의 기능을 참조하기 바란다.

Ⅰ. 대의기관으로서의 지위

국회는 국민의 대의기관(代議機關)으로서의 지위를 갖는다. 즉 대의제도의 이념에 따라 국민에 의하여 구성된 국회는 독자적인 판단에 의하여 국가와 국민을 위해서 국가의사를 결정하게 되는 것이다. 이때의 대표의 성격에 대해서는 법적 대표(영·미)과 정치적 대표(우리의 다수설) 또는 헌법적 대표(김철수 1,248면 이하) 등의 설명이 있으나 대의제도의 성격을 정확히 이해하는 한 구별의 실익은 없다.

이러한 대의기관으로서의 지위는 현대에 들어와서 여러 복합적 요인에 의하여 그 지위가 변질 내지는 저하되고 있다(앞의 의회제도의 변질 참조).

Ⅱ. 입법기관으로서의 지위

헌법 §40는 "입법권은 국회에 속한다."라고 규정하여 국회의 입법기관으로서의 지위를 규정하고 있다. 이는 연혁적으로 국회의 가장 고유하고 본질적인 지위라고 할 수 있다. 그러나 위의 의회제도의 변질에서 살펴본 것처럼 정당국가화경향과 국가과제의 변화, 선거제도에 따른 의원의 전문성 저하는 입법기관으로서의 지위를 저하시키고 있다. 그 결과 법률안 의결절차만 독점할 뿐, 정부의 법률안 제출권(§52), 대통령의 재의요구권(§53②)과 공포권(§53①), 조약의 체결비준권(§73) 등에 의하여 입법과정에 다른 기관의 참여를 허용하고 있다. 한편 국회 이외의 기관에 실질적 입법권을 부여하는 경우도 있는데, 행정입법(§75, §95), 자치입법(§117①), 규칙제정권(대법원 §108, 헌법재판소 §113②, 중앙선거관리위원회 §114⑥), 대통령의 긴급명령(§76) 등이 그 것이다.

Ⅲ. 국정통제기관으로서의 지위

국회의 전형적인 지위인 입법기관으로서의 지위가 저하됨에 따라 오늘날 의회에 대하여 가장 강조되는 지위는 국정통제기관으로서의 지위라고 할 수 있다. 그러나 이 지위가 과거에 비해 강화된 것이 아니라 상대적으로 강조된다는 것뿐이다.

첫째, 행정부에 대한 통제로는 다음과 같은 것들을 들 수 있다. 즉 국정감사 및 조사권(§61), 국무총리·국무위원에 대한 국회출석 요구권과 질문권(§62②), 해임건의권(§63), 탄핵소추권(§65), 계엄해제 요구권(§77⑤), 예산심의·확정권(§54), 재정정책승인권(§55②, §58), 긴급명령승인권(§76②), 조약·선전포고에 대한 동의권(§60) 등이 있다.

둘째, 사법부에 대한 통제로는 다음과 같은 것들이 있다. 즉 대법원장·대법관에 대한 임명동의권(§104①②), 헌법재판소 재판관 지명권(§111③), 법원조직 법률주의(§102③), 탄핵소추(§65), 예산심의·확정권(§54), 국정감사·조사권(§61) 등이 있다.

제3절 국회의 구성과 조직

> 국회법에 따르면 국회의장이 되면 자동적으로 당적을 이탈하게 규정하였는데, 그렇게 하면 이른바 '날치기통과'가 없어질까? 이른바 '국회선진화법'은 어떨까?

Ⅰ. 국회의 구성원리

1. 양원제

(1) 개념과 유형

양원제란 의회가 2개의 상호 독립적인 합의체로 구성되어 있는 것을 말한다. 상호 독립해서 활동하며 서로 일치한 의사만 의회의 의사로 보는 것이다. 이는 영국 튜더(Tudor)왕조 시대(1485~1603)에 생긴 귀족원(House of Lords 상원)과 서민원(House of Commons 하원)에서 기원하는 것이다. 양원제는 귀족과 서민의 정치적 타협으로 생겼다고 할 수 있다. 이를 상원·하원이라고 하기도 한다. 귀족원은 세습·종신의원 700여명(House of Lords Act 1999에 따라 세습직은 92명으로 제한), 서민원은 5년 임기의 선거직 650명으로 구성된다. 몽테스키외(Montesquieu)도 '법의 정신'(1748)에서 양원제를 주장하였고, 그 후 미국도 양원제를 채택하였다. 미국은 영국의 경우와는 달리 주(州)를 대표하는 상원(Senate)과 국민을 대표하는 하원(House of Representatives)으로 구성되어 있다. 상원은 주마다 2명(30세 이상)의 대표로 구성되며 임기는 6년이고 2년마다 1/3을 개선(改選)한다. 하원은 435명(25세 이상)으로 임기는 2년이다. 독일의 경우 미국과 마찬가지로 연방제에 따른 양원제이나 상원격인 연방참사원(Bundesrat)은 국민이 선거한 의원으로 구성되는 것이 아니라 각 지방(支邦)의 대표로 구성되는 점이 다르다. 하원은 국민이 직접 선거하는(소선거구-비례대표제) 연방의회(Bundestag)이다. 한편 일본의 경우 양원제를 채택하고 있으나 연방제가 아닌 단일국형이다. 이는 근대화 이전 시대의 번(藩) 체제의 유산으로 생각된다. 참의원 242명(임기 6년, 3년마다 1/2 개선)과 중의원 465명(임기 4년; 289지역구, 176비례대표)으로 구성되어 있다.

(2) 특징

양원제는 양원이 상호 독립적으로 회의와 활동을 하며 예외적으로 합동회의를 하게 된다. 이는 국민의 다양한 의견을 수렴하여 보다 신중한 결정을 하기 위한 것이다. 그러나 결과적으로 의회의 지위가 약화되거나 책임소재가 불분명해지는 단점이 있을 수 있다.

나라에 따라 다르나 상하원은 대체로 다음과 같은 특색을 갖는다. 즉 상원은 간접선거제·대선거구제이며, 정원은 소수이고 임기가 장기이며, 피선자격 연령은 고령이다. 반면 하원은 직접선거제·소선거구제이며, 정원은 다수이고 임기가 단기이며, 피선자격 연령은 젊다. 이렇게 구성에 있어서 차이가 있으므로 그 권한의 범위도 차이가 있는 것이 일반적이다. 미국은 다른 나라에 비해 상대적으로 상원이 우월(상하원 균형)하고, 영국이나 독일·일본의 경우 하원이 우월한 지위를 갖는다.

2. 단원제

(1) 개념과 유형

단원제란 의회를 하나의 합의체로 구성하는 것을 말한다. 이론적으로는 시에스(A.Sieyes 1748~1836)의 대의제이론에서 유래한다. 그는 양원제의 폐단으로 "양원이 같은 결정을 하면 무용한 존재이고 다른 결정을 한다면 유해한 존재"라고 하였다. 오늘날 양원제보다는 단원제가 증가하는 추세이며 특히 의회정치의 경험이 적은 나라들이 이를 선호하고 있다.

(2) 특징

단원제는 하나의 합의체로 구성되므로 시간과 경비를 절약하여 신속한 국정처리가 가능하다는 점이 장점이다. 또한 의회의 의사가 분열되지 않고 쉽게 의사결정이 가능하므로 의회의 지위가 강화되는 특징이 있다. 다만 경솔한 결정을 할 가능성이 있으며, 의회와 정부가 충돌하는 경우 중재자의 역할을 할 기관이 없다는 점이 단점이 될 수 있다.

Ⅱ. 우리나라 국회의 구성

1. 우리나라 국회의 역사

우리나라는 제헌헌법이래 현재까지 단원제(單院制)를 기본적으로 채택하고 있다. 다만 예외적으로 제1차 개헌 시 양원제를 채택하였으나 4·19까지 단원제로 운영된 바 있으며, 제2공화국 때는 양원제를 실시하였다. 즉 민의원(하원)은 임기가 4년이었으며 참의원(상원)은 임기가 6년이었으며 도(道) 단위로 선거가 이루어졌다.

2. 국회의원의 선거

국회의원의 선거에 대해서는 앞의 선거제도 부분의 설명을 참조하기 바란다. 최근 지역감정의 해소를 위하여 국회의원 선거제도의 개혁이 논의되고 있는데, 대안으로 제시되는 것은 대부분 중·대선거구제도의 도입이나 권역별 비례대표제이다. 그러나 모든 선거제도는 장단점이 있는 것이며 단순한 선거제도의 특성으로 인하여 특정 결과가 나오는 것이 아니다. 국민들의 성숙한 정치의식과 전반적 정치문화가 선거결과를 좌우한다. 세계적으로 보편적인 제도는 우리가 실시하는 소선거구-비례대표제이다. 다만 우리의 경우 비례대표 의석이 적어서 직능대표 기능을 하기에 미흡하다.

3. 내부조직

(1) 국회의장·부의장

국회는 의장 1인과 부의장 2인을 선출한다(§48). 관행적으로 부의장은 여야 1명씩 선출한다. 국회법에 따르면 의장과 부의장은 국회에서 무기명 투표로 선거하되 재적의원 과반수의 득표로 당선된다(가중의결정족수, 법 §15). 임기는 2년이고(법 §9①), 궐위되면 보궐선거를 해야 한다(법 §16). 사임하고자 하는 경우는 국회의 동의를 얻어야 하며(법 §19), 다른 직을 겸할 수 없다(법 §20①). 의원이 의장으로 당선된 때는 당선 다음 날부터 당적을 가질 수 없다(법 §20-2).

국회의장은 국회를 대표하고, 의사정리 및 질서유지, 국회사무의 감독 등의 책임을 지며, 그에 상응하는 권한들을 가지고 있다(법 §10 등).

(2) 위원회

국회의 위원회는 국회심의안의 양적 증대와 전문화에 대비하여 전문적 지식을 활용할 필요성에 대비하고, 시간과 경비의 절약을 위하여 만들어진 제도이다. 여기에는 상임위원회와 특별위원회가 있다.

상임위원회는 상설적으로 설치되어 있는 것으로, 의원은 2 이상의 상임위원회의 위원이 된다(법 §39①). 그러나 실제로는 하나의 위원회에만 소속되어 있다. 운영·법제사법·정무·기획재정·미래창조과학방송통신·교육문화체육관광·외교통일·국방·안전행정·농림축산식품해양수산·산업통상자원·보건복지·환경노동·국토교통·정보·여성가족위원회의 17개의 위원회와(법 §37①) 예산결산·윤리·인사청문특별위원회 등이 구성되어 있다.

위원회에 소위원회를 둘 수 있고, 예산결산위원회에 소위원회 외에 분과위원회를 설치할 수 있다. 또한 둘 이상의 위원회가 모여서 회의하는 것을 연석회의라고 하는데 표결은 할 수 없다. 위원회의 운영은 위원장의 책임 아래 행해지며, 위원장은 간사와 협의하여 의사일정과 개회일시를 정한다(법 §49). 위원회는 본회의의 의결이 있거나 의장 또는 위원장이 필요하다고 인정한 때, 또는 재적위원 1/4 이상의 요구가 있는 때 개회한다(법 §52). 상임위원회는 국회 폐회 중에도 최소한 월 2회(정보위원회는 월 1회) 정례회의를 열어야 한다(법 §53).

특별위원회는 국정조사 등 그 때 그 때 필요에 의하여 일시적으로 설치되는 위원회이다.

한편 상임위원회에 치우친 심사를 보완하기 위하여, 위원회의 심사를 거치거나 위원회가 제안한 의안 중 정부조직에 관한 법률안, 조세 또는 국민에게 부담을 주는 법률안 등 주요 의안의 본회의 상정 전이나 본회의 상정 후에 재적의원 1/4 이상의 요구가 있는 때에는 그 심사를 위하여 의원 전원으로 구성되는 전원위원회를 개회할 수 있다(법 §63-2①).

이러한 위원회제도의 장점으로 전문적 지식을 활용하여 행정기능의 확대와 분화에 대응할 수 있고, 시간을 절약하여 심도 있는 토의와 능률적인 의사운영을 가능하게 한다는 점을 들 수 있다. 반면에 단점으로는 공개가 미흡하고, 국회가 소수에 의해 좌우될 수 있고, 따라서 이익단체의 로비활동의 채널이 되거나 위원회와 관련 행정관청이 밀착하여 국회의 대정부견제기능을 약화시킬 수 있다는 점, 또는 의사진행방해가 용이하여 여야의 심각한 대립을 불러올 수도 있다는 점을 들 수 있다.

(3) 국회의 교섭단체

교섭단체(Fraktion)란 국회 내에 구성되어 공식적인 활동을 하게 되는 정치단체이다. 소속의원 20인 이상으로 구성된다(법 §33). 대개 같은 정당소속 의원들로 구성되나 예외적으로 무소속과 연합하거나 무소속끼리도 결성할 수 있다. 같은 정당소속의원들의 행동을 통일함으로써 최대한 의사를 반영하는 기능을 하나, 지나치면 의원의 자유위임에 따른 활동과 충돌할 수도 있다.

교섭단체의 대표의원을 원내대표(floor leader)라고 한다. 교섭단체의 의사결정을 위해서 소집되는 의원총회가 있다.

제4절 국회의 회의운영과 의사원칙

> 국회가 늘 개회하고 있는 것이 국민의 입장에서 바람직한가? 아니면 국가적으로 볼 때 불필요한 낭비인가?

국회의 회의운영과 의사원칙에 관하여는 헌법과 국회법이 규정하고 있지만, 헌법과 국회법에 따로 규정이 없는 사항에 대해서는 국회규칙 또는 관행에 따른다(국회의 자율권).

I. 국회의 회기

1. 개념

회기(會期 Sitzungsperiode)란 국회가 의안처리를 위하여 집회한 날로부터 폐회일까지의 국회활동기간, 즉 국회가 활동할 수 있는 일정한 기간을 말한다.

한편 입법기(Legislaturperiode; 의회기라고도 함)란 한 번 구성된 국회가 동일한 의원들로 활동하는 전체기간을 말하는 것으로, 원칙적으로 의원의 임기와 동일하다.

국회는 회기 중에 집회함으로써 그 기능을 수행한다. 집회는 정기회와 임시회로 구분된다.

2. 정기회

(1) 개념과 업무

정기회(§47)란 국회가 매년 1회 정기적으로 집회하는 것을 말한다. 우리 국회는 매년 9월 1일부터 정기회를 개회한다(국회법 §4. 단, 공휴일인 경우에는 다음 날부터).

회기는 지난 헌법에서는 최장 90일이었으나 현행헌법 §47②은 100일을 초과할 수 없다고 규정하였다.

정기회의 주된 의안, 즉 업무는 1차적으로 다음 회계연도의 예산안심사 확정인데, 예산안처리를 위한 자료수집을 위하여 국회는 회의개시일 다음날부터 국정 전반에 관하여 소관 상임위원회 별로 국정감사를 한다. 기타 법률안을 심의·통과시킨다.

(2) 개회·폐회의 자율성

국회의 의사(議事)에 관해서는 헌법과 국회법이 자세히 규정하고 있지만, 헌법과 국회법에서 따로 규정하고 있지 않은 사항에 대해서는 국회의 의사자율권과 규칙자율권에 의해서 국회규칙으로 정하든지, 국회 스스로가 의사에 관한 관행을 확립해 나갈 수 있다. 국회는 헌법기관으로서 스스로의 문제를 자주적으로 처리할 수 있는 폭넓은 자율권을 갖기 때문이다. 그러나 정기회의 경우 개회는 매년 9월 1일에, 그리고 정기회의 회기는 100일을 넘지 못하도록 법으로 정함으로써 개회와 폐회의 시기적 제한이 있다. 따라서 국회는 법이 정한 한도 내에서 개회와 폐회에 관한 자율권을 행사할 수 있다.

참고로 유회(流會)란 의사정족수 미달로 회의가 성립되지 않은 경우, 산회(散會)란 하루의 회의가 끝나고 다음 날 다시 모이기 위해 해산하는 것, 정회(停會)란 회의 도중 어떤 이유로 잠시 쉬는 것, 휴회(休會)란 회기도중 법안준비 등의 이유로 쉬는 기간을 말한다.

3. 임시회

(1) 개념과 업무

임시회란 국회가 필요에 따라 수시로 집회하는 것을 말한다. 임시회의 집회는 대통령이 요구하거나 국회재적의원 1/4 이상의 요구가 있을 때 하며, 대통령이 요구할 때에는 임시회의 기간과 집회요구의 이유를 밝혀야 한다(§47②). 지난 헌법에서는 대통령과 국회재적의원 1/3 이상의 요구가 있으면 임시회를 집회할 수 있었으나, 현행헌법은 정족수를 완화하였다.

역대 헌법을 살펴보면, 임시회의 요구권자는 대통령과 국회의원 1/4 이상이었으나, 예외적으로 제2공화국 때의 참의원은 1/2, 제4·5공화국 때는 1/3이었다.

(2) 회기의 제한

임시회의 회기는 30일을 초과할 수 없다(§47②). 한편 지난 헌법은 정기회와 임시회를 합하여 연간 150일을 초과할 수 없도록 하였으나 현행헌법은 이를 삭제하였다. 따라서 정기회와 임시회의 회기를 제한하는 것은 아무 의미가 없다. 회기가 부족하다고 생각되면 이어서 임시회를 소집하면 되기 때문이다.

4. 위원회의 회의

헌법에는 국회의 위원회에 대한 규정은 없으나, 의안처리의 효율성을 높이고 국회의 기능을 활성화하기 위한 방안으로 국회법에서 이에 대해 자세하게 규정하고 있다.

위원회는 본회의 중에는 원칙적으로 열 수 없으며(법 §53), 폐회 중 월2회의 정례회의를 가진다(법 §53①, 정보위원회는 1회). 또한 본회의 폐회 중에는 위원회의 의결로써 개회가 가능하며, 이때에는 의장, 위원장 또는 위원회재적위원 1/4 이상이 요구함으로써 개회한다(법 §52). 국회법은 2월·3월·4월·5월 및 6월 1일과 8월 16일에 임시회를 집회하는 것을 원칙으로 한다(법 §5-2②).

II. 정족수

국회의 의사절차에서 의사정족수(議事定足數)와 의결정족수(議決定足數)를 요구하는 것을 정족수의 원리라고 한다. 국가의사결정기관으로서의 국회가 의안심리와 의사절차를 원만히 진행하여 국회의 의사결정에 민주적 정당성과 절차적 정당성을 부여하기 위한 불가피한 원리이다.

1. 의사정족수

의사정족수란 회의를 개회할 수 있는 국회의원의 수를 말한다. 국회법 §73 ①은 "본회의는 재적위원 1/5 이상의 출석으로 개의한다."고 규정하고 있다.

의사정족수는 회의의 종류에 따라 다를 수 있는데, 위원회의 의사정족수는 위원회재적위원 1/5 이상이다(법 §54).

2. 의결정족수

의결정족수란 어떤 결정을 내릴 수 있는 국회의원의 수를 말한다. 국회의 의결정족수에는 다음과 같이 일반의결정족수와 특별의결정족수가 있다.

(1) 일반의결정족수

헌법과 국회법에 특별한 규정이 없는 한 재적의원 과반수의 출석과 출석위원 과반수의 찬성으로 의결하도록 되어있는데(§49, 국회법 §109), 이를 일반의결정족수라 한다. 일반의결정족수에 의하는 것으로는 법률안 의결이나 예산안 의결 등이 있다. 가부동수(可否同數)인 경우에는 부결된 것이다. 참고로 중앙선거관리위원회 위원장은 가부동수 시 결정권을 가진다(선관위법 §10②).

(2) 특별의결정족수

우리 헌법은 특히 신중을 요한다고 판단되는 의안처리에 관해서는 의결정족수를 한층 높이고 있는데, 이를 특별의결정족수(가중의결정족수)라 한다. 특별의결정족수의 예는 아래와 같다.

1) 재적의원 2/3 이상의 찬성을 요하는 경우

헌법 개정안의 의결(§130①), 대통령의 탄핵소추 의결(§65①, 발의는 재적의원 과반수), 국회의원 자격심사·제명의 의결(§64③) 등이 있다.

2) 재적의원 과반수의 찬성을 요하는 경우

의장·부의장 선출(법 §15①), 대통령 이외의 자에 대한 탄핵소추 의결(§65②), 국무총리·국무위원의 해임건의 의결(§63②), 계엄해제요구 의결(§77⑤), 헌법 개정안 발의(§128①), 대통령의 탄핵소추 발의(§65②) 등이 있다.

3) 재적의원 과반수의 출석과 출석의원 2/3 이상의 찬성

대통령이 재의요구권을 행사한 법률안을 재의결하는 경우(§53④)가 있다.

4) 재적의원 3/5 이상의 찬성

본회의 또는 위원회에서 신속처리대상안건 지정(법 §85-2①)이 있다.

Ⅲ. 국회의 의사원칙

1. 회의공개의 원칙

헌법 §50①은 "국회의 회의는 공개한다."고 함으로써 회의공개(의사공개 議事公開)의 원칙을 규정하고 있다. 이 규정에 의해 국회의 회의는 원칙적으로 공개해야 한다.

회의공개의 원칙은 의회주의의 핵심적인 기본원리일 뿐 아니라 대의제도의 이념에 따라 주권자인 국민이 국회의원의 의정활동을 감시하고 비판함으로써 책임정치를 실현시킬 수 있는 불가결의 전제조건이기 때문이다.

회의를 공개하지 않는 예외도 인정하고 있는데, 예외의 인정은 의사공개의 원칙의 중요성에 비추어 신중하게 판단되어야 한다. 본회의 의결이 있거나, 국회의장이 국가의 안전보장을 위해 각 교섭단체 대표위원과 협의하여(국회법 §75) 비공개로 할 수 있다. 비공개로 진행된 회의를 다시 공개하고자 할 때에는 본회의의 의결이나 의장의 결정에 의하여 회의록을 공개한다(법 §118④).

[판례 1] (☞ 시민단체들인 경실련, 국정감사모니터 시민연대가 국회법 §55①, 국회예결특위 계수조정소위원회의 방청불허행위, 국정감사방청불허행위에 대해 제기한 헌법소원)오늘날 국회기능의 중점이 본회의에서 위원회로 옮겨져 위원회중심주의로 운영되고 있으므로 헌법 §50①(의사공개의 원칙)은 위원회 회의에도 당연히 적용되는 것으로 보아야 하며, 국회법 §제55①("위원회에서는 의원이 아닌 자는 위원장의 허가를 받아 방청할 수 있다")은 위원회의 공개원칙을 전제로 한 것으로서 비공개를 원칙으로 하여 위원장의 자의에 따라 공개여부를 결정케 한 것이 아니며, 위원회 회의가 공개되는 경우에도 방청불허사유가 있을 때에는 위원장이 방청을 허가하지 아니할 수 있는바, 질서유지를 위하여 방청금지필요성이 있는지에 대한 판단은 국회의 자율권 존중의 차원에서 위원장에게 폭넓은 판단재량이 인정된다(헌재 2000.6.29, 98헌마443등).

[판례 2] 헌법상 의사공개원칙은 모든 국회의 회의를 항상 공개하여야 하는 것은 아니나 이를 공개하지 아니할 경우에는 헌법에서 정하고 있는 일정한 요건을 갖추어야 함을 의미한다. 국회법 제54조의2 제1항 본문(정보위원회 회의를 비공개하도록 규정한 조항)은 정보위원회의 회의 일체를 비공개 하도록 정함으로써 정보위원회 활동에 대한 국민의 감시와 견제를 사실상 불가능하게 하고 있어서 국민의 알권리를 침해한다(위헌, 헌재 2022.1.27., 2018헌마1162등).

2. 회기계속의 원칙

우리 헌법은 "국회에 제출된 법률안 기타의 의안은 회기 중에 의결되지 못한 이유로 폐기되지 아니한다."고 규정하여(§51) 회기계속의 원칙을 채택하고 있다. 따라서 회기 내에 의결되지 못한 안건은 다음 회기에 계속하여 의결할 수 있다. 그러나 회기계속의 원칙은 대의민주주의의 본질상 같은 의회기 내에서만 효력이 있다. 즉, 하나의 의회기가 끝나면 그 의회기의 마지막 회기에서 의결되지 못한 안건은 다음 의회기의 첫 회기에 계속되는 것이 아니라 의회기가 끝남과 동시에 자동적으로 폐기된다(§51 단서; 회기불계속의 원칙).

참고로 프랑스는 회기계속의 원칙을, 미국·영국·일본 등은 회기불계속의 원칙을 채택하고 있다. 회기불계속의 원칙은 등족회의의 전통에서 비롯되는데, 당시의 등족회의는 수십 년에 한 번 소집되는 것이 통례이므로 이전 의회와의 동질성이 없다고 할 수 있으므로 자연히 회기불계속의 원칙이 확립되었다. 현재는 소수당에 의한 의안의 남발을 통한 의사진행방해를 막는 역할을 하지만, 폐기된 안건을 다시 제출하면 되므로 큰 효과는 없다.

3. 일사부재의의 원칙

국회법은 한 번 "부결된 안건은 같은 회기 중에 다시 발의 또는 제출하지 못한다."고 규정(법 §92) 하여 일사부재의(一事不再議)의 원칙을 채택하고 있다. 따라서 국회에서 한 번 부결된 안건은 동일회기 내에는 다시 발의할 수 없다.

이는 의사절차의 능률성이라는 관점에서 소수파의 의도적인 의사방해를 막기 위해서 필요한 원칙이다. 물론 내용의 변경이나 상황의 변경 등 예외가 인정될 수 있지만, 그 판단은 의회의 자율적인 판단에 따른다.

[판례] 방송법 수정안에 대한 1차 투표가 종료되어 재적의원 과반수의 출석에 미달되었음이 확인된 이상, 방송법 수정안에 대한 국회의 의사는 부결로 확정되었다고 보아야 하므로, 국회의장이 이를 무시하고 재표결을 실시하여 그 표결 결과에 따라 방송법안의 가결을 선포한 행위는 일사부재의 원칙(국회법 제92조)에 위배하여 국회의원들의 표결권을 침해한 것이다(헌재 2009.10.29, 2009헌라8)

제5절 국회의원의 지위

> 대통령은 연임제한이 있는데 국회의원은 왜 그러한 제한이 없을까? 지방자치단체장과 지방의원은 어떤가? 이들 간의 차이는 합리적인가?

Ⅰ. 국회의원 자격의 발생과 소멸

1. 자격의 발생

헌법은 의원의 임기를 4년으로 정하고 있으며(§42), 의원의 임기는 총선거에 의한 전임의원의 임기만료일의 다음 날로부터 개시하도록 하고 있다(공직선거법 §14②). 재·보궐선거에 의한 의원의 임기는 당선된 날(정확히는 당해 선관위가 당선확인 의결 시)로부터 개시되며 의원자격도 그때 함께 발생한다. 임기는 전임자의 잔임기간이다(법 §14②단서). 총선거주의에 따른 규정이다.

2. 자격의 소멸

헌법과 법률에 따라 다음과 같은 사유가 발생하면 의원의 자격은 소멸된다.

(1) 임기의 만료

의원의 임기는 4년이며(§42), 보궐선거 당선자의 임기는 전임의원의 잔임기간에 한한다(공직선거법 §14②). 임기가 만료되면 의원의 자격이 소멸되는 것은 당연하다.

(2) 자의에 의한 사임

의원이 사직을 원하는 경우에는 반드시 국회의 허가를 필요로 하며, 국회가 폐회 중인 경우에는 국회의장의 허가를 요한다(법 §135).

(3) 타의에 의한 퇴직

선거가 끝나고 의원자격이 발생한 후 선거무효 또는 당선무효판결이 확정된 경우(공직선거법 §224), 법원이 의원에 대하여 피선거권이 없게 되는 사유에 해당하는 형(선거법 위반은 벌금 100만 원 이상, 일반형사범으로는 금고형 이상)을 선고하고 판결이 확정된 경우(국회법 §136②, 공직선거법 §19), 국회의원이 겸직할 수 없는 직에 취임한 경우(국회법 §136①), 국회의 자격심사에서 무자격결정이 내려진 경우(§64②, 국회법 §142③), 국회의 제명결정이 있는 경우(§64③)에는 의원의 자격은 상실된다.

의원이 당적을 변경했을 경우에 의원자격이 유지되는지에 관해서는 견해가 갈리지만, 일반적으로 지역구의원의 경우에는 의원자격이 유지된다고 본다. 무소속으로 되는 경우에도 마찬가지이다. 한편 비례대표의원의 경우 임의로 당적을 이탈하면 퇴직하게 된다(공직선거법 §192④). 이는 제3공화국 헌법상의 규정을 비례대표의원에만 적용한 것이다. 당선된 이후에 당적을 자주 바꾸는 현상 때문에 이러한 규정을 두게 되었다. 이를 긍정적으로 평가하는 견해도 있으나(권영성 945면), 자유위임의 원칙에 어긋난다고 생각된다. 즉 비례대표의원도 일단 국민에 의하여 선거된 의원임에는 차이가 없으며, 지역구의원도 지역구를 대표하는 것이 아니라 전 국민을 대표하기 때문이다. 특히 당내민주화가 제대로 이루어지지 않고 있는 우리의 현실을 고려할 때 탈당으로 의원직을 상실한다면 당 수뇌부에 반대의사를 개진할 수 없게 되어 정당수뇌부에 대한 예속화를 불러올 것이다. 더구나 의원직에 연연하여 당내에 머물면서 정당의 정상적인 활동을 저해하는 현상도 있을 수 있다.

한편 국회에 대한 국민의 불신이 적지 않은 상황이라 국회의원의 연임을 제한하자는 의견이 있다. 정당 내부적으로도 3선까지로 제한하자는 공약을 하거나 차기 공천에서 불이익을 주는 관행이 있다. 장단점이 있지만 궁극적으로는 유권자가 판단하여 수준 미달의 국회의원이 당선되지 않도록 하는 것이 바람직하다. 참고로 미국의 15개 주에서는 의원의 연임을 8년 또는 12년으로 제한하는 제도가 있다. 다만 연방의원의 연임제한은 위헌판결을 받았다(U.S Term Limits Ins vs. Thornton 514U.S.779(1995)). 멕시코·칠레·코스타리카도 의원의 연임제한 제도가 있다.

Ⅱ. 국회의원의 지위

국회의원은 선거에 의해 선출된 선거공직자로서 국민의 의사를 국정에 반영시킬 책임을 지는 합의체통치기관의 구성원으로서의 지위를 가진다. 국회의원이 자유로이 의정활동을 할 수 있는 제도적 여건을 확립하는 일은 국회의원 개인뿐 아니라 국회의 위상을 정립하는 데 매우 중요하다. 우리 헌법은 국회의원의 권리와 의무에 관한 여러 규정을 통해 국회의원의 지위와 책임을 분명히 밝히고 있다.

1. 국회구성원으로서의 지위

헌법 §41①은 "국회는…국회의원으로 구성된다."고 규정함으로써 의원에게 국회구성원으로서의 지위를 부여하고 있다. 따라서 국회의원은 국회운영과 활동에 대한 권한과 의무를 가지게 된다. 이러한 지위에 근거하여 국회의원은 법률안제출권(§52), 불체포특권(§44)과 면책특권(§45), 청렴의무와 지위남용금지의무(§46①), 국익우선의무(§46②), 겸직금지의무(§43) 등을 가지게 된다.

2. 국민대표자로서의 지위

국회의원은 국민의 대표자로서의 지위를 갖는다. 따라서 국회의원은 국민 전체를 대표하며, 국민에 대하여 책임을 진다. 그리고 이때의 책임은 무기속위임의 원칙에 따라 정치적인 책임을 질뿐이라는 것이 다수설이다.

그러나 국회의원이 그 책임을 다하지 못하였을 경우에는 법적으로 그 책임을 물어야 한다는 견해도 있다.

[판례] (☞ 1996년 제15대 국회의원선거에서 여소야대 상황이 발생하고, 이어 야당 당선자들이 여당인 신한국당에 입당하는 사태가 벌어지자 제기된 헌법소원) '국회구성권'이라는 기본권은 헌법의 명문규정으로도 해석상으로도 인정될 수 없는바, 헌법의 기본원리인 대의민주주의 하에서 국회의원 선거권이란 것은 국민의 대표자인 국회의원을 보통·평등·직접·비밀선거에 의하여 선출하는 권리에 그치는 것이지 개별유권자 또는 집단으로서의 국민의 의사를 선출된 국회의원이 그대로 대리하여 줄 것을 요구하는 권리까지 포함하지 않으며,…국민과 국회의원은 명령적 위임관계에 있는 것이 아니라 자유위임관계에 있기 때문에 일단 선출된 후에는 국회의원은 국민의 의사와 관계없이 독자적인 양식과 판단에 따라 정책결정에 임할 수 있다할 것이므로, 국회구성권은 대의제도의 본질에 반하는 것으로서 인정될 여지가 없다(헌재 1998.10.29, 96헌마186).

3. 정당원으로서의 지위

국회의원은 1차적으로 '국민전체를 대표하는 공직자'이나, 의원 개인으로서는 정당원으로서의 지위도 유지하고 있다. 따라서 의원은 국회 내에서 소속정당을 대표하여 활동하는 것이 보통이다. 그러나 정당원으로서의 지위는 법에 의해 규정된 것은 아니다.

따라서 국회의원은 활동 중 국민전체의 대표자로서의 지위와 소속정당의 대표자로서의 지위가 충돌하는 경우에는 당연히 국가이익을 우선하여 양심에 따라 직무를 수행하여야 할 의무(§46②), 즉 국민대표지위를 우선하여야 할 의무를 가진다. 그러나 이에 대한 법적 제재수단은 존재하지 않으므로 이러한 의무는 정치적·도의적 의무라고 봐야 할 것이다.

III. 의원의 특권

> 국회의원들이 면책특권과 불체포특권을 이용하여 허위사실 유포, 타인의 명예훼손, 그리고 체포를 면하기 위한 이른바 '방탄국회'를 연다는 비난이 있다. 국회의원들이 특권을 내려놓는다며 이러한 특권을 없앤다고 하는데 헌법에 규정된 것을 스스로 포기할 수 있을까?

국회의원은 헌법상의 책임을 다하기 위하여 의원으로서의 직무를 수행하는 데 있어서는 헌법에 의하여 특별한 보호를 받는다. 이를 국회의원의 특권이라 하며, 우리 헌법은 국회의원에 대하여 면책특권과 회기 중 불체포특권을 인정하고 있다. 이러한 특권에 의하여 국회의원의 직무수행이 특별히 보호되고, 국회는 대의기관으로서의 기능을 충분히 해나갈 수 있게 된다. 따라서 국회의원이 임의로 특권을 포기할 수는 없다.

1. 면책특권

(1) 의의

의원의 면책특권(Indemnität)이란 의원이 국회에서 그 직무 상 행한 발언과 표결에 관하여 국회 밖에서 책임을 지지 아니하는 것을 말한다(§45).

면책특권은 의회주의의 모국인 영국에서 의원의 자유토론과 기관의 독립성을 보장하고 야당을 보호함으로써 의회의 기능을 활성화하기 위한 수단으로 발전한 제도이다. 면책특권이 확실한 제도적 뿌리를 내리기 시작한 것은 1689년의 권리장전(§9)에서 명문화된 후이다. 현대적 의미의 헌법 중에는 미국연방헌법이 최초로 권리장전의 면책특권 규정을 수용하였다(미국연방헌법 §1⑥ⅰ).

(2) 법적성격

면책특권의 법적성질에 대하여는 다음과 같은 점들이 있다. 즉 면책특권은 개별 국회의원의 특권이 아니라 국회의 원활한 활동을 보호하기 위한 국회자체의 특권에 해당하기 때문에 국회의원 개인이 이를 포기하는 것은 국회의 권한을 포기하는 것으로서 불가능하다. 또한 면책특권은 민사 또는 형사상 불법행위에 해당하는 국회의원의 행위에 대하여 그 처벌가능성을 배제하는 처벌조각(處罰阻却) 사유에 해당된다. 면책특권은 그 성질상 국회의원의 임기가 끝난 후에도 보장되어야 한다. 만일 임기 후에 그 법적 책임을 물을 수 있게 한다면 임기 중의 면책특권은 있으나마나 한 것이 되기 때문이다.

(3) 내용

1) 면책특권의 주체

면책특권을 누릴 수 있는 자는 국회의원이다. 국무위원 등 겸직이 허용된 다른 직을 겸직하고 있는 의원은 의원의 자격에서 한 행위에 대하여 면책특권을 가진다. 따라서 국회의원의 행위에 대한 교사·방조자는 면책특권의 주체가 될 수 없다. 이는 인적 처벌조각(處罰阻却) 사유이기 때문이다.

2) 면책특권의 대상

면책특권의 대상은 국회 내에서 직무상 행한 발언과 표결이다. '직무 상의 발언과 표결'이란 본회의는 물론 위원회, 교섭단체에서 행한 모든 대의적 의사표현행위를 포괄하는 개념으로 넓게 보아야 한다.

3) 책임의 요건

면책특권의 결과 국회의원은 국회 내에서 직무 상 행한 발언과 표결에 대하여는 국회 밖에서 책임지지 않는다. 이를 요건별로 살펴보면,

첫째, 국회 내라는 것은 본회의·위원회, 기타 국회가 열리고 있는 모든 장소를 포함한다.

둘째, 직무 상 행한 발언과 표결이어야 한다. 직무란 직접직무 뿐만 아니라 부수적 행위도 포함한다. 그렇지만 직무수행과 관계없는 모욕적 언사나 타인의 사생활에 대한 발언 등은 면책특권에 의해 보호할 가치가 없다고 할 것이다. 따라서 이러한 발언 등에 대하여는 명예훼손죄의 성립이 가능하다.

셋째, 책임의 범위는 국회 밖에서는 법적 책임, 즉 민사적·형사적 책임을 말한다. 반면에 국회 내에서는 정치적·도의적 책임은 면제되지 않는다.

또한 국회 자체의 징계(경고·출석정지·사과·제명) 또는 소속정당에 의한 징계는 가능하다(정당강제). 즉 면책특권은 국민에 의한 정치적 책임의 추궁을 본질로 하는 대의민주주의를 활성화하기 위한 제도이기 때문에 한계가 있는 것이지 무한정한 것은 아니다.

한편 국회법에 의해서 공표할 수 있는 회의록을 반포함으로써 자신의 국회발언내용을 알리는 행위는 의원의 대의활동에 속하므로 면책특권의 대상이 된다. 다만 의사록에 기재되지 아니한 내용을 배포하는 것은 면책특권의 대상이 되지 아니한다.

[판례] 국회의원인 피고인이, 구 국가안전기획부 내 정보수집팀이 대기업 고위관계자와 중앙일간지 사주 간의 사적 대화를 불법 녹음한 자료를 입수한 후 그 대화내용과, 위 대기업으로부터 이른바 떡값 명목의 금품을 수수하였다는 검사들의 실명이 게재된 보도자료를 작성하여 자신의 인터넷 홈페이지에 게재하였다고 하여 통신비밀보호법 위반으로 기소된 사안에서, 위 행위가 형법 제20조의 정당행위에 해당한다고 볼 수 없으며 국회의원 면책특권의 대상이 되는 직무부수행위에 해당하지 않는다(대판 2011.5.13, 2009도14442).

2. 불체포특권

(1) 의의

의원의 불체포특권(Immunität)이란 현행범인이 아닌 한 회기 중 국회의 동의 없이는 의원이 체포 또는 구금되지 아니하며 회기 전에 체포 또는 구금된 경우라도 국회의 요구에 의해 회기 중에는 석방될 수 있는 권리를 말한다(§44).

연혁적으로 불체포특권 역시 영국의 의회주의 역사에서 유래한다. 절대군주의 의회활동에 대한 탄압수단으로 이용되었던 의원에 대한 불법체포·구금에 대항하여 생긴 것이다. 절대군주의 지위가 약화되고 의회의 지위가 향상되기 시작한 17세기 초반, 의회가 Stuart왕조로부터 불체포특권을 얻어내어 Privilege of Parliament Act(1603)로 보장되었다. 그러나 이후 1641년 찰스 1세(Charles I, 1600~1649)때에 의회에 군이 투입되어 반대파 5명을 체포하는 사건이 일어나기도 했으며, 이는 청교도혁명을 초래하게 되었고 찰스1세는 그 후 사형을 당하였다.

이런 어려움 속에서 성장한 불체포특권은 1689년의 권리장전에도 성문화 되었다. 이 영국의 불체포특권이 미국연방헌법에 영향을 미쳐 최초로 성문화된 헌법상의 제도로 자리 잡게 되었으며, 이후 여러 나라가 이 제도를 헌법에 수용하기에 이르렀다.

의원의 불체포특권은 그 연혁에서 알 수 있듯이 집행부의 불법적 억압(의원에 대한 구속·체포)으로부터 의회의 활동을 보장하기 위한 제도이다. 상대적으로 의회가 약한 경우에 반드시 필요한 제도이다. 즉 의회가 제 기능을 다하고 결국 대의민주주의를 성공시키는 데 있어 의원의 신체의 자유를 특별히 보호해 주는 것이 중요하다는 데 의의가 있다.

(2) 법적 성질

불체포특권은 의회의 기능을 강화해 준다는 의미와 의원의 대의활동을 보호해 준다는 의미를 함께 가지는 것으로 의원 개인의 권한임과 동시에 국회 자체의 권한이다. 따라서 의원 개인이 임의로 이 권한을 포기하는 것은 불가능하다.

(3) 내용

의원의 불체포특권은 국회의 동의가 없거나 석방요구가 있는 경우의 체포·구금으로부터의 자유를 그 내용으로 한다. 그러나 이 특권은 현행범 제외의 원칙과 의회회기 한정의 원칙에 의하여 제한된다.

1) 회기중 특권

국회의원은 회기중 현행범인 경우를 제외하고는 국회의 동의 없이 체포·구금할 수 없다(§44①). 회기 중이라는 것은 집회일로부터 폐회일까지를 말하며 휴회기간도 포함하는 개념이다. 회기 중에 한정하지 않는 입법례로는 독일 기본법 §46②과 이탈리아 헌법 §68 등을 들 수 있다. 한편 체포·구금이란 신체의 자유를 제한하는 모든 처분, 예컨대 형사소송법 또는 행정상의 강제, 경찰관직무집행법의 보호조치 등을 포함하는 개념이다.

회기 전에 체포·구금된 경우 현행범이 아닌 한 국회의 석방요구 시 석방하여야 한다(§44②). 다만 석방은 회기 중에 한정되며 회기가 끝난 후의 형사책임을 면제하는 것은 아니므로 회기가 끝난 후 다시 구금하는 것은 허용된다. 체포·구금된 의원이 있는 경우에는 정부는 지체 없이 이를 국회의장에게 통지하여야 한다.

2) 직무불관련성

대상이 된 의원이 회기 중에 특정한 직무를 수행하고 있어야 하는 것은 아니다. 즉 불체포특권은 의원의 직무행위와는 관련이 없다. 이는 면책특권이 의원의 직무행위에 대하여 부여되는 권한인 것과 비교된다. 따라서 현행범인에게는 불체포특권이 인정되지 않는다. 이는 현행범의 경우 행정부의 부당한 간섭의 가능성이 없으며, 형사정의의 실현이 더 중요하기 때문이다. 현행범인이 석방요구의 대상에서 제외되는 것은 물론이다.

(4) 불체포특권의 부인

위에서 설명한 대로 현행범의 경우 부당한 체포·구금이 될 염려가 없으므로 불체포특권이 인정되지 않는다. 현행범이라도 국회 내에서 체포·구금할 경우에는 의장의 동의가 있어야 한다(국회법 §150, 가택권).

국회의 체포동의가 있는 경우에는 회기 중에도 체포·구금이 가능하다(법 §26~§28). 체포동의안은 본회의 보고후 24~72시간에 표결하는데, 그 안에 표결되지 않으면 그 이후에 최초로 개의하는 본회의에 자동상정되어 표결이 이루어진다(법 §26②). 국회의 동의의 성격에 대하여는 재량설이 다수설이며, 동의에 조건은 붙일 수 없다.

IV. 국회의원의 권리와 의무

국회의원은 그 헌법상의 책임을 다하기 위한 여러 가지 권리를 가지며 의무도 지고 있다.

1. 국회의원의 권리

(1) 직무수행 상의 권리

1) 발의권

의원은 다른 의원과 공동으로 의안을 발의(發議)할 수 있는 권리를 갖는다. 10인 이상의 동의(動議)로 발의할 수 있는 주요 의안으로는 법률안(법 §79①), 체포·구금된 의원의 석방요구권(법 §28), 정부관계자의 출석요구안(법 §121) 등이 있다. 의원 30인 이상의 찬성으로는 의원의 자격심사를 요구할 수 있고(법 §138), 재적의원 1/3 이상의 동의로 국무총리 또는 국무위원의 해임건의안과 탄핵소추안을 발의할 수 있다. 재적의원 과반수의 동의로 헌법개정안과 대통령에 대한 탄핵소추안을 발의할 수 있다.

2) 질문권

질문이라는 것은 대정부질문을 말한다. 현재 의제와 상관없이 질문할 수 있으며, 질문요지서를 작성하여 의장을 경유하여 48시간 전에 정부에 제출하여야 한다(법 §122-2⑦). 의원의 질문에 대해서 국무총리·국무위원·정부위원 등이 답변하여야 하며(법 §121, §122), 서면답변의 경우 10일 이내에 이루어져야 한다. 구두로 긴급현안질문도 가능하다(법 §122-3).

3) 질의권

의원은 현재 의제가 된 의안에 관하여 발의자를 비롯한 관계자에게 그 내용상의 의문점이나 자세한 내용에 대하여 물을 수 있는 권리를 가지는데, 이를 위의 질문권과 구별하여 질의권(質疑權)이라고 한다(법 §99 이하).

4) 토론권

의원은 위원회와 본회의에서 의제에 대하여 찬반토론을 할 수 있는 권리를 가진다. 이 때에는 반대나 찬성의 뜻을 사전에 의장에 통지하여야 한다(법 §106). 단 위원회의 심사를 거친 의제에 대해서는 토론을 생략할 수 있다.

합법적인 의사진행방해(필리버스터 Filibuster) 수단으로 무제한토론(법 §106-2)이 규정되었다(2012).

5) 표결권

의원은 위원회와 본회의에서 표결에 참가할 권리를 갖는다. 표결은 전자투표에 의한 기록표결을 원칙으로 한다(법 §112). 인사에 관해서는 무기명투표로, 헌법개정안에 대해서는 기명투표로 표결한다. 기타 의장이나 의원 1/5 이상의 요구로 기명·호명 또는 무기명투표(법 §112②)로써 할 수 있다.

(2) 재산상의 권리

의원은 재산상의 권리로서 세비(歲費)와 기타 편익을 받을 권리를 가진다. 우선 보수청구권으로 의원은 의정활동을 원활히 하기 위해서 월정수당(세비), 입법활동비, 특별활동비, 여비 등을 지급받을 권리를 가진다(법 §30). 국유 교통수단 무료이용권은 폐지되었다(2014).

이러한 권리는 의원의 의정활동을 뒷받침해 주기 위한 것으로 신분상의 특권은 아니다.

2. 의무

의원은 권리뿐만 아니라 다음과 같은 의무도 진다.

(1) 헌법상 의무

1) 겸직금지의무

의원은 의회구성원으로서의 지위와 조화될 수 없는 다른 직을 겸할 수 없다(§43). 의원직과 겸직이 금지되는 직은 주로 권력분립정신에 반하거나 청렴의무 내지는 지위남용금지와 저촉될 수 있는 직업이다.

다만 국무총리나 국무위원 등 정부각료는 겸직이 가능하다(법 §29①). 이는 헌법 차원의 규정이 아니며 대통령으로의 권한 집중의 한 원인으로 판단된다. 일부 명예직 등 예외가 인정되나 그 밖에 공무원, 대통령·헌법재판소재판관·선거관리위원회위원·지방의회의원, 정부투자기관의 임직원, 농협 등의 임직원 등은 겸직이 허용되지 않는다. 또한 원칙적으로 영리업무에 종사할 수 없다(법 §29-2).

2) 청렴의무

의원이 부정부패에 물드는 것을 방지하기 위하여 헌법은 국회의원의 청렴의무를 규정하고 있다(§46①).

3) 국익우선의무

의원은 국가이익을 우선하여 양심에 따라 직무를 행하여야 한다(§46②). 따라서 의원은 어떠한 압력과 외압에도 굴하지 않고 법과 양심에 따라서만 활동하여야 한다. 특히 이는 의원의 정당기속의 한계로서의 의의를 갖는다.

4) 지위남용금지의무

의원은 그 지위를 남용하여 이권개입이나 청탁 등을 해서는 안 되는 의무를 진다(§46③). 의원이 신분을 악용하여 경제적 이익만을 추구하는 정치풍토 속에서 대의민주주의는 성공할 수 없기 때문이다.

(2) 국회법상 의무

헌법상 규정된 의무 외에도 국회법은 다음과 같은 의무를 규정하고 있다. 즉 국회위신손상금지 내지는 품위유지의무(법 §25), 본회의나 위원회 등 국회출석의무(법 §155 8호), 회의장의 질서유지의무(법 §145 등), 모욕 등의 발언금지의무(법 §146), 발언방해금지의무(법 §147), 회의진행방해 물건 반입금지(법 §148) 등이 있다.

헌법 또는 국회법상의 의무에 위반되는 행위를 한 경우에는 징계사유에 해당한다. 의원에 대한 징계는 국회의 자율권에서 설명한다.

제6절 국회의 기능

> 국회가 정상적으로 운영되지 않고 파행을 겪고 있는 동안에도 국회의원에게 세비(歲費)를 지급하는 것은 바람직한가? 국회의원에게도 무노동 무임금 원칙이 적용되어야 하는가?

Ⅰ. 국회기능의 분류

  국회의 기능은 통치권의 기본권 기속성, 대의의 이념, 의회주의의 역사와 불가분의 관계에 있으며, 권력분립의 원칙과 정부형태도 국회의 기능의 범위와 한계를 정해 주는 중요한 요소가 된다. 이러한 원칙들에 비추어 국회의 기능을 살펴보면 국회는 무엇보다도 입법을 통한 기본권실현기능을 가지며, 국민의 추정적 의사를 대변하는 기능, 국정운영의 중심적 통치기관으로서 국정통제기능을 가진다. 물론 국회는 입법권의 행사를 통해서 다른 통치기관을 견제·감시하는 기능을 가진다.
  이러한 국회의 기능은 구체적인 통치형태에 따라 여러 모습을 가지게 되나 일반적으로 국회는 입법·재정·통제·인사·자율기능을 가진다. 그리고 이들 기능이 행해지는 형식은 매우 다양해서 의결·동의·승인·통지 등이 있다. 그리고 국회의 기능은 다음과 같이 형식적 또는 실질적인 분류가 가능하다.

1. 형식적 기능분류

  법률안 및 개헌안 등의 의결권, 예산안의결·확정 및 법률안 재의결의 의결·확정권, 계엄해제요구 등의 요구권, 국무총리·대법원장·감사원장 등의 임명동의와 조약의 동의 등의 동의권, 예비비지출 승인 및 긴급재정경제처분·명령에 대한 승인 등의 승인권, 계엄통고 수리권 그리고 탄핵소추 및 각종 재정·경제상의 통제를 통한 통제권 등이 국회기능의 형식적 분류라 할 것이다.
  참고로 의결(議決)과 결의(決議)라는 말은 구분되어 사용된다. 의결이라는 것은 국회가 국민의 대표의 입장에서 국가의사를 결정하는 것을 말한다. 반면에 결의란 국회 자체의 의사이거나 국회의 권한 밖의 사항에 대하여 의견을 결정하는 것을 말한다.

2. 실질적 기능분류

  국회기능의 실질적 기능은 다음과 같이 분류할 수 있다. 즉 ① 입법에 관한 권한, ② 재정에 관한 권한, ③ 헌법기관 구성에 관한 권한, ④ 국정통제에 관한 권한, ⑤ 국회내부에 관한 자율권 등이다. 국회의 실질적 기능에 대하여 좀 더 자세히 살펴보기로 한다.

Ⅱ. 입법에 관한 권한

1. 헌법규정

국회는 입법기관이기 때문에 우선 입법기능을 갖는다. 헌법 §40는 "입법권은 국회에 속한다."고 하여 국회입법의 원칙을 선언하였다. 그러나 입법에 관한 모든 권한을 국회가 갖는 것은 아니며 실질적 입법 중에서 ① 헌법개정의 발의·의결권, ② 법률 제정권, ③ 조약의 체결·비준에 대한 동의권, ④ 국회규칙 제정권 등을 가진다.

2. 입법의 개념

(1) 성문의 법규범 정립

입법이란 법규범의 정립작용을 말한다. 그리고 이때의 법규범이란 일반적이고 추상적인 구속력을 가지고 국가의 강제력에 의해서 그 효력이 담보되는 국가의 의사표시를 말한다. 입법은 매우 포괄적인 개념으로서 국회입법·행정입법·사법입법 등이 모두 입법의 개념에 속하지만, 헌법이 정한 국회입법의 원칙은 '법률'의 형식으로 된 국민의 권리와 의무를 형성하는 입법은 국회가 전담한다는 의미를 가진다.

(2) 입법의 범위

1) 실질설과 형식설

실질설은 법률·명령·조례·규칙 등의 형식을 불문하고, 그 내용이 국민의 권리·의무의 형성에 관한 사항을 비롯하여 국가의 통치조직과 작용에 관한 기본적이고 본질적인 사항인 경우는 국회가 입법해야 한다고 한다. 헌법개정에 있어서의 개정안의 발의·의결권도 이에 속한다.

반면에 형식설은 법률의 형식으로 이루어진 성문의 법규범 정립작용은 국회가 맡아야 한다는 입장이다.

참고로 현행법령은 헌법 1, 법률 1,447, 대통령령 1,689, 총리령 84, 부령 1,213 기타 342 등 합계 4,776 건이다(2019.1 현재).

2) 일반적·추상적 법률

법률이 일반적이고 추상적인 것이어야 한다. 즉 법률은 특정 개인을 향한 것이어서는 아니 되며 불특정다수를 대상으로 한 것이어야 한다는 것과 동시에 실제로 발생한 어떤 구체적인 행위만을 규율해서는 아니 되고 앞으로 일어날 개연성이 있는 모든 행위를 규율하여야 한다.

3) 처분적 법률

법률이 일반적·추상적이지 않고 특정 개인을 지향한 것이나 특정 사안을 규율하는 법률, 또는 일정한 기간에만 한정하여 효력을 가지는 법률(한시법)이 있을 수 있다. 이러한 법률을 일반적·추상적 법률과 대비하여 처분적 법률(Maßnahmegesetz)이라고 한다. 처분적 법률은 원칙적으로는 부인되어야 할 것이지만 오늘날 사회국가화 경향 속에서 점점 처분적 법률의 필요성이 커져가고 있다. 극단적으로 개별적·구체적인 법률은 부인되지만, 현재는 해당되는 사항이 하나라도 장래에 해당되는 사람이나 경우가 발생할 가능성이 있으면 인정하는 것이 다수설의 입장이다. 따라서 처분적 법률로써 국민 개인의 기본권을 제한하는 것은 금지된다.

(3) 다른 기관의 실질적 입법권

헌법은 '국회입법의 원칙'을 천명하고 있지만 이는 국회독점입법의 원칙을 의미하지는 않는다. 따라서 행정입법(§75, §95), 자치입법·규칙(대법원 §108, 헌법재판소 §113②, 선관위 §114⑥), 대통령의 긴급명령(§76)은 국회가 아닌 다른 기관이 실질적인 입법권을 행사하는 경우에 해당한다.

[판례] 우리 헌법 제75조의 규정 취지는 사실상 입법권을 백지위임하는 것과 같은 일반적이고 포괄적인 위임은 의회입법과 법치주의를 부인하는 것이 되어 행정권의 부당한 자의와 기본권행사에 대한 무제한적 침해를 초래할 위험이 있기 때문에, 위와 같은 결과를 사전에 방지하고자 함에 있다. 따라서 법률의 위임은 반드시 구체적·개별적으로 한정된 사항에 대하여 행하여져야 한다(헌재 1998.5.28, 96헌가1).

(4) 국회입법과정에 타기관의 참여

정부의 법률안 제출권(§52), 대통령의 법률안 재의요구권(§53②) 및 공포권(§53①), 그리고 대통령의 조약체결비준권(§73) 등은 행정부 및 대통령이 국회의 입법과정에 참여하는 경우에 해당한다.

3. 입법기관으로서의 지위저하

(1) 국회의 통법부화

대의제민주주의의 일천한 경험으로 의원의 질이 저하됨으로써 전문화된 입법이 불가능하게 되었다. 결국 국회는 실질적으로 입법권을 행사하는 기관이 아니라 주로 행정부가 작성한 법안에 대하여 이를 통과시켜주는 데 불과(입법절차만 독점)하게 되어 이른바 '통법부(通法府)'화 경향이 생겨났다.

(2) 국가작용의 전문화

국가작용은 점점 세분화·전문화되어 가고 있음에 비하여 의원의 전문적 소양이 이를 따라가지 못함으로써 결국 이를 규율할 입법에 있어서도 전문적인 행정부서의 역할이 증대되고 있다.

(3) 정당정치의 발전

정당정치의 발전은 의원 개인차원에서의 입법활동 보다는 정당차원의 입법 그리고 정당의 정치적 목적에 따른 법안에 대하여 의원이 거수기역할을 하는 것으로 전락함으로써 의원의 활동이 중심이 되는 의회의 입법기관으로서의 지위가 약화되고 있다.

(4) 위원회 중심의 운영

의원은 자신이 소속된 위원회의 입법분야에 관해서만 전문화되고 나머지 분야에 관해서는 그 전문적·실질적 판단을 할 수 없는 것이 위원회 중심의 운영의 문제점이라고 할 것이다.

(5) 입법과정에 있어서 행정부역할의 증대

위에서 언급한 대로 국가작용이 세분화·전문화함에 따라 입법에 있어서 의회의 활동보다는 해당 행정각부의 입법이 증대하고 있다.

참고로 국회 법률제정 과정에서 의원발의 건수는 15대 1,144(전체의 59%), 16대 1,912(76%), 17대 6,387(85.3%), 18대 12,220(87.7%), 19대 16,729(93.9%)건이었으며, 가결된 건수는 15대 461(의안발의 중 40.3%), 16대 514(26.9%), 17대 1,350(21.1%), 18대 1,663(13.6%), 19대 6,626(39.6%)건이었다. 21대 국회의 경우 2만 건이 넘는 법안이 의원 입법으로 발의되었으나 가결률은 4.76%에 불과하다.

유신 말기인 10대 국회에서의 의안발의는 3.9%였으므로 의원발의의 경우 의원발의 건수는 많이 증가한 것이다. 그러나 실제 가결률은 떨어진다. 유관 부서별 협의나 국민여론수렴이 미흡하며, 체계부적합, 전문성의 미흡도 지적된다.

한편 우리 법령의 체계부조화 또는 중복입법과 구법에 대한 정리미흡 등의 문제는 국회와 정부(법제처)의 공동책임이다. 예컨대 1961년 국가재건비상조치법 후속입법으로 제정된 국가재건최고회의법(1961.6.10, 법률 618호)이 2009년에야 공식적으로 폐지된(2009.4.1, 법률 9564호) 사례가 있다.

4. 입법권의 한계

국회의 입법권 역시 국가작용에 포함되므로 다른 통치기능과 마찬가지로 합헌성의 원칙에 의해 그 권리행사에 한계를 가지게 된다. 즉 국회의 입법권도 입법내용·입법주체 및 입법절차(과정) 등 모든 과정에 있어서 합헌성의 원칙에 따라야 한다(규범통제).

입법권의 한계는 일반적으로 능동적 한계와 수동적 한계로 나눌 수 있다. 이 중 능동적 한계란 헌법원리의 한계와 이론상의 한계(체계정당성 Systemgerechtigkeit)를 의미한다. 수동적 한계는 정부의 관여와 법원·헌법재판소의 통제 등을 의미한다.

(1) 헌법원리상의 한계

국회의 입법기능은 헌법에 의해 주어진 수권기능이기 때문에 헌법이 추구하는 근본이념과 기본원리를 존중하고 헌법이 정해 준 입법기능의 내용과 범위를 지켜야 할 한계를 가진다.

또 우리 헌법은 예외적으로 입법기능이 존중해야 할 한계를 명문으로 밝힌 경우도 있는데, 참정권제한 또는 재산권박탈을 위한 소급입법의 금지(§13②), 기본권의 본질적 내용을 침해하기 위한 입법의 금지(§37②) 등이 바로 그것이다. 한편 입법형성권의 한계를 명문화한 것으로서 재산권의 손실보상에 관한 법률에서는 반드시 정당한 보상의 지급을 내용으로 하여야 한다는 것을 들 수 있다(§23③).

(2) 이론상의 한계

국회의 입법기능은 법질서를 형성하는 기능이기 때문에 모든 법질서 형성기능이 존중하여야 하는 한계를 무시할 수 없다. 즉 체계정당성(적합성)의 원리가 그것이다. 체계정당성의 원리란 법규범상호간에는 규범구조나 내용 면에서 모순되어서는 안 된다는 것이다. 상·하 규범간의 규범통제와 동등규범간의 규범통제, 신·구 규범간의 규범통제 등이 입법기능에서 반드시 선행 내지 병행되어야 하는 것은 그 때문이다. 특히 상·하 규범간의 규범통제는 국회에게만 맡겨져 있는 것이 아니고 헌법재판소 또는 법원에도 그 통제권을 부여하고 있는데, 위헌법률심판(§111)과 위헌법령심사(§107)가 그것이다.

(3) 입법기능의 수동적 한계

국회의 입법기능은 정부의 법률안제출권 등 다른 국가기관의 입법관여기능 내지 규범통제기능에 의해 제약을 받게 되는데 이를 수동적 한계라고 한다.

1) 정부의 입법관여

법률안제출권, 법률안공포권, 법률안거부권, 대통령의 긴급명령권, 긴급재정경제명령권, 행정부의 행정입법권, 타 헌법기관의 규칙제정권, 지방자치단체의 자치입법권 등에 의해 이루어진 입법과 의회의 입법이 모순되지 않도록 그 권한을 존중하여야 한다.

2) 법원·헌법재판소의 규범통제

법원의 법률위헌심사권, 헌법재판소의 법률위헌결정권 등에 의해 위헌으로 결정된 법률은 그 효력이 상실되며, 헌법재판소의 위헌결정권은 모든 국가기관을 기속한다.

5. 법률제정절차

국회의 입법권 중 대표적이라 할 수 있는 법률제정절차에 대하여 설명한다.

(1) 법률안 제출권

법률안의 제출권은 국회의원과 정부에게 있다(§52).

국회의원이 법률안을 제출하려면 10인 이상의 찬성을 얻어 찬성자의 연서로 의장에게 제출하여야 한다. 법률안에 대하여 예산조치가 필요한 경우는 예산명세서를 함께 제출(법 §79)하며, 상임위원회나 특별위원회가 그 소관에 속하는 사항에 대하여 법률안을 제출하는 경우에는 그 위원장이 제출자가 되며 10인 이상의 찬성이라는 수적 제한이 없다(법 §51).

정부가 법률안을 제출하는 때에는 국무회의의 심의를 거쳐(§89ⅲ) 국무총리와 관계국무위원의 부서를 받은 후 대통령이 문서로 국회의장에게 제출하여야 한다.

(2) 심의와 의결

법률안의 심의와 의결은 상임위원회 중심주의와 본회의 결정주의에 따라 행해진다.

법률안이 제출되면 국회의장은 이를 인쇄하여 의원에게 배부하고 전산망에 입력하여 의원이 이용할 수 있도록 하여야 하며, 본회의에 보고하고 법률안의 내용과 성질에 따라 소관 상임위원회에 회부해서 심의하게 한다(법 §83). 상임위원회에서 심의·채택된 법률안은 일단 법제사법위원회에 넘겨 체계와 자구심사(법 §86)를 거쳐 본회의에 부의한다. 본회의에서는 소관 상임위원장의 심사보고를 듣고 질의와 토론을 거쳐 표결처리한다.

상임위원회에서 부결되면 본회의에 부의되지 못하고 폐기되는 것을 보류함(pigeon hole, 법 §87①②)이라고 한다. 반면에 위원회의 결정이 본회의에 보고된 날로부터 휴·폐회를 제외하고 7일 이내에 30인 이상의 의원이 요구하면 본회의에 부의되는데(법 §87① 후단) 이를 위원회의 해임(discharge of committee)이라고 한다.

법률안이 본회의를 통과하려면 국회재적의원 과반수의 출석과 출석의원 과반수의 찬성이 있어야 한다(§49). 단 법률안에 대한 수정안은 30인 이상의 찬성을 얻어 의장에게 제출할 수 있으며(법 §95), 예산안에 대한 수정동의는 50인 이상의 찬성으로 의장에게 제출한다(법 §95).

(3) 정부에의 이송

국회에서 의결된 법률안은 정부에 이송되어 15일 이내에 대통령이 서명·공포한다(§53①). 대통령의 법률안 서명·공포에는 국무총리 및 관계국무위원의 부서가 필요하다.

(4) 법률안거부권

법률안의 서명·공포절차에서 대통령은 재의요구권(거부권)을 행사할 수 있다. 즉 이송된 법률안에 이의가 있을 때에는 대통령은 15일 이내에 이의서를 붙여 국회로 환부하고 그 재의를 요구할 수 있다(§53②). 이를 환부거부(還付拒否)라 한다.

한편 대통령이 재의요구도 하지 않으면서 법률안을 공포하지 않으면 법률안은 15일을 경과함과 동시에 확정되고, 대통령은 지체 없이 공포해야 하며 5일 이내에 공포하지 않으면 국회의장이 공포한다. 법률안거부권에 대해서는 대통령의 권한부분을 참조하기 바란다.

(5) 국회의 재의결

대통령이 재의를 요구하며 환부거부한 경우에는 국회는 이를 재의에 붙이고, 국회재적의원 과반수의 출석과 출석의원 2/3 이상의 찬성이 있으면 법률로 확정된다(§53④). 재적의원 2/3가 아님을 유의해야 한다.

(6) 공포

법률안의 공포는 일반적으로 법률안이 정부에 이송된 후 15일 이내에 대통령이 공포하며, 대통령이 거부권을 행사한 법률안을 국회가 재의결하여 정부에 이송한 경우에는 5일 이내에 대통령이 공포하여야 한다(§53⑤). 이때 대통령이 공포하지 않으면 국회의장이 이를 공포한다(§53⑥).

1949.6.15 의원 144명 출석에 찬성 132명, 반대 10명으로 재의결된 귀속재산임시조치법을 대통령이 끝내 공포하지 않은 사례가 있다. 또 지방자치법 개정법률(1951.7.25), 정부조직법 중 개정법률(1951.9.22), 수산청설치법안(1951.9.22) 등을 대통령 명의 대신 국무총리 명의로, 부서(副署) 없이 재의요구를 하였지만, 국회가 정당한 재의요구가 아니며 따라서 법률로 확정되었다고 결의하였고 마찬가지로 공포되지 않았다. 제3공화국 이후 이런 경우 국회의장이 공포하도록 규정되었다.

(7) 효력발생

공포된 법률은 법률자체에 효력발생시기에 관한 특별규정이 없는 한 공포 20일 후부터 효력이 발생한다(§53⑦). 단, "국민의 권리제한·의무부과시에는 적어도 30일이 경과한 날로부터 시행되도록 하여야 한다(법령 등 공포에 관한 법률 §13-2)." 물론 이 경우 당연히 30일이 경과하면 효력이 발생한다는 의미가 아니라 입법과정에서 이를 반영하여야 한다는 의미이다.

6. 헌법개정안 제안·의결권

(1) 제안

헌법개정안의 제안은 국회재적의원 과반수의 발의로써 하며(§128①), 정부로 이송된 개정안은 대통령이 20일 이상 공고하고, 공고된 날로부터 60일 이내에 의결하여야 한다(§129, §130①).

(2) 의결

헌법개정안의 의결은 공고된 날로부터 60일 이내에 우선 국회 재적의원 2/3 이상의 찬성을 얻어야 한다(§130①). 국회가 의결한 개정안은 30일 이내에 국민투표에 붙여 국회의원선거권자 과반수의 투표와 투표자 과반수의 찬성을 얻어야 확정된다. 이 때 헌법개정안을 국회에서 수정하여 통과하는 것은 금지된다. 의결절차 이전에 국민에게 공고된 개정안과 다른 안을 국회가 의결할 수 없기 때문이다. 국회의 의결은 기명투표의 방식으로써 한다(법 §112④).

7. 조약체결·비준에 관한 동의권

국제조약의 체결 및 비준권은 대통령의 권한이지만 조약이 국민의 권리·의무에 영향을 미치고, 체결·비준된 조약은 국내법과 같은 효력을 가지므로 대통령의 조약체결 및 비준(批准)에 앞서 국회의 동의를 필요로 한다(§60①). 헌법 제60조는 ① 상호원조, 안전보장에 관한 조약, ② 중요한 국제조직에 관한 조약, ③ 우호통상 항해 조약, ④ 주권의 제약에 관한 조약, ⑤ 강화조약, ⑥ 국가나 국민에게 중대한 재정적 부담이 될 조약, ⑦ 입법사항에 관한 조약에 관해서는 국회의 사전동의를 구하도록 하고 있다.

[판례] 대통령이 조약 체결·비준에 대한 국회의 동의를 요구하지 않았다고 하더라도 국회의원의 심의·표결권이 침해될 가능성은 없다(헌재 2015.11.26., 2013헌라3).

8. 규칙제정권

국회의 규칙제정권은 국회의 자율권으로부터 나오는 권한으로서, 국회는 하나의 헌법기관으로서 스스로의 문제를 자주적으로 처리할 수 있는 폭넓은 자율권을 갖는다. 따라서 국회는 법률에 저촉되지 아니하는 범위 안에서 의사와 내부규율에 관한 규칙을 제정할 수 있다(§64①).

Ⅲ. 재정에 관한 권한

국회는 재정기능을 갖는다. 우리 헌법에 "국회는 국가의 예산안을 심의·확정한다(§54①)."는 규정을 비롯해서 여러 가지 국가 재정에 관한 권한을 국회에게 주고 있는 것이 그것이다. 국회의 재정기능은 의회주의의 역사와 관계가 깊다. 절대군주의 무절제한 세금징수에 대항하기 위해 탄생된 것이 바로 의회이기 때문이다.

이와 같은 재정작용은 원래 집행작용이나 국민의 권리에 영향이 크므로 중요사항은 국회의결을 원칙으로 한다(재정 국회의결주의).

국회의 재정기능에는 재정(조세)입법권, 예산(심의)의결(확정)권, 결산심사권, 정부의 중요 재정행위에 대한 동의·승인권 등이 있다.

1. 재정입법권

재정입법권이란 정부의 재정작용에 관하여 의회가 법률을 제정함으로써 정부의 재정작용을 견제하고 감시할 수 있도록 하는 권한을 말한다. 헌법은 조세법률주의를 채택함으로써 국회에 재정입법권을 부여하고 있다.

(1) 조세법률주의

조세는 국가재정의 가장 중요한 재원이며, 국민의 재산권과 경제활동에 큰 영향을 미친다. 따라서 의회주의의 초기부터 대의기관(의회)은 정부의 조세정책에 적극적으로 관여하였고, "대표 없이 과세 없다."고 표현되었다. 우리 헌법의 "조세의 종목과 세율은 법률로 정한다(§59)."는 규정은 조세법률주의(조세에 대한 법률유보)의 표현이다.

조세입법권의 내용은 납세의무의 법률유보와 조세법률주의에 바탕을 두고 있다. 헌법에서 명시하고 있는 조세의 종목과 세율은 물론 납세의무자·과세물건·과세표준·과세절차·과세에 대한 권리구제 등이 반드시 법률로 정해질 것을 그 내용으로 한다. 따라서 이들 기본적인 과세요건과 기준은 행정입법의 대상이 될 수 없다.

그런데 지방세·협정관세 및 대통령의 긴급재정처분(§76①)은 조세법률주의의 예외가 된다. 즉 지방세는 법률이 아닌 각 지방자치단체의 조례로서 조세요건과 과세기준을 정할 수 있고, 협정관세에 관해서는 국가간의 협정을 존중하기 위하여 조세법률주의의 예외를 인정하는 것이 합헌이라고 할 수 있다. 대통령의 긴급재정처분은 행정처분에 해당하지만 헌법에 의하여 '법률과 동일한' 효력을 가지기 때문에 조세법률주의의 예외가 된다.

참고로 조세(租稅)와 혼동되는 용어로는 부담금·수수료·사용료 등이 있다. 조세가 직접적인 혜택(반대급부)과는 무관하게 징수된다는 점에서 구분된다.

[판례 1] 한국방송공사법이 텔레비전방송수신료(특별부담금으로 봄)를 단순히 한국방송공사 이사회의 결정에 의하도록 한 것은 법률유보(의회유보)에 어긋난 것으로 법치주의와 민주주의원리에 위반된다(헌법불합치, 헌재 1999.5.27, 98헌가70).

[판례 2] 골프회원권 등 토지 이외의 재산에 취득세를 부과하는 지방세법 §111②ii의 "토지 이외의 과세대상에 대한 시가표준액은 대통령령이 정하는 가액" 규정은 조세법률주의에 따른 위임입법의 한계를 초과하여 헌법에 불합치하고 2000년말 까지 개정해야 한다(헌법불합치, 헌재 1999.11.23, 99헌가2).

[판례 3] 증여세납부세액이 1천만 원을 초과하는 경우에만 물납을 허용하고 있는 것은 제반 사정을 고려한 합리적인 것으로 평등원칙에 위배되지 않는다(헌재 2007.5.31, 2006헌바49).

[판례 4] 종합부동산세법의 세대별 합산과세 규정은 부부 등 가족이 있는 자를 혼인하지 아니한 자 등에 비하여 차별 취급하는 것은 헌법 §36①에 위반된다. 또한 주택 보유의 정황을 고려하지 아니한 채 다액의 종합부동산세를 부과하는 것은, 과도하게 주택 보유자의 재산권을 제한하는 것이다(위헌·헌법불합치, 헌재 2008.11. 13, 2006헌바112등).

(2) 공정과세의 원칙

조세분야에서 평등권의 표현이라고 할 수 있는 공정과세의 원칙(조세평등의 원칙)은 국민 한 사람 한 사람의 재력(조세부담능력)에 따른 공정하고 평등한 과세가 이루어질 것에 대한 요청이다. 이를 무시한 획일적인 세율정책이라든지 또는 형평을 잃은 불공평한 조세제도는 조세입법권의 한계를 일탈한 것이라고 할 것이다.

2. 예산안 심의·의결권

우리 헌법은 "국회는 국가의 예산안을 심의·확정한다(§54①)"고 규정하여 국회에게 예산안의 심의·의결권을 부여하고 있다. 국회의 예산심의·의결권은 국회의 재정기능 중에서도 가장 핵심적인 기능이라고 할 수 있다.

예산이란 일 회계연도에 있어서 국가의 세입(歲入)·세출(歲出)의 예정계획으로 국회의 의결로써 성립하는 법규범을 말한다. 우리 헌법은 예산편성에 있어 매 회계연도(매년 1.1~12.31)마다 예산을 편성하는 일년예산주의를 원칙으로 한다(§54②). 따라서 예산의 효력은 당해 회계연도가 끝남과 동시에 끝난다(일종의 한시법). 또한 총세입과 총세출을 계상·편성하는 총계예산주의와 이를 단일회계로 편성하는 단일예산주의를 원칙으로 한다.

(1) 예산안의 제출

정부는 회계연도 개시 90일 전까지 국회에 예산안을 제출하여야 하며(§54②), 이 때 국무회의의 사전심의(§89ⅳ)를 거쳐야 한다. 구체적으로는 기획재정부가 예산편성의 지침을 확정하고, 각 부처의 안을 취합하여 국회에 제출한다.

(2) 예산안의 심의·의결

국회는 제출된 예산안을 심의해서 늦어도 회계연도 개시 30일 전까지 이를 의결하여야 한다(§54②). 예산안의 심의는 법률안의 심의절차와 유사하다.

1) 예산안의 심의

예산안은 소관 상임위원회에 회부되어 보고·심사된 후 예산·결산특별위원회에 회부되어 다시 심사되고, 마지막으로 본회의에 상정되어 심의된다. 그러나 다음과 같은 제약이 따른다. ① 예산 개별 항목에 대한 삭감·폐지는 국회의 재량사항이다. ② 예산안에 증액 또는 신 비목을 설치할 때에는 정부의 동의를 필요로 하며, ③ 예산안을 수정하여 동의(動議)하는 경우는 의원 50인 이상의 찬성을 필요로 한다(국회법 §95). ④ 법률비와 의무비로 전년도에 국회의 의결을 얻은 경우에는 삭감이 불가능하다.

2) 예산안의 의결

예산안의 의결은 재적의원 과반수 출석과 출석의원 과반수의 찬성으로 한다. 의결은 회계연도 개시 30일 전까지 해야 한다(§54②). 다만 이에 대한 법적구속력은 없다. 이렇게 예산안이 법정기일 내에 이루어지지 못하는 상황을 대비하여 우리 헌법은 일종의 임시예산에 속하는 준예산제도(§54③)를 채택하고 있다(뒤에 설명).

(3) 정부이송과 공고

국회가 의결한 예산은 정부로 이송되어 대통령이 서명하고 관보에 게재함으로써 공포하게 되는데 국무총리와 관계국무위원의 부서가 필요하다. 대통령은 일반 법률안과 달리 재의요구를 할 수 없다. 또한 예산의 관보게재는 법률의 공포와는 달리 효력발생요건은 아니다.

3. 예산과 법률의 관계

예산의 존재형식에는 크게 두 가지가 있다. 하나는 예산이 법률의 형식으로 존재하는 경우(예산법률주의: 미국·영국·독일·프랑스)이고, 다른 하나는 예산이 법률과는 다른 독립한 형식으로 존재하는 경우(예산비법률주의: 우리나라·일본)이다.

우리나라와 일본의 지배적인 견해는 법규범설에 따라 비법률의 형식으로 존재하는 예산도 법규범의 성질을 갖는다고 한다. 다만 이때에도 예산과 법률은 다음과 같은 공통점과 차이점을 갖는다.

(1) 공통점

법률과 예산의 의결권자는 모두 국회이다. 의결정족수 역시 예산과 법률 모두 재적의원 과반수의 출석과 출석의원 과반수의 찬성을 필요로 한다.

(2) 차이점

1) 예산의 내용

예산의 내용은 총칙과 세입·세출예산(예비비)·계속비·명시이월비·국고채무

부담행위(국가재정법 §19) 등으로 구성된다.

2) 예산의 효력

예산의 시간적 효력은 회계연도(1.1~12.31; 1956년 이전에는 4월부터 다음 해 3월까지)에 한한다. 단 계속비의 경우에만 다음 회계연도에도 효력이 계속된다. 그러나 이때에도 계속비의 효력은 5년을 넘을 수 없다. 한편 예산의 대인적 효력에 있어서 예산은 법률과는 달리 국민을 대상으로 하는 것이 아니라 국가기관만을 구속한다. 세입의 대부분은 세금이므로 법률에 근거하여야 하고, 예산은 세출만 구속하는 것이다. 따라서 법률과는 달리 국가기관이 예산을 준수하지 않을 경우 이에 대한 직접적 제재수단이 없는 준칙규범에 불과하다(허 영 985면).

(3) 예산과 법률의 상호관계

예산과 법률은 서로 독립해서 성립하고 기능하지만 양자 간에는 기능적으로 밀접한 관계가 있다. 예산의 뒷받침이 없는 법률이나 집행의 근거법이 없는 예산은 각각 제 기능을 다할 수 없기 때문이다. 다만 예산으로써 법률을 변경할 수 없고, 법률로써 예산을 변경할 수는 없다. 양자의 불일치는 예비비·추가경정예산·이월 또는 법률의 제·개정 등으로 해결해야 한다.

4. 예산과 관련된 제도

(1) 준예산제도

예산안이 법정기일 내에 이루어지지 못하는 상황을 대비하여 우리 헌법은 일종의 임시예산에 속하는 준예산제도(準豫算制度)를 채택하고 있다. 즉 새로운 회계연도가 개시될 때까지 예산안이 의결되지 못한 때에는 정부는 국회에서 예산안이 의결될 때까지 ① 헌법이나 법률에 의하여 설치된 기관 또는 시설의 유지·운영, ② 법률상의 지출의무의 이행, ③ 이미 예산으로 승인된 사업의 계속을 위한 경비는 전년도 예산에 준하여 집행할 수 있도록 하였다(§54③). 예산공백으로 인한 국가활동의 정지상태를 예방하기 위한 불가피한 제도적인 장치이다. 참고로 1948년 헌법에는 1개월만 유효한 가예산

(假豫算)제도가 있었다(당시 헌법 §94). 미국의 경우 최소한의 범위를 제외하고 연방정부의 기능이 중지되는 셧다운(shut down)제도를 가지고 있다.

(2) 계속비제도

1년예산주의의 예외로 계속비제도가 있다. 즉 정부의 계속적 사업을 위하여 사용하는 예산은 계속비로 한다(§55①). 다만 계속비의 효력은 5년을 초과할 수 없다(국가재정법 §23②). 계속비는 총액으로 국회의 의결을 받아야 한다.

(3) 예비비제도

자연재해와 같이 예측하기 어려운 세출의 부족에 충당하기 위하여 예산에 계상되는 비용을 예비비라고 한다. 예비비의 설치는 국회의 동의를 구해야 하며, 이때에도 계속비와 마찬가지로 총액으로써 국회의 의결을 구한다(§55②). 예비비의 지출은 차기국회에서 지출승인을 얻어야 한다(§55② 후단).

(4) 추가경정예산제도

예산이 성립된 후에 생긴 사유로 이미 성립된 예산에 변경을 가할 필요가 있는 경우에는 추가경정예산으로써 예산을 변경한다(§56, 국가재정법 §89①). 이는 예산을 의결하기 전에 국회에 의해 예산을 변경하는 수정예산과는 구별된다.

5. 결산심사권

국회는 결산심사권을 갖는다. 국회는 예산의결권을 가지기 때문에 예산의 실제 집행된 바를 심사할 권한을 갖는 것은 당연하다. 우리 헌법은 국회에 대한 감사원의 결산검사 보고의무(§99)를 규정함으로써 국회의 결산심사권을 간접적으로 규정하고 있다.

기획재정부장관은 각 중앙관서의 장이 작성·제출한 결산보고서를 토대로 세입세출의 결산서를 작성하여 국무회의의 심의를 거쳐 대통령의 승인을 얻어야 한다. 그 후 기획재정부장관은 이를 감사원에 제출하여야 하고, 감사원은 결산검사를 실시하여 이를 대통령과 차기 정기국회에 보고하여야 한다

(§99). 국회에 제출된 결산서는 소관 상임위원회의 심사를 거쳐 예산결산특별위원회의 심사에 붙여지고, 그것이 끝나면 본회의에 부의되어 의결된다.

국회의 결산심사 결과 위법·부당한 예산집행 사항이 발견된 때에는 국회는 정부에 법적·정치적 책임을 물을 수 있다.

6. 정부의 재정행위에 관한 권한

국회는 정부의 중요 재정행위에 대한 동의·승인권을 갖는다.

(1) 동의권

정부의 국채모집[기채 起債]에 대한 동의권(§58), 예산 외의 국가부담이 될 계약체결에 대한 동의권(§58), 국가나 국민에게 중대한 재정적 부담을 지우는 조약의 체결·비준에 대한 동의권(§60①), 예비비설치에 대한 동의권(§55②) 등을 가진다.

(2) 승인권

정부의 예비비지출에 대한 승인권(§55②), 대통령의 긴급재정·경제처분과 긴급재정·경제명령에 대한 사후 승인권(§76①) 등을 가진다.

국회의 동의권(同意權)은 원칙적으로 사전 동의를 말하며, 승인권은 사후 승인을 의미한다. 정부의 중요 재정행위에 대한 동의·승인권은 국회의 재정기능이기는 하지만 동시에 국회의 통제적기능인 성격도 아울러 가지고 있다.

Ⅳ. 국정통제에 관한 권한

국회는 국민의 가장 중심적인 대의기관으로서 국정전반에 대한 통제권을 갖는다. 의회주의의 역사에 비추어 볼 때 국회는 본래 입법기능과 재정기능을 그 중심적 기능으로 하고 있지만 오늘날에 와서는 국회의 국정통제기능이 그들 기능에 못지않은 중요한 기능으로 간주되고 있다. 물론 입법기능이 최대의 통제기능이기도 하다.

정부의 국정통제기능은 정부형태에 따라 다른데, 우리 헌법은 변형된 대통령제를 채택하고 있기 때문에 특히 정부의 국정수행에 대하여 적지 않은 통제권을 가지고 있다.

1. 국정감사권·국정조사권

(1) 헌법규정

우리 헌법은 "국회는 국정을 감사하거나 특정한 국정사안에 대하여 조사할 수 있으며…(§61①)"라고 규정하여 국회에게 국정감사권과 국정조사권을 부여하고 있다. 또한 "국정감사 및 조사에 관한 절차 기타 필요한 사항은 법률로 정한다(§61②)."는 규정에 따라 국정감사 및 조사에 관한 법률(1988)과 국회에서의 증언·감정 등에 관한 법률(1975)이 제정·시행되고 있다. 그 밖에 국회법도 국정감사 및 조사에 관한 규정을 두고 있다(법 §127).

(2) 의의

국정감사와 조사는 서로 비슷하다. 다만 국정감사는 정기적으로 국정전반에 걸쳐 행해지는 데 비해서, 국정조사는 그 때 그 때 필요에 따라 일정 범위 내에서만 이루어진다는 점이 다르다. 활동의 주체도 국정감사는 국회 상임위원회별로 이루어지는 데 비해서, 국정조사는 특별위원회(또는 상임위원회)에서 행한다.

(3) 연혁 및 입법례

1) 국정감사

국정감사제도는 우리나라의 특유한 제도로서 다른 나라에서는 이런 제도를 찾아볼 수 없다. 우리 헌법은 1948년 헌법(§43), 1960년 헌법(§43), 1962년 헌법(§57)에 국정감사제도를 두었으며 이후에는 사라졌다가 현행헌법에서 다시 부활시켰다.

2) 국정조사

국정감사제도와는 달리 국정조사제도는 의회제도의 역사와 그 궤를 같이 한다. 1689년 영국의회가 특별위원회를 구성하여 아일랜드 전쟁에서의 패인을 조사한 것으로부터 이 제도가 출발하였다. 미국헌법에는 명문규정은 없으나 관례로서 인정되고 있다. 이 제도가 최초로 헌법에 규정된 것은 바이마르 헌법에서였고, 우리 헌법에서는 1980년 헌법 §97에서 특정사안에 대한 국정조사권을 수용·규정했다가 현행헌법에서 국정감사권과 함께 규정되었다.

(4) 성질

국정감사와 조사권에 대한 성질 또는 본질에 관해서는 학설이 나뉜다. 국정감사·조사권을 국회의 고유한 독립적 권한으로 파악하는 이른바 독립권한설은 비교적 고전적인 학설로서 권력분립이론에 따라 국가권력의 분리와 권력 상호간의 견제와 균형을 강조한다. 즉 의회의 국정조사권은 다른 두 국가기관을 감시하고 견제하기 위한 불가피한 수단으로서 의회의 독립적인 권한이라고 한다. 한편 이에 대한 근대적 이론으로서 의회의 국정감사 및 조사권은 국민주권의 원리나 의회주권을 실현하기 위한 수단도 아니고, 권력분립이론에 입각한 견제와 균형의 메커니즘도 아닌 국회가 가지는 일종의 보조적 권한이라는 설(다수설; 권영성 922면, 김학성 849면)이 있다. 이는 국회가 가지는 고유기능인 입법활동과 예산심의활동을 효율적으로 전개하기 위한 필수적 보조기능이라는 것이다.

한편 위 두 가지 설을 혼합하여 감사는 독립권한이고 조사는 보조권한이라는 견해(김철수 1,397면)가 있고, 독립기능일 수도 있고 보조기능일 수도 있다는 견해(허 영 995면)도 있다.

(5) 절차

1) 국정감사

국정감사는 국정전반을 대상으로 하여 소관 상임위원회 별로 정기회 이전에 30일 이내의 기간을 정하여, 또는 정기회 기간 중에 실시한다(국정감사 및 조사에 관한 법률 §2①). 국정감사계획서는 상임위원회 위원장이 운영위원회와 협의하여 작성한다(법 §2②).

2) 국정조사

국정조사는 특정한 국정사안이 발생한 경우 재적의원 1/4 이상의 요구가 있으면 조사계획서를 작성하고 본회의 의결로 이를 승인한다(법 §3①). 즉 국정조사는 국정감사와는 달리 비정기적인 것이다. 국정조사는 특별위원회나 상임위원회 별로 실시하며, 조사위원회를 구성하여 실시한다(법 §3③).

(6) 방법

국정감사 및 조사에 관한 법률 §10는 국정조사와 감사의 방법을 다음과 같이 규정하였다. 즉 "위원회는 감사 또는 조사를 위하여 그 의결로 감사 또는 조사와 관련된 보고 또는 서류의 제출을 관계인 또는 기타기관에 요구하고, 증인·감정인·참고인의 출석을 요구하고 검증을 행할 수 있다. 위원회는 증거의 채택 또는 증거의 조사를 위하여 청문회를 열 수 있다. 위원회의 요구를 받은 자 또는 기관은 국회에서의 증언·감정 등에 관한 법률에서 특별히 규정한 경우를 제외하고는 누구든지 이에 응하여야 하며 위원회의 검증 기타의 활동에 협조하여야 한다."

국정감사 또는 조사의 장소는 국회, 대상 현장 기타이다(법 §11). 국정감사와 국정조사 모두 공개를 원칙으로 하되 위원회의 의결로 비공개로 할 수 있다(법 §12).

(7) 대상

국정감사의 대상은 ① 정부조직법 기타 법률에 의하여 설치된 기관, ② 지방자치단체 중 서울특별시, 광역시, 도, ③ 정부투자기관, ④ 한국은행, 농협중앙회, 수협중앙회 등이고 ⑤ 기타 지방행정기관·지방자치단체·감사원의 감사대상 기관도 본회의의 의결에 의해 대상이 될 수 있다(법 §7).

국정조사 대상은 본회의가 의결로써 승인한 조사계획서에 기재된 사항, 즉 국회의 권한에 속하는 모든 사안이 대상에 포함된다.

(8) 국정감사·조사의 한계

국정감사 및 조사권은 국회의 조사적 통제기능에 해당하는 것으로서 결코 자기목적적인 것이 아니기 때문에 그 남용이 허용되지 않는다. 국정감사 및 조사권에 관한 한계가 강조되는 것은 그 때문이다.

국정감사 및 조사권은 감사 및 조사의 대상이 된 증인 등의 사생활을 침해하여서는 아니 된다(법 §8). 지난 헌법에는 계류 중인 재판에 관한 국정감사·조사와 수사 중인 사건의 소추에 관여하는 것을 금지하고 있었으나, 현행 헌법에서는 이를 삭제하고 대신 법률에서 규정하고 있다(법 §8).

2. 국무총리·국무위원의 국회출석요구권

국회는 국무총리·국무위원 또는 정부위원을 국회 본회의 또는 위원회에 출석시켜 정책에 대한 질문을 할 수 있다(§62). 우리 국회법은 국회의 정책통제적 출석요구 및 질문권을 대법원장·헌법재판소장·중앙선거관리위원장·감사원장에게도 확대하고 있다(국회법 §121④). 국무총리나 국무위원은 각각 국무위원이나 정부위원으로 하여금 대리하여 출석·답변케 할 수 있다(법 §121③).

이러한 출석요구에 의한 발언은 §62①(법 §120)의 발언권과는 다르다. 즉 이들은 국회의장 또는 위원장의 허가를 받아 필요한 경우 국회 본회의나 그 위원회에 출석하여 국정처리상황을 보고하거나 의견을 진술할 수 있다. 그러나 국회의 요구가 있는 경우에는 반드시 출석·답변하여야 한다. 이는 우리 정부가 '변형된 대통령제'라는 것을 말해주는 하나의 징표이다.

국회가 국무총리 등을 출석요구할 때에는 의원 20인 이상의 발의에 의한 본회의의 결정이 있어야 하며, 위원회도 그 의결로 이들의 출석을 요구할 수 있지만 이 경우에는 위원장이 의장에게 보고해야 한다. 출석요구는 서면으로써 한다(법 §121①).

3. 국무총리·국무위원 해임건의권

국회는 국무총리 또는 국무위원의 해임을 대통령에게 건의할 수 있다(§63①). 이는 대통령의 국무총리 및 국무위원임명권에 대한 국회의 통제장치로서 국회의 국무총리 임명동의권과 함께 변형된 대통령제의 내용을 이루는 제도이다. 이러한 각료 해임건의권은 각료의 위법행위나 정치적 무능력·무정책 등에 대한 책임을 묻는 제도이다. 지난 헌법에서는 '의결권'의 형태였으나 현행헌법에서 이를 '건의'할 수 있는 것으로 약화되었다. 이는 대통령의 국회해산권이 삭제된 것과 균형을 이루기 위한 것이다.

해임건의의 절차는 국회재적의원 1/3 이상의 발의가 있어야 하고(§63), 해임건의안이 발의된 때에는 본회의에 보고하고 그 때로부터 24시간 후 72시간 내에 무기명투표로 표결(법 §112⑦)한다. 국회재적의원 과반수의 찬성이 있어야 해임건의를 할 수 있다.

각료해임 건의권의 효과에 대해서는 해임건의가 의결되었더라도 법적 구속력은 없다는 견해가 다수설이다(반대 견해는 김철수 1,390면). 다만 현실 정치적 측면에서는 정치적 의미가 크다고 할 것이다.

4. 탄핵소추권

(1) 의의

우리 헌법은 §65에서 대통령을 비롯한 고위공직자에 대해 국회에 탄핵소추권을 부여하고 있다. 탄핵소추권은 일반 사법·징계절차로 소추나 징계하기 곤란한 행정부 고위 공무원, 법관 등 신분이 보장된 공무원이 직무상 중대한 비위를 범한 경우에 의회가 이들을 소추하여 파면하는 제도이다.

(2) 연혁

탄핵소추권은 국회의 여러 통제기능 중에서도 오래된 역사를 가진 고전적인 제도이다. 그 기원은 14C 영국 에드워드 3세(1327~1377)때 시작되었으며, 그 후 미국에 도입되어 실제 13건의 탄핵소추와 4건의 파면(탄핵결정)이 있었다. 존슨 대통령에 대한 탄핵소추는 1표차로 부결되었으며(1868), 이른바 워터게이트사건으로 인해 소추되었던 닉슨 대통령은 스스로 사임(1974)하는 등 그 정치적 의의가 상당하였다. 클린턴 대통령의 경우 하원에서는 통과되었지만 상원에서 부결된 바 있다(1999). 트럼프 대통령의 경우도 2회 탄핵소추가 되었지만 부결된 바 있다. 우리나라에서도 박근혜 대통령에 대한 탄핵결정(2017)이 나왔다. 이후에도 판사와 검사 등에 대하여 탄핵소추가 발의된 바 있다.

(3) 대상

탄핵소추권은 그 통제력에도 불구하고 현실적으로는 소추절차가 매우 엄격하고 제약요건이 많아서 그 실효성이 별로 크지 않다고 하겠다. 실제로 우리나라에서도 많이 활용되지는 않았지만, 헌법의 보장과 집행부 통제라는 상징적 의미를 가진다. 탄핵소추의 대상은 헌법과 법률에 규정되어 있다.

1) 헌법상 대상자

대통령과 국무총리·국무위원·행정각부의 장, 법관·헌법재판소재판관·중앙선거관리위원회위원·감사원장·감사위원(§65①) 등은 헌법이 규정한 탄핵소추의 대상자이다.

2) 법률상 대상자

법률 차원에서는 검찰청법 §37가 검사의 신분보장에서 탄핵으로 인한 불이익을 규정하고 있어서 검찰총장과 검사가 탄핵의 대상이 된다. 또 경찰청장(「국가경찰과 자치경찰의 조직 및 운영에 관한 법률」 §14⑤)과 국가수사본부장(같은 법 §16⑤)도 탄핵의 대상이다. 그 밖에는 입법이 되어 있지 않지만 국가정보원장·국세청장고위장성·고위외교관·국립대 총장 등을 예상해 볼 수 있다.

(4) 탄핵사유

공직자가 '직무집행에 있어서 헌법이나 법률을 위반한 때'라고 규정함으로써 직무행위에 국한하고 있다. 탄핵의 사유가 되는 행위는 헌법과 법률에 위배되어야 하고, 고의·과실(법의 무지포함)이 있어야 한다. 전직 시의 행위를 탄핵사유에 포함할 것인지에 대하여는 견해가 갈리는데, 이를 포함하자는 견해도 있으나(김철수 1,393면), 부정하는 것이 다수설이다. 다만 소추를 면탈하기 위한 전직(轉職)의 경우에는 전직(前職) 때의 행위를 현직에 포함시키자는 견해가 있다(권영성 917면).

(5) 절차

1) 발의

대통령에 대한 탄핵소추의 발의는 국회 재적의원 과반수를 정족수로 한다. 이렇게 소추요건을 강화한 것은 제6차 개헌(1969) 때이다. 대통령 이외의 자에 대한 탄핵소추의 발의는 국회재적의원 1/3 이상으로써 한다.

2) 의결

대통령에 대한 탄핵소추의결은 국회재적의원 2/3 이상의 찬성을 필요로 하며, 대통령 이외의 자에 대한 의결은 재적의원 과반수의 찬성으로써 한다(§65②). 국회에서 소추를 의결한 때에는 헌법재판소의 탄핵심판 결정이 있을 때까지 해당 공직자는 그 권한행사가 정지된다(§65③). 소추의결서가 의결된 이후는 임명권자가 소추의결된 공무원의 사직원을 접수하거나 그를 해임하는 것은 무효이다(국회법 §134②).

(6) 탄핵심판

1) 결정기관

우리 헌법은 탄핵제도에 관해서 그 소추기능과 심판기능을 나누어서 국회에게는 소추권만 주고 그 결정권은 헌법재판소에 맡기고 있다. 따라서 탄핵심판기관은 헌법재판소이다(§111①ii). 외국의 경우, 영국·미국은 상원에, 독일·이탈리아는 헌법재판소에 심판권을 주고 있으며, 일본은 독립된 탄핵법원을 두어 탄핵심판을 담당하도록 하고 있다.

2) 절차

헌법재판소의 탄핵심판결정은 재판관 9인 중 6인 이상의 찬성으로써 한다(§113①). 형사소송의 검사에 해당하는 탄핵소추위원은 국회 법제사법위원회 위원장이다(헌법재판소법 §49). 헌법재판소는 직권 또는 신청에 의하여 증거조사를 할 수 있고, 증거 및 증거조사에는 형사소송법의 관련규정이 적용된다. 또 헌법재판소는 피소추자를 소환하여 신문(訊問)할 수 있다. 동일한 사유로 형사소송이 계속하는 동안에는 심판절차를 정지할 수 있다(법 §51).

3) 효과

탄핵심판의 결과 탄핵이 결정된 경우에는 탄핵의 대상이 된 공직자는 탄핵결정의 선고에 의하여 그 직으로부터 파면된다. 그러나 이때에 탄핵결정의 효과는 그 직으로부터 배제되는 것에 그친다. 탄핵결정에 의해 파면된 경우에도 민사상이나 형사상의 책임이 면제되지 않으며, 따라서 결정 후에도 민사소송이나 형사상의 소추가 가능하다. 탄핵결정을 받은 자는 탄핵결정의 선고를 받은 날로부터 5년이 경과하지 않으면 헌법 §65①에 규정된 공직 등의 공무원이 될 수 없고(법 §54②), 이에 대한 사면(赦免)은 불가능하다는 것이 다수설이다. 피청구인이 결정 선고 이전에 공직에서 파면된 경우 헌법재판소는 청구를 기각한다(법 §53②).

[판례 1] ☞ 대통령(노무현)탄핵사건(기각, 헌재 2004.5.14, 2004헌나1)

① 국가기관이 국민과의 관계에서 공권력을 행사함에 있어서 준수해야 할 법원칙으로서 형성된 적법절차의 원칙을 국가기관에 대하여 헌법을 수호하고자 하는 탄핵소추절차에 직접 적용할 수는 없다.

② 선거에 임박한 시기에 기자회견에서 특정 정당에 대한 지지발언을 한 것은 선거에서의 중립의무를 위반한 것이다. 그러나 후보자의 특정이 이루어지지 않은 상태였으므로 선거운동에 해당한다고 볼 수는 없다.

③ 대통령이 국민 앞에서 현행법의 정당성과 규범력을 문제 삼는 행위, 헌법상 허용되지 않는 재신임 국민투표를 국민들에게 제안한 것 등은 헌법 제72조에 반하는 것이다.

④ 썬앤문 및 대선캠프 관련 불법정치자금 수수에 관한 소추사유는 대통령 취임 전으로 직무집행과 무관함으로 탄핵사유에 해당하지 않는다. 또한 정치적 무능력이나 정책결정상의 잘못 등 직책수행의 성실성 여부는 탄핵심판에서 판단사유가 되지 않는다.

⑤ 탄핵심판에서 공직에서 파면하는 결정을 선고하기 위해서는 모든 법위반의 경우가 아니라 파면을 정당화할 정도로 중대한 법위반의 경우를 말한다.

⑥ 헌법재판소법 §34①은 평의의 비밀을 규정하고 이를 결정문에 표기하기 위해서는 특별규정이 있어야만 하는데 법률규정이 없으므로 재판관 개개인의 의견을 표시하지 않는다. 표시여부는 재량이라는 의견도 있었다.

[판례 2] ☞ 대통령(박근혜)탄핵사건(파면, 헌재 2017.3.10, 2016헌나1)

① 국회가 별도의 조사를 하지 않았다거나 국정조사결과나 특별검사의 수사결과를 기다리지 않고 탄핵소추안을 의결하였다고 하여 헌법이나 법률을 위반한 것이라고 볼 수 없다. 탄핵소추안에 대한 제안 설명만 듣고 토론 없이 표결이 이루어졌지만 토론을 못하게 하거나 방해한 사실은 없다. 탄핵소추안을 각 소추사유별로 나누어 발의할 것인지는 의원들

의 자유로운 의사에 달린 것이다. 또 국회의 탄핵소추의결에 따라 사인으로서 대통령 개인의 기본권이 침해되는 것이 아니다.

② 헌법재판관 1인이 결원이 되어 8인의 재판관으로 재판부가 구성되더라도 탄핵심판을 심리하고 결정하는 데 헌법과 법률상 아무런 문제가 없다.

③ 헌법 제65조에서 대통령의 '직무'란 법제 상 소관 직무에 속하는 고유 업무와 사회통념상 이와 관련된 업무를 말하고, 법령에 근거한 행위뿐만 아니라 대통령의 지위에서 국정수행과 관련하여 행하는 모든 행위를 포괄하는 개념이다.

④ 대통령은 '국민 전체'에 대한 봉사자이므로 특정 정당, 자신이 속한 계급·종교·지역·사회단체, 자신과 친분 있는 세력의 특수한 이익 등으로부터 독립하여 국민 전체를 위하여 공정하고 균형 있게 업무를 수행할 의무가 있다. 피청구인은 최○원이 추천한 인사를 다수 공직에 임명하였고 이렇게 임명된 일부 공직자는 최○원의 이권 추구를 돕는 역할을 하였다. 이는 대통령으로서의 지위와 권한을 남용한 것으로서 공정한 직무수행이라 할 수 없다.

⑤ 피청구인은 직접 또는 경제수석비서관을 통하여 대기업 임원 등에게 미르와 케이스포츠에 출연할 것을 요구하였다.…이는 해당 기업의 재산권 및 기업경영의 자유를 침해한 것이다. 또 피청구인의 지시와 묵인에 따라 최○원에게 많은 문건이 유출되었는데, 이는 국가공무원법 제60조의 비밀엄수의무를 위반한 것이다.

⑥ 피청구인이 문화체육관광부 소속 공무원에 문책성 인사를 지시하거나 유○룡을 면직한 이유 등은 분명하지 않다. 또 피청구인이 세계일보의 정○회 문건 보도에 비판적 입장을 표명한 것이 언론의 자유를 침해하였다고 볼 수는 없다.

⑦ 세월호 참사에 대한 피청구인의 대응조치에 미흡하고 부적절한 면이 있었다고 하여 곧바로 피청구인이 생명권 보호의무를 위반하였다고 인정하기는 어렵고, 당일 직책을 성실히 수행하였는지 여부는 그 자체로 소추사유가 될 수 없다.

⑧ 피청구인은 최○원 의혹이 제기될 때마다 이를 부인하여 국회나 언론에 의한 견제장치가 작동될 수 없게 한 것은 대의민주제의 원리와 법치주의의 정신을 훼손하고 공익실현의무를 위반한 것이다.

⑨ 결국 피청구인의 이 사건 헌법과 법률 위배행위는 국민의 신임을 배반한 행위로서 헌법수호의 관점에서 용납될 수 없는 중대한 법 위배행위라고 보아야 한다. 이 법 위배행위가 헌법질서에 미치게 된 부정적 영향과 파급 효과가 중대하므로, 피청구인을 파면함으로써 얻는 헌법수호의 이익이 대통령 파면에 따르는 국가적 손실을 압도할 정도로 크다고 인정된다.

[판례 3] (☞ 이상민 행정안전부장관 탄핵) 2022.10.29. 이태원에서 발생한 다중밀집으로 인한 인명피해사고와 관련하여, 행정안전부장관의 사전 예방 조치가 헌법이나 법률을 위반하지 아니하였고, 사후 재난대응 조치가 헌법이나 법률을 위반하지 아니하였으며, 사후 발언이 품위유지의무 위반에 해당하지 않는다(기각, 헌재 2023.7.25., 2023헌나1).

5. 임명동의권

국회는 대통령의 국무총리, 감사원장, 대법원장과 대법관, 헌법재판소장의 임명에 대한 동의권을 가진다. 국회는 헌법기관의 구성에 참여함으로써, 한편으로는 대통령의 조직적 권한을 견제하고 다른 한편으로는 이들 기관의 민주적 정당성 확보에 간접적으로 기여한다.

참고로 대통령이 국무총리 등을 지명한 후 국회의 동의를 얻지 못한 상태에 있는 자들을 서리(署理)라고 한다. 한편 인사청문회법(2000)에 따라 국회의 동의를 요하거나 국회가 선출하는 직에 있는 사람들에 대해서는 인사청문회를 거쳐야 한다. 대법원장·헌법재판소장·국무총리·감사원장·대법관 및 국회에서 선출하는 헌법재판소 재판관과 중앙선거관리위원회 위원이 여기에 해당한다. 법률개정(2005)으로 장관에 대한 인사청문회도 실시하고 있다. 인사청문회의 결과는 국회의 임명동의나 대통령의 임명행위를 강제하지는 않는다.

6. 기타의 권한

(1) 긴급재정·경제처분, 긴급명령권의 승인권

국회는 대통령의 긴급재정경제명령 및 처분, 긴급명령권의 발동에 대하여 이를 사후 승인할 권한을 가진다. 따라서 대통령은 이러한 처분 및 명령을 발동한 경우에는 지체 없이 국회에 그 사실을 보고하여야 한다. 또한 이에 대하여 국회의 승인을 얻지 못하면 그 처분·명령은 승인을 얻지 못한 때로부터 효력을 상실한다(§76 ③④).

(2) 계엄해제 요구권

국회는 대통령이 선포한 계엄에 대하여 필요하다고 판단되는 경우에는 국회재적의원 과반수의 찬성으로 계엄의 해제를 요구할 수 있다(§77⑤). 대통령은 국회의 계엄해제요구가 있을 때에는 반드시 이를 해제하여야 한다.

(3) 국군통수권에 대한 동의권

국회는 선전포고, 국군의 해외파견, 외국군대의 국내주둔 등에 대하여 동의권을 가진다(§60②).

(4) 일반사면에 대한 동의권

대통령이 일반사면을 하기 위해서는 국회의 동의를 얻어야 한다(§79②).

(5) 국가기관구성권

국회는 헌법 제111조 3항에 의하여 헌법재판소 재판관 6인 중 3인을, 헌법 제114조 제2항에 의하여 중앙선거관리위원회 위원 9인 중 3인을 지명할 수 있다. 대통령은 국회에서 지명한 위원을 임명하여야 한다.

V. 국회 내부사항에 관한 자율권

국회는 하나의 헌법기관으로서 스스로의 문제를 자주적으로 처리할 수 있는 폭넓은 자율권을 갖는다. 국회의 자율권은 의회주의사상에 그 뿌리를 두고 권력분립의 원칙에 의해서 뒷받침되어 현대 헌법국가의 의회에서는 당연한 국회기능으로 간주된다. 국회의 자율기능은 국회가 갖는 입법·재정·통제·인사기능의 실효성을 높이기 위한 불가결한 전제조건을 뜻하기 때문이다(권력분립 또는 기능독립의 원칙).

우리 헌법과 국회법도 국회의 자율기능을 규정하고 있는데 규칙자율권·신분자율권·조직자율권·의사(議事)자율권·질서자율권 등이 그것이다.

1. 규칙제정권

국회는 법률에 저촉되지 아니하는 범위 안에서 의사와 내부규율에 관한 규칙을 제정할 수 있다(§64①). 이를 규칙자율권이라 한다. 국회규칙은 법률에 저촉되지 아니하는 범위 안에서 이루어져야 하므로 그 내용면에서는 법률의 시행세칙이며 효력면에서 볼 때에는 명령에 준한다. 또한 국회규칙으로 규율할 수 있는 내용은 '의사와 내부규율에 관해서'이다. 그러나 이들

사항은 대부분 국회법에서 상세히 규정하고 있기 때문에 규칙으로 정할 사항은 많지 않다.

2. 의원신분에 관한 권한

국회는 의원의 자격심사·윤리심사 및 징계·사직 등 의원의 신분에 관한 사항에 대해서 자율처리권을 갖는다. 이를 신분자율권이라 하는데, 의원의 신분문제에 대한 국회의 결정에 대해서는 법원에 제소할 수 없다.

(1) 의원의 제명

의원에 대한 징계로 의원의 제명을 결정하는 경우에는 특히 국회재적의원 2/3 이상의 찬성을 필요로 한다(§64③, 국회법 §163①). 이러한 결정에 대해서 법원에 제소하는 것은 허락되지 않는다(§64④). 1979년 김영삼 의원에 대한 제명이 이루어진 것이 유일한 사례이다. 절차가 시작되자 사직한 경우는 수차례 있었다. 한편 정당에서 소속 의원을 제명하는 경우 자체 제명절차에 소속 의원 2/3 이상 찬성을 요한다(정당법 §33).

(2) 자격심사

의원의 자격에 대하여 이의가 제기된 경우(청구는 의원 30인 이상)에 국회는 스스로 의원의 자격을 심사해서 자격유무를 결정한다. 의원에 대한 자격심사의 소관위원회는 윤리특별위원회가 담당하고 최종결정은 본회의가 그 의결로써 하는데, 의원의 무자격결정에는 국회 재적의원 2/3 이상의 찬성이 필요하다(법 §142③). 무자격 결정 사례로는 제3대 국회 때인 1957년 김창룡 중장 저격사건에 연루되어 체포된 도진희 의원이 유일하다.

(3) 징계

국회는 일정한 사유가 있는 경우 의원을 윤리심사 및 징계할 수 있다. 국회법 §155는 의원의 징계사유를 들고 있는데 각종 의무를 위반한 경우이다. 예컨대 의원이 국회의원윤리강령 및 국회의원윤리실천규범을 위반한 때에는 윤리심사사유가 된다. 의원이 청렴의무위반, 이권운동 등 헌법상의 품위규정을 어긴 경우는 물론, 2회의 윤리위반 통고를 받거나 의사에 관한 국회법상의 여러 규정을 위반하는 행동을 한 경우, 그리고 국정감사 및 조사에 관한 법률의 금지규정을 어긴 때에는 징계를 받게 된다. 또 국회법 §163는 징계의 종류를 정하고 있는데, 국회의원의 징계에는 공개회의에서 경고, 공개회의에서 사과, 30일 이내의 출석 정지(수당 등은 1/2 감액), 제명 등이 그것이다. 제명을 제외하고는 일반의결정족수로 결정된다. 징계나 자격심사에 대해서는 법원에의 제소가 금지된다(§64④). 헌법소원은 가능하다. 징계의 의결은 의장이 공개회의에서 선포한다.

3. 내부조직권

국회는 외부의 간섭 없이 독자적으로 그 내부조직을 할 수 있는 조직자율권을 갖는다. 국회의 기관인 의장 1인과 부의장 2인을 선거하고 그 궐위시에 보궐선거를 실시하며, 의장·부의장의 사임을 처리하고, 필요할 때에 임시의장을 선출하고, 국회사무총장·국회도서관장·의정연수원장을 비롯한 직원을 임면하는 것, 그리고 교섭단체와 위원회를 구성하는 것 등이 모두 조직자율권이라 할 수 있다.

4. 의사진행에 관한 자율권

국회의 의사(議事 회의를 진행함)에 관해서는 헌법과 국회법에서 자세히 규정하고 있지만, 헌법과 국회법에 따로 규정이 없는 사항에 대해서는 국회의 의사자율권과 규칙자율권에 의해서 국회규칙으로 정하든지, 국회 스스로가 의사에 관한 관행을 확립해 나갈 수 있다. 이러한 것들은 법원의 사법적 심사의 대상이 되지 않는다.

국회의 개회·휴회·폐회 등에 대한 결정은 의사자율권(議事自律權)에 의한다. 회의를 재개할 때에는 대통령 또는 국회의장이 이를 제안할 수 있으며, 국회재적의원 1/4(국회법 §8)의 제안으로써도 회의를 재개할 수 있다. 국회의 회기일정은 집회 직후 국회가 결정한다(법 §7).

[판례] 국회 외교통상통일위원회 위원장이 회의실 출입문을 폐쇄한 상태로 회의를 개의하여 야당 국회의원들의 출입을 봉쇄한 채 한미 자유무역협정(FTA) 비준동의안을 상정하고 그 비준동의안을 법안심사소위원회로 회부한 행위는 야당 국회의원들의 심의권을 침해한 것이다(인용, 권한침해 확인). 다만 그 상정행위 및 회부행위에 관한 무효확인청구는 기각한다(헌재 2010.12.28, 2008헌라7).

5. 내부경찰권 및 국회가택권

국회는 국회건물 내외의 안전과 본회의 또는 위원회의 회의장의 질서를 유지하기 위해 필요한 조치를 스스로 결정할 수 있다. 이를 질서자율권이라고 하는데 국회를 대표하는 의장의 경호권을 통해서 행사되는 경우가 많다. 국회는 질서자율권을 행사하기 위해 국회에 경위를 두고 필요한 경우 경찰관의 파견을 요구할 수 있다.

제 4 장
대통령

제1절 대통령제의 의의

> 헌법적으로 살펴볼 때 우리나라의 대통령과 미국의 대통령 중 누구의 권한이 더 막강하다고 할 수 있을까?

Ⅰ. 의의

대통령제는 의회로부터 독립하여 국민에 의해 직접 선출되는 대통령이 국정의 중심이 되고, 대통령에 대해서만 책임을 지는 국무위원에 의해 구체적인 집행이 이루어지는 제도를 말한다. 대통령제는 권력의 엄격한 분립이 이루어지고 권력기관 상호간의 독립이 보장되어 '견제와 균형의 원리'를 충실하게 실현시키는 정부형태라고 할 수 있다.

Ⅱ. 대통령제의 유형

1. 미국형

미국형 대통령제는 엄격한 권력분립을 기초로 한다. 대통령은 국가원수 겸 행정부 수반이 되며, 집행부 또는 사법부의 관직과 의원직을 겸할 수 없게 되어 있어서 상호 조직의 독립성이 보장된다. 따라서 입법부는 행정부에 대해서 직접적으로 정치적 책임을 추궁할 수 없으며, 행정부의 구성원도 의회의 입법활동에 간섭할 수 없다. 즉 행정부에는 법률안제출권이 없으며 의회의 요청이 없는 한 출석·발언할 수도 없다. 대통령에게 의회해산권이 없는 것처럼 의회에게도 행정부에 대한 불신임권이 없다.

2. 신대통령제

신대통령제(Neopräsidentialismus)는 미국식 대통령제와는 달리 대통령이 입법부·사법부보다 우월한 지위를 갖고 있음으로서 그 권한행사를 유효하게 견제할 수 없다. 신대통령제에 있어서도 명목상으로는 의회·내각·법원을 각각 독립시키기는 하지만, 통치구조상 대통령에게 일정부분 예속된다.

3. 의원내각제와 이원집정부제

의원내각제는 영국에서 유래한 것으로서 찰스 1세 때의 '장기의회(Long Parliament 1640~1649)'에서 확립된 의회 우위의 의회정부제가 의원내각제의 기원이다.

의원내각제는 집행부의 장인 수상(首相, 총리)이 의회에서 선출되고 수상이 임명한 각료가 집행부를 구성하지만 수상과 각료가 의회에 대해서 정치적 책임을 지는 것이 그 특징을 이룬다. 따라서 의원내각제 국가의 대통령 또는 국왕은 실질적인 권한이 없는 의전 상의 국가원수일 뿐이다.

이원집정부제의 대통령은 비상시에 전권을 행사하거나, 수상 또는 총리와 권한을 분점하여 국방과 외교를 담당하는 형태이다.

III. 우리나라 대통령제의 변천

1. 제1공화국의 정부형태

(1) 1948년 제헌당시

기본적으로 대통령제를 채택하고 있으나 대통령은 국회에서 임기 4년으로 간접선거 되었다(§53). 대통령은 법률안제출권을 갖고, 국무총리와 국무위원의 국회의원 겸직이 허용되었다. 또한 대통령의 국무총리 임명에 국회의 승인을 받도록 하는 등 의원내각제의 요소가 많이 가미되어 있었다.

(2) 제1차 개헌에 의한 정부형태

대통령을 직선제로 하고, 국무총리·국무위원은 국회에 대하여 연대책임을 지게 하며, 국회는 국무원불신임권을 가지게 되었으나 여전히 정부에게는 국회해산권이 없었다.

(3) 제2차 개헌에 의한 정부형태

국무총리제를 폐지하였고, 국회의 국무원에 대한 연대적 불신임제도 폐지하였다.

2. 제2공화국의 정부형태

제2공화국은 의원내각제를 채택하였다. 대통령은 양원합동회의에서 선거하였고, 상징적 국가원수였다. 하지만 국무총리 지명, 헌법재판소심판관 임명, 정부의 계엄선포요구에 대한 거부권, 위헌정당에 대한 정부의 해산제소를 승인하는 등의 실질적 권한도 있었다. 다만 구체적으로 입법이 되기 전에 5·16이 일어나서 그 실체를 파악하기 어렵다.

3. 1962년 제3공화국의 정부형태

고전적 대통령제에 가까운 제도를 채택하였다. 대통령은 국민에 의하여 직선되며 국회에 대하여 책임을 지지 아니하고, 국무회의는 심의기관에 불과하였다. 그러나 부통령제 대신 국무총리제를 두고, 국무총리와 국무위원에 대한 국회의 개별적 해임건의권을 인정하는 의원내각제 요소를 도입하였다. 역대 헌법 중 현행 헌법상의 정부형태와 가장 비슷하다.

4. 1972년 제4공화국의 정부형태

대통령에게 국가권력이 집중된 권위주의적 대통령제(또는 신대통령제)를 채택하였다. 대통령은 간접선거로 선출되고 국회해산권·긴급조치권 등이 인정되고, 정부에게는 법률안제출권과 국무위원의 국회출석·발언권이 인정됨과 동시에 대통령에게 법률안거부권을 인정하였다. 또한 대법원장과 기타 법관까지도 대통령이 임명하는 등 권력분립이 잘 이루어지지 않았다.

5. 1980년 제5공화국의 정부형태

대통령은 대통령선거인단에 의해서 간접 선거되었고 대통령제에 대권적 권한이 가미되었다. 이때에도 역시 대통령에게는 국회해산권과 법률안 거부권이 인정되는 등 실질적으로 1972년 헌법과 별 차이가 없었다.

제2절 대통령의 헌법상의 지위

> 국가원수와 행정부 수반의 지위를 겸하도록 한 우리의 대통령제 하에서 실제로 이를 분리해서 사고하는 것이 대통령 본인이나 다른 사람들에게 가능할까?

I. 국가원수로서의 지위

대통령은 대외적으로 국가를 대표하고, 대내적으로 국민의 통일성·전체성을 대표할 자격을 가진 국가기관이다.

1. 국가대표자로서의 권한

> 헌법 §66①
> 대통령은 국가의 원수이며, 외국에 대하여 국가를 대표한다.

§66①의 규정에 따라 대통령은 조약을 체결하고 비준(批准)하는 권한(§73), 선전포고 및 강화를 행할 권한(§73), 외교사절을 신임·접수·파견할 권한(§73)을 갖는데, 이는 대외적으로 국가를 대표하는 지위에서 나오는 권한이다. 다만 대내적으로는 대의제에 따라 국회와 함께 국민을 대표한다.

2. 국가보위자(수호자)로서의 권한

> 헌법 §66②
> 대통령은 국가의 독립·영토의 보전, 국가의 계속성과 헌법을 수호할 책무를 진다.
> 헌법 §69
> 헌법을 준수하고 국가를 보위하여…

§66②와 §69의 규정에 따라 대통령은 국가를 수호할 의무와 권한을 가지며, 이 지위에서 대통령은 위헌정당해산 제소권(§8④, 정부의 권한), 긴급재정·경제처분권 및 긴급명령권(§76), 계엄선포권(§77)을 갖는다.

3. 국정조정자로서의 권한

대통령에게는 3권분립을 초월하여 국정을 조정(調整)할 권한이 부여되어 있으며, 이에 따라 헌법개정안 발의권(§128①), 임시국회소집 요구권(§47①), 영전수여권(§80), 사면권(사면·감형·복권, §79), 국회출석발언권 및 서한을 통한 의견표시권(§81), 법률안 제출권(§52, 정부의 권한), 국군통수권(§74), 국민투표부의권(§72) 등이 주어져 있다.

4. 국가기관 구성자로서의 권한

대통령은 국민에게 직접 부여받은 정당성을 기초로 국가기관을 구성할 권한을 가지며 이에 따라 대법원장·대법관·헌법재판소장·국무총리·감사원장 등을 국회의 동의를 얻어 임명할 권한과 헌법재판소 재판관 9인(실질적으로는 3인, §111②③), 중앙선거관리위원 3인(§114②)을 임명할 권한을 갖는다.

II. 행정부의 수반으로서의 지위

헌법 §66④
행정권은 대통령을 수반(首班)으로 하는 정부에 속한다.

§66④의 규정에 따라 행정부 수반으로서의 지위에서 대통령은 입법부·사법부와 동열에 놓이게 된다.

1. 최고책임자 · 지휘자로서의 지위

그 권한과 책임 하에 최종적 결정과 지휘·감독권을 갖고, 대통령령을 발포하며, 법령을 집행하고 그 과정을 지휘·감독한다.

2. 행정부 조직권자로서의 지위

구성원에 대한 임명·해임권을 갖는다. 이에 따라 국무총리·국무위원·장관 등과 기타 공무원을 임면한다(§78).

3. 국무회의 의장으로서의 지위

국무회의는 15~30인 이하의 국무위원으로 구성된다. 대통령은 의장으로서 회의를 소집·주재한다(§88).

이상에서 본 것처럼 현행 헌법 하의 대통령은 국가원수로서의 지위와 행정부 수반으로서의 지위를 겸하여 갖게 되나, 우리 국민의 의식구조상 이러한 역할 구분이 사실상 어렵다고 생각된다. 결국 국가원수·행정부수반·여당 지도자의 지위를 복합적으로 갖는데, 국가원수로서의 지위와 혼동되는 부작용이 일어날 수 있다.

제3절 대통령의 신분상 지위

> 대통령 선거에서 결선투표제를 도입하면 어떨까? 후보검증 논란에도 불구하고 의문이 선거 후에 밝혀지는 경우가 많다. 아예 공식 선거과정에 후보검증절차를 넣고 선거에 임박해서는 의문을 제기하지 않게 하는 것이 가능할까?

Ⅰ. 대통령선거

1. 입법례

(1) 직선제

직선제를 채택한 나라는 현재의 한국, 프랑스 제5공화국(1958년 드골헌법은 간선이었으나 1962년 직선제로 개헌), 페루, 멕시코 등이 있다.

직선제의 장점으로는 민주정치에 부합하고, 정치권력에 정당성을 직접 부여한다는 점을 들 수 있으며, 단점으로는 과도한 국력소모 가능성, 여·

야의 대립으로 인한 국론분열이 가능성, 인기영합적 공약의 남발, 장기간의 행정공백 초래 등을 들 수 있다.

(2) 간선제

전형적인 대통령제이면서 선거인단에 의한 간선제를 택하고 있는 나라로 미국을 들 수 있다.

또 이집트와 시리아 등은 의회에서 선출된 자에 대한 찬·반 국민투표에 의한 방법을 채택하고 있다.

이 밖에 독일이나 이탈리아 등 의원내각제 국가의 대부분과 그리스와 같은 의원내각제와 절충한 정부형태의 경우 의회에서 대통령을 선거한다. 이 경우 민주적 정당성이 미흡하고, 명목적 지위에 그친다.

참고로 미국의 대통령선거과정은 다음과 같다.

① 각 정당별로 각 주와 특별구에서 대의원을 선출하고, 이들이 각각 자기 정당의 대통령 후보를 지명한다.

② 일반유권자는 각주에서 선출하는 연방 상원의원과 하원의원의 동수에 해당하는 선거인단(워싱턴 DC는 3명)을 선출하는데(11월 첫 월요일 다음의 화요일), 승자독식제(승자일괄득표제 winner takes all)를 채택하고 있다(메인 주와 네브래스카 주는 득표비율 배분).

③ 대의원 538명(270명 이상 확보해야 당선)이 투표하여 최종적으로 대통령을 선출(12월 둘째 수요일 다음 월요일)한다.

이런 선거제도에 따라 유권자 득표에서 지고도 선거인단 확보에서 이기면 대통령이 될 수 있다. 1876년 러더퍼드 헤이스(공화당), 1888년 벤저민 해리슨(공화당), 2000년 조지 부시(공화당), 2016년 도널드 트럼프(공화당) 등 네 번의 실제 사례가 있다.

2. 우리나라의 대통령선거

(1) 선거권과 선거방법

대통령은 선거일 현재 18세에 달한 선거권자에 의해서 무기명투표로 선출되는데, 대통령후보자 중에서 유효투표의 다수를 얻은 사람이 대통령으로 당선된다. 대통령후보자가 1인일 때에는 그 득표수가 선거권자 총수의 1/3 이상에 달하여야 당선인으로 결정된다. 최고득표자가 2인 이상인 경우에는 국회에서 결선투표를 행하고 다수표를 얻은 자가 당선된다.

(2) 피선거권

국회의원의 피선거권이 있고 선거일 현재 40세에 달한 국민은 피선거권을 갖는다(§67④).

(3) 입후보등록요건

대통령선거에 입후보하려면 정당의 추천을 받거나, 5 이상의 시·도에 나누어 하나의 시·도에 주민등록이 되어 있는 선거권자 700인 이상으로 총 3,500~6,000인의 추천을 받아야 한다(공직선거법 §47, §48②). 또한 정당추천후보자이든 무소속후보자이든 3억원을 기탁하여야 한다(법 §56).

(4) 선거시기

대통령의 임기가 끝나는 경우 임기만료 70일 내지 40일 전에, 대통령 궐위 시 또는 대통령당선자가 사망하거나 판결 기타의 사유로 그 자격을 상실한 때는 사유발생일로부터 60일 이내에 후임 대통령을 선거한다(§68). 공직선거법은 임기만료에 의한 대통령선거는 임기만료일 전 70일 이후 첫 번째 수요일에 하도록 하였다(법 §34①). 대통령궐위로 인한 선거 또는 재선거의 경우 늦어도 선거일 전 50일에 공고하도록 했다(법 §35①).

실제 발생할 가능성은 높지 않지만, 대통령 선거 후 임기 개시 전에 대통령이 궐위되면 기존의 당선자가 대통령이 되는지 아니면 보궐선거를 해야 하는지 불분명하다. 엄격한 문언해석상 보궐선거를 해야 하는데 입법적으로 해결할 문제다.

(5) 선거에 관한 소송

대통령선거에 관한 소송은 선거소송과 당선소송의 두 유형이 있다. 선거소송은 선거일로부터 30일 이내에 선거인·대통령후보자·대통령후보자 추천정당이 당해 선거관리위원회 위원장을 피고로 하여, 당선소송의 경우는 대통령후보자·대통령후보자추천정당이 당선결정일로부터 30일 이내에 대통령당선인 또는 중앙선거관리위원회 위원장 내지 국회의장을 피고로 하여 대법원에 소를 제기한다. 대법원은 소가 제기된 날로부터 180일 이내에 신속히 이를 처리해야 한다(법 §225).

(6) 임기

대통령의 임기는 과거 장기 집권의 역사를 교훈 삼아 5년 단임제를 채택하고 있다(§70). 대통령의 임기는 제1공화국 4년, 제2공화국 5년, 제3공화국 4년, 제4공화국 6년, 제5공화국 7년, 현행헌법은 5년으로 변천하였다.

한편 중임(重任)과 연임(連任)을 동의어로 쓰기도 하나, 중임금지는 한 번만 그 직에 취임할 수 있고, 연임금지는 한 번 임기를 마친 후 그 다음에 연이어서 취임하지 않으면 다음에 또 취임할 수 있는 것을 의미한다.

(7) 취임

대통령은 취임에 즈음하여 다음과 같이 선서한다. "나는 헌법을 준수하고 국가를 보위하며 조국의 평화적 통일과 국민의 자유와 복리의 증진 및 민족문화의 창달에 노력하여 대통령으로서의 직책을 성실히 수행할 것을 국민 앞에 엄숙히 선서합니다(§69)."

임기는 전임 대통령 임기 만료일 다음 날 0시부터 개시된다(공직선거법 §14①). 그러나 실제로 취임식 날 취임식(보통 오전 10시)까지는 전 대통령이 대통령직을 수행하는 것처럼 보여서 문제가 될 수 있다.

II. 대통령의 권한대행

대통령은 민주적 정당성에 기초하여 직무를 수행하는 기관이기에 대통령제를 기본으로 하는 통치구조에서는 부통령을 함께 선출해 유고시 그 권한을 대행하거나 대통령직을 승계하도록 하는 것이 원칙이다. 그러나 우리 헌법은 제2공화국 이래로 지금까지 부통령제를 두고 있지 않기 때문에 문제가 있다.

1. 권한대행의 사유

대통령이 법적·사실적으로 없게 된 때인 궐위(闕位)의 경우나, 신병·탄핵소추의결 등으로 직무를 수행할 수 없을 때인 사고(事故)의 경우에 권한대행이 발생하게 된다. 현행법 상 명확하지 않은 경우 권한대행 사유가 발생했는지의 판단은 1차적으로 대통령 자신이 할 수밖에 없다. 그러나 스스로 판단하기 어려운 상황을 포함하여 예상할 수 있는 다양한 경우에 대한 입법적 보완이 필요하다.

2. 권한대행의 순서

국무총리 및 법률이 정한 국무위원의 순서(§71)로 권한대행의 순서가 정해져 있다. 제1순위로 국무총리가 그 권한을 대행하게 한 것은 부통령제가 아닌 상황에서 민주적 정당성에 문제가 된다고 할 수 있다. 그 다음 순위로서의 국무위원 역시 그러한 점에서는 문제가 있다. 제2순위는 정부조직법 규정에 따라 기획재정부장관(부총리), 교육부장관(부총리), 대통령이 지명한 국무위원 등의 순서에 따른다(정부조직법 §22, §26①).

3. 직무범위

권한대행시의 직무범위에 있어서는 현상유지적 범위에 국한된다는 학설(김철수 1,482면)과 궐위와 사고를 구분하여 사고 시는 현상유지적 범위에 국한된다는 설(권영성 973면)이 있다. 그러나 이는 별 실익이 없는 논의다. 특히 궐위의 경우 보궐선거시기가 법정되어 있으나, 사고의 경우 그 시한이 없으므로 현상유지에 국한시킬 수는 없다.

Ⅲ. 대통령의 특권

헌법 §84
대통령은 내란 또는 외환의 죄를 범한 경우를 제외하고는 재직 중 형사상의 소추를 받지 아니한다.

이러한 대통령의 형사상 특권은 원활한 직무수행을 위하여 인정되는 것이다. §84에 따라 재직 중 내란죄·외환죄를 범한 경우는 당연히 형사상 소추를 받으며, 퇴임 후에는 재직 중의 범죄에 대하여 형사소추 될 수 있다. 한편 재직 중이라도 민사상·행정상의 책임은 면제되지 아니한다.

또한 대통령은 탄핵결정에 의하지 아니하고는 공직으로부터 파면되지 않고(§65④), 탄핵소추의 의결을 받은 경우에는 탄핵심판이 있을 때까지는 그 권한 행사가 정지된다(헌재법 §50).

Ⅳ. 대통령의 헌법상 의무

대통령은 취임선서의무(§69), 평화통일정책의 수립·추진의무(§4, §66③), 헌법수호책무(§66②) 등의 의무가 있다. 헌법수호의 책무란 국가의 독립, 영토의 보존, 국가의 계속성 등을 위한 책무를 말한다. 이밖에도 겸직금지의무(§83)가 있다. 국무총리, 국무위원, 행정각부의 장, 기타 법률이 정하는 공사직(公私職)을 겸직할 수 없다. 사적 영업도 금지된다는 것이 다수설이다.

제4절 대통령의 권한

이른바 '제왕적 대통령제'의 원인은 무엇인가? 현행 헌법규정에 따를 때 대통령의 권한행사에 대하여 가장 효과적인 통제방법은 무엇인가?

실질적 분류에 따르면 대통령의 권한은 다음과 같이 분류된다. 일부 문언상 정부의 권한으로 되어 있는 경우도 있으나 행정부의 수장인 대통령의 권한으로 보아 여기서 포함시켰다.

Ⅰ. 헌법개정과 국민투표 부의권

1. 헌법개정에 관한 권한

(1) 헌법개정 발의권

대통령은 헌법개정에 대한 발의를 할 수 있다(§128①).

(2) 헌법개정안 공고권

제안된 헌법개정안을 대통령이 20일 이상 공고해야한다(§129). 이러한 개헌안은 공고된 날로부터 60일 이내에 국회의 의결을 거쳐, 국회의결로부터 30일 이내에 국민투표에 회부된다(§130①②). 이는 대통령의 권한이자 의무이다.

(3) 헌법개정안 공포권

대통령은 헌법개정이 확정되면 즉시 이를 공포하여야 한다(§130③). '즉시'라는 것은 행정·기술적으로 소요되는 기간 이상 늦추어서는 안 된다는 의미이다. 대통령은 헌법개정에 관하여 거부권을 행사할 수 없다.

2. 국민투표에 관한 권한

대통령은 필요하다고 인정할 때에는 외교·국방·통일 기타 국가안위에 관한 중요정책을 국민투표에 회부할 수 있다(§72). 법률안이나 기타 헌법상 결정방법이 정해져 있는 사항을 국민투표에 붙이는 것은 우리 헌법상 불가능하다고 해석된다.

참고로 1954년 헌법(제2차 개헌) §7-2 "대한민국의 주권의 제약 또는 영토의 변경을 가져올 국가안위에 관한 중대 사항은 국회의 가결을 거친 후에 국민투표에 부(付)하여 민의원의원선거권자 3분지 2 이상의 투표와 유효투표 3분지 2이상의 찬성을 얻어야 한다.…"고 규정되어 있었다.

Ⅱ. 통치기관 구성에 관한 권한

1. 헌법재판소 소장 및 재판관 임명권

대통령은 헌법재판소장을 재판관 중에서 국회의 동의를 얻어 임명하고, 법관의 자격을 가진 자 중 국회선출 3인, 대통령지명 3인, 대법원장지명 3인, 총 9인을 재판관으로 임명한다(§111②).

2. 대법원장·대법관 임명권

대통령은 대법원장을 국회의 동의를 얻어 임명하며(§104①), 대법관을 대법원장의 제청에 의하여 국회의 동의를 얻어 임명하는 권한을 가진다(§104②). 이는 사법부에 대한 인사권의 확보를 의미한다. 그러나 대통령의 인사권이 사법부의 독립을 해쳐서는 안 된다.

3. 국무총리·국무위원 임명권

대통령은 국무총리를 국회의 동의를 얻어 임명하고, 국무위원은 국무총리의 제청으로 임명한다(§86, §87).

4. 감사원장·감사위원 임명권

대통령은 감사원장을 국회의 동의를 얻어 임명하고(§98②), 감사위원은 감사원장의 제청으로 임명한다.(§98③)

5. 중앙선거관리위원회 위원 임명권

대통령은 중앙선거관리위원회 위원 3인을 임명할 권한을 가진다(§114②). 위원장은 호선(互選)한다. 그러나 관례상 대법원장이 지명한 대법관이 위원장이 되고 있다.

III. 국회에 관한 권한

1. 임시국회 소집요구권

대통령은 국무회의 사전심의를 거쳐(§89vii) 기간·소집이유를 명시하여 (§47③) 임시집회의 소집을 요구할 수 있고 이에 따라 국회는 집회한다(§47①).

1980년 헌법 §83⑤는 이 경우 대통령이 요구한 안건만 처리한다고 규정하였으나 총회기를 제한하지 않는 현행 헌법 하에서는 이러한 규정의 필요성이 없어서 규정을 두지 않았다.

2. 국회출석·발언권, 서한의견표시권

대통령은 국회에 출석하여 발언하거나 서한으로 의견을 표시할 수 있다(§81). 그러나 국회가 이를 요청한다 하여 이에 응할 의무는 없다.

IV. 입법에 관한 권한

1. 법률안 제출권

정부는 국무회의의 심의를 거쳐 법률안을 제출할 수 있다(§52). 일반적으로 대통령제 하에서 대통령(정부)은 법률안 제출권이 없는 것이 원칙이다. 우리 제도는 의원내각제의 요소를 받아들인 것이며, 입법부에 대한 우월적 지위를 인정한 것이다. 문언 상 정부가 제출권을 가지나 행정부 수반인 대통령의 권한이라고 생각해도 무방하다.

2. 법률안 공포권

대통령은 국회에서 의결된 법률안이 정부에 이송된 날로부터 15일 이내에 공포하여야 한다(§53①). 법률안에 이의가 있으면 재의를 요구할 수 있으나 국회에서 재의결하면 정부에 이송된 후 지체 없이 5일 이내에 공포하여야 한다. 만일 확정법률을 5일 이내에 대통령이 공포하지 아니할 때에는 국회의장이 이를 공포한다(§53⑥).

3. 법률안 재의요구권

> 헌법 §53②
> 법률안에 이의가 있을 때에는 대통령은 제1항의 기간 내에 이의서를 붙여 국회로 환부(還付)하고, 그 재의를 요구할 수 있다. 국회의 폐회 중에도 또한 같다.

대통령의 법률안 재의요구권은 거부권이라고도 한다. 이는 미국 연방헌법에서 유래된 것이다. 입법과정에 불참하는 집행부의 이의를 해소하며, 입법부(다수당)에 대한 대통령의 견제를 위하여 생긴 제도이다. 따라서 그 기능으로는 소수보호, 부당입법방지, 억제와 균형 등을 들 수 있다.

거부권을 행사하기 위한 요건으로는 법률안이 헌법위반이거나, 집행이 불가능하거나, 공익을 위반하는 경우 또는 부당한 정치공세인 경우에 행사할 수 있다.

그 성격상 국회에서의 재의결이라는 조건이 성취될 때까지 법률로서의 효력이 발생하지 않는 정지조건으로 볼 수 있다. 또한 거부의 종류로 환부거부(direct veto)와 보류거부(pocket veto)가 있는데, 우리나라는 환부거부만 인정된다. 국회의 임기만료 시에는 예외적으로 보류거부가 인정된다고도 하나(권영성 1,008면), 이는 거부권 행사로 볼 수 없다(김철수 1,488면, 허영 1,047면).

실제로 미국에서는 빈번히 행사된다. 2023년까지 2,585건의 거부권이 행사되었고 의회가 재의결로 확정한 것은 112건에 지나지 않는다. 우리나라의 경우 2022년까지 66건의 사례가 있는데, 그 중 39건이 자유당 창당 이전의 제헌의회와 제2대국회에서 이루어졌다. 현행 헌법 하에서는 노태우 대통령 7건, 노무현 대통령 6건, 이명박 대통령 1건, 박근혜 대통령 2건 등이 있었다. 그 이후 윤석열 대통령은 2023년까지 5회(9건) 재의요구권을 행사하였다.

4. 행정입법권

대통령은 실질적 입법인 대통령령을 발할 권한이 있으며(§75), 이는 행정국가화 경향에 따라 필요성이 인정되고 있다.

(1) 법규명령

법규명령은 행정권이 국민의 자유와 권리에 관계되는 사항을 정하는 법적 구속력을 갖는 명령으로서, 위임명령과 집행명령으로 구분된다. 위임명령이란 법률이 정하는 구체적 개별적 범위 내에서 새로운 입법에 관한 사항을 정할 수 있는 명령을 말한다. 집행명령은 시행세칙을 정하는 것으로 직권으로 발할 수 있으며, 새로운 입법에 관한 사항을 정할 수는 없다.

[판례 1] 헌법 §75에 따른 위임의 구체성·명확성의 요구 정도는 그 규율대상의 종류와 성격에 따라 달라질 것이지만, 특히 처벌법규나 조세법규와 같이 국민의 기본권을 직접적으로 제한하거나 침해할 소지가 있는 법규에서는 구체성·명확성의 요구가 강화되어 그 위임의 요건과 범위가 일반적인 급부행정의 경우보다 더 엄격하게 제한적으로 규정되어야 하는 반면에, 규율대상이 지극히 다양하거나 수시로 변화하는 성질의 것일 때에는 위임의 구체성·명확성의 요건이 완화되어야 할 것이다(헌재 1998.4.30, 96헌바78).

[판례 2] '법인의 비업무용토지'의 경우 일상적 의미, 심판대상규정의 입법목적, 관련법규의 내용, 취득세 중과세제도의 전문성·기술성 등 제반사정에 비추어 볼 때 심판대상규정의 위임에 따라 대통령령에 정하게 될 법인의 비업무용 토지의 기준과 범위의 대강을 어느 정도 예측할 수 있으므로 합헌이다(헌재 2000.2.24, 98헌바94등).

(2) 행정명령

행정명령(또는 행정규칙)이란 입법사항과 관계없이 행정부 내부에서만 효력을 갖는 명령이다. 비법규사항(국민의 권리·의무에 직접 상관이 없는 것)에 대한 것으로 법률에 직접 근거가 없어도 제정이 가능하다.

[판례 1] 법령의 직접적인 위임에 따라 수임행정기관이 그 법령을 시행하는 데 필요한 구체적 사항을 정한 것이면, 그 제정형식은 비록 법규명령이 아닌 고시·훈령·예규 등과 같은 행정규칙이더라도, 그것이 상위법령의 위임한계를 벗어나지 아니하는 한 상위법령과 결합하여 대외적인 구속력을 갖는 법규명령으로서 기능하게 된다고 보아야 한다(사안의 경우 '총무처예규'의 대외적 구속력을 인정, 헌재 1992.6.26, 91헌마25).

[판례 2] 식품의약품안청청 고시(식품등의표시기준)의 내용이 국민의 건강을 보호한다는 입법목적 하에 음주전후·숙취해소 등 음주를 주장하는 내용의 표시를 금지하였으나 숙취해소용 식품에 관한 정확한 정보 및 제품의 제공을 차단함으로써 국민의 숙취해소의 기회를 식품제조판매자에 대한 영업의 자유를 과잉금지의 원칙에 반하여 침해한다(위헌, 헌재 2000.3.30, 99헌마143).

V. 사법에 관한 권한

> 헌법 §79
> ① 대통령은 법률이 정하는 바에 의하여 사면·감형·복권을 명할 수 있다.
> ② 일반사면을 명하려면 국회의 동의를 얻어야 한다.
> ③ 사면·감형·복권에 관한 사항은 법률로 정한다.

이러한 권한에 관하여는 사면법(1948)이 그 사항을 규정하고 있다.

1. 사면권

사면권은 사법부의 판단을 변경시키는 것으로 권력분립원칙에 대한 예외적인 것이다. 전통적으로 국가원수의 특권이나 행정기관의 권리로 인정되었다. 일반사면은 국회의 동의를 얻어 범죄의 종류를 지정하여 이에 해당하는 모든 범죄인에 대하여, 형의 선고를 받지 않은 자는 형의 공소를 면제하고 형의 선고를 받은 자는 형의 선고를 면제하는 것이다. 특별사면은 개인별로 대통령이 직권으로서 행하는 것이다. 일반사면의 경우 1948, 1961, 1963(2회), 1981, 1995년 등 총 7회 실시된 바 있다.

2. 감형권

형의 선고를 받은 자에 대하여 선고받은 형을 변경하거나 형의 집행을 경감하는 권한이다.

3. 복권

복권(復權)이란 형의 선고의 효력으로 인해 상실 또는 정지된 자격을 회복해 주는 권한이다.

4. 정당해산제소권

§8④에 따라 정부는 국무회의 심의를 거쳐 위헌정당을 헌법재판소에 제소한다(§89 14호). 제소여부에 대한 1차적 판단은 정부의 권한이자 의무이다.

Ⅵ. 행정에 관한 권한

행정권은 대통령을 수반으로 하는 정부에 속한다고 규정하고 있는데(§66④), 이 규정은 대통령제 하에서 실질적 의미의 행정이 대통령을 정점으로 하는 집행부에 속한다는 원칙을 밝힌 것이다. 이러한 원칙에 대한 예외는 인사권·예산집행권·선거관리 중 일부가 국회·법원·선관위에 속하는 것으로 이러한 예외에는 헌법적 근거가 필요하다.

1. 행정의 지휘·감독권

대통령은 행정부의 수반으로서 자신의 책임 하에 최고이며 최종적인 결정권을 가진다. 이에 따라 행정은 대통령의 책임 하에 수행되며, 대통령은 하부 행정기관에 대한 지휘·감독을 한다. 또한 대통령은 행정권의 수반으로서 법률을 집행하는 권한을 가지며, 이를 위하여 필요한 명령을 제정할 권한과 정책집행을 감독할 권한을 갖는다.

이를 위하여 대통령은 국무회의의 의장(§88③)이 되며(부의장은 국무총리), 국가안전보장회의를 주재(§91②)하는 등 각종 회의의 의장이 된다.

2. 외교에 관한 권한

대통령은 조약을 체결·비준하고 외교사절을 신임·접수 또는 파견하며, 선전포고와 강화를 한다(§73). 그러나 이중에 §60①에 해당하는 조약은 국회의 동의를 필요로 한다. 여기서 외교사절이란 국가를 대표하여 외국과 교섭하는 자로서 외국에 파견되는 사람을 말한다. 신임이란 우리나라의 외교사절에 신임장을 수여하는 것이다. 접수란 외국의 외교사절이 우리나라에서 적법한 외교활동을 할 수 있도록 그들을 수락함을 말한다. 파견이란 우리나라의 외교사절을 외국이나 국제조직에 보내는 것을 말한다.

3. 국군통수권

(1) 의의

국군통수권이라 함은 국군의 지도자로서 군정(軍政)·군령(軍令)에 관한 권한을 말한다. 영·미와 같이 행정수반의 지위에서 나오는 권한이라는 설도 있으나, 우리나라에서는 국가원수로서의 권한으로 보는 것이 일반적이다. 그러나 대통령이 국군통수권을 행사함에도 헌법상의 규정과 기본원리에 따른 일정한 한계가 있다(국군조직법 §6). 즉 침략전쟁을 위해서 국군통수권을 사용할 수 없으며(§5①), 선전포고나 국군의 해외파병 시 국회의 동의를 얻어야 하는 것 등의 제한이 있다(§60②).

(2) 군정·군령의 일원주의

우리나라를 비롯한 대부분의 현대국가는 군의 조직과 편성에 관련한 군정권과 명령·작전권에 관련한 군령권에 있어서 일원주의를 채택하고 있다. 이원주의 즉 정병(兵政) 분리주의는 프로이센과 제2차 세계대전 당시 일본제국이 채택한 것으로서, 이는 군령권을 일반 행정부에서 분리하여 국가원수에 직속시켜 독립된 군령기관이 되게 한 것이다.

(3) 국군의 조직·편성의 법률주의

국군의 조직과 편성은 국가재정, 국민의 권리의무에 중대한 영향을 미치므로 반드시 법률에 의하도록 되어있다. 국군조직법·예비군법 등이 있다.

[판례] 헌법에서 국군의 정치적 중립의무를 강조하는 취지나 효과적인 국방정책의 실현방안 등을 고려할 때 군인 개인의 정치적 표현에는 제한이 따를 수밖에 없다. 군조직의 특성상 상관을 모욕하는 행위는 상관 개인의 인격적 법익에 대한 침해를 넘어 군기를 문란케 하는 행위로서, 그로 인하여 군조직의 위계질서와 통수체계가 파괴될 위험성이 커 이를 일반예방적 효과가 있는 군형법으로 처벌할 필요성이 있다. 군형법 §64② 상관모독죄 합헌(헌재 2016.2.25, 2013헌바111).

4. 공무원 임면권

대통령은 헌법과 법률이 정하는 바에 의하여 공무원을 임명하고 면직시킬 수 있는 권한을 갖는다(§78). 여기에는 임명과 면직뿐이 아니라 승진·전직·전보·징계 등이 포함된다.

5. 재정에 관한 권한

대통령은 행정부의 수반으로서 예산에 관한 권한과 그 외 재정에 관한 권한을 가지고 있다. 이러한 권한에 속하는 것으로는 예산안편성제출권(§54 ②), 준예산집행권, 예비비지출권, 추가경정예산안 편성권, 기채권 및 예산 외 국가부담 계약체결권 등이 있다. 이러한 권한을 행사하는 데에는 국회의 동의나 감사를 받아야 하는 경우가 많다(§55~§58).

Ⅶ. 국가긴급권

1. 긴급재정경제 처분권·명령권과 긴급명령권

헌법 §76
① 대통령은 내우·외환·천재·지변 또는 중대한 재정·경제상의 위기에 있어서 국가의 안전보장 또는 공공의 안녕질서를 유지하기 위하여 긴급한 조치가 필요하고 국회의 집회를 기다릴 여유가 없을 때에 한하여 최소한으로 필요한 재정·경제상의 처분을 하거나 이에 관하여 법률의 효력을 가지는 명령을 발할 수 있다.
② 대통령은 국가의 안위에 관계되는 중대한 교전상태에 있어서 국가를 보위하기 위하여 긴급한 조치가 필요하고 국회의 집회가 불가능한 때에 한하여 법률의 효력을 가지는 명령을 발할 수 있다.
③ 대통령은 제1항과 제2항의 처분 또는 명령을 한 때에는 지체없이 국회에 보고하여 그 승인을 얻어야 한다.
④ 제3항의 승인을 얻지 못한 때에는 그 처분 또는 명령은 그때부터 효력을 상실한다. 이 경우 그 명령에 의하여 개정 또는 폐지되었던 법률은 그 명령이 승인을 얻지 못한 때부터 당연히 효력을 회복한다.
⑤ 대통령은 제3항과 제4항의 사유를 지체 없이 공포하여야 한다.

(1) 입법례

영국에서는 정부의 특별한 조치가 사후에 사태의 추이로 보아 불가피하였다고 객관적으로 인정되면 비상수단도 책임면제법(Act of Indemnity)에 의하여 합법화된다. 이를 대륙법계통과 비교하여 객관주의라 부르며, 1920년 비상대권법이 제정되었다.

프랑스의 경우도 비상적 조치권이 인정되고 있다. 독일의 경우 바이마르헌법 하의 남용에 대한 반성으로, 입법적 비상사태(비상적 법률안 의결), 대내적 비상사태(비상적 법규명령의 적용), 방위전쟁상태(비상입법) 등으로 그 상황과 요건을 자세히 규정하고 있다.

우리나라도 1948년 헌법 이래 국가긴급권을 가지고 있다. 즉 1948년 헌법의 긴급명령·긴급재정처분권(§57①), 1960년 헌법의 긴급재정명령처분권(§57①②), 1962년 헌법의 긴급재정·경제처분권, 긴급재정경제명령권, 긴급명령권(§73①②), 1972년 헌법의 긴급조치권(§53①②), 1980년 헌법의 비상조치권(§51) 등이 그것이다. 현행 헌법 §76①②의 규정은 1962년 헌법과 같다.

(2) 발동요건

발동요건에 대한 판단은 일차적으로 대통령이 하며, 사후에 국회의 승인여부가 문제된다. 차례로 살펴보자.

1) 긴급재정·경제처분권 및 명령권

긴급재정·경제처분권 및 긴급재정·경제명령권은 ① 내우·외환, 천재지변 또는 중대한 재정·경제상의 위기상황에 있어서, ② 국가안전보장 또는 공공의 안녕질서를 유지하기 위하여, ③ 긴급한 조치가 필요하며, ④ 국회의 집회를 기다릴 여유가 없을 때라는 네 가지 요건이 동시에 충족된 경우에만 발동할 수 있다(§76①).

2) 긴급명령 발동요건

긴급명령은 ① 국가의 안위에 관한 중대한 교전 상태가 발생하여, ②

국가보위를 위하여, ③ 긴급한 조치가 필요하고, ④ 국회의 집회가 불가능한 경우의 네 가지 요건이 동시에 충족된 경우에 발동할 수 있다(§76②).

위 두 경우 모두 형식은 명령이면서 법률의 효력을 갖는다는 점에서는 동일하다(법률대위명령 法律代位命令). 다만 §76①은 재정경제에 관한 처분적 조치와 입법적 조치가 있고, §76②은 일반적인 사항에 대한 입법조치라는 점에서 차이가 있다.

(3) 절차

대통령이 §76①②에 따른 처분이나 명령을 한 때에는 지체 없이 국회에 보고하고 국회의 승인을 얻어야 한다(§76③). 의결정족수에 대한 규정이 없어 계엄의 경우와 비교하여 형평의 문제가 발생한다. 이에 대하여 재적과반수설(권영성 979면)과 출석과반수설의 대립이 있다. 그러나 명문의 규정이 없이 정족수를 가중할 수는 없으므로 일반의결정족수를 따라야 할 것이다.

[판례] 국가비상사태 하에서 근로자의 단체교섭권 및 단체행동권을 제한한 구 '국가보위에 관한 특별조치법'(1971) 규정은 초헌법적 국가긴급권으로서 국가긴급권의 실체적 발동요건, 사후통제 절차, 시간적 한계에 위반되며, '공무원 또는 주요방위사업체 근로자'가 아닌 근로자의 근로3권을 전면적으로 부정하는 것은 근로3권의 본질적인 내용을 침해한다(위헌, 헌재 2015.3.26, 2014헌가5).

(4) 효력

그 처분이나 명령이 승인을 받은 경우 그대로 효력이 지속되며, 승인을 받지 못한 경우는 그 때부터 효력을 상실하게 된다(§76④). 그 처분이나 명령에 의해 폐지·개정되었던 법률은 승인을 얻지 못한 때부터 효력을 회복한다.

대통령은 국회에 보고하고, 승인 또는 불승인의 사유를 지체 없이 공포하여야 한다(§76⑤).

긴급명령은 법률적 효력을 가지는 것이므로 헌법에 위반될 수 있고, 따라서 헌법재판소에 의한 규범통제의 대상이 된다.

[판례 1] (☞ 금융실명제를 위한 긴급재정경제명령에 대한 헌법소원) 긴급재정경제명령을 발할 수 있는 중대한 재정·경제상의 위기상황의 유무에 관한 제1차적 판단은 대통령의 재량에 속하나, 그것이 자유재량이라거나 객관적으로 긴급한 상황이 아닌 경우라도 주관적 확신만으로 좋다는 의미는 아니므로 객관적으로 대통령의 판단을 정당화할 수 있을 정도의 위기상황이 존재하여야 한다. 긴급재정경제명령이 헌법 §76 소정의 요건과 한계에 부합한다면, 그 자체로 목적의 정당성, 수단의 적정성, 피해의 최소성, 법익의 균형성이라는 기본권제한의 한계로서의 과잉금지원칙을 준수하는 것이 되는 것이다(헌재 1996.2.29, 93헌마186).

[판례 2] 유신헌법을 부정·반대·왜곡 또는 비방하거나, 유신헌법의 개정 또는 폐지를 주장·발의·제안 또는 청원하는 일체의 행위, 유언비어를 날조·유포하는 행위 등을 전면적으로 금지하고, 이를 위반하면 비상군법회의 등에서 재판하여 처벌하도록 하는 것을 주된 내용으로 한, 유신헌법 제53조에 근거하여 발령된 대통령긴급조치 제1호(1974)와 제2호(1974), 제9호(1975) 등은 입법목적의 정당성이나 방법의 적절성을 갖추지 못하고, 참정권, 표현의 자유, 영장주의 및 신체의 자유, 법관에 의한 재판을 받을 권리 등을 침해한다(위헌, 헌재 2013.3.21, 2010헌바132등).

2. 계엄선포권

헌법 §77
① 대통령은 전시·사변 또는 이에 준하는 국가비상사태에 있어서 병력으로써 군사상의 필요에 응하거나 공공의 안녕질서를 유지할 필요가 있을 때에는 법률이 정하는 바에 의하여 계엄을 선포할 수 있다.
② 계엄은 비상계엄과 경비계엄으로 한다.
③ 비상계엄이 선포된 때에는 법률이 정하는 바에 의하여 영장제도, 언론·출판·집회·결사의 자유, 정부나 법원의 권한에 관하여 특별한 조치를 할 수 있다.
④ 계엄을 선포한 때에는 대통령은 지체 없이 국회에 통고하여야 한다.
⑤ 국회가 재적의원 과반수의 찬성으로 계엄의 해제를 요구한 때에는 대통령은 이를 해제하여야 한다.

(1) 의의

계엄(戒嚴)이란 병력으로써 군사상 필요나 공공의 질서유지를 위하여 발하는 대통령의 비상대권(국가긴급권)으로서 제주사태(1948.10)에서 10·26(1979)까지 9회(계엄의 종류를 변경한 것까지 세분하면 13회)에 걸쳐 행사되었다. 자세한 것은 계엄법이 규정하고 있다.

(2) 종류

1) 경비계엄

경비계엄은 대통령이 전시·사변 또는 이에 준하는 국가비상사태에 있어서 사회질서가 교란되어 일반 행정기관만으로는 치안을 확보할 수 없는 경우에 공공의 안녕질서를 유지하기 위하여 선포한다(법 §2③).

2) 비상계엄

비상계엄은 대통령이 전시·사변 또는 이에 준하는 국가비상사태에 있어서 적과 교전상태에 있거나 사회질서가 극도로 교란되어 행정 및 사법기능의 수행이 현저히 곤란한 경우에 군사상의 필요에 응하거나 공공의 안녕질서를 유지하기 위하여 선포한다(법 §2②).

(3) 절차

계엄은 국무회의의 심의를 거쳐 대통령이 선포한다(§89ⅴ). 대통령은 그 선포이유·종류·시행일시·시행지역·계엄사령관 등을 공포(법 §3)하여야 한다. 또한 대통령은 지체 없이 국회에 통고하여야 한다(§77④). 국회가 폐회중인 때에는 지체 없이 임시국회의 집회를 요구하여야 한다.

(4) 효력

1) 경비계엄

경비계엄에서는 단지 군사에 관한 행정·사법이 계엄사령관의 관할이(법 §7②)되지만, 따라서 국민의 기본권에 관하여 특별한 제한을 할 수는 없다.

2) 비상계엄

비상계엄 하에서는 ① 영장제도 ② 언론·출판·집회·결사의 자유 ③ 정부나 법원의 권한에 대하여 특별한 조치를 취할 수 있다. 법원의 권한 중에서 순수한 재판작용은 제외된다.

계엄사령관은 비상계엄지구 내에서 국민의 재산을 파괴·소훼(燒燬)할 수 있고(법 §9③), 동원·징발·반출금지(법 §9②), 거주이전·단체행동을 제한할 수 있다(법 §9①).

이러한 권한들은 §77③의 범위를 넘는 것으로, 계엄선포권을 비상대권으로 보아 §77③을 한정적으로 이해하면 위헌으로 해석되나(권영성 990면), 이를 헌법보장으로 보아 예시적으로 이해하여 합헌으로 보아야 할 것이다.

(5) 계엄의 해제

계엄의 사유가 소멸되면 평상 상태로 회복된다. 다만 대통령이 스스로 계엄을 해제하지 않으면, 국회는 재적의원 과반수의 찬성으로 이의 해제를 요구할 수 있다. 그러면 대통령은 반드시 해제하여야 한다.

[판례 1] 계엄선포는 정치적 성격을 띠므로 사법부가 그 당부를 판단하지 않는다(대판 1981.1.23., 80도2756).

[판례 2] 1972년 박정희 정부가 유신체제를 선포하며 전국에 내린 비상계엄 포고령은 계엄 요건을 갖추지 못한 위헌·위법한 조치였다(대판 2018.12.21, 2016도1397).

Ⅷ. 영전수여권

대통령은 법률이 정하는 바에 의하여 훈장, 기타의 영전을 수여한다(§80).
국가 원수로서의 행위이며, 국무회의 심의를 거쳐야 한다(§89, 8호). 한편 특권부인의 원칙이 규정되어 있다(§11③). 자세한 것은 상훈법이 이를 규정하고 있다.

Ⅸ. 대통령의 권한행사에 대한 제한

우리나라의 경우 대통령의 권한행사에 대한 통제로서 다음과 같은 것들이 있다. 그러나 정당제의 발달로 인한 권력통합의 현상 때문에 실효성은 적다.
자세한 내용은 해당부분을 참조하기 바란다.
우선 정부 내에서의 통제로는 자문(諮問)과 국무회의의 심의를 들 수 있으며, 또한 부서(副署)제도를 들 수 있다. 즉 대통령의 국법상의 행위는 반드시 문서로써 행하도록 함으로써(§82) 문서주의가 채택되어 있는데, 문서에는 국무총리와 관계 국무위원이 부서하도록 되어 있다. 다만 임명권자인 대통령의 의사에 반해서 부서를 거부하기가 사실상은 어렵다고 생각된다.

다음으로 국회의 통제로는 다음과 같은 것들이 있다. 즉 국회의 동의(同意)를 요하는 사항으로는 조약체결·비준권, 선전포고·강화권, 국무총리·감사원장·헌법재판소장·대법원장·대법관 임명, 국군의 해외파견 및 외국군대 국내주둔, 일반사면, 국채모집 및 국가의 부담이 될 계약체결, 예비비 설치 등이 있다. 또 국회의 승인을 요하는 사항으로는 예비비 지출, 긴급재정·경제처분권 및 긴급명령권 등이 있고, 국회에의 통고를 요하는 사항으로는 계엄선포권이 있다.

법원의 통제로는 위헌위법 명령·규칙·처분심사 등의 사법심사를 들 수 있으며, 헌법재판소의 통제로는 긴급명령 등의 심사와 탄핵결정 등을 들 수 있다.

그 밖에 직접 국민이 대통령을 통제하는 것으로 대통령선거 외에 국민투표를 들 수 있다.

제 5 장
행정부

제1절 국무총리와 국무위원

> 국무총리와 국무위원은 상명하복 관계인가? 아니면 대등한 관계인가? 부총리와는 어떤 관계인가?

Ⅰ. 국무총리

1. 임면

(1) 임명

국무총리는 대통령이 국회의 동의를 얻어 임명한다(§86①). 이렇게 국회의 동의를 얻도록 한 것은 국회가 집행부를 견제할 수 있게 함과 동시에, 국회의 신임을 확보함으로서 강력한 업무처리가 가능하게 하기 위한 것이라 할 수 있다.

군인은 현역을 면한 후가 아니면 국무총리로 임명될 수 없다(§86③). 이는 군인이 정치에 관여함을 금지하기 위한 취지이다(문민원칙).

(2) 해임

국무총리의 해임권은 그 임명권을 갖는 대통령에게 속하며 그 행사는 대통령의 재량에 속한다. 다만 국회는 재적의원 1/3의 발의와 과반수의 의결로서 국무총리의 해임을 건의할 수 있다(§63). 그러나 건의는 정치적 의미는 있지만 대통령에게 법적 구속력을 미치지는 못한다.

2. 지위

국무총리는 대통령제에서는 예외적인 제도이다. 국회의 동의를 얻어 임명하고 대통령과 국회에 모두 정치적 책임을 져야 한다는 점에서 대통령제와 의원내각제의 중간적인 형태라 할 수 있다.

첫째, 부통령제가 아닌 우리 헌법상 국무총리의 주요 지위는 대통령의 권한대행자(§71)이다. 둘째, 대통령의 보좌기관으로서의 지위를 들 수 있다. 즉 국무총리는 '행정에 관하여 대통령의 명을 받아 행정각부를 통할(§86②)'하도록 하여 그 보좌의 책임을 밝히고 있다. 셋째, 행정부의 제2인자로서의 지위를 들 수 있다. 국무총리는 집행부내에서 제2인자로서 국무위원과 행정각부의 장에 대한 임명제청권(§87① §94)과 국무위원의 해임건의권(§87③)을 갖고, 대통령의 모든 국정행위문서에 대하여 부서(副署)한다(§82). 넷째, 국무회의 구성원으로서의 지위가 있다. 즉 국무총리는 집행부의 최고정책심의기관인 국무회의의 구성원이며 부의장이 된다(§88③). 다섯째, 중앙행정관청으로서의 지위를 가진다. 국무총리는 독임제(獨任制) 행정관청이다. 즉 국무총리는 대통령의 명을 받아 각 부를 지휘·감독한다. 중앙행정기관의 장의 명령이나 처분이 위법 또는 부당하다고 인정될 때에는, 대통령의 승인으로 그들의 명령·처분을 취소·정지할 수 있다(정부조직법 §18②).

여기서 행정관청(行政官廳)이란 자신의 이름으로 국가의사를 표시할 수 있는 기관을 말한다.

3. 권한

(1) 국무위원·행정각부 장의 임명제청권과 해임건의권

국무총리는 집행부의 제2인자로서 행정부의 구성에 적극적으로 관여할 수 있는 권한을 갖는데, 국무위원과 행정각부의 장의 임명에 대한 제청권과 국무위원 해임건의권이 이에 속한다.

국무총리가 갖는 임명제청권은 보좌기능에 불과하며, 제청 없이 국무위원과 행정각부의 장을 임명한 경우 임명행위가 당연 무효가 되는 것은 아니라는 설(허 영 1,059면)과 무효가 된다는 설(김철수 1,513면)이 대립한다. 법에 정해진 절차이므로 제청 없이 임명한 것은 무효라고 생각한다.

(2) 행정각부의 통할권

국무총리는 대통령의 명을 받아 행정에 관하여 행정각부를 통할(統轄)하는 권한을 갖는다(§86②). 국무총리는 행정에 관련해서 대통령 다음의 차상급 중앙행정관청으로서 각 중앙행정기관의 장을 지휘·감독하는 권한을 갖는다(정부조직법 §18①).

(3) 총리령 발포권

국무총리는 그 소관 사무에 관하여 법률이나 대통령령의 위임 또는 직권으로 총리령을 발할 수 있는 권한을 갖는다. 국무총리가 제정하는 총리령과 행정각부의 장이 제정하는 부령(部令)과의 사이에 효력 상 우열의 차이는 없다는 동위설이 다수설이다(총리령 우위설은 김철수 1,516면, 장영수 1,191면). 이는 그 소관 사무가 원칙적으로 겹치지 않기 때문이다.

(4) 대통령 권한대행권

국무총리는 대통령 유고 시 그 권한을 대행한다. 대통령 권한대행권을 국무총리가 가지는 것에 대하여 민주적 정당성에서 문제가 제기된다. 대통령 부분에서의 설명을 참조하기 바란다.

(5) 부서권

국무총리는 대통령의 모든 국정행위에 부서(副署)할 수 있는 권한을 가진다(§82). 국무총리가 부서하는 것은 대통령의 국정행위에 대한 보좌기관으로서의 책임을 진다는 의미와 대통령의 행위가 절차적으로 정당하게 이루어지게 한다는 의미를 갖는다고 볼 수 있다. 따라서 국무총리는 부서를 거부할 수도 있고, 부서가 없는 대통령의 국정행위는 효력을 갖지 못한다고 보아야 한다.

(6) 국무회의에서의 심의권

국무총리는 집행부의 최고정책심의기관인 국무회의에서 부의장이 되어 중요한 정책을 심의할 권한을 갖는다.

(7) 국회출석 발언권

국무총리는 국회 본회의 또는 위원회에 출석하여 국정처리상황을 보고하거나 의견을 진술하고 질문에 응답할 수 있다. 또 국회나 위원회의 요구가 있으면 출석·답변하여야 하지만 국무총리는 국무위원으로 하여금 대리로 출석·답변하게 할 수 있다(§62).

4. 국무총리의 책임

국무총리는 임면권자인 대통령에게 그 보좌기관으로서 정치적 책임을 지며, 임명 동의권자인 국회에 책임진다.

5. 국무총리와 의원직

국무총리는 의원직을 겸할 수 있다. 국회법은 "의원은 국무총리 또는 국무위원 직 외의 다른 직을 겸할 수 없다."고 규정하고 있다(국회법 §29 ①).

6. 국무총리의 하부기관

국무총리의 하부기관으로는 부총리·국무조정실·국가보훈처·인사혁신처·법제처·식품의약품안전처 등이 있다(정부조직법 §19 이하).

II. 국무위원

1. 성격

국무위원은 대통령제의 예외적 지위로 의원내각제의 내각과 미국형 대통령제의 각부 장관의 중간형이다.

2. 임면과 권한

(1) 임면

1) 임명

국무위원은 국무총리의 제청으로 대통령이 임명한다(§87①). 그 수는 15인 이상 30인 이하이다(§88②). 군인은 현역을 면한 후가 아니면 국무위원으로 임명될 수 없다(§87④).

국무조정실장·법제처장·국가보훈처장 등은 장관직이나 국무위원은 아니다.

2) 해임

국무위원의 해임은 대통령의 재량이다. 국무총리는 국무위원의 해임을 건의할 수 있고(§87③), 국회도 개별적인 국무위원의 해임건의를 할 수 있다(§63①).

한편 행정각부의 장은 국무위원 중에서 국무총리의 제청으로 임명된다(§94).

(2) 권한

국무위원은 대통령과 국무총리와 더불어 국무회의의 구성원으로서 의장을 통하여 국무회의에 의안을 제출하고 국무회의에 출석 발언하고 그 심의에 참가할 권한이 있다. 또 국회에 출석하여 발언할 권한이 있다(§62①; §62②는 의무적 출석·답변에 대한 규정). 그 외에도 대통령의 권한대행권(§71)과 소관사무에 관한 부서권(§82)을 가진다.

제2절 국무회의

국무회의에서 국무위원이 대통령이나 국무총리와 반대되는 견해를 적극적으로 피력할 수 있을까? 다른 장관의 업무에 적극적으로 반대의견을 표명할 수 있을까?

Ⅰ. 헌법상 지위

1. 헌법상 필수기관

국무회의는 헌법상 필수적으로 설치해야 하는 기관으로서 미국의 각료회의와 다르다.

2. 행정부의 최고 정책심의기관

우리 헌법상의 국무회의는 의원내각제적인 의결기관과도 대통령제의 자문기관과도 다르다. 즉 대통령의 자문기관과는 달리 §89의 사항을 반드시 심의하여야 한다. 또한 의원내각제의 내각회의는 의결로써 실질적인 결정을 하나 국무회의의 결정은 대통령을 법적으로 구속하지 않는다는 점에서 구분된다.

3. 독립된 합의제기관

국무회의는 행정부 내에서 최고의 심의기관이며, 독립된 합의제 기관이다. 각부장관이 독임제이며, 소관사무가 구분되어 있는 것과는 다르다.

Ⅱ. 구성

국무회의는 대통령과 국무총리 및 15인 이상 30인 이하의 국무위원으로 구성되며(§88②), 대통령이 국무회의의 의장이 되고(§88③), 국무총리가 부의장이 된다(§88③). 모두 사고 시에는 기획재정부장관이 겸임하는 부총리가 직무를 대행한다(법 §12②).

Ⅲ. 심의사항

국무회의는 정부의 권한에 속하는 중요한 정책을 심의하며(§88①), 특히 다음의 §89의 1호 내지 17호에 규정된 사항은 반드시 심의하여야 한다. 심의는 국무위원 과반수의 출석과 출석위원 2/3 이상의 찬성으로 의결한다(국무회의규정 §6).

1. 국정의 기본계획과 정부의 일반 정책
   2. 선전·강화 기타 중요한 대외 정책
   3. 헌법개정안 국민투표안, 조약안, 법률안과 대통령령안
   4. 예산안, 결산, 국유재산처분의 기본계획, 국가의 부담이 될 계약 기타 재정에 관한 중요사항
   5. 대통령의 긴급명령, 긴급재정경제처분 명령 또는 계엄과 그 해제
   6. 군사에 관한 주요사항
   7. 국회의 임시회 집회의 요구
   8. 영전수여
   9. 사면, 감형과 복권
   10. 행정각부간의 권한의 확정
   11. 정부 간의 권한의 위임 또는 배정에 관한 기본계획
   12. 국정처리 상황의 평가 분석
   13. 행정각부의 중요한 정책의 수립과 조정
   14. 정당해산에의 제소
   15. 정부에 제출 또는 회부된 정부의 정책에 관계되는 청원
   16. 검찰총장, 합동참모의장, 각군참모총장, 국립대학교 총장, 대사 기타 법률이 정한 공무원과 국영기업체 관리자의 임명
   17. 기타 대통령·국무총리 또는 국무위원이 제출한 사항

IV. 심의의 효력

§89에 규정된 사항에 관련하여 국무회의의 심의를 거치지 않고 행사한 대통령의 행위에 대하여 유효설(권영성 1,048면)이 주장되기도 하나 헌법상 필수적 심의절차이므로 무효라고 보아야 한다(다수설).

한편 심의결과에 대통령이 구속되는가의 문제는 심의자체를 결여한 것과는 별개의 문제이다. 이에 대하여 구속설도 있으나, 결정이나 의결이라는 말 대신에 심의라는 용어를 사용한 점과 의원내각제가 아닌 대통령제라는 점에 비추어 볼 때, 법적 구속력은 없다고 할 수 있다. 다만 정치적 책임을

물을 수 있을 뿐이다.

제3절 자문기관

전직 대통령은 조용히 살아야 하는가? 아니면 그 경륜으로 국정운영에 어떤 식으로든 기여해야 하는가?

Ⅰ. 국가원로자문회의

1. 헌법상 임의기관

국정의 중요한 사항에 관한 대통령의 자문에 응하기 위하여 국가원로로 구성되는 국가원로자문회의를 둘 수 있다. 그러나 국가원로자문회의법(1988)은 곧바로 폐지되었다(1989).

국가원로자문회의의 의장은 직전 대통령이 된다(§90②). 다만 직전 대통령이 없으면 대통령이 지명한다.

Ⅱ. 국가안전보장회의

1. 국가안전보장회의의 성격

국가안전보장회의는 국가안전보장에 관련되는 대외정책·군사정책과 국내정책의 수립에 관하여 국무회의의 심의에 앞서 대통령의 자문에 응하는 국무회의의 전심기관(前審機關)으로서 헌법상 필수기관(§91①)이다. 국가안전보장회의에 필요한 사항은 법률로 정하게 되어 있는데, 국가안전보장회의법(1963)이 제정되어 있다.

2. 국가안전보장회의의 조직

국가안전보장회의의 의장은 대통령이 되며, 의장이 회의를 소집하고 주재한다. 의장은 국무총리로 하여금 직무를 대행하게 할 수 있다. 이 국가안전보장회의는 대통령, 국무총리, 외교부장관, 통일부장관, 국방부장관, 국가정보원장, 기타 대통령이 위촉하는 위원들로 구성된다.

III. 민주평화통일자문회의

평화통일정책의 수립에 관한 대통령의 자문에 응하기 위하여 설치된 기관으로서 헌법 상 임의기관(§92)이다. 그 조직과 직무범위 기타 사항은 법률로 정하도록 되어 있는데, 민주평화통일자문회의법이 제정되어 있다.

IV. 국민경제자문회의

국민경제의 발전을 위한 중요한 정책의 수립에 관하여 대통령의 자문에 응하기 위하여 설치된 헌법상 임의기관으로서, 그 조직과 직무범위 기타 사항은 법률로 정하며, 현행헌법에서 신설된 자문기관이다. 국민경제자문회의법이 제정되어 있다.

제4절 행정각부

> 대통령제인 우리나라에서 행정각부의 신설이나 개편에 대하여 대통령의 의사에 전적으로 맡기는 것이 바람직한가? 아니면 야당의 의견을 수렴한 국회의 의사에 따라야 할까?

I. 행정각부의 조직

헌법 §96
행정각부의 설치·조직과 직무범위는 법률로 정한다.

행정각부의 설치와 조직에 관하여 정부조직법이 이를 규정하고 있다. 자세한 조직과 업무에 대한 설명은 생략한다.

II. 행정각부의 장

헌법 §94
행정각부의 장은 국무위원 중에서 국무총리의 제청으로 대통령이 임명한다.

1. 임면

행정각부의 장은 국무위원 중에서 임명하는 것으로 되어 있는데, 이들은 동일인이나 행정각부장관의 지위와 국무위원의 지위가 다르므로 이중적 지위를 가진다. 행정각부의 장에는 현역군인은 임명될 수 없다. 장관의 해임 역시 대통령의 재량에 속한다.

2. 지위

행정각부의 장은 중앙행정기관이며, 행정관청이다. 대통령·국무총리와 상명하복관계에 있다. 즉 대통령·국무총리의 지휘·감독을 받는다. 국무위원은 국무회의의 구성원으로서 대통령과 동일한 지위에 있는 것과는 다르다. 국무위원이 정책을 심의하는 것에 비해서 행정각부의 장은 정책을 집행한다. 또한 국무위원이 사무의 한계가 없는 것에 비해서 자기 부(部)의 사무만 관장한다.

3. 권한

(1) 사무집행권

행정각부의 장은 법률이 정하는 바에 따라서 소관 사무를 결정·집행할 수 있는 독임제 행정관청(정부조직법 §7①)이다.

(2) 행정감독권

장관은 소관 사무에 대해 지방행정의 장을 지휘·감독한다(법 §26③).

(3) 부령발포권

행정각부의 장은 부령(部令)을 제정·공포하는 권한을 가지며, 부령에는 위임명령과 집행명령이 있다.

제5절 감사원

감사원의 회계검사권을 국회로 가져오는 방안이 검토되고 있는데 이는 바람직한가?

I. 헌법상 지위와 구성

1. 헌법상의 지위

§97부터 §100까지는 감사원에 관한 규정이다. 헌법은 국가와 법률이 정한 단체의 회계검사와 행정기관 및 공무원에 대한 감찰업무를 대통령소속하의 감사원에 주고 있다.

감사원은 헌법에 의하여 구성과 직무범위가 정해진 필수적인 헌법상의 기관으로서 지위를 갖는다(헌법상 필수기관). 조직적으로는 대통령에 소속된 중앙행정기관으로서의 지위를 갖지만(대통령직속기관), 기능적으로 누구의 지시나 간섭을 받지 않고 독립적으로 그 업무를 수행한다(독립기관). 또한 감사원은 감사원장과 감사위원으로 구성된 감사위원회의에서 업무가 처리되는 합의제기관이다.

2. 조직

(1) 소속

감사원은 대통령 직속기관이며(§97), 행정부 내에 조직되어 있다.

(2) 구성

감사원은 감사원장을 포함하여 5인 이상 11인 이하의 감사위원으로 구성된다(§98①). 감사원법에 따르면 감사원은 7인으로 구성되는 감사위원회의(법 §3, §11)와 사무처(법 §16), 감사교육원(법 §19-2)을 두고 있다. 감사원장은 감사원을 대표하여 소속공무원을 지휘·감독한다.

3. 임기

감사원장과 감사위원의 임기는 4년이며, 1차에 한하여 중임이 가능하다. 감사원장은 대통령이 국회의 동의를 얻어 임명하고(§98②), 감사위원은 감사원장의 제청으로 대통령이 임명한다(§98③).

감사원장의 궐위 시 최장기 재직한 감사위원이 직무를 대행하며, 재직기간이 동일한 감사위원이 2인 이상인 경우는 연장자가 그 직무를 대행한다(법 §4③). 감사원장이나 위원의 후임자는 새로이 임기를 개시한다.

II. 권한

감사원은 다음과 같은 권한을 가진다.

첫째, 감사원은 국가의 세입·세출의 결산권을 가지며(§97), 이를 매년 결산하여 대통령과 차년도 국회에 그 결과를 보고하여야 한다(§99).

둘째, 국가 및 법률이 정하는 단체의 회계검사권을 가진다(법 §22~ §23).

셋째, 행정기관 및 공무원의 직무감찰권을 가진다. 여기에는 비위감찰권(법 §24)과 행정감찰권(법 §34)이 속한다.

넷째, 규칙제정권이 있다(법 §52). 다만 규칙제정권이 있는 국회·대법원 등의 다른 국가기관과 달리 규칙제정권의 근거가 헌법에는 규정되어 있지 않다.

한편 비위감찰과 관련하여, 대통령의 친인척 등 대통령과 특수한 관계에 있는 사람의 비위행위에 대한 감찰을 담당하기 위하여 특별감찰관제도가 별도로 있다(특별감찰관법 §1). 특별감찰관은 국회가 추천하는 3인 중 1인을 대통령이 임명한다(법 §7).

제6절 권익구제기관

> 재판이나 헌법소원심판 등 기본권이나 권리에 대한 강제력 있는 구제절차보다 국가인권위원회나 국민권익위원회가 비교적 많이 이용되는 이유는 무엇일까?

Ⅰ. 국가인권위원회

1. 구성

기본적 인권을 보호하고 그 수준을 향상시키기 위하여 국가인권위원회가 설치되었다(국가인권위원회법 §1). 여기서 다루는 '인권'이란 대한민국헌법 및 법률에서 보장하거나 대한민국이 가입·비준한 국제인권조약 및 국제관습법에서 인정하는 인간으로서의 존엄과 가치 및 자유와 권리를 말한다(법 §2ⅰ). 즉 인권위원회는 기본권과 인권을 포괄하는 구제기관으로서 자리매김하고 있다.

인권위는 위원장 1인과 3인의 상임위원을 포함한 11인의 인권위원으로 구성된다(법 §5①). 국회가 선출하는 4인, 대통령이 지명하는 4인, 대법원장이 지명하는 3인을 대통령이 임명하고, 위원장은 위원 중에서 대통령이 임명한다(법 §5②⑤). 위원 중 특정 성(性)이 6/10을 초과하지 않아야 한다(법 §5⑦).

2. 업무와 권한

인권위는 법원이나 헌법재판소와 같은 다른 기본권 구제기관과는 달리 법적 구속력이 없는 권고적 역할만 수행하는 구제기관이다. 인권위는 인권에 관한 법령 등의 조사와 연구, 인권침해행위에 대한 조사와 구제, 차별행위에 대한 조사와 구제, 인권상황에 대한 실태 조사, 인권침해의 유형과 판단 기준 및 그 예방 조치 등에 관한 지침의 제시 및 권고 등을 행한다(법 §19).

인권위는 이러한 사항에 대하여 진정을 접수하거나 직권으로 조사를 할 수 있다(법 §30). 이를 위하여 진정인·피해자·피진정인 또는 관계인에 대한 출석 요구, 진술 청취 또는 진술서 제출 요구를 할 수 있다. 또 당사자, 관계인 또는 관계 기관 등에 대하여 조사 사항과 관련이 있다고 인정되는 자료 등의 제출을 요구할 수 있다.

조사가 끝나면 이에 기초하여 기각, 합의의 권고, 조정, 권고, 고발, 징계권고 등을 하게 된다. 법원의 판결과 같은 강제집행력이 없는 것이 특징이다. 그러나 진정인의 입장에서는 간편하고 비용이 들지 않는 구제절차로서, 특히 사회적 문제로 부각되는 경우라면 큰 효과를 볼 수 있어서 많이 이용되고 있다.

II. 국민권익위원회

1. 구성

국민권익위원회는 고충민원의 처리와 이에 관련된 불합리한 행정제도를 개선하고, 부패의 발생을 예방하며 부패행위를 효율적으로 규제함으로써 국민의 기본적 권익을 보호하고 행정의 적정성을 확보하며 청렴한 공직 및 사회풍토의 확립에 이바지하기 위하여 설치되었다. 이전의 국민고충처리위원회, 국가청렴위원회, 국무총리실 행정심판위원회가 통합됨으로써 발족되었다(2008).

위원회는 위원장 1명을 포함한 15명의 위원(부위원장 3명과 상임위원 3명을 포함)으로 구성한다. 부위원장은 각각 고충민원, 부패방지 업무 및 중앙행정심판위원회의 운영업무로 분장하여 위원장을 보좌한다(부패방지 및 국민권익위원회의 설치와 운영에 관한 법률 §13①). 위원장 및 부위원장은 국무총리의 제청으로 대통령이 임명하고, 상임위원은 위원장의 제청으로 대통령이 임명하며, 상임이 아닌 위원은 대통령이 임명 또는 위촉한다.

2. 업무와 권한

인권위는 위에서 설명한 대로 고충민원, 부패방지, 행정심판 등의 업무를 수행한다(법 §12). 이렇게 서로 다른 성격의 업무들을 각각 수행하므로 그 절차와 효력에 대하여는 각각 다른 규정들이 적용된다. 그 각각의 경우에 국민의 권익을 구제하는 역할을 하게 된다.

제7절 중앙선거관리위원회

중앙선거관리위원회가 더욱 공정하게 공직선거를 관리하면 불법·타락선거가 근절될 수 있을까? 아니면 공정한 선거는 어떤 요소에 좌우되는가?

Ⅰ. 지위

중앙선거관리위원회는 헌법상 다음과 같은 지위를 가진다.

첫째, 선거와 국민투표의 공정한 관리기관, 둘째, 정당사무처리기관, 셋째, 헌법상 독립기관, 넷째, 정치적 중립기관의 지위를 가진다.

중앙선거관리위원회는 1960년 헌법에서 독립된 기관으로 규정되었다. 이전에는 행정부 내의 기관이었다. 각급선거관리위원회가 규정된 것은 1962년 헌법에서이다.

Ⅱ. 조직

1. 구성

중앙선거관리위원회는 대통령이 임명하는 3인, 국회에서 선출하는 3인, 대법원장이 지명하는 3인으로 구성된다. 각급선거관리위원회의 종류와 인원수는 선거관리위원회법에 따라 중앙선거관리위원회 9인, 특별시·직할시·도선거관리위원회 9인, 시군구 선거관리위원회 9인, 읍면동 선거관리위원회 7인으로 구성된다(법 §2).

위원장은 위원 중에서 호선(互選)한다.

중앙선거관리위원의 임명방식은 민주적 정당성에 문제가 있다. 자세한 것은 헌법재판소 재판관임명방식을 참조하기 바란다. 참고로 1960년 헌법에서는 대법관 중 호선하여 3인, 정당추천으로 6인이 임명되었다(§75-2).

2. 임기

각급 선거관리위원회 위원의 임기는 6년으로 하되(§114②, 법 §8) 연임제한이 없다. 다만 구시·군 선거관리위원회 위원의 경우 임기는 3년이고 연임은 1차에 한한다(법 §8).

3. 신분보장

정치적 중립성을 보장하기 위해서 위원의 정당가입과 정치관여는 금지되며, 탄핵 또는 금고 이상의 형의 선고에 의하지 아니하고는 파면되지 않는다. 즉 법관의 신분보장에 준하는 신분보장을 받는다.

III. 권한

중앙선거관리위원회는 다음과 같은 권한을 가진다.

첫째, 선거와 국민투표관리권, 둘째, 정당사무에 관한 규칙제정권, 정당사무관리, 정치자금배분(정치자금법), 셋째, 내부규율에 관한 규칙제정권, 넷째, 선거사무·국민투표에서의 사무지시권(§115①) 등이 그것이다.

선거와 관련해서는 선거공영제가 채택되어 있어서 선거운동의 기회균등과 선거비용의 국가부담이 원칙이다. 다만 아직 보완되어야 할 점들이 많이 남아 있다.

[판례] 중앙선거관리위원회 위원장이 청구인(노무현)에게 한 2007.6.7자의 '대통령의 선거중립의무 준수요청 조치'와 2007.6.18자의 '대통령의 선거중립의무 준수 재촉구 조치'의 법적 근거는 선거관리위원회법 §14-2에 근거한 '경고'에 해당한다. 청구인은 대통령 선거가 다가오고 야당의 당내 경선이 이루어지고 있는 시기에 국민들이 관심을 갖는 공공의 모임들에서 주로 야당의 유력 후보자들을 비난하고 그들의 정책을 지속적·반복적으로 비판하였으며 한겨레신문과의 대담에서는 자신의 출신당 후보자를 지지하겠다는 적극적인 취지의 발언을 하였다. 이는 선거에 대한 부당한 영향력을 행사하여 선거의 득표에 영향을 미치는 행위라고 할 것이므로, 중앙선관위의 위 '경고'가 위 법률조항을 잘못 해석·적용한 결과라고 할 수 없다(기각, 헌재 2008.1.17, 2007헌마700).

제6장
사법부

제1절 사법권의 의의와 한계

> 사법부 특히 대법원의 권위는 어디에서 나오는가? 대법원은 민주적 정당성이 있는가? 헌법재판소와는 어떤 관계인가?

Ⅰ. 사법권의 의의

1. 개념

사법의 개념과 사법권의 범위에 대해서는 다음과 같은 학설의 대립이 있다.

첫째, 실질설은 입법·행정·사법작용이 구별된다는 전제하에서 법질서의 유지를 위하여 행하는 국가 작용으로서 법규범의 사후적 확인·선언작용을 사법이라고 한다.

둘째, 형식설은 입법·행정·사법작용이 구별될 수 없다는 전제 하에서, 신분이 보장된 법관으로 구성된 법원이 행하는 법적 작용을 사법이라고 한다.

셋째, 절충설은 형식설을 기본으로 하되 실질적 의미로 보충하여 설명한다.

구체적으로 사법작용이란 법적 분쟁이 발생한 경우에 당사자로부터 쟁송의 제기를 기다려서 독립된 지위를 가진 기관이 제3자적 입장에서 무엇이 법인가를 판단하고 선언함으로써 법질서를 유지하기 위한 작용이라고 할 수 있다.

참고로 사법부에 대하여 주변이야기와 사건을 중심으로 쉽게 설명한 오호택, 법원이야기, 도서출판 살림, 2011을 읽어보기 바란다.

2. 법원의 헌법상 지위

법원은 사법기관(司法機關)이다. 사법이란 재판을 말한다. 정치적으로는 비교적 중립적 권력이다. 또한 헌법의 수호자 내지는 기본권 보호자로서의 지위를 가진다. 그리고 헌법상 국가의 최고기관의 하나라고 할 수 있다.

II. 사법권의 범위

1. 협의의 사법권

사법권은 크게 민사재판과 형사재판, 그리고 행정재판 등으로 나누어 볼 수 있다. 세부적으로는 가사소송·비송사건·상사소송·특허소송 등을 포함한다. 행정소송의 경우 프랑스나 독일은 독립된 행정법원이 있어서 행정국가라고 부른다. 반면에 영·미는 일반법원에서 담당하여 사법국가라고 한다. 우리는 현재 일반법원에서 담당하고 있다. 별도로 지방법원급의 행정법원이 설립되었으나(1998), 이는 독립된 특별법원이 아니라 일반법원의 범주에 드는 것이다.

2. 광의의 사법권

사법권의 범위를 넓게 이해할 경우 헌법재판을 포함한다. 이에 대해서는 헌법재판소 부분을 참조하기 바란다. 선거소송의 경우 일반적 성격으로는 헌법재판으로 볼 수 있으나 우리나라는 일반법원에서 다루고 있다.

III. 사법권의 한계

1. 실정법상의 한계

사법권에도 한계가 있다. 그 중 우선 헌법규정상의 한계를 보면, 실질적 의미의 사법작용이지만 헌법이 법원 이외의 다른 국가기관의 관여를 인정하는 것을 말한다.

우선 헌법재판을 사법과는 다른 것으로 보는 경우에는 헌법재판소 권한(§111①)은 사법권의 한계를 이룬다. 우리 헌법은 법원과 헌법재판소를 다른 장(章)에서 규정하고 있다. 헌법재판소 부분을 참조하기 바란다.

그밖에 국회의 자율권 중 의원의 자격심사와 징계(§64④), 행정심판(§107③), 대통령의 사면권(§79①) 등은 실질적 사법작용이나 법원 이외의 기관이 행사하는 것들이다.

2. 국제법상의 한계

한편 외국의 국가원수나 외교사절, 외국 주둔군이나 군함 등에게는 면책특권이 인정된다. 이들에게는 본국법이 적용된다. 이는 원활한 외교활동을 위해서 국제법상 인정되는 것이다. 식민지 시대에 본 국민을 후진적인 식민지법의 적용에서 제외해 주었던 치외법권과는 다른 것이다.

3. 사법 본질상의 한계

사법 본질상의 한계는 사법작용의 성격상 당연히 인정되는 한계로서 내재적 한계라고도 한다.

(1) 사건성

재판은 법적 분쟁에 대한 판단이다. 그런데 그 분쟁은 현실적·구체적 권리의무관계에 대한 것이어야만 법원의 심사대상이 된다. 따라서 추상적 규범은 일반 재판의 대상이 아니다. 입법례에 따라 추상적 규범도 그 심사대상으로 할 수 있는 헌법재판과는 다르다.

(2) 수동성

아무리 법적 분쟁으로 사건이 발생하였다 하더라도 권리의무관계의 당사자가 소를 제기하지 않으면 법원은 간여할 수 없다. 이를 수동성(受動性)이라고 한다. 물론 소를 제기하는 원고나 그 상대방인 피고나 모두 적격자

이어야 한다. 그렇지 않으면 분쟁에 대하여 판단하기 전에 요건심리에서 각하된다.

(3) 소의 이익

위의 두 가지와 관련 있는 것으로 소(訴)의 이익이 있는 사건이어야 사법의 대상이 된다. 즉 사법작용으로 인하여 구제될 수 있는 권리(법익)가 있어야 한다.

(4) 성숙성

또한 그 소의 이익은 구체적이고 현실적이어야 한다. 추상적·가상적 사건 또는 먼 장래의 실현을 위한 소송은 성립되지 않는다.

4. 정치적·현실적 한계

정치적·현실적 한계는 권력분립의 원리에 따라 권력을 정서(整序)하는 과정에서 한계를 갖는 것을 의미한다.

(1) 훈시·방침규정

이는 행정부 내부에서만 효력을 가지거나 강제력이 없어서 국민의 권리·의무에 직접 관계되지 않으므로 법률적 분쟁 대상에서 제외된다.

(2) 행정소송

행정소송에 있어서 권력분립적 측면을 고려하여 적극적 형성판결이나 이행판결 또는 의무화소송은 인정되지 않고 있다(인정하는 법률개정 추진 중). 다만 취소소송·부작위위법확인소송·무효등확인소송 등만 인정된다. 물론 독일이나 영·미처럼 적극적 판결을 하는 입법례도 있다. 우리나라는 그렇지 아니한데, 이러한 사법의 소극성은 결국 이러한 문제를 사법의 대상으로 삼을 수도 있지만 법원이 정치화되는 것을 방지하기 위하여 헌법정책적인 관점에서 이를 회피하는 것이다.

또한 행정재판에서 재량행위에 대해서는 불법의 문제가 아니고 부당의 문제로 보아서 심사하지 않는다. 다만 재량권의 범위를 넘은 재량권남용에 대해서는 심사한다.

(3) 특수한 신분관계

특수한 신분관계는 전통적으로 특별권력관계라고 부르던 영역이며, 사법의 대상에서 제외했던 것이다. 자세한 것은 공무원제도를 참조하기 바란다.

(4) 통치행위

1) 의의

통치행위란 국정의 기본방향을 제시하거나, 국민의 이익에 직접 관련된 고도의 정치성을 띤 행위로서 사법심사의 대상에서 제외되는 것이라고 전통적으로 논의되었다.

이는 프랑스 국사원(國事院)의 판례를 통하여 인정된 것으로, 영국의 국사행위(國事行爲 Act of state), 미국의 정치문제(Political question) 등으로 발전하였다. 우리나라에서도 인정하는 것이 다수설과 판례이다. 다만 이를 인정하는 근거는 다음과 같이 학설이 갈린다.

2) 이론적 근거

통치행위를 인정하여 사법의 대상에서 제외하는 근거로는 다양한 설명이 시도되고 있다. 즉 권력분립설 내지 내재적 한계설(미국판례, 우리 고등법원), 재량행위설, 사법부 자제설(다수설, 우리 대법원), 통치행위 독자성설 등이 있다.

이러한 설명들은 각각 통치행위의 근거를 설명한 것으로 일면 타당한 측면이 있다. 그 중에서 통치행위를 재량행위로 보는 것이 그 한계를 일탈한 것에 대한 사법적 통제가능성이 있다는 점에서 바람직하다고 생각된다.

[판례] 외국에의 국군의 파견결정(이라크 파병)은 고도의 정치적 결단이 요구되는 사안이다. 헌법은 그 권한을 대통령에게 부여하고 국회로 하여금 동의여부를 결정할 수 있도록 하고 있는바, 대의기관인 대통령과 국회의 그와 같은 고도의 정치적 결단은 가급적 존중되어야 한다(헌재 2004.4.29, 2003헌마814).

제2절 법원의 조직 · 권한 · 운영

> 대법원장이 하급심 판사에게 재판과 관련하여 어떤 명령을 내릴 수 있는가? 재판과 직접 관련이 없는 일반 행정사항이라면 어떤가?

Ⅰ. 대법원의 헌법상 지위

1. 변천

1948년 헌법에는 대법원장과 대법관으로 구성되었으며, 헌법재판은 별도의 헌법위원회에서 담당하였다. 제2공화국은 법관선거인단선거에 의하여 법관이 선출되었고, 헌법재판소가 규정되었으나 실제로 구성되지는 못하였다. 제3공화국은 법관추천회의가 있었고, 대법원이 위헌법률심사를 행하였으므로 역대 대법원 중 가장 강력한 권한이 있었다고 할 수 있겠다. 한편 제4·5공화국 때는 대통령에 의하여 법관이 임명되었고 헌법재판은 헌법위원회가 담당하였으나 실제 심사가 이루어진 적은 없다.

2. 대법원의 지위

대법원은 최종심법원으로서의 지위, 즉 우리나라의 최고법원으로서의 지위를 가진다. 또한 최고 사법행정기관(司法行政機關)으로서의 지위도 가진다. 그리고 헌법재판소와 더불어 헌법보장기관 내지는 기본권보장기관으로서의 지위를 가진다.

Ⅱ. 법원의 조직

> 헌법 (§101②)
> 법원은 최고법원인 대법원과 각급법원으로 조직된다.

1. 일반법원

(1) 대법원

1) 조직

대법원은 대법원장과 대법관으로 구성된다. 그러나 대법관이 아닌 일반법관도 둘 수 있다(§102②). 실제로 재판연구관의 형태로 일반 법관이 파견되어 근무하고 있다.

대법원은 전원합의부와 대법관회의로 결정을 내린다. 전원합의부는 재판을 하는 경우에, 대법관회의는 그 밖의 행정적인 결정을 내릴 때 부르는 명칭이다.

대법원에 부(部)를 둘 수 있다. 4명씩 3부가 구성되어 있으며, 민사·형사·특별부로 재판한다. 그러므로 대법관의 수는 대법원장·법원행정처장을 포함하여 14인이다(법 §4②). 법원행정처장을 대법관이 아닌 자 중에서 임명할 수 있게 개정하였다가(2005) 곧바로 원래대로 환원한 바 있다(2007). 법원행정처장은 대법관과 같은 직급인데 한 단계 낮추는 것이 재판의 행정적 지원이라는 본래의 임무수행에 적합할 것이라고 생각한다.

2) 대법원장

대법원장은 법원의 수장(首長)이며, 대법원의 구성원이다. 전원합의부의 재판장이며, 대법관회의 의장이 된다. 권한대행은 선임대법관이 행한다(법원조직법 §13③). 40세 이상이며 15년 이상의 법조경력이 있는 자 중에서 대통령이 국회의 동의를 얻어 임명한다. 임기는 6년이며, 중임할 수 없고(§105①) 정년은 70세이다(법 §45④).

대법원장의 권한으로는 대법관 임명 제청, 헌법재판소 재판관·중앙선거관리위원 각 3명씩 지명, 판사의 임명·보직, 법원공무원 임면, 기타 사법행정권(§104②, 법 §44) 등을 들 수 있다.

군사법원의 군판사는 대법원장이 아닌 각군참모총장이 임명한다.

3) 관할

대법원은 상고심과 재항고 사건을 심리한다. 또 선거소송(지방의원·기초자치단체장선거의 경우 고등법원 관할), 비상계엄하의 군사재판 시 사형의 경우, 위헌명령의 최종심사 등을 심리한다.

(2) 고등법원

1) 조직

고등법원은 서울·부산·대구·광주·대전·수원에 설치되어 있으며, 특허법원도 고등법원 급이다. 지리상의 불편함을 덜고자 광주고법 전주지부와 서울고법 춘천지부, 서울고법 인천지부가 설치되었다.

고등법원은 민사부·형사부·특별부 등 판사 3인으로 구성된 합의부로 조직되어 있다. 단독판사는 없다.

고등법원 판사는 5년 이상의 법조경력이 있는 자 중에서 임명되며, 부장판사는 7년 이상, 고등법원장은 10년 이상의 법조경력자 중에서 임명된다. 고등법원 판사는 지방법원 판사 중에서가 아니라 별도로 임명한다.

2) 관할

고등법원은 지방법원 합의부가 제1심인 판결에 대한 항소사건과 지방법원 합의부가 제1심인 결정·명령에 대한 항고사건을 관할한다. 지역구지방의원과 기초자치단체장 선거의 경우 선거소송을 관할한다(공직선거법 §222②).

3) 특허법원

특허심판원의 심결과 각하결정에 대한 제소사건을 1심으로 관할한다. 특허법원은 고등법원 급이다.

(3) 지방법원

1) 조직

지방법원은 1인의 판사에 의하여 재판이 진행되는 단독심과 3인의 판사로 이루어진 합의부로 구성되어 있다.

지방법원(地方法院, 약칭 地法)과 거리가 먼 지역을 위하여 지방법원 지원(支院)이 설치되어 있는 곳도 있다. 또한 시·군법원이 마련되어 즉결심판이나 소액사건 등을 다룬다. 이는 순회심판소를 확대 개편한 것이며 판사가 상주하지 않고 파견형식으로 근무하는 곳도 있다.

2) 관할

지방법원은 민사·형사재판을 한다. 단독심은 사소한 사건, 중한 사건은 합의부 관할이다. 합의부(항소부)는 단독심의 항소·항고사건을 관할한다.

3) 가정법원

가정법원은 지방법원과 동격으로, 가사심판 사건과 소년보호 사건을 전담한다. 고등법원 소재지와 인천·울산에 설치되어 있으며, 그 밖의 지역에서는 지방법원이 이러한 사건을 담당한다.

4) 행정법원

행정법원은 지방법원급이다. 행정법원은 그 이전까지 고등법원에서 담당하던 행정소송의 1심법원이 되었다. 따라서 행정소송에 있어서의 행정심판전치주의는 폐지되고 행정심판은 임의로 선택할 수 있다. 다만 특별규정이 있는 경우에는 행정심판을 반드시 거쳐야 한다. 예컨대 부당노동행위에 대한 노동위원회의 심판을 거쳐야 행정소송을 제기할 수 있다(노동조합 및 노동관계조정법 §85②).

5) 회생법원

서울중앙지방법원 파산부를 확대 개편하여 국내 첫 회생·파산 전문법원으로 서울회생법원이 설치되었다(2017).

2. 특별법원

(1) 개념

특별법원이란 최고법원인 대법원에의 상소가 인정되지 않거나, 일반법관과 같은 지위의 독립성이 보장되지 않는 심판관으로 구성된 법원을 말한다. 즉 특별법원을 예외법원으로 보는 것이 일반적이다. 반면에 특수한 사무를 담당하는 특수법원은 특별법원으로 보지 않는다.

(2) 특별법원의 종류

우리나라에서 인정되는 특별법원은 모두 대법원에 상고가 인정된다. 따라서 우리나라의 특별법원은 신분보장이 되지 않는 심판관으로 구성된 법원을 의미하게 되는데, 군사법원(§110)과 일반행정심판·해난심판원·특허심판원 등의 행정심판위원회를 들 수 있다.

III. 법원의 권한

1. 재판권

법원의 대표적 권한은 당연히 재판을 담당하는 것이다(§101①, §103). 이에 대해서는 앞서 법원의 조직에서 본 바와 같다. 참고로 대법원의 경우 통상의 재판은 부(部)에서 이루어지며, 전원합의체는 기존의 판례를 변경하는 경우에 심리한다.

2. 위헌법률심판 제청권

> 헌법 §107①
> 법률이 헌법에 위반되는 여부가 재판의 전제가 된 경우에는 법원은 헌법재판소에 제청하여 그 심판에 의하여 재판한다.

법원은 재판에 앞서 적용될 법규가 현행법인지, 또는 헌법에 부합하는 법규인지 심사해야 한다. 따라서 법률이 헌법에 위반될 소지가 있으면 헌법재판소에 제청하여 그 심판의 결과에 따라 법률을 적용해야 한다. 이를 사전심사권으로 볼 수 있다. 그 결과 합헌이라고 판단했을 때는 헌법재판소에 제청하지 아니하고 재판을 진행하게 되고, 그 결정에 불복하는 당사자는 헌법소원을 제기할 수 있다(헌법재판소 참조). 현재는 하급법원의 위헌법률심판 제청은 대법원(법원행정처)을 경유하지만 제4·5공화국과는 달리 대법원이 제청하지 않을 수는 없다.

3. 위헌명령·규칙·처분 심사권

헌법 §107②
명령·규칙·처분이 헌법이나 법률에 위반되는 여부가 재판의 전제가 된 경우에는 대법원은 이를 최종적으로 심사할 권한을 가진다.

대법원이 위헌·위법여부를 심사할 수 있는 대상은 모든 명령·규칙·처분이다. 물론 심사기관은 각급 법원이나 최종적으로는 대법원이다.

그러나 §107②은 현행헌법에서 헌법재판소가 신설됨에도 불구하고 지난 헌법의 조문을 그대로 답습하여 문제를 야기한 경우이다. 즉 명령·규칙·처분보다 상위인 법률의 위헌여부를 판단하는 헌법재판소가 위헌의 명령·규칙·처분에 대하여 심판할 수 없다고 하기는 어렵다. 그럼에도 '최종적으로'라는 문구를 그대로 놓아두었기 때문에 문제가 된 것이다. 이 문제는 헌법재판소에 의하여 다음과 같이 정리되었다(헌재 1990.10.15, 89헌마178). 즉 재판의 전제가 된 경우는 대법원이 이를 최종적으로 심사하지만 재판의 전제가 되지 않은 경우는 헌법재판소가 이를 심판한다. 그리고 대법원에서 위헌으로 판단된 명령이나 규칙은 당해 재판에서만 적용이 배제되나 헌법재판소가 위헌으로 결정하면 효력을 상실한다. 한편 위헌 처분에 대해서는 헌법재판소의 관할이 아니다. 이는 헌법재판의 보충성의 원리 때문이다(헌법재판소의 헌법소원심판 부분 참조).

[판례] 헌법소원심판의 대상으로서의 '공권력'이란 입법·사법·행정 등 모든 공권력을 말하는 것이므로 입법부에서 제정한 법률, 행정부에서 제정한 시행령이나 시행규칙 및 사법부에서 제정한 규칙 등은 그것들이 '별도의 집행행위를 기다리지 않고' '직접' 기본권을 침해하는

것일 때는 모두 헌법소원심판의 대상이 된다.······법원행정처장이 법무사를 보충할 필요가 없다고 인정하면 법무사시험을 실시하지 아니해도 된다는 의미의 법무사법시행규칙 제3조 제1항은 대법원이 규칙제정권을 행사함에 있어 '위임입법의 한계'를 일탈하여 청구인이나 기타 법무사자격을 취득하고자 하는 모든 국민의 평등권과 직업선택의 자유를 침해한 것이다(위헌, 헌재 1990.10.15., 89헌마178).

4. 규칙제정권

헌법 §108
대법원은 법률에 저촉되지 아니하는 범위 안에서 소송에 관한 절차, 법원의 내부규율과 사무처리에 관한 규칙을 제정할 수 있다.

이에 대해서는 아래 제3절 사법권의 독립 부분을 참조하기 바란다.

Ⅳ. 법원의 운영

1. 법원의 심급제

(1) 삼심제

법원의 심급제는 원칙적으로 3심제라 할 수 있다. 심급제 내지는 3심제는 한 번의 재판으로는 실체적 진실발견이나 권리구제가 미흡할 수 있으므로 이를 보완하기 위한 제도이다. 그러나 아래와 같은 예외가 존재한다. 또한 현재 대법원의 재판과다를 해결하기 위하여 심리종결제(상고심절차에 관한 특례법 §4, §5)가 도입되어 있다. 이는 사실상의 상고허가제로서 대법원이 심리하여 심리를 계속할 필요가 없다고 판단되면 심리를 종결하고 통고처분으로써 갈음하는 것이다.

경미한 사건 즉, 민사소송의 경우 소송가액 1억원 미만, 형사소송의 경우 1년 미만의 징역·금고에 해당하는 경우 지방법원 단독부(판사 1인)에 1심을 담당하고, 그 항소심은 지방법원 합의부(판사 3인)에서 이루어지며, 상고심은 대법원에서 관할한다. 중대한 사건은 지방법원 합의부에서 1심을, 고등법원에서 항소심, 대법원에서 상고심이 행해진다. 판결에 대한 불복을 항소·상고라 하는 데 비해서 결정·명령에 대한 불복은 항고·재항고라 한다.

(2) 삼심제의 예외

단심제로 재판이 이루어지는 경우는 선거소송과 비상계엄하의 군사재판을 들 수 있다. 다만 비상계엄 하라도 사형의 경우는 대법원에의 상고가 허용된다(군사법원법 §534).

2심제 사례로 행정법원 설치 이전의 행정소송을 들 수 있다. 또한 특허소송의 경우 1심은 특허심판원에서 이루어지는데 법원이 아니므로 실제로는 2심제라 할 수 있다.

2. 재판공개의 원칙

> 헌법 §109
> 재판의 심리와 판결은 공개한다. 다만, 심리는 국가의 안전보장 또는 안녕질서를 방해하거나 선량한 풍속을 해할 염려가 있을 때에는 법원의 결정으로 공개하지 아니할 수 있다.

재판의 심리와 판결은 원칙적으로 공개해야 한다. 이는 재판이 행정부에서 이루어지던 때에 비공개로 진행됨으로 해서 불공정한 재판이 이루어지던 것을 막고 공정한 재판을 확보하기 위한 것이다. 공개란 아무 이해관계 없는 사람도 방청이 허용된다는 의미이다. 그러나 어느 정도 공정한 재판이 이루어지고 있는 현대에는 재판의 성격상 오히려 공개가 불필요한 경우가 있다. 오히려 소송 당사자의 사생활을 침해할 우려가 있는 경우도 있다. 따라서 이러한 경우에 해당한다고 볼 수 있는 가사심판이나 비송사건은 공개하지 않는다. 그밖에도 국가의 안전보장 또는 안녕질서를 방해하거나 선량한 풍속을 해할 염려가 있을 때에는 법원의 결정으로 공개하지 아니할 수 있다. 그러나 심리를 공개하지 않는 경우에도 판결은 반드시 공개하여야 한다.

한편 재판의 공개는 방청석의 제한 등 기술적인 이유로 제한될 수 있다.

3. 법정질서의 유지

재판장은 법정의 존엄과 질서를 해할 우려가 있는 자의 입정을 금지하거나 퇴정을 명하며, 기타 법정의 질서유지를 위하여 필요한 명령을 발할 수 있다(법원조직법 §58). 이를 가택권(家宅權)이라고도 하며, 구체적으로는 감치(監置)나 과태료(법 §61①)를 과할 수 있다. 이것은 법정모욕죄(형법 §138)와는 다른 것이다. 법정모욕죄는 정식으로 검사의 기소가 있어야 하며 또 다른 재판이다.

법정질서와 관련하여 언론의 보도의 자유는 인정된다. 그러나 취재활동이 법정에서의 심리를 방해하거나 법정질서를 문란하게 하는 것은 허용되지 않는다. 한편 판례비평 등 재판 자체에 대하여 비판을 할 수 있다. 그러나 그 비판이 재판의 공정한 운영을 침해하는 것이어서는 안 된다.

제3절 사법권의 독립

> 전두환·노태우 전직 대통령에 대한 12·12, 5·18 등의 사건에 대한 재판에서 유죄판결이 내려진 바 있다. 또 이명박 정부가 추진한 4대강 살리기 사업이 모두 정당하다는 판결을 받았다. 이러한 판결들은 정치나 여론의 영향을 받은 것인가, 아니면 순수한 법적 판단인가?

Ⅰ. 의의

1. 개념

사법부의 독립이란 행정부나 입법부의 간섭을 배제하고, 사법부 자체 내의 지시로부터 독립하여 공정한 재판을 도모하기 위한 것이다. 그리고 이러한 재판의 독립 내지는 판결의 자유를 보장함으로써 궁극적으로 국민의 기본권 보장에 기여하고자 하는 것이다.

2. 연혁

중세 이전에는 재판도 왕권의 일부였다. 이를 관방사법(官房司法 Kabinettjustiz)이라고 하는데 특성상 자의적 재판일 수밖에 없었다.

근대 시민국가에서 사법의 독립이 제도화되었다. 연혁적으로 영국의 Act of Settlement(1701)를 거쳐, 몽테스키외의 '법의 정신'(1748), 미국의 버지니아 권리장전(1776), 프랑스 인권선언(1789) 등에 이러한 내용이 나타난다.

Ⅱ. 사법권 독립의 내용

1. 법원조직의 독립

헌법 §101
① 사법권은 법관으로 구성된 법원에 속한다.
② 법원은 최고법원인 대법원과 각급법원으로 조직된다.
③ 법관의 자격은 법률로 정한다.

공정한 재판을 위해서는 법원의 조직 자체가 다른 국가기관으로부터 독립되어 있어야 한다. 특히 연혁적으로 관방사법에서 개선된 것이므로 행정부로부터의 독립이 필연적이다. 입법부로부터 독립도 당연히 요구되는데 §101③은 기본적인 사항에 대한 입법 이외에는 입법부가 사법부에 영향력을 행사할 수 없다는 의미로 새겨야 한다. 권력분립의 원칙에 따라 대법원장과 대법관을 국회의 동의를 얻어 대통령이 임명하는 것은 법원조직의 독립을 침해하는 것은 아니라고 해석된다.

2. 재판의 독립

헌법 §103
법관은 헌법과 법률에 의하여 그 양심에 따라 독립하여 심판한다.

법원조직의 독립뿐만 아니라 재판 자체의 독립이 중요하다. 이를 물적 독립이라고도 한다. 이를 구체적으로 알아보자.

(1) 헌법과 법률에의 구속

헌법과 법률에 의하여 심판한다고 할 때의 헌법과 법률은 일차적으로 형식적 의미의 헌법과 법률을 의미한다. 이는 법질서의 통일성과 정당성을 보장하게 된다. 사법부는 국민의 직접적인 선출로 구성되지 않으므로 민주적 정당성에 의문을 제기할 수 있는데, 국민의 의사가 표현된 헌법과 법률에 의하여 재판이 이루어짐으로써 민주적 정당성을 확보하게 된다.

형식적 의미의 법률 뿐 만 아니라 실질적 의미의 법률인 조약과 국제관습법, 대통령의 긴급명령도 재판의 기준이 됨은 물론이다.

재판을 할 경우 법률의 폐지여부 즉 신법여부, 위헌여부를 심사한 후 적용해야 한다.

(2) 법관의 양심에의 구속

양심에 따라 심판한다고 할 때의 양심은 법관의 직업적 양심을 말한다. 직업적 양심이란 주관적·윤리적·정치적 양심을 의미하는 것이 아니며, 조리(條理) 내지는 법적 확신을 의미한다. 따라서 개인적 양심과 직업적 양심이 충돌하는 경우 법관으로서의 직업적 양심이 우선한다.

(3) 독립하여 심판

법관이 심판할 때 독립하여 심판한다는 것은 다음과 같은 의미이다.

1) 타 국가기관으로부터의 독립

재판에 대해서는 국회나 행정부가 지시나 명령을 할 수 없다. 물론 사법부 스스로도 외부세력이나 정치에 개입하지 말아야 이러한 외부적 간섭에서 자유로울 수 있다.

참고로 법원조직법 §49는 다음과 같이 규정하고 있다.

법관은 재직 중 다음의 행위를 할 수 없다.
① 국회 또는 지방의회의 의원이 되는 일
② 행정부처의 공무원이 되는 일
③ 정치운동에 관여하는 일
④ 대법원장의 허가 없이 보수 있는 직무에 종사하는 일
⑤ 금전상의 이익을 목적으로 하는 업무에 종사하는 일
⑥ 대법원장의 허가 없이 보수의 유무를 불문하고 국가기관 외의 법인,

단체 등의 고문(顧問)·임원·직원 등의 지위에 취임하는 일

⑦ 기타 대법원규칙으로 정하는 일

2) 소송당사자로부터의 독립

재판은 소송당사자로부터도 독립하여 진행되어야 한다. 이를 위하여 대심주의(對審主義) 내지 당사자주의가 채택되어 있다. 즉 원고와 피고가 서로 공격과 방어를 하도록 하고 법관은 제3자적 입장에서 판단하는 구조를 가지고 있는 것이다. 특히 이 점은 당사자가 행정기관인 경우 더욱 강조된다. 법관의 공정성을 담보하기 위하여 제척·기피·회피제도(형소법 §17~§24, 민소법 §41~§50)가 마련되어 있어서 불공정한 재판이 이루어질 우려가 있는 법관을 그 재판에서 배제할 수 있도록 하고 있다.

3) 사회적 세력으로부터의 독립

재판은 일반국민 내지 매스컴의 의사와는 별도로 진행되고 결론이 내려져야 하는지에 대하여 절대적 독립설과 상대적 독립설이 대립되어 있다. 재판을 담당하는 법관도 일반인의 관점에서 판단해야 할 요소도 많이 있으므로 절대적으로 독립하여 심판하기는 어렵다고 생각된다. 다만 일반인의 의사 내지는 사회적 세력의 의사는 법적인 관점에서 오류에 빠져 있는 경우도 많으므로 그런 경우 법적 관점이 우선하는 것은 당연하다.

4) 사법부 내부로부터의 독립

재판은 재판을 담당하는 재판부의 판단에만 따를 뿐 상급심법원이나 소속 법원장도 지시나 간섭을 할 수 없다. 다만 법원조직법 §8는 "상급법원의 재판에 있어서의 판단은 당해 사건에 관하여 하급심을 기속한다."고 하여 심급제를 규정하고 있다. 이는 파기환송(破棄還送)사건에 대하여 상급심의 판단을 우선함으로써 법원의 통일성을 인정하는 취지일 뿐 하급심을 간섭하려는 것은 아니다.

3. 법관인사의 독립

재판의 독립을 위해서는 재판을 담당하는 법관의 인사의 독립이 필수적인데 이를 인적독립 또는 신분상의 독립이라고 한다.

(1) 대법원장과 대법관

대법원장은 대통령이 국회의 동의를 얻어 임명하며, 임기는 6년이고 중임이 불가능하다. 대법관은 대법원장의 제청으로 국회의 동의를 얻어 대통령이 임명한다. 임기는 6년이며, 연임이 가능하다.

(2) 일반법관

일반법관은 대법관회의의 동의를 얻어 대법원장이 임명한다(§104③). 임기는 10년이며, 연임이 가능하다(법 §45). 판사의 보직(補職)은 인사위원회를 거쳐 대법원장이 정한다(법 §44).

법관의 자격은 법률로 정한다(§101③). 구체적으로는 법원조직법이 이를 규정하고 있다(법 §42).

[판례] (☞ 법관전보발령처분에 관한 헌법소원) 국가공무원법과 법원조직법에 따른 소청심사청구와 그 결정에 대한 불복수단으로서의 행정소송이라는 구제절차를 모두 거치지 아니한 채 청구한 것이어서 보충성의 요건을 갖추지 못한 부적법한 것이다.……소청심사위원이나 행정소송의 재판을 담당할 법관에 대한 인사권자와 청구인에 대한 이 사건 인사처분권자가 동일인(대법원장)이라는 이유만으로 소청이나 행정소송절차에 의하여서는 권리구제의 실효성을 기대하기 어렵다고 말할 수 없다(헌재 1993.12.23, 92헌마247).

(3) 법관의 신분보장

헌법 §106
① 법관은 탄핵 또는 금고 이상의 형의 선고에 의하지 아니하고는 파면되지 아니하며, 징계처분에 의하지 아니하고는 정직·감봉 기타 불리한 처분을 받지 않는다.
② 법관이 중대한 심신상의 장해로 직무를 수행할 수 없을 때에는 법률이 정하는 바에 의하여 퇴직하게 할 수 있다.

법관은 임기동안 신분보장을 받는다. 법률에 의하지 아니하고 징계 또는 퇴직을 당하면 양심에 따른 공정한 재판에 외부적 영향을 받을 수 있기 때문이다. 이를 위하여 법관징계법이 마련되어 있다.

4. 대법원의 규칙제정권

헌법 §108
대법원은 법률에 저촉되지 아니하는 범위 안에서 소송에 관한 절차, 법원의 내부 규률과 사무처리에 관한 규칙을 제정할 수 있다.

규칙의 제정은 그 성질상 입법작용이지만 이를 국회에 맡기는 것은 법원의 독립을 해치게 된다. 따라서 법원조직법 등 기본적인 원칙은 국민의 대의기관인 국회의 입법에 의하지만 구체적인 절차나 내부규율은 자체적으로 규칙을 제정하여 시행할 수 있게 하였다.

제4절 검찰과 경찰

> 검찰과 경찰이 경찰의 수사권 독립문제로 계속 대립되어 왔다. 비리를 저지른 경찰 수뇌부와 검사에 대하여 서로 수사를 주도하는 모습도 보이고 있다. 이에 따라 검찰의 직접수사권이 축소된 바 있다. 국민의 입장에서 무엇이 바람직한가?

Ⅰ. 검찰

1. 검사제도

검사(檢事)는 검찰권을 행사하는 국가기관이다. 검사는 공익의 대표자로서 범죄수사·공소제기와 공소유지에 필요한 사항, 범죄수사에 관한 사법경찰관리의 지휘·감독, 법원에 대한 법령의 정당한 적용의 청구, 재판집행의 지휘와 감독, 국가를 당사자 또는 참가인으로 하는 소송과 행정소송의 수행 또는 그 수행에 관한 지휘와 감독 등을 직무와 권한으로 삼는 국가기관이다(검찰청법 §4). 즉 검사는 수사절차에서 공판절차를 거쳐 재판집행절차에 이르는 형사절차 전반에서 검찰권을 행사하는 국가기관이다.

검사의 임명자격은 법관의 임명자격과 동일하며, 법관에 준하는 신분보장이 이루어지고, 검찰사무를 처리하는 단독관청이다. 그러나 검사동일체 원칙의 지배를 받으며(법 §7), 법무부장관과 검찰총장의 지휘·감독을 받는다.

이밖에 특별검사가 있다. 즉 국회 또는 법무부장관이 필요하다고 판단한 사건에 특별검사후보추천위원회가 추천한 2인 중 대통령이 1인을 임명한다(특별검사의 임명 등에 관한 법률 §2, §3). 특별검사는 특정사건에 한정하여 정치적으로 중립을 지키고 독립하여 그 직무를 수행한다. 이전에 사건 별로 특별법을 제정하던 것에 비하여 이를 상설특검이라고도 한다.

2. 검찰조직

검찰청은 대검찰청·고등검찰청·지방검찰청으로 구성되며, 각각 대법원·고등법원·지방법원에 대응된다(법 §3①). 관할구역도 각급 법원의 관할구역에 의한다.

대검찰청에 검찰총장을 두며, 고등검찰청과 지방검찰청에 각각 검사장을 둔다.

II. 경찰

1. 경찰제도

우리나라는 대륙법계의 전통에 따라 검찰이 공소권뿐만 아니라 수사권도 가지고 있다. 따라서 사법경찰관리는 검사의 수사를 보조하게 되고 수사와 관련된 검사의 지휘를 받게 된다. 그러나 경찰의 개념은 범죄수사 이외의 것도 포함된다. 경찰의 수사권 독립과 관련하여 검찰의 직접수사권이 축소되었고, 대공수사도 국가정보원에서 경찰로 넘겨졌다.

실질적 의미의 경찰(행정)이란 공공의 안녕과 질서에 대한 위해를 방지하기 위한 목적으로 행해지는 모든 활동을 의미한다. 따라서 경찰도 행정경찰과 사법경찰로 구별된다. 그러나 실제로 조직상 구별되어 있지는 않다.

2. 경찰조직

경찰조직에 관해서는 「국가경찰과 자치경찰의 조직 및 운영에 관한 법률(경찰법)」이 규율하고 있다.

이에 따르면 보통경찰관청으로는 경찰청장·지방경찰청장·경찰서장이 있다. 의결 및 협의기관으로 국가경찰위원회(법 §7 이하)와 시·도자치경찰위원회(법 §18 이하)가 있다.

정부조직에서 경찰청은 행정안전부장관의 소속이다(법 §122).

우리나라는 국가가 경찰에 대한 권한을 모두 행사하는 국가경찰제도가 원칙이었다. 다만 소방경찰에 대해서만 지방자치단체의 관장을 인정하고 있었다. 하지만 제주특별자치도를 필두로 국가경찰과 지방경찰의 사무와 조직을 나누고 병존하는 형태가 되었다(법 §4).

이 밖에도 「사법경찰관리의 직무를 행할 자와 그 직무범위에 관한 법률」에 따라 교도소장, 삼림보호에 종사하는 공무원, 검사장의 지명에 의한 경우 등 경찰의 직무를 하는 경우가 있다.

제7장 헌법재판소

제1절 헌법재판제도

> 위헌법률심판이나 탄핵심판 등의 기능으로 미루어 볼 때 헌법재판소가 우리 헌법 상 최고의 권력기관이라고 할 수 있을까?

I. 의의

1. 헌법재판의 개념

광의의 헌법재판은 규범통제·탄핵심판·정당해산·권한쟁의·헌법소원심판과 선거소송을 포함하는 개념이다. 이에 반해서 협의의 헌법재판은 위헌법률심판(규범통제)을 말한다.

헌법재판이란 독립된 재판기관이 헌법의 내용에 관한 분쟁이 있는 경우에, 또는 헌법위반 여부가 문제되는 경우에 제3자의 신청에 의거하여 그 문제를 헌법을 척도로 하여 유권적으로 결정함으로써 헌법을 유지·보호하고 구체화하며 형성하는 작용이라 하겠다.

우리 헌법재판소는 광의의 헌법재판에서 선거소송을 제외한 5가지 심판을 담당한다(뒤에 설명).

이하 헌법소송에 관한 자세한 내용은 오호택, 『헌법소송법』, 제10판, 동방문화사, 2022을 보기 바란다. 또한 헌법재판에 대하여 사례를 중심으로 쉽게 설명한 오호택, 『헌법재판이야기』, 개정판, 도서출판 살림, 2006도 참조하기 바란다.

2. 헌법재판의 기능

헌법재판은 첫째, 헌법보호기능을 한다. 헌법침해의 상황을 미연에 방지하거나 사후에 교정하는 역할을 한다. 둘째, 기본권보호기능을 한다. 국민의 기본권보장은 현대 헌법의 존재이유이다. 법원이나 국회 등 다른 국가기관도 이러한 기능을 행하지만 헌법재판은 매우 중요한 역할을 한다. 셋째, 권력통제기능이 있다. 정당제도의 발달로 권력이 통합되는 현상을 보이는 현대 헌법에서 헌법재판이 집권당을 중심으로 한 권력을 통제하는 역할을 한다. 입법·사법·행정의 전통적 국가기능을 헌법재판을 통하여 통제하는 역할을 행한다. 마지막으로 정치적 평화보장기능이 있다. 여야의 극한적 대립으로 인한 정치적 갈등을 헌법재판을 통하여 평화적으로 해결하여 정치적 안정을 꾀하는 역할을 한다. 이를 정치적 분쟁을 법적분쟁으로 바꾼다고 표현한다.

3. 본질과 성격

헌법재판은 일반재판과는 구분된다. 물론 법적 분쟁을 제3자적 기관이 당사자의 소의 제기를 기다려 법을 선언하는 점 등의 관점에서는 유사한 점이 많다. 그러나 일반재판에 비해서 헌법재판은 헌법해석 내지 헌법질서의 수호·유지가 주요 문제이며 당사자 간의 분쟁해결은 오히려 부수적일 경우가 많다(객관소송). 그것은 재판의 결과가 일반재판은 당사자에게만 미치는 데 반하여 헌법재판은 일반적 효과를 가져오며, 따라서 법형성적 기능(입법기능)을 가진다는 점에서 기인하는 특성이다. 그러한 입법기능을 하는 데에 대하여 국민주권주의에 모순되지 않는지 의문이 제기되기도 한다. 그러나 권력분립의 조정과 통제역할을 한다는 점에서, 또 국민의 의사의 결집체인 헌법에 근거하고 이를 토대로 한다는 점에서 국민주권주의에 모순되는 것은 아니다.

이러한 헌법재판의 특성 때문에 그 법적성격이 무엇인가에 대하여 논란이 있다. 헌법재판도 사법의 일종이라는 것이 독일과 우리의 다수설이며, 정치적 성격을 갖는 정치적 사법이라고 표현한다. 반면에 정치작용설(C.Schmitt), 또는 제4의 국가작용(허 영 897면)이라는 주장도 있다. 그러나 어떤 식의 표현을 해도 결국 강조점만 다를 뿐 일반재판과 유사한 점과 다른 점에 대한 평가는 달라지지 않는다. 헌법재판도 사법의 일종으로 보기로 한다.

Ⅱ. 헌법재판기관의 유형

각국의 헌법재판의 담당기관을 중심으로 분류하면 다음과 같다.

1. 헌법심판소형

헌법재판소형은 일반재판과는 별도로 독립된 기관으로 하여금 헌법재판을 담당하게 하는 형태이다. 헌법재판을 하나의 기관이 담당하므로 이를 집중형이라고도 한다. 우리나라를 비롯하여 독일·오스트리아 등이 독립적인 헌법재판소를 가지고 있으며, 러시아와 같은 최근의 신생국가들도 이러한 헌법재판소를 신설하는 추세이다.

우리 헌법재판소의 모델이 된 독일의 경우 우리와 비슷하다. 다만 직접 사건화되지 않은 경우에도 통제가 이루어질 수 있는 추상적 규범통제제도가 있다. 이 경우 연방정부·지방정부, 연방의회 의원 1/3 등의 제소로 통제가 이루어진다. 이것은 법률에 대한 헌법소원과는 다른 것이다. 즉 법률에 대한 헌법소원의 경우 구체적 집행행위가 없어도 일단 법률의 제정으로 인해서 국민의 기본권이 침해된 경우 법률에 대하여 직접 통제하는 것이므로 추상적 규범통제는 아니다. 또한 헌법소원의 대상에 법원의 판결도 포함하고 있는 점이 우리와는 다르다.

한편 오스트리아 연방헌법 §144①은 "소원청구인이 행정청의 처분에 의해서 헌법에 보장된 권리를 침해당했다고 주장하는 경우 또는 위법적인 명령 또는 위헌적인 법률 또는 위법적인 조약에 기한 행정처분에 의해서 자신의 권리를 침해당했음을 주장하는 경우에 행정청의 처분(Bescheid)에 대한 소원에 대하여 심판한다. 동 재판소는 동일한 요건 하에 특정된 사안에 대한 행정청의 직접적인 명령권 및 강제권의 행사에 대한 소원에 대하여서도 심판한다. 소원은 그러한 처분의 경우에는 행정구제절차(Instanzenzug)를 경료한 경우에 제기될 수 있다."고 하여 국민이 행정청의 처분이나 절차를 거칠 필요가 없는 행정행위(verfahrensfreie Verwaltungsakte)에 대하여 직접 헌법재판소에 헌법소원을 제기할 수 있음을 명시하고 있다.

2. 일반법원형

일반법원형은 헌법재판을 별도의 기관이 아니라 일반재판의 담당기관인 법원이 이를 담당하는 유형이다. 심급제에 의하여 결국 대법원에 가서 확정되는 것이 통례이나, 하급심 법원도 헌법재판을 할 수는 있다. 이를 분산형이라고도 한다.

미국·일본 등이 이러한 유형에 속한다. 우리나라의 경우 제3공화국은 이러한 유형을 택하였다. 성격상 구체적 규범통제일 수밖에 없으며, 대체로 헌법재판이 이루어지는 빈도수는 적은 편이다. 일본의 경우 최근까지 7건의 법률에 대한 위헌판결이 있었을 뿐이다(구체적 행위에 대한 위헌판결은 11건).

3. 정치기관형

정치기관형으로는 프랑스 헌법평의회(Conseil constitutionnel)가 대표적이다. 심사를 담당하는 사람들이 우선 법관이 아니다. 즉 대통령과 상·하원에서 각각 3인씩 선출하여 9명으로 구성된다. 전직대통령은 종신직이다. 그리고 심사는 법률로 확정되기 전, 즉 법률공포 전에 심사를 한다(예방적 규범통제). 이는 법률로 확정된 후에 심사하는 독일의 추상적 규범통제와는 또 다른 것이다(자세한 것은 성낙인, 프랑스헌법학, 법문사 1995, 655면 이하 참조). 오히려 일종의 입법절차라고 할 수도 있다. 그러나 프랑스도 2008년 사후 통제제도를 도입하여 우리와 같은 구체적 규범통제도 함께 행하고 있다.

Ⅲ. 한계

헌법재판도 헌법상의 다른 기능과 마찬가지로 다음과 같은 일정한 한계가 있다.

1. 기능상의 한계

헌법재판을 형식적으로 이해하면 입법·사법·행정 등 헌법상의 다른 작용의 대부분을 통제하고 거의 대체할 수 있다. 그러나 그것은 헌법이 의도가 아니며 다른 국가기관의 역할을 잠식하면 안 된다. 특히 헌법재판이 입법적 기능을 하므로 입법부의 형성의 여지를 존중해야 한다. 헌법재판의 결과는 더 이상 재심이 불가능하므로 더욱 신중하게 결정해야 하는 것이다. 또한 헌법재판소는 헌법전문법원으로서 일반법원이 가지는 사실관계와 법률해석에 대한 권한을 존중해야 하며, 마찬가지로 행정기관의 재량을 존중해야 하는 것이다.

더구나 헌법재판소의 기능을 구체적으로 규정하고 있는 헌법재판소법도 형식적으로는 헌법재판소의 위헌법률심판의 대상이다. 따라서 헌법재판소는 기능의 한계를 스스로 정한다고 할 수 있다(Kompetenz-Kompetenz).

2. 집행상의 한계

헌법재판소가 아무리 결정을 내려도 다른 국가기관이 이를 존중해 주지 않으면 강제로 이를 관철시킬 수 없다. 법률에 대한 위헌결정만이 헌법재판소법에 의하여 곧바로 효력을 상실할 뿐 다른 유형의 결정은 집행력이 없다. 이는 헌법의 특성상 자기보장성에서 나오는 것이다. 따라서 헌법재판소는 다른 국가기관과 국민이 받아들이는 한도 내에서 결정할 수밖에 없는 것이다.

헌법재판의 한계에 한 가지 한계를 덧붙이자면 결국 헌법재판은 헌법해석에서 그 한계가 나온다고 할 수 있다. 즉 폭넓은 헌법해석의 가능성에서 헌법재판의 폭넓은 범위가 나오는데 헌법해석도 무제한인 것이 아니며 이론적인 한계가 있는데 이것이 결국 헌법재판의 한계문제로 연결된다.

제2절 우리나라의 헌법재판소

> 이전 헌법에 비하여 현행헌법에 와서 헌법재판제도가 활성화된 원인은 어떤 것들이 있을까? 또 1960년 헌법에 규정되었던 헌법재판소와 현행제도는 어떻게 다를까?

I. 연혁

제1공화국 당시에는 헌법위원회가 있었다. 대법관 5인과 국회의원 5인으로 구성되었고 상설기관은 아니었다. 위헌심사가 7건 제기되어 그 중 2건에 대하여 위헌결정을 하였다.

제2공화국은 헌법재판소를 규정하고 있었다. 그러나 헌법재판소법이 1961.4.17에야 제정되었고 곧이어 5·16이 일어남에 따라 실제로는 구성되지 않았다. 다만 당시의 헌법재판소법에 따르면 헌법소원과 지방자치단체 관련 권한쟁의가 없었고, 반면에 선거소송을 관할하도록 되어 있던 점이 현재와는 다른 점이다.

제3공화국은 위헌법률심판을 법원이 담당하도록 하였으며, 탄핵심판소는 별도로 구성되었다. 이는 현행 일본의 제도와 동일한 형태이다.

제4·5공화국 때에는 헌법위원회가 구성되어 있었으나 실제로 헌법재판이 이루어진 적이 없다. 현재의 헌법재판소와는 달리 헌법위원(현재의 헌법재판관)이 비상임이었다. 또한 위헌법률심판의 경우 대법원이 실질적인 제청권을 가지고 있었는데 제청권을 행사하지 않았기 때문에 실제로 위헌법률심판이 한 건도 이루어지지 못하였다.

II. 구성과 헌법상 지위

1. 구성

헌법재판소는 소장을 포함한 9인의 재판관으로 구성된다. 또한 사무처가 있다. 재판관은 대통령·국회·대법원장이 각각 3명씩 지명하여 구성한다

(§111②③④). 40세 이상으로 15년 이상의 법조경력이 있어야 한다. 이는 대법관과 동일한 경력요건이다. 임기는 6년으로 연임이 가능하다(§112①). 정년은 70세이다(법 §7②). 소장은 재판관 중에서 대통령이 임명한다.

다만 임명방법과 관련하여 3부에서 3명씩 지명하는 것은 일응 민주적인 것처럼 보이나 실제로는 매우 불합리한 결과가 된다. 현재 우리나라의 권력구조를 살펴볼 때, 집권당을 통해서 대통령이 입법·사법부에도 영향력을 미치게 된다. 따라서 대통령은 스스로 3명, 국회에서 소속 정당을 통하여 최소 1명을 지명할 수 있고, 자신이 임명한 대법원장을 통해서 대법원장이 지명하는 3명의 결정에도 간접적이나마 영향력을 행사할 수 있다. 따라서 9명의 재판관 중 적게는 4명 많게는 8명까지 영향력을 미칠 수 있다. 이는 헌법재판에 대하여 국민의 성향을 왜곡되게 반영하는 결과가 될 수 있다. 참고로 독일의 경우 8명씩 2개의 합의체로 구성되어 있는데 각각 의회에서 의석수에 비례해서 뽑는다.

또 임기도 6년이며 연임이 가능하다는 것은 문제가 있다. 즉 연임이 가능하다면 재판관은 당연히 연임을 원할 것이고, 연임을 염두에 둔 결정을 내리게 될 수도 있다. 즉 공정한 재판에 장애가 되는 것이다. 독일식의 12년 단임이나 미국 연방대법관의 종신이라는 임기가 우리에게 참고가 될 만하다. 독일도 처음에는 6년 연임이었으나 이러한 문제에 부딪혀 12년 단임으로 개정하였다. 12년이라는 기간은 좀 긴 느낌이 들지만 일반재판과는 구분되는 헌법재판을 위해서는 재판관들도 훈련할 기간이 필요하다는 점을 고려하면 불합리하지는 않다.

헌법재판을 담당하는 재판부와 행정적인 것을 결정하는 재판관회의로 나뉜다. 물론 구성원은 모든 재판관으로 같다. 보조기관으로 사무처와 헌법연구관이 있으며, 별도로 헌법재판연구원이 설립되었다.

2. 신분보장

헌법재판소 재판관은 탄핵 또는 금고 이상의 형의 선고에 의하지 아니하고는 파면되지 아니한다(§112③). 또한 신분상의 독립을 위해서 재판관은 정당에 가입하거나 정치에 관여할 수 없다(§112②).

따라서 탄핵결정으로 파면된 때, 금고 이상의 형의 선고를 받은 때 외에 정당에 가입하거나 정치에 관여한 때에는 파면된다고 할 수 있다. 그러나 전례와 규정이 없어서 구체적 절차는 명확하지 않다.

3. 헌법재판소의 헌법상 지위

위에서 살펴본 대로 헌법재판은 헌법질서의 수호·유지를 그 주된 목적으로 한다. 따라서 헌법재판소는 헌법보장기관이라 할 수 있다. 또한 헌법재판은 일반재판에 비하여 정치적 성격을 많이 띤다. 그래서 헌법재판소를 정치적 사법기관이라고 한다. 헌법재판소는 국민의 기본권보장을 그 주된 임무로 하므로 기본권보장기관이라고 부를 수 있다. 그 기능을 형식적으로 파악하면 입법·행정부의 기능을 통제할 수 있으므로 국가의 최고기관일 수도 있다. 그러나 헌법은 헌법재판소가 입법·집행기능을 대신하는 것을 규정하고 있는 것은 아니므로 헌법재판도 한계가 있다. 따라서 국가의 최고기관중의 하나라고 할 수 있을 뿐이다. 의전 상 헌법재판소장은 대법원장과, 재판관은 대법관과 동일한 예우를 받는다.

III. 심리절차

헌법재판소의 심리절차는 다음과 같다. 특별한 설명이 없는 것은 일반적인 절차이다.

1. 심리정족수

헌법재판소는 모든 헌법재판관으로 이루어지는 전원재판부와 3인씩의 재판관으로 이루어져 헌법소원심판의 사전 요건심리를 담당하는 지정재판부가 있다. 전원재판부의 경우 7인 이상이 출석해야 심리가 이루어질 수 있다(법 §23).

2. 심리

(1) 심리방법

심리방법은 탄핵심판·정당해산심판·권한쟁의심판은 구두변론을 하도록 하고 있다(법 §30). 심판은 상대방, 즉 피청구인이 있으며 서로 공격방어를 하도록 하는 대심주의를 택하고 있다.

반면에 위헌법률심판·헌법소원은 서면심리가 원칙이며, 필요하면 변론도 가능하다(임의적 변론). 피청구인이 불명확하며 심판청구서에 이를 명기하지 않도록 하고 있다.

(2) 심리의 공개

심리는 여러 단계로 이루어지는데, 그 중 서면심리와 심판평의는 비공개로 진행된다. 다만 변론과 결정선고는 공개된다.

헌법소원심판의 경우 제소장이 접수된 후 1월 이내에 전원재판부에 회부하거나 각하하거나를 결정해야 하며 아무 결정이 없으면 자동적으로 회부된다. 요건심리로 각하여부를 결정하기 위하여 3개의 지정재판부가 구성되어 있다. 3인의 재판관 전원이 요건에 흠결이 있다고 판단하면 바로 각하결정을 한다. 한 명이라도 반대의견이 있으면 전원재판부에 회부된다.

또한 헌법소원심판과 탄핵심판의 경우 변호사강제주의가 채택되어 있다(법 §70). 경제적인 이유로 변호사를 선임할 수 없는 경우와 공익상 필요한 경우 국가가 국선대리인을 선임하여 준다. 그리고 재판비용은 국가가 부담하며, 민사재판과 달리 인지첩부는 없다.

3. 심판기간

심판기간은 180일이다(법 §38). 그러나 이는 민·형사소송과 마찬가지로 강제규정이 아니다.

4. 결정정족수

위헌법률심판 · 탄핵심판 · 정당해산심판 · 헌법소원심판에서, 탄핵이나 정당해산, 위헌법률로 결정하거나 헌법소원을 인용하는 경우 재판관 6인 이상의 찬성이 있어야 한다. 기타 결정, 예컨대 권한쟁의심판이나 헌법재판소의 사무처리에 관한 행정적 결정은 과반수의 찬성으로 결정한다.

6인 이상은 '2/3 이상'과는 다른 것이다. 즉 심리에 참여한 재판관이 7이나 8이라고 해도 6인 이상이 찬성해야 위헌결정을 할 수 있다는 의미이다. 이는 가급적 현상을 유지하고 기존의 법질서를 변경하기 위해서는 가중된 다수의 의견이 있어야 한다는 의미지만 실제로 결정에서 5인이 위헌이라고 하는 경우 과반수가 위헌의견인데 위헌결정을 못하는 경우가 많이 나온다. 실무에서는 그냥 '합헌'으로 하지만 강학 상 이런 경우 '위헌불선언'이라고 한다. 참고로 독일의 경우 8인의 재판관으로 구성되는 재판부가 2개가 있다. 따라서 4:4이거나 5:3이 되므로 우리와 같은 문제는 없다.

5. 위헌결정의 효력

헌법재판소가 위헌법률로 결정한 경우 그 효력은 대세효(對世效)와 현재효(또는 장래효)를 가진다. 다만 형벌법규에 관한 결정은 소급효를 가지며(법 §47②), 일반적으로 당해사건의 경우에는 소급효를 가진다(판례로 인정).

그러나 이러한 효력은 실제로 입법의 공백이나 입법권에 대한 침해 등 여러 가지 불합리한 결과를 가져올 수 있다. 따라서 법률에는 규정이 없으나 판례 상 여러 가지 다른 효력을 가지는 결정을 할 수밖에 없는데 이를 변형결정이라고 한다. 즉 단순위헌결정 외에도 한정위헌·한정합헌, 헌법불합치(입법촉구) 등의 형태가 이용되고 있다. 한정합헌과 한정위헌은 헌법의 해석부분에서 설명한 바와 같다. 헌법불합치의 경우 위헌성은 인정하지만 입법자의 의사를 존중하여 입법자로 하여금 위헌성을 제거하여 다시 입법하라는 의미이다. 대개 1년 가량의 시한을 주고 그 때까지 개정이 되지 않으면 효력을 상실하는 것으로 주문(主文)에 표기한다. 그리고 그 시한까지 당해

법규정을 적용할 것인지 적용하지 않을 것인지도 주문에서 정해준다. 근래에는 단순위헌 결정보다 헌법불합치 결정이 더 많이 나오는 경향이 있다.

또한 위헌결정을 할 때 일부무효 결정과 관련법규 무효결정을 할 수 있고, 헌법소원심판의 경우 인용결정과 더불어 기본권을 침해한 행위의 전제가 된 법률조항에 대하여 무효선언을 할 수 있다.

[판례] 위헌결정은 동종사건에도 적용된다(대판 1993.2.26, 92누12247).

Ⅳ. 권한

1. 위헌법률심판

(1) 의의

위헌법률심판이란 법률이 헌법에 위반되는 여부를 심판하여 위반되는 경우에 그 법률의 효력을 없애는 것을 말한다. 법률 이외의 규범, 예컨대 명령이나 처분 등에 대하여도 이루어질 수 있으므로 넓은 의미로는 규범통제라고 한다.

위헌법률심판은 연혁적으로 미국 연방대법원의 Marbury v. Madison 사건(1803)에서 비롯된다. 미국연방헌법에는 연방대법원의 위헌법률심판권에 대하여 명시적 규정은 없으나 당시 마샬 대법관은 이론적으로 이를 구성해냈다.

규범통제는 위헌법률심판이 대표적이지만 우리나라에는 특이한 유형의 규범통제가 있는데 헌법소원심판의 형태이지만 실질적인 위헌법률심판으로 진행되는 유형이 있다(법 §68②). 즉 위헌법률심판을 제기하는 것은 법원이지만 당사자는 이를 신청할 수 있는데, 이 신청에 대하여 법원이 기각·각하한 경우 헌법소원심판의 형태로 당사자가 직접 헌법재판소에 제기하는 것이다. 그밖에도 다음 표에서 보는 것과 같은 여러 가지 규범통제 유형이 존재한다.

(2) 요건

우리는 독일과는 달리 추상적 규범통제는 채택하고 있지 않고 구체적 규범통제만을 채택하고 있다. 즉 위헌법률심판이 이루어지기 위해서는 법률이 헌법에 위배되는지의 여부가 재판의 전제가 된 경우에, 법원의 제청이 있어야 한다(§111①, 법 §41). 재판의 전제성 여부에 대한 법원의 판단은 가급적 존중된다.

■ [규범통제의 종류와 그 특징]

종 류		신 청 자 (또는 제청자)	요 건	통제대상	우 리 나 라
예방적 규범통제		대통령·수상·상하원의장, 일정수의 국회의원	법률의 공포시행 전에 위헌성에 의문	법률·국회규칙	없음
추상적 규범통제		정부·지방각주, 일정수의 국회의원	법률의 위헌성에 대한 견해대립·의문	법률·명령·주(州)법규	없음
구체적 규범통제		법원	구체적 사건의 재판의 전제	법률·긴급명령	§107① §111
권한쟁의에 의한 규범통제		국회·정부·법원·중앙선관위·지방자치단체	다른 국가기관 또는 지방자치단체의 권한 침해의 법령	법률·명령·자치법규	§111 법§66②
개인적 규범 통제	위헌제청에 갈음한 헌법소원	개인 (자연인·법인)	위헌법률제청신청의 기각결정	법률·긴급명령	법§68②
	법령에 대한 헌법소원	개인 (자연인·법인)	법령 자체에 의한 기본권침해	헌법규정·법률·명령·자치법규	법§68①
	부수적 위헌선언	개인 (자연인·법인)	공권력행사 또는 불행사가 위헌법률에 기인할 때	법률·긴급명령	법§68① 법§75⑤

(3) 절차

재판관 6인 이상의 찬성으로 위헌결정이 이루어진다. 심판은 공개, 평의는 비공개가 원칙이라는 점은 일반심리절차에서 설명한 바와 같다.

(4) 위헌결정의 효력

법률에 대하여 위헌의 결정이 있으면 결정이 있은 날로부터 그 법률은 효력을 상실한다(법 §47②). 다만 형벌은 소급하여 효력이 상실되며, 재심이 가능하다(법 §47③). 여기서 단순히 결정이 있은 날로부터 위헌법률이 효력을 상실한다면 소송을 제기하고 위헌법률심판제청을 신청한 당사자는 구제되지 못한다는 불합리한 결과가 나온다. 따라서 당사자에게는 소급효가 인정된다. 또한 위헌결정이 있기 전에 헌법재판소에 위헌제청을 하였거나 법원에 위헌법률심판제청을 신청한 경우에도 소급효가 인정된다. 별도의 위헌제청은 하지 않았으나 위헌선언된 법률이 재판의 전제가 되어 법원에 계속(繫屬) 중인 병행사건에도 소급효가 인정된다. 위헌결정 이후에 같은 이유로 소송이 제기된 일반사건 또는 후속사건에도 소급효가 인정된다. 다만 위헌결정이 있기 전에 재판이 확정된 경우에는 소급효가 인정되지 않는다.

이러한 위헌결정의 효력은 법원 기타 국가기관 및 지방자치단체를 구속한다(법 §47①). 이를 기속력(羈束力)이라고 한다. 또 위헌결정은 입법과 유사한 효력을 가지는데 이를 법규적 효력이라고 한다. 기타 불가변력·불가쟁력·기판력 등 민·형사 소송과 같은 소송법적인 효력이 있다.

2. 탄핵심판

탄핵이란 일반징계절차로 징계가 곤란한 고위직 공무원이나 신분이 보장된 공무원에 대하여 그 직위에서 해임시키는 제도이다. 이는 고대 그리스에도 있었으며, 14C의 영국과 18C의 미국에 고급공무원의 파면제도로 이어졌다. 탄핵결정을 받은 공무원은 공직으로부터 파면되며, 민·형사상의 책임은 별도로 논해진다. 따라서 일사부재리의 원칙과는 무관하다. 탄핵제도에 대해서는 국회의 권한에서 설명한 것을 참조하기 바란다.

3. 위헌정당해산심판

위헌정당해산심판은 방어적 민주주의의 대표적 제도로서, 정당의 목적이나 활동이 민주적 기본질서에 위배될 때 정부의 제소와 헌법재판소의 결정을 거쳐 해산하는 것이다. 이에 대해서는 정당제도 부분에서 설명한 것을 참조하기 바란다.

4. 권한쟁의심판

권한쟁의 심판이란 국가기관 상호간이나 지방자치단체와 중앙정부와의 사이에 권한다툼이 있을 때, 헌법재판소가 이를 확정해 주는 것이다. 우리 헌법은 국가기관 상호간, 국가기관과 지방자치단체 및 지방자치단체 상호간의 권한에 다툼이 있을 때(§111①iv) 권한쟁의가 이루어진다고 규정하고 있다.

다른 심판과는 달리 출석재판관 과반수의 찬성으로 결정이 이루어진다. 이는 어느 한쪽에 가중치를 두기 어려운 대등한 관계에서의 권한의 존부나 범위를 확정하기 위한 심판이기 때문이다. 최근에 심판제기 건수가 늘어나고 있으며 이론적 중요성이 커지고 있다.

[판례 1] (☞ 이른바 날치기통과사건과 관련하여) 법 §62① i 는 국가기관 상호간의 권한쟁의를 국회·정부·법원 및 중앙선거관리위원회 상호간으로 규정하고 있어, 국회의원 또는 교섭단체는 권한쟁의심판의 청구인이 될 수 없다(각하, 헌재 1995.2.23, 90헌라1).

[판례 2] (☞ 위 [판례 1] 변경) 헌법 §111①iv는 "국가기관 상호간, 국가기관과 지방자치 단체간 및 지방자치단체 상호간의 권한쟁의심판"이라고만 규정하고 있을 뿐 권한쟁의심판의 당사자가 될 수 있는 국가기관의 종류나 범위에 관하여 아무런 규정도 두고 있지 않고, 특별히 법률로 정하도록 위임하고 있지도 않으므로 그에 관한 입법자의 입법형성의 자유가 있다고 할 수 없고, 따라서 권한쟁의심판의 당사자가 될 수 있는 국가기관의 범위는 헌법해석을 통하여 확정되어야 할 문제이다.……법§62① i 의 文言에도 불구하고 이는 '열거조항'이 아닌 '예시조항'이고, 국회의원도 헌법과 법률에 의하여 법률안제출권, 법률안 심의·표결권 등 여러 가지 독자적인 권한을 부여받은 헌법상의 국가기관으로서 권한쟁의의 청구인적격이 있다(헌재 1997.7.16, 96헌라2).

[판례 3] 지방자치단체의 자치권 보장을 위하여 자치사무에 대한 감사는 합법성 감사로 제한되어야 하는바, 포괄적·사전적 일반감사나 법령위반사항을 적발하기 위한 감사는 합목적성 감사에 해당하므로 허용되지 않는다. 경기도가 남양주시에 대하여 사전조사 및 감사 대상을 특정하기 위한 목적으로 자치사무 전 분야에 걸쳐 그 구체적인 업무처리 내용을 압축적으로 요약하는 형식으로 제출할 것을 요구한 것은 남양주시에 보장된 보장된 지방자치권을 침해한다(인용[권한침해], 헌재 2022.8.31., 2021헌라1).

5. 헌법소원심판

(1) 의의

　헌법소원심판은 공권력의 행사 또는 불행사로 인하여 헌법상 보장된 기본권을 침해받은 자의 기본권을 구제해 주는 심판이다(법§68①). 다만 우리나라는 독일과는 달리 그 대상에서 법원의 재판을 제외하고 있다. 이는 아래의 보충성의 원칙과 결합해서 불합리한 결과를 가져온다. 즉 보충성의 원칙에 따라 사전구제절차가 있으면 이를 거쳐야 하고, 대부분의 기본권 침해는 재판의 대상이 되므로 결국 헌법소원의 대상이 지극히 축소되는 결과가 된다. 이에 따라 검사의 불기소처분취소청구사건이 가장 많은 비중을 차지하고 있었는데 이는 서면심리를 원칙으로 하는 헌법소원의 성격상 본질적인 심판의 대상은 아니라고 생각된다. 다만 형사소송법의 개정(2007)으로 고소권이 있는 경우에 재정신청제도를 확대함에 따라(법 §260①) 불기소처분취소 사건 수는 급감하였다. 대신 기소유예처분취소 사건은 늘었다.

　다른 4가지 헌법심판과는 달리 국민이 헌법재판소에 직접 심판을 제기할 수 있는 유일한 제도이다. 따라서 전문성이 있는 국가기관과 달리 많은 심판제기 건수를 기록하고 있다. 헌법재판소가 발족한 1988.9부터 2018.12까지 헌법재판소에 접수된 35,644건 중 헌법소원심판이 34,579건이다. 참고로 이 기간 동안 위헌법률심판은 957건, 권한쟁의 104건, 탄핵심판이 2건이다.

(2) 요건

　헌법소원심판을 청구하기 위해서는 자기의 기본권이 침해된 경우라야 하고(자기관련성), 기본권의 침해가 현재적이고 직접적이어야 한다(현재·직접관련성). 또한 사전구제절차가 있는 경우 이를 모두 거친 후가 아니면 안 된다. 이를 보충성의 원칙이라고 한다(법 §68① 후단).

　헌법소원은 사유가 있음을 안 날로부터 90일, 있은 날로부터 1년 이내에 청구하여야 하며, 사전절차를 거치는 경우는 사전절차의 최종통지를 수령한 후 30일 이내에 청구하여야 한다. 위헌소원(법 §68②)의 경우 30일 이

내에 청구하여야 한다(법 §69).

이러한 요건에 맞지 않는 청구는 사전심리에서 각하(却下)된다.

(3) 종류

헌법소원은 처분소원을 비롯하여 입법소원·입법부작위·위헌소원(법 §68②) 등이 있다. 이는 다만 강학상의 분류이다.

(4) 효과

헌법소원이 인용되면 그 공권력행사가 취소된다. 공권력의 불행사에 대한 헌법소원이 인용되면 그 불행사에 대하여 위헌확인이 되며 사실상 행사하도록 강제하는 효과가 있다. 실질적인 규범통제인 경우 그 규범(법조문)이 효력을 상실한다.

[판례 1] (☞ 조선철도주식의 보상금청구에 관한 헌법소원) 군정법령 제75호에 따른 사설철도회사의 수용 후 보상절차입법이 이루어지지 않고 있는 상태의 지속은 위헌이다(헌재 1994.12.29, 89헌마2).

[판례 2] (☞ 보건복지부장관이 "치과전문의자격시험제도"를 실시할 수 있는 절차를 마련하지 않고 있는 입법부작위에 대한 헌법소원) 치과전문의제도의 실시를 법률(의료법) 및 대통령령(전문의의 수련 및 자격인정등에 관한 규정)이 규정하고 있고 그 실시를 위하여 시행규칙의 개정 등이 행해져야 함에도 불구하고 행정권이 법률의 시행에 필요한 행정입법을 하지 아니한 것은 행정권에 의한 입법권의 침해이고, 청구인들(치과의사)의 직업의 자유, 행복추구권, 평등권을 침해한다(헌재 1998.7.16, 96헌마246).

대한민국헌법(1948.7.17)

개정 1952.07.07.
1954.11.29.
1960.06.15.
1960.11.29.
1962.12.26.(전문개정)
1969.10.21.
1972.12.27.(전문개정)
1980.10.27.(전문개정)
[헌법 제10호, 1987.10.29, 전부개정]

전 문

유구한 역사와 전통에 빛나는 우리 대한국민은 3·1운동으로 건립된 대한민국임시정부의 법통과 불의에 항거한 4·19민주이념을 계승하고, 조국의 민주개혁과 평화적 통일의 사명에 입각하여 정의·인도와 동포애로써 민족의 단결을 공고히 하고, 모든 사회적 폐습과 불의를 타파하며, 자율과 조화를 바탕으로 자유민주적 기본질서를 더욱 확고히 하여 정치·경제·사회·문화의 모든 영역에 있어서 각인의 기회를 균등히 하고, 능력을 최고도로 발휘하게 하며, 자유와 권리에 따르는 책임과 의무를 완수하게 하여, 안으로는 국민생활의 균등한 향상을 기하고 밖으로는 항구적인 세계평화와 인류공영에 이바지함으로써 우리들과 우리들의 자손의 안전과 자유와 행복을 영원히 확보할 것을 다짐하면서 1948년 7월 12일에 제정되고 8차에 걸쳐 개정된 헌법을 이제 국회의 의결을 거쳐 국민투표에 의하여 개정한다.

제1장 총강

제1조 ①대한민국은 민주공화국이다.
②대한민국의 주권은 국민에게 있고, 모든 권력은 국민으로부터 나온다.
제2조 ①대한민국의 국민이 되는 요건은 법률로 정한다.
②국가는 법률이 정하는 바에 의하여 재외국민을 보호할 의무를 진다.
제3조 대한민국의 영토는 한반도와 그 부속도서로 한다.
제4조 대한민국은 통일을 지향하며, 자유민주적 기본질서에 입각한 평화적 통일 정책을 수립하고 이를 추진한다.
제5조 ①대한민국은 국제평화의 유지에 노력하고 침략적 전쟁을 부인한다.
②국군은 국가의 안전보장과 국토방위의

신성한 의무를 수행함을 사명으로 하며, 그 정치적 중립성은 준수된다.

제6조 ①헌법에 의하여 체결·공포된 조약과 일반적으로 승인된 국제법규는 국내법과 같은 효력을 가진다.

②외국인은 국제법과 조약이 정하는 바에 의하여 그 지위가 보장된다.

제7조 ①공무원은 국민전체에 대한 봉사자이며, 국민에 대하여 책임을 진다.

②공무원의 신분과 정치적 중립성은 법률이 정하는 바에 의하여 보장된다.

제8조 ①정당의 설립은 자유이며, 복수정당제는 보장된다.

②정당은 그 목적·조직과 활동이 민주적이어야 하며, 국민의 정치적 의사형성에 참여하는데 필요한 조직을 가져야 한다.

③정당은 법률이 정하는 바에 의하여 국가의 보호를 받으며, 국가는 법률이 정하는 바에 의하여 정당운영에 필요한 자금을 보조할 수 있다.

④정당의 목적이나 활동이 민주적 기본질서에 위배될 때에는 정부는 헌법재판소에 그 해산을 제소할 수 있고, 정당은 헌법재판소의 심판에 의하여 해산된다.

제9조 국가는 전통문화의 계승·발전과 민족문화의 창달에 노력하여야 한다.

제2장 국민의 권리와 의무

제10조 모든 국민은 인간으로서의 존엄과 가치를 가지며, 행복을 추구할 권리를 가진다. 국가는 개인이 가지는 불가침의 기본적 인권을 확인하고 이를 보장할 의무를 진다.

제11조 ①모든 국민은 법 앞에 평등하다. 누구든지 성별·종교 또는 사회적 신분에 의하여 정치적·경제적·사회적·문화적 생활의 모든 영역에 있어서 차별을 받지 아니한다.

②사회적 특수계급의 제도는 인정되지 아니하며, 어떠한 형태로도 이를 창설할 수 없다.

③훈장등의 영전은 이를 받은 자에게만 효력이 있고, 어떠한 특권도 이에 따르지 아니한다.

제12조 ①모든 국민은 신체의 자유를 가진다. 누구든지 법률에 의하지 아니하고는 체포·구속·압수·수색 또는 심문을 받지 아니하며, 법률과 적법한 절차에 의하지 아니하고는 처벌·보안처분 또는 강제노역을 받지 아니한다.

②모든 국민은 고문을 받지 아니하며, 형사상 자기에게 불리한 진술을 강요당하지 아니한다.

③체포·구속·압수 또는 수색을 할 때에는 적법한 절차에 따라 검사의 신청에 의하여 법관이 발부한 영장을 제시하여야 한다. 다만, 현행범인인 경우와 장기 3년 이상의 형에 해당하는 죄를 범하고 도피 또는 증거인멸의 염려가 있을 때에는 사후에 영장을 청구할 수 있다.

④누구든지 체포 또는 구속을 당한 때에는 즉시 변호인의 조력을 받을 권리를 가진다. 다만, 형사피고인이 스스로 변호인을 구할 수 없을 때에는 법률이 정하는 바에 의하여 국가가 변호인을 붙인다.

⑤누구든지 체포 또는 구속의 이유와 변호인의 조력을 받을 권리가 있음을 고지받지 아니하고는 체포 또는 구속을 당하지 아니한다. 체포 또는 구속을 당한 자의 가족등 법률이 정하는 자에게는 그 이유와 일시·

장소가 지체없이 통지되어야 한다.
⑥누구든지 체포 또는 구속을 당한 때에는 적부의 심사를 법원에 청구할 권리를 가진다.
⑦피고인의 자백이 고문·폭행·협박·구속의 부당한 장기화 또는 기망 기타의 방법에 의하여 자의로 진술된 것이 아니라고 인정될 때 또는 정식재판에 있어서 피고인의 자백이 그에게 불리한 유일한 증거일 때에는 이를 유죄의 증거로 삼거나 이를 이유로 처벌할 수 없다.

제13조 ①모든 국민은 행위시의 법률에 의하여 범죄를 구성하지 아니하는 행위로 소추되지 아니하며, 동일한 범죄에 대하여 거듭 처벌받지 아니한다.
②모든 국민은 소급입법에 의하여 참정권의 제한을 받거나 재산권을 박탈당하지 아니한다.
③모든 국민은 자기의 행위가 아닌 친족의 행위로 인하여 불이익한 처우를 받지 아니한다.

제14조 모든 국민은 거주·이전의 자유를 가진다.

제15조 모든 국민은 직업선택의 자유를 가진다.

제16조 모든 국민은 주거의 자유를 침해받지 아니한다. 주거에 대한 압수나 수색을 할 때에는 검사의 신청에 의하여 법관이 발부한 영장을 제시하여야 한다.

제17조 모든 국민은 사생활의 비밀과 자유를 침해받지 아니한다.

제18조 모든 국민은 통신의 비밀을 침해받지 아니한다.

제19조 모든 국민은 양심의 자유를 가진다.

제20조 ①모든 국민은 종교의 자유를 가진다.
②국교는 인정되지 아니하며, 종교와 정치는 분리된다.

제21조 ①모든 국민은 언론·출판의 자유와 집회·결사의 자유를 가진다.
②언론·출판에 대한 허가나 검열과 집회·결사에 대한 허가는 인정되지 아니한다.
③통신·방송의 시설기준과 신문의 기능을 보장하기 위하여 필요한 사항은 법률로 정한다.
④언론·출판은 타인의 명예나 권리 또는 공중도덕이나 사회윤리를 침해하여서는 아니된다. 언론·출판이 타인의 명예나 권리를 침해한 때에는 피해자는 이에 대한 피해의 배상을 청구할 수 있다.

제22조 ①모든 국민은 학문과 예술의 자유를 가진다.
②저작자·발명가·과학기술자와 예술가의 권리는 법률로써 보호한다.

제23조 ①모든 국민의 재산권은 보장된다. 그 내용과 한계는 법률로 정한다.
②재산권의 행사는 공공복리에 적합하도록 하여야 한다.
③공공필요에 의한 재산권의 수용·사용 또는 제한 및 그에 대한 보상은 법률로써 하되, 정당한 보상을 지급하여야 한다

제24조 모든 국민은 법률이 정하는 바에 의하여 선거권을 가진다.

제25조 모든 국민은 법률이 정하는 바에 의하여 공무담임권을 가진다.

제26조 ①모든 국민은 법률이 정하는 바에 의하여 국가기관에 문서로 청원할 권리를 가진다.

②국가는 청원에 대하여 심사할 의무를 진다.

제27조 ①모든 국민은 헌법과 법률이 정한 법관에 의하여 법률에 의한 재판을 받을 권리를 가진다.
②군인 또는 군무원이 아닌 국민은 대한민국의 영역안에서는 중대한 군사상 기밀·초병·초소·유독음식물공급·포로·군용물에 관한 죄중 법률이 정한 경우와 비상계엄이 선포된 경우를 제외하고는 군사법원의 재판을 받지 아니한다.
③모든 국민은 신속한 재판을 받을 권리를 가진다. 형사피고인은 상당한 이유가 없는 한 지체없이 공개재판을 받을 권리를 가진다.
④형사피고인은 유죄의 판결이 확정될 때까지는 무죄로 추정된다.
⑤형사피해자는 법률이 정하는 바에 의하여 당해 사건의 재판절차에서 진술할 수 있다.

제28조 형사피의자 또는 형사피고인으로서 구금되었던 자가 법률이 정하는 불기소처분을 받거나 무죄판결을 받은 때에는 법률이 정하는 바에 의하여 국가에 정당한 보상을 청구할 수 있다.

제29조 ①공무원의 직무상 불법행위로 손해를 받은 국민은 법률이 정하는 바에 의하여 국가 또는 공공단체에 정당한 배상을 청구할 수 있다. 이 경우 공무원 자신의 책임은 면제되지 아니한다.
②군인·군무원·경찰공무원 기타 법률이 정하는 자가 전투·훈련등 직무집행과 관련하여 받은 손해에 대하여는 법률이 정하는 보상외에 국가 또는 공공단체에 공무원의 직무상 불법행위로 인한 배상은 청구할 수 없다.

제30조 타인의 범죄행위로 인하여 생명·신체에 대한 피해를 받은 국민은 법률이 정하는 바에 의하여 국가로부터 구조를 받을 수 있다.

제31조 ①모든 국민은 능력에 따라 균등하게 교육을 받을 권리를 가진다.
②모든 국민은 그 보호하는 자녀에게 적어도 초등교육과 법률이 정하는 교육을 받게 할 의무를 진다.
③의무교육은 무상으로 한다.
④교육의 자주성·전문성·정치적 중립성 및 대학의 자율성은 법률이 정하는 바에 의하여 보장된다.
⑤국가는 평생교육을 진흥하여야 한다.
⑥학교교육 및 평생교육을 포함한 교육제도와 그 운영, 교육재정 및 교원의 지위에 관한 기본적인 사항은 법률로 정한다.

제32조 ①모든 국민은 근로의 권리를 가진다. 국가는 사회적·경제적 방법으로 근로자의 고용의 증진과 적정임금의 보장에 노력하여야 하며, 법률이 정하는 바에 의하여 최저임금제를 시행하여야 한다.
②모든 국민은 근로의 의무를 진다. 국가는 근로의 의무의 내용과 조건을 민주주의 원칙에 따라 법률로 정한다.
③근로조건의 기준은 인간의 존엄성을 보장하도록 법률로 정한다.
④여자의 근로는 특별한 보호를 받으며, 고용·임금 및 근로조건에 있어서 부당한 차별을 받지 아니한다.
⑤연소자의 근로는 특별한 보호를 받는다.
⑥국가유공자·상이군경 및 전몰군경의 유가족은 법률이 정하는 바에 의하여 우선적으로 근로의 기회를 부여받는다.

제33조 ①근로자는 근로조건의 향상을 위하여 자주적인 단결권·단체교섭권 및 단체

행동권을 가진다.
②공무원인 근로자는 법률이 정하는 자에 한하여 단결권·단체교섭권 및 단체행동권을 가진다.
③법률이 정하는 주요방위산업체에 종사하는 근로자의 단체행동권은 법률이 정하는 바에 의하여 이를 제한하거나 인정하지 아니할 수 있다.

제34조 ①모든 국민은 인간다운 생활을 할 권리를 가진다.
②국가는 사회보장·사회복지의 증진에 노력할 의무를 진다.
③국가는 여자의 복지와 권익의 향상을 위하여 노력하여야 한다.
④국가는 노인과 청소년의 복지향상을 위한 정책을 실시할 의무를 진다.
⑤신체장애자 및 질병·노령 기타의 사유로 생활능력이 없는 국민은 법률이 정하는 바에 의하여 국가의 보호를 받는다.
⑥국가는 재해를 예방하고 그 위험으로부터 국민을 보호하기 위하여 노력하여야 한다.

제35조 ①모든 국민은 건강하고 쾌적한 환경에서 생활할 권리를 가지며, 국가와 국민은 환경보전을 위하여 노력하여야 한다.
②환경권의 내용과 행사에 관하여는 법률로 정한다.
③국가는 주택개발정책등을 통하여 모든 국민이 쾌적한 주거생활을 할 수 있도록 노력하여야 한다.

제36조 ①혼인과 가족생활은 개인의 존엄과 양성의 평등을 기초로 성립되고 유지되어야 하며, 국가는 이를 보장한다.
②국가는 모성의 보호를 위하여 노력하여야 한다.
③모든 국민은 보건에 관하여 국가의 보호를 받는다.

제37조 ①국민의 자유와 권리는 헌법에 열거되지 아니한 이유로 경시되지 아니한다.
②국민의 모든 자유와 권리는 국가안전보장·질서유지 또는 공공복리를 위하여 필요한 경우에 한하여 법률로써 제한할 수 있으며, 제한하는 경우에도 자유와 권리의 본질적인 내용을 침해할 수 없다.

제38조 모든 국민은 법률이 정하는 바에 의하여 납세의 의무를 진다.

제39조 ①모든 국민은 법률이 정하는 바에 의하여 국방의 의무를 진다.
②누구든지 병역의무의 이행으로 인하여 불이익한 처우를 받지 아니한다.

제3장 국회

제40조 입법권은 국회에 속한다.

제41조 ①국회는 국민의 보통·평등·직접·비밀선거에 의하여 선출된 국회의원으로 구성한다.
②국회의원의 수는 법률로 정하되, 200인 이상으로 한다.
③국회의원의 선거구와 비례대표제 기타 선거에 관한 사항은 법률로 정한다.

제42조 국회의원의 임기는 4년으로 한다.

제43조 국회의원은 법률이 정하는 직을 겸할 수 없다.

제44조 ①국회의원은 현행범인인 경우를 제외하고는 회기중 국회의 동의없이 체포 또는 구금되지 아니한다.
②국회의원이 회기전에 체포 또는 구금된 때에는 현행범인이 아닌 한 국회의 요구가

있으면 회기중 석방된다.

　제45조 국회의원은 국회에서 직무상 행한 발언과 표결에 관하여 국회외에서 책임을 지지 아니한다.

　제46조 ①국회의원은 청렴의 의무가 있다.

②국회의원은 국가이익을 우선하여 양심에 따라 직무를 행한다.

③국회의원은 그 지위를 남용하여 국가·공공단체 또는 기업체와의 계약이나 그 처분에 의하여 재산상의 권리·이익 또는 직위를 취득하거나 타인을 위하여 그 취득을 알선할 수 없다.

　제47조 ①국회의 정기회는 법률이 정하는 바에 의하여 매년 1회 집회되며, 국회의 임시회는 대통령 또는 국회재적의원 4분의 1 이상의 요구에 의하여 집회된다.

②정기회의 회기는 100일을, 임시회의 회기는 30일을 초과할 수 없다.

③대통령이 임시회의 집회를 요구할 때에 기간과 집회요구의 이유를 명시하여야 한다.

　제48조 국회는 의장 1인과 부의장 2인을 선출한다.

　제49조 국회는 헌법 또는 법률에 특별한 규정이 없는 한 재적의원 과반수의 출석과 출석의원 과반수의 찬성으로 의결한다. 가부동수인 때에는 부결된 것으로 본다.

　제50조 ①국회의 회의는 공개한다. 다만, 출석의원 과반수의 찬성이 있거나 의장이 국가의 안전보장을 위하여 필요하다고 인정할 때에는 공개하지 아니할 수 있다.

②공개하지 아니한 회의내용의 공표에 관하여는 법률이 정하는 바에 의한다.

　제51조 국회에 제출된 법률안 기타의 의안은 회기중에 의결되지 못한 이유로 폐기되지 아니한다. 다만, 국회의원의 임기가 만료된 때에는 그러하지 아니하다.

　제52조 국회의원과 정부는 법률안을 제출할 수 있다.

　제53조 ①국회에서 의결된 법률안은 정부에 이송되어 15일 이내에 대통령이 공포한다.

②법률안에 이의가 있을 때에는 대통령은 제1항의 기간내에 이의서를 붙여 국회로 환부하고, 그 재의를 요구할 수 있다. 국회의 폐회중에도 또한 같다.

③대통령은 법률안의 일부에 대하여 또는 법률안을 수정하여 재의를 요구할 수 없다.

④재의의 요구가 있을 때에는 국회는 재의에 붙이고, 재적의원과반수의 출석과 출석의원 3분의 2 이상의 찬성으로 전과 같은 의결을 하면 그 법률안은 법률로서 확정된다.

⑤대통령이 제1항의 기간내에 공포나 재의의 요구를 하지 아니한 때에도 그 법률안은 법률로서 확정된다.

⑥대통령은 제4항과 제5항의 규정에 의하여 확정된 법률을 지체없이 공포하여야 한다. 제5항에 의하여 법률이 확정된 후 또는 제4항에 의한 확정법률이 정부에 이송된 후 5일 이내에 대통령이 공포하지 아니할 때에는 국회의장이 이를 공포한다.

⑦법률은 특별한 규정이 없는 한 공포한 날로부터 20일을 경과함으로써 효력을 발생한다.

　제54조 ①국회는 국가의 예산안을 심의·확정한다.

②정부는 회계연도마다 예산안을 편성하여 회계연도 개시 90일전까지 국회에 제출하

고, 국회는 회계연도 개시 30일전까지 이를 의결하여야 한다.
③새로운 회계연도가 개시될 때까지 예산안이 의결되지 못한 때에는 정부는 국회에서 예산안이 의결될 때까지 다음의 목적을 위한 경비는 전년도 예산에 준하여 집행할 수 있다.
1. 헌법이나 법률에 의하여 설치된 기관 또는 시설의 유지·운영
2. 법률상 지출의무의 이행
3. 이미 예산으로 승인된 사업의 계속

제55조 ①한 회계연도를 넘어 계속하여 지출할 필요가 있을 때에는 정부는 연한을 정하여 계속비로서 국회의 의결을 얻어야 한다.
②예비비는 총액으로 국회의 의결을 얻어야 한다. 예비비의 지출은 차기국회의 승을 얻어야 한다.

제56조 정부는 예산에 변경을 가할 필요가 있을 때에는 추가경정예산안을 편성하여 국회에 제출할 수 있다.

제57조 국회는 정부의 동의없이 정부가 제출한 지출예산 각항의 금액을 증가하거나 새 비목을 설치할 수 없다.

제58조 국채를 모집하거나 예산외에 국가의 부담이 될 계약을 체결하려 할 때에는 정부는 미리 국회의 의결을 얻어야 한다.

제59조 조세의 종목과 세율은 법률로 정한다.

제60조 ①국회는 상호원조 또는 안전보장에 관한 조약, 중요한 국제조직에 관한 조약, 우호통상항해조약, 주권의 제약에 관한 조약, 강화조약, 국가나 국민에게 중대한 재정적 부담을 지우는 조약 또는 입법사항에 관한 조약의 체결·비준에 대한 동의권을 가진다.
②국회는 선전포고, 국군의 외국에의 파견 또는 외국군대의 대한민국 영역안에서의 주류에 대한 동의권을 가진다.

제61조 ①국회는 국정을 감사하거나 특정한 국정사안에 대하여 조사할 수 있으며, 이에 필요한 서류의 제출 또는 증인의 출석과 증언이나 의견의 진술을 요구할 수 있다.
②국정감사 및 조사에 관한 절차 기타 필요한 사항은 법률로 정한다.

제62조 ①국무총리·국무위원 또는 정부위원은 국회나 그 위원회에 출석하여 국정처리상황을 보고하거나 의견을 진술하고 질문에 응답할 수 있다.
②국회나 그 위원회의 요구가 있을 때에는 국무총리·국무위원 또는 정부위원은 출석·답변하여야 하며, 국무총리 또는 국무위원이 출석요구를 받은 때에는 국무위원 또는 정부위원으로 하여금 출석·답변하게 할 수 있다.

제63조 ①국회는 국무총리 또는 국무위원의 해임을 대통령에게 건의할 수 있다.
②제1항의 해임건의는 국회재적의원 3분의 1 이상의 발의에 의하여 국회재적의원 과반수의 찬성이 있어야 한다.

제64조 ①국회는 법률에 저촉되지 아니하는 범위안에서 의사와 내부규율에 관한 규칙을 제정할 수 있다.
②국회는 의원의 자격을 심사하며, 의원을 징계할 수 있다.
③의원을 제명하려면 국회재적의원 3분의 2 이상의 찬성이 있어야 한다.

④제2항과 제3항의 처분에 대하여는 법원에 제소할 수 없다.

제65조 ①대통령·국무총리·국무위원·행정각부의 장·헌법재판소 재판관·법관·중앙선거관리위원회 위원·감사원장·감사위원 기타 법률이 정한 공무원이 그 직무집행에 있어서 헌법이나 법률을 위배한 때에는 국회는 탄핵의 소추를 의결할 수 있다.
②제1항의 탄핵소추는 국회재적의원 3분의 1 이상의 발의가 있어야 하며, 그 의결은 국회재적의원 과반수의 찬성이 있어야 한다. 다만, 대통령에 대한 탄핵소추는 국회재적의원 과반수의 발의와 국회재적의원 3분의 2 이상의 찬성이 있어야 한다.
③탄핵소추의 의결을 받은 자는 탄핵심판이 있을 때까지 그 권한행사가 정지된다.
④탄핵결정은 공직으로부터 파면함에 그친다. 그러나, 이에 의하여 민사상이나 형사상의 책임이 면제되지는 아니한다.

제4장 정부

제1절 대통령

제66조 ①대통령은 국가의 원수이며, 외국에 대하여 국가를 대표한다.
②대통령은 국가의 독립·영토의 보전·국가의 계속성과 헌법을 수호할 책무를 진다.
③대통령은 조국의 평화적 통일을 위한 성실한 의무를 진다.
④행정권은 대통령을 수반으로 하는 정부에 속한다.

제67조 ①대통령은 국민의 보통·평등·직접·비밀선거에 의하여 선출한다.
②제1항의 선거에 있어서 최고득표자가 2인 이상인 때에는 국회의 재적의원 과반수가 출석한 공개회의에서 다수표를 얻은 자를 당선자로 한다.
③대통령후보자가 1인일 때에는 그 득표수가 선거권자 총수의 3분의 1 이상이 아니면 대통령으로 당선될 수 없다.
④대통령으로 선거될 수 있는 자는 국회의원의 피선거권이 있고 선거일 현재 40세에 달하여야 한다.
⑤대통령의 선거에 관한 사항은 법률로 정한다.

제68조 ①대통령의 임기가 만료되는 때에는 임기만료 70일 내지 40일전에 후임자를 선거한다.
②대통령이 궐위된 때 또는 대통령 당선자가 사망하거나 판결 기타의 사유로 그 자격을 상실한 때에는 60일 이내에 후임자를 선거한다.

제69조 대통령은 취임에 즈음하여 다음의 선서를 한다.
"나는 헌법을 준수하고 국가를 보위하며 조국의 평화적 통일과 국민의 자유와 복리의 증진 및 민족문화의 창달에 노력하여 대통령으로서의 직책을 성실히 수행할 것을 국민 앞에 엄숙히 선서합니다."

제70조 대통령의 임기는 5년으로 하며, 중임할 수 없다.

제71조 대통령이 궐위되거나 사고로 인하여 직무를 수행할 수 없을 때에는 국무총리, 법률이 정한 국무위원의 순서로 그 권한을 대행한다.

제72조 대통령은 필요하다고 인정할 때에는 외교·국방·통일 기타 국가안위에 관한 중요정책을 국민투표에 붙일 수 있다.

제73조 대통령은 조약을 체결·비준하고,

외교사절을 신임·접수 또는 파견하며, 선전포고와 강화를 한다.

제74조 ①대통령은 헌법과 법률이 정하는 바에 의하여 국군을 통수한다.

②국군의 조직과 편성은 법률로 정한다.

제75조 대통령은 법률에서 구체적으로 범위를 정하여 위임받은 사항과 법률을 집행하기 위하여 필요한 사항에 관하여 대통령령을 발할 수 있다.

제76조 ①대통령은 내우·외환·천재·지변 또는 중대한 재정·경제상의 위기에 있어서 국가의 안전보장 또는 공공의 안녕질서를 유지하기 위하여 긴급한 조치가 필요하고 국회의 집회를 기다릴 여유가 없을 때에 한하여 최소한으로 필요한 재정·경제상의 처분을 하거나 이에 관하여 법률의 효력을 가지는 명령을 발할 수 있다.

②대통령은 국가의 안위에 관계되는 중대한 교전상태에 있어서 국가를 보위하기 위하여 긴급한 조치가 필요하고 국회의 집회가 불가능한 때에 한하여 법률의 효력을 가지는 명령을 발할 수 있다.

③대통령은 제1항과 제2항의 처분 또는 명령을 한 때에는 지체없이 국회에 보고하여 그 승인을 얻어야 한다.

④제3항의 승인을 얻지 못한 때에는 그 처분 또는 명령은 그때부터 효력을 상실한다. 이 경우 그 명령에 의하여 개정 또는 폐지되었던 법률은 그 명령이 승인을 얻지 못한 때부터 당연히 효력을 회복한다.

⑤대통령은 제3항과 제4항의 사유를 지체없이 공포하여야 한다.

제77조 ①대통령은 전시·사변 또는 이에 준하는 국가비상사태에 있어서 병력으로써 군사상의 필요에 응하거나 공공의 안녕질서를 유지할 필요가 있을 때에는 법률이 정하는 바에 의하여 계엄을 선포할 수 있다.

②계엄은 비상계엄과 경비계엄으로 한다.

③비상계엄이 선포된 때에는 법률이 정하는 바에 의하여 영장제도, 언론·출판·집회·결사의 자유, 정부나 법원의 권한에 관하여 특별한 조치를 할 수 있다.

④계엄을 선포한 때에는 대통령은 지체없이 국회에 통고하여야 한다.

⑤국회가 재적의원 과반수의 찬성으로 계엄의 해제를 요구한 때에는 대통령은 이를 해제하여야 한다.

제78조 대통령은 헌법과 법률이 정하는 바에 의하여 공무원을 임면한다.

제79조 ①대통령은 법률이 정하는 바에 의하여 사면·감형 또는 복권을 명할 수 있다.

②일반사면을 명하려면 국회의 동의를 얻어야 한다.

③사면·감형 및 복권에 관한 사항은 법률로 정한다.

제80조 대통령은 법률이 정하는 바에 의하여 훈장 기타의 영전을 수여한다.

제81조 대통령은 국회에 출석하여 발언하거나 서한으로 의견을 표시할 수 있다.

제82조 대통령의 국법상 행위는 문서로써 하며, 이 문서에는 국무총리와 관계 국무위원이 부서한다. 군사에 관한 것도 또한 같다.

제83조 대통령은 국무총리·국무위원·행정각부의 장 기타 법률이 정하는 공사의 직을 겸할 수 없다.

제84조 대통령은 내란 또는 외환의 죄를

범한 경우를 제외하고는 재직중 형사상의 소추를 받지 아니한다.
　제85조 전직대통령의 신분과 예우에 관하여는 법률로 정한다.

제2절 행정부
제1관 국무총리와 국무위원
　제86조 ①국무총리는 국회의 동의를 얻어 대통령이 임명한다.
②국무총리는 대통령을 보좌하며, 행정에 관하여 대통령의 명을 받아 행정각부를 통할한다.
③군인은 현역을 면한 후가 아니면 국무총리로 임명될 수 없다.
　제87조 ①국무위원은 국무총리의 제청으로 대통령이 임명한다.
②국무위원은 국정에 관하여 대통령을 보좌하며, 국무회의의 구성원으로서 국정을 심의한다.
③국무총리는 국무위원의 해임을 대통령에게 건의할 수 있다.
④군인은 현역을 면한 후가 아니면 국무위원으로 임명될 수 없다.

제2관 국무회의
　제88조 ①국무회의는 정부의 권한에 속하는 중요한 정책을 심의한다.
②국무회의는 대통령·국무총리와 15인 이상 30인 이하의 국무위원으로 구성한다.
③대통령은 국무회의의 의장이 되고, 국무총리는 부의장이 된다.
　제89조 다음 사항은 국무회의의 심의를 거쳐야 한다.
1. 국정의 기본계획과 정부의 일반정책
2. 선전·강화 기타 중요한 대외정책
3. 헌법개정안·국민투표안·조약안·법률안 및 대통령령안
4. 예산안·결산·국유재산처분의 기본계획·국가의 부담이 될 계약 기타 재정에 관한 중요사항
5. 대통령의 긴급명령·긴급재정경제처분 및 명령 또는 계엄과 그 해제
6. 군사에 관한 중요사항
7. 국회의 임시회 집회의 요구
8. 영전수여
9. 사면·감형과 복권
10. 행정각부간의 권한의 획정
11. 정부안의 권한의 위임 또는 배정에 관한 기본계획
12. 국정처리상황의 평가·분석
13. 행정각부의 중요한 정책의 수립과 조정
14. 정당해산의 제소
15. 정부에 제출 또는 회부된 정부의 정책에 관계되는 청원의 심사
16. 검찰총장·합동참모의장·각군참모총장·국립대학교총장·대사 기타 법률이 정한 공무원과 국영기업체관리자의 임명
17. 기타 대통령·국무총리 또는 국무위원이 제출한 사항
　제90조 ①국정의 중요한 사항에 관한 대통령의 자문에 응하기 위하여 국가원로로 구성되는 국가원로자문회의를 둘 수 있다.
②국가원로자문회의의 의장은 직전대통령이 된다. 다만, 직전대통령이 없을 때에는 대통령이 지명한다.
③국가원로자문회의의 조직·직무범위 기타 필요한 사항은 법률로 정한다.
　제91조 ①국가안전보장에 관련되는 대외

정책·군사정책과 국내정책의 수립에 관하여 국무회의의 심의에 앞서 대통령의 자문에 응하기 위하여 국가안전보장회의를 둔다.
②국가안전보장회의는 대통령이 주재한다.
③국가안전보장회의의 조직·직무범위 기타 필요한 사항은 법률로 정한다.

제92조 ①평화통일정책의 수립에 관한 대통령의 자문에 응하기 위하여 민주평화통일자문회의를 둘 수 있다.
②민주평화통일자문회의의 조직·직무범위 기타 필요한 사항은 법률로 정한다.

제93조 ①국민경제의 발전을 위한 중요정책의 수립에 관하여 대통령의 자문에 응하기 위하여 국민경제자문회의를 둘 수 있다.
②국민경제자문회의의 조직·직무범위 기타 필요한 사항은 법률로 정한다.

제3관 행정각부

제94조 행정각부의 장은 국무위원 중에서 국무총리의 제청으로 대통령이 임명한다.

제95조 국무총리 또는 행정각부의 장은 소관사무에 관하여 법률이나 대통령령의 위임 또는 직권으로 총리령 또는 부령을 발할 수 있다.

제96조 행정각부의 설치·조직과 직무범위는 법률로 정한다.

제4관 감사원

제97조 국가의 세입·세출의 결산, 국가 및 법률이 정한 단체의 회계검사와 행정기관 및 공무원의 직무에 관한 감찰을 하기 위하여 대통령 소속하에 감사원을 둔다.

제98조 ①감사원은 원장을 포함한 5인 이상 11인 이하의 감사위원으로 구성한다.
②원장은 국회의 동의를 얻어 대통령이 임명하고, 그 임기는 4년으로 하며, 1차에 한하여 중임할 수 있다.
③감사위원은 원장의 제청으로 대통령이 임명하고, 그 임기는 4년으로 하며, 1차에 한하여 중임할 수 있다.

제99조 감사원은 세입·세출의 결산을 매년 검사하여 대통령과 차년도국회에 그 결과를 보고하여야 한다.

제100조 감사원의 조직·직무범위·감사위원의 자격·감사대상공무원의 범위 기타 필요한 사항은 법률로 정한다.

제5장 법원

제101조 ①사법권은 법관으로 구성된 법원에 속한다.
②법원은 최고법원인 대법원과 각급법원으로 조직된다.
③법관의 자격은 법률로 정한다.

제102조 ①대법원에 부를 둘 수 있다.
②대법원에 대법관을 둔다. 다만, 법률이 정하는 바에 의하여 대법관이 아닌 법관을 둘 수 있다.
③대법원과 각급법원의 조직은 법률로 정한다.

제103조 법관은 헌법과 법률에 의하여 그 양심에 따라 독립하여 심판한다.

제104조 ①대법원장은 국회의 동의를 얻어 대통령이 임명한다.
②대법관은 대법원장의 제청으로 국회의 동의를 얻어 대통령이 임명한다.
③대법원장과 대법관이 아닌 법관은 대법관회의의 동의를 얻어 대법원장이 임명한다.

제105조 ①대법원장의 임기는 6년으로 하며, 중임할 수 없다.
②대법관의 임기는 6년으로 하며, 법률이 정하는 바에 의하여 연임할 수 있다.
③대법원장과 대법관이 아닌 법관의 임기는 10년으로 하며, 법률이 정하는 바에 의하여 연임할 수 있다.
④법관의 정년은 법률로 정한다.
제106조 ①법관은 탄핵 또는 금고 이상의 형의 선고에 의하지 아니하고는 파면되지 아니하며, 징계처분에 의하지 아니하고는 정직·감봉 기타 불리한 처분을 받지 아니한다.
②법관이 중대한 심신상의 장해로 직무를 수행할 수 없을 때에는 법률이 정하는 바에 의하여 퇴직하게 할 수 있다.
제107조 ①법률이 헌법에 위반되는 여부가 재판의 전제가 된 경우에는 법원은 헌법재판소에 제청하여 그 심판에 의하여 재판한다.
②명령·규칙 또는 처분이 헌법이나 법률에 위반되는 여부가 재판의 전제가 된 경우에는 대법원은 이를 최종적으로 심사할 권한을 가진다.
③재판의 전심절차로서 행정심판을 할 수 있다. 행정심판의 절차는 법률로 정하되, 사법절차가 준용되어야 한다.
제108조 대법원은 법률에 저촉되지 아니하는 범위안에서 소송에 관한 절차, 법원의 내부규율과 사무처리에 관한 규칙을 제정할 수 있다.
제109조 재판의 심리와 판결은 공개한다. 다만, 심리는 국가의 안전보장 또는 안녕질서를 방해하거나 선량한 풍속을 해할 염려가 있을 때에는 법원의 결정으로 공개하지 아니할 수 있다.
제110조 ①군사재판을 관할하기 위하여 특별법원으로서 군사법원을 둘 수 있다.
②군사법원의 상고심은 대법원에서 관할한다.
③군사법원의 조직·권한 및 재판관의 자격은 법률로 정한다.
④비상계엄하의 군사재판은 군인·군무원의 범죄나 군사에 관한 간첩죄의 경우와 초병·초소·유독음식물공급·포로에 관한 죄중 법률이 정한 경우에 한하여 단심으로 할 수 있다. 다만, 사형을 선고한 경우에는 그러하지 아니하다.

제6장 헌법재판소

제111조 ①헌법재판소는 다음 사항을 관장한다.
1. 법원의 제청에 의한 법률의 위헌여부 심판
2. 탄핵의 심판
3. 정당의 해산 심판
4. 국가기관 상호간, 국가기관과 지방자치단체간 및 지방자치단체 상호간의 권한쟁의에 관한 심판
5. 법률이 정하는 헌법소원에 관한 심판
②헌법재판소는 법관의 자격을 가진 9인의 재판관으로 구성하며, 재판관은 대통령이 임명한다.
③제2항의 재판관중 3인은 국회에서 선출하는 자를, 3인은 대법원장이 지명하는 자를 임명한다.
④헌법재판소의 장은 국회의 동의를 얻어 재판관중에서 대통령이 임명한다.

제112조 ①헌법재판소 재판관의 임기는 6년으로 하며, 법률이 정하는 바에 의하여 연임할 수 있다.
②헌법재판소 재판관은 정당에 가입하거나 정치에 관여할 수 없다.
③헌법재판소 재판관은 탄핵 또는 금고 이상의 형의 선고에 의하지 아니하고는 파면되지 아니한다.
제113조 ①헌법재판소에서 법률의 위헌결정, 탄핵의 결정, 정당해산의 결정 또는 헌법소원에 관한 인용결정을 할 때에는 재판관 6인 이상의 찬성이 있어야 한다.
②헌법재판소는 법률에 저촉되지 아니하는 범위안에서 심판에 관한 절차, 내부규율과 사무처리에 관한 규칙을 제정할 수 있다.
③헌법재판소의 조직과 운영 기타 필요한 항은 법률로 정한다.

제7장 선거관리

제114조 ①선거와 국민투표의 공정한 관리 및 정당에 관한 사무를 처리하기 위하여 선거관리위원회를 둔다.
②중앙선거관리위원회는 대통령이 임명하는 3인, 국회에서 선출하는 3인과 대법원장이 지명하는 3인의 위원으로 구성한다. 위원장은 위원중에서 호선한다.
③위원의 임기는 6년으로 한다.
④위원은 정당에 가입하거나 정치에 관여할 수 없다.
⑤위원은 탄핵 또는 금고 이상의 형의 선고에 의하지 아니하고는 파면되지 아니한다.
⑥중앙선거관리위원회는 법령의 범위안에서 선거관리·국민투표관리 또는 정당사무에 관한 규칙을 제정할 수 있으며, 법률에 저촉되지 아니하는 범위안에서 내부규율에 관한 규칙을 제정할 수 있다.
⑦각급 선거관리위원회의 조직·직무범위 기타 필요한 사항은 법률로 정한다.
제115조 ①각급 선거관리위원회는 선거인명부의 작성등 선거사무와 국민투표사무에 관하여 관계 행정기관에 필요한 지시를 할 수 있다.
②제1항의 지시를 받은 당해 행정기관은 이에 응하여야 한다.
제116조 ①선거운동은 각급 선거관리위원회의 관리하에 법률이 정하는 범위안에서 하되, 균등한 기회가 보장되어야 한다.
②선거에 관한 경비는 법률이 정하는 경우를 제외하고는 정당 또는 후보자에게 부담시킬 수 없다.

제8장 지방자치

제117조 ①지방자치단체는 주민의 복리에 관한 사무를 처리하고 재산을 관리하며, 법령의 범위안에서 자치에 관한 규정을 제정할 수 있다.
②지방자치단체의 종류는 법률로 정한다.
제118조 ①지방자치단체에 의회를 둔다.
②지방의회의 조직·권한·의원선거와 지방자치단체의 장의 선임방법 기타 지방자치단체의 조직과 운영에 관한 사항은 법률로 정한다.

제9장 경제

제119조 ①대한민국의 경제질서는 개인과 기업의 경제상의 자유와 창의를 존중함을 기본으로 한다.
②국가는 균형있는 국민경제의 성장 및 안정과 적정한 소득의 분배를 유지하고, 시

장의 지배와 경제력의 남용을 방지하며, 경제주체간의 조화를 통한 경제의 민주화를 위하여 경제에 관한 규제와 조정을 할 수 있다.

제120조 ①광물 기타 중요한 지하자원·수산자원·수력과 경제상 이용할 수 있는 자연력은 법률이 정하는 바에 의하여 일정한 기간 그 채취·개발 또는 이용을 특허할 수 있다.

②국토와 자원은 국가의 보호를 받으며, 국가는 그 균형있는 개발과 이용을 위하여 필요한 계획을 수립한다.

제121조 ①국가는 농지에 관하여 경자유전의 원칙이 달성될 수 있도록 노력하여야 하며, 농지의 소작제도는 금지된다.

②농업생산성의 제고와 농지의 합리적인 이용을 위하거나 불가피한 사정으로 발생하는 농지의 임대차와 위탁경영은 법률이 정하는 바에 의하여 인정된다.

제122조 국가는 국민 모두의 생산 및 생활의 기반이 되는 국토의 효율적이고 균형있는 이용·개발과 보전을 위하여 법률이 정하는 바에 의하여 그에 관한 필요한 제한과 의무를 과할 수 있다.

제123조 ①국가는 농업 및 어업을 보호·육성하기 위하여 농·어촌종합개발과 그 지원등 필요한 계획을 수립·시행하여야 한다.

②국가는 지역간의 균형있는 발전을 위하여 지역경제를 육성할 의무를 진다.

③국가는 중소기업을 보호·육성하여야 한다.

④국가는 농수산물의 수급균형과 유통구조의 개선에 노력하여 가격안정을 도모함으로써 농·어민의 이익을 보호한다.

⑤국가는 농·어민과 중소기업의 자조조직을 육성하여야 하며, 그 자율적 활동과 발전을 보장한다.

제124조 국가는 건전한 소비행위를 계도하고 생산품의 품질향상을 촉구하기 위한 소비자보호운동을 법률이 정하는 바에 의하여 보장한다.

제125조 국가는 대외무역을 육성하며, 이를 규제·조정할 수 있다.

제126조 국방상 또는 국민경제상 긴절한 필요로 인하여 법률이 정하는 경우를 제외하고는, 사영기업을 국유 또는 공유로 이전하거나 그 경영을 통제 또는 관리할 수 없다.

제127조 ①국가는 과학기술의 혁신과 정보 및 인력의 개발을 통하여 국민경제의 발전에 노력하여야 한다.

②국가는 국가표준제도를 확립한다.

③대통령은 제1항의 목적을 달성하기 위하여 필요한 자문기구를 둘 수 있다.

제10장 헌법개정

제128조 ①헌법개정은 국회재적의원 과반수 또는 대통령의 발의로 제안된다.

②대통령의 임기연장 또는 중임변경을 위한 헌법개정은 그 헌법개정 제안 당시의 대통령에 대하여는 효력이 없다.

제129조 제안된 헌법개정안은 대통령이 20일 이상의 기간 이를 공고하여야 한다.

제130조 ①국회는 헌법개정안이 공고된 날로부터 60일 이내에 의결하여야 하며, 국회의 의결은 재적의원 3분의 2 이상의 찬성을 얻어야 한다.

②헌법개정안은 국회가 의결한 후 30일 이

내에 국민투표에 붙여 국회의원선거권자 과반수의 투표와 투표자 과반수의 찬성을 얻어야 한다.
③헌법개정안이 제2항의 찬성을 얻은 때에는 헌법개정은 확정되며, 대통령은 즉시 이를 공포하여야 한다.

부 칙

제1조 이 헌법은 1988년 2월 25일부터 시행한다. 다만, 이 헌법을 시행하기 위하여 필요한 법률의 제정·개정과 이 헌법에 의한 대통령 및 국회의원의 선거 기타 이 헌법시행에 관한 준비는 이 헌법시행 전에 할 수 있다.

제2조 ①이 헌법에 의한 최초의 대통령선거는 이 헌법시행일 40일 전까지 실시한다.
②이 헌법에 의한 최초의 대통령의 임기는 이 헌법시행일로부터 개시한다.

제3조 ①이 헌법에 의한 최초의 국회의원선거는 이 헌법공포일로부터 6월 이내에 실시하며, 이 헌법에 의하여 선출된 최초의 국회의원의 임기는 국회의원선거후 이 헌법에 의한 국회의 최초의 집회일로부터 개시한다.
②이 헌법공포 당시의 국회의원의 임기는 제1항에 의한 국회의 최초의 집회일 전일까지로 한다.

제4조 ①이 헌법시행 당시의 공무원과 정부가 임명한 기업체의 임원은 이 헌법에 의하여 임명된 것으로 본다. 다만, 이 헌법에 의하여 선임방법이나 임명권자가 변경된 공무원과 대법원장 및 감사원장은 이 헌법에 의하여 후임자가 선임될 때까지 그 직무를 행하며, 이 경우 전임자인 공무원의 임기는 후임자가 선임되는 전일까지로 한다.
②이 헌법시행 당시의 대법원장과 대법원판사가 아닌 법관은 제1항 단서의 규정에 불구하고 이 헌법에 의하여 임명된 것으로 본다.
③이 헌법중 공무원의 임기 또는 중임제한에 관한 규정은 이 헌법에 의하여 그 공무원이 최초로 선출 또는 임명된 때로부터 적용한다.

제5조 이 헌법시행 당시의 법령과 조약은 이 헌법에 위배되지 아니하는 한 그 효력을 지속한다.

제6조 이 헌법시행 당시에 이 헌법에 의하여 새로 설치될 기관의 권한에 속하는 직무를 행하고 있는 기관은 이 헌법에 의하여 새로운 기관이 설치될 때까지 존속하며 그 직무를 행한다.

찾아보기

ㄱ

가정법원	495
가족제도	300
가중다수의결	40
가중법률유보	150
가치상대주의	93
간선제	451
간접민주정	257
간접선거	353
간접적 적용설	145
간접효력설	143
감사원	481
감사원장	482
강제가입의 원칙	274
강제선거	354
강제위임	91
개괄주의	304
개념내재적 한계	152
개방성	21
개별적 법률유보	150
개정금지조항	43
개헌권	47
객관적 법질서	127, 131
거듭처벌금지의 원칙	184
거부권	459
거주이전의 자유	199, 202, 206
건설적불신임제	381
검사동일체의 원칙	506
검찰청	506
결단주의	10
결사	247
결산심사권	429
결선투표	363
겸직금지의무	455
경비계엄	468
경성헌법	15, 36
경제조항	220
경제헌법	212
경찰위원회	507
경향	389
계급국가설	71
계속비	429
계엄	467
고등법원	494
고문금지	189
고유권설	370
고유사무	372
고전적 권력분립이론	339
고전적 기본권	121
공간적 효력범위	79
공개선거	354
공개재판	197
공공복리	153, 221
공동체	12, 18
공무담임권	262
공무원	320, 365
공무원의 근로3권	292
공무원의 신분보장	367
공법인	139
공산주의	376

공서양속설	143	국가보안법	20
공영제	361	국가보위에관한특별조치법	63
공의무	350	국가안전보장	153
공익이론	205	국가의 문화형성력	116
공적기록이론	205	국가의 본질	71
공적부조	274, 275	국가의 중립성	116
공적인물이론	205	국가의 통합과정의 법질서	11
공정과세의 원칙	425	국가인권위원회	483
공직선거및선거부정방지법	360	국가작용 의제이론	143
공직선거법	358	국가재건비상조치법	62
공해배제청구권	295	국가재건최고회의	61
공행정작용	320	국가최고기관	79
과잉금지의 원칙	156	국가형태	72
관습법	4	국교부인	234
광역자치단체	372	국군통수권	463
교섭단체	396	국무원불신임권	384
교수의 자유	250	국무원불신임제	58
교육을 받을 권리	277	국무총리	472
교육의 의무	328	국무회의	476
교육의 자주성	281	국민	135
구속적부심사제	195	국민·주권·영역	71
구속피의자신문조서	193	국민공회	16
구체적 기본권	133, 160	국민권익위원회	484
국가·사회이원론	211	국민대표법	14
국가관여설	143	국민발안권	257
국가권력	74	국민소환권	257
국가긍정의 의무	345	국민의 헌법상 지위	78
국가기관설	343	국민주권론	86, 87
국가긴급권	50	국민참여재판	309
국가긴급권의 한계	51	국민투표권	264
국가긴급사태	101	국민협약	238
국가배상법	319	국민협정	122, 177
국가법인설	32, 72	국민협정(Agreement	122

국방의 의무	327	권한대행	454
국선변호인	194	귀국의 자유	200
국약헌법	16	귀족국	72
국적	75	규범의 구체화	24
국적법률주의	75	규범적 헌법	17
국적변경의 자유	201	규범조화적 원리	25
국적상실	77	규범조화적 해석	146
국적의 취득과 상실	75	규범주의	8
국적회복	76	규범통제	518
국정감사	431	규칙자율권	441
국정조사	431	규칙제정권	423
국제관습법	112	근대적 기본권	123
국제법존중주의	109	근로기준법	285
국제연합 인권규약	125	근로의 의무	329
국제평화주의	109, 110	근로자	289
국회의 헌법상 지위	390	근본결단	10, 32
국회의원의 특권	406	근본규범성	168
국회입법의원칙	416	금주조항	4
국회해산권	64	기능적 통합	12
군사법원	496	기대가능성이론	222
군소정당	357	기본권	127
군정군령일원주의	463	기본권의 경합	145
군주주권론	5, 87	기본권의 구제	157
권력분립	337	기본권의 분류	132
권력분립(권한분산)도	339	기본권의 상충	145
권력융합적 정부형태	379	기본권의 이념	159
권력의 분립	100	기본권의 이념적 기초	161
권리장전	122	기본권의 이중적 성격	128
권리청원	122	기본권의 제3자효	141
권리포기이론	205	기본권의 제한	147
권위주의	376	기본권의 충돌	145
권위주의적 대통령제	64	기본권의 침해	157
권위주의형 대통령제	385	기본권의 한계	147

기본권의 효력	140	단계이론	215, 218
기본권제한의 한계	155	단순법률유보	151
기본권제한의 형식	154	단심제	499
기본권제한적 법률유보	150	단원제	393
기본권주체성	139	단일예산주의	426
기본권형성적 법률유보	150	단체교섭권	290
기본법	3	단체위임사무	373
기소독점주의	186, 310	단체자치형	370
기소편의주의	310	단체행동권	290
기속위임	91, 383	단체협약	291
기초자치단체	372	단행법주의	75
기회균등	278	당내민주주의	346
기회의 균등	167	당사자주의	310
긴급명령권	465	당선소송	362
긴급재정·경제처분권	465	대국가적 방어권	176
긴급조치권	64	대량학살금지조약	112
김재규사건	54	대륙형 의원내각제	381
		대법원	493
ㄴ		대법원장	493
나찌즘	73, 376	대사인적 효력	133, 141
납세의 의무	327	대선거구단기투표제	356
내각책임제	381	대심주의	310
내국인대우원칙	113	대위책임설	321
노동쟁의	291	대의제	336
누적투표제	356	대통령의 형사상 특권	455
능력부담의 원칙	274	대통령제	445
		대학의 자율성	281
ㄷ		대학의 자치	251, 278
다수결원리	92	대헌장	177, 181
다원적 국가론	72	독립권한설	432
다원적 민주주의	370	독일제국헌법	16
다원주의	93	독일참사원	40
단결권	289	동태적 3분설	340

동트식	357	물적 통합	12
드골헌법	38	미국 독립선언	123
등족회의	91, 388	미래 세대의 기본권	136
		민정헌법	15

ㄹ

레퍼랜덤	265	민족자결원칙	112
		민주적 기본질서	348
		민주적 정당성	27, 28, 92
		민주주의	84

ㅁ

망명권	201	민청학련사건	54
매개체설	343		
메이지헌법	6	**ㅂ**	
면책특권	406	바이마르헌법	177
명목적 입헌주의헌법	6	반론권	239
명목적 헌법	17	반사적 이익	128
명백하고 현존하는 위험	242	반사적 효과	133
명부식 비례대표제	357	발췌개헌	58
명예혁명	122	방법의 적정성	155
명확성	243	방송법	238
모방적 헌법	16	방어적 민주주의	94, 347, 520
모성보호의무조항	301	배분적 정의	170
목적정당성	155	배심제	309, 310
무기속위임	91	버지니아 권리선언	14, 238
무죄추정권	313	버지니아권리선언	6, 123, 218
무죄추정원칙	185	범죄수사	505
무직의 자유	214	법규범설	427
무체재산권	255	법규범으로서의 헌법	13
무한계설	34	법단계설	9
묵비권	189, 230	법률구조공단	310
문민원칙	471	법률내용의 평등	168
문제변증론	24	법률만능주의	98
문화국가	115	법률안제출권	458
문화의 국가형성력	116	법률유보	149
문화적 자율성	117	법률조력인	195

찾아보기 545

법실증주의	8	복지국가원리	270
법원조직법	502	본질적 내용의 침해금지	156
법의 단계구조	111	본회의결정주의	420
법의 정신	338	부대조항	222
법의 지배	97	부마사태	64
법의 최고성	99	부분개정	39
법익의 균형성	156	부서제도	470
법인	138	부전조약	109
법적 대표설	390	부통령	377
법적 안정성	34, 36	부통령제	454
법적권리설	268	불가분조항	222
법정진술권	313	불기소처분	316
법주권론	9	불리한 진술거부권	189
법질서설	72	불멸의 근본가치	35
변론주의	310	불문헌법	14
변형결정	517	불체포특권	408
변형된 대통령제	386	비교다수대표제	355
변호사강제주의	516	비례대표제	356
변호인의 조력을 받을 권리	193	비례의 원칙	156
변호인접견교통권	194	비밀선거	354
보건권	301	비법규사항	460
보궐선거	360	비상계엄	468
보류거부	459, 460	비상대권	101, 467
보안처분	188	비상대권(국가긴급권)	467
보이콧	291	비상사태	63
보조권한설	432	비상적 헌법보장제도	49, 50
보충성	155	비스마르크헌법	8, 124
보충성의 원칙	522	비인회의	31
보통법	97	비판적 복종의 자세	54
보통선거	351		
보통선거권	258	▌ㅅ▐	
복종계약설	71	사면권	461
복지국가	102	사법거절금지의 원칙	310

사법경찰관리	506	사후구제절차	316
사법부의 독립	500	사후영장주의	190
사법부자제설	491	삼요소설	71
사법작용	487	상고심	494
사법적 결사설	343	상대적 헌법	33
사사오입개헌	58	상임위원회	394
사실의 규범력	9	상향식 헌법침해	50
사용	222	상호주의	138
사용자	289	상호주의원칙	112
사유재산제	219	상황적 제한설	169
사이버공간	240	생명권	178
사전검열	241	생산관리	291
사전예방적 보장	49	생존권	267
사회계약설	71, 87	생활규범성	22
사회공동체유보설	152	선거	350
사회국가	7	선거구법정주의	355
사회국가원리	101, 270	선거구획정	354
사회국가원리의 한계	105	선거권	259
사회국가헌법	6	선거소송	362
사회보험	274	선거일법정주의	360
사회적 기본권	267	선이해	24
사회적 법치국가	99	선호투표제	355
사회적 시장경제	106, 212	선혼인후 거례	4
사회적 시장경제질서	107	성공가능성	54
사회적 신분	172	성문법주의	100
사회적 자유권	198	성문헌법	3, 14
사회주의 국가당	347	성문형법주의	182
사회주의 헌법	6	세계인권선언	112, 125, 160
사회주의국가	102	세계제1차대전	7
사회주의국가당	85	세비	412
사회주의적 계획경제	107	소극적·방어적 권리	175
사회학적 실증주의	11	소비자기본법	225
사후교정적 보장	50	소위원회	395

소작제의 금지	220	**ㅇ**		
속인주의	75	안락사	179	
수권법	46	알권리	238	
수상정부제	381	액세스권	239	
수용	222	야경국가	270	
수정자본주의	212	약식재판	310	
수평적 권력분립이론	339	양당제	357	
순수법학	9	양당젠	355	
승자일괄득표제	451	양대정당제	379	
시·도당	346	양성의 평등	167	
시민적 법치국가	97	양심결정의 자유	228	
시민혁명	6	양심상 추지금지	228	
시위의 자유	244	양심의 자유	226	
신다원주의	93	양심형성의 자유	228	
신대통령제	73, 376, 446	양원제	391	
신분상의 독립	504	언론·출판의 자유	236	
신분자율권	442	언론기관의 자유	239	
신앙고백의 자유	233	여권제도	200	
신앙불표명의 자유	233	역사성	22	
신앙의 자유	232, 233	연대성	104, 267	
신의설	71	연성헌법	15	
신자연법사상	122	연좌제	185	
신체의 자유	177, 178	열거되지 아니한 자유와 권리	165	
신칸트학파	8	영공	82	
실용적 헌법	18	영역	79	
실정권설	129	영역권	80	
실정헌법상 한계	45	영장제도	190	
실제적 조화의 원리	25, 146	영토고권	80	
실질적 법치국가	98	영토조항	114	
실질적 자유	104	영해	82	
실질적 평등	104, 168	예비비	429	
심급제	498	예산	426	

예산법률주의	427	이익형량보상	223
예산비법률주의	427	이익형량의 원칙	146
예산의결권	426	이중기준의 원칙	156
예술의 자유	253	이중위험금지의 원칙	184
왕권신수설	87	인간과 시민의 권리선언	123
외국인	137	인간의 존엄과 가치	118, 159
워터게이트사건	435	인권	127
원내대표	396	인권선언	5, 122
위원회	394	인권최소수준보호원칙	113
위임계약설	71	인민공화국	73
위임명령	460	인민주권론	88, 383
위임사무	372	인민평의회제	16
위헌법률심판	518	인민협정	122
위헌소원	522	인신권	178
위헌적 헌법	322	인신보호법	181, 196
위헌정당해산심판	520	인적 통합	12
유기체설	72	인적효력범위	74
유럽인권협약	125	일년예산주의	426
유신헌법	63	일반사면	461
의결정족수	399	일반영장	191
의무교육	279, 329	일반영장의 금지	208
의사공개의 원칙	400	일반의결정족수	399
의사자율권	443	일반적 법률유보	133, 149
의사정족수	399	일반적 인격발현권	163
의원내각제	379, 446	일반적으로 승인된 국제법규	112
의원내각제개헌	60	일반조항	23
의회주권론	88	일사부재리의 원칙	184
이념적 통일체	78	일사부재의의 원칙	402
이심제	499	일사불재벌의 원칙	184
이원적 행정부	379	일신전속적 권리	203, 256
이원집정부제	60	임명제청권	472
이익균점권	126	임시회	398
이익다원주의	93	입법구속설	169

입법기	396	재산권	218
입법방침규정설	268	재산권수용유사침해이론	224
입법사항	460	재산권의 객체	219
입법자 구속설	168	재선거	360
입헌군주국	379	재외국민의 보호	113
입헌주의	5, 375	재의요구권	459
입헌주의 국가형태	73	재정국회의결주의	424
잊혀질권리	204	재정신청제도	310
		재정입법권	424
		재판청구권	307

ㅈ

		재항고	494
자기보장성	21	저지조항	357, 381, 382
자기부죄거부의 특권	189	저항권	47, 53, 123
자기책임설	321	적법절차	178, 186
자백의 증거능력	197	적정임금	284
자연권사상	125	적합성	155
자연권설	129	전국가적 자연권	160
자연법	43	전면개정	39
자유	214	전원합의부	493
자유가	214, 344	전쟁포기에 관한 조약	109
자유민주적 기본질서	84	전제적 공화국	73
자유방임주의	6, 106	전제주의	375
자유선거	354	전제주의 국가형태	73
자유시장경제	6, 106	절대군주	5
자유와	344	절대다수대표제	355
자유우선의 원칙	156	절대적 기본권	133
자유위임	91	절대적 헌법	32
자유위임의 원칙	403	절차구체화적 법률유보	150, 303
자유주의사상	388	정교분리	234
자유주의적 통치원리	337	정기간행물의등록등에관한법률	238
자율권	397, 423, 441	정기회	397
자의의 금지	167	정당	341
자치위임설	370	정당의 발전단계	342
자치입법권	373		

정당의 자유	344	주권	74
정당의 해산	347	주민자치형	370
정당정치	389	주의주의적 사상	10
정당제민주주의	342	주자유권	177
정신적 자유권	226	준예산제도	427, 428
정체와 국체	72	준현행범	190
정치성	20	중간선거인	353
정치적 기본권	237, 256	중개적 권력설	343
정치적 사법기관	515	중상주의	6
정치적 중립성의 보장	367	중앙당	346
정치적 통일체	9, 10, 79	중앙선거관리위원회	483, 485
제3세대기본권	125	중우정치	72
제3의 신분	31	지방공무원법	367
제3자개입금지	292	지방법원	494
제도보장	130, 237	지방분권주의	370
제도적 기본권이론	130	지방자치제도	369
제한선거	351	지위론	78, 134
제한투표제	356	지적소유권	255
제헌권	47	직선제	450
제헌헌법	56	직업공무원제도	366, 367
조세	326	직업선택의 자유	212
조세법률주의	424	직업안정및고용	284
조약준수의 원칙	112	직업의 자유	214
조직규범성	21	직업행사의 자유	214
조직된 권력	44	직장폐쇄	292
조직자율권	443	직접민주정	257
존재	8	직접선거	353
존재와 당위의 2원론	12	직접효력규정	213
종교의 자유	232	진보당사건	347
종합적 기본권	296	진술거부권	230
죄형법정주의	182	질서유지	153
주거권	276	집행명령	460
주관적 공권	127	집회	244

집회·결사의 자유	236	취학필수비무상설	280, 329
집회및시위에관한법률	245	치안행정협의회	507
		치외법권	489

ㅊ

ㅌ

차등선거	351	탄핵소추권	435
착취설	72	탄핵심판	437
참심제	309	태업	291
참여권	103	토지거래허가제	220
처분적 법률	154, 416	통법부화	417
천부인권론	122, 129	통신비밀보호법	211
천부인권사상	123	통신의 자유	209
천부적 인권	175	통일주체국민회의	40, 64
청원권	303	통치권	33, 74
체감연기투표제	356	통치조직	3
체계정당성의 원리	419	통치행위	491
체포영장제	190	통합론	72
초과의석	358	특별감찰관	482
초헌법적 긴급권	51	특별검사	506
총계예산주의	426	특별권력관계	136
총선거	360	특별귀화	76
최고규범성	19	특별법원	496
최소침해의 원칙	155	특별사면	461
최저임금법	284	특별위원회	394
최후수단성	51	특별의결정족수	399
추가경정예산	429	특별재판소 및 특별검사부조직법	61
추상성·유동성·미완성성	21	특별희생설	222
추상적 기본권	133	특수한 신분관계	136
출국의 자유	200	특허법원	494
출생지주의	75		
출입국관리법	201		
충성선언	229		

ㅍ

취임선서의무	455	파생적 자유권	177
취재의 자유	239	파시즘	73, 376

평균적 정의	170	해어/니마이어식	357
평등권	166	행복추구권	118, 121, 163
평등선거	351	행정각부	480
평등주의	113	행정명령	460
평등한 문화향유권	117	행정법원	495
평의회민주주의	90	행정심판전치주의	315
평의회제	384	행정의 합법률성	100
평화적 생존권	166	허가제	241
평화통일의 원칙	114	헌법	3, 16, 20, 28
포괄적 기본권	168	헌법개념의 이중성	13
포괄적 지배권	136	헌법개정권력	39
표현의 자유	236	헌법개정의 한계	42
풍치조항	4	헌법개혁	39
프라이버시권	202, 203	헌법관	7
프랑스대혁명	123	헌법기관설	343
프랑스인권선언	123	헌법률	33
프로그램적 헌법	17	헌법변질	36
프로이센헌법	124	헌법변천	44
플레비시트	265	헌법보장기관	515
피켓팅	291	헌법소원심판	522
		헌법수호의 책무	455
ㅎ		헌법위원회	513
하위규범	20	헌법유보	148
하향식 헌법침해	50	헌법의 개정	36
학문의 자유	248	헌법의 기본원리	69, 160
한계론무용설	34	헌법의 동일성	45
한국형 대통령제	386	헌법의 변천	36
한시법	416	헌법의 특성	22
할증제	356	헌법의 해석	23
합리적 차별	171	헌법장애	50
합법적 불법국가	98	헌법재판	508
합헌적 긴급권	51	헌법전문	67
합헌적 법률해석	26	헌법정지	38

헌법침윤	38	혼합경제질서	107
헌법침해	38	혼합형 대통령제	385
헌법파괴	36, 38	환경보전의무	330
헌법폐지	38	환부거부	421, 459
헌법합치적 해석	26	회기	396
현대적 기본권	124	회기계속의 원칙	401
현상학	12	회기불계속의 원칙	401
혈통주의	75	회의제	383
협약헌법	16	효력범위	74
형벌불소급의 원칙	183	효력제한규정	46
형사상 불리한 진술거부권	189	후천적취득	75
형식적 법치국가	98	흠정헌법	15
혼인퇴직제	299		

오 호 택

◈ **약력**

고려대학교 법과대학 법학과 졸업
고려대학교 대학원 법학과 졸업(법학석사·법학박사)
고려대·아주대·인하대 강사
대법원 판례심사위원회 조사위원
헌법재판소 전문직 연구원
한경국립대학교 법학부장·연구지원실장·기획처장·대외협력본부장·인사대학장
경기도 행정심판위원·소청위원, 경기도의회 입법고문
사법시험 등 각종 국가고시 출제위원
인사혁신처 소청심사위원(현), 경기도 선관거래리위원(현)
국립한경대학교 법학과 교수(현)

◈ **저서**

『헌법소송법』, 제10판, 동방문화사, 2022
『법이야기』, 동방문화사, 2024
『법학첫걸음』, 제4판, 동방문화사, 2023
『우리고전 법과문화』, 동방문화사, 2021
『판례로 구성한 헌법』, 제4판, 동방문화사, 2009
『법률로 구성한 헌법』, 동방문화사, 2018
『우리헌법이야기』 『개헌이야기』 『헌법재판이야기』 『법원이야기』,
　　살림출판사, 2010～2012
『교회법의 이해』, 동방문화사, 2010
『헌법과 미래』 (칼럼집, 7인공저), 인간사랑, 2007

◈ E-mail 주소

oht@hknu.ac.kr

헌법강의[제14판]

저 자 : 오 호 택	1997년 8월 초 판 발행
발행인 : 조 형 근	2024년 3월 제14판 발행
발행처 : 도서출판 동방문화사	

서울시 서초구 방배로 16길 13. 지층
전화 : 02)3473-7294　　　　　　팩스 : (02)587-7294
메일 : 34737294@hanmail.net　　등록 : 서울 제22-1433호

저자와의 합의에 의해 인지 생략

본서의 무단복제·전제·발췌하는 것을 금합니다.
정 가 : 35,000원　　　　　　　ISBN 979-11-89979-73-7 93360